（原书第 **7** 版）

应用计量经济学

Using Econometrics: A Practical Guide (7th Edition)

[美] A. H. 施图德蒙德（A. H. Studenmund）著
西方学院

杜江 李恒 译

机械工业出版社
CHINA MACHINE PRESS

U0737909

图书在版编目（CIP）数据

应用计量经济学（原书第 7 版）/（美）A. H. 施图德蒙德（A. H. Studenmund）著；杜江，
李恒译 . —北京：机械工业出版社，2017.4（2024.9 重印）
（经济教材译丛）
书名原文：Using Econometrics: A Practical Guide

ISBN 978-7-111-56546-8

I. 应… II. ①施… ②杜… ③李… III. 计量经济学－教材 IV. F224.0

中国版本图书馆 CIP 数据核字（2017）第 071693 号

北京市版权局著作权合同登记 图字：01-2016-9413 号。

A. H. Studenmund. Using Econometrics: A Practical Guide, 7th Edition.
ISBN 978-0-13-418274-2
Copyright © 2017, 2011, 2006 by Pearson Education, Inc.
Simplified Chinese Edition Copyright © 2017 by China Machine Press.
Published by arrangement with the original publisher, Pearson Education, Inc. This
edition is authorized for sale and distribution in the Chinese mainland (excluding Hong Kong
SAR, Macao SAR and Taiwan).
All rights reserved.

本书中文简体字版由 Pearson Education（培生教育出版集团）授权机械工业出版社在中国大陆地
区（不包括香港、澳门特别行政区及台湾地区）独家出版发行。未经出版者书面许可，不得以任何方式
抄袭、复制或节录本书中的任何部分。

本书封底贴有 Pearson Education（培生教育出版集团）激光防伪标签，无标签者不得销售。

本书在美国被誉为"近 30 年最具重要性的创新性教材之一"，在基础计量经济学采用的教材中排
名第一。本书简单、直观且通俗易懂地讲解了各类计量模型的设定方法、用途以及模型的解释等，几乎
没有涉及数学推导。更为难得的是，作者用生动的语言讲解了假设检验的思想及其局限，也系统化地讲
解了计量实证研究的各个步骤及注意事项，对学生如何做好国际研究项目提供了很多帮助。另外，本书
中的所有案例和练习都是用 Stata 软件估计的，还提供了简短的附录以帮助学生入门。本书还增加了计
量经济学实验室等工具，便于学生更深刻地理解书中的内容。

本书不仅仅是针对计量经济学的初学者，还针对那些使用回归分析提高解决问题能力的应用者，以
及那些经验丰富的从业者，本书可以作为他们更为方便、实用的参考书。

出版发行：机械工业出版社（北京市西城区百万庄大街 22 号　邮政编码：100037）
责任编辑：孟宪勐　　　　　　　　　　　　　责任校对：王　欣
印　　刷：固安县铭成印刷有限公司　　　　　版　　次：2024 年 9 月第 1 版第 9 次印刷
开　　本：185mm×260mm　1/16　　　　　　　印　　张：21
书　　号：ISBN 978-7-111-56546-8　　　　　　定　　价：65.00 元

客服电话：（010）88361066　68326294

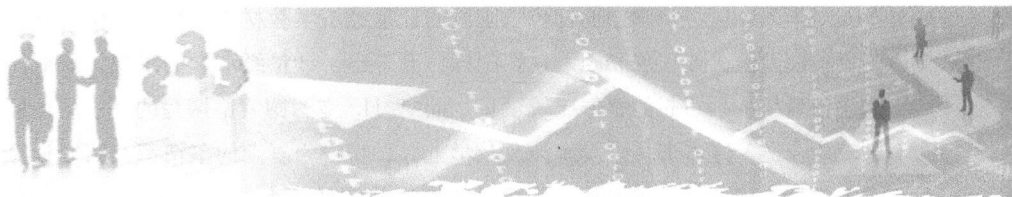

译　者　序

理论是天地间的至理、凡世的规则，由人类社会中的大师妙手偶得。现实却是理论存在的基础，客观的事物，由世间万物携手构建。二者的关系正如正弦函数与余弦函数一样，虽然不可能严丝合缝，但也是交互影响、相辅相成的。如何用理论解释和模拟现实，以现实推动理论前行呢？由此一问，计量经济学便诞生了。它的出现，使得对于经济现象的研究，从以往只能定性分析，扩展到可以进行定量分析的新阶段。通常，事物的发展具有一定的趋势或惯性，理论就是总结出这种惯性，继而在惯性的基础上推测出事物未来的发展方向，这就是理论的最高境界。计量经济学就能在一定程度上做到这一点。

因此，计量经济学在学术界地位超然，多位从事计量经济学研究的经济学家获得了诺贝尔经济学奖。自1926年挪威著名经济学家弗里希提出计量经济学这一不同凡响的概念起，计量经济学就不间断地蓬勃发展，至今为止的90多年间，成果辉煌，硕果累累。在高等学校财经类专业的课程中，"计量经济学"课程从无到有，甚至可以说，目前的财经类专业的课程中必有"计量经济学"。因人才辈出，以计量经济学模型方法作为主要分析方法的经济学论文也一日千里地发展，而且研究对象遍及经济的各个领域。毫无疑问，在我国，计量经济学已经成为经济研究和实证分析的一种主流研究方法。观其未来，大数据时代的来临极大地解决了计量经济学数据质量低、残缺不全的问题，大数据使得数据的采集、处理和模型建立等方面都有了质的飞跃。因此，有理由相信，计量经济学在未来将会更加蓬勃地发展。

然而在繁荣的背后，大量研究滥用、误用计量经济学方法的事实正在影响着计量经济学的健康发展，也必须引起重视。译者从事计量经济学研究多年，不免对其间的沉疴痼疾感到惊心。在译者看来，其间原因有三：第一，计量经济学备受追捧，研究者倾向于采用这种方法，因此，生拉硬拽也要和计量经济学挂钩；第二，计量经济学较难，很多研究者没有经过系统学习就大加使用；第三，受"快餐文化"的影响，某些研究者只重视计量经济学的技术而忽视了其思想。

计量经济学的研究过程中会使用到大量的数学和统计学知识，这让很多人对学习计量经济学望而却步。国内的计量经济学教材或有很多数学推导过程，让没有基础的读者不明就里，或仅仅局限于软件的操作而忽略了计量经济学的思想，既能简洁明了又能系统性阐述计量经济学思想的著作比较罕见。而 A. H. 施图德蒙德撰写的《应用计量经济学》（第 7 版）则较为合适。这本书几乎没有涉及数学推导，将较为复杂的事情都交给了计算机。书中着重讲解了各类计量模型的设定方法、用途以及模型的解释等。本书所使用的计量经济学方法较为简单、直观、通俗易懂；对读者的门槛要求较低，只要求读者了解一些微观经济学和宏观经济学的理论、基本的数学函数运算和初级统计学知识，多数读者都能得其门而入。不过，还是要特别强调经济理论是计量经济学的基石，不能不假思考地简单依托软件误用计量经济学方法。

正如作者所言，学习计量经济学就像练习驾驶，更多的是从实践中学习，而不仅仅是阅读教材。读者按照本书的思想，勤于动手，多加练习，就能融会贯通。若在学习的过程中，带着问题，潜心钻研，能解决一个再小的问题，都会对计量经济学有所释然。

本书翻译的完成有赖于众多人士的帮助。四川大学经济学院、四川大学公司金融实验室、四川省数量经济学会及其同仁都给予了很大支持。还要感谢如下同学给本书翻译提供的知识积累和经验，他们是：黄志峰、雷超、刘行、王晨曦、王倩、唐喻婷、张晨铭、钟菲菲。还需要一提的是我的家人，他们给予了我很大的支持。在此，向他们表示深深的感谢。

本书参译人员的具体分工为：前言，杜江、唐雨虹、张伟科；第 1 章，杜江、马一心、张伟科；第 2 章，杜江、李恒、马一心；第 3 章，杜江、马一心、许倩；第 4 章，杜江、闫美如、曾明；第 5 章，杜江、闫美如、谢正娟；第 6 章，杜江、李恒、董晓晗；第 7 章，杜江、董晓晗、张伟科；第 8 章，杜江、李恒、董晓晗；第 9 章，杜江、闫美如、许倩；第 10 章，杜江、李想、曾明；第 11 章，杜江、张子明、谢正娟；第 12 章，李恒、李想、张子明；第 13 章，唐雨虹、李想、王胜斌；第 14 章，杜江、唐雨虹、王胜斌；第 15 章，杜江、李恒、唐雨虹；第 16 章，杜江、邱弘奥、张伟科；附录 A 和附录 B，杜江、李恒、邱弘奥；术语，杜江、李恒。杜江、李恒负责修订、校对全书。最后的统稿和审定由杜江负责完成。

的确，在翻译过程中，我们竭尽所能，避免瑕疵，不过，要想完全准确地把握原著的思想实属不易，再加上译者水平有限，难免存在有失偏颇之处，再次敬请业内同仁和广大读者批评指正。

杜江

2016 年秋于四川大学望江校园

前 言

学习计量经济学就像学习驾驶，更多的是从实践中学习，而不仅仅是阅读教材。

《应用计量经济学》代表的是理解基础计量经济学的创新性方法。内容涵盖单方程线性回归分析，强调实例和练习，通过这种方式可以让读者更容易理解计量经济学。正如本书的英文副标题"A Practical Guide"所表述的，本书不仅仅针对计量经济学的初学者，还针对那些使用回归分析提高解决问题能力的应用者，以及那些需要一本便捷参考书的经验丰富的从业者。

第 7 版中的创新

《应用计量经济学》一直被誉为"近 30 年最具重要性的创新性教材之一"。我们对该书进行再次修订，除了保留了前几版所具有的描述清晰以及应用实例丰富的特点外，对文本的有关内容进行了补充和更新。

本书的更新部分包括以下内容。

（1）计量经济学实验室。这些创新的学习工具作为可供选择的附录，为学生提供了实践机会，从而使学生能够深刻了解在章节中读到的计量经济学原理。这些实验室本来是在有教室的情况下使用的，但对于没有处在教学环境中的读者和教学环境中没有实验室的学生，也非常有用。如何更好地使用计量经济学实验室以及实验中问题的答案，都在应用计量经济学网站的指导手册里有详细介绍。

（2）Stata 软件。在我们看来，Stata 已经成为计量经济学研究者必不可少的软件。因此，本书中的所有案例和练习都是用 Stata 软件估计的，还提供了简短的附录以帮助学生入门。除此之外，我们还在网站上添加了完整的 Stata 软件使用指南。这个指南是约翰·佩里（John Perry）撰写的，详细给出了 Stata 的使用要求和练习的解答。然而，即使我们大量使用 Stata，《应用计量经济学》也不是主讲 Stata 或者其他软件的书。因此，从这个角度讲，本书讲述的内容适用于所有的标准回归程序软件包。

（3）扩展了计量经济学内容。本书增加了若干计量经济学检验方法和过程，比如 Breusch-Pagan 检验、广义最小二乘法的 Prais-Winsten 处理方法。另外，扩充了更多专题覆盖面，比如，F 检验、置信区间、拉格朗日乘数检验、DF 检验。最后，简化了第 12 章～第 16 章的注解，明确了含义，如动力方程、虚拟被解释变量、工具变量和面板数据。

（4）更好的问题集。第 6 版书后附有练习题答案，而本书采纳了很多教授和学生的良好建议，删去了练习题答案。这样做可以让学生靠自己努力学习，因为以前答案就在书本中，学生可以轻而易举地获得而不用询问教师。为了持续地给教师们在问题集和考试中补充好的习题，我们增加了网站中习题的数量。

（5）配套 PPT。我们充分意识到 PPT 对教师或者讲授者是何等的重要，并对 PPT 的质量进行了改进。幻灯片复制了每章的重点方程式和例子，还有每个章节的总结和重要概念。读者可在网上完整地打包下载这些 PPT。教师们可以对这些 PPT 进行编辑，便捷地制作个性化的 PPT 课件。

（6）网站升级。我们相信此版本的网站是我们所开发的最好的。如你所愿，网站包含了本书中的所有数据集，可随时下载，并应用于 EViews 软件、Stata 软件、ASCⅡ软件或 Excel 表格软件。不仅如此，我们还添加了 Stata 应用的完整指南来讲解估计书中方程所需的 Stata 指令。我们改进了幻灯片，加入了计量经济学实验的答案并阐述了如何最大限度地在有教室的情况下使用这些实验室。另外网站还包含教师手册、新加的习题集、互动回归练习和新加的数据集。既然如此，为什么不立即去网站看看呢？具体的网址是：www. pearsonhighered. com /studenmund。

本书特点

（1）本书所讲授的计量经济学方法非常简单、直观且通俗易懂。在本书中，并没有过多地使用线性代数，同时，把证明过程和涉及微积分的内容放在注解与习题中。

（2）本书列举了大量案例，并基于案例出了许多练习题。我们认为，掌握应用计量经济学的最佳方法就是练习，再练习，以达到举一反三的效果。

（3）相较于其他计量经济学的教科书的难度，本书绝大部分章节都简单得多。不过，本书第 6 章和第 7 章对模型设定的讲述要比其他类似教材更为全面。我们认为理解具体案例对学习回归分析的人来说至关重要。

（4）本书采用了一种称为"互动回归学习练习"的特殊学习工具，对学生给出的各种模型设定形式，都反馈了相应的信息，在不依赖于计算机或教师指导的情况下，可以有效地帮助学生模拟计量分析。

（5）本书介绍了一款新工具——计量经济学实验室。它是由森特学院的布鲁斯·约翰逊（Bruce Johnson）开发的，并由另外两个机构做过成功的测试。计量经济学实验室是为学生提供实践的有用工具，能够帮助学生深刻了解读到的计量经济学的处理过程。学生只要完成了这些实验，就做好了独立研究的准备。

使用本书对读者的要求很低。读者只要了解一些微观经济学和宏观经济学的理论、基本的数学函数运算和初级统计学就行，即使读者对这些知识有所遗忘。建议没有任何统计学基础的学生在学习计量经济学时，首先阅读本书在文本网站上的第 17 章"统计原理"。

因为没有先决条件，统计学知识又很完备，所以，本课程或 MBA 课程在讲解计量分析方法时，都可以使用本书。同时，我们也得到反馈信息，本书也是对研究生阶段"计量经济学"课程的有效补充。

EViews 软件和 Stata 软件的选择

EViews6.0 软件和 Stata10 是现有最好的计量经济学软件。

即使 EViews 或 Stata 软件在课堂中都用不到，我们仍然建议学生要拥有这两款软件，这对他们有很大好处。如果学生会使用 EViews 或 Stata，他们就可以在校外自己进行回归分析，也可以在自己的求职简历上添上这项专业技能。如果他们选择了 EViews，就将获得一个软件包，他们就能在课后自己进行回归分析。

鸣谢

《应用计量经济学》的修编要感谢罗恩·米切纳（Ron Michener）和森特学院的布鲁斯·约翰逊。罗恩是主审稿人，对每一节，甚至对每一个方程式他都有评论，创造了 132 页的审阅笔记，相信永远不会再有如此详尽和高质量的笔记了。

罗恩把我们介绍给了布鲁斯·约翰逊，布鲁斯编写了计量经济学实验室和其他三节的初稿，对整个审稿工作做出了有洞察力的评价，他使 Stata 在书中的作用有所提高并校对了手稿。因为布鲁斯的专业素养，清晰的写作风格及对计量经济学具有感染力的热情，故而我们很高兴地宣布他会成为《应用计量经济学》（第 8 版）的共同作者和校对者。

本书的构思来源于亨利·卡西迪（Henry Cassidy）和卡罗琳·萨默斯（Carolyn Summers）。亨利·卡西迪发现了对于 Rao 和 Miller 的名著《应用计量经济学》写后续的必要性，也发现应该为自己所编的《应用计量经济学》编写同名书籍。卡罗琳·萨默斯是文稿四个直接版本的高级编辑顾问、校对者和检索者。

其他重要的贡献者是皮特·肯尼迪（Peter Kennedy），诺贝尔奖获得者纽约大学的罗伯·英格尔（Rob Engle），波莫纳学院的加里·史密斯（Gary Smith），加州大学圣塔芭芭拉分校的道格·施泰格林（Doug Steigerwald），拉法耶特学院的苏珊·埃弗里特（Susan Averett）。除此之外，本书还从一批非常优秀的专业评论家（具体人名略）的评价中得到很大帮助。

在编辑和写作过程中提供宝贵意见的是 Jean Bermingham，Neeraj Bhalla，Adrienne D'Ambrosio，Marguerite Dessornes，Christina Masturzo，Liz Napolitano，Bill Rising，Kathy Smith。在困难时期提供了情感支持的是 Sarah Newhall，Barbara Passerelle，Barbara，David Studenmund 以及我的家人 Jaynie，Connell Studenmund，Brent Morse。最后，也是最为重要的，我要感谢在西方学院的我的优秀同事和学生，他们给了我宝贵的反馈意见，并且不断地鼓励我。他们是 Lesley Chiou，Jack Gephart，Jorge Gonzalez，Andy Jalil，Kate Johnstone，Mary Lopez，Jessica May，Cole Moniz，Robby Moore，Kyle Yee，特别是 Koby Deitz。

A. H. 施图德蒙德

教 学 建 议

教学目的

本课程教学的目的在于让学生掌握计量经济学的基本知识，包括认识计量经济学模型的设定方法和估计方法。主要内容包括古典假设下的计量经济学模型、计量经济学模型设定方法、放宽假设的计量经济学模型、联立方程模型、时间序列模型、面板数据模型等。要求学生重点掌握模型的构建思想，能够运用计量经济学模型分析现实中的经济问题。

前期需要掌握的知识

微积分、线性代数、概率论与数理统计、微观经济学、宏观经济学等课程相关知识。

课时分布建议

教学内容	学习要点	课时安排
第1章 回归分析概论	(1) 了解计量经济学的概念 (2) 掌握什么是回归分析 (3) 掌握回归方程的估计	3
第2章 普通最小二乘法	(1) 掌握采用普通最小二乘法估计模型的过程 (2) 掌握评价回归方程质量的方法 (3) 理解拟合优度的概念	3
第3章 应用回归分析	(1) 掌握回归分析的步骤 (2) 了解回归分析的实例	3
第4章 古典模型	(1) 了解回归分析的古典假设 (2) 理解参数估计值的抽样分布 (3) 了解普通最小二乘法估计量的性质	3
第5章 假设检验	(1) 理解假设检验的思想 (2) 掌握假设检验的步骤 (3) 掌握 t 检验的思想及步骤 (4) 掌握 F 检验的思想及步骤	4

（续）

教学内容	学习要点	课时安排
第6章 模型设定：解释变量的选择	（1）了解遗漏变量和不相关变量及其后果 （2）掌握模型设定准则 （3）掌握设定检验的思想及其步骤	4
第7章 模型设定：函数形式的选择	（1）掌握常数项的应用和解释 （2）了解备选函数形式 （3）掌握滞后解释变量和虚拟变量 （4）了解误选函数形式的后果	4
第8章 多重共线性	（1）理解多重共线性的概念 （2）了解多重共线性产生的后果 （3）掌握多重共线性的诊断方法 （4）掌握多重共线性的补救措施	4
第9章 序列相关性	（1）理解序列相关性的概念 （2）了解序列相关性产生的后果 （3）掌握序列相关性的诊断方法 （4）掌握序列相关性的补救措施	4
第10章 异方差性	（1）理解异方差性的概念 （2）了解异方差性的后果 （3）掌握异方差性的诊断方法 （4）掌握异方差性的补救措施	4
第11章 回归课题研究	（1）了解选择研究主题的方法 （2）了解搜集数据的渠道 （3）掌握本章对研究的建议 （4）掌握撰写研究报告的方法	3
第12章 时间序列模型	（1）了解并掌握动态模型 （2）掌握序列相关与动态模型的关系 （3）掌握 Granger 因果检验的思想和步骤 （4）了解谬误相关和非平稳性	4
第13章 虚拟被解释变量模型估计方法	（1）掌握线性概率模型 （2）掌握二元 logit 模型 （3）了解多元 logit 模型 （4）了解 probit 模型	4
第14章 联立方程模型	（1）了解结构式方程和简约式方程 （2）了解 OLS 的偏误 （3）掌握二阶段最小二乘法	4
第15章 预测	（1）了解预测的概念和思想 （2）理解并掌握 ARIMA 模型 （3）掌握采用计量经济学进行预测的步骤和方法	5
第16章 实验和面板数据	（1）了解经济学中的实验方法 （2）理解并掌握面板数据 （3）掌握固定效应模型和随机效应模型	4
课时总计		60

说明：

（1）本课程按照3学分60学时设计教学内容，不同的学校可根据学生的基础水平或者学时限制，在具体的教学安排中选择其中的部分或者全部内容。

（2）在具体讲解各章知识点的时候，可穿插讲解一些软件操作过程。

目 录

译 者 序
前 言
教学建议

第 1 章 回归分析概论 ················· 1

1.1 什么是计量经济学 ··············· 1
1.2 什么是回归分析 ··················· 3
1.3 回归方程的估计 ··················· 9
1.4 回归分析实例 ····················· 11
1.5 应用回归分析解释住房价格 ··· 13
1.6 小结 ································· 14
习题 ································· 15
附录 1A　Stata 应用 ············· 18

第 2 章 普通最小二乘法 ············· 22

2.1 用普通最小二乘法估计单变量
　　模型 ······························· 22
2.2 用普通最小二乘法估计多元回归
　　模型 ······························· 25
2.3 评价回归方程的质量 ··········· 30
2.4 估计模型的拟合优度 ··········· 31
2.5 错用调整的判定系数 $\overline{R}^2$ 的
　　例子 ······························· 33
2.6 小结 ································· 35
习题 ································· 35
附录 2A　计量经济学实验室 #1 ········ 38

第 3 章 应用回归分析 ··············· 40

3.1 回归分析的步骤 ················· 40
3.2 回归分析实例：餐厅选址 ······· 45

3.3 虚拟变量 ························· 49
3.4 小结 ································· 51
习题 ································· 51
附录 3A　计量经济学实验室 #2 ········ 54

第 4 章 古典模型 ····················· 56

4.1 古典假设 ························· 56
4.2 $\hat{\beta}$ 的抽样分布 ················· 60
4.3 高斯-马尔科夫定理和普通
　　最小二乘估计量的性质 ········ 63
4.4 标准计量经济学符号 ··········· 64
4.5 小结 ································· 65
习题 ································· 65

第 5 章 假设检验 ····················· 69

5.1 什么是假设检验 ················· 69
5.2 t 检验 ····························· 72
5.3 t 检验示例 ······················· 78
5.4 t 检验的局限 ····················· 82
5.5 置信区间 ························· 84
5.6 F 检验 ····························· 86
5.7 小结 ································· 89
习题 ································· 90
附录 5A　计量经济学实验室 #3 ········ 94

第 6 章 模型设定：解释变量的
　　　　选择 ························· 95

6.1 遗漏变量 ························· 95
6.2 不相干变量 ····················· 100
6.3 误用模型设定准则的实例 ········ 101

6.4 设定搜索 ·············· 103
6.5 选择解释变量的实例 ······ 106
6.6 小结 ················· 108
习题 ·················· 108
附录6A 其他设定准则 ·········· 112

第7章 模型设定：函数形式的选择 ······ 115

7.1 常数项的应用和解释 ······ 115
7.2 备选函数形式 ·········· 117
7.3 滞后解释变量 ·········· 123
7.4 斜率虚拟变量 ·········· 124
7.5 选择错误函数形式存在的问题 ··········· 126
7.6 小结 ················· 127
习题 ·················· 128
附录7A 计量经济学实验室#4 ······ 132

第8章 多重共线性 ······ 135

8.1 完全与不完全多重共线性 ······ 135
8.2 多重共线性产生的后果 ······ 137
8.3 多重共线性的诊断 ········ 142
8.4 多重共线性的补救措施 ······ 144
8.5 最好不要修正多重共线性的实例 ··········· 146
8.6 小结 ················· 147
习题 ·················· 148
附录8A SAT互动回归练习 ······ 150

第9章 序列相关性 ······ 166

9.1 时间序列 ·············· 166
9.2 纯序列相关和非纯序列相关 ······ 167
9.3 序列相关性的后果 ········ 170
9.4 序列相关性的检验 ········ 172
9.5 序列相关性的修正 ········ 176
9.6 小结 ················· 180
习题 ·················· 180
附录9A 计量经济学实验室#5 ······ 184

第10章 异方差性 ······ 185

10.1 纯异方差性和非纯异方差性 ··· 185
10.2 异方差性的后果 ········· 188
10.3 异方差性的检验 ········· 189
10.4 异方差性的补救措施 ······ 193
10.5 完整的实例 ··········· 195
10.6 小结 ················ 199
习题 ·················· 200
附录10A 计量经济学实验#6 ······ 203

第11章 回归课题研究 ······ 205

11.1 选择主题 ············· 205
11.2 收集数据 ············· 206
11.3 高级数据来源 ·········· 209
11.4 对研究课题的实用性建议 ···· 210
11.5 撰写研究报告 ·········· 213
11.6 回归分析的用户清单及应用指南 ·············· 213
11.7 小结 ················ 216
附录11A 关于房价的互动练习 ····· 216

第12章 时间序列模型 ······ 220

12.1 分布滞后模型 ·········· 220
12.2 动态模型 ············· 221
12.3 序列相关性和动态模型 ····· 224
12.4 Granger因果关系 ········ 226
12.5 谬误相关和非平稳性 ······ 227
12.6 小结 ················ 233
习题 ·················· 234

第13章 虚拟被解释变量模型估计方法 ······ 236

13.1 线性概率模型 ·········· 236
13.2 二元logit模型 ········· 240
13.3 其他虚拟被解释变量模型估计方法 ·············· 245
13.4 小结 ················ 246
习题 ·················· 246

第 14 章　联立方程模型 ············· 249

14.1　结构式方程和简约式方程 ······ 249

14.2　普通最小二乘法的偏误 ········ 253

14.3　二阶段最小二乘法 ·········· 255

14.4　识别问题 ·············· 261

14.5　小结 ················ 264

习题 ··················· 264

附录 14A　变量误差 ·········· 267

第 15 章　预测 ··············· 269

15.1　什么是预测 ············ 270

15.2　比较复杂的预测 ·········· 273

15.3　ARIMA 模型 ··········· 277

15.4　小结 ················ 279

习题 ··················· 279

第 16 章　实验和面板数据 ········· 282

16.1　经济学中的实验方法 ······· 282

16.2　面板数据 ············· 287

16.3　固定效应模型和随机效应
　　　模型 ··············· 294

16.4　小结 ················ 295

习题 ··················· 295

附录 A　答案 ··············· 299

附录 B　统计表 ············· 316

第 1 章

回归分析概论

1.1 什么是计量经济学

"计量经济学太数学化了，这是我的好朋友不读经济学专业的原因。"

"最好不要看两样东西的产生过程：香肠和计量经济学估计量。"[⊖]

"计量经济学可以被定义为分析现实经济现象的定量分析方法。"[⊖]

"我的经验是'经济方法'只不过是对研究者在开始研究之前就已相信的事实的一种证实罢了。"

很明显，不同的人对计量经济学有不同的看法。对于初学者来说，计量经济学仿佛是横在其他有用学科之前的一个难以逾越的障碍。对于持怀疑态度的观察者来说，只有在产生计量经济学结论的所有步骤都完全知晓的情况下，他们才认为所得到的结论是可信的。而对计量经济学领域的专业人士来说，他们认为计量经济学是一套可以用于度量和分析经济现象并预测未来经济趋势的迷人的技术。

也许有人认为这么多的观点就像盲人摸象一般，但这种看法并不完全正确。计量经济学既有严密的定义又有更为广阔的背景。虽然你能够轻易地记住定义，但只有理解了计量经济学的常用方法和其他方法，才能全面了解和掌握计量经济学知识。

也就是说，我们需要一个严密的定义。从字面意思上讲，计量经济学就是"经济度量"，是指对实际经济和商业现象进行数量度量和分析。它致力于量化经济现实，并沟通抽象世界的经济理论和现实世界的人类活动。对许多学生而言，理论与现实两者之间存在巨大的差异。一方面，经济学家通过严格设定的边际成本和边际收益推导出均衡价格，另一方面，许多企业在运作过程中似乎并不怎么涉及上述概念。计量经济学允许我们通过数据来量化企业、消费者和政府行为。这些度量有很多种用途，考察研究这些用途是理解计量经济学的第一步。

⊖ Ed. Leamer, "Let's take the Con out of Econometrics," *American Economic Review*, Vol. 73, No. 1, p. 37.

⊖ Paul A. Samuelson, T. C, Koopmans, and J. R, Stone "Report of the Evaluative Committee for Econometrica," *Econometrica*, 1954, p. 141.

1.1.1 计量经济学的用途

计量经济学主要有三种用途：

(1) 描述经济现实；

(2) 关于经济理论和政策的假设检验；

(3) 预测未来经济活动走势。

计量经济学最简单的用途就是描述经济现实。因为计量经济学能够估计出数值，并将其放入原先只有抽象符号的方程中，这样一来，就可以采用计量经济学来量化经济现实并估计边际效应。例如，特定商品的消费需求可以看作需求量（Q）与商品价格（P）、替代品价格（P_s）、可支配收入（Y_d）之间的关系。对绝大多数商品而言，可以认为消费量和可支配收入之间的关系是正向的，因为随着可支配收入的增加，消费量也会增加。计量经济学能够基于过去的消费量、收入和价格的数据，估计上述经济关系。换句话说，它能够把一般性的纯理论函数关系

$$Q = f(P, P_s, Y_d) \tag{1-1}$$

表述成更为明确的表达式

$$Q = 27.7 - 0.11P + 0.03P_s + 0.23Y_d \tag{1-2}$$

这种方法能够更为详细和生动地描述函数关系。$^{\ominus}$让我们比较方程（1-1）和方程（1-2）。在仅仅预期出消费量会随着可支配收入的增加而"增加"的基础上，方程（1-2）还能够给出一个确定的预期增加量（可支配收入每增加 1 单位，预期的消费量增加 0.23 个单位）。在这里，数值 0.23 称为估计出的回归参数。正因为能估计出这种参数，计量经济学才显得很有价值。

计量经济学的第二个用途是假设检验，假设检验采用量化了的证据来对备选的理论进行评价。许多经济学科都涉及构建理论模型，然后用现实证据来检验，在这个过程中，假设检验起着举足轻重的作用。例如，要检验这样的假设：方程（1-1）中的商品是正常商品（需求量随可支配收入增加而增加的商品）。于是，我们可以通过应用各种各样的统计方法，对估计出的方程（1-2）中的可支配收入（Y_d）的参数（0.23）进行假设检验。乍看之下，参数估计值为 0.23 的这个结果似乎支持假设，因为参数的符号是正的，但是在下结论之前，必须通过参数估计值的"统计显著性"检验。即使参数估计值为正，与预期相同，但它也可能与零之间没有明显差异，并不能确保真实参数为正。

计量经济学的第三个用途，也是最难掌握的用途，是基于已经发生的事件去预测或者推测下一季度、明年或者更远的将来会发生什么。例如，经济学家可以采用计量经济学模型来预测诸如销售量、利润、国内生产总值（GDP）、通货膨胀率等。这类预测的准确性，很大程度上取决于过去对未来的决定程度。商业巨头和政治家之所以格外看重计量经济学的这个用途，是因为他们需要依靠它来对未来进行决策，如果决策失误，后果就会非常严重（企业破产或候选人淡出政坛）。由于计量经济学能够揭示政策效果，所以，商界和政府的领导人能够更好地使用它来进行决策。例如，对于某个公司在销售方程（1-1）中提及的产品，公

$\ominus$　在不考虑供给的情况下建立一个需求模型的做法很天真。很不幸，即使你已经学会了如何估计一个单方程，但学习联立方程模型的估计也是很困难的。所以，对联立方程模型的讨论放到第 14 章。到那时，你就会意识到有时会遇到在理论上并不独立的解释变量。

司总裁很想知道是否应该涨价，于是，就可以通过预测涨价前后的销售量，然后进行计算和比较，做出是否应该涨价的决策。

1.1.2　其他计量经济学方法

定量研究有很多不同的方法。例如，与生物学、心理学和物理学都会面临数量问题一样，经济管理学也会遇到数量问题。然而，不同学科面临的问题不同，所以，采用的方法也不同。比如，通常意义下，经济学是一门观察性学科而不是一门实验性学科。"我们之所以需要一个称为计量经济学的特殊的学科领域和相关的教科书，是因为人们普遍认为经济学家使用的经济数据拥有一些固有性质，而这些性质在统计学基础教科书中并没有考虑或者没有充分强调"。[注]

在经济学领域内，不同的方法有不同的意义。选用哪种计量经济学方法，部分取决于计量经济学方程的用途，例如，仅仅用于描述目的的模型就可能和预测模型不同。

为了更好地了解这些方法，应该先弄清楚非实验定量研究方法的步骤：

（1）设定模型或者待研究的经济关系；

（2）收集用于量化模型的数据；

（3）使用数据量化模型。

第（1）步中用到的表达式和第（3）步中用到的方法在学科彼此之间都是大相径庭的。为给定的模型选择最好的表达式这一理论方法，经常被称为计量经济的"艺术"。对同一个方程存在多种不同的量化方法，而不同的方法一般来说会产生不同的结果。方法的选择是计量经济学使用者的事情，不过，每个使用者应该给出选择理由。

本书将重点讨论一种特定的计量经济学方法：单方程线性回归分析。本书的大部分内容都集中于讨论回归分析，但是，对于每个计量经济学家来说，重要的是不要忘记回归分析只不过是计量经济学量化方法中的一种。

批判性评价的重要性再怎么强调也不过分。计量经济学家都能够诊断出错误的地方并做出修正。任何一个使用回归分析及其结论的人，都应该对回归分析方法的局限性有足够的认识。由于存在缺失数据或数据不准确、错误设定经济关系、错误选择估计方法或者统计检验程序不恰当等可能性，所以，在分析回归分析结果时需要格外小心。

⣿ 1.2　什么是回归分析

计量经济学家通常采用回归分析，来对之前完全理论化的经济关系进行数量估计。说到底，每个人都可以声称苹果手机需求量会随着价格的降低而升高（假定其他条件不变），但并没有多少人能够在方程中给出确切的数值，估计出价格每下降 1 美元后苹果手机需求量会增加多少。为了推断出变动的方向，就需要掌握经济学的理论知识和特定商品的性质。为了推断出变动量，就需要一组数据样本和一种方法来估计经济关系。在计量经济学中，使用最多的用于估计此类经济关系的方法就是回归分析。

─── Cliver Granger, "A Review of Some Recent Textbooks of Econometrics," *Journal of Economic Literature*, Vol. 32, No. 1, p. 117.

1.2.1 被解释变量、解释变量和因果关系

回归分析（regression analysis）是一种统计方法，它通过对一个方程的量化来"解释"**被解释变量**（dependent variable）如何随着一系列**解释变量**（independent variable）的变动而变动。例如，在方程（1-1）中

$$Q = f(P, P_s, Y_d) \tag{1-1}$$

Q 是被解释变量，P，P_s，Y_d 是解释变量。回归分析对于经济学家来说是一种很自然的分析工具，这是因为绝大部分（尽管不是所有的）的经济命题都能表述为这种单方程的函数形式。例如，需求量（被解释变量）是价格、替代品价格和收入（解释变量）的函数。

许多经济学和工商管理学科都会触及因果关系命题。如果商品价格升高 1 单位，那么需求量下降的平均量则取决于需求的价格弹性（价格变动 1％引起的需求量变动的百分比）。与此类似，如果资本投入量增加 1 单位，那么产出量增加的平均量就称为资本的边际产出。诸如此类的，提出了"如果……那么……"关系或因果关系的命题，其在逻辑上假定被解释变量的变动是由一系列确定的解释变量的变动引起的。

> 然而，千万不要被"被解释变量"和"解释变量"的字面意思所误导。虽然，很多经济关系由于其自身的性质而具有因果关系，但是要记住，无论统计上多么显著的回归结果都不能证明因果关系。数量分析所能做的仅仅是检验显著的数量关系是否存在。对因果关系的判断必须建立在一定的经济学理论和基本常识的基础之上。例如，一个顾客进入花店并且买花之前，花店的门铃响了，这并不能说明铃声导致了购买行为。如果事件 A 和事件 B 在统计上是有关联的，那么可能是 A 导致了 B，也可能是 B 导致了 A，还有可能是一些忽略掉的因素导致了两者，或者是两者之间存在相关关系。

因果关系时常表现得非常微妙，以至于误导了最为杰出的经济学家。例如，在 19 世纪晚期，英国经济学家斯坦利·杰文斯曾假设，是太阳黑子导致了经济活动的增加。为了检验这个理论，他收集了国民产出的数据（被解释变量）和太阳黑子活动的数据（解释变量），发现两者存在显著的正相关关系。正是这个结论，使得他和另外一些人得出结论：太阳黑子确实能够促使产出增加。显然，这种结论是不合理的，因为回归分析不能确保因果关系，它只能检验相关数量关系的强度和方向。

1.2.2 单方程线性模型

最简单的单方程线性模型为：

$$Y = \beta_0 + \beta_1 X \tag{1-3}$$

方程（1-3）指出被解释变量 Y 是解释变量 X 的线性函数。这个模型是一个单方程模型，因为它是唯一被指定的方程。之所以说这个模型是线性的，是因为如果绘出方程（1-3）的图形，就会发现它是一条直线而不是曲线。

β 为参数，它决定了直线上每一个点的坐标。其中，β_0 是常数项或截距项，表示 X 为零时，Y 对应的值；β_1 是回归直线的斜率，它表示 X 每变动 1 单位，Y 的变动量。图 1-1 中的实线说明了回归方程的参数和图形之间的关系。正如从图中看到的一样，方程（1-3）确实是线性的。

斜率参数（slope coefficient）β_1 表示的是解释变量 X 每增加 1 单位，被解释变量 Y 随之而变动的量。回归分析重点关注 β_1 的斜率参数。如图 1-1 所示，当解释变量 X 从 X_1 增加到 X_2（增加量为 ΔX）时，方程（1-3）中被解释变量 Y 的值也会从 Y_1 增加到 Y_2（增加量为 ΔY）。对于线性（例如，直线方程）回归模型来说，被解释变量 Y 的预测值随着解释变量 X 的变动而变动的量等于斜率参数 β_1，且恒定不变：

$$\frac{(Y_2 - Y_1)}{(X_2 - X_1)} = \frac{\Delta Y}{\Delta X} = \beta_1$$

式中，Δ 代表变量的变动量。有些读者将其理解为纵轴的变化量（ΔY）除以横轴的变化量（ΔX）。对线性模型而言，斜率在函数中恒定不变。

如果要把线性回归方法运用到方程中，那么，就要求这个方程必须是线性的。如果根据 X 和 Y 绘制出的函数图像是一条直线，那么这个方程就是**线性的**（linear）。例如方程（1-3）⊖。

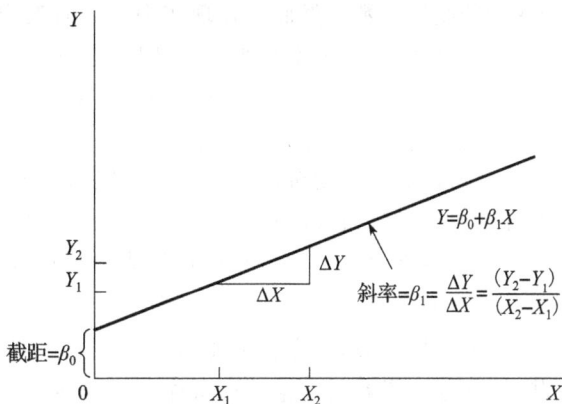

图 1-1　回归直线参数的图形表示

注：方程 $Y = \beta_0 + \beta_1 X$ 的图形是线性的，其斜率为 $\beta_1 = \Delta Y / \Delta X$。

1.2.3　随机误差项

被解释变量（Y）的变化除了受解释变量（X）的影响外，还受到许多其他因素的影响。这些因素部分是来自遗漏了的解释变量（例如，X_2 和 X_3）。然而，就算这些被遗漏的变量被引入方程，对被解释变量 Y 来说，仍然会存在一些无法被模型完全解释的误差。⊖这些误差可能来自一些已忽略的影响因素、数据的测量误差、错误的函数形式、纯粹的随机因素或完全无法预料的未知因素。在这里，**随机**（random）指的是变量的取值完全是偶然的。

计量经济学家承认存在这种内在的无法被解释的误差（偏差），因而直接在回归模型中引入一个随机误差项。**随机误差项**（stochastic error term）是回归方程中除了已有的解释变量 X 之外，代表其他所有影响被解释变量 Y 的因素。事实上，它也是计量经济学家无法将所有被解释变量的变动因素用模型表示出来的象征。误差项（有时也叫干扰项）通常用符号 ε（读作 epsilon）表示。有时也用其他符号（诸如 u 或 v）表示。

在方程（1-3）加入了随机误差项后，就形成了一个典型的回归方程：

$$Y = \beta_0 + \beta_1 X + \varepsilon \tag{1-4}$$

可以看出方程（1-4）由两部分组成：确定部分和随机或偶然部分。表达式 $\beta_0 + \beta_1 X$ 是回归方程的确定部分，因为它表示的 Y 值由给定的 X 的值所决定，这个过程是非随机的。这个确定部分也可被看作给定 X 的值的情况下，Y 的**期望值**（expected value）。Y 的均值（期望值）

⊖　严格来讲，这个方程在常数 β_0 和 β_1 以及变量 Y 和 X 中是线性的，在第 7 章会讲解。关于变量的非线性方程回归分析的应用将在第 7 章介绍。关于常数的非线性方程回归分析更难一些。

⊖　极端例外的情况是，数据被某些物理定律解释并被精确地测量。数据能被一些物理定律解释和被完全精确地测量的例外是非常少见的。这里，连续的误差表明存在一个被忽视的解释变量。天文学中也会遇到类似的问题，新的行星往往是通过记录已知星球的轨道偏差而发现的，因为这种偏差只能是另外的天体的引力所导致的。由于缺乏这样的物理定律，经济学和商业领域的研究者就不能武断地认为，被解释变量的所有变化都可以由回归模型来解释，因为，无论采用何种方法来测量一种行为关系，总会是有误差存在的。

与特定的 X 的值有关。例如，假设 13 岁女孩的平均身高是 5 英尺[⊖]，那么，5 英尺就是一个女孩在 13 岁时身高的期望值。这个方程的确定部分可以表述为：

$$E(Y|X) = \beta_0 + \beta_1 X \tag{1-5}$$

它表示的是在给定 X 值的情况下，Y 的期望值，记作 $E(Y|X)$，它是一个（或多个）解释变量的线性函数。然而，在现实中，Y 的观测值不可能恰好等于确定的期望值 $E(Y|X)$。毕竟，不是所有 13 岁女孩都是 5 英尺高。因此，必须在方程中加入随机因素（ε）。

$$Y = E(Y|X) + \varepsilon = \beta_0 + \beta_1 X + \varepsilon \tag{1-6}$$

之所以必须把随机误差项引入到回归方程中，是因为除了解释变量 X 包含的误差，还存在至少 4 种导致被解释变量 Y 出现误差的因素。

(1) 许多对 Y 有微小影响的因素没有包含在方程中（例如，无法获取的数据）。

(2) 被解释变量的某些测量误差在实质上是无法避免的。

(3) 潜在的理论方程可能与选定用作回归分析的方程具有不一样的函数形式（或形状）。例如，潜在的理论方程可能是非线性的。

(4) 对人类行为的一般模型化表述通常都包含了一些不可预测的或纯随机的因素。

为了加深对随机误差项的这些构成部分的理解，让我们考察消费函数（总消费是总可支配收入的函数）。第一，由于未来经济中存在着不确定因素，特定年份的消费量可能会小于该年份应该达到的水平。然而，这种不确定性是很难测量的，所以，在方程中很可能就没有用来衡量消费者不确定性因素的变量。在这种情况下，被遗漏了的变量（消费者的不确定性因素）的影响很可能就表现在随机误差项中。第二，由于国民收入账户在衡量消费水平的时候会出现一定程度的误差（例如，样本误差），所以，特定年份的消费量的观测值可能与真实的消费水平不同。第三，隐含的消费函数可能是非线性的，但却用线性消费函数来估计（从图 1-2 中可以看出，错误的函数形式将导致多大的误差）。第四，消费函数是用来描述人类行为的，而人类行为本身就包含了一些不可预测的因素。在任何时候，一些随机事件也许会以一种不可重复也不可预测的方式增加或减少总消费量。

这在一定程度上解释了 Y 的观测值与从方程确定部分得出的期望值 $E(Y|X)$ 之间存在差别的原因。在后面的章节中，将对这些误差的来源做更详尽的讲解，目前只要能够意识到一点就够了：在计量经济学研究中，总会存在一些随机或偶然的因素，因而必须要将误差项加入到回归方程中。

1.2.4　符号的拓展

回归分析所用到的符号需要拓展，用以反映多个解释变量的情况和容纳样本观测值的数目。个人、年份或者国家都可以成为典型的观测对象（或分析单元）。例如，在一个从 1985 年开始的基于年度观测值的序列中，可以用 Y_1 表示 Y 在 1985 年的观测值，用 Y_2 表示 1986 年的观测值，依此类推。如果观测值的数目是确定的，那么单方程线性回归模型可以写为：

$$Y_i = \beta_0 + \beta_1 X_i + \varepsilon_i \quad (i = 1, 2, \cdots, N) \tag{1-7}$$

⊖　1 英尺＝0.304 8 米。

式中，Y_i 代表被解释变量的第 i 个观测值；X_i 代表解释变量的第 i 个观测值；ε_i 代表随机误差项的第 i 个观测值；β_0，β_1 代表回归参数；N 代表样本观测值的数目。

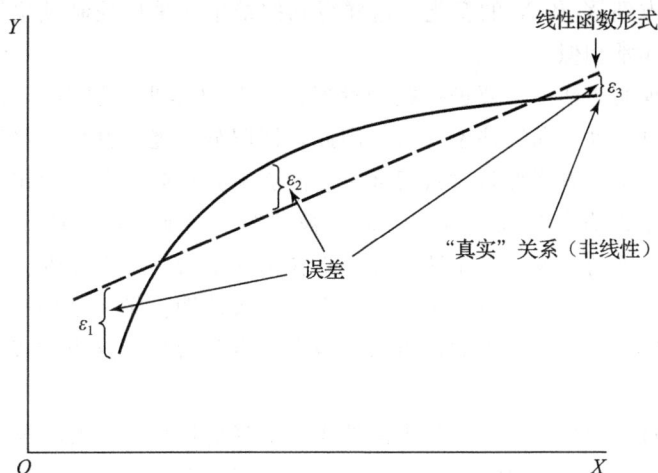

图 1-2 使用线性函数模拟非线性关系造成的误差

注：使用错误的函数形式是产生随机误差的原因之一。例如，在隐含关系是非线性的情况下，采用了线性函数形式，系统误差（εs）便产生了。这种非线性因素仅仅是随机误差项的其中一个构成部分而已，其他部分包括遗漏了的变量、测量误差和纯随机误差等。

实际上，每组观测值对应一个方程，有 N 个方程，即

$$Y_1 = \beta_0 + \beta_1 X_1 + \varepsilon_1$$
$$Y_2 = \beta_0 + \beta_1 X_2 + \varepsilon_2$$
$$Y_3 = \beta_0 + \beta_1 X_3 + \varepsilon_3$$
$$\vdots$$
$$Y_N = \beta_0 + \beta_1 X_N + \varepsilon_N$$

也就是说，这个回归方程被假定为适用于任何一组观测值。参数值不会随着观测值的改变而改变，但 Y，X 和 ε 的值却会随着观测值的改变而改变。

为了使回归方程能够容纳多个解释变量，拓展出了第二种符号。因为被解释变量很可能会受到不止一个解释变量的影响，会有很多解释变量影响它，所以，就要求方程中的符号应该能表示出额外加入的解释变量。定义：

X_{1i}——第一个解释变量的第 i 个观测值；

X_{2i}——第二个解释变量的第 i 个观测值；

X_{3i}——第三个解释变量的第 i 个观测值。

这三个变量都可以看作 Y 的决定因素。

这样一来，方程就称为**多元**（multivariate，不止一个解释变量）线性回归模型：

$$Y_1 = \beta_0 + \beta_{1i} X_{1i} + \beta_2 X_{2i} + \beta_3 X_{3i} + \varepsilon_i \tag{1-8}$$

式中的**回归参数 β_1 的经济意义**（meaning of the regression coefficient β_1）是在 X_2 和 X_3 的值不变的情况下，X_1 每增加 1 单位对被解释变量 Y 的影响。同理，β_2 给出在 X_1 和 X_3 的值不变的情况下，X_2 每增加 1 单位对被解释变量的影响。

多元回归参数（multivariate regression coefficient）用于分离某个变量与其他变量对 Y 的影响（这在性质上与微积分中的偏导数非常相似）。这是可行的，因为在估计参数 X_1 的时候，多元回归会考虑到 X_2 和 X_3 的变化。这样得到的结果同采用控制试验使每次只变动一个变量所得到的结果非常相似。

即使如此，在现实生活中，要进行控制性经济试验仍然非常困难⊖，因为许多经济因素的变动是同步的，且变动方向往往不一致。因此，回归分析能在其他解释变量的影响不变的条件下，测量出其中某个解释变量对被解释变量的影响，这是它非常突出的优点。值得注意的是，如果某个变量没有包含在方程中，而是被遗漏了，那么，在估计其他回归参数的时候，它的影响将不会保持不变。关于这一点，将在第 6 章做进一步分析。

上面讲到的内容比较抽象，接下来通过两个实例来说明。第一个例子，考察方程中只有一个解释变量的情况，一个关于人的体重与其身高关系的模型。这个方程背后的理论是：在其他方面相同的情况下，越高的人趋于越重。

这个方程中的被解释变量应该是某人的体重，解释变量是这个人的身高：

$$Weight_i = \beta_0 + \beta_1 Height_i + \varepsilon_i \tag{1-9}$$

准确而言，方程（1-9）中的下标 i 是什么意思呢？每个 i 代表样本中不同的个体，所以，对这些下标的另一个理解方式是：

$$Weight_{woody} = \beta_0 + \beta_1 Height_{woody} + \varepsilon_{woody}$$
$$Weight_{lesley} = \beta_0 + \beta_1 Height_{lesley} + \varepsilon_{lesley}$$
$$Weight_{bruce} = \beta_0 + \beta_1 Height_{bruce} + \varepsilon_{bruce}$$
$$Weight_{mary} = \beta_0 + \beta_1 Height_{mary} + \varepsilon_{mary}$$

看看这些方程。每个人都有各自的身高和体重，这很合理。但是，为什么每个人都有各自的随机误差项 ε 呢？答案是随机事件（像那些被 ε 表示的事件）对人们的影响不同，所以，每个人都具有不同的值来反映这些差异。比较而言，参数（β）的下标是不变的且应用于整个样本。我们将在第 1.4 节学习更多关于这个方程的内容。

第二个例子，让我们看看一个方程中有多个解释变量的情况。此时，若工人的工资是被解释变量（$WAGE$），那合适的解释变量应该是哪些呢？在一个给定的行业中，哪些变量能够影响一个工人的工资呢？事实上，可能存在数十种合理的因素，但最常见的有三种，分别是工作经验（EXP）、受教育程度（EDU）和性别（$GEND$），那么，在这里就使用这三个变量。为了构造一个包含这三个变量的回归方程，重新定义方程（1-8），以满足此处的情况。

Y——$WAGE$（工人的工资）；

X_1——EXP（工人的从业年限）；

X_2——EDU（工人所受高中以上教育的年数）；

X_3——$GEND$［工人的性别（1＝男性，0＝女性）］。

最后一个变量 $GEND$ 是不寻常的，它只有两个值：0 或 1。把这种变量称为**虚拟变量**（dummy variable），它在量化定性变量（如性别）时非常有用。关于虚拟变量更为深入的讨论将会在第 3.3 节和第 7.4 节中涉及。

将以上重新定义的变量代入方程（1-8），有：

⊖ 这种实验操作起来很困难，但并非不可能。请参见第 16.1 节。

$$WAGE_i = \beta_0 + \beta_1 EXP_i + \beta_2 EDU_i + \beta_3 GEND_i + \varepsilon_i \tag{1-10}$$

方程（1-10）指出工人的工资是工作经验、受教育程度和性别的函数。在这个方程中，β_1 的经济意义是什么呢？有些读者认为 β_1 表示的是工作经验每增加 1 年的情况下，平均工资的增加量。然而，这种看法忽视了方程中另外两个解释变量对工资的影响。正确的说法为：β_1 表示的是在保持受教育程度和性别不变的情况下，工作经验每增加 1 年对工资的影响。以上两种说法之间存在显著的差别，因为后者使研究者在没有进行控制试验的情况下，控制住了特定复杂因素对被解释变量的影响。

在结束本节之前，有必要了解一下包含 K 个解释变量的多元回归模型的一般形式：

$$Y_i = \beta_0 + \beta_1 X_{1i} + \beta_2 X_{2i} + \cdots + \beta_k X_{ki} + \varepsilon_i \tag{1-11}$$

式中，i 从 1 取到 N，表示观测期。

如果样本中包含年度或月度序列［称作**时间序列**（time series）］，此时，通常用标记时间的下标 t 来取代下标 i。[⊖]

1.3　回归方程的估计

一旦特定方程被设定之后，就必须对其进行量化。量化理论上的回归方程的过程称为**回归方程估计**（estimated regression equation），是通过一组包含 X 和 Y 的真实值的样本数据实现的。虽然理论上的回归方程在本质上是抽象的方程：

$$Y_i = \beta_0 + \beta_1 X_i + \varepsilon_i \tag{1-12}$$

但估计出回归方程为：

$$\hat{Y}_i = 103.40 + 6.38 X_i \tag{1-13}$$

这样，方程中就有了确定的数值，参数估计值 103.40 和 6.38 是用 X 和 Y 的实际观测值计算出来的。这些估计值是用来决定 Y 的估计值或拟合值 $\hat{Y}$ 的（读作 Y 尖）。

观察理论上的回归方程和估计出的回归方程之间的差别，就会发现：首先，方程（1-12）中的理论上的回归参数 β_0 和 β_1 被方程（1-13）中的参数估计值 103.40 和 6.38 取代了。事实上，回归参数的真值[⊖]是不能观察到的。因此，通常情况下，采用从样本数据中计算出来的估计值来代替。**回归参数的估计值**（estimated regression coefficients）通常记作 $\hat{\beta}_0$ 和 $\hat{\beta}_1$（读作 beta 尖），它们是经验上对回归参数真值的最佳推测，并且是通过包含 X 和 Y 的样本数据计算出来的。通常情况下，表达式

$$\hat{Y}_i = \hat{\beta}_0 + \hat{\beta}_1 X_i \tag{1-14}$$

与理论上的回归方程（1-12）是相互对应的。方程（1-13）中计算出的参数估计值是回归参数的估计值 $\hat{\beta}_0$ 和 $\hat{\beta}_1$ 的特例，每组样本都可以计算出一组特定的回归参数估计值。

⊖　只要正确的定义被表达了出来，下标的顺序并不那么重要。本书将第一个变量写为（X_{1i}），因为这更便于计量经济学的初学者理解。然而，当读者接触到矩阵代数和计算机电子表格时，通常情况下将第一个变量写为 X_{i1}。观测值的下标有时会被省略掉，读者应该知道方程中包含了样本中的所有观测值。

⊖　本书中对于"真实"一词的使用是有所保留的。许多哲学家认为真实的概念只有在涉及科学研究问题时才是有用的。许多经济学家赞同这一点，并指出在经济学上对一代人是真理的东西对另一代人来说可能是谬误。对计量经济学来说，真实的参数是通过对总体进行回归分析所计算出来的参数值。因此，读者可以用"**总体参数**"来代替"真实参数"，两者的意思是一样的。

$\hat{Y}_i$ 是 Y_i 的估计值，表示的是将解释变量的第 i 组观测值代入估计出的回归方程后计算出来的 Y 值。因此，$\hat{Y}_i$ 是从回归方程中得出的 $E(Y_i|X_i)$ 的预测值。$\hat{Y}$ 与样本中的 Y 之间越接近，表明方程拟合得越好。（这里的"拟合"一词所表达的意思与衣服合身中"合身"一词的意思差不多。）

被解释变量的估计值（$\hat{Y}_i$）与被解释变量的真值（Y_i）之间的差称为**残差**（residual，e_i）。

$$e_i = Y_i - \hat{Y}_i \tag{1-15}$$

注意方程（1-15）中的残差与误差项

$$\varepsilon_i = Y_i - E(Y_i|X_i) \tag{1-16}$$

之间的区别。残差是 Y 的观测值与 Y 的估计值之间的差，而误差项是 Y 的观测值和真实回归方程（Y 的期望值）之间的距离。值得注意的是，误差项是一个不能被观察到的理论概念，而残差是在回归分析中可以被每组观测值计算出来的实实在在的数值。残差可看作误差项的估计值，此时，e 表示 $\hat{\varepsilon}$。大多数的回归方法不仅要计算残差，还要计算 $\hat{\beta}_0$ 和 $\hat{\beta}_1$，并使得残差尽可能小。残差越小，拟合程度越高，$\hat{Y}$ 与 Y 之间越接近。

以上所有的概念都可以从图 1-3 中看到。数组（X，Y）表示坐标轴中的点，真实的回归方程（不能应用于现实中）和估计出的回归方程也可以从图中看到。值得注意的是，估计出的回归方程的图像与真实回归方程的图像非常接近，但并不重合，这是很常见的。

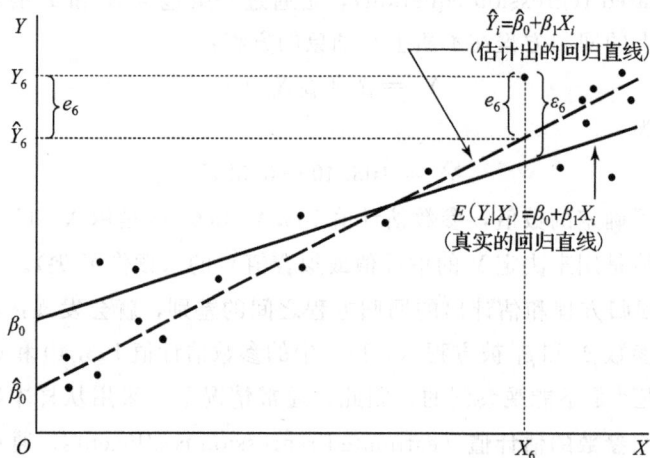

图 1-3 真实的回归直线与估计出的回归直线

注：通常情况下，X 与 Y 之间的真实关系（图中实线）是不能被观察到的，但估计出的回归直线（图中虚线）却能被观察到。观测点（例如 $i=6$）与真实回归直线之间的距离就是随机误差项的值（ε_6）。观测值 Y_6 与回归直线上的估计值 $\hat{Y}_6$ 之间的差就是残差的观测值 e_6。

在图 1-3 中，$\hat{Y}_6$ 是基于第 6 对观测值的 Y 的估计值，位于估计出的回归直线（图中虚线）上，它与第 6 对中 Y_6 的实际观测值不同。观测值与估计值之间的差为残差，记为 e_6。

除此之外，虽然通常情况下误差项的观测值无法获取，但还是可以画出一条假定的真实的回归线（图中实线）来观察第 6 对观察值所对应的误差项 ε_6，即真实的回归线与 Y 的观测值 Y_6 之间的距离。

表 1-1 总结了真实回归方程与估计出的回归方程中所用到的符号。

表 1-1 真实回归方程与估计出的回归方程中用到的符号

真实的回归方程	估计出的回归方程
β_0	$\hat{\beta}_0$
β_1	$\hat{\beta}_1$
ε_i	e_i

在方程的右边加入新的解释变量，可以将估计出的回归模型拓展为不止一个解释变量的情况。对应于方程（1-14）估计出的多元回归模型为：

$$\hat{Y}_i = \hat{\beta}_0 + \hat{\beta}_1 X_{1i} + \hat{\beta}_2 X_{2i} + \cdots + \hat{\beta}_k X_{ki} \tag{1-17}$$

需要注意的是，超过两个解释变量的多元回归方程的图像是画不出来的，即便只有两个解释变量，要画出对应的图像也非常困难。

1.4 回归分析实例

考虑一个回归分析的简单例子。假设你的暑期工作是在一家名叫 Magic Hill 的游乐园为游客猜测体重。游客先每人支付 2 美元，如果你的猜测精确到 10 磅⊖以内，那么你将获得这笔钱。如果你没能做到，那就要退回 2 美元并送给游客一个你用 3 美元从 Magic Hill 买来的小礼物。好在 Magic Hill 的管理员在游客背后的墙上安排了一组标记，这样一来，你就能较为准确地测量游客的身高。不过，在你和游客之间隔着一座 5 英尺高的矮墙，所以，除了身高和性别外，你很难获取其他信息。

第一天，你的表现很不理想，损失了 2 美元，因此，第二天你决定收集一些数据，用回归分析来估计身高和体重的关系。因为大多数参与者是男性，所以，你决定把样本限定在男性以内。你假设出下面的理论关系：

$$Y_i = f(\overset{+}{x_i}) + \varepsilon_i = \beta_0 + \beta_1 x_i + \varepsilon_i \tag{1-18}$$

式中，Y_i 代表第 i 个游客的体重（单位：磅）；x_i 代表第 i 个游客的身高（单位：英寸⊖，高于 5 英尺的部分）；ε_i 代表第 i 个游客的随机误差项的值。

在这里，身高和体重的理论关系被认为是正相关的（用一般理论方程中 X_i 上面的正号表示），然而，需要量化这种关系，只有这样，才能在给定身高的情况下估计出体重。为此，你需要搜集数据，并将搜集到的数据运用于回归分析。

第二天，你搜集到了如表 1-2 所示的数据，并采用 Magic Hill 的计算机进行了回归分析，得到了以下估计值：

$$\hat{\beta}_0 = 103.40 \qquad \hat{\beta}_1 = 6.38$$

这意味着估计出的方程

$$\text{估计出的体重} = 103.40 + 6.38 \times \text{身高(单位：英寸，高于 5 英尺的部分)} \tag{1-19}$$

该方程可以作为你猜测游客体重的一种替代方法。这个估计身高的方程以常数项 103.40 磅为基础，并随着身高（高于 5 英尺）每增加 1 英寸而增加 6.38 磅。$\hat{\beta}_1$ 的符号与预期一致，是正的。

这个方程的效果怎么样呢？要回答这个问题，你需要计算出方程（1-19）的残差项（$Y_i - \hat{Y}_i$），看有多少个残差大于 10。从表 1-2 的最后一列可以看出，如果你把回归方程运用到这 20 个人中，你不会因此而变得富有，但是至少可以使你赚到 25 美元而不是亏损 2 美元。图 1-4 不仅给出了方程（1-19）的图像，还给出了样本中 20 位游客的体重和身高的数据。

⊖ 1 磅＝0.454 千克。
⊖ 1 英寸＝0.025 4 米。

表 1-2 猜测体重方程的数据和结果

观测值 i (1)	身高（高于 5 英尺 的部分）X_i (2)	体重 Y_i (3)	身高的预测值 $\hat{Y}_i$ (4)	残差 e_i (5)	利润和 亏损 (6)
1	5.0	140	135.3	4.7	+2.00
2	9.0	157	160.8	−3.8	+2.00
3	13.0	205	186.3	18.7	−3.00
4	12.0	198	179.9	18.1	−3.00
5	10.0	162	167.2	−5.2	+2.00
6	11.0	174	173.6	0.4	+2.00
7	8.0	150	154.4	−4.4	+2.00
8	9.0	165	160.8	4.2	+2.00
9	10.0	170	167.2	2.8	+2.00
10	12.0	180	179.9	0.1	+2.00
11	11.0	170	173.6	−3.6	+2.00
12	9.0	162	160.8	1.2	+2.00
13	10.0	165	167.2	−2.2	+2.00
14	12.0	180	179.9	0.1	+2.00
15	8.0	160	154.4	5.6	+2.00
16	9.0	155	160.8	−5.8	+2.00
17	10.0	165	167.2	−2.2	+2.00
18	15.0	190	199.1	−9.1	+2.00
19	13.0	185	186.3	−1.3	+2.00
20	11.0	155	173.6	−18.6	−3.00

总计：25 美元

注：这个数据集，以及本书中涉及的其他数据集都可以在本书的主页上找到，有 4 种格式。这个数据集基于 EViews
格式，文件名为 HTWT1。

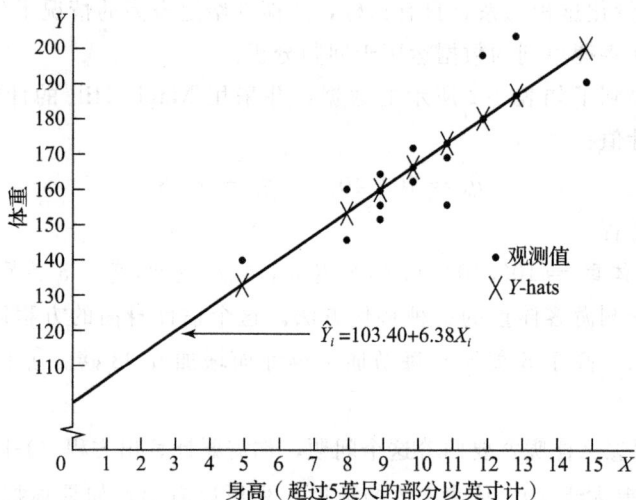

图 1-4　体重猜测方程

注：如果把猜测体重案例中的数据和估计出的回归直线描在坐标轴中，就会发现除 3 个观测值外，估计值 $\hat{Y}_s$ 与观
测值 Y_s 之间非常接近。在图中找到一位男性朋友的身高和体重，看看这个回归方程的效果如何。

方程（1-19）有助于刚开始从事体重猜测工作的人，它可以通过加入新的变量或扩大样
本容量的方式来改进。这样的方程是符合实际的，似乎每个成功猜测体重的人都会不经意地

用到它。

这里的目标是通过搜集数据（见表 1-2）计算出方程（1-19）中的估计值，来量化关于体重和身高的理论方程（1-18）。正如随机误差项的观测值是不可知的，尽管无法知道真实回归方程，但还是可以得到估计出的回归方程，其 $\hat{\beta}_1$ 的符号符合预期，这一方程可以有助于工作的开展。在你退学或辞去工作，试图在 Magic hill 以猜测体重为生之前，还有很多关于回归分析的东西要学，继续加油吧。

1.5 应用回归分析解释住房价格

尽管在游乐园猜体重是一件有意思的事情，但这并不是应用回归分析的典型案例。类似于将回归分析运用到这样奇妙的主题，它还可以被运用于大量其他主题，如描述 GDP 对货币供应量增加的反应，采用新数据来验证经济理论，预测价格变化对企业销售量的影响等。

为了使案例更贴近现实，接下来考虑房地产定价模型。购买住房可能是一个人一生中最重要的财务决策，而影响决策的最重要的因素之一是房地产估价。如果高估了房价，就可能会带来数千美元的损失；如果低估了房价，那么，就有可能会有人出价更高而买走住房。

如果住房是像玉米或黄金那样的同质产品，有广为人知的市场价格与特定要价做比较，那么，就不会存在太大的问题。但在房地产市场上，情况完全不一样。因此，房地产估价就成为是否买房的重要因素。许多房地产估价师运用回归分析来开展工作。

假如你打算在南加利福尼亚州买一套住房，但你又觉得房东的要价太高了。房东认为，230 000 美元的要价是合理的，因为大约 1 年前隔壁一套稍大一点的住房就卖了 230 000 美元。你不能确定比较两套不同面积、在不同时期购买的住房的价格的做法是否合理。那么你怎么才能决定是否支付这 230 000 美元呢？

由于你正在学习计量经济学，所以，你决定搜集过去几周在当地出售的所有住房的数据，并建立一个以房价为被解释变量、住房面积为解释变量的回归模型。[⊖]这个数据集是**截面**（cross-sectional）的，因为所有的观测值都来自同一个时间点，并代表不同的独立经济体（例如国家，本例中指的是住房）。

为了测度面积对价格的影响，你把住房面积作为回归方程的解释变量，把价格作为被解释变量。你预期面积的参数符号为正，因为面积大的住房要比小的需要更多的成本来建造，且面积大的比小的要更受欢迎。因此，理论模型为：

$$PRICE_i = \beta_0 + \overset{+}{\beta_1} SIZE_i + \varepsilon_i \tag{1-20}$$

式中，$PRICE_i$ 代表第 i 套住房的价格（单位：千美元）；$SIZE_i$ 代表第 i 套住房的面积（单位：平方英尺[⊖]）；ε_i 代表第 i 套住房的随机误差项。

你搜集了最近所有的房地产交易记录后，发现在过去 4 周中，当地有 43 套住房售出，于是，采用这 43 个观测值估计出了回归方程：

⊖ 对一个经济学家来说，在建立一个价格模型时不在方程右边写上度量单位是不寻常的。这种以商品属性为函数的商品价格模型称为 hedonic 模型，第 11.8 节将对此做深入探讨。在继续这个案例之前，有兴趣的读者可以先浏览一下第 11.8 节的前几段。

⊖ 1 平方英尺＝0.092 9 平方米。

$$\widehat{PRICE}_i = 40.0 + 0.138SIZE_i \tag{1-21}$$

这些参数估计值表示什么呢？其中最重要的参数是 $\hat{\beta}_1 = 0.138$。这个参数表示住房面积每增加 1 平方英尺，住房价格将增加 0.138 千美元（138 美元）。因为回归分析的目的在于弄清住房面积对住房价格的影响，因此，$\hat{\beta}_1$ 表示的是 1 单位面积变化所带来的价格变化。如图 1-5 所示，它是回归直线的斜率。

$\hat{\beta}_0 = 40.0$ 表示什么含义呢？$\hat{\beta}_0$ 是常数项或截距项的估计值。在方程中，它表示住房面积为零时，住房的价格为 40.0。如图 1-5 所示，估计出的回归直线过价格轴的 40.0 处。也许有人会说一块空地的价格怎么会是 40 000 美元，出于很多原因这个结论都是不合理的，第 7.1 节将对其做详细讨论。$\hat{\beta}_0 = 40.0$ 可以更为妥当地解释为它仅仅是 $SIZE_i = 0$ 时的估计价格，或者干脆不要解释它。

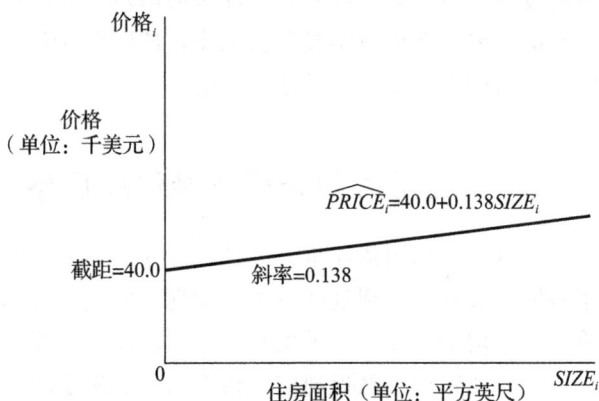

图 1-5　房价的截面模型

注：对应方程（1-21），回归方程以南加利福尼亚州的房价为被解释变量、住房面积为解释变量，其截距项为 40.0，斜率为 0.138。

$\hat{\beta}_1 = 0.138$ 又表示什么含义呢？$\hat{\beta}_1$ 是方程（1-20）中 $SIZE$ 的参数估计值，同时它也是图 1-5 中的直线斜率的估计值。它表示住房面积每增加 1 单位会导致住房价格增加 0.138 千美元或 138 美元。良好的习惯是，分析估计出的斜率参数是否讲得通，正如所预料的一样，$\hat{\beta}_1$ 的符号为正。那么参数的量纲呢？在解释参数的时候，必须要考虑其度量单位。在这个例子中，138 美元/平方英尺是合理的吗？这很难确信，但一定比 1.38 美元/平方英尺或 13 800 美元/平方英尺更合理。

你怎么运用估计出的回归方程来帮你决定是否为这套住房支付 230 000 美元呢？首先，计算出与你想买的住房面积（1 600 平方英尺）相同的住房的 $\hat{Y}$（价格的预测值），然后，比较 $\hat{Y}$ 和房东的要价 230 000 美元。为此，用 1 600 替换方程（1-21）中的 $SIZE_i$，得到：

$$\widehat{PRICE}_i = 40.0 + 0.138 \times 1\,600 = 40.0 + 220.8 = 260.8（千美元）$$

这套住房看样子还比较划算，房东对面值 260 800 美元的住房只收取 230 000 美元！也许你开始认为房价太高的想法是对整个南加利福尼亚州房价过高的总体感觉，而不是针对这个具体价格。

另外，影响房价的不仅是面积。（毕竟，要是南加利福尼亚州的住房没有游泳池或空调，又能好到哪里去呢？）这些多变量模型是计量经济学的核心所在，第 11.8 节再次探讨房价例子时，将会在方程（1-21）中加入更多的解释变量。

1.6　小结

（1）计量经济学，从字面意思上讲，叫"经济度量"，属于经济学的一个分支学科，主要致力于量化理论关系。回归分析虽然仅仅是计量经济学分析方法的一种，却是目前最常用的一种方法。

（2）计量经济学最主要的用途为：描述经济关系、假设检验和预测。根据研究的需要，特定的计量经济学方法会有所不同。

（3）尽管回归分析设定被解释变量是一个或多个解释变量的函数，但回归分析本身并不能证明或隐含因果关系。

（4）回归方程中必须加入随机误差项，用于度量被解释变量没有完全被解释变量解释而形成的误差。随机误差项的组成部分有：①遗漏或省略的变量；②数据的测量误差；③隐含理论的函数形式与回归方程不同；④纯随机误差或不可预知的事件。

（5）估计出的回归方程是真实回归方程的近似替代，是从包含 X 和 Y 的样本数据中计算出来的。由于真实回归方程不可知，所以，计量经济分析注重的是估计出的回归方程和回归参数的参数估计值。被解释变量的特定观测值与其估计值之差称为残差。

习题

(偶数序号的习题答案见附录 A)

1 不查阅书本（或笔记），给出下列术语的定义，然后与书本上的相比较。

  a. 常数或截距   b. 截面数据   c. 被解释变量   d. 估计的回归方程

  e. 期望值   f. 解释变量   g. 线性   h. 多变量回归模型

  i. 回归分析   j. 残差   k. 斜率系数   l. 随机误差项

2 利用计算机软件，以及表 1-2 中体重（Y）和身高（X）的数据，对方程（1-19）重新进行估计。这里有两种录入数据的方法：直接录入数据；从课程网站 www. pearsonhighered. com / studenmund 中下载数据文件 HTWT1（按 Stata，EViews，Excel 或 ASCII 形式），下载好数据后，运行 $Y = f(X)$，得出的结果应该与方程（1-19）一致。运用不同的程序对方程进行回归时，需要不同的指令。关于 Stata 和 EViews 的使用方法，详见附录 A 中的答案或附录 1A。

3 并不是所有参数估计值都是正数。例如，Jaime Diaz 发表在 *Sports Illustrated* 上面的一篇论文，研究了美国职业高尔夫球协会（PGA）巡回赛中不同距离的推杆次数⊖。论文中建立了推杆进洞次数百分比（P_i）是关于推杆距离（L_i，单位：英尺）的函数关系式。推杆距离越长，即使是专业的高尔夫球员，进洞的可能性也越小。所以可以预测，在用 L_i 解释 P_i 的方程中，L_i 的参数为负。利用论文中的数据估计得到的方程如下：

$$\hat{P}_i = 83.6 - 4.1L_i \tag{1-22}$$

  a. 认真写出 L_i 的参数的含义。

  b. 假设另外一个人通过论文中的数据估计得到以下一个方程：

$$\hat{P}_i = 83.6 - 4.1L_i + e_i$$

  这个方程与方程（1-22）是否相同？如果是，那利用何种定义，可以将该方程还原成方程（1-22）？

  c. 利用方程（1-22）估计一个 PGA 高尔夫球员 10 英尺推杆进球的次数百分比。结果是否现实？再分别估计 1 英尺和 25 英尺的情况，结果是否现实？

  d. 上一题的答案表明，这些数据应用于线性回归分析时存在一个问题，这个问题是什么？

  ⊖ Jaime Diaz，"perils of putting," *Sports Illustrated*，April 3，1989，pp. 76-79.

4 回到第 1.5 节中的住房价格模型。考察方程：

$$SIZE_i = -290 + 3.62PRICE_i \tag{1-23}$$

式中，$SIZE_i$ 代表第 i 套住房的面积（单位：平方英尺）；$PRICE_i$ 代表第 i 套住房的价格（单位：千美元）。

a. 认真解释各回归参数估计值的意义。

b. 假设该方程解释了住房面积变动的大部分原因（超过 80%）。方程是否表明，高价格的住房面积也大？如果不是，方程表明了什么？

c. 如果价格单位不是千美元，而是美元，方程的参数估计值会有什么变化？请详细阐述。

5 如果一个方程不止一个解释变量，则特别要注意回归参数的含义。比如，思考怎样建立一个方程，来解释不同州的公共教育支出花费在每个小学生身上的钱。一个州的收入越多，公共教育支出可能也越多。但是，学生数量增加得更快，导致花费在每个学生身上的钱更少。因此，一个合理的方程至少应包括两个变量：收入和学生数量增长率

$$S_i = \beta_0 + \beta_1 Y_i + \beta_2 G_i + \varepsilon_i \tag{1-24}$$

式中，S_i 代表第 i 州花费在每个公共学校学生身上的教育经费；Y_i 代表第 i 州的资本收入；G_i 代表第 i 州公共学校学生的增长率。

a. 说明变量 Y 与变量 G 的参数的经济意义。（提示：注意保持其他变量的影响不变。）

b. 如果要估计方程（1-24），你预期的变量 Y 和变量 G 的符号各是什么？请说明理由。

c. Silva 和 Sonstelie 估计了如下关于各个州的每个学生教育经费的截面模型，这个方程与方程（1-24）非常相似：[⊖]

$$\hat{S}_i = -183 + 0.142\,2Y_i - 5\,926G_i \tag{1-25}$$

$$N = 49$$

方程中的估计参数与你预期的相一致吗？请用常识来解释方程（1-25）。

d. 变量 G 是用小数来衡量的，因此，当一个州的招生人数增加了 10% 时，G 等于 0.1。如果变量 G 用百分比的形式来衡量，则当一个州的招生人数增加了 10% 时，G 等于 10。那么，方程（1-25）会怎么变化？（提示：写出参数估计值的真实数据。）

6 你的朋友在大学里有一份工作，就是给毕业的校友打电话，寻求他们对学校年度基金的捐献。她想要知道她打去的电话是否能起到作用。为了检验学生的电话对基金捐献的影响，她搜集了 50 个校友的数据，并估计了如下的方程：

$$\widehat{GIFT}_i = 2.29 + 0.001INCOME_i + 4.62CALLS_i \tag{1-26}$$

式中，$GIFT_i$ 代表第 i 位校友对 2016 年年度基金的捐献金额（单位：美元）；$INCOME_i$ 代表估计的第 i 位校友在 2016 年的收入（单位：美元）；$CALLS_i$ 代表为鼓励校友捐献，给第 i 位校友打电话的次数。

a. 详细说明每一个参数估计值的意义。估计参数的符号与你预期的相一致吗？

b. 为什么方程中左边的变量是 $\widehat{GIFT}_i$ 而不是 $GIFT_i$？

c. 在估计出的方程中，你的朋友并没有加入随机误差项。这种做法对吗？请说明理由。

d. 假如你的朋友决定将变量 $INCOME$ 的单位从"美元"变为"千美元"。方程中的参数估计值会发生什么变化？请详细说明。

⊖ Fabio Silva and Jon Sonstelie, "Did Serrano Gause a Decline in School Spending?" *National Tax Review*, vol. 48，No. 2，pp. 199-215. 作者还将第 i 个州花费在每个学生身上的税收收入作为一个变量。

e. 如果方程中可以再加入一个变量，应该加入什么变量？请说明理由。

7 回到第 1.2 节中决定工人工资水平的例子中，建立关于某一特定行业中第 i 位工人工资的模型，将工人工资水平作为工作经验、教育水平和工人性别的函数。

$$WAGE_i = \beta_0 + \beta_1 EXP_i + \beta_2 EDU_i + \beta_3 GEND_i + \varepsilon_i \tag{1-10}$$

式中，Y_i 代表 $WAGE_i$ 代表第 i 位工人的工资；X_{1i} 代表 EXP_i，即第 i 位工人的工龄；X_{2i} 代表 EDU_i，即第 i 位工人继高中之后的受教育年限；X_{3i} 代表 $GEND_i$，即第 i 位工人的性别（1＝男性，0＝女性）。

a. β_2 在现实世界中的含义是什么？（提示：如果你不确定从何入手，复习第 1.2 节。）

b. β_3 在现实世界中的含义是什么？（提示：注意性别是虚拟变量。）

c. 假定为了确定不同肤色工人的工资是否有差别，在模型中添加一个变量。如何定义这个变量？请详细说明。

d. 假定可以在方程中加入另一个变量，下面哪个变量更合理？请解释原因。

    Ⅰ. 第 i 位工人的年龄。

    Ⅱ. 第 i 位工人在这个行业中的工作年限。

    Ⅲ. 这个行业的平均工资水平。

    Ⅳ. 第 i 位工人的受雇用月份数。

    Ⅴ. 第 i 位工人拥有的孩子数。

8 你听说过评师网站吗？在这个网站上，学生们对教授的总体教学能力和一系列其他因素进行评价。然后，基于学生从教授课堂上的收获，网站对这些学生评价进行总结。

网站筛选出来的两个影响教授评级高低的最重要的因素是"容易度"（通过学习负荷量和成绩来衡量）和"热度"（假定为教授自身的吸引力）。一篇最近发表的论文[1]指出，"热度"大小对于教授评级高低的影响要大于"容易度"。为了对上述结论进行验证，建立以下基于评师网站数据的模型：

$$RATING_i = \beta_0 + \beta_1 EASE_i + \beta_2 HOT_i + \varepsilon_i \tag{1-27}$$

式中，$RATING_i$ 代表第 i 位教授的评级总分（最好＝5 分）；$EASE_i$ 代表第 i 位教授的"容易度"评分（最容易＝5 分）；HOT_i 代表虚拟变量，如果第 i 位教授被认为有很强的吸引力则为 1，否则为 0。

为了估计方程（1-27），需要以上三个变量的数据，表 1-3 提供了评师网站上任意选取的 25 位教授的数据。利用这些数据，得到了下面的回归结果：

$$RATING_i = 3.23 + 0.01 EASE_i + 0.59 HOT_i \tag{1-28}$$

表 1-3 "教授评级"网站的数据

观测序号	评级总分	热度	容易度
1	2.8	3.7	0
2	4.3	4.1	1
3	4.0	2.8	1
4	3.0	3.0	0
5	4.3	2.4	0

⊖ James Otto，Douglas Sanford，and Douglas Ross，"Does RateMyProfessors.com Really Rate My Professor?" *Assessment and Evaluation in Higher Education*，August 2008，pp. 355-368.

（续）

观测序号	评级总分	热度	容易度
6	2.7	2.7	0
7	3.0	3.3	0
8	3.7	2.7	0
9	3.9	3.0	1
10	2.7	3.2	0
11	4.2	1.9	1
12	1.9	4.8	0
13	3.5	2.4	1
14	2.1	2.5	0
15	2.0	2.7	1
16	3.8	1.6	0
17	4.1	2.4	0
18	5.0	3.1	1
19	1.2	1.6	0
20	3.7	3.1	0
21	3.6	3.0	0
22	3.3	2.1	0
23	3.2	2.5	0
24	4.8	3.3	0
25	4.6	3.0	0

a. 观察方程（1-28），相应的参数估计值是否符合预期？请解释理由。

b. 检验一下自己能否独立做出上述回归。利用表 1-3 中的数据，使用 EViews 软件、Stata 或你自己的回归程序来进行回归估计。如果你进行回归的步骤是正确的，那得出的结果应该能够验证方程（1-28）中的估计结果。（如果你不确定该问题从何处着手解决，可参照附录 A 中练习 2 的答案或附录 1A）

c. 这个模型包含了两个解释变量，但教授评级的高低是否仅与这两个变量有关？是否存在其他重要的因素？

d. 假定可以将你认为重要的其他变量加入方程（1-28），变量 *EASE* 和 *HOT* 的参数会发生什么变化？你期望这些参数发生还是不发生变化？请解释原因。

e. （选做）在评师网站上，任意选取 25 位观测者，估计方程（1-27）。将回归结果与利用方程（1-28）得到的结果进行比较，方程（1-27）中的参数估计值是否与方程（1-28）中的相同？为什么？

附录 1A　Stata 应用

应用计量经济学就是关于计量经济学的运用，使用软件只需很短时间便可领悟应用计量经济学。Stata [⊖] 是一款功能强大、容易入门的计量经济学软件包。该附录 [⊖] 将会介绍 Stata 软件的简

⊖ 你有可能接触到的其他计量软件包括 EViews，SAS，R 和 SPSS。

⊖ 森特学院的约翰·佩里所写。允许使用。

单使用方法。

对多数人而言（包括我），学习新的计算机软件会有痛苦。该附录旨在尽量避免更多的痛苦。我们希望能给你一些关于 Stata 的启蒙指导，并且让你确信自己值得花费时间去查阅该软件的完整使用方法。网址是：http://www.pearsonhighered.com/studenmund。这个免费指导文件会让你在开始使用 Stata 时就建立起信心，并且避免很多麻烦。该文本用纯英文和一些清晰图片来解释一些你可能会在本书中遇到的计量经济学的处理方法。

你怎么得到 Stata? 有很多方法可以获取 Stata，你的学院或者学校会在官方的计算机机房提供接入 Stata 的路径。如果不可以（比如你想有自己的版本），你可以在此直接购买（http://www.stata.com）。幸运的是，有专门针对学生的版本，价格便宜。

进入 Stata 后，用你计算机上的软件（比如，Word，Excel 等）打开它。打开 Stata 时，你会看到如下界面。

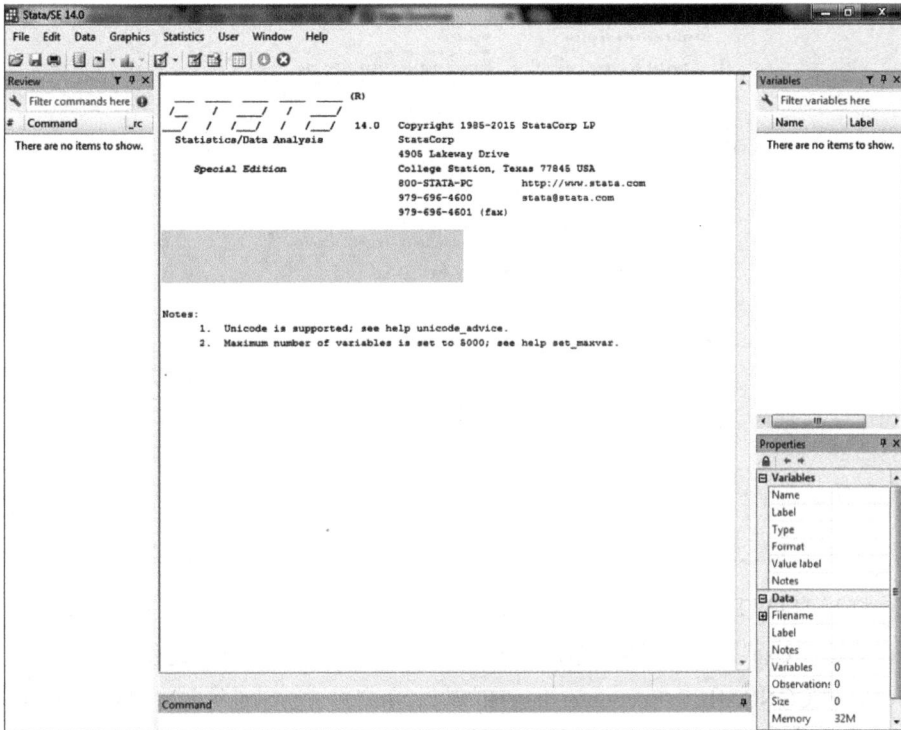

在 Mac 系统下，也可以运行 Stata，尽管界面看起来略有不同，但是指令和功能与 Window 系统上基本一致。

我们讲解一下你看到的图形的画面。Stata 内部有五个窗口，最大的一个是在屏幕中间的一个正方形，该窗口是“结果”窗口。这个窗口会展现你想如何运用 Stata。

左上角是浏览窗口，该窗口显示所有你在 Stata 上面的指令痕迹。右上角是数据包变量窗口。右下角是变量属性。

中心底部是“命令”窗口，正如名字所提示的，你可以用该窗口来操作 Stata。当你运行此程序时（在 Stata 上既可以一次键入多行命令，也可以把所有命令都放在一个程序里面，Stata 内部语言叫作“do-file”。“Stata 应用”完整版文档包含这部分内容）。

开启 Stata，我们可以打开一个数据集，在第 1.4 节，名叫 HTWT1. dta 的数据集文件是来自

Magic Hill 游乐园的数据（"dta"是 State 文件类型的后缀名，就好比"docx"是微软的文件类型一样）。它包含 20 个人的身高和体重的表达方法：

Y_j——第 j 位顾客的体重（磅）

X_i——第 i 位顾客超出 5 英尺的身高（英寸）

你可以从学生陪伴网站下载数据集，保存到你的电脑上。之后，在 Stata 左上角点击文件夹标志来打开数据集。下一步，你要找到在哪里保存了 HTWT1.dta，单击打开。这与你如何打开其他文件的步骤类似（比如，Word，Excel 等）。你会看到如下界面（这里显示的是用 Mac 系统打开的 Stata）：

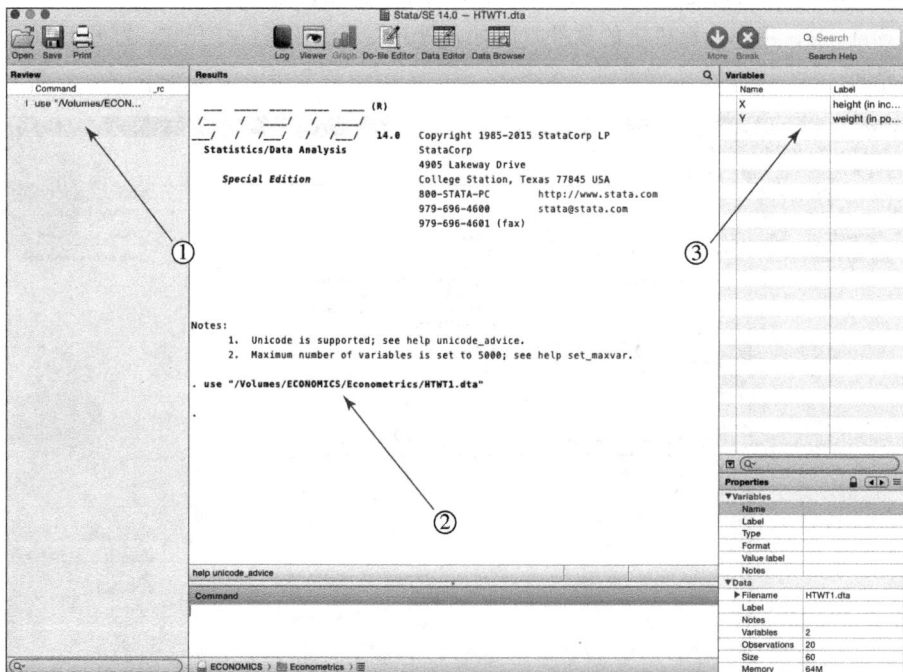

注意：打开 HTWT1.dta 文件的都被记录在结果窗口（箭头①所指）。在 Stata 里面，"Use"表示打开，紧跟"Use"语句是路径名，位置你把这个文件保存在电脑的位置（在我的例子中，是"/Volumes/ECONOMICS/Econometrics/HTWT1.dta"）。这个命令也被记录在浏览窗口里面（箭头②所指）。

右上角（箭头③所指），你可以看到变量窗口（X 和 Y）。这就意味着在 Stata 里面已经有了数据。

事情要变得激动了！一旦我们打开了 Stata 里面的数据，我们就要准备复制方程（1-19）了。在 Stata 命令窗口，键入"reg Y X"，然后按 Enter 键。

"Reg"指令是"regress"的缩写，告诉 Stata 来执行回归分析。在"reg"之后，直接键入被解释变量（本例中是 Y），紧随被解释变量之后的是模型中的解释变量。方程（1-19）有一个叫 X 的解释变量。请注意区分大小写。如果变量的名字是"Y"，而你键入的是"y"的话，Stata 就要出问题了。

在给出"reg Y X"指令后，你会看到如下内容：

你在结果窗口里面看到的内容可能会让人过度兴奋。但是现在，请直接看箭头，箭头④指向的命令表示 Stata 产生了可能性。箭头⑤指向的一列，表示在该回归中所包含的变量：Y，X 和一个叫 "_cons" 的符号。这个符号是模型里面的截距项，或者叫作 "β_0"。

箭头⑥指向 "Coef" 列，这是估计出的系数。在系数列的第一个数字是 6.377 09，那是 "$\hat{\beta}_1$"，即变量 X_1 的估计系数，它与方程（1-19）中的 6.38（近似）匹配。把系数列向下移动，靠近 _cons 是 103.397 1，那是 "$\hat{\beta}_0$"，截距项的值近似 103.40。

这样，你已经在 Stata 中得出了一个回归模型！请记住，这个简短的附录仅仅是一个开始。完整版的 "Stata 应用" 文档会有更多的内容，可以使学习新软件的痛苦最小化。

第 2 章

普通最小二乘法

回归分析的处理之道是利用普通最小二乘法（OLS）对计量经济模型中的参数进行估计。本章的前两节概述了普通最小二乘法的推导过程和内在机理。在实际应用中，通常依靠计算机来完成普通最小二乘法，所以，这部分的重点是理解普通最小二乘法的目标，以及如何在计算机上操作。

那么，模型估计出来之后，又该如何知晓其优劣呢？判定模型优劣有多种准则，包括回归模型对实际数据的拟合优度。然而，使用拟合优度也应有所顾忌，为此，本章举了一个误用该准则的例子来说明这个问题。

2.1 用普通最小二乘法估计单变量模型

回归分析旨在用一个这样的纯理论方程：

$$Y_i = \beta_0 + \beta_1 X_i + \varepsilon_i \tag{2-1}$$

和一组数据来构建这样的估计式：

$$\hat{Y}_i = \hat{\beta}_0 + \hat{\beta}_1 X_i \tag{2-2}$$

式中，符号"^"表示对总体真值的一个样本估计值。（对这里的 Y 而言，"总体真值"就是 $E(Y|X)$。）估计方法旨在求得对应的回归方程的参数估计值，而不只是完全停留在理论上。

求取这些估计值最常用的方法是普通最小二乘法，它是标准方法，采用其他估计方法得到的结果也应以此为参考。**普通最小二乘法**（ordinary least squares，OLS）是一种寻找参数估计值，并使残差平方和最小的回归估计方法，即[⊖]

⊖ $\sum$ 是求和符号，表示当 i 从它下面的值取到上面的值时，它右边的所有项全部相加。例如，在方程（2-3）中，$\sum$ 表示 i 从 1 取到 N 时，所有的 e_i^2 全部相加，即

$$\sum_{i=1}^{N} e_i^2 = e_1^2 + e_2^2 + \cdots + e_N^2$$

通常这个 $\sum$ 符号被简单写作 $\sum_i$，它假定总和是包含从 $i=1$ 到 $i=N$ 的所有观测数据。有时，i 也被完全省略，暗含了同样的假设。更多基于求代数和的练习参见习题 3。

$$\text{OLS minimizes} \sum_{i=1}^{N} e_i^2 \quad (i=1,2,\cdots,N) \tag{2-3}$$

由于残差（e_i）是 Y 的实际值和由回归得出的 Y 的估计值［方程（2-2）中的 $\hat{Y}$］之间的差值，于是，方程（2-3）可以等价地表述为：普通最小二乘法就是求 $\sum (Y_i - \hat{Y}_i)^2$ 的最小值。

2.1.1　为什么要使用普通最小二乘法

虽然普通最小二乘法是最常用的回归估计方法，但并非唯一的方法。事实上，计量经济学家已经给出了许多不同的估计方法，其中一些方法将在后面的相关章节进行介绍。

使用普通最小二乘法估计回归模型至少有三个重要原因。

（1）普通最小二乘法用起来相对简单。

（2）从理论上看，求 $\sum_{i=1}^{N} e_i^2$ 最小值的目标恰当。

（3）普通最小二乘法的估计量具有一些有用的特性。

使用普通最小二乘法的第一个原因是，它是所有计量经济学估计方法中最简单的。其他方法大多包含了复杂的非线性方程或迭代过程，其中，很多方法自身就是对普通最小二乘法的拓展。相反，普通最小二乘法则非常简单，在必要时，你可以不用电脑或计算器就能计算（一元回归模型）。事实上，在电脑和计算器出现之前的"黑暗时代"，计量经济学家就是通过手算来得到普通最小二乘法估计量的！

使用普通最小二乘法的第二个原因是，残差平方和最小化对于估计方法而言是一个合理目标。通过重新考察残差的实质，可以更好地理解这一点，即残差衡量的是回归方程的估计值与实际观测数据的拟合程度：

$$e_i = Y_i - \hat{Y}_i \quad (i=1,2,\cdots,N) \tag{1-15}$$

因为要求回归方程的估计值与实际观测数据尽可能地接近是合乎情理的，由此，你可能会联想到使残差最小化。如果对 e_i 进行简单加总，那么，主要问题在于 e_i 可能为正，也可能为负。因而，正负残差可能会互相抵消，使得求取一个很小的 $\sum e_i$ 会得到一个极不准确的回归方程。例如，对于两次连续实际观测，都是 $Y=100\,000$，如果回归方程的预测值分别为 $Y=1\,100\,000$ 和 $Y=-900\,000$，那么，残差分别为 $-1\,000\,000$ 和 $+1\,000\,000$，其和为零。

尽管可以通过取最小化残差的绝对值之和来避免得到不准确的回归方程，但绝对值计算起来不方便。幸好，最小化残差平方和能做到这一点。在操作上，平方函数不存在特别的运算难度，又因为平方项总是为正的，所以，避免了正负残差之间相互抵消。

使用普通最小二乘法的最后一个原因是，其估计量至少存在两个有用的特性[⊖]：

（1）残差和一定是零。

（2）在一些特定假设下，普通最小二乘法被看作"最佳"的估计方法。第 4 章将定义何为"最佳"。

所谓**估计方法**（estimator），就是用一组样本数据求得总体真实回归参数（或其他参数）的参数**估计值**的数学方法。因此，普通最小二乘法是一种估计方法，而 $\hat{\beta}$ 是用普通最小二乘法得出的一个估计量。

⊖　只要有一个常数被纳入回归方程，这些特性，事实上是所有我们在本书中讨论过的普通最小二乘法的特性，就都是正确的。想了解更多有关内容，参见第 7.1 节。

2.1.2 普通最小二乘法如何进行估计

如何利用普通最小二乘法估计一个如方程（2-1）那样的一元回归模型呢？

$$Y_i = \beta_0 + \beta_1 X_i + \varepsilon_i \tag{2-1}$$

普通最小二乘法是计算 β_0 和 β_1 的估计值，使所有样本点的残差平方和达到最小。

对于一个只有单个解释变量的方程来说，参数估计值为：[⊖]

$$\hat{\beta}_1 = \frac{\sum_{i=1}^{N}\left[(X_i - \overline{X})(Y_i - \overline{Y})\right]}{\sum_{i=1}^{N}(X_i - \overline{X})^2} \tag{2-4}$$

由上式给出的 β_1 的估计值，可得：

$$\hat{\beta}_0 = \overline{Y} - \hat{\beta}_1 \overline{X} \tag{2-5}$$

式中，$\overline{X}$ 为 X 的均值，即 $\sum X_i / N$；$\overline{Y}$ 为 Y 的均值，即 $\sum Y_i / N$。值得注意的是，随着每组样本数据的不同，根据样本得到的 β_1 和 β_0 的估计值也有所不同。

2.1.3 普通最小二乘法估计实例

尽管用于计算回归参数的方程可能令人有点望而生畏，但在样本数据和解释变量较少的情况下则相对容易。虽然通常可以采用回归软件包来进行估计，但通过下面这个例子，可以更好地理解普通最小二乘法。

方便起见，这里的实例将估计第 1.4 节中给出的身高和体重的回归参数。为了便于理解，在表 2-1 中，再次给出了原始数据。如前所述，一元回归模型的普通最小二乘法估计的计算式为方程（2-4）和方程（2-5）：

$$\hat{\beta}_1 = \frac{\sum_{i=1}^{N}\left[(X_i - \overline{X})(Y_i - \overline{Y})\right]}{\sum_{i=1}^{N}(X_i - \overline{X})^2} \tag{2-4}$$

$$\hat{\beta}_0 = \overline{Y} - \hat{\beta}_1 \overline{X} \tag{2-5}$$

将表 2-1 中的计算结果，代入方程（2-4）和方程（2-5）中，则有：

$$\hat{\beta}_1 = \frac{590.20}{92.50} = 6.38$$

$$\hat{\beta}_0 = 169.4 - (6.38 \times 10.35) = 103.4$$

即

$$\hat{Y}_i = 103.4 + 6.38 X_i \tag{2-6}$$

如果比较这些参数估计值，就会发现人工计算的参数估计值与第 1.4 节中计算机给出的结果一致。

⊖ 因为 $\sum_{i=1}^{N} e_i^2 = \sum_{i=1}^{N}(Y_i - \hat{Y}_i)^2$，且 $\hat{Y}_i = \hat{\beta}_0 + \hat{\beta}_1 X_i$，普通最小二乘法实际上是通过最小化 $\sum_i e_i^2 = \sum_i (Y_i - \hat{\beta}_0 - \hat{\beta}_1 X_i)^2$ 来求取参数估计值 $\hat{\beta}$。对于那些对微积分和代数有一定了解的读者来说，对上述方程求导应该不难。

正如表 2-1 所示，$\hat{Y}$［第（8）列］的总和与 Y［第（2）列］的总和相等，所以，残差［第（9）列］之和实际上等于零（忽略数据四舍五入的误差）。

表 2-1 身高与体重案例中的回归参数的运算

	原始数据		运算需要的中间数据					
i	Y_i	X_i	$(Y-\bar{Y})$	$(X-\bar{X})$	$(X-\bar{X})^2$	$(X-\bar{X})(Y-\bar{Y})$	$\hat{Y}_i$	$e_i=Y_i-\hat{Y}_i$
(1)	(2)	(3)	(4)	(5)	(6)	(7)	(8)	(9)
1	140	5	−29.4	−5.35	28.62	157.29	135.3	4.7
2	157	9	−12.4	−1.35	1.82	16.74	160.8	−3.8
3	205	13	35.6	2.65	7.02	94.34	186.3	18.7
4	198	12	28.6	1.65	2.72	47.19	179.9	18.1
5	162	10	−7.4	−0.35	0.12	2.59	167.2	−5.5
6	174	11	4.6	0.65	0.42	2.99	173.5	0.4
7	150	8	−19.4	−2.35	5.52	45.59	154.4	−4.4
8	165	9	−4.4	−1.35	1.82	5.94	160.8	4.2
9	170	10	0.6	−0.35	0.12	−0.21	167.2	2.8
10	180	12	10.6	1.65	2.72	17.49	179.9	0.1
11	170	11	0.6	0.65	0.42	0.39	173.5	−3.5
12	162	9	−7.4	−1.35	1.82	9.99	160.8	1.2
13	165	10	−4.4	−0.35	0.12	1.54	167.2	−2.2
14	180	12	10.6	1.65	2.72	17.49	179.9	0.1
15	160	8	−9.4	−2.35	5.52	22.09	154.4	5.6
16	155	9	−14.4	−1.35	1.82	19.44	160.8	−5.8
17	165	10	−4.4	−0.35	0.12	1.54	167.2	−2.2
18	190	15	20.6	4.65	21.62	95.79	199.1	−9.1
19	185	13	15.6	2.65	7.02	41.34	186.3	−1.3
20	155	11	−14.4	0.65	0.42	−9.36	173.5	−18.5
总和	3 388	207	0.0	0.0	92.50	590.20	3 388.0	0.0
均值	169.4	10.35	0.0	0.0			169.4	0.0

2.2 用普通最小二乘法估计多元回归模型

必须明白的是，只有少数被解释变量能被单个解释变量很好地解释。例如，一个人的体重，不只是受他的身高的影响。骨骼结构、人体脂肪含量、锻炼习惯或者饮食对体重的影响又如何呢？

在身高与体重的例子中，补充的这些解释变量对解释体重的影响因素很重要。同样，在经济和商业领域的应用中，甚至有更多的理由引入多个解释变量。虽然商品的需求数量受价格影响，但并非全部受它的影响。在现实世界的模型中，广告、总收入、替代品的价格、国外市场的影响、对消费者的服务质量、潜在的流行趋势以及不断改变的偏好都很重要。因此，从一元回归模型推广到多元回归模型，换言之，采用含有多个解释变量的方程，是十分必要的。

2.2.1 多元回归参数的含义

对于有 K 个解释变量的多元回归模型，它的一般形式可用方程（1-11）表示为：

$$Y_i = \beta_0 + \beta_1 X_{1i} + \beta_2 X_{2i} + \cdots + \beta_k X_{ki} + \varepsilon_i \qquad (1\text{-}11)$$

式中，i 同前面一样，从 1 到 N，表示样本观测值序号，即 X_{1i} 表示解释变量 X_1 的第 i 个观测值，X_{2i} 表示另一解释变量 X_2 的第 i 个观测值。

一元回归模型和多元回归模型之间最大的差别在于对斜率参数的解释不同。多元回归模型中的参数通常被称为偏回归系数，该定义能帮助研究者将一个解释变量对被解释变量的影响与另一个解释变量的影响区分开。

确切地说，**多元回归系数**（multivariate regression coefficient）表示，在保持方程中其他解释变量不变的情况下，该解释变量每增加 1 个单位引起的被解释变量的变化量。

上面的表述是理解多变量回归（通常被称作多元回归）的关键。参数 β_1 表示，在 X_2，X_3，…，X_k 给定时，而不是回归方程中可能被遗漏的相关变量（如 X_{k+1}）给定时，每增加 1 个单位的 X_1 时引起的 Y 的变化量。参数 β_0 是当所有 X 和误差项都等于零时的 Y 值。在第 7.1 节中将讲到，回归方程中应总是包含一个常数项，但也强调不应基于 β_0 的估计值来推断。

举个例子来说明，考察关于美国人均牛肉需求量的模型：

$$\widehat{CB}_t = 37.54 - 0.88P_t + 11.9Yd_t \tag{2-7}$$

式中，$\widehat{CB}_t$ 代表第 t 年的人均牛肉消费量（单位：磅/人）；P_t 代表第 t 年的牛肉价格（单位：美分/磅）；Yd_t 代表第 t 年的人均可支配收入（单位：千美元）。

收入参数的估计值为 11.9，表示牛肉价格保持不变时，人均可支配收入每增加 1 000 美元的话，牛肉的人均消费量将增加 11.9 磅。保持价格不变的条件很重要，因为我们可以预测，人均收入较大的增长会刺激消费，进而会推高价格，从而很难区分收入增长的效应和价格上升的效应。在多元回归估计中，通过给定价格这个解释变量，可以使我们重点关注收入这个解释变量的影响。但需要注意的是，这个方程并没有保持其他可能的变量不变（例如，替代品价格），因为这些变量并不包含在方程（2-7）中。

在继续学习下一节之前，让我们花点时间对方程（2-7）中的估计系数做更深入的分析。第一，变量 p 告诉我们在保持人均收入不变的情况下，牛肉价格增加 1 美分对牛肉人均消费量的影响。你是否同意，估计系数有经济理论所预测的标志？第二，思考一下如果我们把可支配收入的单位从"千美元"改为"美元"，估计系数会如何变化。估计方程其他部分不变，Yd 的系数将从 11.9 减小到 0.011 9。

2.2.2 多元回归模型估计

与普通最小二乘法在一元回归模型中的应用相似，普通最小二乘法也可应用于有多个解释变量的多元回归方程。为了证明这一点，来看看只有两个解释变量的最简单的多变量模型：

$$Y_i = \beta_0 + \beta_1 X_{1i} + \beta_2 X_{2i} + \varepsilon_i \tag{2-8}$$

普通最小二乘法的目标是选择那些使残差平方和最小的 $\hat{\beta}_s$，这些残差现在来源于一个多元回归模型，采用第 2.1 节中已使用过的同样的数学方法，它们就能被最小化。因此，在基本方法上，多元回归模型的普通最小二乘法估计和只有一个解释变量的模型的普通最小二乘法估计是一致的。虽然这些方程本身是极其复杂繁复的⊖，但估计 $\hat{\beta}_s$ 的基本原则仍是使残差

⊖ 对于方程（2-8），估计的系数是：

$$\hat{\beta}_1 = \frac{\left(\sum yx_1\right)\left(\sum x_2^2\right) - \left(\sum yx_2\right)\left(\sum x_1 x_2\right)}{\left(\sum x_1^2\right)\left(\sum x_2^2\right) - \left(\sum x_1 x_2\right)^2}$$

$$\hat{\beta}_2 = \frac{\left(\sum yx_2\right)\left(\sum x_1^2\right) - \left(\sum yx_1\right)\left(\sum x_1 x_2\right)}{\left(\sum x_1^2\right)\left(\sum x_2^2\right) - \left(\sum x_1 x_2\right)^2}$$

$$\hat{\beta}_0 = \overline{Y} - \hat{\beta}_1 \overline{X}_1 - \hat{\beta}_2 \overline{X}_2$$

其中小写字母表示与均值的离差，例如，$y = Y_i - \overline{Y}$；$x_1 = X_{1i} - \overline{X}_1$；$x_2 = X_{2i} - \overline{X}_2$。

的平方和最小。

幸运的是，易操作的电脑软件能在一秒内计算出这些复杂方程的参数估计值。实际上，只有某些落伍或被困荒岛的人，才会费事地离开电脑来计算一个多元回归模型。我们将使用 Stata，EViews，SPSS，SAS 或任何其他可用的回归应用软件来估计。

2.2.3　多元回归模型的实例

在这里，将一个文理学院的助学金模型作为多元回归模型的一个实例。在这个研究中，被解释变量是给予某个申请人所特定的助学金数额，以美元计算，即 $FINAID_i$ 代表给予第 i 个申请人的助学金（单位：美元/年）。

那么，哪些解释变量可能影响某一申请人特定的助学金数额呢？由于多数资助是基于学生的需求或奖励表现优秀的，所以，考察的模型应至少包含这两个解释变量，故有：

$$FINAID_i = \beta_0 + \overset{-}{\beta_1} PARENT_i + \overset{+}{\beta_2} HSRANK_i + \varepsilon_i \tag{2-9}$$

式中，$PARENT_i$ 代表第 i 个学生家长能够提供的学费（单位：美元/年）；$HSRANK_i$ 代表第 i 个学生在高中的 GPA 年级排名，以比例计算（由低到高，从 0 排至 100）。

根据方程（2-9）中解释变量的符号能够预期家长为其子女的教育提供的学费越多，所获助学金数额就越少。类似地，能够预期学生在高中时的排名越高，助学金数额就越多。你同意这些预期吗？

如果用普通最小二乘法和表 2-2 中的数据⊖来估计方程（2-9），将得到：

$$\widehat{FINAID_i} = 8\,927 - 0.36 PARENT_i + 87.4 HSRANK_i \tag{2-10}$$

这些参数的含义是什么呢？-0.36 表示保持第 i 个学生的高中排名不变，其父母的支付能力每增加 1 美元，得到的助学金数额将下降 0.36 美元。估计参数的符号符合我们的预期吗？是的。参数的大小有意义吗？是的。

表 2-2　助学金样本数据

i	FINAID 助学金金额	PARENT 家长支付能力	HSRANK 高中排名	MALE 性别
1	19 640	0	92	0
2	8 325	9 147	44	1
3	12 950	7 063	89	0
4	700	33 344	97	1
5	7 000	20 497	95	1
6	11 325	10 487	96	0
7	19 165	519	98	1
8	7 000	31 758	70	0
9	7 925	16 358	49	0
10	11 475	10 495	80	0
11	18 790	0	90	0
12	8 890	18 304	75	1

⊖ 这些数据源于西方学院对于奖学金未公布的分析。表 2-2 中第四个变量是性别，如果第 i 个学生是男性就等于 1，否则等于 0。

（续）

i	FINAID 助学金金额	PARENT 家长支付能力	HSRANK 高中排名	MALE 性别
13	17 590	2 059	91	1
14	17 765	0	81	0
15	14 100	15 602	98	0
16	18 965	0	80	0
17	4 500	22 259	90	1
18	7 950	5 014	82	1
19	7 000	34 266	98	0
20	7 275	11 569	50	0
21	8 000	30 260	98	1
22	4 290	19 617	40	1
23	8 175	12 934	49	0
24	11 350	8 349	91	0
25	15 325	5 392	82	0
26	22 148	0	98	0
27	17 420	3 207	99	0
28	18 990	0	90	0
29	11 175	10 894	97	0
30	14 100	5 010	59	0
31	7 000	24 718	97	1
32	7 850	9 715	84	0
33	0	64 305	84	0
34	7 000	31 947	98	0
35	16 100	8 683	95	1
36	8 000	24 817	99	1
37	8 500	8 720	20	1
38	7 575	12 750	89	1
39	13 750	2 417	41	1
40	7 000	26 846	92	1
41	11 200	7 013	86	1
42	14 450	6 300	87	0
43	15 265	3 909	84	0
44	20 470	2 027	99	1
45	9 550	12 592	89	0
46	15 970	0	57	0
47	12 190	6 249	84	0
48	11 800	6 237	81	0
49	21 640	0	99	0
50	9 200	10 535	68	0

注：数据文件名为 FINAID2。

　　花点时间写下方程（2-10）中变量 HSRANK 的含义，以确保更好地理解它的含义。你是否同意这个模型意味着保持第 i 个学生家长的支付能力不变，其高中排名每提高一个百分点，会使他的助学金数额增加 87.40 美元？这些估计参数看起来合理吗？

　　让我们来分析一下方程（2-10）。假设有人告诉你他们认为 HSRANK 是这个模型里最重要的变量，因为它的系数 87.4 比 FINAID 的系数要大。你会同意这种说法吗？在你回答之前，想一下如果 $PARENT$ 的计量单位是千美元而不是美元，方程（2-10）会是什么样的。

$$\widehat{FINAID} = 8\,927 - 357PARENT + 87.4HSRANK \tag{2-11}$$

哇，怎么了！公式变得不同了。现在 $PARENT$ 的系数大于 $HSRANK$ 的系数了。很明显，系数的大小取决于变量的计量单位，所以，就不能单纯用系数的绝对值大小来判断一个变量的重要性。与此相关的更多内容，请参见第 5.4 节。

看一下图 2-1 和图 2-2，这些图分别从两个不同的方面来反映方程（2-10）。图 2-1 表示保持 $HSRANK$ 不变时，$PARENT$ 对 $FINAID$ 的影响。图 2-2 表示保持 $PARENT$ 不变时，$HSRANK$ 对 $FINAID$ 的影响。这两幅图是多元回归参数的图形表示，因为它们衡量的是保持方程中另一变量不变，某一特定解释变量对被解释变量的影响。

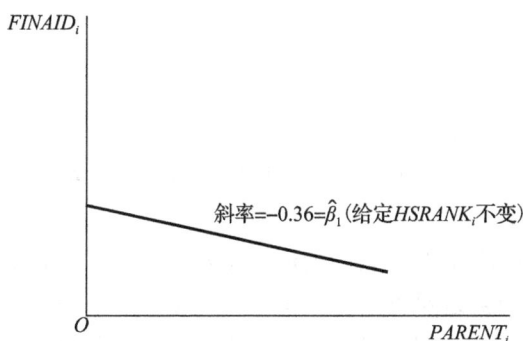

图 2-1　助学金关于家长支付能力的函数

注：在方程（2-10）中，保持高中排名不变时，家长支付能力增加 1 美元就会使助学金数额减少 0.36 美元。

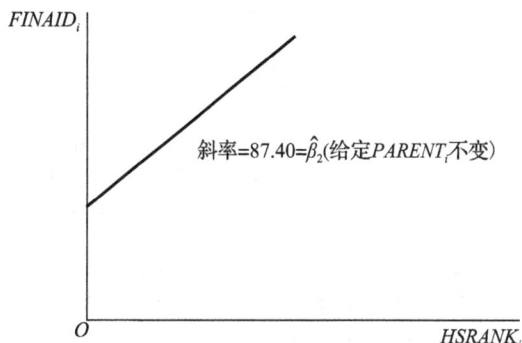

图 2-2　助学金关于高中排名的函数

注：在方程（2-10）中，当家长支付能力给定时，高中排名每上升一个百分点就会使助学金数额增加 87.40 美元。

2.2.4　离差平方和、回归离差平方和以及残差平方和

在继续学习之前，先来了解一些衡量回归估计方程中被解释变量的变动程度的方法。比较估计值与真值能帮助研究者判断一个回归估计的精确程度。

计量经济学家用 Y 与偏离它的均值的离差的平方和来衡量方差的大小，而这个方差可以由回归来解释。这个计算的结果通常被叫作**总离差平方和**（total sum of squares），记为 TSS，其表达式为：

$$TSS = \sum_{i=1}^{N} (Y_i - \overline{Y})^2 \tag{2-12}$$

对于普通最小二乘法，总离差平方和由两部分组成：一部分是能被回归解释的方差，另一部分是不能被解释的方差：

$$\sum_i (Y_i - \overline{Y})^2 = \sum_i (\hat{Y}_i - \overline{Y})^2 + \sum_i e_i^2 \tag{2-13}$$

$$\text{总离差平方和} = \text{回归离差平方和} + \text{残差平方和}$$
$$(TSS) \qquad\qquad (ESS) \qquad\qquad (RSS)$$

这一过程通常称为**方差分解**（decomposition of variance）。

图 2-3 显示的是一个简单回归模型的离差分解。Y_i 的估计值在估计回归直线 $\hat{Y}_i = \hat{\beta}_0 + \hat{\beta}_1 X_i$ 上。Y 与它的均值的离差（$Y_i - \overline{Y}$）可以被分解成两部分：① （$\hat{Y}_i - \overline{Y}$），Y 的估计值

（$\hat{Y}$）和 Y 的均值（$\overline{Y}$）之差；② （$Y_i - \hat{Y}_i$），Y 的实际值和 Y 的估计值之差。

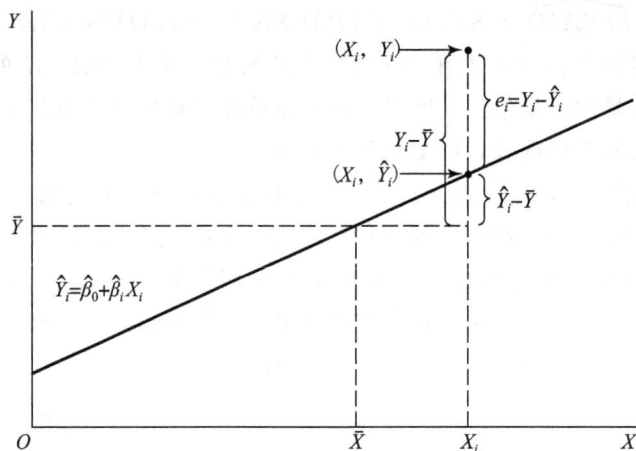

图 2-3　Y 的离差分解

注：Y 与它的均值的离差（$Y_i - \overline{Y}$）可以被分解为两个部分：① （$\hat{Y}_i - \overline{Y}$），即 Y 的估计值（$\hat{Y}$）和 Y 的均值（$\overline{Y}$）之差；② （$Y_i - \hat{Y}_i$），Y 的实际值和 Y 的估计值之差。

方程（2-13）的第一部分衡量的是被回归线解释的 Y_i 与它的均值的离差平方和。总离差平方和中的这一部分归结于拟合回归线，称为**回归离差平方和**（explained sum of squares），即 ESS。TSS 中无法解释的部分（现实中不能被回归估计方程解释），叫作**残差平方和**，即 RSS。[⊖]

从方程（2-13）中可以看出，RSS 相对于 TSS 越小，估计回归线拟合样本数据的效果就越好。普通最小二乘法是一种对给定的 TSS，最小化 RSS，从而使 ESS 最大化的估计方法。

2.3　评价回归方程的质量

如果回归分析的基础是普通最小二乘法估计，那么，计量经济学的核心和灵魂就是判定普通最小二乘法估计值的质量。

许多计量经济学的初学者倾向于直接接受由电脑求得的或者在论文中公布的回归估计值，而不思考这些估计值的含义或合理性。这种盲目性就像买了整整一个衣柜的衣服，而不先试穿它们一样。其中一些衣服可能合身，但大部分都被证明偏大（或偏小）。

相反，计量经济学家的工作是在接受一个回归结果之前，要从基本理论到数据质量的各个方面，仔细地考察和评价所估计的方程。事实上，大多数优秀的计量经济学家在估计方程之前，会花大量时间来思考从方程中能得到的结果。

一旦电脑估计值产生后，就应该评价一下回归的结果。评价过程中要提出很多问题，例如：

（1）方程是否有可靠的理论支持？

（2）回归分析对样本数据的拟合程度如何？

⊖ 注意：一些作者颠倒了 RSS 和 ESS 的定义（把 ESS 定义为 $\sum e_i^2$），还有一些作者颠倒了字母顺序，写成了 SSR。

（3）数据集是否足够大而准确？

（4）普通最小二乘法是用于这个方程的最好估计方法吗？

（5）估计参数是否符合研究者收集数据前的预期？

（6）方程中是否包含了所有明显重要的变量？

（7）是否采用了理论上逻辑最严密的函数形式？

（8）回归是否避免了计量经济学的主要问题？

本书旨在帮助读者培养提出并主动解决这类问题的能力。其实，上述问题前面的编号大致对应了本书将阐述这些问题的章节序号。由于本章是第 2 章，本章后面的部分无疑涉及第二个问题，也就是探讨估计模型的拟合优度。

2.4 估计模型的拟合优度

毫无疑问，我们总是期望一个好的回归估计方程能相当准确地解释样本中被解释变量的变化。如果回归估计方程满足该条件，那么，估计出的模型就具有很高的拟合优度。

关注估计模型的拟合优度，对于评价回归的好坏以及比较基于不同数据或解释变量组合的模型都十分重要。我们总是很难断定，一个估计模型是否比其他任何模型更能代表真实情况，但在不同公式间做选择时，评价方程的拟合优度是回归模型中要考虑的要点之一。但要注意，拟合优度只是一种辅助要素，许多初学者却被它过度地影响了。

2.4.1 判定系数 R^2

通常，度量拟合优度最简单常用的方法是采用判定系数 R^2。它是回归离差平方和与总离差平方和的比值：

$$R^2 = \frac{ESS}{TSS} = 1 - \frac{RSS}{TSS} = 1 - \frac{\sum e_i^2}{\sum (Y_i - \bar{Y})^2} \tag{2-14}$$

R^2 值越大，回归估计方程与样本数据的拟合程度就越好。这种衡量方法叫作"拟合优度"检验。R^2 衡量了 Y 与 $\bar{Y}$ 的离差中能被回归方程解释的比例。因为普通最小二乘法以 RSS 最小为标准确定参数估计值，所以，给定一个线性模型时，普通最小二乘法能提供 R^2 的最大值。由于 TSS，RSS，ESS 都是非负的（是离差的平方和），又有 $ESS \leqslant TSS$，所以，R^2 的取值区间为 $0 \leqslant R^2 \leqslant 1$，$R^2$ 的值越接近 1，表明拟合优度越好；相反，越接近 0，意味着回归估计方程不能比样本均值 $\bar{Y}$ 更好地解释 Y_i 的值。

图 2-4～图 2-6 列举了一些极端情况。图 2-4 显示 X 和 Y 不相关。拟合的回归线为 $\hat{Y} = \bar{Y}$，X 对估计值没有影响。结果是，对于估计 Y_i，已估计的回归线并不优于样本均值。因为被解释的回归离差平方和 ESS 等于 0，未被解释的残差平方和 RSS 等于总离差平方和 TSS，所以，判定系数 R^2 等于 0。

图 2-5 显示了 X 和 Y 之间的关系能被判定系

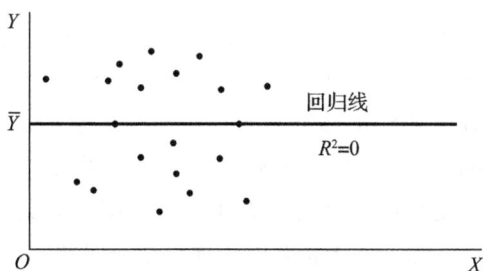

图 2-4

注：X 和 Y 不相关，此例中，判定系数 R^2 等于 0。

数 $R^2 = 0.95$ 的线性回归方程很好地"解释"。这是典型的具有较高拟合优度的时间序列回归结果。Y 的大部分离差都能被解释，但仍有一部分是随机的，或是不能被模型解释的。

拟合优度与下面要研究的题目有关。研究时间序列数据时，由于方程两边都可能有明显的时间趋势，所以，经常会得到一个很高的 R^2 值。而研究截面数据时，因为观测数据（比如国家）以不易定量的方式改变，所以常得到一个较低的 R^2 值，这种情况下，R^2 值等于 0.5 就可以算作拟合优度较高。由此，研究者应该更多地关注对被解释变量有实际影响的变量，而非判定系数 R^2。换言之，不能简单地判断多高的 R^2 值意味着令人满意的拟合优度。相反，要根据经验来判断 R^2 值的相对大小。值得注意的是，判定系数 R^2 较高并不能表示 X 的变化引起 Y 的变化，因为可能存在一个潜在变量，它的变化会引起 X 和 Y 同时变化。

图 2-6 所示是判定系数 R^2 等于 1 时的完全拟合，它表示这时不需要估计。变量间关系是完全确定的，用任意两点的坐标都能计算出斜率和截距。实际上，达到或非常接近 $R^2 = 1$ 的方程值得怀疑；它们很可能并没有从因果关系上解释被解释变量 Y 的变动，即便从经验上看也是如此。这一点适用于经济领域，但不一定适用于物理化学等领域。

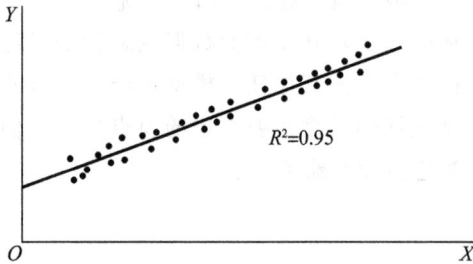

图 2-5

注：X 和 Y 的数据集能被回归线（$R^2 = 0.95$）很好地解释。

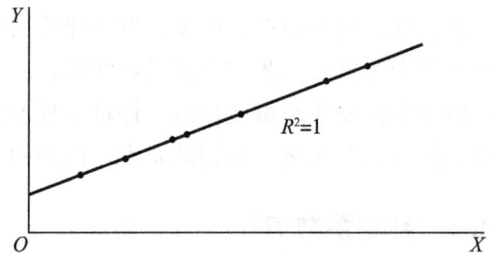

图 2-6

注：完全拟合是指所有样本数据点都在回归直线上，判定系数 R^2 等于 1。

2.4.2 调整的判定系数 $\overline{R}^2$

判定系数 R^2 的主要问题是，在特定方程中加入新的解释变量后，R^2 也不会减小。就是说，如果比较两个基本一样的方程（有相同的解释变量和被解释变量），但其中一个又引入了新的变量，解释变量更多的方程将总是有更高（或相同）的判定系数 R^2，拟合程度更好。

为说明这一点，回忆一下方程（2-14）定义的判定系数 R^2：

$$R^2 = \frac{ESS}{TSS} = 1 - \frac{RSS}{TSS} = 1 - \frac{\sum e_i^2}{\sum (Y_i - \overline{Y})^2} \tag{2-14}$$

如果在方程中增加一个解释变量，判定系数 R^2 会有什么变化呢？增加一个解释变量不会改变总离差平方和 TSS（你能想出为什么吗？），但大多数情况下会减小残差平方和 RSS，此时，判定系数 R^2 就会增大。残差平方和 RSS 绝不会变大，因为普通最小二乘法可以设新增变量的参数值为零，由此就会得到和原来方程一样的拟合优度。只有当新增变量的系数为零时，判定系数 R^2 才能保持不变。否则，R^2 会一直增加。

通过例子将有助于理解这一问题。回到估计体重的回归方程（1-19）上：

估计体重 $= 103.40 + 6.38 \times$ 身高(高于 5 英尺的部分)

这个方程的判定系数 R^2 是 0.74。如果在方程中新增一个完全不敏感的解释变量（比如，样本中每个人在学校的信箱编号），结果就变为：

$$估计体重 = 102.35 + 6.36 \times 身高（高于 5 英尺的部分）+ 0.02 \times 信箱编号$$

判定系数 R^2 变成了 0.75。如果把判定系数 R^2 作为衡量回归拟合优度的唯一方法，那么，拟合优度更好的第二个方程就会被选中。

增加信箱编号这个变量，不仅在方程中新增了一个不敏感的解释变量，还需要多估计一个系数，从而降低了**自由度**（degrees of freedom），即观测次数（N）减去估计参数（包括截距）的个数（$K+1$）。例如，当学校信箱的邮政编码变量被加入到身高/体重的例子中，观测样本个数仍是 20，但参数估计值从 2 个增加到 3 个，使得自由度从 18 降到 17。这个降低是有代价的，因为自由度越低，估计值的可靠性就越低，所以，考虑到新增变量的实际影响，做决定前要权衡拟合优度上升和自由度下降各自的影响。

总之，决定是否在方程中新增一个解释变量以更好地解释被解释变量时，判定系数 R^2 几乎没有用处。因此，计量经济学家提出了另一个衡量方程拟合优度的指标，即 $\overline{R}^2$，它是调整了自由度后的判定系数 R^2：

$$\overline{R}^2 = 1 - \frac{\sum e_i^2/(N-K-1)}{\sum (Y_i - \overline{Y})^2/(N-1)} \tag{2-15}$$

> 调整的判定系数 $\overline{R}^2$ 衡量的是调整了自由度后，由回归方程解释 Y 与它的均值的离差的比例。

新增一个变量后，调整的判定系数 $\overline{R}^2$ 是增加、减少还是不变，取决于拟合优度的提高能否超过自由度的损失。调整的判定系数 $\overline{R}^2$ 的增加说明引入一个变量的边际效益超过了边际成本，而 $\overline{R}^2$ 的减少则说明边际成本大于收益。实际上，在"体重估计"方程中，新增信箱编号变量后，调整的判定系数 $\overline{R}^2$ 减至 0.72。因为信箱编号变量与体重没有理论联系，所以它不应包含在方程中，调整的判定系数 $\overline{R}^2$ 验证了这个结论。

> 和判定系数 R^2 一样，调整的判定系数 $\overline{R}^2$ 最高可能值为 1.00，但最低却不为零；如果判定系数 R^2 极低，调整的判定系数 $\overline{R}^2$ 可能为负。

当方程的被解释变量相同，而解释变量个数不同时，可用调整的判定系数 $\overline{R}^2$ 来比较它们的拟合优度。基于这一性质，多数研究者在评价回归估计方程的拟合优度时通常用调整的判定系数 $\overline{R}^2$ 来代替判定系数 R^2。但是要注意，在比较两个具有不同解释变量或者不同被解释变量测量方式不同时，$\overline{R}^2$ 不是那么有用。

最后要注意的是，估计方程的拟合优度只是衡量回归总体质量的指标之一。前面已提到过，参数估计值符合经济理论的程度以及研究者之前对这些参数的预期，同拟合优度本身同样重要。例如，若一个估计方程的拟合优度高，但其参数估计值的符号不合理，就会得到不准确的预测，方程就不是很有用。其他诸如理论关联性和有效性等因素也有重要意义。如下一节讲的例子。

▦ 2.5　错用调整的判定系数 $\overline{R}^2$ 的例子

第 2.4 节指出，给定方程的总体拟合优度越高越好。不幸的是，许多初学者认为，调整

的判定系数 $\overline{R}^2$ 越高越好，那么提高方程质量最好的方法就是最大化 $\overline{R}^2$。这种假设是危险的，因为良好的总体拟合优度只是衡量方程质量的指标之一。

仅考虑最大化调整的判定系数 $\overline{R}^2$，而不注意方程的经济含义或统计意义，这样的做法是危险的。充分认识这种潜在危险，最好的办法就是来看一个相关的例子。这对研究者来说很重要，因为承认"最大化调整的判定系数 $\overline{R}^2$"的错误容易，而实践中避免下意识地这样做并非易事。回归的目的不在于最大化调整的判定系数 $\overline{R}^2$，同意这个观点很简单，但却很难避免。

举例来说，假设你决定将你对比萨的喜爱和对计量经济学的热爱结合起来，并且想构造一个模型来模拟马苏里拉奶酪的消耗量。你做了一些调查并知道了马苏里拉奶酪是很平常的商品，所以你将收入引入模型。你采集了一个小样本，列出方程式并且得到了以下结果：

$$\widehat{MOZZARELLA}_t = -0.85 + 0.378 INCOME_t \tag{2-16}$$
$$N = 10 \qquad \overline{R}^2 = 0.88$$

式中，$MOZZARELLA_t$ 代表美国在第 t 年的马苏里拉奶酪的最大消耗量（磅）；$INCOME_t$ 代表美国在第 t 年的可支配收入（千美元）。

你会认为"这个式子很合适"。但是，你会想……还能加入其他的解释变量使它变得更好吗？你发现了有用的数据并加入了新的变量，再次回归得到了以下结果：[一]

$$\widehat{MOZZARELLA}_t = 3.33 + 0.248 INCOME_t - 0.046 DROWNINGS_t \tag{2-17}$$
$$N = 10 \qquad \overline{R}^2 = 0.97$$

式中，$DROWNINGS_t$ 代表美国在第 t 年的因溺水死亡的人数。

在理论的基础上，第二个方程具有比第一个方程更高的 $\overline{R}^2$。这是否意味着你的第二个模型更好呢？在回答问题之前，再读一遍关于调整的判定系数 $\overline{R}^2$ 是评价回归总体质量的唯一方法的提示部分。

你读过了吗？读了以后你就会知道答案是否定的。方程（2-17）有更适合的表达方式，但是认为溺水死亡人数与马苏里拉奶酪的最大消耗量有关是很荒谬的。没有合理的经济学理论会认为溺水人数和奶酪销量有关。在这个小样本中溺水人数与马苏里拉奶酪高度相关。除了巧合，没有确切的原因能解释溺水死亡人数从 2000 年到 2009 年持续下降而马苏里拉奶酪的销量上涨，加入溺水人数引起了调整的判定系数 $\overline{R}^2$ 上升。这让拟合优度提高了，但是，这并不意味着这个方程更好。这样毫无意义的结果被称作虚假回归[二]。老实说，方程（2-17）是很荒谬的。

所以，如果研究者把调整的判定系数 $\overline{R}^2$ 作为衡量方程好坏的唯一标准（牺牲了经济理论和统计意义），就更可能得出不具代表性，甚至是误导性的结果。对这种情况应该尽力避免。没有一种简单的计量经济学原则，可以适用于所有问题。相反，专业技能、理论基础和一般经验的结合才能造就一个优秀的计量经济学家。

为帮助你避免仅追求最大的调整的判定系数 $\overline{R}^2$ 而忽略方程其他方面的问题，想象一下下面的对话将对你有所帮助：

[一] 这个方程是 2000～2009 年被森特学院的布鲁斯·约翰逊创造出来的。*MOZZARELLA* 和 *DROWNINGS* 的数据来源于网站 tylervigen. com，而 *INCOME* 数据来自 2011 年总统的经济咨文，表 B-31。更多此类例子，请看 TylerVigen 的 *Spurious Correlation*（纽约：Hachette Books，2015）。

[二] 更多关于虚假回归和为相关的内容，请见第 12.5 节。

> **你**：有时，从两个模型中做选择，似乎最好的选择是调整的判定系数 $\overline{R}^2$ 最高的那个模型。
>
> **你的理智**：但那一个可能是错的。
>
> **你**：我知道回归分析旨在求得总体参数真值的可能的最佳估计值，而不是较高的调整的判定系数 $\overline{R}^2$，但拟合优度高时求得的结果看起来更有说服力。
>
> **你的理智**：对谁看起来更有说服力？虽然经常出现调整的判定系数 $\overline{R}^2$ 较高，但存在有些回归参数的符号与理论预期完全相反的情况。
>
> **你**：那我应该更关心解释变量的逻辑联系，而不是拟合优度？
>
> **你的理智**：对的。如果在回归过程中我们得到了一个高的调整的判定系数 $\overline{R}^2$，那很好，但是调整的判定系数 $\overline{R}^2$ 较高并不代表模型就很好。

2.6 小结

（1）普通最小二乘法是利用一组数据求得回归参数估计值的最常用方法。普通最小二乘法使一个特定样本的残差平方和（$\sum e_i^2$）最小。

（2）调整的判定系数 $\overline{R}^2$ 是经自由度调整后的判定系数，它衡量了 Y 与它的均值被特定回归方程解释的比例。方程中新增一个变量时，只有拟合优度提高的程度超过自由度下降的损失，调整的判定系数 $\overline{R}^2$ 才会增大。所以，多数研究者在评价回归估计方程的拟合优度时，都自然地使用调整的判定系数 $\overline{R}^2$。

（3）切记，估计方程的拟合优度只是衡量回归整体质量的指标之一。许多其他的标准，包括参数估计值与经济理论的一致性，以及与预期（研究者在搜集数据前做出的预期）的一致性，都比调整的判定系数 $\overline{R}^2$ 更重要。

习题

(偶数序号的习题答案见附录 A)

1 不查阅书本（或笔记），给出下列术语的定义，然后与书本上的相比较。

   a. 自由度　　　　　　　b. 估计值　　　　　　　c. 估测方法

   d. 多元回归系数　　　 e. 普通最小二乘法　　　 f. R^2

   g. $\overline{R}^2$　　　　　　　　　　h. 总离差平方和、回归平方和、残差平方和

2 假设你要在明天前估计一个回归方程，但大量的太阳黑子造成的磁场干扰，使得所有电器（比如电脑）无法工作。为了完成工作任务，你决定采用第 2.1 节的方法，从已知数据（10 个发达国家中，人均收入（单位：千美元）是农业中劳动力所占比例的函数）计算估计值。数据如表 2-3 所示。

表 2-3　数据表

国家	A	B	C	D	E	F	G	H	I	J
人均收入	6	8	8	7	7	12	9	8	9	10
在农业中的比例	9	10	8	7	10	4	5	5	6	7

a. 计算 $\hat{\beta}_0$ 和 $\hat{\beta}_1$。

b. 计算判定系数 R^2 和调整的判定系数 $\overline{R}^2$。

c. 如果另一个发达国家的农业劳动力比例是 8%，你认为这个国家的人均收入（单位：千美元）水平是多少？

3　考察下面这两个反映美国利率和联邦政府预算赤字之间关系的最小二乘估计值：

$$\text{模型 A：} \hat{Y}_1 = 0.103 - 0.079X_1 \quad R^2 = 0.00$$

式中，Y_1 代表 Aaa 公司债券的利率；X_1 代表联邦政府预算赤字占 GNP 的比例。（季度模型中：$N=56$。）

$$\text{模型 T：} \hat{Y}_2 = 0.089 + 0.369X_2 + 0.887X_3 \quad R^2 = 0.40$$

式中，Y_2 代表 3 个月期短期国库券的利率；X_2 代表联邦政府预算赤字（单位：10 亿美元）；X_3 代表通货膨胀率。（季度模型中：$N=38$）。

a. "最小二乘估计值"表示什么？所估计的、所平方的对象是什么？如何理解平方是"最小"的？

b. 判定系数 $R^2 = 0.00$ 表示什么？R^2 可能为负吗？

c. 基于经济理论，对这两个模型，你原本预期的斜率参数的符号是怎样的？

d. 比较这两个方程。哪个方程估计的符号符合你先前的预期？模型 T 因为有较高的判定系数 R^2 就会被认为是较好的模型吗？如果不是，你选择哪个模型？请说明理由。

4　回到本章身高与体重的模型。回顾一下，在方程中新增"学生邮箱号（MAIL）"这个不敏感的变量后，方程发生的变化。估计方程由

$$\widehat{WEIGHT} = 103.40 + 6.38HEIGHT$$

变为了

$$\widehat{WEIGHT} = 102.35 + 6.36HEIGHT + 0.02MAIL$$

a. 在方程中新增学生邮箱号（MAIL）这个变量后，HEIGHT 的参数估计值改变了。这有意义吗？为什么？

b. 从理论上讲，某人的体重与学校邮箱号码（MAIL）毫无关系。然而，新增这个变量后，判定系数 R^2 从 0.74 上升为 0.75。增加一个不敏感的变量怎么会使判定系数 R^2 增大呢？

c. 增加一个不敏感的变量使调整的判定系数 $\overline{R}^2$ 从 0.73 减至 0.72。请解释为什么 R^2 增大的同时 $\overline{R}^2$ 却会减少？

d. 如果某人的学校邮箱号码（MAIL）确实与体重无关，这个变量的参数估计值难道不该是 0.00 吗？它怎么会得到一个非零的参数估计值呢？

5　假设你要估计一个回归模型，用来解释在学校跑道上慢跑 1 英里[⊖]以上的人数，以此来帮助决定是否要修建第二个跑道来满足慢跑者的需要。你在记者席上搜集了春季学期的数据，设计了两个可能的解释方程：

A：$\hat{Y} = 125.0 - 15.0X_1 - 1.0X_2 + 1.5X_3 \quad \overline{R}^2 = 0.75$

B：$\hat{Y} = 123.0 - 14.0X_1 + 5.5X_2 + 3.7X_4 \quad \overline{R}^2 = 0.73$

式中，Y 代表特定一天的慢跑者人数；X_1 代表当天的降雨量（单位：英寸）；X_2 代表当天的日照时间；X_3 代表当天最高温度（单位：℉）；X_4 代表第二天要交学期报告的班级数。

⊖　1 英里=1.609 3 千米。

a.（合理假设下）你会选择这两个方程中的哪一个？为什么呢？

b. 对同一个变量的参数，应用同样的数据，为什么会得到不同的估计符号呢？

6 思考下面这种想法的错误之处："判定系数 R^2 不是衡量一个回归方程质量的绝佳方法，因为方程中新增一个变量时它总会增大。但若使用经自由度调整之后的判定系数 $\overline{R}^2$，看来似乎调整的判定系数 $\overline{R}^2$ 值越大，方程就越好。"

7 假设你在大学招生办工作，它不允许未来的学生用通用应用软件[注]来申请。如果允许使用通用应用软件，你会怎样估计该大学将产生的额外申请数量？这个问题的计量经济学方法就是构建大学申请数量的潜在最佳模型，然后检查虚拟变量的参数估计值，在该学校允许使用通用应用软件时，其值等于 1（否则为 0）。

例如，如果用表 2-3 中的数据估计高水平的国家级文科大学的方程，就会得到：

$$\widehat{APPLICATION}_i = 523.3 + 2.15SIZE_i - 32.1RANK_i + 1\,222COMMONAPP_i \quad (2\text{-}18)$$
$$N = 49 \qquad R^2 = 0.724 \qquad \overline{R}^2 = 0.705$$

式中，$APPLICATION_i$ 代表第 i 个大学 2007 年收到的申请数量；$SIZE_i$ 代表第 i 个大学 2006 年的毕业生总数；$RANK_i$ 代表第 i 个大学 2006 年在《美国新闻》（The U. S. News）[注]中的排序（最好的为 1）；$COMMONAPP_i$ 代表 2007 年第 i 个大学是否被允许使用通用应用软件，为虚拟变量，如果允许使用则取值为 1，否则为 0。

a. 观察 3 个估计回归系数的符号，与你设想的一样吗？具体解释一下。

b. 仔细阐述 $SIZE$ 和 $RANK$ 的系数的含义。$RANK$ 的系数的绝对值是 $SIZE$ 的系数的 16 倍，是否就意味着在解释大学申请数量时，该大学的排名比它的规模重要 16 倍？请解释原因。

c. 仔细阐述 $COMMONAPP$ 的参数的现实含义。这是否能证明，如果该校允许使用通用应用软件就会增加 1 222 个学生申请？请解释原因。（提示：该题至少有两个正确答案。）

d. 为了熟悉电脑回归软件，用表 2-4 中的数据估计方程（2-18）。能否得到相同的答案？

e. 去掉变量 $COMMONAPP$，再次用相同数据估计方程（2-18），新的 $\overline{R}^2$ 是多少，是上升还是下降了？从变化中能看出 $COMMONAPP$ 属于该方程吗？

表 2-4 大学申请样本数据

COLLEGE 大学	APPLICATION 申请人数	COMMONAPP 排名	RANK 排名	SIZE 规模
艾姆赫斯特学院	6 680	1	2	1 648
巴德学院	4 980	1	36	1 641
贝茨学院	4 434	1	23	1 744
鲍登学院	5 961	1	7	1 726
巴克内尔大学	8 934	1	29	3 529
卡尔顿学院	4 840	1	6	1 966
森特学院	2 159	1	44	1 144
克莱蒙特·麦肯纳学院	4 140	1	12	1 152
科尔比学院	4 679	1	20	1 865
科尔盖特大学	8 759	1	16	2 754

○ 通用应用软件是一种计算机应用软件，它让高中生能用相同的基本资料申请不同的学院或大学。更多信息请查看 www. commonapp. org.

○ U. S. News and World Report Staff，*U. S. News Ultimate College Guide*. Naperville，Illinois：Sourcebooks，Inc.，2006-2008.

（续）

COLLEGE 大学	APPLICATION 申请人数	COMMONAPP 排名	RANK 排名	SIZE 规模
圣十字学院	7 066	1	32	2 790
科罗拉多学院	4 826	1	26	1 939
康涅狄格学院	4 742	1	39	1 802
戴维森学院	3 992	1	10	1 667
丹尼森学院	5 196	1	48	2 234
迪堡大学	3 624	1	48	2 294
狄金森学院	5 844	1	41	2 372
富兰克林·马歇尔学院	5 018	1	41	1 984
福尔曼大学	3 879	1	41	2 648
盖茨堡学院	6 126	1	45	2 511
格尔内尔学院	3 077	1	14	1 556
汉密尔顿学院	4 962	1	17	1 802
哈维穆德学院	2 493	1	14	729
哈弗福德学院	3 492	1	9	1 168
凯尼恩学院	4 626	1	32	1 630
拉尔耶特学院	6 364	1	30	2 322
劳伦斯学院	2 599	1	53	1 409
玛卡莱斯特学院	4 967	1	24	1 884
米德伯理学院	7 180	1	5	2 363
欧柏林学院	7 014	1	22	2 744
西方学院	5 275	1	36	1 783
培泽学院	3 748	1	51	918
波莫纳学院	5 907	1	7	1 545
里德学院	3 365	1	53	1 365
罗德学院	3 709	1	45	1 662
西沃恩南方大学	2 424	0	34	1 498
基斯德莫尔学院	6 768	1	48	2 537
圣劳伦斯大学	4 645	0	57	2 148
圣欧拉夫学院	4 058	0	55	2 984
史瓦兹摩尔学院	5 242	1	3	1 477
三一学院	5 950	1	30	2 183
联合学院	4 837	1	39	2 178
里士满大学	6 649	1	34	2 804
瓦瑟学院	6 393	1	12	2 382
华盛顿与李大学	3 719	1	17	1 749
卫斯理大学	7 750	1	10	2 798
惠顿学院	2 160	1	55	1 548
惠特曼学院	2 892	1	36	1 406
威廉姆斯学院	6 478	1	1	2 820

注：数据文件名为 COLLEGE2。

资料来源：U. S. News & World Report Staff, *U. S. News Ultimate College Guide*, Naperville, IL：Sourcebooks, Inc. 2006-2008.

附录 2A　计量经济学实验室 ♯1

在整个教材中，为了帮助熟悉本章内容[一]，你会遇到一些"计量经济学实验室"。

即使你的教授没有留这些作业，我们也会教促你完成这些实验研究。自己完成实验工作，这

[一] 这些实验是布鲁斯·约翰逊为森特学院涉及的实验的简化版本。教师应参考网站 http://www.pearson.com/studenmund 来寻求这些实验的答案和关于如何在课堂环境下最好地使用这些实验。

样在未来你会更容易理解和胜任计量经济工作。

第一个实验是一个简单的回归分析。你自己要收集数据，然后，计算回归系数并选用合适的工具（使用 Stata 或其他的计量经济学软件进行回归）。你的目标是估计被解释变量 *WEIGHT* 和解释变量 *HEIGHT* 之间的关系，使用你自己的样本，而不是书中的样本。

第一步：收集数据。

记录五个和你同性别学生的身高（单位是英寸），以及他们的体重（单位是磅）。同时报告你自己的身高和体重。数据中不要透露姓名。记录 5 英尺以上的变量 *HEIGHT* 和以磅为单位的变量 *WEIGHT*。根据下面的指令，在 Excel 表输入数据（或直接输入到 Stata）。在第一排，输入第一个人的身高，此身高要在 5 英尺以上的，然后是他的体重，接着是性别，男性用 1 表示，女性用 0 表示。

对于数据，一定要输入数字，而不是文字，如磅、英寸或男性。否则 Stata 会拒绝运行回归分析程序！在身高这一栏中，输入 5 英尺以上身高。接着输入体重，单位是磅。如果被研究者是男性输入 1，如果女性输入 0。

在您输入所有的数据后，您的文件可能看起来像这样（见表 2-5）：

表 2-5　数据文件

HEIGHT	WEIGHT	MALE
4	127	0
9	152	0
6	130	0
2	130	0
6	112	0
3	119	0

现在用你收集的数据，按顺序接受下面的挑战并回答问题。

第二步：计算统计数据。

使用 Stata 计算汇总数据。这是什么意思？看看最小值、最大值和样本大小。

第三步：进行回归。

使用 Stata 进行回归，你能找到的估计量 β 吗？如果你正在做这个实验，将结果打印出来作为课堂作业。

第四步：解释估计系数。

详细阐述斜率系数的意义。与方程（2-6）比较，看一下你估计的系数。结果是一样的吗？如果不一样，你知道为什么吗？

第五步：解释调整的判定系数 $\overline{R}^2$。

你能在你的结果里找到调整的判定系数 $\overline{R}^2$ 吗？它是什么？详细陈述 $\overline{R}^2$ 的含义？

第六步：再估计一个方程

现在把 *MALE* 作为第二个解释变量，加入到你的方程并重新估计。你会看到什么问题？请进行解释。这是否意味着性别与体重没有关系？

第 3 章

应用回归分析

快速浏览第 2 章，不难发现，回归分析几乎仅仅是机械地将数据样本应用于一系列方程之中，就类似于高尔夫球手仅仅关心把球打好一样。然而，真正的高尔夫球手会说，如果选错了球杆，或是把球打向沙坑、树木或池塘，都是很难将球打好的。与此类似，训练有素的计量经济学家考虑其他因素所花费的时间要比单纯考虑回归方程的普通最小二乘法所花费的时间多得多。本章就是介绍一些"现实世界"关注的因素。

第 3.1 节将概述回归分析常用的六个步骤，这是本章最重要的内容。如果读者对其中某个专题（如普通最小二乘法）在回归分析整体框架中所扮演的角色有清晰的认识，那么，学习和理解这个专题的能力将会得到提升。另外，在计量经济学研究中，这六个步骤对发展成熟的函数理论起着关键作用。

接下来，应用 Woody's 连锁餐厅的实际数据，通过对连锁店的选址分析，阐述在回归分析中如何应用这六个步骤。在以后的章节中，我们将把新的思想和检验应用于这个案例。本章将以对虚拟变量的讨论及计量经济学实验室♯2 作为结束。

3.1 回归分析的步骤

虽然没有硬性规定如何进行计量经济学研究，但多数研究者在回归分析的过程中，通常沿用一种标准的方法。虽然每个步骤的侧重点及其所耗精力有所不同，但是，所有步骤对一个成功的研究而言都是必要的。值得注意的是，这里并不讨论如何选择被解释变量，它是由研究目的决定的，这方面的内容将在第 11 章中进行讨论。然而，一旦确定被解释变量，应用回归分析的六个步骤便顺理成章。

（1）查阅文献，建立理论模型。

（2）确定模型：选择解释变量和函数形式。

（3）对参数的符号做出假设。

（4）搜集、检查和整理数据。

（5）估计和评价方程。

（6）报告结果。

使用这些步骤的目的，并不是不鼓励采用创新的或者非常规的方法，而在于让读者知道，在通常情况下，专业的经济学家和商业分析师是如何进行回归分析的。

3.1.1　步骤 1：查阅文献，建立理论模型

在任何研究中，首要的步骤都是正确把握所研究的课题。通常，最好的数据分析往往是从理论而不是从数据开始的，这是因为很多计量经济学家都是根据基本理论来决定采用哪些变量以及哪种方程的。事实上，若没有切实了解研究的课题，就不可能建立好的计量经济模型。

对绝大多数课题而言，在研究之前，明智的做法是查阅大量相关文献。如果曾经有教授研究过这方面的课题，你就会有兴趣进行下去。如果你的方程中的被解释变量有研究者做过估计，你可能就会采用其中一种模型来处理。另外，如果不认同前人的方法，就可能会转向新的方向。无论如何，都不该"另起炉灶"，而应该从前人停下的地方开始。任何关于实证课题的学术论文都应该是基于以前研究的高度总结。

查阅文献最便捷的方法是，搜集一些最近出版的《经济文献杂志》（*Journal of Economic Literature*）或面向企业的出版摘要，还可以开展与课题相关的网络调查或经济学文献检索，如 EconLit 搜索⊖。利用这些资源，查阅一些近期与课题相关的论文，并注意这些论文的题目。如果一篇早期论文近期被很多作者引用，或者它的标题和你开头的主题吻合，最好追溯并找到这篇文献。在第 11 章的学习中，我们将会讲述更多有关查阅文献的建议。

有时候，一个新的课题可能鲜为人知，因此，无法找到任何相关文献。怎么办呢？在此提供两种可行的方法：一是尝试用相似的理论代替。例如，如果要建立一种新产品的需求模型，那么，可以阅读那些现有同类产品需求的文献。如果所有其他理论都失败了，那么，第二种方法就是向相关领域的工作人士（电话）求助，进行调查。例如，当要建立一个不熟悉的城市住房模型时，请向当地工作的房地产经纪人函电咨询。

3.1.2　步骤 2：确定模型：选择解释变量和函数形式

在应用回归分析中，最重要的就是设定理论回归模型。选定被解释变量后，模型的设定应包含以下三个部分：

（1）解释变量以及如何测量解释变量；

（2）变量间的函数（数学上的）形式；

（3）随机误差项的性质。

若以上部分都处理恰当，回归方程就确定了。我们将分别在第 6 章、第 7 章、第 4 章中详细讨论模型设定的细节。

模型设定的每个部分都必须以经济理论为基础。任何一个部分出错都将导致**设定误差**（specification error）。一般情况下，在所有应用回归分析的错误中，设定误差最糟糕，它将严重影响估计方程的有效性。因此，在课题开始前，越关注经济理论，回归结果就越令人满意。

本书重点在于估计行为方程，即描述经济实体行为的方程，着重在经济理论基础上，选择

⊖　EconLit 是一部经济学文献的电子书目，包括经济学杂志上的摘要、回顾、索引和全文链接。此外，基于对论文系列和专题论文的整理，它对书籍做出摘要和文章索引。EconLit 在世界范围内的图书馆和大学网页都可访问。如想了解更多信息，可登录 www.EconLit.org。

描述有关行为的解释变量。之所以选择解释变量，因为该解释变量是被解释变量的理论决定因素，并至少可以部分解释被解释变量的变动。回顾一下，回归分析只能提供证据而不能证明经济中的因果关系。正如一个例子不能证明规则一样，一个回归结果并不能证明这个理论。

错误选择解释变量的风险是存在的。我们的目的仅仅是确定那些在理论上会对被解释变量产生实质性影响的相关解释变量，而不考虑那些对被解释变量几乎没影响的变量，除非它们对被解释变量可能产生比较特殊（比如政策方面）的潜在影响。

例如，解释某种消费品需求数量的方程也许会将产品价格、消费者收入或财富作为可能的解释变量。在理论上讲，互补品和替代品对需求量也有重要影响。因此，也许会决定把互补品和替代品的价格考虑进去。那么，应该考虑哪些互补品和替代品呢？当然，考虑相近的互补品和替代品是恰当的，但究竟应该选多少呢？选择和判断必须基于理论上的合理性，而这个过程又非常主观。

例如，研究者决定仅仅考虑两种其他产品的价格，认为这两种产品的价格会影响回归方程的前提条件（比如受前期理论支持）或研究假设。前提条件发生变化会使回归方程的待检验假设的数量和类别发生变化。然而，前提条件可能是错误的，由此，就会降低回归分析的有效性。因此，有必要详细地说明每个前提条件。

3.1.3　步骤3：对参数符号做出假设

一旦确定了解释变量，在收集数据之前确定回归参数的预期符号就很重要。许多情况下，基础理论是众所周知的，因此，没有必要讨论每个变量符号产生的原因。然而，如果变量的预期符号是不确定的，就应该用文件证明相反的理论并给出假设斜率[⊖]参数符号是正或负的理由。

例如，你对美国课堂人数对学生初级水平学习的影响很感兴趣。一个合理的被解释变量（Y）可能是学生的语文、数学和科学的考试成绩。类似地，解释变量将包括这个学生的家庭收入水平（X_1）和学生的课堂规模（X_2）（用每个教师对应的学生数表示）。

$$Y = \beta_0 + \overset{+}{\beta_1} X_1 + \overset{-}{\beta_2} X_2 + \varepsilon \tag{3-1}$$

方程（3-1）中系数上方的符号表示特定系数的假定符号。再看一下这个公式，你同意这些假定符号吗？更高的收入将提高考试分数（保持课堂人数不变）的预期看起来是合理的，因为金钱可能带来更多额外的学习机会，但是 β_2 的假定符号是误导人的。你是否同意它应该是负的？

3.1.4　步骤4：搜集、检查和整理数据

获得初始数据集，为回归分析做适当的准备不是一件容易的事情。这个步骤不仅是机械地记录数据，还要选择样本的类型和规模。

一般来说，只要观测值都来自同一总体，样本容量越大越好。研究者通常会选用容易获得、有可比性的观测值。在回归分析中，所有变量的观测值的数量必须相同，具有相同的频数（月、季、年等）和样本区间。频数的选择往往是由获得数据的难易程度决定的。

_⊖　要注意，当我们假设斜率参数的符号时，并没有假设截距的符号，具体原因将在第7.1节中进行解释。

必须选择尽可能多的样本观测值的原因与第 2.4 节中首次提出的统计学中的自由度概念有关。如图 3-1 所示，在一个 X, Y 坐标系中，若过两点做一条直线，则可以准确无误地完成。由于两点在同一条直线上，因此，不用估计参数，两点决定的两个参数恰好就是截距和斜率。只有用直线拟合由特定程序生成的三个或三个以上不规则点的时候，参数估计才能派上用场。观测值的个数减去待估计参数的个数（在例子中为两个，即截距和斜率）就是**自由度**$^\ominus$（degrees of freedom）。在图 3-2 中，需要估计的直线的自由度仅仅为 1，而自由度越大越好。因为当自由度较高时，正的误差会被负的误差尽可能地抵消。当自由度较低时，随机因素无法提供能够相互抵消的观测值。例如，抛硬币的次数越多，出现正面的可能性就越接近于真实的概率 0.5。

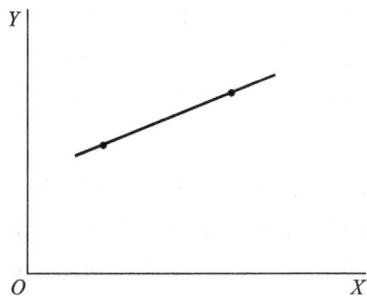

图 3-1　数学上两点确定一条直线

注：如图 3-1 所示，如果数据集中只有两个点，从数学意义上一条直线可以完全无误差地拟合这些点，因为两点决定一条直线。

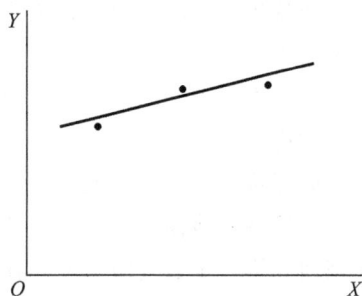

图 3-2　统计上直线拟合三个点

注：如图 3-2 所示，如果数据集中有三个（或更多）点，那么利用第 2.1 节中的估计步骤确定的直线在统计意义下是拟合这些点的。

另一个值得关注的问题是变量的度量单位。某个变量以美元度量或以千美元度量有什么区别呢？变量的观测值与真实值相差 10 个单位会有什么影响呢？有趣的是，就回归分析而言，这些变化并没什么影响，所有的符号、显著性以及经济理论的结论都与度量单位无关。例如，一个解释变量的单位是美元或是千美元，几乎没什么不同，常数项和模型的整体拟合优度都不变。诚然，变量度量单位的放大或缩小改变了斜率参数，斜率参数会随解释变量度量单位的变化而变化。同理，常数被加入到某一变量表达式时，只改变截距项而不会改变斜率参数。

估计方程前的最后一步是检查和整理数据。研究者应该时常检查数据，便于找到错误，原因很简单：如果数据是错的，还有什么必要花费时间和精力进行复杂的回归分析呢？

在检查数据的时候，可以将数据打印出来或生成图表以便寻找异常值。**异常值**（outlier）是指在其余观测值范围之外的观测值，找出异常值是找到出错数据的简单方法。另外，查看各个变量的均值、最大值和最小值，并思考数据中可能存在的不一致性是个好习惯。有些数据是否不可能存在，或者不切实际？GDP 是否可以在一年内翻一番？学生是否可能在绩点满分为 4.0 的条件下，拥有 7.0 的平均绩点？消费是不是消极的？

一般而言，可以用正确数据替代错误数据来消除这些错误。在极少情况下，诸如无法找到正确数据或特殊的观测值根本不是和其他样本观测值来自相同总体时，这个异常值才可以从样本中剔除。值得注意的是，异常值的存在并不是剔除该观测值的正当理由。一个回归分

$\ominus$　通过本章的学习，读者将学会计算回归方程中的自由度（$d.f.$），即 $d.f. = (N-K-1)$，其中，K 为方程中解释变量的个数。同样，一些作者会设 $K'=K+1$ 并定义 $d.f. = (N-K')$。由于 K' 等于解释变量个数加 1（常数项），它也等于在回归分析中要估计的参数个数。

析应该可以用来解释样本中所有的观测值，而不仅仅是情况好的数值。关于数据搜集的更多细节，在第 11.2 节和第 11.3 节将有论述，而有关通过经济学实验形成数据的更多细节会在第 16.1 节讲述。

3.1.5 步骤 5：估计和评价方程

不管你信不信，手工完成回归方程的第一步到第四步可能会花费数月时间，但是像 Stata 或 EViews 这样的计算机软件却能在 1 秒内估计出回归方程。正如第 2.1 节所述，通常情况下，采用普通最小二乘法进行估计。但如果使用其他估计方法，就应该仔细说明和评价选择这种方法的理由。

你也许会认为估计出方程后，工作就结束了，事实上并非如此。相反，还需要用各种不同方法评价结果。诸如方程拟合程度如何？估计出的参数符号和大小是不是与预期吻合？本书后面的大部分内容讲述的是如何评价估计出的回归方程。对于初学者而言，应该花费较多时间来评价方程。

一旦完成评价，不要自动地进入第六步。因为回归结果很少会像人们所期待的那样，因此，经常需要发展其他模型。例如，评价结果可能暗示方程遗漏了某个重要变量。在这种情况下，应该回到第一步去查阅文献，在方程中增加合适的变量。然后重新按顺序完成每个步骤，直到第五步完成新方程的估计。只有对估计出的方程感到满意后，才能进入第六步。不过，不要太快做出这种判断，因为并不能仅仅为了拟合数据而去调整理论。研究者在改进方程时，必须小心谨慎，寻求合理的改进正是应用计量经济学的魅力所在。

最后，为了检验结果是否稳定，有必要估计其他设定形式的方程，这种方法被称为敏感性分析，第 6.4 节将对其做详细讨论。

3.1.6 步骤 6：报告结果

下面是报告回归分析估计结果的标准格式：

$$\hat{Y}_i = 103.40 + 6.38X_i$$
$$(0.88)$$
$$t = 7.22$$
$$N = 20 \qquad \overline{R}^2 = 0.73$$

(3-2)

括号中的数值表示估计参数的标准差，t 值用来检验参数的真值不为零这个假设。各种衡量回归质量的方法将在接下来的章节中陆续讨论[⊖]。值得注意的是，利用简单易懂的方式来报告回归结果是回归分析的重要组成部分。对于时间序列数据集，还应报告数据的频数（如季度或年度）以及样本区间。

输出结果的一个重要部分是对回归模型、假设条件、回归过程以及所用数据的说明。计量经济学报告必须包含足够多的信息使得他人可以完全理解整个研究[⊖]。较短的定义应该随

[⊖] 系数的标准差及 t 值将分别在第 4.2 节和第 5.2 节中详细说明。

[⊖] 例如，*Journal of Mone*，*Credit*，*and Banking* 就要求作者提交其可以验证回归结果的真实数据集。请参见 W. G. Dewald et al. "Replication in Empirical Economics," *American Economic Review*, Vol. 76, No. 4, pp. 587-603, 以及 Daniel S. Hamermesh, "Replication in Economics," *NBER Working paper* 13026, April 2007。

方程给出，除非所使用的变量事先在表格中定义了。如果用到的是一组回归方程，表格中必须给出各个方程的相关信息。对于所有的数据操作以及数据来源必须进行详尽说明。当需要说明和解释的内容较多时，通常把这些内容整理为数据附件。在一般情况下，如果无法获得回归分析中所使用的数据，或只有在计算后才能得到，这个数据集本身也应列入附件中。

3.2 回归分析实例：餐厅选址

为了强化读者对应用回归分析的六个基本步骤的理解，后文将展示一个完整的回归分析实例。为了确定 Woody's 餐厅[⊖]（Woody's 是一个价格适中，24 小时营业的家庭式连锁餐厅）下一个连锁店的最佳位置，你决定建立回归模型来描述各个连锁店的总销售量。每家连锁店的总销售量都是地理位置相关属性的函数，如果可以找到描述这种函数关系的合理方程，那么，就可以用这个方程去帮助 Woody's 餐厅决定在什么地方修建新的连锁店。只要给出有关土地成本、建设成本及当地建筑和餐厅的市政法规数据，Woody's 餐厅的老板就可以做出一个明智的决定。

（1）查阅文献，建立理论模型。阅读有关餐饮业的文献，但最主要还是和公司里的专家交谈。他们会给出 Woody's 餐厅的理想地址应具备的属性。专家们会说，所有连锁店的特征都是一样的（的确，这其实就是对连锁店的批判），都身处"郊区、零售或住宅区"环境中（既不在市中心，也不在乡村地区）。正因为如此，可以认为许多影响其他连锁店销量的因素并不适用于本例，因为所有 Woody's 餐厅的位置都是相似的。（如果把 Woody's 餐厅和其他连锁店做比较，那么这些变量就是合适的。）

另外，Woody's 餐厅战略规划部的人提出的观点也值得重视，他们认为地理位置间的价格差异与消费差别不及某个独特位置吸引消费者的数量重要。这一点引起了研究者的重视，因为最初考虑的变量（总销售额）会因各个地方价格的变化而变化。由于公司会控制价格，而需要估计的是"潜在"销售量。所以，你觉得把近些年可得到完整数据中的在一给定位置已经存在的连锁店的顾客数量（研究数据来自最近几年 Woody's 餐厅服务员开出的发票或账单）作为被解释变量。

（2）设定模型：选择解释变量和函数形式。经过上面的准备，可能会归纳出若干可供选择的解释变量。仔细分析后发现，实际上只有三个主要因素决定销售量（顾客数）。分别是在连锁店附近居住的人口密度、当地居民的一般收入水平以及附近直接竞争对手的数量。另外，还有两个较好的潜在解释变量：一个是每天经过当地的车辆数，另一个是连锁店的营业时间。经过认真思考，决定舍弃最后两个变量，其理由是各个地方的连锁店都已经有足够长的营业时间，从而有稳定的顾客量。另外，搜集经过各个地方的车辆数的成本非常高。如果当地居住的人口数不能很好地衡量潜在消费者的数量，那就申请经费，用于搜集详尽的路过车辆的数据。

最终确定的解释变量的准确定义为：

N 代表竞争，当地 Woody's 连锁店的方圆 2 英里内的直接竞争对手数量；

⊖ 该案例中的数据都是真实的（它们来自于在南加利福尼亚州 33 家 Denny's 餐厅的样本），但是解释变量个数比实际研究中少很多。数据文件名：WOODY3。

P 代表人口，当地 Woody's 连锁店的方圆 3 英里内的居住人口数；

I 代表收入，变量 P 中度量的居住人口的平均收入水平。

因为没有理由怀疑线性函数形式和古典随机误差项，于是决定直接选用它们。

（3）对参数的符号做出假设。当决定应该包括哪些变量后，假设参数的符号就变得很容易了。其中两个变量的符号很容易确定。每个人都希望有较大的竞争，竞争越大，顾客就越少（该地区的人口和收入水平都给定不变的前提下），并且，居住在这家连锁店附近的人口越密集，顾客就会越多（竞争和收入水平保持不变）。研究者或许会认为某个地方的收入水平越高，在家庭式餐厅就餐的人就会越多。然而，对高收入地区的人而言，高收入群体可能希望到更高级的餐厅而不像 Woody's 一样的家庭式餐厅就餐。因此，收入变量对 Woody's 餐厅的销售量（顾客数）可能只有很小的促进作用。综合以上讨论，预期符号为：

$$Y_i = \beta_0 + \overset{-}{\beta_N} N_i + \overset{+}{\beta_P} P_i + \overset{+?}{\beta_I} I_i + \varepsilon_i \tag{3-3}$$

式中，每个变量上面的符号表示在其他两个解释变量保持不变的情况下，该解释变量对被解释变量的预期影响，ε_i 是满足古典假设的随机误差项。

（4）搜集、检查并整理数据。本研究覆盖了 Woody's 餐厅的每家连锁店，经过调查，得到了 33 个位置的被解释变量与解释变量。对数据进行检查后，有三个原因对数据的质量抱有信心：同一个变量在不同的餐厅采用相同的口径测量，样本中包含了所有连锁店，所有的数据都来自同一一年度。在计算机上运行 Stata 软件所使用的样本数据以及获得的回归估计结果如表 3-1 和表 3-2 所示。

（5）估计与评价方程。获得数据集并录入计算机后，就可用普通最小二乘法进行回归分析。但开始之前，必须再次检查模型是否存在理论错误。直到自己认为没有问题为止，虽然可能尚有一些不确定。于是，估计方程，得到如下结果：

$$\hat{Y}_i = 102\ 192 - 907\ 5N_i + 0.355P_i + 1.288I_i \tag{3-4}$$
$$(2\ 053) \quad (0.073) \quad (0.543)$$
$$t = -4.42 \quad 4.88 \quad 2.37$$
$$N = 33 \quad \overline{R}^2 = 0.579$$

从短期来看，这个方程满足要求。尤其是方程中的参数估计值的符号与预期相同。虽然模型的整体拟合优度不是很好，但考虑到这些连锁店所在位置差异较大，这个结果应该说是合理的。为了预测 Y 值，将得到的每个连锁店预设位置的 N，P 及 I 值代入方程（3-4）。如果排除其他因素的影响，则对于 Woody's 餐厅来说，Y 的预期值越高，位置就越好。

（6）报告结果。方程（3-4）归纳的结果已经可以满足报告的要求。（注意：虽然在第 5 章之前不会涉及估计参数的标准差和 t 统计量[⊖]，但还是包含了它们的完整信息。）然而，对初学者来说，从回归分析输出结果中找到所有需要报告的数据并非易事。如果能花些时间仔细阅读表 3-1 和表 3-2 中 Woody's 餐厅模型的计算机输出表格和信息，那么，在读自己计算机的输出结果时，就可能会比较轻松。这里输出的表格是由 Stata 软件在计算机中生成的，那些由 EViews，SAS，SHAZAM，TSP 及其他软件生成的表格也与之类似。

⊖ 在本书中，估计参数下方括号中的数值是估计参数的标准差。由于有些作者会把 t 值放入括号中，所以在阅读期刊文章或其他书籍时要特别注意。

表 3-1 Woody's 餐厅案例数据（应用 Stata 软件）

	Y	N	P	I
1.	107 919	3	65 044	13 240
2.	118 866	5	101 376	22 554
3.	98 579	7	124 989	16 916
4.	122 015	2	55 249	20 967
5.	152 827	3	73 775	19 576
6.	91 259	5	48 484	15 039
7.	123 550	8	138 809	21 857
8.	160 931	2	50 244	26 435
9.	98 496	6	104 300	24 024
10.	108 052	2	37 852	14 987
11.	144 788	3	66 921	30 902
12.	164 571	4	166 332	31 573
13.	105 564	3	61 951	19 001
14.	102 568	5	100 441	20 058
15.	103 342	2	39 462	16 194
16.	127 030	5	139 900	21 384
17.	166 755	6	171 740	18 800
18.	125 343	6	149 894	15 289
19.	121 886	3	57 386	16 702
20.	134 594	6	185 105	19 093
21.	152 937	3	114 520	26 502
22.	109 622	3	52 933	18 760
23.	149 884	5	203 500	33 242
24.	98 388	4	39 334	14 988
25.	140 791	3	95 120	18 505
26.	101 260	3	49 200	16 839
27.	139 517	4	113 566	28 915
28.	115 236	9	194 125	19 033
29.	136 749	7	233 844	19 200
30.	105 067	7	83 416	22 833
31.	136 872	6	183 953	14 409
32.	117 146	3	60 457	20 307
33.	163 538	2	65 065	20 111

（obs＝33）

	Y	N	P	I
Y	1.000 0			
N	−0.144 2	1.000 0		
P	0.392 6	0.726 3	1.000 0	
I	0.537 0	−0.031 5	0.245 2	1.000 0

表 3-2 计算机实际输出结果（使用 Stata 软件）

Source	SS	df	MS		
Model	9.928 9e+09	3	3.309 6e+09	Number of obs = 33	F (3, 29) = 15.65
Residual	6.133 3e+09	29	211 492 485	Prob>F = 0.000 0	R-squared = 0.618 2
Total	1.606 2e+10	32	501 943 246	Adj R-squared = 0.578 7	Root MSE = 14 543

Y	Coef.	Std. Err.	t	P>|t|	[95% Conf.	Interval]
N	−9 074.674	2 052.674	−4.42	0.000	−13 272.86	−4 876.485
P	0.354 668 4	0.072 680 8	4.88	0.000	0.206 019 5	0.503 317 2
I	1.287 923	0.543 293 8	2.37	0.025	0.176 762 8	2.399 084
_cons	102 192.4	12 799.83	7.98	0.000	76 013.84	128 371

	Y	Yhat	residuals
1.	107 919	115 089.6	−7 170.56
2.	118 866	121 821.7	−2 955.74
3.	98 579	104 785.9	−6 206.864
4.	122 015	130 642	−8 627.041
5.	152 827	126 346.5	26 480.55
6.	91 259	93 383.88	−2 124.877
7.	123 550	106 976.3	16 573.66
8.	160 931	135 909.3	25 021.71
9.	98 496	115 677.4	−17 181.36
10.	108 052	116 770.1	−8 718.094
11.	144 788	138 502.6	6 285.425
12.	164 571	165 550	−979.034 2
13.	105 564	121 412.3	−158 48.3
14.	102 568	118 275.5	−15 707.47
15.	103 342	118 895.6	−155 53.63
16.	127 030	133 978.1	−6 948.114
17.	166 755	132 868.1	33 886.91
18.	125 343	120 598.1	4 744.898
19.	121 886	116 832.3	5 053.7
20.	134 594	137 985.6	−3 391.591
21.	152 937	149 717.6	3 219.428
22.	109 622	117 903.5	−8 281.508
23.	149 884	171 807.2	−21 923.22
24.	98 388	9 9147.65	−759.651 4
25.	140 791	132 537.5	8 253.518
26.	101 260	114 105.4	−12 845.43
27.	139 517	143 412.3	−3 895.303
28.	115 236	113 883.4	1 352.599
29.	136 749	146 334.9	−9 585.905
30.	105 067	97 661.88	7 405.122
31.	136 872	131 544.4	5 327.621
32.	117 146	122 564.5	−5 418.45
33.	163 538	133 021	30 517

第一项列出的是实际数据，随后是数据集中所有变量之间的简单相关系数，接下来就是一系列的估计参数，它们的估计标准差以及 t 统计量。紧接着是判定系数 R^2、调整的判定系数 $\overline{R}^2$，RSS，F 值以及将在后面章节中介绍的其他信息。最后，列出 Y_s 的观察值和预测值以及残差，绘出了残差的图形。数值后面紧跟的"E＋06"或"E－01"表示数值采用科学标记法，意味着数值显示的小数点必须向右移动 6 位或向左移动 1 位。

在以后的章节中，还会回到这个例子，将新学到的各种检验方法和思想应用进去。

3.3 虚拟变量

有些概念（如性别）看起来不可能被包含在方程中，因为它们本身就是定性概念，无法被数字量化。幸运的是，这些概念可以通过使用虚拟变量量化。**虚拟变量**（dummy variable）根据所遇到的特定情境，确定值为 0 或 1。

举一个虚拟变量的例子，假设 Y_i 代表第 i 位高中教师的工资，而他们的工资主要取决于教师的资历和取得的学位。所有的教师都有学士学位，但只有一部分有硕士学位，例如文学硕士。下面的方程表示了工资和这些变量的关系：

$$Y_i = \beta_0 + \overset{+}{\beta_1} X_i + \overset{+}{\beta_2} D_i + \varepsilon_i \tag{3-5}$$

式中，Y_i 表示第 i 位教师的收入（美元）；X_i 表示第 i 位教师执教的时间长短（年）；D_i 表示第 i 位教师是否具有硕士学位，如果有取值为 1，否则为 0。

D_i 的取值只有 0 或 1，所以，D_i 被称作虚拟变量。毋庸置疑，在这样的条件下虚拟变量会被赋予很多不同的意义。在上述情况中，虚拟变量代表是否拥有硕士学位的教师。系数 β_2 表示在执教时间不变的情况下，教师因为拥有硕士学位产生的额外工资额。

因为较多的执教经验和拥有硕士学位能够增加教师的工资，这两个变量的系数都预期为正，这点已经在方程（3-5）中标明。想一想，如果没有硕士学位时定义 D_i 为 1，否则为 0，上述的预期符号会有怎样的变化。这样的变动不会影响 β_1 的预期符号，但 β_2 预期符号就会变为负。$\ominus$

如图 3-3 所示，虚拟变量 D_i 数值的不同造成截距的变化，但无论 D 取值为何，斜率都是不变的。即便我们将虚拟变量定义成相反的形式，在特定情况下值为 0，否则为 1，斜率也不会有变化。

要注意，在上述例子中，即使有两种情况，也只有一个虚拟变量。这是因为虚拟变量的数目要比定性情境的数目少 1。这样的情况并不仅仅在虚拟变量里发生，遗漏情境对于所包含的相互对照的情境也形成了这样的规则。因此，在"非此即彼"的情境下，只能引入一个虚拟变量作为解释变量，其系数的含义就是与遗漏情境相关的被包含情境产生的影响。注意，永远不要用两个虚拟变量来描述两种情境。如果犯了这样的错误，也就是所谓的虚拟变量困境，就会产生完全多重共线性（详见第 8.1 节）。

再来看另一个有关虚拟变量系数含义的例子，分析大学生联谊会会员与平均成绩（GPA）的关系。大多数非经济学家研究此问题的方法是：计算大学生联谊会成员的平均成

$\ominus$　常数项也会发生改变。

绩，并和非联谊会成员进行比较。但是，这样的方法将会忽略除了大学生联谊会这个因素外，其他影响成绩的因素。

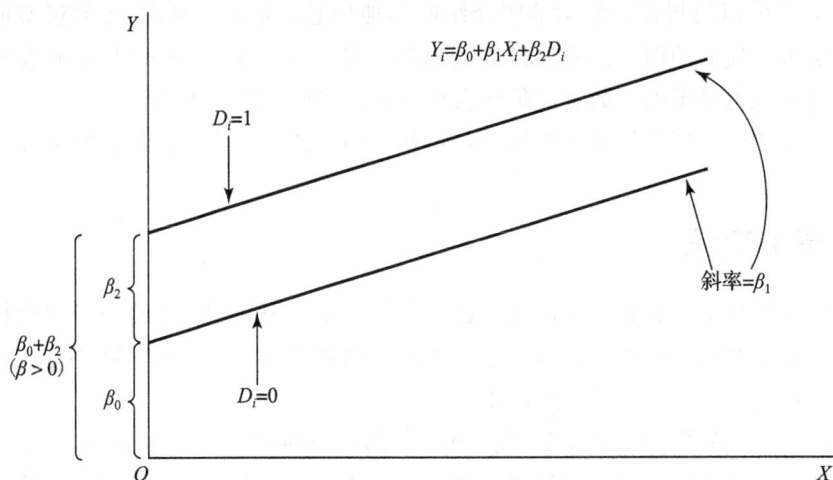

图 3-3　虚拟变量

注：如果在方程中加入一个虚拟变量 $\beta_2 D_i$，方程的图像的截距就会随定性的情境下虚拟变量取值的不同而产生两种结果，两者截距的差就是 β_2。定性情况下，斜率保持不变。

所以，我们想要建立一个回归模型来解释大学的 GPA。解释变量不仅包括大学生联谊会成员，还有其他学术成绩的参考因素，例如，SAT 成绩和高中成绩。社会组织成员是一个定性的变量，所以，我们需要在回归方程中创建一个虚拟变量来代表是否为大学生联谊会成员。

如果第 i 个学生为大学生联谊会的活跃成员，则 $D_i = 1$，否则 $D_i = 0$。

如果收集班级里所有学生的数据并应用这个实例估计方程，我们将得到估计方程

$$\widehat{CG}_i = 0.37 + 0.81 HG_i + 0.000\,01 S_i - 0.38 D_i \tag{3-6}$$

$$\overline{R}^2 = 0.45 \qquad N = 25$$

式中，CG_i 代表第 i 个学生的累积大学 GPA（满分 4.0）；HG_i 代表第 i 个学生的累计高中 GPA（满分 4.0）；S_i 是第 i 个学生 SAT 语文和数学成绩之和。

方程（3-6）中的估计参数的含义非常特殊，可以自己想一想会是什么。估计值 $\hat{\beta}_D = -0.38$ 意味着，在这个样本中，在 SAT 和高中成绩不变的情况下，大学生联谊会成员的 GPA 要比非成员低 0.38。因此，大学生联谊会成员预计将会比其他人的成绩低 1/3。为了更好地理解这个例子，请尝试运用方程（3-6）来预测自己的 GPA，看看结果如何。

然而，不管你在什么样的社会组织里，在你退出之前，请注意这里的样本非常小，我们肯定遗漏了一些重要的决定学术研究成败的因素。因此，我们不应该太快得出结论认为大学生联谊会成员都是傻瓜。

对于这个问题，我们已经使用了虚拟变量来表示有两种可能性（如性别）的定性变量。在一个定性的变量有三个或更多的情况下，又怎么办呢？例如，我们在方程（3-5）中对教师的工资进行了研究，如果我们发现一些教师有博士学位怎么办？我们现在需要能够区分最高学位是博士学位的教师，最高学位是硕士的教师和最高学位是学士学位的教师，我们能做什么？

答案肯定不是把变量定义成博士＝2，硕士＝1，学士＝0，因为我们没有理由认为拥有博士学位的教师产生的影响就是拥有硕士学位教师的两倍，那怎么办呢？

答案是创建一个比可能存在的情境（或条件）更少的虚拟变量，并使用每个虚拟变量代表其中一个可能的情境。在高中教师工资的案例中，需要创建两个虚拟变量来表示三个情境，例如：

如果第 i 位教师的最高学位是博士，则 $PHD_i=1$，否则 $PHD_i=0$；如果第 i 位教师的最高学位是硕士，则 $MA_i=1$，否则 $MA_i=0$。省略的条件（最高学位是学士）用虚拟变量等于 0 来表示。这种方法可以测量每个学位的单独影响而不用考虑硕士和博士学位之间的影响

因此，方程（3-5）现在将呈现为：

$$Y_i = \beta_0 + \overset{+}{\beta_1} X_i + \overset{+}{\beta_2} PHD_i + \overset{?}{\beta_3} MA_i + \varepsilon_i \qquad (3\text{-}7)$$

但是要小心，当有两个或多个相关的虚拟变量时，对系数的解释是个棘手的问题。这样的系数表示与被省略的条件相比，满足条件造成的被解释变量的增加。因此，β_3 反映的是与被省略的条件相比，也就是最高学位为学士相比，在 X 和 PHD 不变的情况下，最高学位是硕士产生的影响。为了确保对这个问题的理解，我们回到方程（3-7）并确定 β_3 的预期符号。是否觉得它是正的？答对了！在我们的预期中，当 X 和 PHD 保持不变时，最高学位是硕士的高中教师将会比最高学位是学士的教师拥有更高的工资。

只有单一的观察值为 1，而其余的观测值为 0（反之亦然）的这种虚拟变量是要避免的，除非该变量是理论要求必需的。这样的"一次性"虚拟变量只是为了消除数据集中的观察值，通过设置虚拟变量的系数等于观察值的残差来改善拟合优度。如果观察值被删除了，还能够精确地得到其他系数的相同估计值，那么被删除的观察值就不会很准确。

虽然这部分接近尾声，但我们对于虚拟变量的了解还没有结束。在第 7.4 节中，我们将讨论斜率虚拟变量，在第 13 章中，我们还将分析当被解释变量是一个虚拟变量时会出现什么情况。

3.4 小结

（1）通常，确定被解释变量后，应用回归分析采用六个步骤：

a. 查阅文献，建立理论模型；

b. 确定模型：选择解释变量及函数形式；

c. 对参数的符号做出假设；

d. 搜集、检查和整理数据；

e. 估计和评价方程；

f. 报告结果。

（2）虚拟变量只能取值 0 或 1，这取决于是否满足某些特定状态条件。虚拟变量的例子就是当为女性时 X 等于 1，为男性时 X 等于 0。

习题

（偶数序号的习题答案见附录 A）

1 不查阅书本（或笔记），给出下列术语的定义，然后与书本上的相比较。

a. 虚拟变量 　　　　b. 遗漏条件 　　　　c. 应用回归分析中的六个步骤

    d. 方程设定　　　　　e. 设定误差

2 虚拟变量不像它的名字听起来好理解，在没有一定练习的情况下并不容易理解。

    a. 设定一个虚拟变量用以区别在计量经济学班级中的本科生与研究生。

    b. 设定一个回归方程来解释班上每个同学第 1 次计量经济学测试成绩（Y，满分 4.0）作为学生以前学习统计学的成绩（G）、课堂学习时间（H）以及上面设定的虚拟变量（D）的函数。方程中还需要再加入其他变量吗？请说明理由。

    c. 虚拟变量 D 的参数符号的假设是什么？这个符号有赖于定义 D 的确切方法吗？（提示：特别地，假设在 a 部分的答案中你弄反了 1 和 0 的定义），弄反了又怎么样？

    d. 假设通过搜集的数据进行了回归分析，得到了 D 的参数估计值，这个参数的符号与你预期的符号一致，参数估计值的绝对值为 0.5。在现实生活中这意味着什么？

    e. 假设你所在的班级中有三个是高三的学生，学习计量经济学是他们这些优秀学生参加的积累性学习课题的一部分。用虚拟变量来区别你所在班级的三个年级的学生最好的方法是什么？使用的虚拟变量的定义要精准。

3 是否文科学院中经济学家的薪水要比其他教授多？为了调查这个问题，观测由 2 929 个教员组成的规模比较小的学院中的样本，构造了并估计了由四个变量解释薪水的模型：

$$\hat{S}_i = 36\,721 + 817M_i + 426A_i + 406R_i + 3\,559T_i + \cdots \tag{3-8}$$

$$(259)\quad\ (456)\quad\ (24)\quad\ (458)$$

$$\overline{R}^2 = 0.77 \qquad N = 2\,929$$

式中，S_i 代表学院中第 i 位教授的薪水；M_i 代表第 i 位教授是否为男性，为虚拟变量，如果是男性为 1，否则为 0；A_i 代表第 i 位教授是不是非裔美国人，为虚拟变量，如果是非裔美国人则为 1，否则为 0；R_i 代表第 i 位教授的级别；T_i 代表第 i 位教授是否为主讲经济学类课程的教授，为虚拟变量，如果是则为 1，否则为 0。

    a. 请详细说明 M 的参数的含义。

    b. 该方程意味着在其他条件不变的情况下，非裔美国人比其他民族成员多赚 426 美元。这个参数的符号与你预期的一致吗？为什么？

    c. R 是虚拟变量吗？如果不是，那它是什么？请详细说明 R 的参数的含义。（提示：通常，教授随级别上升，薪水也随之增加。）

    d. 你的结论是什么？文科学院中经济学家的薪水要比其他教授更高吗？请说明理由。

    e. 事实上，方程以符号"＋…"结尾，意味着不止四个解释变量。如果你在方程中要增加一个变量，会增加什么？请说明理由。

4 利用 Stata 或者自己拥有的其他软件，运用表 3-1 的数据，估计方程（3-4），你能得到同样的结果吗？

5 研究生入学考试（GRE）中，经济学科目考试是一种经济学知识和分析能力的综合测试，它作为学生申请"沉闷科学"的博士入学条件。这些年来，有人指出 GRE 像学生能力倾向测试（SAT）一样，对女性和某些种族存在偏见。为了检验 GRE 经济学科目考试是否对女性存在偏见，玛丽·赫希菲尔德（Mary Hirschfeld），罗伯特·摩尔（Robert Moore）以及埃莉诺·布朗（Eleanor Brown）估计了下面的方程（括号中的数值为标准差）[⊖]

⊖ Mary Hirschfeld，Robert L. Moore，and Eleanor Brown，"Exploring the Gender Gap on the GRE Subject Test in Economics，" *Journal of Economic Education*，Vol. 26，No. 1，pp. 3-15.

$$\widehat{GRE}_i = 172.4 + 39.7G_i + 78.9GPA_i + 0.203SATM_i + 0.110SATV_i + \cdots \qquad (3\text{-}9)$$

$$(10.9) \qquad (10.4) \qquad (0.071) \qquad (0.058)$$

$$N = 149 \qquad R^2 = 0.46$$

式中，GRE_i 代表第 i 个学生在 GRE 经济学科目中的考试分数；G_i 代表第 i 个学生的性别，为虚拟变量，如果是男性则为 1，否则为 0；GPA_i 代表第 i 个学生经济学课程的 GPA(A＝4，B＝3，等等)；$SATM_i$ 代表第 i 个学生在学生能力倾向测试中的数学成绩；$SATV_i$ 代表第 i 个学生在学生能力倾向测试中的其他部分的成绩。

a. 详细说明在这个方程中，G_i 的参数的含义（提示：详细说明 39.7 代表什么？）

b. 这个结果能够证明 GRE 对女性存在偏见吗？为什么？

c. 如果在方程（3-9）中增加一个变量，你会选择增加什么变量？请说明理由。

d. 假设作者已经定义他们的性别变量就是 G_i，为虚拟变量，如果第 i 个学生是女性则为 1，否则为 0。那么在这种情形下，方程（3-9）会怎么变化？（提示：只有截距和这个虚拟变量的参数发生变化）

6 老板打电话告诉你，她打算开拍她最新的破票房之作——《经济学家入侵》（第二部）(*Invasion of the Economists*, *Part* Ⅱ)，并要求你建立一个过去五年里所有电影总收入的模型。你的模型是（括号中的数值为标准差）⊖

$$\hat{G}_i = 781 + 15.4T_i - 992F_i + 1\,770J_i + 3\,027S_i - 3\,160B_i + \cdots$$

$$(5.9) \qquad (674) \qquad (800) \qquad (1\,006) \qquad (2\,381)$$

$$\overline{R}^2 = 0.485 \qquad N = 254$$

式中，G_i 代表第 i 部电影的最后总收入（单位：千美元）；T_i 代表第 i 部电影在上映的第一周，播放它的影院数；F_i 代表第 i 部电影的领衔主演的性别，为虚拟变量，如果领衔主演是女性则为 1，否则为 0；J_i 代表第 i 部电影是不是在 6 月或 7 月放映的，为虚拟变量，如果是的话则为 1，否则为 0；S_i 代表第 i 部电影领衔主演是否为超级巨星，为虚拟变量，如果是（比如汤姆·克鲁斯（Tom Cruise）或者米尔顿（Milton）则为 1，否则为 0；B_i 代表第 i 部电影是否至少有一个配角是超级巨星，为虚拟变量，如果有则为 1，否则为 0。

a. 假设每个斜率参数的符号。估计结果中，如果存在参数符号与预期不同，那么，会是哪些变量的参数？

b. 出演《经济学家入侵》(*Invasion of the Economists*) 第一部的演员米尔顿向老板要价 400 万美元拍摄续集。如果估计是可信的，那么老板应该是答应米尔顿呢，还是用 50 万美元雇用一个无人知晓的演员弗雷德（Fred）呢？

c. 老板想要保持低成本，增加 200 次放映将会花费 120 万美元。假设你的模型可信，那么，老板应该增加放映次数吗？

d. 这部电影被安排在 9 月放映，在保证电影质量的情况下，为了能在 7 月上映，将会花费 100 万美元来加速拍摄。仍然假设你的模型可信，那么加速拍摄值得吗？

e. 你一直在假设估计是可信的，但是否存在证据表明事实并非如此？解释你的答案。（提示：假设方程并不存在设定误差。）

7 让我们来多做一些关于应用回归分析中的六个步骤的练习。假如想在 eBay（拍卖网站）上购买一款苹果 iPod（不论新旧），但又不希望出价过高。基于以前 iPod 的拍卖价格，建立回归模

⊖　这个估计方程（并非这个问题）是来自哈佛商学院的一次管理经济学期末考试。

型是一种能够深入了解 iPod 竞标价格的方法[一]。

第一步是查阅文献。很幸运，我们找到了一些好素材，尤其是列奥纳多·雷森德（Leonardo Rezende）[二]在 2008 年撰写的一篇分析 eBay 拍卖网估计 iPod 价格模型的文章。

第二步是确定方程的解释变量及函数形式。由于有些是新 iPod，有些是用过但无瑕疵的，还有些则是用过且有刻痕或其他缺陷的，因此，遇到一个问题，即想在方程中包含一个度量 iPod 使用情况的变量。

a. 设定一个（或多个）变量，可以量化 iPod 的三种不同使用情况。在继续下一步之前请先回答这个问题。

b. 第三步是假设方程中参数的符号。如果方程设定如下，预期变量 *NEW*，*SCRATCH* 和 *BIDRS* 的符号各是什么？请说明理由。

$$PRICE_i = \beta_0 + \beta_1 NEW_i + \beta_2 SCRATCH_i + \beta_3 BIDRS_i + \varepsilon_i$$

式中，$PRICE_i$ 代表第 i 个 iPod 在 eBay 上的销售价格；NEW_i 代表第 i 个 iPod 是不是新的，为虚拟变量，如果是新的则为 1，否则为 0；$SCRATCH_i$ 代表第 i 个 iPod 表面上是否有微小的瑕疵，为虚拟变量，如果是则为 1，否则为 0；$BIDRS_i$ 代表对第 i 个 iPod 报价的人数。

c. 第四步是搜集数据。幸运的是，雷森德拥有 215 个银色、4GB 可上网的迷你苹果 iPod 的数据，所以迫切地希望下载数据，进行初次回归分析。然而在进行之前，有人指出 iPod 拍卖在三星期前已经开始，他担心由于数据来自不同时间段而造成数据没有可比性。这种担忧有意义吗？为什么？

d. 第五步是利用雷森德的数据估计方程，得到：

$$\widehat{PRICE}_i = 109.24 + 54.99 NEW_i - 20.44 SCRATCH_i + 0.73 BIDRS_i$$
$$(5.34) \qquad (5.11) \qquad (0.59)$$
$$t = \qquad 10.28 \qquad -4.00 \qquad 1.23$$
$$N = 215$$

参数估计值的符号与你的预期一致吗？请说明理由。

e. 第六步是报告结果。查看 d 部分中的回归分析结果，是否遗漏了一些应该报告的项目？

f. （选做）自己估计方程（数据文件名为 iPod3），说明在 e 部分的答案中你认为遗漏的项目的作用。

附录 3A 计量经济学实验室 ♯2

该实验室包含应用回归分析中的六个步骤的每一部分。你的项目是估计 1945～2014 年美国经济的总消费函数。

第一步：文献综述与理论模式的发展。

继亚当·斯密（Adam Smith）之后，约翰·梅纳德·凯恩斯（John Maynard Keynes）是最具有影响的经济学家之一，他发展了消费函数这一概念，从而将总消费解释为个人可支配收入的函数。你可能在宏观经济学课上，在中级宏观经济学课上，或两者都有，学过凯恩斯消费函数。

○ 这是另一个 hedonic 模型的例子，其中，价格为被解释变量，解释变量是被解释变量的影响因素而不是其需求量或供给量。如果想了解进一步了解 hedonic 模型，请参见第 11.8 节。

○ Leonardo Rezende，"Econometrics of Auctions by Least Squares," *Journal of Applied Econometrics*，November/December 2008，pp. 925-948.

其他变量，包括利率，也会影响总消费。

a. 在消费函数中一个关键的分析概念是边际消费倾向。如果你已经知道边际消费倾向的定义，那就写下这个定义。如果不知道，就去阅读宏观经济学教材或找到一个合适的网站，写下定义，并注明完整的参考文献的来源。

b. 使用 EconLit 数据库或其他资源找到两篇关于消费函数的学术期刊。文章不需要阅读，但必须有这两篇文章的完整参考文献书目。

第二步：确定模型：选择解释变量和函数形式。

在这一点上，你通常会选择你的解释变量和函数形式。既然我们希望每个人都能估计同一个方程，我们将为你做这些决定。请估计一个线性消费函数，解释变量包括个人可支配收入和利率。具体的变量将是：CON_t：第 t 年的实际个人消费支出；PYD_t：第 t 年的个人实际可支配收入；AAA_t：第 t 年的实际利率。

利用方程（3-1）的形式，把个人可支配收入和利率的函数表达出消费方程，然后用适当的变量名来代替 Y 和 X。

第三步：假设系数的预期符号。

假设你的模型的斜率系数的预期符号，并解释原因。如果你不知道，就读一下相关文献。这就是文献综述。

第四步：收集、检查和整理数据。

一个方便的宏观经济数据源是联储经济数据（Federal Reserve Economic Data，FRED），网址：https：//research. stlouisfed. org /fred2 /。它包含了来自美国和世界各地的成千上万的可下载的时间序列。本实验室使用的数据来自弗莱德和其他来源。你可以从在 Stata 或其他格式在 httр：//www. pearson. com /studenmund 上下载该数据库。数据库名称为 Lab3。

选做：使用 FRED 的数据核对数据集，找到 1946 年的实际个人消费支出。

最后，整理和检查数据，为了做到这一点，要打印出所有三个变量的统计值（平均值、标准差、最小值、最大值），并寻找异常的数字。有没有不可能的最大值或最小值（如负消费）或不合理的高值（如超过 100％的利率）？如果有，就表明数据中出现了错误。

第五步：估计和评价方程。

使用 Stata 估计方程并打印出结果。然后通过回答以下问题评价结果：

a. 系数的符号符合你在步骤 3 中的预期吗？如果没有，解释两者有什么区别？

b. 什么是 $\bar{R}^2$？什么是 R^2？两者有什么区别？

c. 根据你的研究结果，边际消费价值是多少（保留三位小数）？保持企业债券 AAA 利率不变，如果人均可支配收入减少 100 万美元，边际消费价值会变化多少？

d. 根据你的研究结果，如果企业债券 AAA 利率上升三个百分点（个人可支配收入不变）边际消费价值将变化多少？

e. 基于你上面 a~d 部分的答案，你的回归结果是否合理？或者你认为有某种错误吗？

第六步：报告结果。

现在整理你的 Stata 回归结果并放在方程（3-4）给出的标准格式里。

第 4 章

古 典 模 型

计量经济学的古典模型与古希腊甚至是亚当·斯密的古典经济学思想没有任何关系。"古典"一词是指一系列基本假设,这些假设的成立保证了模型回归分析得到的普通最小二乘估计量是"最优"估计量。如果其中一个或多个假设不成立,那么采用其他估计方法(如广义最小二乘法,详见第 9 章)进行回归分析可能比采用普通最小二乘估计法更好。

因此,回归分析最重要的一项任务是判断古典假设对于某个特定方程是否成立。如果古典假设成立,则普通最小二乘法就是最优估计方法,否则,就要衡量其他估计方法的利弊,由此决定采用哪种估计法。其他估计方法通常是在违背某个特定假设时用来调整普通最小二乘法的。就此来讲,本书后面大部分章节就是在以各种方法处理这样一个问题:当某个古典假设没有被满足时,应该怎么做?由于计量经济学家要花费大量时间分析违背古典假设的情况,因此,对他们来讲,认识和理解这些假设是极其重要的。

4.1 古典假设

为了使普通最小二乘估计量成为最优估计量,必须满足所有**古典假设**(classical assumption)。鉴于古典假设在回归分析中的重要性,我们在下面的表格及字句中列出这些假设。后面的部分章节将讨论违背这些假设的情况,并介绍更适用的估计方法。

古典假设:

Ⅰ. 回归模型是线性的,模型设定无误且含有误差项。

Ⅱ. 误差项的总体均值为 0。

Ⅲ. 所有解释变量与误差项都不相关。

Ⅳ. 误差项观测值互不相关(不存在序列相关性)。

Ⅴ. 误差项具有同方差(不存在异方差性)。

Ⅵ. 任何一个解释变量都不是其他解释变量的完全线性函数(不存在完全多重共线性)。

Ⅶ. 误差项服从正态分布(该假设是选择性的,但通常被采用)。

满足假设 Ⅰ 到 Ⅴ 的误差项称为**古典误差项**（classical error term）。如果还满足假设 Ⅶ，误差项称为**古典正态误差项**（classical normal error term）。

Ⅰ. 回归模型是线性的，模型设定无误且含有误差项。假设回归模型是线性的，如：

$$Y_i = \beta_0 + \beta_1 X_{1i} + \beta_2 X_{2i} + \cdots + \beta_k X_{ki} + \varepsilon_i \tag{4-1}$$

"回归模型是线性的[⊖]"假设并不要求模型的基础形式一定是线性的。例如，指数函数：

$$Y_i = e^{\beta_0} X_i^{\beta_1} e^{\varepsilon_i} \tag{4-2}$$

式中，e 是自然对数的底数，方程两边取自然对数变形为：

$$\ln(Y_i) = \beta_0 + \beta_1 \ln(X_i) + \varepsilon_i \tag{4-3}$$

令 $Y_i^* = \ln(Y_i)$，$X_i^* = \ln(X_i)$，则原方程（4-2）就变成了线性方程：

$$Y_i^* = \beta_0 + \beta_1 X_i^* + \varepsilon_i \tag{4-4}$$

由于方程（4-4）是线性的，所以 β_s 的普通最小二乘估计量的性质仍然成立。

模型还必须满足另外两个性质。第一，方程设定无误。如果方程有遗漏变量或函数形式设定错误，那么方程的回归结果将受到影响。第二，方程只含有一个随机误差项，该误差项必须以相加的形式加入方程，不能与方程中任何变量相乘或相除。

Ⅱ. 误差项总体均值为 0。在第 1.2 节中提到，计量经济学家在回归方程中加入一个随机误差项，以此表示被解释变量离差中不能由模型所解释的部分。误差项的每个观测值完全是随机的，描述这个概念的最好方法，就是把误差项的每次观测值看作从随机变量分布中抽取的，如图 4-1 所示。

古典假设 Ⅱ 表明随机误差项取值分布的均值为 0，即当考虑了随机误差项的全部可能值时，总体均值为 0。当样本容量很小时，均值不可能正好等于 0。但是，随着样本容量趋近于无穷大时，样本均值趋于 0。

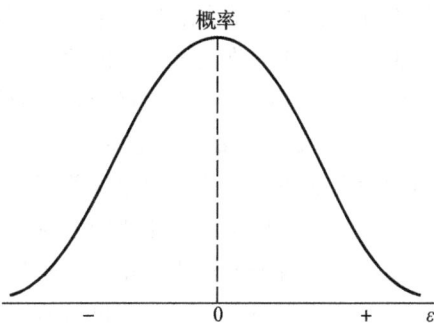

图 4-1　均值为 0 的误差项分布

注：假定随机误差项的观测值是从均值为 0 的随机变量分布中抽取的，如果满足古典假设 Ⅱ，则误差项的期望值（均值）为 0。

如果样本均值不为零会发生什么？只要方程中有常数项，β_0 的估计量就会把这个非零均值包含进来。实质上，常数项是 Y 中不能被解释变量所解释的固定部分，而误差项为不能被解释的随机部分。

尽管误差项无法观察，但如果能观察到误差项的话，那对于理解常数项是如何使误差项均值为 0 的将具有指导意义。考察回归方程：

$$Y_i = \beta_0 + \beta_1 X_i + \varepsilon_i \tag{4-5}$$

假设 ε_i 的均值为 3 而不是 0，那么[⊖]，$E(\varepsilon_i - 3) = 0$。如果常数项增加 3，同时误差项减去 3，便得到：

⊖　古典假设——"回归模型是线性的"具体说来，技术上是要求模型对回归系数而言是线性的。在第 7.2 节中会介绍模型对回归系数而言是线性的含义，尤其是与对变量而言是线性的模型做比较。在该节中，我们将涵盖变量时非线性的方程的回归分析应用，但是，系数时非线性的方程的回归分析应用则超出了本书的范围。

⊖　这里像第 1 章中一样，"E"代表的是其后括号内式子的期望值（均值），因此 $E(\varepsilon_i - 3)$ 的值等于随机误差项 ε_i 的期望值减去 3。在这个特定的例子中，因为我们之前定义了 $E(\varepsilon_i) = 3$，知道 $E(\varepsilon_i - 3) = 0$。一个随机变量的期望值可以看作它的长期均值的最佳推测。

$$Y_i = (\beta_0 + 3) + \beta_1 X_i + (\varepsilon_i - 3) \tag{4-6}$$

因为方程（4-5）和方程（4-6）等价（为什么?），又因为 $E(\varepsilon_i - 3) = 0$，则方程（4-6）可以写为误差项均值为 0 的形式：

$$Y_i = \beta_0^* + \beta_1 X_i + \varepsilon_i^* \tag{4-7}$$

式中，$\beta_0^* = \beta_0 + 3$，$\varepsilon_i^* = \varepsilon_i - 3$。可以看出，方程（4-7）满足古典假设 II，这种形式总是被设定并应用于真实模型。因此，只要包含常数项的方程满足古典假设 II，那么 β_0 的估计值包含误差项的非零均值，其他系数的估计值不受影响。

III. 所有解释变量与误差项不相关，即假定各解释变量的观测值独立于误差项。

如果有一个解释变量与误差项相关，普通最小二乘估计量可能会把一些实际由误差项所引起的 Y 的变异归因于解释变量 X。例如，误差项与 X 正相关，则参数估计值可能比没有正相关时要大（向上偏误），这是因为普通最小二乘估计可能会错误地把 ε 造成 Y 的变异归因于 X，所以，解释变量与误差项不相关非常重要。

违背古典假设 III 通常是由忽略某个重要的解释变量导致的。第 1 章中提到，遗漏变量是构成随机误差项的重要成分。所以，误差项随着遗漏变量值的变化而变化。如果该遗漏变量与方程中包含的某个解释变量相关（经济学中经常出现），则误差项自然也与这个解释变量相关，即违背古典假设 III。因此，普通最小二乘估计过程会把遗漏变量对被解释变量的影响归因于包含在模型中的解释变量，原因在于它们之间是相关的。

IV. 各误差项的观察值之间不相关，即误差项的各观测值是相互独立抽取的。 如果误差项的两个观测值相关，则通过普通最小二乘法得到回归参数标准差的精确估计值会变得更困难。例如，如果某个观测值的 ε 为正，并且它增加了另一个观测值的 ε 也为正的概率，那么，误差项的这两个观测值正相关。这种相关违背了古典假设 IV。

在经济应用中，这个假设对时间序列模型尤为重要。在时间序列模型中，古典假设 IV 表明，某误差项当期取值增加（如随机冲击）不会以任何方式影响它在其他观测期的取值。不过，有些情况下，这种假设是不现实的，因为随机冲击的影响有时会持续一段时间。例如，若发生像 2015 年尼泊尔地震一样的自然灾害，就会在它作为随机事件发生后的很长一段时间内，对受灾地区造成负面影响。如果对所有的样本观测值，ε_{t+1} 与 ε_t 相关，则认为误差项 **序列相关** [serially correlated，或称**自相关**（autocorrelated）]。此时，违背了古典假设 IV。有关详细内容将在第 9 章中讲述。

V. 误差项方差相同。 误差项的观测值是从具有不变方差（离散程度）的分布中抽取的，也就是说，误差项的观测值假设是从独立分布中连续抽取的（见图 4-1）。另一种情况是，误差项分布的方差会随着每一观测值或观测值范围的变化而变化。如图 4-2 所示，误差项的方差随变量 Z 的增加而增加，这种情

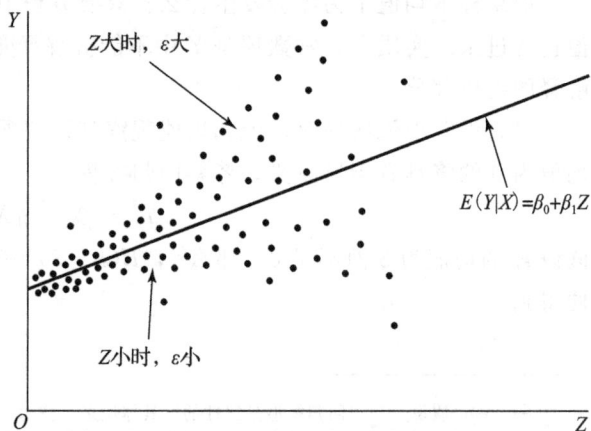

图 4-2　误差项的方差随 Z 增加而增加（异方差性）

注：违背古典假设 V 的例子是误差项的方差随 Z 增加而增加。这种情形（称为异方差性）下，Z 值越大，观测值离真实回归线就越远；Z 值越小，观测值离真实回归线就越近。

形违背了古典假设Ⅴ。尽管误差项的真实值不能被直接观测到，但因误差项的分布不满足同方差性，致使普通最小二乘法产生的回归参数标准差估计不精确。

比如，我们研究 50 个州的教育支出。因为纽约州和加利福尼亚州的教育支出比新罕布什尔州和内华达州的要大，所以，像纽约这样较大的州，比较小的新罕布什尔州的随机误差项的方差要大，使得教育支出中不能被解释的变异也更大。违背古典假设Ⅴ的情形被称为**异方差性**（heteroskedasticity），详细内容在第 10 章中讲述。

Ⅵ. 任何一个解释变量都不是其他解释变量的完全线性函数。两变量间存在完全共线性，事实上意味着它们是相同的变量，或者其中一个变量是另一变量的倍数，或者这两变量之间仅相差一个常数。也就是说，一个解释变量发生相对变动时，另一个解释变量也会发生与之完全匹配的变动，尽管它们变动的绝对值有可能不同。因为两变量之间每次相对变动都完全匹配，因此，普通最小二乘估计就无法区分这两个共线性变量。

许多实例中的完全共线性［或者涉及两个以上解释变量的**多重共线性**（multicollinearity）］，都是没有考虑到解释变量间存在的同一性（基于定义的等价性）而造成的。不过，从方程中去掉其中一个完全共线性变量，可以很容易纠正这个问题。

什么是完全多重共线性？假设建立某个城市轮胎销售商店的利润模型，以各商店的年度销售额（单位：美元）和年度营业税作为该模型的解释变量。因为所有商店在同一城市，所以税率相同，即各商店的营业税额占总销售额的百分比是一个常数。如果营业税率是 7%，那么每个商店缴纳的营业税额都是其销售额的 7%。因此，营业税是销售额的完全线性函数，模型存在完全多重共线性。

当样本中某个变量等于其他两个变量之和或者其中某个解释变量固定不变时，也会出现完全多重共线性。在完全多重共线性情况下，普通最小二乘法（或其他估计方法）的计算程序将无法估计出共线性变量的参数（除非存在取整误差）。尽管实际中很难遇到完全多重共线性问题，但即使不是完全多重共线性，也会出现估计问题，详见第 8 章。

Ⅶ. 误差项服从正态分布。尽管已经假设误差项的观测值是从均值为 0（古典假设Ⅱ）、方差相同（古典假设Ⅴ）的分布中独立抽取（古典假设Ⅳ），但关于分布的形状却很少涉及。古典假设Ⅶ认为误差项的各观测值是从正态分布（见图 4-3，分布图形像"钟"形，是对称的）中抽取的。

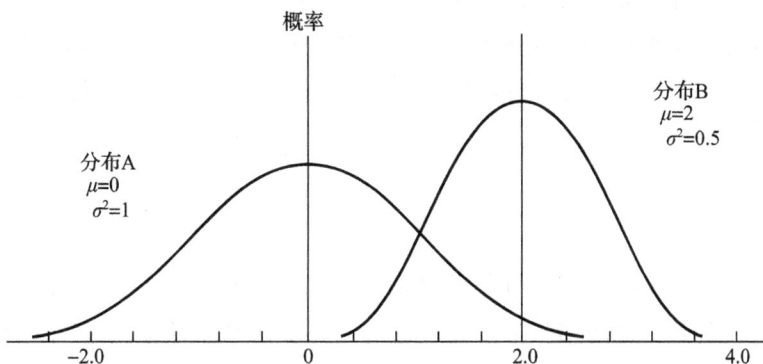

图 4-3 正态分布图

注：尽管所有的正态分布图形都像"钟"形且是对称的，但它们的均值和方差并不一定都相同。如图所示，分布 A 的均值为 0，方差为 1；分布 B 的均值为 2，方差为 0.5。可以看出，当均值改变时，整个分布图形沿着 X 轴平行移动；而随着方差的增加，分布图越来越扁，分布变得具有厚尾特征。

对于普通最小二乘法来说，正态分布假设不是必需的。这个假设主要应用于**假设检验**（hypothesis testing），即利用估计所得到的回归参数来考察有关经济行为的假设是否成立。假设检验的内容将在第 5 章中详细论述，如果没有正态分布假设，第 5 章中的大部分小样本检验都是无效的。

尽管并不强制要求满足古典假设 VII，但基于以下两个原因，通常还是建议在前 6 个假设外，再增加正态分布假设。

（1）误差项 ε_i 可以看作许多微小影响因素或误差的和，随着这些微小影响因素数量的增加，误差项的分布倾向于接近正态分布。[⊖]

（2）只有在误差项服从正态分布（或样本容量相当大）时，在第 5 章中将要涉及的 t 统计量和 F 统计量才具有应用价值。

从图 4-3 中可以看出正态分布的均值和方差不同时分布图的差异。正态分布 A（标准正态分布）的均值为 0，方差为 1；正态分布 B 的均值为 2，方差为 0.5。当均值改变时，整个分布图形沿着 X 轴平行移动；方差改变时，分布图形变得厚尾或尖峰。

4.2 $\hat{\beta}$ 的抽样分布

"不要对学生过分地强调理解抽样分布概念的重要性。"[⊜]

β 的估计量和误差项一样，都服从概率分布。事实上，不同的样本数据会得到不同的估计值 $\hat{\beta}$，这些 $\hat{\beta}$ 值的概率分布就称为 **$\hat{\beta}$ 的抽样分布**（sampling distribution of $\hat{\beta}$）。

β 估计量是一个公式，如方程（2-4），它给出了 $\hat{\beta}$ 的计算方法，估计值 $\hat{\beta}$ 就是根据给定的样本数据，由该公式计算得到的。通常情况下，对于一个给定的总体只抽取一个样本，因此，计量经济学初学者通常认为回归分析只能得到 β 的一个估计值。然而，事实上，同一总体的不同样本可以得到不同的 β 估计值，同一总体的所有样本得到的 β 估计值的集合，就形成了一个分布，得到一个均值和一个方差。尽管在大部分的实际应用中，只在总体中抽取一个样本，但仍应该讨论 $\hat{\beta}$ 抽样分布的性质。务必记住，抽样分布指的是不同 $\hat{\beta}$ 的分布，这些 $\hat{\beta}$ 值来自不同样本而不是同一样本。通常假设这些 $\hat{\beta}$ 值服从正态分布，这是因为误差项服从正态分布，表明 β 的普通最小二乘估计量也服从正态分布。

来看一个人考察 $\hat{\beta}$ 抽样分布的例子。假设建立一个回归模型，用来解释第 1 章中身高和体重的关系的例子（体重以磅为单位，身高测量 5 英尺以上的部分，以英寸为单位）。

$$WEIGHT_i = \beta_0 + \overset{+}{\beta_1} HEIGHT_i + \varepsilon_i \tag{4-8}$$

假设选择了 1 组由 6 个学生构成的样本并可以通过普通最小二乘法估计方程（4-8），得到 β_1 的估计值。

但是，选择另外 6 个学生样本并做同样的估计又会怎样呢？你能得到同样的 $\hat{\beta}_1$ 吗？不能！几乎可以肯定的是，你的第二个 $\hat{\beta}_1$ 取决于与第一个样本不同的第二个样本。如果随机样

[⊖] 这是因为中心极限定理，其具体内容是大量独立同分布的随机变量的均值（或者是和）服从正态分布。不论这些变量服从何种分布，只要变量数量足够多。

[⊜] Peter Kennedy, *A Guide to Econometrics* (Malden, MA: Blackwell, 2008), p. 403.

本中包含许多足球队员，那么，β_1 的估计值就会较高；同样，如果你随机选取了许多越野跑者，则估计值就较低；甚至，如果你的第二次样本并没有什么不寻常，几乎可以肯定你将得到一个不同的 $\hat{\beta}_1$。为什么？不同数据产生不同的估计值，所以，如果你选取 100 个不同的样本，你可能会得到 100 个不同的 $\hat{\beta}_1$。

所有可能的估计值都存在于一个自身具有均值和方差的分布中，这种分布被称为抽样分布。为了有助于理解，我们选取来自 6 个学生的 100 个不同的样本，并估算方程（4-8）100 次。观察图 4-4。在柱状图的辅助下，我们用曲线图表示了所有的 100 个 $\hat{\beta}_1$，以便观察了解抽样分布的样子。

尽管图 4-4 中的柱状图并不是完美正常的分布（由图中细线呈现），也是十分接近的了。我们能看到，估计值聚集在中间部位（接近均值 7.75），而后面部分的估计值则越来越少。随着 $\hat{\beta}_1$ 取值的增多，我们期望柱状图越来越像一条正态曲线。

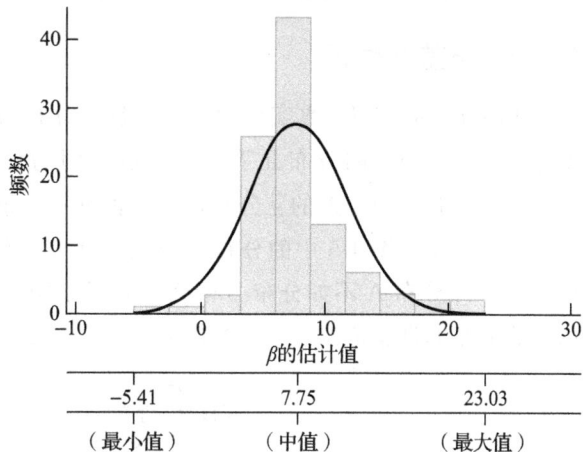

图 4-4

注：我们运用来自 6 个学生的 100 个样本估算方程（4-8）并将 100 个 $\hat{\beta}_1$ 标绘在图 4-4 中。得到一个均值为 7.75，图像近似于正态曲线的抽样分布（图中细线）。

所谓"好"的估计方法是指各 $\hat{\beta}$ 抽样分布的均值应该等于总体参数 β 的真实值。这种性质在计量经济学中有一个特殊的名字：无偏性。此项内容可以展开许多。

尽管我们不知道此种情况中真实的 β，但只要运用足够多的样本计算，也许用上千个，那么，$\hat{\beta}_1$ 的均值最终会接近真实的 β。举例来说，如果我们从 6 人中抽取 1 000 个样本，$\hat{\beta}_1$ 的均值为 6.88。相比图 4-4 中 100 个估计值得到的均值，6.88 很有可能更接近 7.75。

这个例子的寓意是，一个样本提供了一个 β_1 的估计值，这个估计值来自有其自己的均值和方差的一个抽样分布，与来自抽样分布的其他估计值不同。在下一节论述这些估计量的性质时，其实是在讨论产生于许多样本（一个抽样分布）的估计量的性质，记住这一点很重要。

4.2.1 均值的性质

估计值分布的理想性质是，它的均值等于总体参数的真实值。能得到这样的估计值的估计量称为无偏估计量。

如果 $\hat{\beta}$ 的抽样分布的期望值等于 β 的真实值，那么 $\hat{\beta}$ 就是一个**无偏估计量**（unbiased estimator）。

$$E(\hat{\beta}) = \beta \tag{4-9}$$

虽然实际上仅能观察到一个 $\hat{\beta}$ 值，但无偏性也有用。因为，从无偏分布中得到的单个估计值比不以真实值为中心分布的估计值更接近于真实值（假设方差相同）。如果估计量的 $\hat{\beta}_s$ 值不以真实的 β 为中心，那么这个估计量就是**有偏估计量**（biased estimator）。

从无偏估计量得到的所有估计值并不一定比从有偏估计量得到的估计值更好。有时候，某一无偏估计⊖比有偏估计偏离真实值更远。这种情况的发生或许是偶然的，可能是因为有偏估计量的方差更小。例如，一个坏掉的钟表是一个一天时间的有偏估计量，但它是零方差，偶尔一天完全正确两次。然而，如果没有估计值分布的其他任何信息，就应该倾向于选择无偏估计值，而不是有偏估计值。

4.2.2 方差的性质

$\hat{\beta}$ 的分布应该以 β 真实值为中心，且该分布的范围应该尽可能窄（或精确）。以真实值为中心，但方差极大的分布几乎没用，这是因为任何给定的估计值都极有可能远离真实的 β 值。对于具有较小方差的 $\hat{\beta}$ 分布，估计值就有可能接近于抽样分布的均值。为了更清楚地理解这一点，比较图 4-5 中的分布 A 和分布 B（它们都是 β 的无偏估计）。分布 A 的方差比分布 B 大，即分布 A 不如分布 B 精确。为了比较，引入一个有偏分布（分布 C），注意，有偏意味着分布的期望值位于 β 真实值的左边或右边。

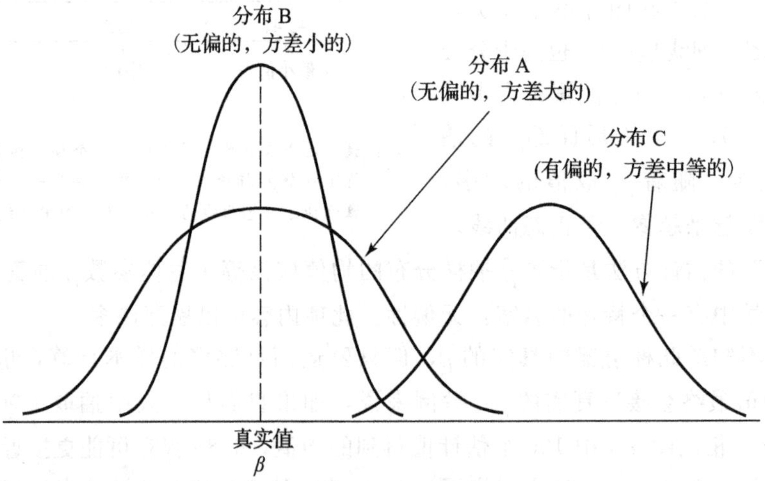

图 4-5 $\hat{\beta}$ 的分布图

注：不同的 $\hat{\beta}$ 分布有不同的均值和方差。例如，分布 A 和分布 B 都是无偏分布，但分布 A 比分布 B 有更大的方差。分布 C 比分布 A 的方差小但是比分布 B 的大，但分布 C 是有偏分布。

扩大样本容量，可以减少 $\hat{\beta}$ 分布的方差。同时也增加了自由度，因为自由度等于样本容量减去被估计的回归参数或待估参数的个数。其他条件不变时，随着样本容量的扩大，抽样分布的方差会趋于减小。相对于 6 个观测值的样本来说，尽管 60 个观测值的样本并不一定会产生一个更接近于真实值 β 的估计，但出现这样结果的可能性会变大，因此，应该尝试采用更大的样本。图 4-6 描述了当真实值 β 等于 1 时，在 6 个、60 个和 600 个观测样本下 β 的普通最小二乘估计量 $\hat{\beta}$ 的抽样分布。较大样本容量下的抽样分布的确更密集地分布在真实值 β 的周围。

⊖ 事实上，因为一次估计只有一个值，无谓无偏（或有偏）。另外，"无偏估计量得到的估计值"这句话显得很累赘，特别是在同一页重复 10 次的时候。所以，许多计量经济学家用"无偏估计值"作为"无偏估计量得到的估计值"的简单表述。

图 4-6 强有力地说明如果想得到接近真实值的估计值的概率最大化，那么应该将普通最小二乘法应用于大样本。然而，我们不能保证通过大样本就能得到一个更准确的估计，但准确的概率会更大。样本越大，估计值越倾向于精准。

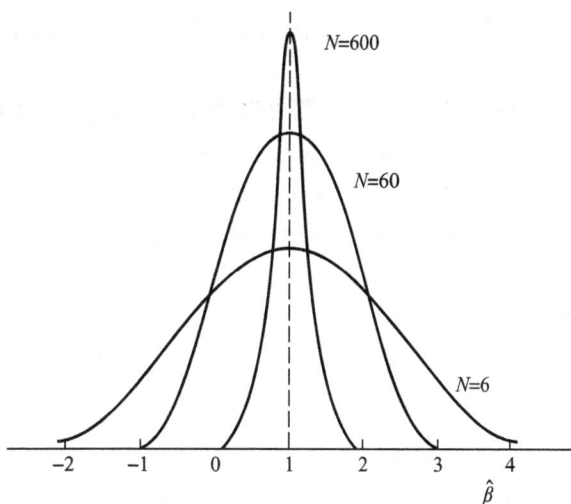

考虑一下这个方法。在 6 人的样本中，许多越野跑者有可能会导致一个十分古怪的估计值，但是对于 60 人的样本他们对 $\hat{\beta}_1$ 的影响小了许多。你可以想象一下 6 人随机样本中有两个越野跑者，但 60 人的样本中含有 20 个越野跑者几乎不可能。所以，尽力去获取更大的样本吧。

图 4-6　不同观测值情况下 $\hat{\beta}$ 的抽样分布

注：随着样本容量的增大，根据样本计算得到的 $\hat{\beta}$ 分布的方差趋向于减小。在极端情况下，当样本等于总体时，则该样本只能得到唯一一个与分布均值相等的估计值 $\hat{\beta}$（无偏估计），并且这个值将等于真实值 β，其估计的方差为 0。

计量经济学重视的是一般趋势。偶然因素、随机事件总是出现在回归参数的估计过程中，因此，不论估计方法有多好，总有一些估计值会远离真实值。但是，如果回归参数估计值集中分布在真实值周围，并且有尽可能小的方差，则这些偶然因素就不大可能导致一个效果很差的估计值。如果抽样分布集中在其他某个值而不是真实值 β 的周围（$\hat{\beta}$ 是有偏的），那么，更小的方差意味着大多数 $\hat{\beta}$ 的抽样分布是集中在一个错误值的周围。然而，如果该值与实际很难确定的 β 的真实值相差不大，那么，高的精确度仍旧是有价值的。

通常，采用**均方误差**（mean square error，MSE）对不同的估计方法进行比较是判断通过降低 $\hat{\beta}_s$ 分布的方差是否足以抵消这种偏差的方法之一。均方误差等于方差加上偏差的平方，均方误差越小越好。

最后需要特别指出的是，随着误差项方差的增加，$\hat{\beta}$ 分布的方差也会增加，其原因是：ε_i 的方差越大，观察到 ε_i 异常值的频率越高，致使误差项对 Y_i 的大小所起的作用就越大。

4.2.3　$\hat{\beta}$ 的标准差

因为估计参数的标准差，即 $SE(\hat{\beta})$ 是估计量 $\hat{\beta}$ 的方差的平方根，所以，样本容量和前面提过的其他因素也会影响到标准差。例如，样本容量增大会使 $SE(\hat{\beta})$ 减小；样本容量越大，参数估计值越精确。

4.3　高斯–马尔科夫定理和普通最小二乘估计量的性质

高斯–马尔科夫定理证明了普通最小二乘估计量的两个重要性质，所有高级计量经济学教科书中都有该定理的详细证明。然而，对于回归分析的使用者而言，对定理的理解比证明更重要。**高斯–马尔科夫定理**（Gauss-Markov Theorem）表述为：

> 给定古典假设 I 到古典假设 IV（对于本定理，正态分布假设 VII 不是必需的），在 β_k 的所有线性无偏估计量中，β_k 的普通最小二乘估计量的方差最小，其中，$k=0,1,2,\cdots,K$。

高斯-马尔科夫定理可以简单地表述为"普通最小二乘法是 BLUE"，其中 BLUE 表示"最优（best，即方差最小）线性（linear）无偏（unbiased）估计量（estimator）"。对于可能会忘记"最优"代表方差最小的学生，记住"普通最小二乘法是 MvLUE"也许更好，但是这个短语既不利于理解也不容易记住。

如果方程的参数估计量无偏（每个估计值是由总体参数真实值的无偏估计量得到的），则有：

$$E(\hat{\beta}_k) = \beta_k \quad (k = 0,1,2,\cdots,K)$$

最优是指每个估计量 $\hat{\beta}_k$ 的方差最小（$\hat{\beta}_k$ 的所有线性无偏估计量中）。具有最小方差的无偏估计量称为**有效估计量**（efficient），因此这个估计量有效。因为当样本增大时方差明显下降，更大的样本几乎都会产生比小样本更为准确的系数估计。

高斯-马尔科夫定理需要满足七个假设中的前六个。如果第七个假设也满足，即误差项服从正态分布，会怎样呢？这种情况下，加强了高斯-马尔科夫定理，因为对所有的估计量而言，不仅仅是线性估计量，普通最小二乘估计量也是最优（最小方差）无偏估计量。换句话说，如果所有假设都满足，则普通最小二乘法就是"BLUE"。

在 7 个古典假设成立时，普通最小二乘参数估计量具有以下性质。

（1）无偏性，即 $E(\hat{\beta})=\beta$。意味着参数的普通最小二乘估计值分布在被估计参数的总体真实值的周围。

（2）方差最小。对于无偏分布，参数估计值分布尽可能紧凑地围绕在真实参数值的周围。对于每个待估参数，没有其他无偏估计量比普通最小二乘估计量的方差更小了。

（3）一致性。随着样本容量趋近于无穷大，估计值趋于总体真实参数值。换句话说，样本容量越大，方差越小，每个参数估计值越来越接近真实值。

（4）服从正态分布，即 $\hat{\beta} \sim N[\beta, \text{VAR}(\hat{\beta})]$。因此，基于正态分布的各种统计检验法也同样适用于这些估计值，相关内容将在第 5 章详述。

4.4 标准计量经济学符号

本节列出了计量经济学中所用的标准符号。表 4-1 列出了代表不同总体参数和相应估计值（依据样本）的各种符号。

表 4-1 常用符号

总体参数（真实值，但不能观测）		估计值（由样本观测得到）	
名称	符号	名称	符号
回归参数	β_k	回归参数估计值	$\hat{\beta}_k$
参数估计量的期望	$E(\hat{\beta}_k)$		
误差项的方差	σ^2 或 $\text{VAR}(\varepsilon_i)$	误差项方差的估计值	s^2 或 $\hat{\sigma}^2$
误差项标准差	σ	方程标准差（估计的）	s 或 SE

（续）

总体参数（真实值，但不能观测）		估计值（由样本观测得到）	
名称	符号	名称	符号
参数估计量的方差	$\sigma^2(\hat{\beta}_k)$ 或 $\text{VAR}(\hat{\beta}_k)$	参数估计量的方差估计值	$s^2(\hat{\beta}_k)$ 或 $\widehat{\text{VAR}}(\hat{\beta}_k)$
参数估计量的标准差	$\sigma_{\hat{\beta}_k}$ 或 $\sigma(\hat{\beta}_k)$	参数估计量的标准差估计值	$\hat{\sigma}(\hat{\beta}_k)$ 或 $\text{SE}(\hat{\beta}_k)$
误差项或随机干扰项	ε_i	残差项（从不严格意义上讲，即误差项的估计值）	e_i

$\hat{\beta}$ 抽样分布的集中趋势的度量用 $\hat{\beta}$ 的均值表示，记为 $E(\hat{\beta})$，读作"β(beta) 尖的期望值"。通常用 $\hat{\beta}$ 的方差度量 $\hat{\beta}$ 抽样分布的离散程度，方差（或用方差的平方根代替，即标准差）有许多不同的表述符号，包括 $\text{VAR}(\hat{\beta})$ 和 $\sigma^2(\hat{\beta})$，读作"β 尖的方差"。

待估参数的方差是总体参数，在实际中不能观测到，但可以通过 $\hat{\sigma}^2(\hat{\beta}_k)$ 进行估计，也可记为 $S^2(\hat{\beta}_k)$。顺便提醒一点，真实值 β 的方差 $\sigma^2(\beta)$ 等于 0，这是因为只有一个真实的 β_k 值，不存在 β_k 的分布。因此，可以据此定义估计参数的方差估计量，它可以被观测到，而参数估计量的真实方差不能被观测到，并且真实参数的实际方差等于 0。参数估计量的估计方差的平方根就是 $\hat{\beta}$ 的标准差 $\text{SE}(\hat{\beta}_k)$，在假设检验中会广泛地应用它。

4.5 小结

（1）7 个古典假设表述为：回归模型是线性的且含有一个均值为 0 且与解释变量不相关的误差项；各误差项观测值之间不相关；误差项的方差相同，服从正态分布（不要求）；另外，解释变量之间一定不能相互存在完全的线性函数关系。

（2）估计量的两个最重要的性质是无偏性和最小方差性。无偏估计量是指被估计参数的期望与真实值相等的估计量。在给定的一类估计量中（例如无偏估计量），如估计值分布的方差在所有估计量中最小时，则满足最小方差性。

（3）在古典假设下，普通最小二乘估计量被证明具有最小方差性、线性、无偏性（或称 BLUE，即最优线性无偏估计量），即高斯-马尔科夫定理。当一个或多个古典假设不成立时（正态分布假设除外），在某些时候，尽管普通最小二乘法仍然能够提供比随后章节中所讨论的其他可供选择估计的方法得到的更好的估计量，但普通最小二乘估计量不再是 BLUE 的。

（4）因为 $\hat{\beta}_k$ 的普通最小二乘估计量的抽样分布是 BLUE 的，所以 $\hat{\beta}_k$ 具有令人满意的性质。另外，随着被观测样本数量的增加，$\hat{\beta}_k$ 的抽样分布中的方差（或离散程度）减小。

（5）计量经济学中有一套标准的记述符号。表 4-1 列出了回归分析中常用的但极却易混淆的符号，这个表应定期回顾复习。

习题

（偶数序号的习题答案见附录 A）

1 不查阅书本（或笔记），给出下列术语的定义，然后与书本上的相比较。

a. 有偏估计量　　　　b. BLUE　　　　c. 古典误差项　　　　d. 有效估计量

e. 高斯-马尔科夫定理　　f. $\hat{\beta}$ 的抽样分布　　g. $\text{SE}(\hat{\beta})$　　h. 标准正态分布

    i. 古典假设   j. 无偏估计量

2 考虑下面估计的回归方程（括号内的数值为标准差）：

$$\hat{Y}_t = -120 + 0.10F_t + 5.33R_t \qquad \overline{R}^2 = 0.50$$

$$(0.05) \quad (1.00)$$

式中，Y_t 代表 t 年的玉米产量（单位：蒲式耳[⊖]/英亩[⊜]）；F_t 代表 t 年的施肥密度（单位：磅/英亩）；R_t 代表 t 年的降雨量（单位：英寸）。

a. 根据 F 和 R 对 Y 的影响，详细阐述方程中的参数 0.10 和 5.33 的意义。

b. 常数项 -120，真的意味着玉米产量可能为负吗？如果不是，那该估计值是什么意思？

c. 假设，β_F 的真实值是 0.20，是否表明 β_F 的估计值是有偏的？为什么？

d. 假设，方程并不满足所有的古典假设，因此，估计量不是 BLUE。这是否意味着真实的 β_R 一定不等于 5.33？为什么？

3 下列哪组解释变量不满足古典假设 Ⅵ？（哪组变量存在完全共线性？）

a. （所在班级同学的）右脚鞋的尺寸和左脚鞋的尺寸。

b. （美国过去 30 年的）消费量和可支配收入。

c. X_i 和 $2X_i$。

d. X_i 和 $(X_i)^2$。

4 爱德华·桑德斯（Edward Saunders）发表了一篇论文，用以检验华尔街股票市场受华尔街天气影响的可能性。利用 1962~1989 年的日数据，他估计了含有下列显著变量的方程（括号内的数值为标准差）[⊛]：

$$\widehat{DJ}_t = \hat{\beta}_0 + 0.10R_{t-1} + 0.001\,0J_t - 0.017 + 0.000\,5C_t$$

$$(0.01) \quad (0.000\,6) \quad (0.004) \quad (0.000\,2)$$

$$N = 6\,911(\text{天}) \qquad \overline{R}^2 = 0.02$$

式中，DJ_t 代表 t 日道琼斯工业股票价格平均指数变动百分比；R_t 代表 t 日资本收益的日指数；J_t 代表第 t 日是不是在 1 月，为虚拟变量，如果是在 1 月则为 1，否则为 0；M_t 代表第 t 日是否为星期一，是虚拟变量，如果是星期一则为 1，否则为 0；C_t 代表多云时间小于或等于 20% 取值为 1；多云时间为 100% 取值为 -1；其他天气情况取值为 0。

a. 桑德斯的回归分析结果中并没有包含常数项。古典假设中的哪条说明了不用花费太多时间去分析常数项的估计值？请解释。

b. 如果在方程中增加一个虚拟变量，第 t 日是星期二到星期五中任何一天时，该虚拟变量取值为 1，否则取值为 0。此时将违背古典假设中的哪一条？（提示：股票市场周末不交易。）

c. 方程中变量 R 滞后 1 期是有理论依据的，考虑此因素并详细说明 R 和 M 的参数意义。

d. 变量 C 度量了第 t 天日出到日落时间内，天空中多云时间的百分比，它反映了纽约接近占总数 85% 的雨天里，这些天多云的比例是 100% 这一事实。C 是一个虚拟变量吗？作者使用该变量时，做了什么假设（或结论）？它对方程有何约束？

e. 桑德斯得到的结论对证券市场完全理性这一假设提出了质疑。基于作者论文这一小部分的

　　⊖　1 蒲式耳 = 27.216 千克。

　　⊜　1 英亩 = 4 046.86 平方米。

　　⊛　Edward M. Saunders, Jr., "Stock Prices and Wall Street Weather", *American Economic Review*, Vol. 76, No. 1, pp. 1337-1346. 桑德斯也分别对纽约和美国证券交易指数方程做了估计，其 R^2 值都比该方程的 R^2 大，方程中还包含 R_{t-1} 项，代表"非同步交易效应"（p. 1341）。

结论，你是否同意作者的观点？为什么？

5 在好莱坞，大部分的夜总会都会请"推销员"，就是请一些人在夜总会周围逛，说服路人去夜总会消费。最近，有家夜总会让市场顾问分析这些推销员在吸引顾客方面所起的作用。顾问人员做了许多研究，发现夜总会吸引人的地方是它的舞蹈演员，而且大部分流行的夜总会位于好莱坞林荫大道或是与旅店有联系。所以顾问人员假设了如下一个关于夜总会客人数量的模型：

$$PEOPLE_i = \beta_0 + \beta_1 HOLLY_i + \beta_2 PROMO_i + \beta_3 HOTEL_i + \beta_4 GOGO_i + \varepsilon_i$$

式中，$PEOPLE_i$ 代表第 i 个夜总会 2007 年 11 月 24 日（星期六）午夜的客人数量；$HOLLY_i$ 代表第 i 个夜总会是否位于好莱坞林荫大道，为虚拟变量，如果是则为 1，否则为 0；$PROMO_i$ 代表第 i 个夜总会当晚推销人员数量；$HOTEL_i$ 代表第 i 个夜总会是不是某旅店的一部分，为虚拟变量，如果是旅店的一部分则为 1，否则为 0；$GOGO_i$ 代表第 i 个夜总会当晚舞蹈演员数量。

顾问人员随后收集了 25 个规模基本相同、位于好莱坞林荫大道以及在这附近的夜总会的数据，得到估计方程（括号内的数值为标准差）：

$$\widehat{PEOPLE}_i = 162.8 + 47.4 HOLLY_i + 22.3 PROMO_i + 214.5 HOTEL_i + 26.9 GOGO_i$$
$$(21.7) \qquad\quad (11.8) \qquad\quad\quad (46.0) \qquad\quad\quad (7.2)$$
$$N = 25 \qquad \overline{R}^2 = 0.57$$

逐个检查该模型满足哪些古典假设或者违背了哪些古典假设。确保清楚记住假设内容是分析各假设是否成立的必备条件。思考下面的问题，利用这些问题判断假设是否满足？

a. 假设 I：方程是不是线性的，是否含有一个正误差项？是否存在遗漏变量或误设函数形式？

b. 假设 II：方程是否含有常数项，保证误差项的期望值等于 0？

c. 假设 III：方程是否含有遗漏变量或方程是否是联立方程组中的一部分？

d. 假设 IV：基于时间序列数据估计的模型，某期发生的随机事件是否会影响后期的回归结果？

e. 假设 V：基于横截面数据估计的模型，被解释变量是否有明显的变动？

f. 假设 VI：是否有某个解释变量是其他解释变量的完全线性函数？

g. 假设舞蹈演员与推销员所挣小时工资一样，且方程设定是准确的。如果夜总会想要增加客人数量，那么是应该多雇用推销员还是应该多雇用舞蹈演员？请说明理由。

6 2001 年，唐纳德·肯克尔（Donald Kenkel）和约瑟夫·泰尔扎（Joseph Terza）发表了一篇论文，关于医生建议病人减少饮酒对个人饮酒量的作用[○]。文中，唐纳德·肯克尔和约瑟夫·特拉使用的计量经济学方法远远超出了本书范围，最后得到这样结论：医生的建议对减少酒的消费量有显著作用。选取作者数据集[○]中的五分之一，估计出了方程（括号内的数值为标准差）：

$$\widehat{DRINKS}_i = 13.00 + 11.36 ADVICE_i - 0.20 EDUC_i + 2.85 DIVSEP_i + 14.20 UNEMP_i$$
$$(2.12) \qquad\quad (0.31) \qquad\quad (2.55) \qquad\quad (5.16)$$
$$t = 5.37 \qquad\quad -0.65 \qquad\quad 1.11 \qquad\quad 2.75$$
$$N = 500 \qquad \overline{R}^2 = 0.07$$

○ Donald Kenkel and Joseph Terza, "The Effect of Physician Advice on Alcohol Consumption: Count Regression with an Endogenous Treatment Effect," *Journal of Applied Econometrics*, 2001, pp. 165-184.

○ 数据集可以在 JAE 网站上获得，包括 2 467 名男性的 20 种不同变量数据。这些人是参加了 1990 年的全美健康访谈研究并且现在有高血压的饮酒者。

式中，$DRINKS_i$ 代表第 i 个人过去两周的饮酒量；$ADVICE_i$ 代表医生是否建议第 i 个人减少饮酒，为虚拟变量，如果医生有过建议则为 1，否则为 0；$EDUC_i$ 代表第 i 人受教育的年限；$DIVSEP_i$ 代表第 i 个人是否离婚或者分居，为虚拟变量，如果离婚或者分居则为 1，否则为 0；$NEMP_i$ 代表第 i 个人是否失业，为虚拟变量，如果失业则为 1，否则为 0。

a. 详细描述变量 $DIVSEP$ 和 $UNEMP$ 的参数估计值的含义。参数估计值的符号是否与你的预期相符？参数估计值的相对大小是否合乎实际意义？请解释为什么。

b. 详细描述变量 $ADVICE$ 的参数估计值的含义。参数估计值的符号是否合乎实际意义？如果是，请解释原因；如果不是，可能意味着模型违背了某个古典假设。确定模型违背了哪一个古典假设。（提示：先思考是什么原因导致医生建议病人少喝酒，再回过头来审查古典假设。）

c. 将 500 个观察值的样本分成 5 个不同的样本，每个样本含有 100 个观察值。根据其中 4 个样本计算出不同的 $\hat{\beta}$ 值，$\hat{\beta}_{ADVICE}$ 的值分别是：

第一个样本：$\hat{\beta}_{ADVICE} = 10.43$

第二个样本：$\hat{\beta}_{ADVICE} = 13.52$

第三个样本：$\hat{\beta}_{ADVICE} = 14.39$

第四个样本：$\hat{\beta}_{ADVICE} = 8.01$

各 $\hat{\beta}$ 值不同！用自己的话解释，为什么使用同一来源的样本数据对同一变量进行估计会得到不同的 $\hat{\beta}$ 值？用一个术语描述这组 $\hat{\beta}$ 值。

d. 第五组 100 个观测报告的样本的数据在课文网页的 DRINKS4 数据集中。利用这些数据，使用 Stata，EViews 或其他回归分析软件估计方程 $DRINKS = f(ADVICE, EDUC, DIVSEP, UNEMP)$，得到的 $\hat{\beta}_{ADVICE}$ 是多少？将你得到的参数估计值与根据含 500 个样本观察值的样本估计得到的参数估计值相比较，是否相同？

第 5 章

假 设 检 验

本章将回归到计量经济学的本质——通过分析样本数据来量化经济关系，进而思考从这种量化中能得出什么结论。假设检验超出了计算总体参数估计量的范畴，涉及一系列更加复杂的问题。假设检验决定了从样本中能够获得哪些关于现实世界的信息。得出的结论会不会是偶然得到的呢？使用从样本中得到的结论能否拒绝已有的理论？如果理论上是正确的，则这一特定样本被观测到的概率有多大？本章首先概述假设检验，然后考察 t 检验这种常用于检验单个回归参数的统计检验方法。接下来我们看一看置信区间——一个用来评估我们估计精度的工具，然后我们将以学习怎样使用 F 检验来确定整个组系数影响因变量作为章节结束。

对于熟知统计学知识的读者来说，假设检验和 t 检验应该是两个熟悉的话题，所以，有读者主张跳过本章内容而集中讨论假设检验和 t 检验的新的应用。然而，本章讨论的假设检验是针对回归模型的，因此，对熟知统计学知识的读者来说，本章中的某些部分仍具有指导意义。

由于样本数据是被假定为唯一反映总体的，它是关于总体的最佳抽样，因而我们采用的方法从本质上来说属于古典方法。另一种统计方法，**贝叶斯统计**（Bayesian statistics）则使用了完全不同的概率定义，且没有使用样本分布的概念。⊖

⁘⁘ 5.1 什么是假设检验

假设检验的应用范围非常广泛。举个例子来说，食品和药品管理局（Food and Drug Administration，FDA）在批准新产品上市之前，要对它进行检验。如果参与新产品检验的样本人群中出现副作用的频率远高于偶然情况的话，那么，FDA 很可能不会批准相关产品的市场推广。与此类似的是，在将近一个世纪的时间里，经济学家们对消费和收入之间的各种关系进行了统计检验；其中，约翰·梅纳德·凯恩斯（John Maynard Keynes）和米尔顿·弗里德曼（Milton Friedman）的理论已经被宏观经济数据和微观经济数据检验过了。

⊖ 贝叶斯统计，是通过清楚地描述他们的预期，并主要在进行估计前（先验）考虑问题，从很多方面来说，这是一个好的习惯。关于该方法的更多研究，参见 Peter Kennedy, *A Guide to Econometrics* (Malden, MA：Blackwell, 2008), pp. 213-231. 想对此进行更深入的研究，可参阅 Tony Lancaster, *An Introduction to Bayesian Econometrics* (Oxford：Blackwell Publishing, 2004)。

尽管研究者非常关心那些有争议的理论能否被实际观测样本中得到的估计结果所支持，但要证明已给出的假设是否正确几乎是不可能的。唯一能说明的是，特定的样本符合特定的假设。即便假设检验不能证实一个给定的理论，但却能在一定的显著水平下拒绝它。在这种情况下，研究者认为在理论假设正确的情况下，抽样结果很难被观测到。

5.1.1 古典原假设和备择假设

假设检验的第一步是明确需要检验的假设。这一步应该在方程估计之前完成，因为如果在估计之后才提出假设则会出现这样的风险：假设检验仅仅是对特定结果的验证而不是检验结果的合理性。

原假设（null hypothesis）通常被表述为研究者不希望出现的结果，记作"H_0"，紧接着便是不希望出现结果的数值范围。例如，如果希望出现一个正的参数，而不是零或者负的参数，那么原假设可以表述为：

$$\text{原假设 } H_0: \beta \leqslant 0 \text{（不希望出现的数值）}$$

备择假设（alternative hypothesis）通常是对研究者希望出现的结果的表述，记作"H_A"，紧接的是希望出现结果的数值范围。继续前面的例子，如果希望出现一个正的参数，则备择假设为：

$$\text{备择假设 } H_A: \beta > 0 \text{（希望出现的数值）}$$

作为自我测试，请抽出时间思考一下，如果希望出现一个负的参数，那么相应的原假设和备择假设分别是什么呢？正确的表述应该是：

$$H_0: \beta \geqslant 0$$
$$H_A: \beta < 0$$

上述检验均为**单侧检验**（one-sided test），因为备择假设的值仅仅位于原假设的一侧。另一种方法是使用**双侧检验**（two-sided test）[或者是**双尾检验**（two-tailed test）]，其中备择假设的取值位于原假设的两侧。对于一个关于以 0 为中心的双侧检验来说，原假设和备择假设分别为：

$$H_0: \beta = 0$$
$$H_A: \beta \neq 0$$

需要指出的是，在极少数情况下，不得不违背将希望出现的数值放置于备择假设的原则。古典假设检验要求在原假设中包含等号的一些形式（诸如＝、≤或≥）。这一要求意味着如果研究者所期望的数值中包含等号，则不得不把该数值放置于原假设中。这种情况通常发生在研究者指定的是某个特定的数值而不是一个范围。幸运的是，上述情况在基础应用分析中非常少见。

除了刚才提到的那些不常见的情况，经济学家总是将其所期望出现的结果置于备择假设中。这样便可以有充分的理由来拒绝原假设，然而，这里并不能说接受原假设，只能说不能拒绝原假设。正如简·克曼塔（Jan Kmenta）所说：

"就像法庭宣布裁决时用无罪而不是无辜的表述一样，统计检验的结论为不能拒绝而不是接受。"⊖

⊖ Jan Kmenta, *Elements of Econometrics*（Ann Arbor：University of Michigan Press，1986），p. 112.

5.1.2 第一类错误和第二类错误

传统的计量经济学检验是先为每个回归参数（常数项除外）设定一个期望的符号（或数值），然后通过检验决定是否拒绝原假设。因为回归参数仅仅是真实总体参数的估计值，所以，认为从回归分析中得到的结论总是正确的想法是不切实际的。

在假设检验中可能会犯两种类型的错误：

（1）类型 1：拒绝了正确的原假设。

（2）类型 2：没有拒绝错误的原假设。

这些错误分别称为**第一类错误**（type I errors）和**第二类错误**（type II errors）。

假设存在下列原假设和备择假设：

$$H_0: \beta \leqslant 0$$
$$H_A: \beta > 0$$

即使参数 β 的真值不是正的，而研究人员得到的估计值是足够大的正数，导致拒绝 $\beta \leqslant 0$ 的原假设。这就是第一类错误，拒绝了事实！

相反，β 的估计值可能非常接近于零（或为负）而被认为"不显著为正"。这一结果很可能使得研究者"接受"⊖原假设 $\beta \leqslant 0$，而实际上真值为 $\beta > 0$，这就是第二类错误，即我们没有拒绝错误的原假设。

作为第一类错误和第二类错误的一个例子，假定你是一起谋杀案的陪审团成员⊖。在这种情况下，"无辜直到被证明有罪"的假定隐含着以下含义：

H_0：被告是无辜的。

H_A：被告是有罪的。

第一类错误是什么呢？拒绝原假设意味着将被告送进监狱，因此，第一类错误，拒绝真实的原假设意味着：

第一类错误：将无辜的被告送进监狱。

与此类似的是，

第二类错误：释放了有罪的被告。

大多数通情达理的陪审团成员都希望将这两类错误发生的概率降至最低，但事实证明这几乎是不可能的。毕竟，现实中怎么会不存在错误的指认或说谎的证人？在当今社会中，降低第一类错误（将无辜的被告送进监狱）发生的概率就意味着增加第二类错误（释放了有罪的被告）发生的概率。即如果不将无辜的被告送进监狱，那么会释放更多的犯人！

5.1.3 假设检验的判定规则

判定规则（decision rule）是决定是否拒绝原假设的方法。一般情况下，判定规则是比较样本统计量与预先设定的临界值之间的大小，这些临界值可以在本书的最后找到。

判定规则应该在得到回归估计量之前制定。参数估计值 $\hat{\beta}$ 的可能范围分为两个区域，"接受"区域和拒绝区域，这两个区域的确定与原假设有关。为了确定这些区域，必须先确

⊖ 在举例时将一致采用单词 accept。从本质上来说，"accept"指的是不能拒绝。

⊖ 这个案例源自 Ed Leamer，*Specification Searches*（New York：John Wiley and Sons，1978），pp. 93-98.

定参数估计值 $\hat{\beta}$ 的临界值（对于双侧检验来说，应确定两个临界值）。因此，**临界值**（critical value）即在检验原假设时用来划分"接受"区域与拒绝区域那个值。关于"接受区域"和"拒绝区域"的图示详见图 5-1 和图 5-2。

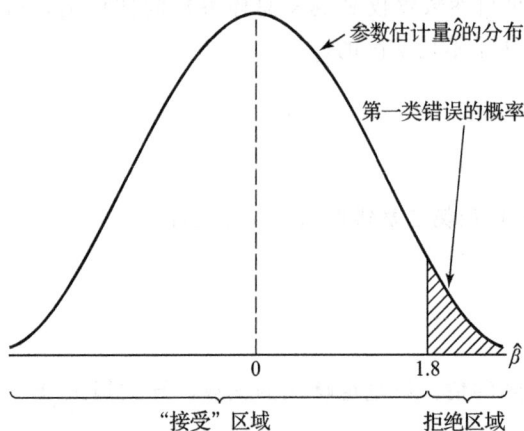

图 5-1　单侧检验中 β 的"接受"区域和拒绝区域
注：对原假设为 H_0：$\beta \leqslant 0$，备择假设为 H_A：$\beta > 0$ 的单侧检验来说，临界值将 $\hat{\beta}$ 的分布（在假定 H_0 是真的情况下，以 0 为中心分布）分为"接受"域和拒绝区域两部分。

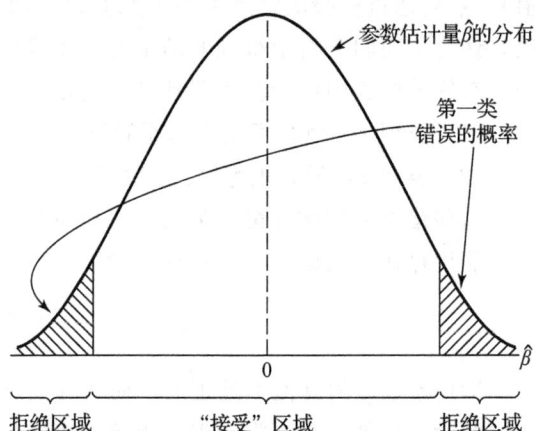

图 5-2　双侧检验中 β 的"接受"区域和拒绝区域
注：对于原假设为 H_0：$\beta = 0$，备择假设为 H_A：$\beta \neq 0$ 的双侧检验来说，$\hat{\beta}$ 的分布被划分为一个"接受"域和两个拒绝区域。

为了使用判定规则，需要指定一个临界值。假定临界值是 1.8，如果 $\hat{\beta}$ 的估计值大于 1.8，那么，就可以拒绝 β 小于或等于 0 的原假设。为了便于理解，请参见图 5-1，任何大于 1.8 的 $\hat{\beta}$ 值均落在拒绝区域中，相反，任何小于 1.8 的 $\hat{\beta}$ 值均落在"接受"区域中。

拒绝区域度量的是原假设正确的情况下，出现第一类错误的概率。对此，许多学生认为应当使拒绝区域尽可能地小。不幸的是，降低第一类错误发生的概率意味着增加第二类错误（没有拒绝错误的原假设）发生的概率。因为如果使拒绝区域变得太小的话，就几乎不能拒绝真实的原假设，所以，这便意味着不能拒绝任何原假设，不论它们是真的还是假的！结果便是第二类错误发生的概率增加了。

既然如此，那么如何在第一类错误和第二类错误之间做出选择呢？如果知道犯其中一类错误的代价（对社会或决策者来说）远大于另一类错误的话，那么，事情就变得非常简单了。例如，如果你为 FDA 工作，一定要确保不能推广产生严重副作用的产品。本书将在第 5.2 节的 t 检验中讨论这种困境。

5.2　t 检验

t 检验是计量经济学家通常对单个回归参数的假设进行的检验。而对多个参数同时进行检验（对联合假设的检验）时，一般情况下，是利用 F 检验的，详见本章第 6 节。

t 检验便于应用，因为它考虑到了不同变量间计量单位的不同，以及估计参数的标准离差的不同。更重要的是，当随机干扰项呈正态分布，并且需要估计该分布的方差时，t 检验是一种合适的检验方法。由于这些情况普遍存在，因此，在假设检验中使用 t 检验已成为计量经济学的惯例。

5.2.1　t 检验概述

对于古典多元线性回归模型：

$$Y_i = \beta_0 + \beta_1 X_{1i} + \beta_2 X_{2i} + \varepsilon_i \tag{5-1}$$

我们可以计算出方程（5-1）中每个参数的 t 值，t 检验通常仅仅用于斜率的检验，原因将在第 7.1 节进行解释。因此，第 k 个参数的 t 统计量的相应形式为

$$t_k = \frac{(\hat{\beta}_k - \beta_{H_0})}{SE(\hat{\beta}_k)} (k = 1, 2, \cdots, K) \tag{5-2}$$

式中，$\hat{\beta}_k$ 代表第 k 个变量的回归参数估计值；β_{H_0} 代表原假设中 β_k 的临界值（通常为 0）；$SE(\hat{\beta}_k)$ 代表 $\hat{\beta}_k$ 的标准差（即 $\hat{\beta}_k$ 的方差估计值的平方根；值得注意的是 SE 中没有加 "＾"，因为它已经被定义为一个估计值）。

那么，如何确定原假设中的临界值？有些原假设指定了一个特定值，对于这样的原假设来说，β_{H_0} 即为那个特定值；如果 $H_0: \beta = S$，则 $\beta_{H_0} = S$。有的原假设则包含一个范围，但我们只关注在原假设中，离拒绝区域与"接受"域边界值最近的那个值，这个边界值就是 β_{H_0}。例如，如果 $H_0: \beta \geqslant 0$，$H_A: \beta < 0$，则原假设中离边界值最近的那个值为 0，即 β_{H_0} 为 0。

由于大部分回归分析中的假设检验是检验某一特定的回归参数是否显著地异于 0，因此，β_{H_0} 通常都为 0。如果 β 的真实值为零，那么，方差将不属于方程，所以，零是特别有意义的。然而，在我们降低方程中的方差并有效的迫使系数为零之前，需要关注并检验 $\beta = 0$ 的原假设。于是，最常用的 t 统计量的形式为

$$t_k = \frac{(\hat{\beta}_k - 0)}{SE(\hat{\beta}_k)} \quad (k = 1, 2, \cdots, K)$$

可以简化为

$$t_k = \frac{\hat{\beta}_k}{SE(\hat{\beta}_k)} \quad (k = 1, 2, \cdots, K) \tag{5-3}$$

或者为参数估计值除以它的标准差的估计值。这是大部分电脑程序中所使用的 t 检验公式。

举个例子加以说明，考察第 3.2 节，Woody's 餐厅选址中的总销售量的回归方程：

$$\hat{Y}_i = 102.192 - 9075N_i + 0.3547P_i + 1.288I_i \tag{5-4}$$
$$\quad\quad\quad (2053)\quad (0.0727)\quad (0.543)$$
$$t = -4.42 \quad\quad 4.48 \quad\quad 2.37$$
$$N = 33 \quad\quad \overline{R}^2 = 0.579$$

方程（5-4）中，位于回归参数估计量下方括号里的数值为估计量 $\hat{\beta}_s$ 的标准差，紧接的是通过方程（5-3）计算得来的 t 统计量。方程（5-4）中所用的模式是本书进行回归分析的通用格式。需要注意的是，t 统计量的符号总是与相应参数估计量的符号相同，标准差的数值符号则总为正。

利用方程（5-4）中的回归结果来计算人口变量 P 的估计参数对应的 t 统计量。根据方程（5-4）中 $\hat{\beta}_p$ 的值 0.3547 和估计量 $\hat{\beta}_p$ 的标准差 $SE(\hat{\beta}_p)$ 的值 0.0727，以及假设 $H_0: \beta_p \leqslant 0$，得出相应的 t 统计量为方程（5-4）中所列出的 4.88，即有

$$t_p = \frac{\hat{\beta}_p}{SE(\hat{\beta}_p)} = \frac{0.3547}{0.0727} = 4.88$$

t 统计量的绝对值越大，相应的回归参数估计值就越显著地不为零。

5.2.2 t 检验的临界值与判定规则

在计算出 t 统计量后，就可以利用它的临界值来判断应该"拒绝"还是"接受"原假设。临界值是区分"接受"区域和拒绝区域的值。临界值不仅取决于 t 检验是单侧检验还是双侧检验，还取决于给定的第一类错误发生的概率和自由度，它从 t 分布表中选取（见书后附录 B 的统计分布表 B-1），其中，自由度通常被定义为观测值的个数减去待估参数的个数（包括常数项）或定义为 $N-K-1$。在假设检验中，第一类错误发生的概率也称为显著性水平，在稍后讲述的内容中会对其进行详细说明。建立 t 分布表是为了节省研究者的时间。t 分布表由不同的临界值 t 组成，对应于 t 分布曲线下方的特定区域，比如，图 5-1 所示的第一类错误发生的区域。因此，t 检验的临界值是研究者用来确认第一类错误发生概率的工具。

计算出 t 统计量 t_k 并得到对应的临界值 t_c 后，比较 t_k 和 t_c，如果 t_k 的绝对值大于临界值 t_c，并且 t_k 的符号与假设 H_A 中隐含的符号相同的话，则拒绝原假设。

因此，在检验单个回归参数时应使用下面的规则：

> 如果 $|t_k| > t_c$，并且 t_k 的符号与假设 H_A 中隐含的符号相同，则拒绝 H_0，否则不能拒绝 H_0。

这一判定规则适用于以 0 为中心的单侧假设检验：

$$H_0 : \beta_k \leqslant 0$$
$$H_A : \beta_k > 0$$
$$H_0 : \beta_k \geqslant 0$$
$$H_A : \beta_k < 0$$

对于以 0 为中心的双侧假设检验有：

$$H_0 : \beta_k = 0$$
$$H_A : \beta_k \neq 0$$

对于以非零值为假设临界值的单侧假设检验有：

$$H_0 : \beta_k \leqslant S$$
$$H_A : \beta_k > S$$
$$H_0 : \beta_k \geqslant S$$
$$H_A : \beta_k < S$$

以及基于非零临界值的双侧假设检验有：

$$H_0 : \beta_k = S$$
$$H_A : \beta_k \neq S$$

它们的判定规则都是相同的：如果 t 统计量 t_k 的绝对值大于临界值 t_c，并且 t 统计量的值与备择假设 H_A 中隐含的符号相同，则拒绝原假设。否则，不能拒绝原假设。不论临界值是否为零，通常都用方程（5-1）来计算 t 统计量。

统计分布表 B-1 中包含了在各种不同自由度和显著性水平下的临界值。其中，不论是单侧检验还是双侧检验，列表示的是显著性水平，行表示的是自由度。为了说明 t 分布表和判定规则的使用，仍以 Woody's 餐厅选址为例，特别地，以前面章节中已计算出来的 $\hat{\beta}_p$ 的 t 统计量来说明。回想一下，在前面部分假设周边居住人口数的参数为正，因此，相应的单侧假设检验为：

$$H_0: \beta_P \leqslant 0$$
$$H_A: \beta_P > 0$$

在这个回归方程中，由于自由度为 29（$=N-K-1$，或 $33-3-1$），因此，用来进行 t 检验的临界值为自由度为 29 的单侧 t 统计量的临界值。为了找出这个临界值，选择一定的显著性水平，比如说 5%，然后翻到表 B-1，看看对应的值是不是 1.699？

在这样的情况下，是否应该拒绝原假设？判定规则是：如果 $|t_k| > t_c$，且与假设 H_A 中隐含的符号相同，则拒绝 H_0。由于在 5% 的显著性水平，自由度为 29 的单侧检验条件下，t 统计量的临界值为 1.699，并且 H_A 中隐含的符号为正，判定规则（就本例而言）就表述为：

如果 $|t_p| > 1.699$，且 t_p 为正，则拒绝 H_0。

或者，将两个条件结合起来：

如果 $t_p > 1.699$，则拒绝 H_0。

t_p 是多少呢？在前一部分中，已经得出 t_p 为 $+4.88$，因而拒绝原假设，并推断出周边居住人口与 Woody's 餐厅的总销售量之间存在正相关关系（在其他变量不变的情况下）。

从统计分布表 B-1 中可以看出，一定显著性水平下单侧检验的 t 统计量的临界值与 2 倍显著性水平下的双侧检验的正好相等。这两个检验之间的关系详见图 5-3。在单侧检验，5% 显著性水平下，t 统计量的临界值为 1.699，该值相当于在双侧检验，10% 显著性水平下的临界值。因为如果单侧代表的显著性水平为 5%，则两侧加总起来即为 10% 的显著性水平。

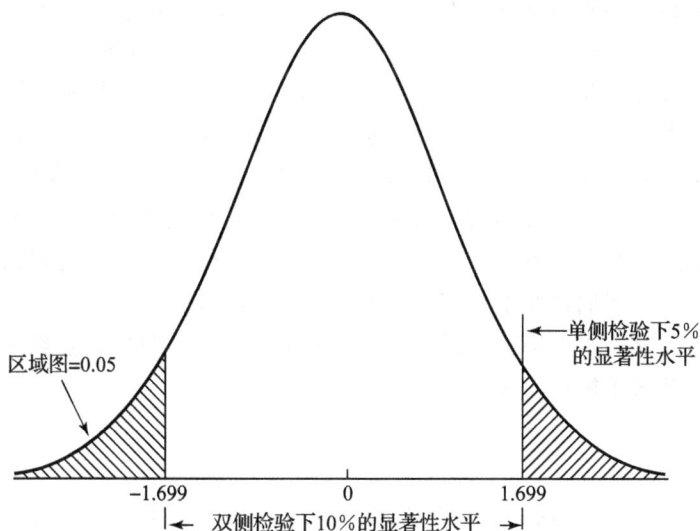

图 5-3　单侧和双侧 t 检验

注：在给定显著性水平下，单侧检验的临界值 t_c 与相应双倍显著性水平下的双侧检验的临界值正好相等。例如，不论是 10% 的双侧检验还是 5% 的单侧检验（自由度为 29），$t_c=1.699$。

5.2.3　选择显著性水平

为了完成上述例子，需要确定一个显著性水平，以便在统计分布表 B-1 中找到 t 统计量的临界值。根据建立在既定显著性水平下的判定规则,"显著地为正"一词从统计意义上说明了原假设 $H_0(\beta \leqslant 0)$ 被拒绝,而支持备择假设 $H_A(\beta > 0)$。**显著性水平**(level of significance)是指如果原假设是正确的,则得到的 t 统计量大于临界值的概率。它度量了特定临界值情况下第一类错误发生的概率。如果给定显著性水平为 10%,并在此水平上,拒绝了原假设,则意味着原假设成立的概率只有 10%。

那么,如何选择显著性水平呢?早期大部分计量经济学家(以及许多已发表的文献)都认为显著性水平越低越好。他们认为,难道一个低的显著性水平不会保证低的第一类错误发生的概率吗?然而,不幸的是,一个很低的显著性水平会大幅地增加第二类错误发生的概率。因此,除非对"接受"一个错误的原假设带来的后果不甚关心,否则降低显著性水平不是一个好的选择。

取而代之的是,建议采用 5% 的显著性水平,除非在一些情况中,知道了发生第一类错误和第二类错误的相对代价。比如,如果已知发生第二类错误代价非常大,那么,在要确定临界值时,就应该考虑使用 10% 的显著性水平。但像这样的判断是很难的,因而,建议初学者采用 5% 的显著性水平作为标准。

如果在 5% 的显著性水平下拒绝了原假设,则可以推断该回归参数在 5% 的显著性水平下是显著的。由于 5% 的显著性水平的选择是任意的,因此,当微小的数值差异[⊖]导致变量的参数不显著时,就不能轻易对变量值是否显著下结论。此时,选择不同的显著性水平,结果可能会不同。

一些学者将回归结果以表格形式列出。通常情况下,我们不对它们的参数符号进行假定,而是用 "*" 标记出 "显著" 的参数。这些 "*" 表明当 t 统计量的绝对值大于 10% 显著水平下的双侧检验的临界值(标记为一个 "*"),或大于 5% 显著水平下双侧检验的临界值(标记为两个 "*"),抑或大于 1% 显著水平下双侧检验的临界值(标记为三个 "*")。像这种对 t 值的运用被认为是一种对结果的描述,而不是假设检验中对 t 统计量的运用。

现如今,研究者在进行假设检验时经常会用到 "置信度" 或 "置信水平"。它们是什么含义呢?置信水平就是 100% 减去显著性水平。因此,在 5% 的显著性水平下的 t 检验也可以说成是在 95% 的置信水平下的 t 检验。由于两个术语有着相同的含义,故而,在整个章节中都使用显著性水平这一术语。另外,之所以偏向使用显著性水平而不是置信水平是为了避免与置信区间产生混淆,我们将在本章第 5.5 节提到这一内容。

许多学者回避对显著水平进行选择,而只是列出与多个回归估计参数相对应的最低显著水平。这种最低显著水平被称为 p 值。

5.2.4 p 值

t 检验还有另一种实现方法,这种基于 p 值或微小的显著水平的方法已经逐渐在应用中得到普及。**p 值**(p-value)表示的是在原假设为真的情况下,t 统计量的临界值大于或等于根据样本数据计算出的 t 统计量的概率。从图形上来看,它是指在 t 分布曲线下方实际临界值至无穷大的这部分区域(假定 $\hat{\beta}$ 的符号跟预期相同)。

因为 p 值是一个概率,所以,它的取值范围介于 0 和 1 之间。它给出了拒绝原假设的最

⊖ 严格来说,如果进行重复抽样,90% 的置信区间指的是 100 个这样的区间中,将有 90 个包含样本真实值。

低显著性水平（假定估计值与预期的方向一致）。一个小的 p 值意味着原假设应受到质疑，因此，为了拒绝原假设，就需要一个低的 p 值。

如何计算 p 值呢？一种方法是在统计分布表中一页一页地寻找与回归结果严格匹配的显著性水平，但这可能要花很多时间！幸运的是，标准回归软件包能够自动计算 p 值，并输出每个估计参数对应的 p 值[⊖]。这样就可以在回归结果中读取相应 $\hat{\beta}$ 所对应的 p 值。需要注意的是，由于每个回归软件包输出的 p 值是针对双侧假设检验的，这些 p 值包含的是两侧的区域，因而，双侧检验的 p 值是单侧检验的两倍。如果进行的是单侧检验，在进行其他判定之前，就需要将回归结果中的 p 值除以 2。

问题是如何运用 p 值进行 t 检验呢？其判定方法是，如果选择的显著性水平是 5%，且 p 值小于 0.05，只要 $\hat{\beta}$ 的符号与预期一样，那么，就可以拒绝原假设。因此，p 值的判定规则是：

> 如果 p 值＜对应的显著性水平，且 $\hat{\beta}_k$ 与备择假设 H_A 中隐含的符号相同，则拒绝原假设 H_0。

让我们来看一个运用 p 值进行 t 检验的例子。重新回到 Woody's 餐厅这个案例，并对收入变量 I 的参数，运用单侧假设检验。原假设和备择假设如下：

$$H_0: \beta_1 \leqslant 0$$
$$H_A: \beta_1 > 0$$

如前所述，表 3-2 的 Woody's 餐厅的回归结果中，$\hat{\beta}_1$ 对应的 p 值为 0.025，这是双侧检验的 p 值，而在本例中进行的是单侧检验，因此，需要将其除以 2，得到 0.012 5。由于 0.012 5 小于选定的置信水平 0.05，且 $\hat{\beta}_1$ 的符号与备择假设 H_A 中隐含的符号相同，于是拒绝原假设。同样，如果进行传统的 t 检验，也会得到相同的结果。

使用 p 值有很多优点。它使用方便，并且允许学者自己选择显著性水平，而不是强制接受某个既定的显著性水平。而且，p 值给读者传达了可以拒绝原假设的相对强度。正因为它有这些优点，许多学者倾向于使用 p 值进行 t 检验。

尽管 p 值有很多优点，但本书不会采用这种方法。因为学习标准 t 检验的程序对初学习者是有益的，特别是它能够迫使初学者重视待估参数的假设符号，学会在特定的符号被假定的情况下，使用单侧假设检验。而且，如果已经知道如何使用标准的 t 检验，将其转换成相应的 p 值是很容易的，但反过来却不容易实现。

然而，在当今社会，应用计量经济学家花在估计模型和参数上的精力远远大于他们花在进行假设检验上的时间。这是因为大部分学者对于他们所应用理论的自信（比如说，需求曲线是向下倾斜的），甚至于他们对于所采用的数据或回归方法的自信。在这种情况下，统计工具被更多地用来进行描述说明而非假设检验。很显然，比起传统的标准 t 检验程序，使用 p 值既可以节省时间，又能够反馈更多的信息。

⊖ 不同的软件包对 p 值的命名是不同的。以 EViews 为例，它里面使用的术语是 "Prob"。为了对此加以理解，翻到表 3-2，然后看回归输出结果的右上部分。另一方面，使用了 $|p| > |t|$，翻到表 3-2，看该页顶部中心部分，可以理解它的使用。需要注意的是，这些 p 值针对的是原假设 $H_0: \beta = 0$。

5.3 t 检验示例

5.3.1 单侧 t 检验的示例

单侧 t 检验最常用于判定回归参数在预期方向上是否显著地异于 0。来看下面的说明：如果预期回归参数的符号为正，但得到的 $\hat{\beta}$ 为负，这就很难拒绝真实的 β 值出现负值（或为 0）的可能性。另一方面，如果期望得到一个正的参数，而得到的 $\hat{\beta}$ 也为正，情况就变得有些微妙。假如 $\hat{\beta}$ 是正的但无限接近于 0，则要应用单侧 t 检验来判断 $\hat{\beta}$ 是否在很大程度上异于 0，以拒绝原假设。回想起前面为了尽可能地控制第一类错误发生的概率，运用了隐含如下假设的理论，备择假设为 H_A：$\beta > 0$（期望出现的符号），原假设为 H_0：$\beta \leqslant 0$。接下来通过一些完整的例子来应用单侧 t 检验。

考虑下面关于新车总销售量的简单模型，其中，假定新车总销售量（$CARS$）是实际可支配收入（YD）和经过消费者价格指数调整后的新车平均销售价格（$PRICE$）的函数。假如某研究者花了一些时间研究了汽车行业的文献资料后，考虑到这样一个事实，许多潜在的新车购买者可能会购买与之相像的运动型多用途车（SUV）来代替。他想检验一下这样一个新的理论，于是决定在原函数中加入第三个变量代表（运动型多用途车）的销售量（SUV）。因此，模型假定如下：

$$CARS = \beta_0 + \overset{+}{\beta_1}YD + \overset{-}{\beta_2}PRICE + \overset{-}{\beta_3}SUV + \varepsilon \tag{5-5}$$

从方程（5-5）中可以看出，预期 β_1 的符号为正，β_2 和 β_3 的符号为负。这样做是有一定意义的，因为在方程中其他变量不变的情况下，较高的收入、较低的商品价格或低销售量的 SUV 会增加新车的销量。

在进行 t 检验时有四个步骤，依次为：

（1）建立原假设和备择假设。

（2）选择一个显著性水平，并得到相应的 t 统计量的临界值。

（3）对方程进行回归，得到 t 统计量的估计值。

（4）应用判定规则对 t 统计量的估计值和临界值进行比较，以决定是否拒绝原假设。

下面详细地记述每个步骤。

（1）建立原假设和备择假设[⊖]。从方程（5-5）中可以得知，应建立如下所示的单侧检验假设：

① H_0：$\beta_1 \leqslant 0$

　H_A：$\beta_1 > 0$

② H_0：$\beta_2 \geqslant 0$

　H_A：$\beta_2 < 0$

③ H_0：$\beta_3 \geqslant 0$

　H_A：$\beta_3 < 0$

⊖ 原假设既可以描述为 H_0：$\beta \leqslant 0$，也可以描述为 H_0：$\beta = 0$，因为在对 H_0：$\beta \leqslant 0$ 检验时所采用的参数值是原假设中离"接受区域"和拒绝区域的边界最近的值。当发生第一类错误的范围界定后，边界值 β 就是检验所使用的值，因为在整个范围 $\beta \leqslant 0$ 中，$\beta = 0$ 给出了发生第一类错误的最大范围。在古典假设中，通过既定水平——已选择的显著水平来限制该最大范围。

需要记住的是，通常情况下，对常数项 β_0 的估计值不进行 t 检验。

（2）选择一个显著性水平，并得到相应的 t 统计量的临界值。假设已经考虑了出现第一类错误和第二类错误时会付出的各种代价，并且选择 5% 作为进行假设检验的显著性水平。在本例中，共有 10 个观测数据用于检验这些假设，因此，自由度为 $10-3-1=6$。在 5% 的显著性水平下，临界值 t_c 可在统计分布表 B-1 中查出，为 1.943。需要注意的是，对同一回归方程中的不同估计参数进行检验时，不一定用相同的显著性水平。在这当中，某一个参数的检验中错误地拒绝原假设所付出的代价可能会高于方程中的另一个参数，因此，对这样的参数应该选择较低的显著性水平。但在这个方程中，对于所有的三个变量均有：

$$t_c = 1.943$$

（3）对方程进行回归，得到 t 统计量的估计值。在计算机软件包中，基于 2000～2009 年的数据，运用普通最小二乘法对方程进行回归，可以得到：

$$CARS_t = 1.30 + 4.91YD_t + 0.001\ 23PRICE_t - 7.14SUV_t \tag{5-6}$$
$$\qquad\qquad (2.38) \qquad\quad (0.000\ 44) \qquad\quad (71.38)$$
$$t = 2.1 \qquad\qquad 2.8 \qquad\qquad -0.1$$

式中，$CARS_t$ 代表在第 t 年中新车的销售量（单位：10 万辆）；YD_t 代表在美国的可支配收入（单位：千亿美元）；$PRICE_t$ 代表在第 t 年中新车的平均销售价格（单位：美元）；SUV_t 代表在第 t 年中运动型多功能车的销售数量（单位：百万台）。

这里，再次使用了前文所约定的表述格式，即括号里的数字是 $\hat{\beta}_s$ 的标准差。在这些假设检验中所用的 t 统计量可通过标准普通最小二乘法计算获得：

$$t_k = \frac{\hat{\beta}_k}{SE(\hat{\beta}_k)} \quad (k=1,2,\cdots,K) \tag{5-3}$$

例如，SUV 的估计值除以它的标准差等于 $-7.14/71.38=-0.1$。这里要注意的是标准差恒为正，因此一个负的参数估计值意味着一个负的 t 统计量。

（4）应用判定规则对 t 统计量的估计值和临界值进行比较，以决定拒绝还是不拒绝原假设。正如第 5.2 节中提到的，t 检验的判定规则为：

如果 $|t_k|>t_c$，且与备择假设 H_A 中隐含的符号相同，则拒绝原假设 H_0，否则不能拒绝原假设 H_0。

在给出相应的 t 的临界值（1.943）和求得 t 统计量后，如何对这三个假设应用判定规则进行检验呢？

对参数 β_1：如果 $|2.1|>1.943$ 且 2.1 为正，则拒绝原假设 H_0。

因此，对于可支配收入，由于 2.1 的确大于 1.943，因而拒绝原假设 $\beta_1\leqslant0$。这一判定结果（即，H_A：$\beta_1>0$）恰好理论中所预期的一样，一个国家的收入越多，则新车的销售量也会越大。

对参数 β_2：如果 $|2.8|>1.943$ 且 2.8 为负，则拒绝原假设 H_0。

对于价格来说，虽然 t 统计量的绝对值很大（大于 1.943），但它的符号与预期的相反，因为备择假设中隐含的符号为负。由于必须是这两个条件都满足的情况下，才能拒绝原假设，因此你不能拒绝下面的假设：价格对新车销售量没有影响或有正面的影响！尽管你对得出的结果感到诧异，不过仍然要坚持自己的观点，即价格因素是存在于模型中的，并且它们对新车销售量的预期影响是负的。

可以看到 $PRICE$ 前面的参数估计值非常小，仅为 0.00123，但它对 t 统计量没有影响，t 统计量取决于估计参数估计值与参数估计值的标准差之间的关系。

对参数 β_3：如果 $|-0.1|>1.943$，且 -0.1 为负，则拒绝原假设。

对于运动型多用途汽车的销量来说，$\hat{\beta}_3$ 的参数估计值在统计意义上并没有显著地异于 0。因为 $|-0.1|<1.943$，所以，即使参数估计量与备择假设中隐含的符号相同，也不能拒绝原假设 $\beta_3 \geqslant 0$。继续思考这个模型，就会发现在方程中增加这一变量是一个草率的决定。

图 5-4 通过在以 0（该值是原假设中最接近"接受"域和拒绝区域边界的值）为中心的 t 分布曲线上标出 t 统计量和 t 的临界值，将三个假设的结果显示了出来。建议学生在不同的观测值数目和显著性水平下，分析方程（5-6）中参数估计值的 t 检验结果。习题 2 中提供了一系列不同观测值数目和显著性水平的组合，答案见附录 A。

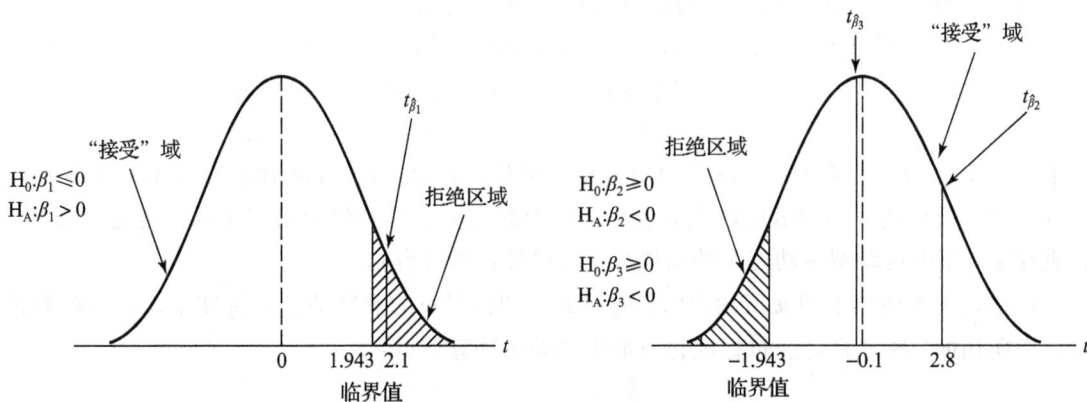

图 5-4　新车销售量模型中参数的单侧 t 检验

注：利用方程（5-6）中给出的估计值，以及 5% 的显著性水平，自由度为 6 的单侧 t 检验下的 t 统计量的临界值 1.943，拒绝关于 $\hat{\beta}_1$ 的原假设，但不能拒绝关于 $\hat{\beta}_2$ 和 $\hat{\beta}_3$ 的原假设。

分析这个案例的目的在于提供一种进行假设检验的方法，而对像这种未经过缜密思考、观测值数目又少的方程，估计出来的结果可以不必认真对待。尽管不必认真对待，但是它也具有一定的指导意义。对于价格与运动型多用途汽车的销量这两个变量，在不能拒绝原假设的情况下，研究者对待两者的态度可能是不同的。也就是说，运动型多用途汽车的销量这个变量的参数不能显著为负使人意识到也许在模型中加入这个变量是不明智的。而价格因素不能显著为负，并没有使人认为价格因素对于新车的销量没有产生影响。换句话说，不能仅仅依据估计结果去改变理论上非常成熟的变量或假设，但是如果它使你意识到自己犯了一个很严重的错误，那么忽视它是一种愚蠢的做法。在另一层面上，对于正的价格参数如何处理，也是计量经济学的魅力所在。尽管知道价格参数为正不是希望得到的结果，但是如果从模型中剔除它的话，结果可能更不尽人意。对于此类有争议的答案会在以后的章节中反复提到。

5.3.2　双侧 t 检验的示例

尽管回归分析中，大多数情况下用的是单侧假设检验，但是在一些特殊的情况中，却适合采用双侧 t 检验。研究者们有时会遇到这样的假设，当参数估计值无论是哪个方向上均显著地异于零或者某个非零值时，则拒绝原假设。这时就需要运用双侧 t 检验，一般情况下，需要运用双侧 t 检验的情形可分为两类：

（1）回归参数的估计值是否显著地异于零。

（2）回归参数的估计值是否显著地异于一个特定的非零值。

下面来详细介绍这两类情况：

（1）回归参数的估计值是否显著地异于零。当估计参数所期望的符号有两个或两个以上的相互冲突的假设时，就需要对参数估计值进行双侧检验。例如，在第 3.2 节 Woody's 餐厅的回归方程中，一个地区的平均收入对 Woody's 餐厅的顾客人数的影响是不明确的。高收入人群中可能会有更多的人去外面的餐厅吃饭，但这些人也许会选择比 Woody's 餐厅更高档的地方就餐，因此，应利用以零为中心的双侧 t 检验来判断收入的参数估计值在正负两个方向上是否显著地异于零。换句话说，由于不论参数是正的还是负的，都对应有合理的情况发生，所以，在检验收入的参数 $\hat{\beta}$ 时，最好采用双侧 t 检验：

$$H_0 : \beta_1 = 0$$
$$H_A : \beta_1 \neq 0$$

如图 5-5 所示，双侧 t 检验中包含了两个拒绝区域（一正一负），"拒绝"区域位于"接受"区域的两侧。为了达到与单侧 t 检验中相同的显著性水平，此时 t 统计量的临界值 t_c 会增大$^{\ominus}$。因此，如果隐含的理论允许的话，采用单侧检验是有优势的，因为对于同一个临界值

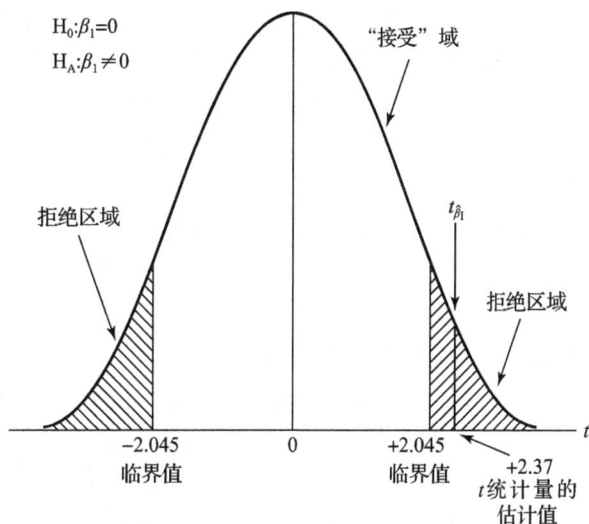

图 5-5　模型 Woody's 餐厅中变量收入参数的双侧 t 检验

注：利用方程（5-4）中得出的估计值，以及在 5% 的显著性水平，自由度为 29 的双侧 t 检验下的 t 统计量的临界值 ±2.045，拒绝原假设 $\beta_1 = 0$。

t_c，单侧检验中发生第一类错误的概率是双侧检验中发生第一类错误的二分之一。但是，如果研究者有充足的理由认为参数估计值的符号可正可负，那么，在这种情况下，别无他法，只能采用以零为中心的双侧 t 检验。为了说明如何进行双侧 t 检验，下面以 Woody's 餐厅中的收入变量为例来进行详细的说明。

a. 建立原假设和备择假设。

$$H_0 : \beta_1 = 0$$
$$H_A : \beta_1 \neq 0$$

b. 选择一个显著性水平，并得到相应的 t 统计量的临界值。仍然使用 5% 的显著性水平，但此时在自由度为 29 的条件下，t 统计量的临界值分布在两个拒绝区域中。因此，正确的 t 统计量的临界值为 2.045（可查阅统计分布表 B-1，在自由度为 29，显著性水平为 5% 的双侧检验情况下）。需要注意的是，理论上来说，有两个 t 统计量的临界值：+2.045 和 -2.045。

c. 对方程进行回归，得到 t 统计量的估计值。由于原假设中的假设值仍为零，因此，仍然是由方程（5-4）得出的 t 统计量 +2.37。

d. 应用判定规则，对 t 统计量的估计值和临界值进行比较，以决定拒绝还是不拒绝原假

$\ominus$　见图 5-5。在该图中，单侧检验中相同的 t 临界值对应的显著性水平是双侧检验的 2 倍。

设。再次利用第 5.2 节中提到的判定规则，因为备择假设中参数的符号包含了两个方向，所以判定规则简化为：

对 β_1，如果 $|2.37| > 2.045$，拒绝原假设

在这种情形下，因为 $2.37 > 2.045$（见图 5-5），因而拒绝 $\hat{\beta}$ 等于零的原假设。可以看出，正的符号说明了，至少对于 Woody's 餐厅而言，收入的增加使得顾客的消费量也在增加（人口总数和竞争情况不变）。基于这一结果，在下一年度就可能倾向于对 Woody's 餐厅的相关数据采用单侧假设检验。关于双侧 t 检验的更多练习，详见习题 5。

（2）基于非零参数估计值的双侧 t 检验。当期望的参数估计值是一个特定的非零值时，就要运用双侧 t 检验的第二种情况。例如，如果以前的研究者声称有些参数的真实值几乎等于一个特定的值 β_{H_0}，则这个值就是在双侧假设检验中所要检验的假设值 β_{H_0}。在这个意义上，如果觉得假设值在理论上是正确的，但同时也背离了通常的做法，即使用原假设来表述想要拒绝的假设[一]。

在这种情况下，原假设和备择假设为：

$$H_0: \beta_k = \beta_{H_0}$$
$$H_A: \beta_k \neq \beta_{H_0}$$

式中，β_{H_0} 是特定的非零假设值。

由于 β 的假设值不再为零，因此，用来计算 t 统计量值的公式（5-2），即

$$t_k = \frac{(\hat{\beta}_k - \beta_{H_0})}{\mathrm{SE}(\hat{\beta}_k)} \quad (k = 1, 2, \cdots, K) \tag{5-2}$$

如果原假设是正确的，则该统计量仍服从以零为中心的正态分布。因为在上述公式中，已经从估计参数 $\hat{\beta}_k$ 中减去了 β_{H_0}，而在原假设正确的条件下，$\hat{\beta}_k$ 等于 β_{H_0}。由于 t 统计量仍以零为中心分布，之前给出的判定规则仍然有效。

5.4 t 检验的局限

t 检验本身存在一个问题，就是容易被误用。由于 t 统计量是通过电脑的回归软件包输出的，从而使得 t 检验看起来很容易运用，因此，初学者有时会利用 t 检验来"证明"一些还未经检验的理论。基于这个原因，了解 t 检验的局限性[二]与了解它的应用同等重要。在这些局限中，也许最重要的是，随着需要估计和检验的特定值越来越多，t 检验的有效性也随之而大幅减弱，这也是第 6.4 节的主题。本节接下来的部分主要是通过一些例子来说明在哪些情况下不能使用 t 检验。

5.4.1 t 检验不能检验理论的有效性

回想一下，t 检验的目的是帮助研究者对一个特定的总体参数值进行推断，该总体参数

[一] 与在证据基础上拒绝一个错误的理论相反的是，研究者背离了通常的做法，不拒绝 β 值，即假设中所期望的那个值。然而，许多理论不能通过数据分析被拒绝，研究者只能面对这种遗憾的结论。一个接纳这种背离的方法就是提高显著性水平，这也提高了第一类错误发生的概率。

[二] 这些局限性也适用于 p 值。比如说，许多初学者认为低 p 值对应的变量是最重要的变量，但是，同 t 检验中所述，这种想法在 p 值中也是错误的。

是以从总体的一个样本中得来的估计值作为基础。许多初学者认为任何一个统计意义上显著的结果在理论上也是正确的。这是一种危险的想法，因为这种推断将统计上的显著性与理论上的有效性相互混淆了。

考虑下面的例子，下面给出的方程解释了英国的消费者价格指数[⊖]。

$$\hat{p} = 10.9 - 3.2C + 0.39C^2 \tag{5-7}$$
$$(0.23)\quad (0.02)$$
$$t = -13.9\quad\ 19.5$$
$$\overline{R}^2 = 0.982\quad\ N = 21$$

对这些估计值进行 t 检验。可以认为这两个斜率参数在统计上显著吗？

事实是，P 是消费者价格指数，而 C 是在英国的累积降雨量！前面已经说过降雨量在解释价格指数方面是显著的，这是否也说明这一结果在理论上也是正确的呢？当然不是。但为什么在统计上又是显著地呢？原因在于方程中的变量恰巧有着共同的趋势，而这一共同的趋势是没有任何意义的。结论很容易得出：永远不能把 t 检验揭示的统计上的显著性等同于理论的有效性。

有时候，参数的估计值会在假设的相反方向上显著，许多初学者也许会试图改变他们的假设。例如，一位同学在分析一个回归方程时，假设的符号为正，但得到了一个在统计意义上显著为负的值，他也许会在重新思考之后，将假设中所期望参数的符号改为负号。尽管它在运用新的证据重新检查错误的理论方面是可取的，但这些证据从本质上应具有理论的合理性。如果新的证据使得研究者又重新考虑模型的理论基础，并且发现了其中的错误，则应该更正原假设，但是由此产生的新的假设应使用完全不同的数据来进行检验。毕竟，我们已经知道使用旧数据会出现什么样的结论。

5.4.2　t 检验不能检验"重要性"

回归方程的应用之一是帮助研究者决定哪个解释变量对被解释变量的相对影响最大（最重要）。许多初学者错误地认为，在回归估计方程中，统计意义上最显著的变量同时也是对被解释变量解释程度最大的变量。统计意义上的显著，说明的是偶尔获得特定样本结果的可能性，但它几乎没有说明哪个解释变量对被解释变量的解释程度最大。为了判断它们的重要性，采取诸如参数值乘以解释变量的平均值或标准差的方法将会更有意义。

考察下面假设的模型：

$$\hat{Y} = 300.0 + 10.0X_1 + 200.0X_2 \tag{5-8}$$
$$(1.0)\quad\ \ (25.0)$$
$$t = 10.0\quad\ \ 8.0$$
$$\overline{R}^2 = 0.90\quad\ N = 30$$

式中，Y 代表《O'Henry 牡蛎烹饪食谱》的邮购销售量；X_1 代表在《美食》杂志上的广告支出（单位：百万美元）；X_2 代表在《Julia Adult 电视烹饪》节目上的广告支出（单位：百万美元）。

⊖　这些结果，以及和它们类似的结论，参见 David F. Hendry，"Econometrics—Alchemy or Science?" *Economical*，Vol. 47，pp. 383-406.

假定所有其他的因素，包括价格、质量和竞争在估计时期内保持不变。O'Henry 应该把广告支出投资在哪里？也就是说，哪个解释变量对 Y 的影响最大？从方程中可以得出，X_2 的参数值是 X_1 的 20 倍，你很可能会认为 X_2 更重要。然而，哪个变量的参数从统计意义上来说更显著地异于 0 呢？由于 X_1 对应的 t 统计量为 10.0，X_2 对应的 t 统计量为 8.0，X_1 比 X_2 更显著。但这仅仅说明了有足够的证据来表明解释变量的参数是正的，而不能够说明解释变量本身在解释 Y 时哪个更重要。

5.4.3 t 检验不是针对总体的检验

t 检验帮助研究者对参数的真实值进行推断，该真实值是根据总体（样本从该群体中抽取）中的某一个样本所计算出的估计值而得来的。当样本容量接近总体规模时，无偏的参数估计值接近于真实值。如果参数是从总体中得来，则该无偏的估计值就是总体真值，进行 t 检验也就失去了意义。但也许有些人会忽略这一点，仍认为从与总体大小相近的样本中得到的 t 统计量很重要。特定的小样本可能会导致研究者拒绝真实的总体参数假设。t 检验能办到的仅仅是帮助研究者确定犯这种错误的可能性有多大。

要理解这一点，也许最好的办法是，牢记 t 统计量是回归参数估计值除以该估计值的标准差。当样本容量趋于无限大时，标准差会趋于 0，t 统计量将会变成：

$$t = \frac{\hat{\beta}}{0} = \infty$$

大样本下，无穷大 t 值的存在并没有什么实质的意义。

⋮⋮⋮ 5.5 置信区间

现在你已经学会了如何使用 t 统计量和 ρ 值进行假设检验，你可能会对学习第三种方法感到有趣。好吧，也许不会！但事实上确实有第三种方法。它基于置信区间的概念。

置信区间（confidence interval）是指在指定的百分比内包含某一真值的一个取值范围。这一百分比就是置信水平，假定 90% 或 95%。置信区间的公式为：

$$置信区间 = \hat{\beta} \pm t_c \cdot SE(\hat{\beta}) \tag{5-9}$$

式中，t_c 是我们选择的显著性水平的 t 统计量的双侧的临界值。如果你想要一个 90% 的置信区间，你需要选择显著性水平为 10% 的临界值。至于 95% 的置信区间，你需要 5% 的临界值。

为了了解如何使用置信区间进行假设检验，让我们再次回到回归方程（5-4）中，在方程中对收入变量的参数估计值进行检验：

$$\hat{Y}_i = 102.192 - 9\,075N_i + 0.354\,7P_i + 1.288I_i \tag{5-4}$$
$$(2\,053) \quad (0.072\,7) \quad (0.543)$$
$$t = -4.42 \quad\quad 4.48 \quad\quad 2.37$$
$$N = 33 \quad\quad \overline{R}^2 = 0.579$$

我们通常预计餐厅的销售随着收入的增长而增长（正常商品），但 Woody's 是一个相当低价的连锁餐厅，所以当收入过高时餐厅的销量可能会变少（劣等品）。因此，许多计量经济学家选择 $\beta_I = 0$ 作为原假设并运行 β_I 的双侧检验。在双侧检验适当的情况下，置信区间合理。

在 90％的置信度下，β_I 的置信区间是怎样的呢？由于 $\beta_I = 1.288$，$\text{SE}(\beta_I) = 0.543$，因此，只需要知道在自由度为 29，置信度为 90％下的双侧检验的 t 统计量的临界值 t_c。正如在统计分布表 B-1 中看到的一样，临界值 t_c 为 1.699。将这些具体的数值代入方程（5-9），可以得出：

$$90\% \text{的置信度下，} \hat{\beta}_I \text{的置信区间} = 1.288 \pm 1.699 \times 0.543$$
$$= 1.288 \pm 0.923$$
$$\text{因此 } 0.365 \leqslant \beta_I \leqslant 2.211$$

这意味着什么？如果经典假设有效，那么置信区间公式计算出的 β 的真实值的范围是 0.365～2.211。如果不在那个范围内，这就是一个不幸的样本。

置信区间与双侧假设检验之间的关系是什么呢？结果证明如果假设检验的临界值 β_I 落在 90％的置信水平下的置信区间内，则在显著性水平为 10％的双侧检验中，不能拒绝原假设。另一方面，如果 β_I 落在这一区间之外，则拒绝原假设。

因此，置信区间能用于双侧检验，但这更复杂。所以我们怎样处理呢？我们能得出结论，在告诉我们一个可信的估计得十分精确的方面，置信区间很有用。对于许多在生活中使用计量经济学的人来说，这也许比假设检验更重要。下面这个例子将利于我们理解。

米特·格蕾丝（Meet Grace）是一个专门负责年轻家庭首套房屋的建筑承包商。这是一个很有竞争力的业务，为了盈利，她需要建造有吸引力且便宜的房屋。因此，格蕾丝想要知道加在房屋中的哪些功能能使售价高于成本。因为她在大学中学了计量经济学，她决定通过 13 个独立变量（比如建筑面积、卫生间的数量等）估计该城市的首套房屋价格。她希望运用这个结果去决定哪些功能能够使她盈利。

让我们关注一个额外的卫生间能增加多少售价。格蕾丝知道增加一个卫生间的最低成本大约是 8 000 美元。她收集了 100 份她所在城市近期卖出首套房屋的观察样本并估计她的模型。

结果在表 5-1 的第一行。卫生间的系数估计为 21 770 美元，超过了 8 000 美元的成本。似乎增加一个卫生间是显而易见的，对吗？不要这么快下结论。看表 5-1 第一行中 90％的置信区间。如果真实值在这个置信度内，从 187 美元到 43 356 美元有巨大的变动，有很大的可能会低于 8 000 美金，这意味着增加卫生间格蕾丝可能会有损失或者她会大赚一笔。她应该怎么做？

回忆第 4.2 节中有关抽样分布的内容：更大的抽样减少 $\hat{\beta}$ 的方差。通俗来讲，就是当抽样的大小增大，$\hat{\beta}$ 将越来越接近真实值。因此，β 的置信区间缩小。让我们看看当格蕾丝的样本扩大到 1 000 份时会发生什么。

表 5-1 中 $N = 1\,000$ 时 $\hat{\beta}_{bath}$ 的结果明显低于 $N = 100$ 时。我们意识到 $\hat{\beta}_{bath}$ 从将近 22 000 美元掉到少于 13 000 美元。这是否意味着格蕾丝不应该增加一个卫生间呢？一点也不！看一看 90％的置信区间。最低限增长到 8 346.29 美元，略高于 8 000 美元的成本。但格蕾丝仍会因为决定而损失，这看上去比小样本的结果更安全。

表 5-1　选择两个回归结果的首套房屋销售价格作为房子的函数特征

样本数	变量	系数	标准误	t	p 值	90％置信区间
100	卫生间	21 771.65	12 981.1	1.68	0.097	187.127 5～43 356.18
1 000	卫生间	12 935.06	2 787.154	4.64	0.000	8 346.288～17 523.83

为什么大样本的置信区间更精确呢？让我们看一看方程（5-9）。我们可以看到，置信区间的宽度取决于 t_c 和 $SE(\hat{\beta})$ 的结果。当样本扩大，t_c 和 $SE(\hat{\beta})$ 会发生什么？如果看一下表 B-1，你会发现当样本扩大时，t_c 下降。同时，当样本扩大时，抽样分布的方差减小，所以 $SE(\hat{\beta})$ 会同时下降。t_c 和 $SE(\hat{\beta})$ 都下降，它们的倍数也下降，导致了更窄的置信区间。

这个例子说明了置信区间如何提供精确的估计系数的信息。关于置信区间的更多应用，请阅读第 15 章。

▚▚▚ 5.6 *F* 检验

尽管对于单个回归参数的假设检验，t 检验起着举足轻重的作用，但是它不能同时对多个回归参数进行检验。正是这种局限性使得 t 检验在使用过程中存在不便之处，因为在现实生活中，许多有趣的想法涉及的都是若干个假设或者是一个包含多个参数的假设。比如，假设你要检验一个包含季节虚拟变量的季度性回归方程，原假设为模型中不存在季节因素的变化。为了检验这样一个假设，许多研究者会采用 F 检验。

5.6.1 什么是 *F* 检验

F 检验（F-test）是在原假设中包含多个假设或涉及关于若干参数的单个假设时所进行的检验⊖。像这种"联合"或"复合"假设适用于模型所隐含的经济理论中特定的数值针对多个参数的情况。

F 检验的作用方式很巧妙。首先，它是将讨论中的原假设转化成方程中的约束条件。被约束后的方程可看作原假设正确时所对应的方程；将假设值代入原回归方程就可得到上述约束方程。因此，在 F 检验中，原假设一般会产生一个约束方程，尽管它违背了进行假设检验时的传统惯例，即在备择假设中包含了预期正确的理论，而不是在原假设中。

F 检验的第二步是对约束方程运用普通最小二乘法进行估计，并比较约束方程与原方程的拟合优度。如果两者的拟合优度并没有显著不同，则不能拒绝原假设。如果后者优于前者，则应拒绝原假设。通常约束方程的拟合优度不会优于原方程即未受约束的方程的拟合优度，这在后面的部分中会做解释。

上述两个拟合优度通过下面的 F 统计量进行比较：

$$F = \frac{(RSS_M - RSS)/M}{RSS/(N-K-1)} \tag{5-10}$$

式中，RSS 代表无约束方程的残差平方和；RSS_M 代表约束方程的残差平方和；M 代表方程中限制条件的个数（通常等于从未约束方程中剔除出的参数 β 的个数）；$(N-K-1)$ 代表无约束方程的自由度。

RSS_M 通常大于或等于 RSS；由于是对参数附加限制条件，而不是利用普通最小二乘法对它们的值进行挑选，所以不会降低残差的平方和。（回想一下，之前是利用最小二乘法选出降低 RSS 的参数组合）。在极端情形下，如果未约束方程中产生的参数估计值与约束方程

⊖ 正如文中所述，F 检验是基于把约束或限制条件代入待检验的方程后进行的，正因为这个原因，它可以等价地叙述为，F 检验是针对多元线性约束的检验。

中的一样，则两个方程中拟合优度 RSS 的值相同，相应的 F 统计量的值为 0。此时，不能拒绝原假设 H_0，因为数据表明约束条件是正确的。当约束方程与未约束方程的参数差异越来越大时，参数值表明原假设正确的可能性越来越小。因此，当 F 统计量的值大于相应的 F 临界值时，拒绝原假设中假定的约束条件。

F 检验的判定规则为：如果根据方程（5-10）得出的 F 统计量的值（F）大于 F 临界值（F_c）时，拒绝原假设，也就是说

$$如果 F > F_c，则拒绝 H_0$$
$$如果 F \leqslant F_c，则不能拒绝 H_0$$

在一定的显著性水平和自由度下，临界值 F_c 可通过统计分布表 B-2 或表 B-3 查出。F 统计量的自由度有两个：方程（5-10）中的分子自由度（M，原假设中约束条件的个数）和方程（5-10）中的分母自由度（$N-K-1$，回归方程的自由度）。这里隐含的原则是，如果算出的 F 统计量的值（或 F 比率）大于临界值，则估计方程的拟合优度要优于约束方程的拟合优度，并且拒绝原假设。

5.6.2　方程总体显著性的 F 检验

尽管判定系数 R^2 和调整后的判定系数 $\overline{R}^2$ 都度量了方程的整体拟合优度，但它们没有对这一拟合优度进行假设检验。这种假设检验可通过 F 检验完成。在方程总体显著性的 F 检验中，原假设为方程中所有的斜率参数均为 0。对于有 K 个解释变量的方程而言，原假设和备择假设分别为[⊖]：

$$H_0 : \beta_1 = \beta_2 = \cdots = \beta_k = 0$$
$$H_A : H_0 不是真的$$

为了证明估计方程的整体拟合优度是显著的，在 F 检验中就要拒绝原假设。

对于方程总体显著性的 F 检验来说，方程（5-10）可以简化为：

$$F = \frac{ESS/K}{RSS/(N-K-1)} = \frac{\sum (\hat{Y}_i - \overline{Y})^2 / K}{\sum e_i^2 / (N-K-1)} \tag{5-11}$$

它是在解释变量的个数为 K 和样本观测值个数为 N 的条件下，回归离差平方和与残差平方和的比率。此时，之前用来比较拟合优度的约束方程为：

$$Y_i = \beta_0 + \varepsilon_i \tag{5-12}$$

该方程实际等同于 $\hat{Y} = \overline{Y}$。因此，F 检验实际上是检验了这样一个原假设，原方程的拟合优度没有显著地优于原方程为均值的拟合优度。

为了说明如何进行 F 检验，下面对 Woody's 餐厅模型，方程（3-4）的整体显著性进行检验。由于存在三个解释变量，因此，原假设和备择假设为：

$$H_0 : \beta_N = \beta_P = \beta_I = 0$$
$$H_A : H_0 不是真的$$

为了判定是否拒绝原假设，需要利用方程（5-11）计算出 F 统计量的值。在原假设中有三个

⊖　需要注意的是，不能假设 $\beta_0 = 0$，这会导致 $E(\overline{Y}) = 0$。同样地，在整体显著性的 F 检验中，也要注意这个问题，因为在 F 检验中，$M = K$。

约束条件，故 $K=3$。如果查看 Woody's 方程的 Stata 输出结果，可以得知 $N=33$，$RSS=6\,130\,000\,000$。而且，可以计算得出 $ESS=9\,929\,450\,000$ ⊖。因此，此时的 F 比率为：

$$F = \frac{ESS/K}{RSS/(N-K-1)} = \frac{9\,929\,450\,000/3}{6\,130\,000\,000/29} = 15.65 \tag{5-13}$$

实际上，进行上面的计算没有必要，因为每个电脑回归软件包通常会自动输出 F 统计量的值。在 Woody's 餐厅的回归输出结果上，F 统计量的值可在右栏中找到。

判定规则说明了如果得出的 F 统计量的值大于临界值，则拒绝原假设。而为了查出临界值，必须知道显著性水平和自由度。如果假定显著性水平为 5%，则适合采用统计分布表 B-2。分子的自由度为 $3(K)$，分母的自由度为 $29(N-K-1)$，这样，在上述条件下，在 B-2 中找出相应的临界值。很容易证实的是 ⊖，F_c 为 2.93 远远低于 F 统计量的值 15.65，因而拒绝原假设，并且可以证明关于 Woody's 餐厅的模型在整体上是显著的。

正如与 t 检验中的 p 值一样，它对方程总体显著性的 F 检验也提供了另一种方法。许多标准回归估计程序不仅给出了 F 统计量的值，同样也给出了 p 值。为此，观察 Woody's 餐厅的输出结果，在右栏顶部找一找"Prob＞F"如果 p 值小于所选择的显著性水平，则拒绝原假设。

5.6.3 F 检验的其他应用

除了模型的整体显著性检验外，F 检验还有很多其他用途。举例来说，让我们了解一下关于季节性虚拟变量的检验问题。**季节性虚拟变量**（seasonal dummies）是用来说明时间序列模型中季节变化的虚拟变量。在季度时间序列模型中，如果：

$$X_{1t} = \begin{cases} 1, & \text{第一季度} \\ 0, & \text{其他} \end{cases}$$

$$X_{2t} = \begin{cases} 1, & \text{第二季度} \\ 0, & \text{其他} \end{cases}$$

$$X_{3t} = \begin{cases} 1, & \text{第三季度} \\ 0, & \text{其他} \end{cases}$$

则模型为：

$$Y_t = \beta_0 + \beta_1 X_{1t} + \beta_2 X_{2t} + \beta_3 X_{3t} + \beta_4 X_{4t} + \varepsilon_t \tag{5-14}$$

式中，X_4 不是虚拟变量，t 为季度。注意在模型中只用了三个虚拟变量来代表四个季节。模型中的 β_1 表示的是与第四季度（被省略的条件）对 Y 的影响相比，第一季度对 Y 的影响程度。β_2 和 β_3 同理。

方程（5-14）中包含的一系列季节性虚拟变量将 Y "季节化"。只要 Y 与 X_4 之间在估计之前不存在"季节性调整"，这种方法就可以使用。许多研究者避免在进行估计之前进行这种季节调整，因为他们认为这种调整会以未知和随意的方式使数据失真，但其实虚拟变量本

⊖ 在进行文中的计算时，要注意 $R^2 = ESS/TSS$，$TSS = ESS + RSS$。如果将第二个式子代入第一个式子中，会得到 $ESS = RSS \cdot (R^2)/(1-R^2)$。因为 RSS 和 R^2 均显示在表 3-2 的电脑输出的估计结果中，这样就可直接利用它们来计算 ESS。

⊖ 需要注意的是，这一 F 临界值需通过内插法得到。由于分母上自由度为 30 时对应的临界值为 2.92，为 25 时对应的临界值为 2.99，这两个值均远低于 F 统计量的值 15.65，即没有必要再利用插入值来拒绝原假设。鉴于这个结果，除非 F 统计量的值在插入值的范围之内，否则研究者并不需要担心这种内插值问题。

身也存在局限性，比如，虚拟变量的参数在整个时期内保持不变。因此，尚没有明确的最佳方法来对数据进行季节调整。

为了对数据中的季节性是否显著进行检验，必须假设所有的虚拟变量同时为 0，而不是依次检验每个虚拟变量。换句话说，对使用虚拟变量的回归方程进行季节性检验时应采用的恰当检验方式是 F 检验，而不是 t 检验。

在这个例子中，原假设为不存在季节性：

$$H_0：\beta_1 = \beta_2 = \beta_3 = 0$$
$$H_A：H_0 不是真的$$

约束方程则变为 $Y = \beta_0 + \beta_4 X_4 + \varepsilon$。为了判定是否应该包含所有虚拟变量，应使用公式（5-10）中的 F 统计量对约束方程的拟合优度与未约束方程即原方程的拟合优度进行比较。需要注意的是在本例所使用的 F 检验中，原假设只是斜率参数的集合，同样应注意到，例子中的 $M = 3$，因为有 3 个参数（β_1，β_2 和 β_3）从方程中剔除出来。

因为低 t 值而舍弃某些虚拟变量的做法是不提倡的。季节性虚拟变量的检验应利用 F 检验，而不是 t 检验，因为季节性虚拟变量检验中的假设通常是与每个季度（或月份）相关的一个复合假设而不是 3 个独立的假设（或 11，以月度数据为单位的话）。也就是说，如果假设是一个联合体，就要采用 F 检验。如果关于季节变化的假设能被综合成一个关于单个虚拟变量的假设，则使用 t 检验就不会存在任何问题。通常来说，由于没有明确要求使用季节性虚拟变量，还没有人对它进行假设检验。

5.7 小结

（1）假设检验从总体的某个样本中，对特定经济（或其他）理论的有效性进行了推断，这些理论被假定为是正确的。假设检验的四个基本步骤（以 t 检验为例）为：

a. 建立原假设和备择假设；

b. 选择一个显著性水平，并得到相应的 t 统计量的临界值；

c. 对方程进行回归，得到 t 统计量的估计值；

d. 应用判定规则，对 t 统计量的估计值和临界值进行比较，以决定拒绝还是不能拒绝原假设。

（2）原假设说明了在研究者的理论错误的情况下，所预期的回归参数的范围。备择假设则说明了在研究者的理论正确的情况下回归参数的范围。

（3）在进行假设检验时会出现两类错误，分别为：

第一类错误：拒绝了真实的原假设。

第二类错误：没有拒绝错误的原假设。

（4）t 检验是关于回归方程中单个参数的假设的检验。t 统计量的形式为：

$$t_k = \frac{(\hat{\beta}_k - \beta_{H_0})}{\mathrm{SE}(\hat{\beta}_k)} \quad (k = 1, 2, \cdots, K)$$

在许多回归方程中，β_{H_0} 为 0。当计算出 t 统计量，并且选出了相应的 t 统计量的临界值后，如果 t 统计量的绝对值大于 t 的临界值，且 t 统计量与备择假设中隐含的符号相同，则拒绝原假设。

（5）基于很多原因，t 检验便于应用，但要注意的是，在使用 t 检验时，应避免将统计上的显著性与理论的有效性或实证的重要性相混淆。

（6）F 检验是用于处理包含多个假设的原假设或含一组系数的独立假设的正式假设的检验。F 检验最通常的用途是测试估计方程的整体意义。

习题

(偶数序号的习题答案见附录 A)

1 不查阅书本（或笔记），给出下列术语的定义，然后与书本上的相比较。

a. 备择假设	b. 置信区间	c. 临界值	d. 判定规则
e. F 检验	f. 显著性水平	g. 原假设	h. 单侧检验
i. p 值	j. 季节性虚拟变量	k. t 统计量	l. 双侧检验
m. 第一类错误	n. 第二类错误		

2 翻到第 5.3 节，在以下三种情况下，利用方程（5-7）的结果对方程（5-6）中提到的关于三个参数的假设进行检验：

a. 10％的显著性水平和样本观测值个数为 15。

b. 10％的显著性水平和样本观测值个数为 28。

c. 1％的显著性水平和样本观测值个数为 10。

3 为下列参数建立原假设和备择假设。

a. 身高对体重的影响（见第 1.4 节）。

b. 第 2 章习题 5 中方程 A 的所有参数。

c. 方程 $Y = \beta_0 + \beta_1 X_1 + \beta_2 X_2 + \beta_3 X_3 + \varepsilon$ 中的所有参数，式中，Y 是一段特定旅行中的汽油总消耗量；X_1 是旅程英里数；X_2 是车的载重；X_3 是旅行中汽车的平均时速。

d. 铅球运动员扔铅球时发出喊声的分贝水平对所扔铅球距离的影响（铅球运动员通常在扔铅球时会发出喊声，但还没有理论可以说明这种喊声对所抛距离的影响）。假定其他相关的"非喊声"的变量均已包含在方程中。

4 回到第 5.2 节，在以下三种情况下，利用方程（5-4）的结果，对关于所有三个参数的合理假设进行检验。

a. 5％的显著性水平，自由度为 6。

b. 10％的显著性水平，自由度为 29。

c. 1％的显著性水平，自由度为 2。

5 利用第 5.3 节的方法，对以下双侧假设进行检验。

a. 对于方程（5-8），在 5％的显著性水平下，检验假设：

$$H_0 : \beta_2 = 160.0$$

$$H_A : \beta_2 \neq 160.0$$

b. 对于方程（5-4），在 1％的显著性水平下，检验假设：

$$H_0 : \beta_3 = 0$$

$$H_A : \beta_3 \neq 0$$

c. 对于方程（5-6），在 5％的显著性水平下，检验假设：

$$H_0 : \beta_2 = 0$$

$$H_A : \beta_2 \neq 0$$

6 假想现在要估计一个关于房价的模型，来推断面朝海滩的环境对房子价值的影响[⊖]。由于一系列理论和数据的可获得性等方面的原因，所以，经过一番研究，决定使用地皮的面积而不是房子本身的面积作为其中一个变量。分析结果如下（括号内的数值为标准差）：

$$\widehat{PRICE_i} = 40 + 35.0LOT_i - 2.0AGE_i + 10.0BED_i - 4.0FIRE_i + 100BEACH_i$$

$$(5.0) \quad (1.0) \quad (10.0) \quad (4.0) \quad (10)$$

$$N = 30 \quad \overline{R}^2 = 0.63$$

式中，$PRICE_i$ 代表第 i 幢房子的价格（单位：千万美元）；LOT_i 代表第 i 幢房子所占地皮的面积（单位：千万平方米）；AGE_i 代表第 i 幢房子的已建年限；BED_i 代表第 i 幢房子里的房间数目；$FIRE_i$ 代表第 i 幢房子是否有壁炉，为虚拟变量，如果带有的话则为 1，否则为 0；$BEACH_i$ 代表第 i 幢房子是不是朝向海滩，为虚拟变量，如果是则为 1，否则为 0。

a. 预期变量 LOT，BED，$BEACH$ 的参数为正。建立在 5% 的显著性水平下的恰当假设，并对其进行检验。

b. 预期变量 AGE 的参数为负。建立在 10% 的显著性水平下的恰当假设，并对其进行检验。

c. 首先，预期变量 $FIRE$ 的参数为正，但你的一个朋友说壁炉很脏，使房间难以保持清洁，使得你不能确定它的参数的符号。运用以 0 为中心的双侧 t 检验，在 5% 的显著性水平下对其进行检验。

d. 方程中出现了哪些问题？（提示：是否存在参数估计值的符号与预期不符的情况？是否存在没有显著地异于 0 的参数？）

e. 在 d 中列举的问题中，哪个是你最一筹莫展的？请解释原因。

f. 对于这个问题，有没有想到解决方案？

7 假设圣迭戈教士棒球队邀请你通过分析去年这支球队在旧体育场馆中每场比赛的观众人数，来对他们的新体育馆的经济影响进行评估。在对这一课题进行研究后，你建立了以下模型（括号里的数值为标准差）：

$$\widehat{ATT_i} = 25\,000 + 15\,000WIN_i + 4\,000FREE_i - 3\,000DAY_i - 12\,000WEEK_i$$

$$(15\,000) \quad (2\,000) \quad (3\,000) \quad (3\,000)$$

$$N = 35 \quad \overline{R}^2 = 0.41$$

式中，ATT_i 代表第 i 场比赛的观众人数；WIN_i 代表第 i 场比赛对手赢的概率；$FREE_i$ 代表第 i 场比赛是不是一场"激励"性质的比赛，即有免费礼物送给到场球迷的比赛，为虚拟变量，如果是的话则为 1，否则为 0；DAY_i 代表第 i 场比赛是否在白天举行，为虚拟变量，如果是白天举行则为 1，如果比赛为夜场或黄昏时举行则为 0；$WEEK_i$ 代表第 i 场比赛是否在工作日举行，为虚拟变量，如果在工作日进行则为 1，如果在周末进行则为 0。

a. 预期变量 WIN 和 $FREE$ 的参数为正。建立在 5% 的显著性水平下的恰当假设，并对其进行检验。

b. 预期变量 $WEEK$ 的参数为负。建立在 1% 的显著性水平下的恰当假设，并对其进行检验。

c. 将变量 DAY 也加入模型中，是因为管理者认为它很重要，但是不能确定日场比赛对观众人数的影响。在 5% 的显著性水平下，运用以 0 为中心的双侧 t 检验，对其进行检验。

d. 方程中会出现什么问题？（提示：是否存在与预期不符的参数符号？是否不存在显著地异于 0 的参数？）

⊖ 该假设检验结果由 Rachelle Rush 和 Thomas H. Bruggink 在论文 "The Value of Ocean Proximity on Barrier Island Houses" 中得出，*The Appraisal Journal*，April 2000，pp. 142-150.

e. 在 d 中列举的问题中哪个是你最一筹莫展的？请解释原因。

f. 对于这个问题，有没有想到解决方案？（提示：不是只有运动迷才能回答这个问题。打个比方，如果你喜欢音乐，思考一下露天音乐会的到场人数。）

8 为了进行一些关于 t 检验的练习，回到第 3 章习题 11 中的关于 iPod 在 eBay 上的销售价格的模型。该方程为：

$$\widehat{PRICE_i} = 109.24 + 54.99NEW_i - 20.44SCRATCH_i + 0.73BIDRS_i$$
$$\qquad\qquad\qquad (5.34)\qquad\quad (5.11)\qquad\qquad (0.59)$$
$$\qquad\quad t = 10.28\qquad\quad -4.00\qquad\qquad 1.23$$
$$N = 215$$

式中，$PRICE_i$ 代表第 i 个 iPod 在 eBay 上的销售价格；NEW_i 代表第 i 个 iPod 是不是新的，为虚拟变量，如果是新的则为 1，否则为 0；$SCRATCH_i$ 代表第 i 个 iPod 表面上是否有微小的瑕疵，为虚拟变量，如果有微小瑕疵则为 1，否则为 0；$BIDRS_i$ 代表对第 i 个 iPod 报价的人数。

a. 在 5% 的显著性水平下，建立关于变量 NEW 和 $SCRATCH$ 的假设，并对其进行检验。（提示：使用自由度为 120 下的 t 统计量的临界值）

b. 从理论上来说，对特定 iPod 出价的人越多，它的价格就越高。在 1% 的显著性水平下建立假设，并检验结果是否与理论相符。

c. 在已进行的假设检验 a 和 b 基础上，你认为模型中有没有可剔除的变量？请解释理由。

d. 如果要在模型中添加一个变量，这个变量是什么？请解释理由。（提示：样本中的 iPod 都是银色的，内存为 4GB 的迷你 iPod。）

e. 在 5% 的水平下对该方程进行显著性检验，确保陈述的原假设与备择假设是正确的，且与你的临界值契合。

9 弗雷德里克·舒特（Frederick Schut）和范·贝赫艾克（Van Bergeijk）[一]在发表的文章中，采用了 32 个国家组成的截面数据来估计药品价格模型，以弄清医药行业是否存在国际价格歧视。作者认为如果存在价格歧视，则在恰当设定的价格方程中，人均收入的参数应显著地为正。之所以这样认为，是因为他们觉得人均收入是按下列方式来度量价格歧视的：支付能力越高，药品需求的价格弹性就越低（以绝对值形式），从而价格歧视者索取的价格就越高。而且，作者认为如果允许存在药品专利，药品价格会较高，而如果对药品进行管制、鼓励竞争或一个国家的药品市场规模相对比较大的话，药品价格会较低。估计结果如下所示（括号内的数值为标准差）：

$$\hat{P}_i = 38.22 + 1.43GDPN_i - 0.6CVN_i + 7.31PP_i - 15.63DPC_i - 11.38IPC_i \quad (5\text{-}10)$$
$$\qquad\qquad (0.21)\qquad\quad (0.22)\qquad\quad (6.12)\qquad\quad (6.93)\qquad\qquad (7.16)$$
$$\qquad\quad t = 6.69\qquad\quad -2.66\qquad\quad 1.19\qquad\quad -2.25\qquad\qquad -1.59$$
$$N = 32\qquad \overline{R}^2 = 0.775$$

式中，P_i 代表第 i 个国家与美国相比的相对药品价格水平；$GDPN_i$ 代表第 i 个国家相对于美国的人均国内生产总值；CVN_i 代表第 i 个国家相对于美国的人均药品消费量；PP_i 代表医药产品的专利在第 i 个国家是否得到认证，为虚拟变量，如果得到认证则为 1，否则为 0；DPC_i 代

[一] Frederick T. Schut and Peter A. G. VanBergeijk, "International Price Discrimination：The Pharmaceutical Industry," *World Development*, Vol. 14, No. 9, pp. 1141-1150. 题中显示的估计结果是使用原始数据在 EViews 上得出的，与原文中的相应结果稍有出入。

表第 i 个国家是否实施严格的价格管制，为虚拟变量，如果施严格管制则为 1，否则为 0；IPC_i 代表第 i 个国家鼓励价格竞争，为虚拟变量，如果鼓励竞争则为 1，否则为 0。

a. 建立关于方程中参数的合理假设，并在 5％ 的显著性水平下，对其进行 t 检验。

b. 在置信水平为 90％ 的情况下，求出每个斜率参数的置信区间。

c. 你认同弗雷德里克·舒特和范·贝赫艾克关于存在价格歧视的观点吗？为什么？

d. 如果作者没有将每个国家的药品价格、人均收入、人均药品消费与美国的相比，估计结果会有何不同？请解释你的观点。

e. 使用 EViews 软件或计算机中的其他电脑软件以及表 5-2 中的数据重现回归结果。

表 5-2 药品价格歧视的数据

国家	序号	CV	CVN	DPC	GDPN	IPC	N	P	PP
马拉维	1	0.014	0.6	0	4.9	0	2.36	60.83	1
肯尼亚	2	0.07	1.1	0	6.56	0	6.27	50.63	1
印度	3	18.66	6.6	1	6.56	0	282.76	31.71	0
巴基斯坦	4	3.42	10.4	1	8.23	1	32.9	38.76	0
斯里兰卡	5	0.42	6.7	1	9.3	1	6.32	15.22	1
赞比亚	6	0.05	2.2	0	10.3	0	2.33	96.58	1
泰国	7	2.21	11.3	0	13	0	19.6	48.01	1
菲律宾	8	0.77	3.9	0	13.2	0	19.7	51.14	1
韩国	9	2.2	13.3	0	20.7	0	16.52	35.1	0
马来西亚	10	0.5	8.9	0	21.5	0	5.58	70.74	1
哥伦比亚	11	1.56	14.1	0	22.4	1	11.09	48.07	0
牙买加	12	0.21	22	0	24	0	0.96	46.13	1
巴西	13	10.48	21.6	0	25.2	1	50.17	63.83	0
墨西哥	14	7.77	27.6	0	34.7	0	28.16	69.68	0
南斯拉夫⊖	15	3.83	40.6	1	36.1	1	9.42	48.24	0
伊朗	16	3.27	21.3	0	37.7	0	15.33	70.42	0
乌拉圭	17	0.44	33.8	0	39.6	0	1.3	65.95	0
爱尔兰	18	0.57	38	0	42.5	0	1.49	73.58	1
匈牙利	19	2.36	47.8	1	49.6	1	4.94	57.25	0
波兰	20	8.08	50.7	1	50.1	1	15.93	53.98	0
意大利	21	12.02	45.9	1	53.8	0	26.14	69.01	0
西班牙	22	9.01	54.2	0	55.9	0	16.63	69.68	0
英国	23	9.96	38	1	63.9	1	26.21	71.19	1
日本	24	28.58	54.7	1	68.4	0	52.24	81.88	0
澳大利亚	25	1.24	35.2	0	69.6	0	3.52	139.53	0
挪威	26	1.54	24.1	0	75.2	0	6.4	137.29	1
比利时	27	3.49	76	1	77.7	0	4.59	101.73	1
法国	28	25.14	101.8	1	81.9	1	24.7	91.56	1
卢森堡	29	0.1	60.5	0	82	0	0.17	100.27	1
丹麦	30	0.7	29.5	0	82.4	0	2.35	157.56	1
原西德⊜	31	24.29	83.9	0	83	0	28.95	152.52	1
美国	32	100	100	0	100	1	100	100	1

注：数据文件名为 DRUGS5。

资料来源：Frederick T. Schut and Peter A. G. VanBergeijk，"International Price Discrimination：The Pharmaceutical Industry，" *World Development*，Vol. 14，No. 9，P. 1144.

⊖ 南斯拉夫这个国家现在已不存在。
⊜ 1990 年，东西德统一。

附录5A　计量经济学实验室＃3

这次实验室的重点在假设检验。你将用经济和人口变量估计 50 个州和哥伦比亚特区的平均寿命的模型。数据来自课本网站的 LIFE5 数据集，包含下列变量：

表 5-3　变量列表

变量	变量含义
$lifeexpect_i$	在时期 i 出生时的预期寿命，2010 年
$medinc_i$	时期 i 家庭收入的中位数，2010 年
$uninsured_i$	时期 i 没上健康保险责任范围的人数百分比，2008～2010 年
$smoke_i$	i 时期州内吸烟人口所占百分比，2006～2010 年
$obesity_i$	时期 i 肥胖成年人的百分比（身体质量指数比大于等于 30），2006～2012 年
$teenbirth_i$	时期 i 每 1 000 名女性中在 15 到 19 岁生产的母亲的数量，2010 年
$gunlaw_i$	时期 i 时，有保护儿童的枪支法案，为虚拟变量，若有则为 1，否则为 0，2010 年
$metro_i$	时期 i 在住在都市统计区域的人口百分比，2010 年

第一步：指定模型。

运用方程（5-1）的格式，用全部的七个独立变量指定一个关于预期寿命的线性回归方程。运用适当的下标和合适的希腊字母。

第二步：假设系数的符号。

假设七个独立变量的系数的符号。

第三步：汇总统计数据。

检查每个变量的含义、最大值和最小值。你发现一些明显的异常了吗？如果有，是什么？

如果没有，进行第四步。

第四步：估计。

用所有的七个独立变量进行估计，写出回归方程结果。

第五步：假设检验（t 统计量）。

运用教材中表格中的 t 统计量临界值，在 5％的显著性水平下，检验 $smoke$，$teenbirth$，$medinc$ 和 $uninsured$ 的斜率系数。写出你的原假设和备择假设，写出每个假设的 t 统计量的临界值。哪些系数能使你拒绝原假设？

第六步：假设检验（p 值）。

运用 p 值，在 5％的显著性水平下，检验 $gunlaw$，$metro$ 和 $obesity$ 的斜率系数。列出每个检验的 p 值。哪些系数能使你拒绝原假设？

第七步：总体 F 检验。

在 5％的显著性水平下，用整体 F 统计量检验回归模型是否有效。写出你的原假设和备择假设，判定规则，并使用 F 表。

第八步：得出结论。

$gunlaw$ 系数的绝对值远大于 $smoke$ 的系数绝对值。这是否意味着通过枪支法来保护儿童在预期寿命上的影响比减少吸烟的影响大 3％呢？请解释。

第 6 章

模型设定：解释变量的选择

对任何一个方程进行估计前，方程的设定必须完整。计量经济学方程的**设定**（specifying）包括三个部分：选择正确的解释变量、正确的函数形式和正确的随机误差项。

以上三者中任何一部分不正确都会引起**设定误差**（specification error）。本章仅讨论第一部分，即解释变量的选择，第二部分和第三部分将在随后两章中展开。

研究人员可以自行决定回归方程中包含哪些解释变量。一方面，这体现了计量经济学的优势，即方程可以被构造成适合研究者个人需要的形式；另一方面，也反映出它的不足，也就是说，研究人员可以做许多不同设定，直到找到一个"证明"他们观点的设定，即使其他许多设定给出了反证，没有支持他们的观点。因而，本章的主要目的是理解如何为回归方程选择变量，以避免由于错误地选择变量而造成各种误差。

决定一个解释变量是否属于回归方程时，必须考虑的是，根据基础回归理论，这个变量在回归分析中是否必不可少。如果答案是明确的"是"，则变量应该加入方程，即使它看起来缺乏统计上的显著性。如果根据理论得出的结果是矛盾的或者是不确定的，就会出现难以取舍的情况，即舍弃一个相关变量会使方程剩余部分的估计出现偏误，而误选一个不相干的变量会使参数估计量的方差增大。尽管可以利用统计工具来做这个决定，但在实践中很难确定一个变量是否真的是相关变量，所以，变量的选择这一问题并未得到解决。

本章的第 6.4 节讲述模型设定的搜索，以及各种不同搜索方法的利弊。如果设定搜索工作做得不到位，常常会引起设定误差或者一般的显著性检验不再适用。因此，建议尽量减少回归分析变量的个数，在选择变量时尽可能多地依据理论而非统计上的显著性。总之，关于模型的设定没有标准答案，最终取决于每位研究者。

6.1 遗漏变量

假设初次设定方程时没有考虑到某个相关解释变量（毕竟，人无完人），或者假设虽考虑到了某个变量但却无法获得数据。这两种情况中的变量称为**遗漏变量**（omitted variable），指一个重要的解释变量被遗漏在回归方程之外。

在任何情况下，只要存在遗漏变量，对估计出的方程的解释和使用就会变得不再可靠。

遗漏一个相关变量，如需求方程中的价格，不仅有碍于获得该变量的参数估计值，而且通常会引起方程中的其他变量的参数估计值出现偏误。

由方程遗漏变量而造成的偏误称为**遗漏变量偏误**（omitted variable bias）［或者，更一般地称为**设定偏误**（specification bias）］。在含有一个以上的解释变量的方程中，参数 β_k 表示在保持方程中其他解释变量不变的情况下，解释变量 X_k 每增加 1 单位所引起的被解释变量 Y 的变动量。如果遗漏了某个解释变量，那么，这个解释变量就不会出现在方程中，在计算和解释 $\hat{\beta}_k$ 时就无法保证遗漏变量的取值保持不变。这一遗漏将引起偏误，换言之，它会使被估参数的期望值偏离其总体真值。

因此，遗漏一个相关变量通常表明对该方程的总体估计是值得怀疑的，因为方程中其余变量的参数估计值可能会出现偏误。下面将详细讨论这个问题。

6.1.1 遗漏变量的后果

如果方程中遗漏一个重要变量（可能是由于无法获得相应的数据或者起初没有考虑到该变量），那会出现什么后果？最主要的后果是导致回归方程中其余变量的回归系数有偏。假设真实的回归模型为：

$$Y_i = \beta_0 + \beta_1 X_{1i} + \beta_2 X_{2i} + \varepsilon_i \tag{6-1}$$

式中，ε_i 是古典误差项。假设遗漏了解释变量 X_2，则方程变为：

$$Y_i = \beta_0^* + \beta_1^* X_{1i} + \varepsilon_i^* \tag{6-2}$$

式中，ε_i^* 为：

$$\varepsilon_i^* = \varepsilon_i + \beta_2 X_{2i} \tag{6-3}$$

这是因为随机误差项中包含了所有遗漏变量的影响，这在第 1.2 节中讲述过。为什么方程（6-2）包含的是 β_0^* 和 β_1^*，而不是 β_0 和 β_1 呢？这就要看回归系数所表示的含义。β_1 表示的是当 X_2 不变时，X_1 每增加 1 单位引起的 Y 的变动量，但 X_2 并没有包含在方程（6-2）中，所以，普通最小二乘法无法保证 X_2 不变。因此，在无法保持 X_2 不变的情况下，就需要利用 β_1^* 反映 X_1 每增加 1 单位所引起的 Y 的变动量。

从方程（6-2）和方程（6-3）中可以看出，即使在 X_2 缺失的情况下，似乎仍可以得到 β_0 和 β_1 的无偏估计。不幸的是，事实并非如此，[⊖]因为方程中已含有的解释变量的参数几乎总会受到遗漏变量的某种影响，从而使参数估计值发生改变引起偏误。为了了解其中缘由，分析方程（6-2）和方程（6-3）。由于大多数变量之间在一定程度上是相关的，因此，X_1 和 X_2 几乎一定是相关的。当遗漏了 X_2 后，X_2 对 Y 的影响就被包含在 ε_i^* 中，于是 ε_i^* 和 X_2 相关。于是，如果 X_2 被遗漏，且 X_1 与 X_2 相关，则 X_1 和 ε_i^* 在 X_2 发生变化时均会发生改变，从而误差项与解释变量之间不再相互独立，这就违背了古典回归假设Ⅲ（解释变量与误差项之间相互独立）！

换句话说，除非遗漏变量与已包含的解释变量之间都不相关（这几乎不可能），否则，如果遗漏了一个重要变量，就会违背古典回归假设Ⅲ。通常，只要违背古典回归假设中的任何一个，高斯-马尔科夫定理就不再成立，普通最小二乘估计量也不再是最优线性无偏估计量（BLUE）。对于给定的线性估计，这意味着参数估计值不再是无偏的，或者不再具有最小方差性（对于所有线性无偏估计量而言），或者两者都不成立。在这种情况下，计量经济学

⊖ 要避免有偏，除非 X_1 和 X_2 完全不相关——这几乎是不可能的。

家首先要确定普通最小二乘估计量不具有无偏性或最小方差性，然后提出一种优于普通最小二乘法的估计方法。

遗漏变量导致古典回归假设Ⅲ不成立，使得参数估计值产生偏误。也就是说，当方程（6-1）是正确方程时，如果对方程（6-2）进行估计就会产生偏误，这意味着：

$$E(\hat{\beta}_1^*) \neq \beta_1 \tag{6-4}$$

$\hat{\beta}_1$ 的期望值不再等于 β_1 的真实值，估计值 $\hat{\beta}_1$ 将会弥补 X_2 的缺失对方程造成的影响。如果 X_2 和 X_1 相关而遗漏了 X_2，则普通最小二乘估计会把本因 X_2 变动而引起的 Y 的变动归因于 X_1，于是，会导致 β_1 成为一个有偏估计。

为了理解遗漏变量是怎样引起偏误的，以很早以前就在回归分析中应用的例子进行解释[1]。在第二次世界大战期间，同盟国为了提高轰炸机的轰炸精准度，评估了一个方程。在这个方程中，他们把速度、己方战机所处纬度以及敌方战机反击的次数等作为解释变量，把轰炸机的轰炸精准度作为被解释变量。正如预期的，参数估计值表明速度更快、纬度更高会导致更大的瞄准偏差。但令研究者震惊的是，研究发现敌方战机反击次数的增加会提高飞行员和投弹手的准确度。为什么会是这样的呢？

这是遗漏变量导致的。方程中并没有包含目标上方云的多少这一解释变量，而云基本能够阻碍敌方战机的飞行。多云的时候轰炸员无法看到地面从而会出现大量的失误，但是由于方程中没有关于云的解释变量，普通最小二乘法将这些误差归因到敌方战机反击次数的减少。换句话说，敌方战机反击次数的参数包含了云量这一遗漏变量的影响，因为敌方战机的反击数量与云的多少高度相关。这就是遗漏变量偏误。

对于一般的两变量模型，当遗漏一个相关变量（X_2）时，方程中所含变量（X_1）的参数的期望值等于：

$$E(\hat{\beta}_1^*) = \beta_1 + \beta_2 \cdot \hat{\alpha}_1 \tag{6-5}$$

式中，α_1 是辅助回归方程（6-6）的斜率；

$$\hat{X}_{2i} = \hat{\alpha}_0 + \hat{\alpha}_1 X_{1i} \tag{6-6}$$

如果 X_1 与 X_2 为正相关，$\hat{\alpha}_1$ 则为正值；如果 X_1 与 X_2 为负相关，$\hat{\alpha}_1$ 则为负值；如果 X_1 与 X_2 不存在相关关系，$\hat{\alpha}_1$ 则为零。

方程（6-5）表明，已包含变量参数的期望值等于它的真实值加上遗漏变量的参数真实值乘以包含变量和遗漏变量之间相关关系的函数。[2]由于一个无偏估计量的期望等于它的真实值，方程（6-5）的右半部分衡量了方程的遗漏变量偏误。

$$偏误 = \beta_2 \cdot \hat{\alpha}_1 \tag{6-7}$$

于是，用一般的形式为，偏误等于遗漏变量的参数乘以已包含变量和遗漏变量之间相关关系的函数。

除非出现以下两种情况之一，才不会有遗漏变量偏误，否则一定存在。

（1）遗漏变量的参数真实值等于零。

（2）已包含变量和遗漏变量不相关。

---

[1] 改编自 Frederick Mosteller 和 John Tukey 撰写的 *Data Analysis and Regression：A Second Course in Statistics*（Reading, MA：Addison-Wesley, 1977）, p. 318。

[2] 对于恰好包含两个解释变量的方程，方程（6-5）和方程（6-7）都成立，对于更一般化的方程，与之类似。

$\beta_2 \hat{\alpha}_1$ 表示的是，遗漏一个遗漏变量对已包含变量的参数估计造成的期望偏误大小。尽管遗漏变量和已包含变量不相关时不存在偏误，但在现实世界中，任何两个变量间总有某些相关性，所以遗漏一个相关变量几乎总会引起偏误。

6.1.2 遗漏变量偏误示例

举个关于遗漏变量偏误的例子。首先分析在第 3.2 节所描述的 Woody's 餐厅位置决定方程（5-4）：

$$\hat{Y}_i = 102\,192 - 9\,075N_i + 0.354\,7P_i + 1.288I_i$$
$$(2\,053) \qquad (0.072\,7) \qquad (0.543)$$
$$t = -4.42 \qquad 4.88 \qquad 2.37$$
$$N = 33 \qquad \overline{R}^2 = 0.579$$

式中，Y 代表用餐的顾客数量；N 代表具有竞争性的类似的餐厅数量；P 代表周边人口数量；I 代表周边人口的人均收入。

如果从方程中删去人口变量 P，将会得到下面的方程：

$$Y_i = 84\,439 - 1\,487N_i + 2.322I_i \qquad\qquad (6\text{-}8)$$
$$(1\,778) \qquad (0.664)$$
$$t = \qquad -0.84 \qquad +3.50$$
$$N = 33 \qquad \overline{R}^2 = 0.258$$

比较方程（5-4）和方程（6-8）可知，两者最明显的差别就是由于人口变量的遗漏，$\overline{R}^2$ 从 0.579 降到了 0.258。但同时竞争对手变量 N 的参数估计值从 $-9\,075$ 变为 $-1\,487$，t 值从 -4.42 变为 -0.84，这无疑是灾难性的变化。此时，N 的参数现在已经不再显著不为零了。

这样的结果就是遗漏变量偏误导致的。人口和竞争对手的数量存在很大相关性。一个地区人口越多，餐厅也会越多。所以，当人口变量被从方程中删去后，由于已包含变量与人口变量都有相关关系，普通最小二乘法将遗漏变量的影响归结到了已包含变量中。$\hat{\beta}_N$ 从一个较大的负值增至较小的负值，所以，这个偏误是正向的。偏误对于人口的正向影响完全抵消了其对于竞争的负向影响，最终导致系数接近于零。

请留意，通过运用期望偏误方程（6-7）[⊖]，就可以预测到偏误是正向的。因为 β_P 参数符号预期为正，同时因为预期 $\hat{\alpha}_1$（与人口和竞争力之间的相关度有关）为正，所以，$\hat{\beta}_N$ 的期望偏误将为正。

$$\hat{\beta}_N \text{ 的期望偏误} = \beta_P \cdot \hat{\alpha}_1 = (+) \cdot (+) = (+) \qquad\qquad (6\text{-}9)$$

正如预期的那样，遗漏 N 造成了正向偏误。遗漏人口变量造成人口的影响反映到竞争对手的系数中，因为这两个变量是相关的。

总之，如果遗漏一个相关变量，则会出现：

（1）无法从方程中得到遗漏变量的参数估计值。

（2）方程中其余变量的参数估计也会出现偏误。

⊖ 需要注意的是，预期偏误和实际观测到的系数估计值之间的差异是不同的。因为误差项具有随机性（因此出现了 $\hat{\beta}_s$），由于遗漏相关变量所引起的被估计系数的变化不一定会沿着预期方向。偏误是指 $\hat{\beta}_s$ 的抽样分布的集中趋势，而不是指分布中每一个单独的值。而我们通常（而且有理由）恰恰是依据这些总体趋势进行判断。

尽管有些情况下偏误程度不大（比如，当已包含变量和遗漏变量之间的相关性较小时），但只要存在遗漏变量，方程至少会出现很小的遗漏变量偏误。

6.1.3　遗漏变量的纠正

理论上，解决设定偏误的方法似乎很简单。只要把遗漏变量加入方程中即可！不幸的是，很多原因使得这种方法说起来容易，做起来难。

首先，遗漏变量偏误很难觉察。就像前面提到的，遗漏变量引起的偏误可能很小且不容易马上发现，尤其在没有理由相信模型设定是错的时。有些设定偏误的迹象很明显（如一个参数估计值的符号与预期明显不同），而另外一些设定偏误就不那么明显。判断遗漏变量的最佳标准是：模型的理论基础。模型中必须包含哪些变量？预期符号如何？期望的参数估计值落在哪个范围内？是否无意中遗漏了大多数研究者认为很重要的变量？在将数据录入计算机之前，花时间仔细考虑方程的设定形式，这是避免遗漏变量的最好方法。

另一个难点是，难以决定应该选择哪些变量加入到受遗漏变量偏误影响的方程中。处于这种两难境地时，有些初学者会将所有可能的相关变量一次性加入方程中（将在下一节要讨论），但这种做法会降低估计的精确性。其他一些初学者可能会检验许多不同的变量，并将最能在统计上减少偏误（有可信的符号和令人满意的 t 统计量）的那个变量保留在方程中。这种方法是通过加入一个"被省略"的变量来"修正"一个看起来很荒谬的回归结果。这是一种不合逻辑的做法，因为按照这种方法找出的最佳修正模型设定偏误的变量很可能只是在偶然情况下才产生的，而没有真正解决减少设定偏误的实质性问题。在这种情况下，"被修正"的方程可能会在已有样本下得出极好的统计结果，但当使用其他样本时结果会变得很糟，因为它没有描述总体的真实特性。

从回归方程中剔除一个变量也不会有助于解决遗漏变量造成的偏误。如果某变量的被估参数的符号与预期不一致，那么，即使剔除一个比该变量 t 值（用绝对值）更小的变量，参数符号也不会改变。进一步讲，即使剔除另一个有很大 t 值$^{\ominus}$的变量，通常这个参数的符号也不会改变。

当回归方程中出现与预期不一致的结果，使人确信遗漏了一个变量时，有一种方法有助于解决方程中应加入哪些变量的问题。这种方法是使用**预期偏误分析**（expected bias）。

如果由方程（6-7）估计得出的预期偏误的符号与回归方程中出现的预期外的符号相同，则这个变量可能是引起偏误的变量。如果预期偏误的符号与回归方程中出现的非预期的符号不同，则这一变量不可能是导致非预期结果出现的原因。预期偏误分析只能用于选择理论上的潜在变量。

尽管从未真正观测到偏误的具体值（因为无法知道真实的 β 值），但使用这一方法筛选引起设定偏误的潜在变量，可以减少回归的次数，并提高估计结果在统计上的有效性。

简要提示：考察残差图的特点，即"残差分析"，也可以分析是否存在遗漏变量。不过这种方法的主要缺陷是，被估计方程的参数可能因受到遗漏变量的影响，其估计值已经发生改变。因此，残差可能表现出一种形态，这种形态仅仅与具有实际遗漏变量时的残差的图形

$\ominus$　Ignazio Visco，"On Obtaining the Right Sign of a Coefficient Estimate by Omitting a Variable from the Regression," *Journal of Econometrics*，Vol7，No.1，pp.115-117.

粗略地相似，通过残差的形态很可能会选择不正确的变量。此外，残差分析只能用于判断理论上合理的候选变量，而不是找出这些候选变量。

6.2 不相干变量

如果方程中加入了一个原本不属于该方程的变量，会出现怎样的情况呢？这种**不相干变量**（irrelevant variables）与遗漏变量相反，可以用第 6.1 节中构造的模型来进行分析。在方程中加入不相干变量虽然不会引起偏误，但会使已包含变量的参数估计值的方差变大。

6.2.1 加入不相干变量的影响

如果真实的回归模型为：

$$Y_i = \beta_0 + \beta_1 X_{1i} + \varepsilon_i \tag{6-10}$$

但是，出于某些原因，研究人员可能会加入一个额外变量，使方程误设为：

$$Y_i = \beta_0 + \beta_1 X_{1i} + \beta_2 X_{2i} + \varepsilon_i^{**} \tag{6-11}$$

误设方程的误差项可以看作：

$$\varepsilon_i^{**} = \varepsilon_i - \beta_2 X_{2i} \tag{6-12}$$

如果额外（或者不相干）变量的真实参数为零，则这种错误不会引起偏误。也就是说，当 $\beta_2 = 0$ 时，方程（6-11）中 β_1 的估计值是无偏的。

但是，误选无关变量会使被估计参数估计量的方差增大，且会使它的 t 统计量的绝对值变小。同时，不相干变量的误选通常会使调整的判定系数 $\overline{R}^2$（不是判定系数 $\hat{Y}^2$）减小。

因此，尽管不相干变量的引入不会引起偏误，但它仍会给回归带来问题，因为它降低了 t 统计量和调整的判定系数 $\overline{R}^2$ 的值。

6.2.2 误选不相干变量的实例

回到关于 Woody's 餐厅选址方程，分析方程加入一个不相干变量后会出现怎样的结果。原始方程为：

$$\hat{Y}_i = 102\,192 - 9\,075 N_i + 0.354\,7 P_i + 1.288 I_i$$
$$\quad\quad\quad (2\,053) \quad\quad (0.072\,7) \quad (0.543)$$
$$t = -4.42 \quad\quad 4.88 \quad\quad 2.37$$
$$N = 33 \quad\quad \overline{R}^2 = 0.579$$

式中，Y 代表用餐的顾客数量；N 代表具有竞争性的类似的餐厅数量；P 代表周边人口数量；I 代表周边人口的人均收入。

在方程（5-4）中，引入街道邮政编码的最后三个位数这个变量，命名为 A，得到估计方程：

$$\hat{Y}_i = 98\,125 - 8\,975 N_i + 0.360 P_i + 1.301 I_i + 58.07 A_i \tag{6-13}$$
$$\quad\quad\quad (2\,082) \quad (0.074) \quad (0.550) \quad (95.21)$$
$$t = \quad -4.31 \quad +4.86 \quad +2.37 \quad +0.61$$
$$N = 33 \quad\quad \overline{R}^2 = 0.569$$

比较方程（5-4）和方程（6-13）会使读者对第 6.2 节所讲的内容领会更深。首先，调整的判定系数 $\overline{R}^2$ 值略有下降，意味着调整自由度后方程的拟合优度降低。其次，相比于方程（5-4）与方程（6-9）之间的较大差异，加入变量后原方程中的回归参数均未发生改变。此外，被估计参数的标准差变大或保持不变。最后，潜在变量（A）的 t 统计量很小，意味着它并非显著地异于零。考虑到这一新变量在理论上具有不可靠性，综合这些结果，可以认为 A 是一个不相干变量，不应包含在方程中。

6.2.3　模型设定的四个重要准则

目前已经讨论了至少四个有效的准则来判断一个给定变量是否属于一个方程。由于这些准则很重要，初学者在每次增加和剔除变量时都应先考虑这几个准则。

> （1）理论：变量在方程中的含义是不是模糊不清的，从理论上看是不是合理的？
>
> （2）t 检验：变量的被估参数在预期假设下是否显著？
>
> （3）调整的判定系数 $\overline{R}^2$：变量加入后，方程的整体拟合优度（自由度调整后）是否得到改善？
>
> （4）偏误：变量加入方程后，其他变量的参数值是否发生显著改变？

如果所有这些条件都满足，则该变量属于该方程；如果都不满足，则该变量是不相干变量，可以放心地从方程中剔除。当一个方程典型地遗漏了相关变量时，加入遗漏变量，通常会使调整的判定系数 $\overline{R}^2$ 增加，并且至少会改变方程中其余参数中的一个。相反，如果一个不相干变量加入方程中，则调整的判定系数 $\overline{R}^2$ 会减少，t 统计量不显著，而且对其他变量的参数也几乎没有影响。

很多情形下，四个准则判断出的结果并不一致。例如，可能会出现，一个变量的 t 统计量不显著但是大于 1。这种情况下，很可能表现为当变量加入方程后，调整的判定系数 $\overline{R}^2$ 会增加，但 t 统计量仍不显著。

无论何时，当四个准则的判断结果不一致时，计量经济学家必须谨慎地使用这些判断标准，在确定模型的设定形式时，不能仅仅依据调整的判定系数 $\overline{R}^2$ 这样的单一准则来决定。换句话说，研究者不应滥用自由选择变量的权利，不能通过试验各种不同的变量组合直至找到统计上支持其观点的那一组合。只要意识到理论依据是判定变量是否相干最重要的标准，模型设定就会变得容易一些。任何统计上的证据都不能将理论上必须包含的变量变成"不相干"变量。有时，由于有些变量的数据缺失，研究者也就不得不放弃在理论上很重要的这些变量，在这种情况下，方程的有效性就受到了限制。

6.3　误用模型设定准则的实例

有时，忽视经济准则和常识而盲目使用前一节所列出的四个准则，就会使人误入歧途。t 统计量不显著，并不意味着方程中存在不相干变量。经济理论是判断方程中是否应该包含一个变量的最重要准则，下面的例子将说明当一个变量的 t 统计量虽不显著但仍可接受时，不应该简单地将其从方程中剔除。

假设美国对巴西咖啡的需求量与巴西咖啡的真实价格（P_{bc}）负相关，与茶的价格（P_t）和美国的可支配收入（Y_d）[一]的真实值正相关。进一步假定已经获得了这些变量的数据，并进行了相应的回归，得到回归方程：

$$\widehat{COFFEE} = 9.1 + 7.8P_{bc} + 2.4P_t + 0.003\,5Y_d \tag{6-14}$$
$$\qquad\qquad (15.6)\quad (1.2)\quad (0.001\,0)$$
$$t = 0.5\quad\ \ 2.0\qquad 3.5$$
$$\overline{R}^2 = 0.60\qquad N = 25$$

第二个变量 P_t 和第三个变量 Y_d 的参数值在原假设下的方向上比较显著，但第一个变量 P_{bc} 的系数并不显著且符号与预期相反。导致这种结果的原因可能是巴西咖啡的需求量对价格来说缺乏弹性（它的参数为零）。去掉这个价格变量，然后重新进行回归，得到回归方程：

$$\widehat{COFFEE} = 9.3 + 2.6P_t + 0.003\,6Y_d \tag{6-15}$$
$$\qquad\qquad (1.0)\quad (0.000\,9)$$
$$t = 2.6\qquad 4.0$$
$$\overline{R}^2 = 0.61\qquad N = 25$$

比较方程（6-14）和方程（6-15），应用上节所提出的模型设定的四项准则来判断咖啡价格变量是否应该保留在方程中：

（1）理论：因为咖啡的需求可能对价格十分不敏感，故剔除该变量在理论上似乎是合理的。

（2）t 检验：这个疑似不相干变量（咖啡价格）的 t 统计量值是 0.5，在通常的任何水平上都是不显著的。

（3）调整的判定系数 $\overline{R}^2$：当该变量被剔除后，$\overline{R}^2$ 增加，意味着该变量是不相干变量。（因为该变量对应的 t 统计量小于 1，所以，这一点是可以预料到的。）

（4）偏误：当 P_{bc} 被剔除出方程后，其余变量的参数只是略有变动，意味着即使除去该变量会造成偏误，也是很小的偏误。

依据上述分析，可能得出巴西咖啡确实是缺乏价格弹性的，咖啡价格是不相干变量的结论，因此，应当从模型中剔除它。事实证明，这一结论是不合理的。尽管咖啡的需求弹性总体上很小（事实上，证据表明它只是在一个特定的价格区间里是缺乏弹性的），但很难相信在与其他咖啡的价格竞争中对巴西咖啡的需求不受自身价格的影响。事实确实如此，巴西咖啡需求的敏感性在相当程度上与其他咖啡的价格有关，比如哥伦比亚咖啡。为了检验这一假设，将哥伦比亚咖啡的价格（P_{cc}）加入原始方程（6-14），得到新的估计方程：

$$\widehat{COFFEE} = 10.0 + 8.0P_{cc} - 5.6P_{bc} + 2.6P_t + 0.003Y_d \tag{6-16}$$
$$\qquad\qquad (4.0)\quad (2.0)\quad\ (1.3)\quad (0.001)$$
$$t = 2.0\quad -2.8\quad\ 2.0\qquad 3.0$$
$$\overline{R}^2 = 0.65\qquad N = 25$$

再次应用模型设定的四项准则，比较方程（6-14）和方程（6-16）：

㊀　该例受到一个类似的关于锡兰茶例子的启发，出自 Potluri Rao 和 Roger LeRoy Miller 撰写的 *Applied Econometrics*（Belmont, CA: Wadsworth, 1971），pp.38-40。该书已绝版。

（1）理论：两个价格都应该包含在模型中，它们都具有很强的逻辑推理性。

（2）t 检验：新变量哥伦比亚咖啡的价格的 t 统计量是 2.0，在大多数显著性水平下，它都是显著的。

（3）调整的判定系数 $\bar{R}^2$：加入该变量后，$\bar{R}^2$ 值增加，意味着该变量是一个遗漏变量。

（4）偏误：尽管有两个参数值几乎保持不变，意味着这些变量与哥伦比亚咖啡价格的相关性很低，但巴西咖啡的价格参数发生了显著改变，说明原始回归模型存在偏误。

需要坚持的理念是：即使统计上不显著，也不应该忽视理论依据。如果一个变量在理论上看起来很重要，但在一个特别的样本下不显著，这个变量也应该保留在方程中，尽管它使结果看起来变坏了。

不要由此认为本节列出的这一特例就一定是模型设定的正确方法。尝试一系列可能的变量，并从中得到一个特定的变量，使得 P_{bc} 的参数值变成负值并且显著，这种选取变量的方法，不一定适用于其他样本或备选假设。对不包含哥伦比亚咖啡价格的原始方程不应当进行回归。取而代之的是，在进行试探性回归之前，应充分分析问题，以减少遗漏变量而导致偏误的可能性。在首次做回归之前，思考得越多，对备选假设的估计就越少，回归结果可能就会越好。

6.4　设定搜索

计量经济学的一个不足就是研究者可以通过操作数据集，设定不同的回归形式得出任何结果，直到获得具有所有期望性质的结果为止。由于实证研究的诚实性值得怀疑，因此，关于怎样搜索最优的模型设定在计量经济学界有很大争议。本节的主要目的不是总结和解决这些争议，相反，是希望给初学者提供一些指导和认知。

6.4.1　设定搜索的最优实践

如何从备选的各种可能设定中选出最优设定，这一问题很难回答，但是经验提供了如下建议。

> （1）在选择变量、方程形式或其他类似的设定问题时，更多地依据理论，而不是统计上的拟合优度。
> （2）最小化待估方程的数量（除了敏感性分析，本节随后部分会提到）。
> （3）在注释或者附录中，展示所有要估计的备选模型。

在确定回归方程中是否应加入变量时，理论是最为重要的准则，而不是调整的判定系数 $\bar{R}^2$ 或者 t 统计量，这意味着模型设定的更多工作应当在对方程进行估计之前完成。然而希望研究者做到完美是不现实的，有时候不可避免地需要估计一些备选设定形式。但是这些额外的方程应当尽可能地少，并且应以理论为根本依据。此外，在显著性检验和总结结果时备选设定就应予以明确考虑。这样一来，可以尽可能地减少最终方程的统计性质给读者造成的误导。

6.4.2　按顺序搜索

大多数计量经济学家首先通过估计一个原始方程来进行设定，然后，依次删去或者加入变量（或者函数形式）直到得到一个看似合理、具有"良好统计性质"的方程。已知一些变量是相干的（依据理论），但不知道其他额外的变量是否相干，检查每个模型设定的 $\overline{R}^2$ 和所有变量的 t 统计量，似乎是一种可行的办法。的确，阅读前面几节似乎会得出这样的结论：上面提到的这种按顺序搜索方法是找到最优模型的最好方法。但是，应当看到，这种按顺序搜索方法与本书推荐的模型设定方法之间存在很大差别。

按顺序搜索技术（sequential specification search）允许研究人员估计不同的模型设定形式，其回归次数可以不报告出来，只需报告最终结果（其中对方程里的参数符号，显著性水平都没有做预期的设定），让读者看起来好像仅估计了一种模型设定形式。不过，这一方法不恰当地表述了回归结果的统计有效性，因为：

（1）估计结果的统计显著性被高估，因为忽略了得出结论之前所选被估方程的结果。

（2）很难得知研究人员选择回归模型时的预期。因此，读者无法知道其他方程中是否存在重要变量的参数符号与预期相反或者参数值不显著等信息。

不幸的是，不存在一种普遍认可的按顺序搜索的方法，主要是因为在某一阶段，适当的检验依赖于在这之前已有的检验，其次，还因为发展新的检验方法是件很困难的事。

相反，我们推荐尽量减少待估回归方程的数量；在选择变量或者函数形式时，应注重理论依据；报告出所有已经考察过的模型设定。本书建议将节省性原则（用理论分析限制设定估计模型的数量）与公开性原则（报告所有被估计方程）相结合。

并不是每个人都赞同这一建议。一些研究者认为，只要有可能，最优的模型就会出现，且最好的统计结果（包括参数符号等）最可能来自最优的（模型）设定。此外，偏好理性的人对于最优模型理解通常会有不同的看法，所以，不同的研究者面对相同的数据集会得出明显不同的"最优"方程。鉴于可能出现这种情况，与前文所述形成鲜明对照，模型的优劣其实很难区分。只要研究人员对设定搜索隐含的内在风险持谨慎态度，就能找到一种合理的方法进行设定搜索。

6.4.3 依据 t 检验或 $\overline{R}^2$ 选择变量引起的偏误

前几节，讲述了按顺序设定搜索可能会在结果的统计特性方面形成误导。特别在实践中，仅仅因为一个潜在解释变量的 t 统计量小就将其剔除，这将导致其余变量的参数估计（和它们的 t 统计量值）出现系统性偏误。

假设模型：

$$Y_i = \beta_0 + \beta_1 X_{1i} + \beta_2 X_{2i} + \varepsilon_i \tag{6-17}$$

进一步假设，依据理论可以确定 X_1 属于该方程，但不能确定 X_2 是否也属于该方程。许多缺乏经验的研究者仅仅用 $\hat{\beta}_2$ 的 t 检验值来决定 X_2 是否应当包含在方程中。如果初步的 t 检验表明 $\hat{\beta}_2$ 显著地异于零，则这些研究者就将 X_2 留在方程中。相反，如果 t 检验不能说明 $\hat{\beta}_2$ 显著地异于零，则将 X_2 从方程中剔除，并认为 Y 仅是 X_1 的函数。

使用这种方法可能会犯两种错误。一是，当 X_2 不属于方程时，可能会被错误地留在方程中，但这种错误不会改变 $\hat{\beta}_1$ 的期望值。

二是，X_2 本该纳入方程，却被错误地剔除了。在第二种情况下，X_1 的参数估计值是有偏的。换句话说，当 X_2 属于方程，但由于其参数估计值不能显著地异于零而被遗漏时，$\hat{\beta}_1$

是有偏的，即方程中出现了系统偏误！

总而言之，按顺序设定搜索会造成 t 检验的偏误。因为大多数研究者在确定最终模型之前都会考虑许多变量，所以，仅仅根据 t 检验或 $\overline{R}^2$ 来判断变量取舍的研究者很可能会遇到这种系统性问题。

6.4.4 数据挖掘

数据挖掘（data mining）是在"最优"方程被选出之前，用来估计各种备选模型设定的方法。需要强调的是，在进行数据挖掘时要相当谨慎，本书的读者应该对此不足为奇。不恰当的数据挖掘比什么都不做还要坏。

适当的数据挖掘涉及的是对数据集的考察，其目的不是为了假设检验或寻找模型设定；而是为了揭示经济理论尚未说明的经验规律。⊖毕竟，理论经济学家不可能考虑到所有问题。

但是，要注意！如果用数据挖掘技术建立了一个假设，就要用一个不同的数据集（或者在不同的框架内）来检验这个假设，而不能用产生该假设的数据集。之所以要使用一个新的数据集，是因为如果使用生成假设的数据来检验假设，典型的统计检验将毫无意义。毕竟，研究者在检验假设之前就已经知道结果会怎样！当有过多的数据时，使用双重数据集是最简单的方法。这种情况有时会在截面数据中见到，但在时间序列研究中很少见。

不使用双重数据的数据挖掘，几乎可以肯定是选择模型设定最差的一种方法。在这种情况下，研究者差不多会对每一种可能的备选解释变量组合进行估计，选出"看起来"最优的结果，然后就像从没有做过数据挖掘一样，报告出最优方程。这种对数据挖掘的不当使用，忽视了这样的事实，即在最终的方程被报告出来之前已经做过一系列的模型设定估计。

此外，数据挖掘会引导使用者选择能反映其特殊数据集的特性的模型设定。为什么会发生这样的情况？假设你有 100 个真实的原假设并对这些假设进行了 100 次检验。在 5% 的显著性水平上，你预期会拒绝掉五个真实的原假设，即犯了 5 次第一类错误。为了寻找大的 t 统计量值，数据挖掘搜索方法会找出这些第一类错误，并将它们体现在模型设定中。结果报告的 t 统计量夸大了参数估计值在统计上的显著性。

其实，进行不正当的数据挖掘以获得理想的最终回归方程的统计结果，是一种潜在的不道德的实证研究方式。无论这种不当的数据挖掘应用于估计一个方程，还是估计一组方程，或者采用类似逐步回归⊜的方法，结论都是一样的。由数据挖掘发展起来的假设总是应该保证使用不同于产生该假设的数据集进行检验。否则，研究者就不能找到证据来支持该假设；甚至完全用一种错误的方法来选择模型设定。就像一个计量经济学家所说，"如果对数据进行长时间的严刑拷打，它们也会屈打成招"⊜。

⊖ 对本方法更精彩的表述参见 Lawrence H. Summer，"The Scientific Illusion in Empirical Macroeconmics"，*Scandinavian Journal of Economics*，Vol. 93，No. 2，pp. 129-148。

⊜ 逐步回归法指，使用自动化计算机程序来选择方程中的解释变量。研究者列出一个可能的解释变量"清单"，然后用计算机估计一系列方程直到找到一个使调整的 $\overline{R}^2$ 最大化的方程。这种逐步回归技术在面对多重共线性时存在不足（将会在第 8 章中讨论），它会使所选的设定缺乏理论支持或者会出现参数符号与预期相反的情况。由于这些缺陷，计量经济学家避免使用逐步回归法。

⊜ Thomas Mayer. "Economics as a Hard Science：Realistic Goal or Wishful Thinking?" *Economic Inquiry*，Vol. 18，No. 2，pp. 175（该观点也使他获得诺贝尔奖）。

6.4.5　敏感性分析

前面自始至终都提倡读者尽可能减少模型设定的个数，以此来避免仅仅依据拟合优度选择模型设定。如果阅读过最近的经济学文献，就很容易找到一些著名学者发表的论文，他们估计了五个或更多的模型，并且在学术期刊上列出所有模型的估计结果。

几乎每一篇这样的论文中，作者都采用了一种叫作敏感性分析的方法。**敏感性分析**（sensitivity analysis）指通过有目的地对一些备选模型设定进行回归，来决定某一特定结果是否具有稳健性（不是出于统计上的偶然性）。究其本质，敏感性分析是试图确定一个潜在"最优"方程对其设定的变化是否敏感，因为最优的设定是未知的。采用敏感性分析的研究者，由于回归（并报告了）一系列合理的不同模型设定形式，所以，可以不用考虑在一些设定中显著而在另一些设定中不显著的结果。事实上，敏感性分析的目的就在于使研究者相信，一个特定的结果对于各种模型设定、函数形式、变量定义以及数据的子集都是显著的。

6.5　选择解释变量的实例

本节介绍一些关于如何选择解释变量的方法。毕竟，到目前为止，所提到的每个方程设定都已经确定了，而一旦完成本课程的学习，你就要独立做出所有这些模型的设定。在以后的章节中，我们会使用一种叫作"互动回归学习练习"的方法，进行实际的模型设定选择，并进行相应的反馈。首先，共同完成一个模型设定。

为使问题尽量简化，从贴近生活的成绩绩点这一话题开始。假设一个朋友参加了人文学院的一个小型调查。通过调查计量经济学班里全部 25 名同学，获得了下述变量的数据。这位朋友请你帮忙来做一个模型设定的选择，各变量的含义是：GPA_i代表第 i 个学生大学时期的平均学分基点，4 分制；$HGPA_i$代表第 i 个学生高中时期的平均学分基点，4 分制；$MSAT_i$代表第 i 个学生在 SAT 测试中数学部分获得的最高分（满分 800）；$VSAT_i$代表第 i 个学生在 SAT 测试中口语部分获得的最高分（满分 800）；SAT_i代表 $MSAT_i + VSAT_i$；$GREK_i$代表第 i 个学生是不是兄弟联谊会或妇女联合会的成员，为虚拟变量，如果是为 1，否则为 0；HRS_i代表第 i 个学生大学期间每周花在每门课程上的平均时间（单位：小时）；$PRIV_i$代表第 i 个学生是否毕业于私立高中，为虚拟变量，如果是为 1，否则为 0；$JOCK_i$代表第 i 个学生是不是现在或曾经至少有一季度是体育代表队运动员，为虚拟变量，如果是为 1，否则为 0；$\ln EX_i$代表第 i 个学生在大学期间已经完成的所有课程数，取自然对数。

假设 GPA_i是被解释变量，那么，应选哪些解释变量呢？在回答这个问题之前，要仔细想想可能出现的情况。关于这个问题的文献告诉了我们什么？（有没有这样的文献？）每个参数的预期符号是什么？每个变量背后的理论支持有多强？哪些变量看起来显然是很重要的？哪些变量可能是不相关或者是应被排除的？有没有其他变量，你希望朋友把它们收集进来？

要尽可能讲清楚这个例子，必须花些时间记录进行如下模型设定的准确步骤。
$$GPA_i = f(?,?,?,?,?) + \varepsilon$$
对大多数计量经济学的初学者而言，难免想要把所有这些变量都加入 GPA 方程，然后再依据 t 统计量是否显著剔除一些变量。上一节提到这样的设定搜索步骤会造成参数估计值的偏误，但大多数初学者并不相信自己的判断，因此，往往有加入过多变量的倾向。牢记这一警告，你是否应对自己之前提出的设定做些修改呢？

如果不做修改，那就对不同的模型设定进行比较。由于分数是一个学生学习能力、刻苦程度以及学习大学课程经验的函数。则模型设定为：

$$GPA_i = \beta_0 + \overset{+}{\beta_1} HGPA_i + \overset{+}{\beta_2} HRS_i + \overset{+}{\beta_3} \ln EX_i + \varepsilon_i$$

但你也许会有下面的疑问，SAT_i 对分数没有影响吗？每个人都知道它很重要。还有 $JOCK$ 和 $GREK$ 呢？难道他们的 GPA 就更低？难道私立学校的学生不比公立学校的学生更刻苦、更优秀吗？

回答这些问题之前，必须注意模型设定是选择哪些变量应该加入方程，而不是哪些变量应当被排除在方程之外。也就是说，不能仅仅因为没有一个好的理由将一个给定变量排除，而假定这个变量应该包含在方程中。

既然这样，为什么选择了以上这些变量呢？首先，一个学生大学时期 GPA 最好的参照是他高中时期的 GPA。一旦你知道了 $HGPA$，SAT 就应当被排除，至少在人文学院⊖是这样的，因为他们很少有多项选择考试。此外，SAT 测试中可能会有种族和性别的偏见，使得用它作为学术潜能的度量可能会有不妥。但须承认的是，在这个问题上，我们的判断可能是错误的。

对于其他变量的选择，相比较而言，会更有把握。例如，一旦知道了一个学生每周花在学习上的小时数，就不可能不关注他剩余时间内做的事情。因此，在已经包含 HRS 的情况下，$JOCK$ 和 $GREK$ 是多余的。此外，$\ln EX$ 越高，学生的学习习惯越好，并且更有可能在主修课程时去上课。最后，尽管承认有些私立中学的同学很出色，而一些公立高中的学生没有那么出色，但猜测 $PRIV$ 是无关变量，或许可能只有很小的影响。

如果我们用 25 个学生的数据来估计该设定的模型，则得到方程：

$$\widehat{GPA}_i = -0.26 + 0.49 HGPA_i + 0.06 HRS_i + 0.41 \ln EX_i \qquad (6\text{-}18)$$
$$\qquad\qquad (0.21) \qquad\quad (0.02) \qquad\quad (0.14)$$
$$\qquad\quad t = 2.33 \qquad\qquad 3.00 \qquad\qquad 3.00$$
$$\qquad N = 25 \qquad \overline{R}^2 = 0.585$$

由于在理论上我们倾向于这一设定形式，且其总体的拟合优度是合理的，另外，方程中的每个参数的符号、大小和显著性都与预期相同，因此，认为这个方程是能够接受的。唯一需要进行第二次模型设定的条件是：如果有理论依据认为遗漏了一个相关变量。唯一符合这一描述的变量是 SAT_i（其中，我们倾向于单独使用 $MASAT$ 和 $VSAT$）：

$$\widehat{GPA}_i = -0.92 + 0.47 HGPA_i + 0.05 HRS_i + 0.44 \ln EX_i + 0.000\,60 SAT_i \qquad (6\text{-}19)$$
$$\qquad\qquad (0.22) \qquad\quad (0.02) \qquad\quad (0.14) \qquad\qquad (0.000\,64)$$
$$\qquad\quad t = 2.12 \qquad\qquad 2.50 \qquad\qquad 3.12 \qquad\qquad 0.93$$
$$\qquad\qquad N = 25 \qquad \overline{R}^2 = 0.583$$

⊖　In contrast，SATs tend to have a statistically significant effect on GPAs at large research universities. For example，see Andrew Barkley and Jerry Forst，"The Determinants of First-Year Academic Performance in the College of Agriculture at Kansas State University，1990-1999," *Journal of Agricultural and Applied Economics*，Vol. 36，No 2，pp. 437-448.

用四个设定准则来比较方程（6-18）和方程（6-19）：

（1）理论：正如前面讨论过的，SAT 测试的理论有效性存在学术争议，但是，在衡量学术潜能时，它仍然是采用最多的标准之一。

（2）t 检验：与预期一致，SAT 的参数为正，但并不是显著异于零。

（3）调整的判定系数 $\overline{R}^2$：与预期一致（因为 SAT 的 t 统计量小于 1），当方程中加入 SAT 时，调整的判定系数 $\overline{R}^2$ 略有下降。

（4）偏误：当加入 SAT 后，斜率参数的估计值均没有发生显著变化，尽管由于 SAT 的加入导致 $\text{SE}(\hat{\beta})$ 增大，从而使得 t 统计量发生变化。

因此，统计准则支持在理论上 SAT 是无关变量的观点。

最后，应当注意到，就同一问题，不同的研究者可能会提出不同的最终方程。如果一个研究者的先验预期是 SAT 属于该方程，则他会估计方程（6-19），接受该方程的估计，而不会在方程（6-18）上花费精力。另外一些研究者，致力于敏感性分析，则会把两个方程都报告出来。

⋮⋮⋮ 6.6 小结

（1）由于遗漏变量在某种程度上都与已包含变量之间有相关性，因此，遗漏变量会导致方程中剩余变量的参数估计值产生偏误。

（2）由遗漏变量所引起的偏误等于遗漏变量的参数乘以已包含变量和未包含变量的简单相关系数的函数。

（3）方程中包含一个真正的不相干变量并不会引起偏误，但会增加已包含变量参数估计值的方差，因此会使 t 统计量和调整的判定系数 $\overline{R}^2$ 都降低。

（4）方程中包含一个变量的四个有用准则：

a. 理论

b. t 检验

c. 调整的判定系数 $\overline{R}^2$

d. 偏误

（5）回归方程中包含一个变量的最重要的准则是理论，而不是统计上的显著性，否则存在产生错误或不可信结果的风险。

习题

(偶数序号的习题答案见附录 A)

1 不查阅书本（或笔记），给出下列术语的定义，然后与书本上的相比较。

    a. 预期偏误   b. 不相干变量   c. 遗漏变量   d. 遗漏变量偏误

    e. 敏感性分析   f. 按顺序设定搜索   g. 设定偏误   h. 四个设定准则

2 假设你受雇于一家新成立的印度尼西亚汽车制造公司 "Indo"。为帮助公司确定其在美国销售汽车的削价水平，需要建立一个美国汽车销售价格的模型。你建立了一个包含 35 种不同款式的 2004 年美国产汽车的价格模型（括号内的数值为标准差）：

模型 A：

$$\hat{P}_i = 3.0 + 0.28W_i + 1.2T_i + 5.8C_i + 0.19L_i$$

$$(0.07) \quad (0.4) \quad (2.9) \quad (0.20)$$

$$\overline{R}^2 = 0.92$$

式中，$\hat{P}_i$ 代表第 i 款汽车的价格（单位：千美元）；W_i 代表第 i 款汽车的质量（单位：百磅）；T_i 代表第 i 款汽车是否可自动驾驶，为虚拟变量，如果是为 1，否则为 0；C_i 代表第 i 款汽车是不是带有 GPS 定位装置，为虚拟变量，如果带有为 1，否则为 0；L_i 代表第 i 款汽车发动机的排量大小（单位：升）。

a. 你所在公司的价格专家假设模型 A 中所有参数的符号均为正。在 5% 的显著性水平下，对她的预期进行检验。

b. 模型 A 中存在什么样的计量经济学问题？特别是，C 的参数大小是否引起了你的注意？为什么？问题出在哪里？

c. 你决定将 L 剔出方程，再对方程进行回归，以此来检验 L 是不相干变量的可能性，得到模型 T。你更倾向于哪个模型？为什么？（提示：请确保你使用了四个设定准则。）

模型 T：

$$\hat{P}_i = 18 + 0.29W_i + 1.2T_i + 5.9C_i$$

$$(0.07) \quad (0.30) \quad (2.9)$$

$$\overline{R}^2 = 0.93$$

3 考察由于冠心病导致的美国每年每百万人死亡率（$\hat{Y}_i$）的模型：

$$\hat{Y} = 140 + 10.0C_t + 4.0E_t - 1.0M_t$$

$$(2.5) \quad (1.0) \quad (2.9)$$

$$t = 4.0 \quad 4.0 \quad -2.0$$

$$N = 31(样本区间:1975 \sim 2005 \ 年) \quad \overline{R}^2 = 0.678$$

式中，C_t 代表第 t 年的人均香烟消费量（单位：磅）；E_t 代表第 t 年的人均饱和脂肪消费量（单位：磅）；M_t 代表第 t 年的人均猪肉消费量（单位：磅）。

a. 建立一个适当的假设，并在 10% 的显著性水平下对其进行检验。如果 M 的参数估计值是错误的，会有什么影响？

b. 最可能导致参数偏离预期方向的因素就是遗漏变量的偏误。下列哪个变量可能是 $\hat{\beta}_M$ 的符号偏离预期方向的遗漏变量？请解释原因。（提示：在你的解释中要对预期偏误进行分析。）

B_t 代表第 t 年的人均烈性酒消费量（单位：加仑$^{\ominus}$）；F_t 代表第 t 年消费的肉制品中的平均脂肪含量的百分比；W_t 代表第 t 年葡萄酒和啤酒的消费量（单位：加仑）；R_t 代表第 t 年人均跑步的英里数；H_t 代表第 t 年人均进行心脏手术的次数；O_t 代表第 t 年的人均燕麦食用量。

c. 如果你需要选出一个 b 中未列出的变量，并把它加入方程，这个变量是什么？请解释原因。

4 对下面的各种情形，判断由遗漏变量所引起的期望偏误的符号（如果可能的话，判断其可能的值）：

a. 在关于花生黄油的需求方程中，遗漏花生黄油的价格变量对可支配收入的参数的估计值产生的影响。（提示：从假设符号入手。）

$\ominus$　1 加仑（美）$= 3.785 \ 412$ 升；1 加仑（英）$= 4.546 \ 092$ 升。

b. 在关于工人收入的方程中，遗漏年龄变量对经验的参数估计值产生的影响。

c. 在关于飞机的生产函数中，遗漏资本变量对劳动量的参数估计值产生的影响。

d. 在露天音乐会每日参加人数的方程中，遗漏变量（音乐会开始后人们才来的概率）对周末虚拟变量（周末时为 1）参数的影响。

5 回到第 2.2 节中提到的人文学院的助学金模型。在该节中，估计了如下方程（括号内的数值为标准差）：

$$\widehat{FINAID}_i = 8\,927 - 0.36 PAENT_i + 87.4 HSRANK_i \tag{6-20}$$
$$(0.03) \qquad (20.7)$$
$$t = \qquad -11.26 \qquad 4.22$$
$$\overline{R}^2 = 0.73 \qquad N = 50$$

式中，$FINAID_i$ 代表第 i 位学生获得的助学金（单位：美元/年）；$PAENT_i$ 代表第 i 个学生能够由家长提供的学费（单位：美元/年）；$HSRANK_i$ 代表第 i 个学生在高中的 GPA 等级分，以比例计算（由低到高，从 0 排至 100）。

a. 建立关于解释变量参数的假设，并进行检验。

b. 在方程中，存在哪些计量经济学问题？有无遗漏变量和无关变量？请解释原因。

c. 假设有人反映，学校的助学金在性别方面不公平，因此，决定加入性别这个定性变量，它为虚拟变量，命名为 MALE（如果第 i 位同学为男性，则 $MALE_i=1$；否则为 0）。检验一下这一观点。得到的回归方程为：

$$\widehat{FINAID}_i = 9\,813 - 0.34 PAENT_i + 83.3 HSRANK_i - 1\,570 MALE_i \tag{6-21}$$
$$(0.03) \qquad (20.1) \qquad (784)$$
$$t = \qquad -10.88 \qquad 4.13 \qquad -2.00$$
$$\overline{R}^2 = 0.75 \qquad N = 50$$

d. 详细解释 MALE 的参数估计值的实际意义。

e. 方程（6-22）和方程（6-23）哪个更好？用四个设定准则来进行判断，要能够阐述每条准则支持的是哪一个方程，为什么。

6 为了确定性别或者种族是否对一个孩子的经济理解力的测试成绩有显著影响，可以做一个回归。[⊖] 将第 i 个同学在基础经济学知识测试上的得分（S_i）看作第 i 个学生基本能力测试的合成分数、性别虚拟变量（如果第 i 个学生为女生则为 1，否则为 0）、第 i 个学生父母的平均受教育年限和种族虚拟变量（如果第 i 个学生为白人则为 1，否则为 0）的函数。不幸的是，一场暴风雨冲毁了计算机中心，使计算机输出的各个变量无法分辨，只知道回归估计方程（括号内的数值为标准差）为：

$$\hat{S}_i = 5.7 - 0.63 X_{1i} - 0.22 X_{2i} + 0.16 X_{3i} + 1.20 X_{4i}$$
$$(0.63) \quad (0.88) \quad (0.08) \quad (0.10)$$
$$N = 24 \qquad \overline{R}^2 = 0.54$$

a. 确定各个结果分别对应的是哪个变量，请具体说明。

b. 解释问题 a 中得出的答案。

⊖ 为了使这些结果符合该问题的需要，这里对其做了轻微的改动，但这一研究已经做过了。参见 Stephen Buckle and Vera Freeman, "Male-Female Difference in the Stock and Flow of Economic Knowledge", *Review of Economics and Statistics*, Vol, 65, No. 2, pp. 355-357.

c. 假设你的答案是正确的，建立合适的假设，并在 5% 的显著性水平下进行假设检验，得出该样本中种族和性别对测试分数产生何种影响。

d. 在问题 c 中，使用的检验是单侧检验还是双侧检验？为什么？

7 回到习题 3-7 和习题 5-8 关于 iPod 在 eBay 上销售价格的模型。在该模型中，使用数据文件 iPod3 来估计，得到估计方程：

$$\widehat{PRICE}_i = 109.24 + 54.99NEW_i - 20.44SCRATCH_i + 0.73BIDRS_i \qquad (6\text{-}22)$$
$$\qquad\qquad\qquad\qquad (5.34) \qquad\quad (5.11) \qquad\qquad\quad (0.59)$$
$$t = \qquad\qquad\quad 10.28 \qquad\quad -4.00 \qquad\qquad\quad 1.23$$
$$N = 215$$

式中，$PRICE_i$ 代表第 i 个 iPod 在 eBay 上的销售价格；NEW_i 代表第 i 个 iPod 是不是新的，为虚拟变量，如果是新的为 1，否则为 0；$SCRATCH_i$ 代表第 i 个 iPod 表面上是否有微小的瑕疵，为虚拟变量，如果有为 1，否则为 0；$BIDRS_i$ 代表对第 i 个 iPod 报价的人数。

数据集中还包括一个变量（$PERCENT_i$），这个变量用来度量第 i 款 iPod 的卖家所获得的顾客对其产品质量和信誉好评的百分比。[1] 理论上，卖家的等级越高，潜在的竞价者就越信任该卖家，也就更有可能出价购买。如果将 $PERCENT$ 加入方程，得到新的估计方程：

$$\widehat{PRICE}_i = 82.67 + 55.42NEW_i - 20.95SCRATCH_i + 0.63BIDRS_i + 0.28PERCENT_i$$
$$\qquad\qquad\qquad (5.34) \qquad\quad (5.12) \qquad\qquad\quad (0.59) \qquad\qquad (0.20)$$
$$t = \qquad\qquad 10.38 \qquad\quad -4.10 \qquad\qquad\quad 1.07 \qquad\qquad\quad 1.40$$
$$N = 215 \qquad\qquad\qquad\qquad\qquad\qquad (6\text{-}23)$$

a. 用四个设定准则来判断 $PERCENT$ 是否属于该方程，请具体说明。（提示：虽然调整的判定系数 $\overline{R}^2$ 没有给出，但是能够判断出哪个方程的 $\overline{R}^2$ 要高。）

b. $PERCENT$ 是否能够准确地度量卖家的品质和信誉？为什么？（提示：考虑，如果一个卖家的过往交易量很少的情况。）

c. 采用来自数据文件名为 iPod3 的数据，使用 EViews，Stata 或者你自己的回归程序，估计包含 $PERCENT$ 和不包含 $PERCENT$ 的方程。两个模型的调整的判定系数 $\overline{R}^2$ 如何？在问题 a 中你是否正确地判断出了哪个方程的 $\overline{R}^2$ 更高？（选做）

8 回到第 5 章的习题 9，关于药品的国际价格歧视的方程。在该横截面研究中，舒特和范贝赫艾克估计了除练习中引用过的方程以外的另外两个方程。[2] 这两个方程检验了 CV_i 和 N_i 两个变量包含在原始方程中的可能性。CV_i 表示在第 i 个国家药品的总消费量；N_i 表示第 i 个国家的总人口。如方程（5-15）所示：

$$\hat{P}_i = 38.22 + 1.43GDPN_i - 0.6CVN_i + 7.31PP_i - 15.63DPC_i - 11.38IPC_i \quad (5\text{-}15)$$
$$\qquad\qquad (0.21) \qquad\quad (0.22) \qquad\quad (6.12) \qquad\quad (6.93) \qquad\qquad (7.16)$$
$$t = \qquad\quad 6.69 \qquad\quad -2.66 \qquad\quad 1.19 \qquad\quad -2.25 \qquad\qquad -1.59$$
$$N = 32 \qquad \overline{R}^2 = 0.775$$

式中，P_i 代表第 i 个国家与美国相比的相对药品价格水平；$GDPN_i$ 代表第 i 个国家相对于美国

---

[1] 要对该数据集和该变量能够有更多的了解，请参看 Leonardo Rezende，"Econometrices of Americans by Least Squares," *Journal of Applied Econometrics*，November/December 2008，pp. 925-948.

[2] Frederick T. Schut and Peter A. G. VanBergeijk，"International Price Discrimination：The Pharmaceutical Industry"，*World Development*，Vol. 14，No. 9，pp. 1141-1150.

的人均国内生产总值；CVN_i代表第i个国家相对于美国的人均药品消费量；PP_i代表医药产品的专利在第i个国家是否得到认证，为虚拟变量，如果得到认证为1，否则为0；DPC_i代表第i个国家是否实施严格的价格管制，为虚拟变量，如果实施严格管制为1，否则为0；PC_i代表第i个国家是否鼓励价格竞争，为虚拟变量，如果鼓励为1，否则为0。

a. 使用 EViews，Stata（或者你自己的计算机程序），以及数据文件 DRUG5（或者表5-2）来估计：

　ⅰ. 加入CV_i后的方程；

　ⅱ. 加入N_i后的方程。

b. 运用四个设定准则来判断CV_i和N_i是不相干变量还是遗漏变量。（提示：作者预期由于规模效应和竞争增强，随着市场份额的扩大价格可能会降低。）

c. 为什么作者没有同时把CV_i和N_i加入方程（5-15）来进行回归？（提示：如果你能够独立估计该方程，不需要回答本问题。）

d. 为什么在作者认为方程（5-15）是最优方程时仍然报告了三种设定形式？

附录 6A　其他设定准则

到目前为止，本章已经提出了选择解释变量的四个准则（经济理论、调整的判定系数$\overline{R}^2$、t检验以及参数估计值可能出现的偏误）。但有些时候，因这些准则不能提供足够的信息，使研究者无法确信一个给定模型设定是不是最优的。例如，可能存在两个不同的设定，同时都具有很好的理论基础。这种情况下，许多计量经济学家会选用另外一些更为正式的设定准则来比较各个备选方程。

但并非使用正式的设定准则就万无一失。首先，无论怎样解释，都没有一个检测能够"证明"一个特定的设定就是真实的模型。因此，设定准则的使用必须兼顾合理的经济原理和常识。第二个问题是，计量经济学家先后提出过 20 多个准则，怎样决定该使用哪一个或几个呢？因为很多准则都是相互重叠的，或者复杂程度不同，因此，在这些备选准则间做出选择取决于个人偏好。

在本部分，将讲述三种最常用的设定准则：拉姆齐的 RESET 检验、Akaike 信息准则以及 Bayesian 信息准则。对这些准则进行介绍并不意味着其他检验准则都不合适或者没有用。事实上，读者会发现大多数其他的正规设定准则都至少与我们介绍的其中一种准则有共同之处。因此，一旦掌握了这些准则，也就能够更好地使用和理解其他正规设定准则[⊖]。

6A.1　拉姆齐回归设定偏误检验（RESET）

除了调整的判定系数$\overline{R}^2$之外，拉姆齐回归设定偏误检验（RESET）是最常用的正规设定准则之一。[⊖]

拉姆齐 RESET 检验（Ramsey RESET test）是一种一般性检验，通过测度一个给定方程的拟合优度是否能够随着$\hat{Y}^2$，$\hat{Y}^3$，$\hat{Y}^4$ 的加入而得到提高，以此来决定遗漏变量或者某一其他设定偏误存在的可能性。

⊖　例如，似然比检验可以看作一种设定检验。想了解其他六种设定准则的概括性介绍请参看 Ramu Ramanathan 的 *Introductory Econometrics*（Fort Worth：Harcourt Brace Jovanovich，1998，PP. 164-166）。

⊖　J. B. Ramsey，"Tests for Specification Errors in Classical Linear Squares Regression Analysis"，*Journal of the Royal Statistial Society*，Vol. 31，No. 2 pp. 350-371。

RESET 检验的思想是什么？附加项代表的是任何可能的（或未知的）遗漏变量或者错误函数形式的替代项。如果加入替代变量后，F 检验的结果显示方程的整体拟合优度得到了提高，则可以证明方程中存在某种设定偏误。$\hat{Y}^2$，$\hat{Y}^3$，$\hat{Y}^4$，形成了一个多项式函数形式，这种多项式是很有用的曲线拟合工具，这种工具在方程存在设定偏误时，可以作为设定偏误的良好的替代项。如果不存在设定偏误，则预期附加项的参数通不过显著性检验，因为没有内容可以替代。

拉姆齐 RESET 检验有三步：

（1）用普通最小二乘法估计待检验方程：

$$\hat{Y}_i = \hat{\beta}_0 + \hat{\beta}_1 X_{1i} + \hat{\beta}_2 X_{2i} \tag{6-24}$$

（2）从方程（6-24）中得到 $\hat{Y}_i$ 的值，形成 $\hat{Y}^2$，$\hat{Y}^3$，$\hat{Y}^4$，并把这些项作为增加的解释变量纳入方程（6-24）中，然后，使用普通最小二乘法估计新方程：

$$Y_i = \beta_0 + \beta_1 X_{1i} + \beta_2 X_{2i} + \beta_3 \hat{Y}^2 + \beta_4 \hat{Y}^3 + \beta_5 \hat{Y}^3 + \varepsilon_i \tag{6-25}$$

（3）用 F 检验比较方程（6-24）和方程（6-25）的拟合优度。特别要检验新增三个变量的参数估计值。

$$H_0 : \beta_3 = \beta_4 = \beta_5 = 0$$
$$H_A : 其他$$

如果两个方程的整体拟合优度显著不同，则可以得出方程（6-24）很可能出现设定偏误的结论。

使用在第 5.6 节提到的 F 统计量：

$$F = \frac{(RSS_M - RSS)/M}{RSS/(N-K-1)} \tag{5-10}$$

式中，RSS_M 是受约束方程［方程（6-24）］的残差平方和，RSS 是无约束方程[○][方程（6-25）]的残差平方和。M 是受约束个数（3），$(N-K-1)$ 是未约束方程的自由度。

如果 F 统计量的值大于在受约束个数为 M、自由度为 $N-K-1$ 条件下的 F 临界值，就拒绝原假设，同时认为在方程（6-24）中存在设定偏误。包括 Stata 在内的许多计量软件都已经设为自动执行方程（6-25）并通过方程（5-10）计算 F 统计量。

尽管拉姆齐 RESET 检验用起来十分简单，但当方程中可能存在一种主要的设定偏误时，它也只能作为一种信号。如果遇到一个显著的拉姆齐 RESET 检验结果，则会面临一个艰巨的任务，即确定是什么错误！因此，这一检验通常更适用于帮助研究者判断一个给定模型是否存在设定偏误，而不是用来帮助他找出一个未被发现的设定偏误！[○]

6A.2　赤池信息准则和贝叶斯信息准则

第二种正式的设定回归准则涉及对残差平方和的调整，这种调整是通过一个要素或另一要素建立一个衡量方程拟合优度的指数。这种类型的准则中最常用的是调整的判定系数 $\overline{R}^2$，但也存在

○ 由于三个 $\hat{Y}$ 值之间的明显相关性，方程（6-25）（大多数 RESET 方程）有严重的多重共线性。因此 RESET 方程的目的是观察加入被遗漏变量（或者其他设定偏误）的替代变量后方程的整体拟合优度是否提高，这里严重的多重共线性不会带来影响。

○ 本章中所描述的拉姆齐 RESET 的特殊形式仅仅是检验中众多可能的公式化表达中的一种。例如，一些研究者删去方程（6-25）中的 $\hat{Y}^4$。目前，计量经济学家对于 RESET 的研究渐渐有了不同的方向。Jeff Wooldridge 在 G. S. Maddala，P. C. B. Phillips 的 Score Diagnostics for Linear Models Estimated by Two Stage Least Squares 和 T. N. Srinivasan（eds.）的 *Advances in Econometrics and Quantitative Economics*（Oxford：Blackwell，1995），pp. 66-87 提到，RESET 主要是个基础形式的检验。然而，许多应用经济学家依然将 RESET 运用在众多模型设定检验中，有些甚至使用 RESET 来区分纯和不纯的序列相关和异方差性（将在第 9 章和第 10 章进行讨论）。

很多有趣的其他准则。

赤池信息准则（Akaike's Information Criterion，AIC）和**贝叶斯信息准则**（Bayesian Information Criterion，BIC）通过使用样本数（N）以及解释变量数（K）来调整 RSS，并与备选设定进行比较的方法。[⊖]当试图判断由于增加一个解释变量而带来的拟合优度的提高是否抵消了因增加解释变量导致的自由度减少和模型复杂程度的增加时，这些准则可以用于扩展四个基础设定准则。它们的方程为：

$$AIC = \mathrm{Log}\left(\frac{RSS}{N}\right) + \frac{2(K+1)}{N} \tag{6-26}$$

$$BIC = \mathrm{Log}\left(\frac{RSS}{N}\right) + \frac{\mathrm{Log}(N)(K+1)}{N} \tag{6-27}$$

在实际中，AIC 和 BIC 的值都将由 Stata 等回归软件自动计算得出。

为了使用 AIC 和 BIC，估计两个备选设定并计算每个方程的 AIC 和 BIC。AIC 和 BIC 的值越低，模型设定越好。注意，尽管这两个准则是两位学者独立提出的，分别用于最大化不同的目标函数，但它们的方程却很相似。这两个准则相对于调整的判定系数 $\overline{R}^2$ 而言，都倾向于对方程中加入额外变量给予更严厉的惩罚。所以，通常使得 AIC 和 BIC 最小化的方程所含的解释变量个数，比最大化调整的判定系数 $\overline{R}^2$ 的方程要少[⊖]。

AIC 和 BIC 要求研究者提出一种特殊的备选设定形式，而拉姆齐 RESET 检验却不需要。这一区别使得 RESET 检验更容易使用，但如果要找出设定偏误，AIC 和 BIC 则能够提供更多信息。因此，这些附加的设定准则适用于不同的目标。RESET 检验适用于检验模型是否存在设定偏误，而 AIC 和 BIC 则可作为比较两种或两种以上备选设定模型的有用工具。

⊖　Hirotogu Akaike, "Likelihood of a Model and Information Criteria", *Journal of Econometrics*, vol, 16, No. 1, pp. 3-14. G. Schwarz, "Estimating the Dimension of a Model", *The Annals of Statistics*, Vol, 6, pp. 461-464. 方程（6-26）和方程（6-27）中使用的 AIC 和 BIC 的定义与 Stata 使用的版本略有不同，但根据不同的版本一一对应，可以得出完全相同的结论。

⊖　运用蒙特卡罗研究，Judge et al. 表明（在特定简化的假设下）一个用最大化 $\overline{R}^2$ 选出的设定有超过 50％的可能包含一个不相干变量，这比通过最小化 AIC 和 BIC 选出的设定的不准确性要大。请看 George C. Judge, R. Carter Hill, W. E. Griffiths, Helmut Lutkepohl, Tsoung-Chao Lee, *Introduction to the Theory and Practice of Econometrics*（New York：Wiley, 1988），pp. 849-850. 同时，最小化 AIC 或者 BIC 与最大化调整的判定系数 R^2 相比，更有可能遗漏一个相关变量。

第 7 章

模型设定：函数形式的选择

即使在选定解释变量之后，方程也并没有完全确定下来。接下来，需要选择能够反映每个解释变量与被解释变量之间关系的函数形式。方程经过原点吗？函数图像是（呈现）曲线而不是直线吗？某个解释变量的影响是否会在某一点达到最大之后，又开始下降？通过对上述这些问题的思考可以看出：在某些情况下，不选择前面章节中提到的标准线性模型或许更恰当。这些其他的设定形式之所以重要，有两个原因：一，如果选择了不准确的函数形式，那么，一个正确的解释变量就可能是不显著的，或者会有一个与预期不符的符号；二，如果选择了一个不正确的函数形式来解释和预测变量，就可能会带来非常严重的后果。

理论基础通常决定回归模型的形式。选择模型的基本方法是：决定函数形式，也就是说，选择最能解释预期的隐含经济理论或者是商业理论的曲线形状，能够形成这种形状曲线的数学形式就是要选择的函数形式。为了帮助选择，本章具体介绍最常用的函数形式和相应的数学方程。

本章的内容从常数项的简单讨论开始。值得注意的是，即使理论上不需要，常数项也应该保留在方程中，但是不能对常数项的估计值进行推理或分析。在本章的结尾部分，将讨论虚拟变量。

7.1 常数项的应用和解释

在线性回归模型中，β_0 是截距或是常数项，也就是当所有的解释变量（以及误差项）都等于零时 Y 的期望值。β_0 的估计值至少包括三个部分：

（1）β_0 的真实值。

（2）任何设定误差的固定影响（例如，遗漏了的变量）。

（3）设定正确的方程中的 ε 的期望值（如果 ε 不等于零）。

遗憾的是，我们只能观察这三个组成部分的总和 $\hat{\beta}_0$，而不能对这三个部分加以区分，因此，对 $\hat{\beta}_0$ 的分析将不同于对方程中其他参数的分析。⊖

⊖ 如果 β_0 中的第二部分和第三部分相对于第一部分而言较小的话，那么这种差异将会消失。见 R. C. Allen and J. H. Stone, "Textbook Neglect of the Constant Coefficient," *The Journal of Economic*，Fall 2005，pp. 379-384.

有些时候，β_0 在理论上是非常重要的。例如，考虑如下的成本方程：

$$C_i = \beta_0 + \beta_1 Q_i + \varepsilon_i$$

在这个方程中，C_i 表示生产产量为 Q_i 的产品所需要的总成本。$\beta_1 Q_i$ 表示在 Q_i 的产量水平下的总可变成本，β_0 表示总固定成本，也就是 $Q_i = 0$ 时的成本。因此，对研究者而言，在确定固定成本和可变成本相对重要性的时候，回归方程似乎是非常有用的。这就是依赖常数项进行推理的例子。

另一方面，某些产品的生产很可能需要很少甚至不需要固定成本。在这种情况下，研究者或许想要剔除常数项。这种做法刚好与零固定成本的概念相一致，并且能节约 1 个自由度（这将会使得 β_1 的估计值更准确）。这就是剔除常数项的例子。

然而，无论是剔除常数项或者是对常数项进行推理都是不可取的，以下部分将会对这个结论进行解释。

7.1.1　不能剔除常数项

在大多数情况下，剔除常数项将会违背古典假设。这是因为古典假设 Ⅱ（误差项的期望值为 0）非常罕见。如果省略了常数项，常数的影响将会被强行加入到其他参数的估计值中，从而造成潜在的偏误。这一点在图 7-1 中可以很好地体现。给定 X 和 Y 观测值的图形，估计一个有常数项的回归方程。这样得到的方程的回归直线将会与真实的回归直线非常相似，其中，回归直线包含一个非零的常数项 β_0。估计直线的斜率非常小，对应的 t 统计量可能非常接近于零。

然而，如果研究者想要剔除常数项，那么，估计得到的回归直线一定经过原点，从而得到图 7-1 中的另一条回归直线。该直线的斜率比真实的斜率大，对应的 t 统计量也偏大，而且这个 t 统计量很可能充分大，足以说明斜率的在统计上是显著为正的。但是，这个结论却是不正确的。

因此，即使有些回归软件包允许剔除常数项（将常数项设为 0），但原则上，即使理论上要求剔除常数项，也不能这么做。

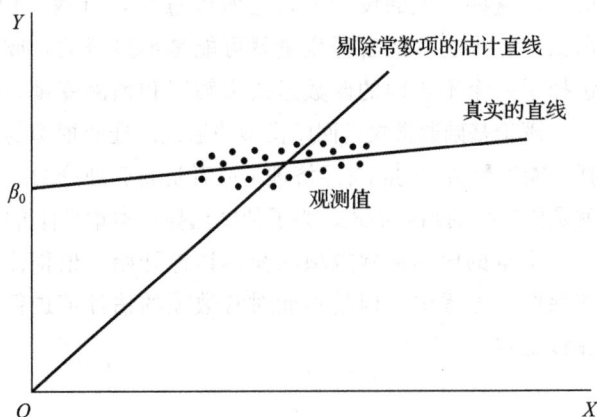

图 7-1　剔除常数项的负面影响

注：如果常数项（或是截距）被剔除了，估计的回归直线将经过原点。这将会造成 β_0 的潜在偏误，并且会使得它们的 t 统计值增大。在这个例子中，真实的回归直线斜率接近于零，但是强行使回归直线经过原点将会使斜率变得非常大。

7.1.2　不能信赖常数项的估计值

既然剔除常数项是不可取的，那么，在评价回归结果时，常数项似乎是一个很重要的分析工具。但是至少有两个原因可以说明对常数项的估计值进行推理和分析也是行不通的。

第一，误差项的产生，部分原因是省略了大量的微不足道的（边缘）解释变量。这些变量的综合影响将被反映在常数项中。常数项就像一个垃圾箱，集合了很多变量的综合影响。如果不省略这些变量，常数项的估计值很可能会不同，这是为整个方程服务的。这样一来，

对 $\hat{\beta}_0$ 进行 t 检验是毫无意义的。

第二，常数项的值就是解释变量和误差项都为 0 时被解释变量的值。然而，经济分析中的变量通常都是正的，因此，原点通常都在样本观测值的范围之外（如图 7-1 所示）。既然常数项是被解释变量 Y 在其解释变量 X 都处于观测值范围外时的估计值，那么对常数项的估计其实是没有意义的。

7.2 备选函数形式

函数形式的选择是方程设定中至关重要的一部分。在讨论这些函数形式之前，首先要区分变量是线性的方程和参数是线性的方程。

对于**变量是线性**（linear in the variables）的方程而言，根据 X 和 Y 的值描绘出来的函数图像是一条直线。例如，方程（7-1）：

$$Y = \beta_0 + \beta_1 X + \varepsilon \tag{7-1}$$

变量是线性的，而方程（7-2）：

$$Y = \beta_0 + \beta_1 X^2 + \varepsilon \tag{7-2}$$

变量就不是线性的，因为根据 X 和 Y 的值描绘出来的函数图像不是一条直线，而是一条二次曲线。

只有当方程中的参数（β_s）都以简单的形式出现时，这个方程才是**参数是线性**（linear in the coefficients）的方程。也就是说，方程中这些参数的幂都是 1 次的，没有和其他参数相乘或相除，它们自身也没有包含其他的函数形式（如对数或指数）。例如，方程（7-1）是参数是线性的方程，但是由于方程（7-3）

$$Y = \beta_0 + X^{\beta_1} \tag{7-3}$$

中参数 β_0 和 β_1 的组合不是线性的，并且无论怎样替换都不可能将方程的参数改写为线性组合的形式，所以，方程（7-3）不是线性方程。事实上，对于所有只有一个解释变量的方程而言，只有是如下形式时：

$$f(Y) = \beta_0 + \beta_1 f(X) \tag{7-4}$$

方程中的参数 β_0 和 β_1 的组合才是线性的。对于那些不是变量是线性的而是参数是线性的方程而言，仍然可以运用线性回归分析。事实上，计量经济学家所说的"线性回归"（例如，在古典假设中）通常指的是"参数是线性的回归"。

运用普通最小二乘法要求方程必须是参数是线性的方程。事实上，在前面章节中已经运用到了这种参数是线性却不是变量是线性的方程，只是在用的时候，并没有去详细地介绍这种非线性方程而已。本节的目的就是要详细地介绍这些最常用的函数形式，有助于正确地设定方程。

函数形式的选择通常需要基于潜在的理论，而不仅仅是看哪个函数形式能最好地拟合。我们应该将所讨论的被解释变量与解释变量之间的逻辑关系与各种各样的函数形式的特性进行比较，其中与隐含的理论最接近的那个就是我们应该选择的函数形式。为了便于进行比较，下面介绍一些最常用的函数形式，包括它们的图像、方程以及应用的例子。有时候会用到不止一种函数形式，这就需要根据所提供的其他信息在这些函数中进行选择。

7.2.1 线性形式

到目前为止，本书中所用到的线性回归模型都假设解释变量与被解释变量之间的斜率是固定的。$^{\ominus}$

$$\frac{\Delta Y}{\Delta X_k} = \beta_k \quad k = 1, 2, \cdots, K$$

如果 X 和 Y 之间的斜率固定，那么，就应该选择线性函数形式。

既然斜率是固定的，则 Y 相对于 X 的**弹性**（elasticity）（保持方程中其他变量不变，解释变量变化 1% 时，引起被解释变量变化的百分比）就可以根据如下的公式进行计算：

$$Elasticity_{Y,X_k} = \frac{\Delta Y/Y}{\Delta X_k/X_k} = \frac{\Delta Y}{\Delta X_k} \cdot \frac{X_k}{Y} = \beta_k \frac{X_k}{Y}$$

除非理论、常识或者经验上要求选用其他函数形式，否则，一般都选用线性模型。实际上，因为一般都默认使用线性模型，所以，线性模型有时又叫作默认函数形式。

7.2.2 双对数形式

双对数形式是一种最常用的函数形式。它虽然不是变量线性的方程，但仍然是参数线性的方程。事实上，这种函数形式的应用非常广泛，有些学者甚至将其作为默认函数形式。在**双对数函数形式**（double-log functional form）中，变量 Y 的自然对数为被解释变量，变量 X 的自然对数为解释变量，方程如下：

$$\ln Y = \beta_0 + \beta_1 \ln X_1 + \beta_2 \ln X_2 + \varepsilon \tag{7-5}$$

在这里，$\ln Y$ 代表 Y 的自然对数，依此类推。为了方便读者学习，后面有关于对数的简单回顾。

双对数形式有时又叫作对数-对数形式，通常用于那些弹性固定而斜率不固定的模型。这刚好与线性模型相反，在线性模型中斜率固定而弹性不固定。

在双对数方程中，每个回归参数都可以解释为弹性，因为：

$$\beta_k = \frac{\Delta(\ln Y)}{\Delta(\ln X_k)} = \frac{\Delta Y/Y}{\Delta X_k/X_k} = Elasticity_{Y,X_k} \tag{7-6}$$

既然回归方程中的参数是固定的，双对数方程就恰好能满足模型的弹性固定这个条件。

双对数模型中的参数 β_k 可以解释为：在其他解释变量保持不变的情况下，如果 X_k 增加 1%，Y 将会增加 β_k%。既然弹性是固定不变的，那么，此处斜率就是变化的。

图 7-2 就是一个双对数模型的函数图像（不考虑误差项）。左边图中的曲线就是经济学中的等产量线或无差异曲线。等产量线代表的是：在产量水平 Y 固定的情况下，生产同一产量水平所需的生产要素 X_1 和 X_2（例如，资本和劳动）的不同组合。右边的图形表示的是：在 X_2 保持不变或者是不存在的情况下，Y 和 X_1 的关系。值得注意的是，曲线的形状依赖于参数 β_1 的大小和符号。如果 β_1 是负的，那么，可以将双对数函数形式作为典型需求曲线的模型。

$\ominus$　为了方便阅读，在本节中符号"delta"（Δ）将被用来替代微积分符号。此处 Δ 的意义已经改变，它代表的是变量的一点微小的变化。例如 ΔX 代表的是 X 的微小变化。既然回归参数代表的是 X_k 一单位的变化所引起的 Y 的期望值的变化（保持方程中其他变量固定不变），那么，$\beta_k = \Delta Y/\Delta X_k$。同样，$\Delta s$ 将替代偏导数的符号。

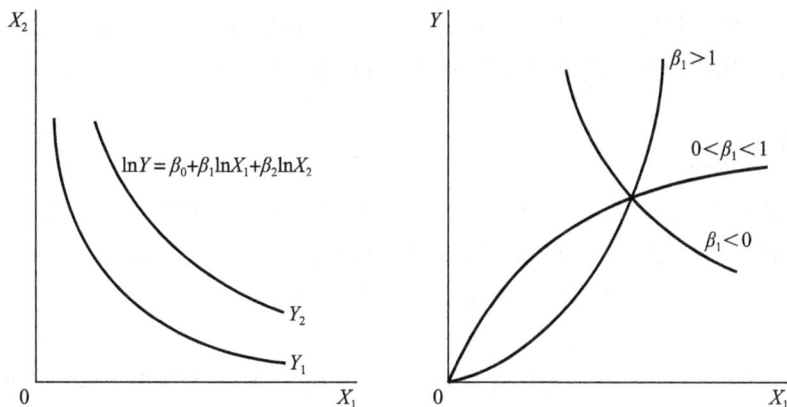

图 7-2 双对数函数

注：根据回归参数值的不同，双对数函数的图形可以有以上几种。左边的图形代表的是运用双对数函数来描绘的
经济学中的等产量线和无差异曲线。右边的图形代表的是保持 X_2 不变或者是不存在的情况下，双对数函数
图像的各种形状。

只有在作为真数的变量为正的时候，才能运用双对数模型。虚拟变量可能等于零，所以不能取对数。

什么是对数

什么是对数？如果 e（一个等于 2.718 28 的常数）的 b 次方等于 X，那么，b 就是 X 的对数值：

$$b \text{ 是 } X \text{ 的以 e 为底的对数值：} e^b = X$$

因此，对数值代表的是一个数的多少次方等于另一个数。尽管对数有很多种形式，但本书中只用到自然对数（log 的底数为 e）。自然对数的符号是"ln"，因此，$\ln(X) = b$ 表示的是 $(2.718\ 48)^b = X$，或是更简单的形式：

$$\ln(X) = b \quad \text{表示的是} \quad e^b = X$$

例如，$e^2 = (2.718\ 48)^2 = 7.389$，可以表述为：

$$\ln(7.389) = 2$$

因此，7.389 的自然对数是 2，e 的 2 次方等于 7.389。下面我们再看看其他自然对数的计算：

$$\ln(100) = 4.605$$
$$\ln(1\ 000) = 6.908$$
$$\ln(10\ 000) = 9.210$$
$$\ln(100\ 000) = 11.513$$
$$\ln(1\ 000\ 000) = 13.816$$

注意：真数从 100 增加到 1 000 000，但是其自然对数值仅仅从 4.605 增加到 13.816！既然对数值就是指数，那么，对数值的一个小变化都会带来很大的影响。因此，计量经济学家在研究中，通常将数据取对数以减小其数值，同时保持经济意义不变。

在计量经济学研究中，自然对数的一个很有用的特性就是可以用百分比的形式来表示变量的影响。如果运用一个双对数回归模型，斜率值所代表的就是解释变量增加一个百分点所引起的被解释变量的百分比变化（保持方程中其他解释变量不变）。[⊖]正是由于自然对数这种百分比变化的特性，使得双对数的斜率值代表的就是弹性。

7.2.3 半对数形式

半对数函数形式（semilog functional form）是双对数函数形式的一个变形。在半对数函数形式中，只有一部分的变量（包括解释变量和被解释变量）是以自然对数的形式表示。例如，只将其中一个原始解释变量的对数的形式作为解释变量，方程：

$$Y_i = \beta_0 + \beta_1 \ln X_{1i} + \beta_2 X_{2i} + \varepsilon_i \tag{7-7}$$

在这种情况下，由于 X_2 与 Y 是线性相关的，而 X_1 与 Y 不是线性相关的，因此，方程中两个斜率参数值的意义完全不一样。

在图 7-3 中，右边的图形描绘了这种半对数模型，在保持变量 X_2 不变时，变量 Y 和变量 X_1 之间的关系。值得注意的是：当 β_1 大于零时，随着 X_1 的增大，变量 X_1 对变量 Y 的影响变得越来越小。因此，半对数模型通常用于那些存在"增长率逐渐下降"情况的模型中。[⊜]

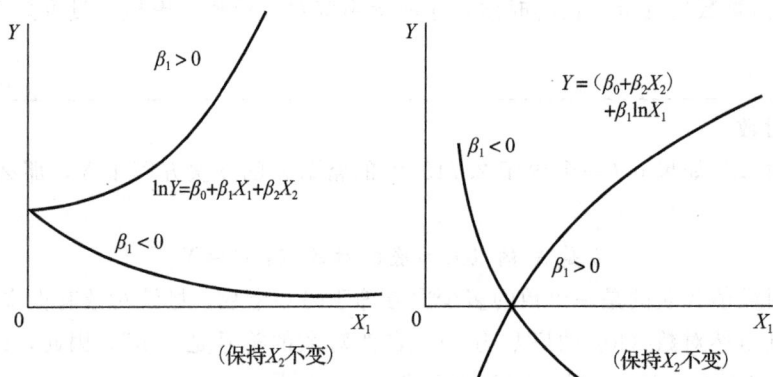

图 7-3 半对数函数

注：右边的半对数函数形式（$\ln X$）可以用于描述当 β 大于零时，随着 X_1 的增大，X_1 对 Y 的影响越来越小的情况（保持 X_2 不变）。左边的半对数函数形式（$\ln Y$）可以用于描述随着 X_1 的增大，X_1 对 Y 的影响越来越大的情况。

半对数模型的应用非常广泛。例如，在大多数的消费函数中，当收入超过某一水平后，随着收入的增加，消费的增长率是逐渐下降的。当收入逐渐增加时，恩格尔曲线变得越来越平缓，因为人们将收入中越来越少的部分用于消费，而将越来越多的部分用于储蓄，消费的增长率是逐渐下降的。如果 Y 代表对某种物品的消费，X_1 代表可支配收入（X_2 代表所有的其他解释变量），那么，当对某种物品的消费的增长率随着收入的增加而逐渐下降时，就可以运用半对数函数形式。

例如，回顾第 2 章中所讲的牛肉的需求方程：

⊖ 这是因为自然对数 $\ln X$ 的偏导数等于 dX/X（或 $\Delta X/X$），这刚好就代表变量 X 的百分比变化。

⊜ 另一个可以用来预测 X 与 Y 存在"增长率逐渐下降"关系的函数形式是反函数形式。这种反函数形式将 Y 表示成一个或多个自变量（在这里是 X_1）的倒数：

$$Y_i = \beta_0 + \beta_1 (1/X_{1i}) + \beta_2 X_{2i} + \varepsilon_i$$

如果一个特殊的解释变量趋于无穷时，它对被解释变量 Y 的影响接近于零，那么，这时就需要运用反函数形式。为了证明这一点，请注意，当 X_1 变大时，它对 Y 的影响会减小。

然而，需要注意的是，X_1 不能等于零，因为如果 X_1 等于零，用它去除任何数的结果都会是无穷或未定义的值。

$$\widehat{CB}_t = 37.54 - 0.88P_t + 11.9Yd_t \tag{2-7}$$
$$(0.16) \quad (1.76)$$
$$t = \qquad -5.36 \qquad 6.75$$
$$\overline{R}^2 = 6.31 \qquad N = 28(年度)$$

式中，CB_t 代表第 t 年的人均牛肉消费量（单位：磅/人）；P_t 代表第 t 年的牛肉价格（单位：美分/磅）；Yd_t 代表第 t 年的人均可支配收入（单位：千美元）。

如果用可支配收入的对数（$\ln Yd_t$）替换方程（2-7）中的可支配收入 Yd_t，则得到方程：

$$\widehat{BC}_t = -71.75 - 0.87P_t + 98.87\ln Yd_t \tag{7-8}$$
$$(0.13) \quad (11.11)$$
$$t = \qquad -6.93 \qquad 8.90$$
$$\overline{R}^2 = 0.750 \qquad N = 28(年度)$$

在方程（7-8）中，解释变量包括牛肉价格和人均可支配收入的对数。假设随着收入的增加，消费的增长率会变得越来越小，那么，方程（7-8）恰好可以很好地表示收入和消费之间的这种关系。对于那些对其消费不存在递减的增长率的物品，例如，游艇和夏日别墅，半对数形式就是不适用的。

在半对数形式中，对数并不总是像方程（7-7）中那样在方程的右边。另外，还存在着对数在方程左边的半对数形式，也就是说，Y 的自然对数是用 X 的非对数的函数形式表示的，模型为：

$$\ln Y = \beta_0 + \beta_1 X_1 + \beta_2 X_2 + \varepsilon \tag{7-9}$$

在这个模型中，斜率和弹性都不是固定的，但是，方程中的参数都有其他的含义。如果 X_1 增加 1 单位，那么，Y 将会以百分比的形式变化。特别地，当 X_2 不变的时候，如果 X_1 每增加 1 单位，Y 就会变化 $\beta_1\%$。图 7-3 左边的图形就是这种半对数形式的函数图像。

如方程（7-9）那样的半对数函数形式，最适合那些解释变量每变化 1 单位，被解释变量将以百分比的形式变化的模型。其中，最常见的就是在个人收入模型中，个人的收入每年以百分比的形式增长。在这个模型中，Y 代表第 i 位员工的工资，X_1 代表第 i 位员工的经验。X_1 每年增加 1 单位，该员工的工资将增加 $\beta_1\%$。值得注意的是，半对数函数形式包括两种，为了避免混淆，计量经济学家们通常将方程（7-7）那样的形式称为"右半对数形式"或"线性-对数函数形式"，将方程（7-9）那样的形式称为"左半对数形式"或"对数-线性函数形式"。

7.2.4 多项式形式

在大多数的成本函数中，成本曲线的斜率会随着产出的变化而变化。如果方程中的斜率会随着变量自身的变化而变化，那么，就可以考虑用多项式形式。在多项式函数形式中，被解释变量 Y 由解释变量的函数形式表示，其中，有些解释变量是高次方的。例如，在二次方程中，至少有一个解释变量是以二次方的形式出现，即有

$$Y_i = \beta_0 + \beta_1 X_{1i} + \beta_2 (X_{1i})^2 + \beta_3 X_{2i} + \varepsilon_i \tag{7-10}$$

在这个模型中，方程的斜率就是随着解释变量的变化而变化的。方程（7-10）中，Y 对 X_1 的斜率为：

$$\frac{\Delta Y}{\Delta X_1} = \beta_1 + 2\beta_2 X_1 \tag{7-11}$$

注意：斜率值随着 X_1 的变化而变化。当 X_1 较小时，斜率主要受参数 β_1 的影响；当 X_1 较大时，斜率主要受参数 β_2 的影响。假设这是一个成本函数模型，Y 代表生产产品的平均成本，X_1 代表企业的产出水平，如果企业具有如图 7-4 左图所示的典型 U 形成本曲线，那么，可以认为 β_1 为负，β_2 为正。

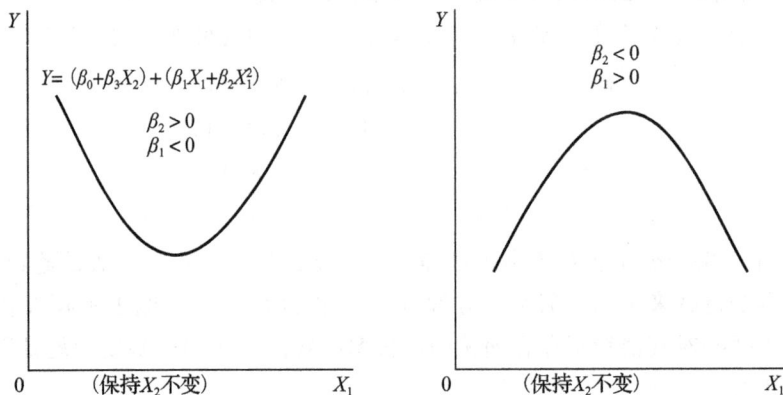

图 7-4　多项式函数

注：二次函数形式（多项式中包含二次项）一般为 U 形或倒 U 形，这取决于参数的值（保持 X_2 不变）。左边图形代表的二次函数图像可以用来代表典型的消费曲线。右边图形代表被解释变量的值随着解释变的增大先上升后下降的情况（例如年龄和收入的关系）。

另外，例如员工的年收入模型。模型中员工的年收入由员工的年龄以及其他一些影响生产率的因素（例如，教育）决定。年龄对收入的预期影响怎样？对于一个年轻的工人而言，随着年龄的增长，他的收入将逐渐增加。在超过某一点后，年龄的增长并不会带来收入的增加，并且在即将退休时，收入将会随着年龄的增长急速下降。

因此，收入和年龄之间的逻辑关系应该像图 7-4 右图那样。随着年龄的增长，收入先上升，到达某一点后保持不变，然后下降。这个理论关系可以用一个二次方程来表示：

$$E_i = \beta_0 + \beta_1 Age_i + \beta_2 Age_i^2 + \cdots + \varepsilon_i \tag{7-12}$$

参数的估计值 $\hat{\beta}_1$ 和 $\hat{\beta}_2$ 的符号是什么？既然随着年龄的增长收入先上升后下降，那么，就应该是，$\hat{\beta}_1$ 为正，$\hat{\beta}_2$ 为负（其他条件不变）。事实上，这与很多学者在劳动经济学中观察到的结果是一致的。

在多项式回归中，各个参数的含义是很难解释的。当 X 处于某特定值域时，方程甚至会出现意想不到的结果。因此，在运用多项式回归方程时必须十分小心，以保证该函数形式能带来研究者想要的结果而不是其他。

7.2.5　选择函数形式

为回归模型选择函数形式，最好的方法就是选择一个适合于隐含理论的设定方程。在大多数的例子中，选择线性形式是比较恰当的，但有些时候也可根据具体情况选择前面介绍的其他形式。

表 7-1 总结了各种可供选择的函数形式及其性质。

表 7-1　备选函数形式的归纳总结

函数形式	方程（只包含一个解释变量）	X 变化时 Y 的变动
线性	$Y_i = \beta_0 + \beta_1 X_i + \varepsilon_i$	X 增加 1 个单位，Y 变动 β_1 个单位
双对数	$\ln Y_i = \beta_0 + \beta_1 \ln X_i + \varepsilon_i$	X 增加 1%，Y 变动 β_1%（因此，β_1 是 Y 对 X 的弹性）
半对数（$\ln X$）	$Y_i = \beta_0 + \beta_1 \ln X_i + \varepsilon_i$	X 增加 1%，Y 变动 $\beta_1/100$ 个单位
半对数（$\ln Y$）	$\ln Y_i = \beta_0 + \beta_1 X_i + \varepsilon_i$	X 变化 1 单位 Y 变动 $100\beta_1$%
多项式	$Y_i = \beta_0 + \beta_1 X_i + \beta_2 X_i^2 \varepsilon_i$	X 增加 1 个单位，Y 变动 $\beta_1 + 2\beta_2 X$ 个单位

7.3　滞后解释变量

事实上，目前所学的回归都是"瞬时的"。也就是说，模型所包含的解释变量和被解释变量都来自于同一时期，如：

$$Y_t = \beta_0 + \beta_1 X_{1t} + \beta_2 X_{2t} + \varepsilon_t \tag{7-13}$$

此处下标 t 代表某一特定的时间点。如果所有变量的下标都是一样的，那么，说明该方程是瞬时的。

然而，并不是所有的解释变量和被解释变量的因果关系都是瞬时的。在很多情况下，解释变量的变化对被解释变量的影响要延迟一段时间。这段时间叫作**滞后期**（lag）。这段时间可以以天、月、年来计算。在很多计量经济学方程中，都包含一个或多个滞后的解释变量，如 X_{1t-1}，其中，下标 $t-1$ 代表 X_1 在 t 期的前一期的观测值。如下面的方程：

$$Y_t = \beta_0 + \beta_1 X_{1(t-1)} + \beta_2 X_{2t} + \varepsilon_t \tag{7-14}$$

在这个方程中，X_1 滞后了 1 期，但 X_2 和 Y 的因果关系仍然是瞬时的。虽然 1 期滞后是在经济活动中出现最频繁的滞后期，但两期及以上的滞后期在建构理论时也会被用到。

例如，考虑农产品的供给决策过程。由于农产品的生长需要时间，因此，需要在产品销售前几个月决定种植多少亩农作物，或是保留多少鸡蛋（不是立即卖掉）用于孵化产蛋的母鸡。农产品市场的任何变化（如农民出售的棉花价格上升），都对农产品的供应有着滞后的影响。

$$C_t = \beta_0 + \overset{+}{\beta_1} PC_{t-1} + \overset{+}{\beta_2} PF_t + \varepsilon_t \tag{7-15}$$

式中，C_t 代表第 t 年的棉花供应量；PC_{t-1} 代表第 $t-1$ 年的棉花价格；PF_t 代表第 t 年的农场劳动力价格。

值得注意的是，方程中假定棉花价格对棉花产量有滞后的影响，而不是农场劳动力价格对棉花产量的滞后影响。我们有理由认为，如果棉花的价格发生变化，农民们不可能立即做出反应，这是因为棉花的种植和生长都需要时间。

滞后变量和非滞后变量的回归参数的含义是不同的。滞后变量 X 参数的估计值代表的是在上一年 1 单位 X 的变化所引起的当年 Y 的变化（方程中的其他解释变量保持不变）。因此，方程（7-15）中的 β_1 代表的是上一年棉花价格变化 1 单位所引起当年棉花产量的变化（保持当年的农场劳动力价格不变）。

如果方程中的滞后期大于 1，或方程的右边包含滞后的被解释变量，那么问题就变得复杂了。这种情况叫作分布滞后模型，在第 12 章中将详细介绍。

7.4 斜率虚拟变量

在第 3.3 节中，已经介绍了虚拟变量的概念，虚拟变量被定义为根据某些因素的属性类型（例如，性别）而分别取值 0 或 1 的变量。本节着重探讨**截距虚拟变量**（intercept dummy）的应用，看看是否应设定条件的虚拟变量的取值不同而导致常数项或截距项的不同。方程的一般形式为：

$$Y_i = \beta_0 + \beta_1 X_i + \beta_2 D_i + \varepsilon_i \tag{7-16}$$

在这里，
$$D_i = \begin{cases} 1 & \text{第 } i \text{ 个观测值满足某特定状态} \\ 0 & \text{其他} \end{cases}$$

到这里为止，模型中的每一个解释变量前面都乘以了斜率。为了说明这一点，采用另外一个角度来审视方程（7-16）。在这个方程中，解释变量 X 前面乘以了 β_1，虚拟变量 D 前面乘以了 β_2，参数中并不包含其他因子。

这种约束对我们将要介绍的新的一类变量是不适用的，这种新变量叫作交叉项。**交叉项**（interaction term）是回归方程中的一个解释变量，这个解释变量是由方程中两个或两个以上的其他解释变量相乘得到的。每一个交叉项都有自己的回归参数。因此，每一个交叉项都由三个或三个以上的部分组成，如 $\beta_3 X_i D_i$。这种交叉项通常适用于当一个解释变量（本例中为 X）对被解释变量（本例中为 Y）的影响要依赖于另外一个解释变量的值（本例中为 D）的情况。关于交叉项应用的例子，请参考本章习题 8。

交叉项也可以同时包含两个可以连续取值的变量（$\beta_3 X_1 X_2$）或两个虚拟变量（$\beta_3 D_1 D_2$），但在通常情况下都是包含一个可以连续取值的变量和一个虚拟变量（$\beta_3 X_1 D_1$）。这种包含了一个可以连续取值的变量和一个虚拟变量的交叉项又叫作斜率虚拟变量。**斜率虚拟变量**（slope dummy variables）可以用来描述解释变量和被解释变量之间的斜率因虚拟变量的设定是否被满足而有所不同的情况。斜率虚拟变量与截距虚拟变量是两个相互区别的概念。对截距虚拟变量而言，当设定满足时，截距虚拟变量只影响截距，而不影响斜率。

总而言之，方程中的斜率虚拟变量通常用来表示某种特殊变量。这种变量是由一个斜率变化的解释变量和一个能够导致这种变化的虚拟变量相乘得到的。斜率虚拟变量方程的一般形式为：

$$Y_i = \beta_0 + \beta_1 X_i + \beta_2 D_i + \beta_3 X_i D_i + \varepsilon_i \tag{7-17}$$

请注意方程（7-17）和方程（7-16）的区别。方程（7-17）和方程（7-16）基本上是一样的，只是方程（7-17）中多包含了一个交叉项（$\beta_3 X_i D_i$），它是解释变量和虚拟变量的乘积。我们来验证一下，看看在方程（7-20）中 Y 对 X 的斜率是否会因为虚拟变量 D 的变化而变化。

当 $D=0$ 时，$\Delta Y/\Delta X = \beta_1$

当 $D=1$ 时，$\Delta Y/\Delta X = (\beta_1 + \beta_3)$

事实上，X 的参数会根据虚拟变量 D 的设定条件是否被满足而有所不同。将 $D=0$ 和 $D=1$ 分别代入方程（7-17），就可以得到 X 的不同参数。

值得注意的是，在方程（7-17）中，既包含斜率虚拟变量又包含截距虚拟变量。在运用斜率虚拟变量时，方程中必须同时包含截距虚拟变量 $\beta_2 D_i$ 和一般解释变量 $\beta_1 X_i$。这是为了避免对斜率虚拟变量参数进行估计时造成偏误。如果方程中还有其他解释变量，这些解释变量不

应该和虚拟变量 D 相乘，除非假设这些解释变量的斜率也会根据 D 的取值不同而有所不同。

仔细观察图 7-5 就会发现，图中直线的方程同时包含了斜率虚拟变量和截距虚拟变量。当 $D=0$ 时，截距为 β_0；当 $D=1$ 时，截距为 $\beta_0+\beta_2$。此外，当 $D=0$ 时，Y 对 X 的斜率为 β_1；当 $D=1$ 时，Y 对 X 的斜率为 $\beta_1+\beta_3$。因此，实际上有两个方程：

$$Y_i = \beta_0 + \beta_1 X_i + \varepsilon_i \qquad \text{当 } D = 0 \text{ 时}$$
$$Y_i = (\beta_0 + \beta_2) + (\beta_1 + \beta_3) X_i + \varepsilon_i \quad \text{当 } D = 1 \text{ 时}$$

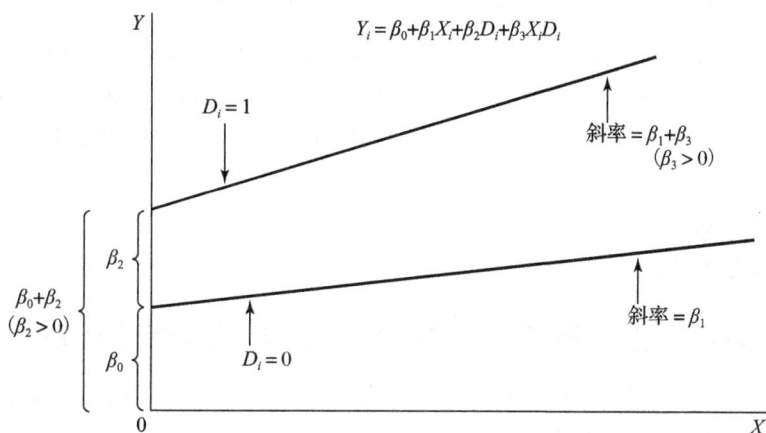

图 7-5　斜率虚拟变量和截距虚拟变量

注：如果方程中同时包含斜率虚拟变量（$\beta_3 X_i D_i$）和截距虚拟变量（$\beta_2 D_i$），那么函数图像的斜率和截距都会因为虚拟变量的设定条件是否被满足而有所不同。两条直线截距之间的差异为 β_2，斜率之间的差异为 β_3。

通常，在实际应用中，虚拟变量是非常有用的。例如，采用虚拟变量可以研究男女之间的收入差异。尽管一般认为这种差异不存在，但仍然存在一些争议，有人认为性别歧视会导致男女之间的收入差距（相对于其他因素而言）。为了研究这个问题，可以通过建立一个收入模型。假设男性比女性的平均收入更高，那么在收入模型中就可以运用截距虚拟变量来代表性别。当然，模型中还应包括经验、特殊技能、学历等其他解释变量。方程如下：

$$\ln(Earnings_i) = \beta_0 + \beta_1 D_i + \beta_2 EXP_i + \cdots + \varepsilon_i \tag{7-18}$$

式中，D_i 代表第 i 个人是否为男性，为虚拟变量，如果是男性则为 1，否则为 0；EXP_i 代表第 i 个人的工龄，看作经验；ε_i 代表古典假设下的误差项。

在方程（7-18）中，如果方程中其他因素保持不变，则 $\hat{\beta}_1$ 就是男性和女性平均收入差异的估计值。值得注意的是，方程（7-18）中假设的是工作经验的增加对男性和女性收入的影响是相同的，因为方程中变量 EXP 前面的参数是固定的。

但是如果认为随着工作经验的增加，男性收入的增加要大于女性收入的增加，那么，就需要在原方程的基础上再加一个斜率虚拟变量。方程变为：

$$\ln(Earnings_i) = \beta_0 + \beta_1 D_i + \beta_2 EXP_i + \beta_3 D_i EXP_i + \cdots + \varepsilon_i \tag{7-19}$$

在方程（7-19）中，$\hat{\beta}_3$ 是每增加一年经验所引起的男女收入差异的估计值。我们可以单独对 $\hat{\beta}_3$ 进行 t 检验，确定 β_3 为正值的可能性。如果 $\hat{\beta}_3$ 显著大于零，那么，我们可以拒绝原假设，认为在其他变量保持不变的情况下，经验的增加对收入的影响确实存在着性别差异，也就是说，即便是男女的经验一样，收入也不一样。

⁝⁝ 7.5 选择错误函数形式存在的问题

在有些情况下，模型中变量之间的逻辑关系并不是线性的，但是又不易找出确切的函数形式来表示变量之间的这种非线性关系。对于这种情况，选择线性模型是不恰当的，但同时又无法根据经济理论来选择其他的非线性函数形式。面对这类情况，绝不能仅仅依据模型的拟合优度来选择函数形式，而是要搞明白变量之间真正的关系。

既然可以选择的函数形式都是相似的，且理论上又没有明确要求选择哪一种函数形式，那么为什么不能根据模型的拟合优度来选择方程呢？本节将从两方面来回答这个问题。

（1）如果各个模型中被解释变量的函数形式不同，那么，各个模型的调整的判定系数 $\bar{R}^2$ 不能进行比较。

（2）一个错误的函数形式可能在样本范围内可以很好地拟合，但用于对样本范围外进行预测时将会产生很大的误差。

7.5.1 变换被解释变量的不同形式的模型之间，$\bar{R}^2$ 不能用于比较

当被解释变量转换成其他非线性形式时，代表模型整体拟合优度的调整的判定系数 $\bar{R}^2$ 与原模型的 $\bar{R}^2$ 之间不能进行比较。[⊖] 这个问题在大多数情况下都不会涉及，因为回归分析通常都是关注回归参数的估计。然而，如果遇到需要对不同模型的调整的判定系数 $\bar{R}^2$ 进行比较时，必须记住：被解释变量函数形式不同的模型之间，$\bar{R}^2$ 不能进行比较。例如，一个线性方程：

$$Y = \beta_0 + \beta_1 X_1 + \beta_2 X_2 + \varepsilon \tag{7-20}$$

和一个半对数方程（对方程中的被解释变量取自然对数）：

$$\ln Y = \beta_0 + \beta_1 X_1 + \beta_2 X_2 + \varepsilon \tag{7-21}$$

值得注意的是，方程（7-20）和方程（7-21）仅仅只是被解释变量的函数形式有差别。但是却不能用两个方程的 $\bar{R}^2$ 来比较两个方程的整体拟合优度。之所以不能比较是因为：在两个方程中，被解释变量的总离差平方和（TSS）是完全不同的。也就是说，因为被解释变量是不同的，所以两个方程的调整的判定系数 $\bar{R}^2$ 是不可比的。我们没有理由认为不同解释变量在其均值附近会有相同的（或可比的）离散程度。

7.5.2 样本范围之外的错误函数形式

选用了错误的函数形式，会增加对总体参数错误估计的可能性。选择错误的函数形式属于设定误差，与第 6.1 节中讨论过的省略变量造成的偏误类似。即使该错误的函数形式在样本范围内能很好地拟合，但是当用样本范围外的数据对模型的参数进行估计时，残差的值会变得很大。

总的来说，将样本外的数据带入估计出的方程时，会增大出现预测误差的风险，并增大错误估计总体值的可能性。特别地，如果回归方程中为重点关注的变量选择了错误的函数形

⊖ 这个警告同样适用于其他方法，例如第 6.7 节，额外设定准则的附录中的赤池信息准则（AIC）和贝叶斯信息准则（BIC）。

式，这种风险会更大。

对于两个不同的函数形式，即便在样本范围内效果一样，但在样本范围外也可能完全不同。如果函数形式是根据理论选择的，那么研究者可以将该模型应用于任何数据，包括样本范围外的数据。但如果函数形式是根据拟合优度选择的，那么将模型应用于样本范围外的数据是完全无效的。

图 7-6 包含了几个假想的例子，有些函数形式在样本范围外拟合效果很差。

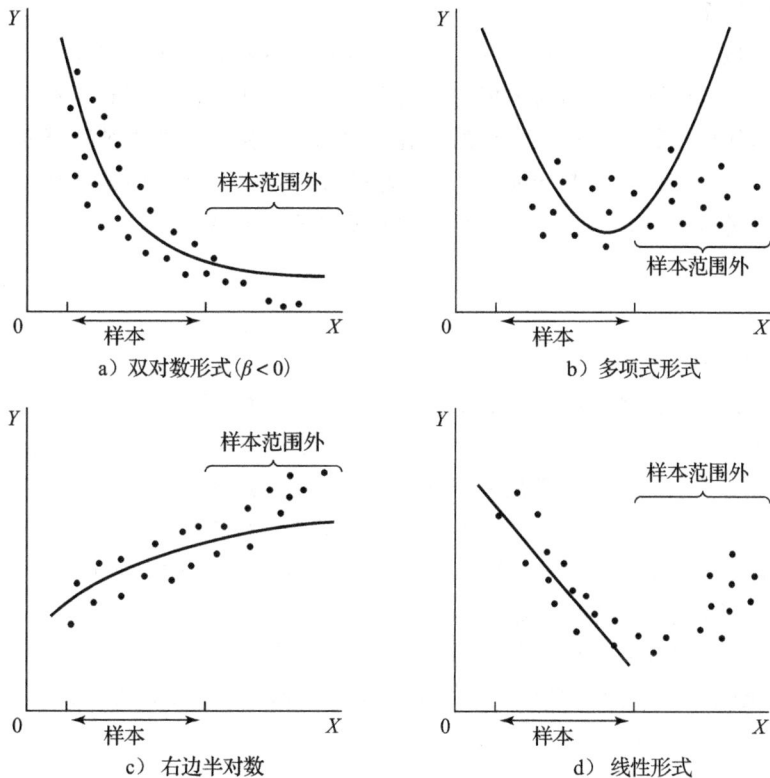

图 7-6　样本范围外的错误的函数形式
注：如果将错误的函数形式应用于模型估计的样本范围外的数据，这将会造成较大的误差。例如，图 7-6b 中多项式函数形式的斜率在样本范围外迅速变化，图 7-6d 中真实的函数形式是非线性的，选用线性函数形式造成较大的误差。

值得注意的是，这些例子只能说明将错误的函数形式应用于样本范围外后可能会发生什么情况，但并不意味着这些情况一定会发生。因此，不能仅从上述图表中得出结论，认为非线性形式是完全不能用的。如果真实的函数形式是非线性的，那么，选用线性函数形式并将其用于样本范围外的数据将会造成较大的误差。因此，在选择函数形式之前，应仔细考虑清楚在样本范围内和样本范围外方程会发生什么样的变化。如果基于理论选择的非线性方程在相应的范围内与样本拟合较好，那么，就直接选用该方程，而不需要考虑上述问题。

7.6　小结

（1）即使理论上常数项可以等于零，也不能剔除常数项。另外，尽管常数项的估计值在理论上是显著的，也不能对常数项进行推理。

（2）函数形式的选择必须基于潜在的经济理论，也就是说要根据理论上的曲线形状去选择相应的函数形式。除非有特别要求需要选用其他形式，模型中变量的函数形式通常都选用变量是线性的方程。

（3）变量是非线性的函数形式包括双对数形式、半对数形式以及多项式形式。双对数形式特别适用于弹性是固定的模型中。半对数形式能用于那些随着解释变量的增大，解释变量对被解释变量的影响逐渐变小的模型中。多项式形式通常用于斜率符号会随着解释变量的不断变化而改变的模型中。

（4）斜率虚拟变量是由一般解释变量和虚拟变量的乘积构成的。其中，这个一般解释变量与被解释变量之间的斜率会因为虚拟变量的设定状态是否被满足而有所不同。

（5）使用非线性函数形式存在一系列的潜在问题。特别地，如果被解释变量 Y 的函数形式不同，则各个模型的调整的判定系数 $\bar{R}^2$ 不能进行比较；此外，如果选择了错误的函数形式对样本范围外进行预测，那么，预测结果的残差可能会非常大。

习题

（偶数序号的习题答案见附录 A）

1 不查阅书本（或笔记），给出下列术语的定义，然后与书本上的相比较。

 a. 双对数函数形式 b. 弹性 c. 交叉项 d. 截距虚拟变量

 e. 滞后 f. 参数是线性的 g. 变量是线性的 h. 对数

 i. 自然对数 j. 多项式函数形式 k. 半对数函数形式 l. 斜率虚拟变量

2 对于下面给出的各个解释变量和被解释变量，选择你认为恰当的函数形式，并说明原因（假设方程中包含了所有的相关解释变量）：

 a. Y 代表鞋子的销售量；X 代表可支配收入。

 b. Y 代表某天晚上，好莱坞圆形露天交响音乐会的出席人数；X 代表当天晚上是否是这个乐队最出名的指挥家指挥。

 c. Y 代表美国的商品和劳务的总消费；X 代表美国总的可支配收入。

 d. Y 代表美国的货币供应量；X 代表在需求函数中，美国国债的利息率。

 e. Y 代表每盒通心粉的生产成本；X 代表生产的通心粉的盒数。

3 仔细观察下面的方程，说出它们是变量是线性的方程，还是参数是线性的方程，或者都是，或者都不是：

 a. $Y_i = \beta_0 + \beta_1 X_i^3 + \varepsilon_i$ b. $Y_i = \beta_0 + \beta_1 \ln X_i + \varepsilon_i$ c. $\ln Y_i = \beta_0 + \beta_1 \ln X_i + \varepsilon_i$

 d. $Y_i = \beta_0 + \beta_1 X_i^{\beta_1} + \varepsilon_i$ e. $Y_i^{\beta_1} = \beta_1 + \beta_2 X_i^2 + \varepsilon_i$

4 在 2003 年，雷·费尔（Ray Fair）[⊖]通过观察 1996～2000 年期间包含在标准普尔指数（S&P500，成立于 1957 年）中的 65 家公司，分析了股票价格和风险厌恶的关系。费尔着重考察了市盈率（公司的股票价格和每股收益的比率）以及它与 β 参数（用于衡量公司的风险水平，β 值越大风险越大）的关系。假设股票价格与收益的增长和股利的增长都呈正相关关

⊖ Ray C. Fair, "Risk Aversion and Stock Price," Cowls Foundation Discussion Paper 1382, Cowls Foundation; Yale University, revised February 2003. 文章的大部分都不在本书的讨论范围内，但是费尔在文章中引用了大量的数据（包括他自己编制的数据），使我们能够复制他的回归结果。注意这里的贝塔系数与计量经济学中的 β 回归系数有所不同。

系，费尔估计出了如下的方程：

$$\widehat{LNPE}_i = 2.74 - 0.22BETA_i + 0.83EARN_i + 2.81DIV_i$$

$$(0.11) \qquad (0.57) \qquad (0.84)$$

$$t = \qquad\qquad -0.99 \qquad 1.45 \qquad 3.33$$

$$N = 65 \qquad R^2 = 0.232 \qquad \overline{R}^2 = 0.194$$

式中，$LNPE_i$ 代表第 i 家公司 1996~2000 年的平均市盈率的自然对数；$BETA_i$ 代表第 i 家公司 1958~1994 年的平均 β 值；$EARN_i$ 代表第 i 家公司 1996~2000 年收益增长率百分比的均值；DIV_i 代表第 i 家公司 1996~2000 年股利增长率百分比的均值。

a. 在 5% 的显著水平下，建立一个关于斜率参数的假设检验。

b. 方程中有一个变量是滞后变量，然而，方程却是一个横截面方程。指出哪一个是滞后变量，并说明为什么费尔要选用这个滞后变量。

c. 在费尔设定的变量中，是否存在一个潜在不相关的变量？哪一个变量是潜在不相关的？运用 EViews，Stata 或者自行编制的回归程序，利用表 7-2 中的数据对费尔的方程进行估计（去掉不相关的变量），然后用四个设定准则来衡量该变量是否真的是不相关的变量。

d. 费尔用的是哪一种函数形式？这个函数在理论上是合理的吗？（提示：对理论的回顾有助于回答这个问题，在回顾之前，请仔细思考方程中斜率的含义。）

e. 假设对理论进行回顾之后，你认为费尔用的是双对数函数形式，用表 7-2 中的数据来估计费尔的方程。估计结果又是怎样呢？估计结果和你的设想一致吗？请说明理由。（选做）

表 7-2　股票价格的数据

OBS	COMPANY	PE	BETA	EARN	DIV
1	加拿大铝业	12.64	0.466	0.169	−0.013
2	TXU 公司	10.8	0.545	0.016	0.014
3	宝洁公司	19.9	0.597	0.066	0.05
4	太平洋煤气电力公司	11.3	0.651	0.021	0.014
5	菲利普斯国防石油公司	13.27	0.678	0.071	0.006
6	美国电话电报公司	13.71	0.697	−0.004	−0.008
7	明尼苏达矿业制造公司	17.61	0.781	0.054	0.051
8	美国铝业公司	15.97	0.795	0.12	−0.015
9	美国电力公司	10.68	0.836	−0.001	−0.021
10	公共服务公司	9.63	0.845	−0.018	−0.011
11	赫克公司	16.07	0.851	0.077	−0.008
12	空气产品和化学公司	16.2	0.865	0.051	0.074
13	百时美施贵宝公司	17.01	0.866	0.068	0.11
14	金佰利公司	13.42	0.869	0.063	0.018
15	安泰公司	8.98	0.894	−0.137	0.007
16	箭牌糖果公司	14.49	0.898	0.062	0.044
17	哈利伯顿公司	17.84	0.906	0.12	−0.011
18	迪尔公司	12.15	0.916	−0.01	0.004
19	克罗格公司	11.82	0.931	0.01	0
20	IBM	16.08	0.944	0.081	0.045
21	卡特彼勒公司	16.95	0.952	−0.043	−0.005
22	古德里奇公司	12.06	0.958	0.028	−0.015
23	通用磨坊	17.16	0.965	0.06	0.048

（续）

OBS	COMPANY	PE	BETA	EARN	DIV
24	温迪克西商店	16.1	0.973	0.045	0.047
25	亨氏公司	13.49	0.979	0.079	0.079
26	柯达公司	28.28	0.983	0.023	0.009
27	金宝汤公司	16.33	0.986	0.028	0.025
28	菲利普-莫里斯公司	12.25	0.993	0.129	0.13
29	南方公司	11.26	0.995	0.034	0
30	杜邦公司	14.16	0.996	0.099	0.001
31	菲尔普斯道奇公司	11.47	1.008	0.186	−0.011
32	辉瑞制药	17.63	1.019	0.052	0.062
33	好时食品公司	14.66	1.022	0.025	0.058
34	英格索兰公司	14.24	1.024	0.045	−0.018
35	佛罗里达电力照明集团	11.86	1.048	0.038	0.019
36	必能宝公司	16.11	1.064	0.049	0.086
37	阿彻丹尼尔斯米德兰公司	14.43	1.073	0.073	−0.011
38	罗克韦尔公司	9.42	1.075	0.062	0.02
39	陶氏化学公司	15.25	1.081	0.042	0.026
40	通用电气公司	15.16	1.091	0.051	0.015
41	雅培公司	17.58	1.097	0.114	0.098
42	默克公司	23.29	1.122	0.066	0.072
43	彭尼公司	13.14	1.133	0.094	−0.003
44	联合太平洋公司	12.99	1.136	0.01	0.021
45	先灵葆雅公司	18.18	1.137	0.112	0.06
46	百事公司	18.94	1.147	0.082	0.046
47	麦格劳-希尔公司	16.93	1.15	0.051	0.052
48	美国金融公司	8.36	1.184	0.019	0.008
49	艾默生电气公司	17.52	1.196	0.047	0.044
50	通用汽车公司	11.21	1.206	0.052	−0.023
51	高露洁-棕榄公司	16.6	1.213	0.067	0.025
52	伊顿公司	10.64	1.216	0.137	0.001
53	达纳公司	10.26	1.222	0.069	−0.011
54	西尔斯罗巴克公司	12.41	1.256	0.03	−0.014
55	康宁公司	19.33	1.258	0.052	−0.013
56	通用动力公司	9.06	1.285	0.056	−0.023
57	可口可乐公司	21.68	1.29	0.085	0.055
58	波音公司	11.93	1.306	0.169	0.017
59	福特汽车	8.62	1.308	0.016	0.026
60	民众能源公司	9.58	1.454	0	0.005
61	固特异轮胎与橡胶公司	12.02	1.464	0.022	0.012
62	五月百货公司	11.32	1.525	0.05	0.006
63	ITT 工业公司	9.92	1.63	0.038	0.018
64	雷神公司	11.75	1.821	0.112	0.05
65	库柏工业公司	12.41	1.857	0.108	0.037

资料来源：Ray C. Fair, "Risk Aversion and Stock Price," *Cowls Foundation Discussion Paper* 1382, Cowls Foundation：Yale University, revised February 2003.

5 为了解释区域工资差异，你搜集了 7 338 名非技术工人工资收入的数据，将整个国家分成四个部分（东北部、南部、中西部和西部），并估计得出了以下的方程（括号内的数值为标准差）：

$$\hat{Y}_i = 4.78 - 0.038E_i - 0.041S_i - 0.048W_i$$
$$\qquad\qquad (0.019) \quad (0.010) \quad (0.012)$$
$$\overline{R}^2 = 0.49 \qquad N = 7338$$

式中，Y_i 代表第 i 位非技术工人每小时的工资（单位：美元）；E_i 代表第 i 位工人是否住在东北部，为虚拟变量，如果是为 1，否则为 0；S_i 代表第 i 位工人是否住在南部，为虚拟变量，如果是为 1，否则为 0；W_i 代表第 i 位工人是否住在西部，为虚拟变量，如果是为 1，否则为 0。

a. 方程中被省略的状态是什么？

b. 如果增加一个虚拟变量来代表被省略的状态，而保持 E_i，S_i 和 W_i 不变，会发生什么情况？

c. 如果增加一个虚拟变量来代表被省略的状态，去掉方程中的 E_i，新变量的估计参数的符号是什么？

d. 下面三种表述中哪种最准确？哪种最不准确？请说明理由。

ⅰ. 仅仅用区域变量，方程解释了 Y 围绕其均值变化的 49%，因此，工资差异有相当一部分由于是区域差异引起的。

ⅱ. 区域变量的参数实质上是相同的，因此，工资不存在较大的区域差异。

ⅲ. 区域变量的参数值与平均工资相比较小，因此，工资不存在较大的区域差异。

e. 如果要在方程中再增加一个变量，应该加什么？证实你的选择。

6 为下面的变量选择合适的函数形式，并说明理由。

a. 在横截面方程中，纽约库珀斯敦房子销售价格与第 i 座房子的房龄（提示：库珀斯敦是一个以拥有许多典雅历史名胜而驰名的可爱城镇）。

b. 在时间序列方程中，美国天然气消费与天然气的价格。

c. 在横截面方程中，第 i 个人所拥有住房套数与收入。

d. 在 c 部分设定的方程中，加入虚拟变量，是学生为 1，否则为 0。

7 V. N. Murti 和 V. K. Sastri [⊖] 调查了印度不同行业的生产特点，包括棉花和糖。他们选择了 Cobb-Douglas 生产函数，也就是一种双对数函数形式，用以表示产出（Q）、劳动（L）和资本（K）之间的关系：

$$\ln Q_i = \beta_0 + \beta_1 \ln L_i + \beta_2 \ln K_i + \varepsilon_i$$

并得到如下的估计结果（括号内的数值为标准差）：

行业	$\hat{\beta}_0$	$\hat{\beta}_1$	$\hat{\beta}_2$	R^2
棉花	0.97	0.92	0.12	0.98
糖	2.70	0.59	0.33	0.80
		(0.14)	(0.17)	

a. 对于每个行业而言，产出对劳动和资本的弹性分别是多少？

b. （$\hat{\beta}_1 + \hat{\beta}_2$）有什么经济学意义？

c. Murti 和 Sastri 认为斜率是正的。在 5% 的显著水平下，进行假设检验。（提示：这比看上去难多了！）

⊖ V. N. Murti and V. K. Sastri, "Production Functions for Indian Industry," *Econometrica*, Vol. 25, No. 2, pp. 205-221.

8 理查德·福尔斯（Richard Fowles）和彼得·勒布（Peter Loeb）研究了饮酒、海拔和交通死亡情况之间的关系。[一]作者假设酒后驾车死亡事故在高海拔的地方比在低海拔的地方更容易发生。这是因为高海拔地方的大脑供氧量较少，增强了酒精对人体的作用。为了检验这个假设，他们在方程中用到了海拔和啤酒消费的交叉项。估计得了如下的机车死亡率（根据美国的报告）的截面模型：

$$\hat{F}_i = -3.36 - 0.002B_i + 0.17S_i - 0.31D_i + 0.011B_iA_i \qquad (7\text{-}22)$$
$$\qquad\quad (-0.08) \quad (1.85) \quad (-1.29) \quad\quad (4.05)$$
$$N = 48 \qquad \overline{R}^2 = 0.499$$

式中，F_i 代表在第 i 个州机车行驶每单位英里发生的交通死亡次数；B_i 代表在第 i 个州人均消费的啤酒（麦芽饮料）；S_i 代表在第 i 个州高速公路的平均驾驶速度；D_i 代表第 i 州有没有机车安全监察程序，为虚拟变量，如果有为 1，否则为 0；A_i 代表第 i 个州的主要城市的平均海拔（单位：千米）。

a. 在 5% 的显著水平下，对变量 B，S 和 D 的参数进行假设检验。检验结果说明了方程中的什么计量经济学问题？请说明理由。

b. 思考交叉项衡量的是什么？详细说明 $B \cdot A$ 的参数含义。

c. 在 5% 的显著水平下，对交叉项进行假设检验。

d. 注意变量 A_i 只包含在交叉项中，但并没有作为一个单独的解释变量。那么，交叉项中的两个部分应该作为两个单独的解释变量吗？为什么？（提示：在斜率虚拟变量那部分内容中，我们强调了斜率虚拟变量和截距虚拟变量必须同时存在于方程中。）

e. 在方程中增加解释变量 A_i，结果如方程（7-23）所示。你认为哪个方程更合理？请说明理由。

$$\hat{F}_i = -2.33 - 0.024B_i + 0.14S_i - 0.24D_i - 0.35A_i + 0.023B_iA_i \qquad (7\text{-}23)$$
$$\qquad\quad (-0.80) \quad (1.53) \quad (-0.96) \quad (-1.07) \quad\quad (1.97)$$
$$N = 48 \qquad \overline{R}^2 = 0.501$$

附录 7A　计量经济学实验室 ♯4

此项练习是针对特定形式方程的设定：选择变量和函数形式。同时在该项练习中也会用到转换变量及使用 Stata 或电脑上的其他计量经济学软件进行联合假设检验。本练习中的被解释变量是一辆农用二手拖拉机在美国的竞拍价格。

第一步：文献回顾

我们都不是二手拖拉机价格的研究专家，所以，首先要从对文献的快速回顾开始。以下是将二手拖拉机价格作为拖拉机属性和买卖次数的函数建立的模型，也就是另一个定价模型的实例。关于定价模型的更多信息，可参考第 11 章相关部分的介绍。

实际上，关于拖拉机价格的计量经济学研究已经有很多。其中最知名的是 2008 年狄克曼（Diekmann）[二]等人运用左半对数模型对二手拖拉机价格的研究，并发现核心解释变量包括材料、

[一]　Richard Fowles and Peter D. Loeb, "The Interactive Effect of Alcohol and Altitude on Traffic Fatalities," *Southern Economic Journal*, Vol. 59, pp. 108-111. 为了便于分析，我们省略了方程（7-22）和方程（7-23）中不重要的三个变量（合法饮酒的最小年龄、年龄在 18 到 24 岁的人占总人数的百分比、高速公路上驾驶速度的可变性）。

[二]　Florian Diekmann, Brian E. Roe, and Marvin T. Batte," Tractors on eBay: Differences between Internet and In-Person Auctions." *American Journal of Agricultural Economics*, Vol. 90, No. 2, pp. 306-320. Also see Gregory Perry, Ahmet Bayaner, and Clair J. Nixon," The Effect of Usage and Size on Tractor Depreciation," *American Journal of Agricultural Economics*, Vol. 72, No. 2, pp. 317-325.

功率、年限、使用时长、出售日期、驱动方式（四轮驱动或两轮驱动）、自动变速以及燃料（柴油或天然气），这是一个良好的开端。

第二步：评估基本模型

根据基本模型，首先，用更近期的数据对狄克曼的模型的变异做一个估计。表 7-3 包含了我们复制狄克曼回归所需的变量。被解释变量是在 2011 年 6 月 1 日到 2012 年 5 月 31 日之间美国农用二手拖拉机的拍卖价格。数据[⊖]来自数据集 TRACTOR7，在本文中是可利用的。表 7-3 同时根据已有理论，对每个变量的系数的符号做出假设。

a. 使用出售价格的自然对数对方程做出估计，被解释变量和所有解释变量全部使用表 7-3 中的数据。（注意：不要忘了在进行回归之前对售价取对数，同时确保所有变量全部被包含在表 7-3 中）。

b. 观察回归结果。$\overline{R}^2$ 是多少？这个数据合理吗？并给出解释。

c. 参数估计量的系数符号有没有与预期不符的？如果有，是哪一个？

d. 除季节虚拟变数外，采用单侧 t 检验，在 5% 的显著性水平下，对所有的解释变量进行检验，哪一个系数显著不为 0？

e. 对每个系数做出解释，在现实世界中它们意味着什么？

f. 如果存在，基本模型中存在什么计量经济学问题？

表 7-3　二手拖拉机价格模型的变量设置

变量	描述	预测系数符号
Y_i＝售价	拖拉机售价（美元）	n/a
拖拉机属性		
马力	拖拉机马力	＋
机器寿命	从制成日开始算起的使用时间长度（年）	－
工作时长	记录显示的工作时间长度（小时）	－
是否柴油燃料	虚拟变量。如果拖拉机燃料为柴油，为 1；否则为 0	＋
是否四轮驱动	虚拟变量。如果拖拉机为四轮驱动，为 1；否则为 0	＋
传动装置是否手动	虚拟变量。如果拖拉机的传动装置是手动，为 1；否则为 0	－
是否约翰·迪尔（John Deere）制造	虚拟变量。如果拖拉机为约翰·迪尔制造，为 1；否则为 0	＋
是否有封闭车厢	虚拟变量。如果拖拉机拥有封闭车厢，为 1；否则为 0	＋
一年中的期限		
春天	虚拟变量。如果拖拉机在四月或五月售出，为 1；否则为 0	？
夏天	虚拟变量。如果拖拉机在六月至九月间售出，为 1；否则为 0	？
冬天	虚拟变量。如果拖拉机在十二月至来年三月间售出，为 1；否则为 0	？

第三步：对功率设定多项式函数形式

假设你将基本模型中的结果展示给一位曾在大学教授计量经济学的二手拖拉机经销商。他认为你的结果前景很好，但实际操作中很难找到超功率的二手拖拉机，因为这些拖拉机浪费燃料，而且对购买者没有任何额外的效益。他认为新的拖拉机买主常常高估他们需要的功率，但二手拖拉机的买主就不会经常犯这样的错误。因此，他认为在一定程度内，随着功率增加，价格也会上涨，但超过这个程度，功率继续增加会对价格产生消极影响。你决定听取他的建议并考虑将功率的函数形式改为多项式。

a. 加入新的变量并进行新的回归（注意：记得在进行回归之前对功率及其平方的系数符号做出预期）。

b. 在5%的显著性水平下，对功率及其平方进行的单侧 t 检验。

c. 在何种功率下，拖拉机的价值达到极值（保留最近的整数）？是最大值还是最小值？

d. 基本方程和多项式方程，你更偏向哪一个？（给出证据支持你的选择）

第四步：向第三步的方程中加入一个潜在遗漏变量

当你即将离开二手拖拉机市场时，偶然发现相当一部分的拖拉机都有封闭的驾驶室。因为这样的驾驶室能在恶劣天气下带来便利，你突然发现也许遗漏了一个变量。为了检验这一点，你找到了关于驾驶室的数据（依旧来源于数据集 TRACTOR7）。

a. 将驾驶室变量加入第三步的方程中，并重新估计方程。

b. 运用四项判断准则，判断驾驶室变量是否属于该方程。

第五步：联合假设检验

回到第二步的基本模型，在5%的显著性水平下，对出售时间对拖拉机价格没有影响这一联合假设做出检验。

a. 在这个季节模型中，遗漏变量是怎样的？有什么独特点？

b. 写出原假设与备择假设。

c. 估计方程。

d. 在5%的显著性水平下，进行 F 检验。计算 F 统计量，并查找临界值。

e. 给出结论。二手拖拉机价格是否具有季节性特征？

（选做）第六步：思考柴油使用对斜率的影响

柴油发动机比天然气发动机更加耐用，由此衍生出一个问题，额外的使用时间对柴油拖拉机价值的影响是否与对天然气拖拉机价值的影响有所不同。将你需要检验该假设的变量加入第二步的基本方程，评估改进的斜率虚拟变量，并在5%的显著性水平下，检验斜率虚拟变量假设。t 统计量是多少？是否能拒绝原假设？

第 8 章

多重共线性

本书接下来的三章集中讨论违背古典假设的情况及其补救措施。本章讨论多重共线性，随后两章分别讨论序列相关性和异方差性。针对这三个问题，本书旨在回答以下问题：

（1）问题的本质是什么？

（2）问题会产生什么样的后果？

（3）如何诊断存在的问题？

（4）针对问题有哪些补救措施？

严格地说，**完全多重共线性**（perfect multicollinearity）违背了古典假设Ⅵ——任何一个解释变量都不是另一个或多个解释变量的完全线性函数。完全多重共线性很少见，而常见的是不完全多重共线性，尽管不完全多重共线性并没有违背古典假设Ⅵ，但仍然会导致严重的问题。

回顾一下可知，参数 β_k 可以看成在方程中其他解释变量保持不变的情况下，解释变量 X'_k 变动 1 单位时对被解释变量所造成的影响。但是，在某个特定样本中，如果两个解释变量是显著相关的，那么，运用普通最小二乘法进行估计时就将很难区分两变量各自对被解释变量的影响。

事实上，两个或多个解释变量之间的相关程度越高，精确估计真实模型中的参数值就会变得越困难。如果两个变量变动完全相同，则不可能区分它们各自变动对被解释变量所带来的影响；但是，如果变量之间仅仅是近似相关，那么，仍然可以精确地估计出这两个变量的影响，实现大多数的研究目的。

8.1 完全与不完全多重共线性

8.1.1 完全多重共线性

古典假设Ⅵ规定任一解释变量都不是其余解释变量的完全线性函数，而**完全多重共线性**（perfect multicollinearity）⊖恰恰违背了古典假设Ⅵ。"完全"一词意味着一个解释变量的变动可

⊖ "共线"一词描述的是两个解释变量之间的线性相关关系，"多重共线性"则意味着不止两个解释变量线性相关。一般情况下，以上两种情形都使用"多重共线性"表示，因此本章中，尽管严格来说讨论的是"共线"的情况，但仍用"多重共线性"表述。

以完全被另外一个解释变量的变动所解释。两个解释变量之间的完全线性函数可以表示如下：

$$X_{1i} = \alpha_0 + \alpha_1 X_{2i} \tag{8-1}$$

式中，α_0，α_1 是常数；X_{1i}，X_{2i} 是下列方程中的解释变量：

$$Y_i = \beta_0 + \beta_1 X_{1i} + \beta_2 X_{2i} + \varepsilon_i \tag{8-2}$$

注意，在方程（8-1）中没有误差项。这就意味着在给定变量 X_2 以及这一方程的情况下，我们可以精确地计算出变量 X_1。这种完全线性关系可能是如下情形：

$$X_{1i} = 3X_{2i} \tag{8-3}$$

$$X_{1i} = 2 + 4X_{2i} \tag{8-4}$$

那么，在现实生活中，有哪些完全多重共线性的例子呢？最简单的例子就是相同变量用不同单位计量的结果。例如，两个城市间的距离，X_1 用米来计量，X_2 用千米来计量。这两个变量的数据看上去截然不同，但它们是完全相关的。还有一个简单的例子，就是两个变量之和相等的情形，例如，P_1 代表对一个议案投支持票的比例，P_2 代表投反对票的比例（假定没有弃权），两者之和恒等于 100%，因此，这两个变量是完全负相关的。

图 8-1 描绘的就是解释变量之间是完全线性相关的情形。从图 8-1 可知，一个完全线性函数的所有数值点均在同一条直线上，不存在经典回归中数据所具有的变异性。

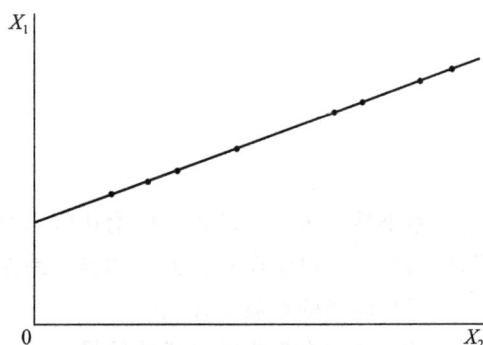

图 8-1 完全多重共线性

注："完全多重共线性"意味着一个解释变量的变动可以完全被另一个或多个解释变量的变动所解释。在进行回归分析之前，若仔细选择解释变量，一般都可以避免出现完全多重共线性。

那么，完全多重共线性的存在对计量经济学方程的估计会产生什么影响呢？当存在完全多重共线性时，运用普通最小二乘法估计将无法得出回归参数的估计值，并且，大多数普通最小二乘法估计程序会提示错误信息。以方程（8-2）为例，理论上我们可以得到如下的参数估计值及其标准差：

$$\hat{\beta}_1 = \text{不确定} \quad \text{SE}(\hat{\beta}_1) = \infty \tag{8-5}$$

$$\hat{\beta}_2 = \text{不确定} \quad \text{SE}(\hat{\beta}_2) = \infty \tag{8-6}$$

完全多重共线性，使我们不能够准确估计出参数大小。之所以出现这种情况是因为不能对共线的两个变量进行区分。当一个解释变量和另一个解释变量以完全相同的方式改变时，我们不能保证"方程中的其他解释变量保持不变"。

不过，值得庆幸的是，完全多重共线性的情形十分罕见。更为重要的是，在进行回归之前，是很容易发现完全多重共线性的情形的。可以通过观察一个解释变量是否是另一解释变量的倍数，或者观察一个解释变量是否是另一个解释变量加上一个常数项，或者观察一个解释变量是否等于其他两个解释变量之和，来判断是否存在完全多重共线性。如果存在上面的任一种情形，那么，其中一个解释变量就应该被剔除，因为完全多重共线的解释变量之间并没有本质上的不同。

当一个变量与被解释变量有关，并把它作为解释变量包含在回归方程中时，就会产生多重共线性的特殊情形。这种**支配变量**（dominant variable）与被解释变量之间高度相关，以至于掩盖了方程中其他解释变量对被解释变量的影响。在某种意义上，这是被解释变量与解释变量之间完全共线的情形。

例如，假设在制鞋行业的生产函数中包含了变量原材料的使用量，该变量将会有相当高的 t 统计量，但是，其他诸如劳动力和资本等重要变量的 t 统计量却相当不显著。为什么会这样呢？实际上，如果知道一个制鞋厂使用了多少皮革，就可以在不知道任何关于劳动力和资本信息的情况下预测出鞋的产量。这一关系非常明确，所以，原材料这一支配变量应该从生产函数的方程中剔除，只有这样，才能够合理地估计其他解释变量的参数。

尽管这样，还是应该认真对待！不能将支配变量与高度显著或者重要的解释变量混为一谈。相反，应该把支配变量与被解释变量看作本质上是完全相同的。然而，两者之间的拟合很重要，其拟合的程度可以从它们的定义中得到，而无须任何计量经济学的估计。

8.1.2　不完全多重共线性

因为完全多重共线性很容易避免，所以，计量经济学家几乎从来不探讨这一问题。当我们使用"多重共线性"一词时，实际上讨论的是严重的不完全多重共线性。**不完全多重共线性**（imperfect multicollinearity）可以被定义为两个或多个解释变量之间存在很强的（但不是完全的）线性函数关系，以至于显著地影响了变量的参数估计。

换句话说，当两个或多个解释变量不完全线性相关时，就会出现不完全多重共线性的情形，考虑如下方程：

$$X_{1i} = \alpha_0 + \alpha_1 X_{2i} + u_i \tag{8-7}$$

比较一下方程（8-7）与方程（8-1），可以看到方程（8-7）中含有随机误差项 u_i。这就意味着，尽管 X_1 和 X_2 之间可能有较强的线性关系，但 X_2 还不足以完全解释 X_1 的变异，X_1 仍然存在一些不能被 X_2 所解释的变化。图 8-2 显示的就是两个解释变量之间不完全多重共线的情形。注意，尽管样本中所有的观测值极其接近这一回归直线，但是，仍然有一些 X_1 的变化是 X_2 所无法解释的。

不完全多重共线性指的是在解释变量之间存在较强的线性关系。两个或多个解释变量之间的线性关系越强，它们之间就越有可能存在显著的多重共线性。在某一样本中，两个变量

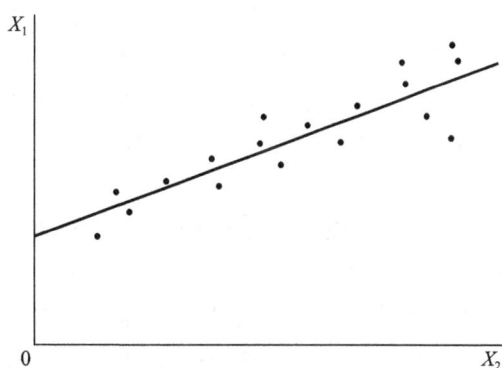

图 8-2　不完全多重共线性

注："不完全多重共线性"意味着一个解释变量与另一个或多个解释变量之间有较强的但不是完全的线性函数关系。不完全多重共线的程度随着样本的改变而改变。

可能略微相关而在另一样本中有可能高度相关，以至于被认为存在不完全多重共线性。从这个意义上讲，可以认为多重共线性既是一种样本现象，同时也是一种理论现象。这与完全多重共线性是不同的，因为两个变量若是完全相关的，那么，通过逻辑判断就可以判断出。诊断多重共线性的更多细节将在第 8.3 节进行讨论。

8.2　多重共线性产生的后果

如果在某一样本中存在严重的多重共线性，那么，根据样本计算出的估计值会产生什么

样的后果呢？本节的目的就是阐释多重共线性所造成的后果，并以实例对这些后果进行分析。

回顾一下普通最小二乘估计量的性质，它可能会受到多重共线性或者其他一些计量经济问题的影响。在第4章中曾指出，在古典假设情况下，普通最小二乘估计量是 BLUE（或者 MvLUE），是指普通最小二乘估计量是无偏的，并且在所有线性无偏估计量中方差最小。

8.2.1 多重共线性产生的后果

多重共线性产生的主要后果如下：

（1）估计量仍然是无偏的。如果方程设定正确，满足所有的古典假设，那么，即使方程有显著的多重共线性，其 β_s 的估计值仍将以总体真值 β_s 为中心。

（2）估计量的方差和标准差将会增大。这是多重共线性导致的主要后果。由于两个或多个解释变量显著相关，很难精确识别多重共线变量各自对被解释变量的影响。因此，在区分各变量所造成的影响变得很困难时，就可能导致参数 β_s 的估计误差比没有多重共线性问题时更大。因此，当存在多重共线性问题时，尽管参数估计值仍然是无偏的，但其估计量的分布具有更大的方差或标准差。

尽管多重共线性情况下有更大的方差和标准差，但是普通最小二乘估计仍然是 BLUE 的。也就是说，在多重共线性存在的情况下，没有其他的线性无偏估计方法能够比普通最小二乘估计获得更低的方差。因此，尽管由于多重共线性增大了参数估计量的方差，但普通最小二乘估计仍然具有最小方差的特性。这些"最小方差"只不过相对较大。

图 8-3 比较了两个参数估计值 $\hat{\beta}_s$ 的分布，其中一个来自解释变量之间存在严重多重共线性的样本，而另一个样本其任何解释变量之间都不存在相关关系。注意，这两个参数 $\hat{\beta}_s$ 的分布有相同的均值，这表明多重共线性不会导致估计偏误。另外，当存在严重多重共线性时，参数估计量 $\hat{\beta}$ 的分布之所以变得更宽，是因为多重共线性的存在使得参数估计量 $\hat{\beta}$ 的标准差增大而导致的。

尽管前面已经提到多重共线性的存在并不会导致参数估计有偏，然而，由于其方差增大了，这就增大了参数估计值符号与预期不一致⊖可能性。

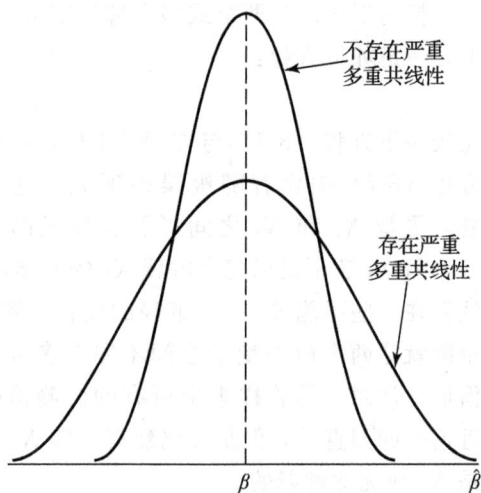

图 8-3　严重多重共线性增大了
参数估计值 $\hat{\beta}_s$ 的方差

注：严重多重共线性导致参数估计值 $\hat{\beta}_s$ 以其参数真实值 β 为期望值的分布具有更大的方差。因此，多重共线性下参数估计值 $\hat{\beta}_s$ 的分布比不存在多重共线性时变得更宽。

（3）多重共线性下的 t 统计量的绝对值会变小。多重共线性的存在之所以会导致参数估计值 t 统计量减小，是因为 t 统计量的表达式为：

⊖　这些意料之外的估计符号经常出现，因为多重共线性情况下，参数估计值 $\hat{\beta}_s$ 的分布变得更宽，这就增大了特定的参数估计值 $\hat{\beta}$ 出现在 β 真实值为零的另一边（即出现了意料之外的估计符号）的概率。

$$t_k = \frac{(\hat{\beta}_k - \hat{\beta}_{\mathrm{H_0}})}{\mathrm{SE}(\hat{\beta}_k)} \tag{8-8}$$

注意，这一等式右边的分母是参数估计量 $\hat{\beta}_k$ 的标准差。因为多重共线性增大了参数估计量的标准差，所以，从方程（8-8）中可知，参数估计量 $\hat{\beta}_k$ 的标准差增大，就会导致 t 统计量的绝对值变小。因此，当方程中存在严重的多重共线性时，观测到的 t 统计量的绝对值通常比较小也就不足为奇了。

相应地，置信区间也会增大。因为多重共线性增大了参数估计值的标准差，从方程（5-9）可以看出，置信区间会相应增大。换句话说，因为 $\hat{\beta}$ 与真实的 β 值偏差增大，置信区间也必然要增大。

（4）估计量对模型设定的变化变得极其敏感。当存在显著的多重共线性时，增加或删除某个解释变量，或者某些观测值的增加或减少，通常会导致参数估计值 $\hat{\beta}_k$ 有较大的改变。如果去掉一个变量，即使去掉的变量在统计意义上并不显著，有时也会导致方程中其余变量的参数估计值有较大的变化。

之所以会出现这种较大的变化，是因为普通最小二乘估计往往会强调变量之间的微小差异，以便能够区分清楚多重共线的变量之间的影响。如果两个变量的影响在大多数的样本中几乎相同，那么，估计程序将依赖观测值的不同变动来区分它们。因此，去掉在重要观测点上有异常值的变量，可能会使得存在多重共线性的变量的参数估计值产生较大变化。

（5）方程的整体拟合程度以及不存在多重共线性的变量的参数估计几乎不受影响。在存在显著多重共线性的方程中，尽管单个参数的 t 统计量通常非常小，但衡量方程整体拟合程度的调整的判定系数 $\overline{R}^2$ 并不会下降很多。鉴于此，严重多重共线性是一个高的调整的判定系数 $\overline{R}^2$ 与统计意义上并不显著的个别回归参数的组合。同样地，如果方程中一解释变量与其他变量之间不存在多重共线性，那么，它的参数估计值及标准差通常不会受影响。

由于多重共线性对方程的整体拟合程度几乎没有影响，所以，只要解释变量在预测期间内具有与样本期相同的多重共线性形式，多重共线性对基于此方程进行的预测也几乎没有影响。

最后，因为多重共线性对于方程整体几乎没有影响，只要解释变量在预测阶段维持与样本相同的多重共线性形式，多重共线性也就对方程在预测方面的应用几乎没有影响。

8.2.2 关于多重共线性的两个例子

为了考察严重的多重共线性会对估计方程造成什么样的影响，我们可以分析一个虚构的例子。假设估计一个"学生消费函数"，在做了一些适当的准备工作之后，提出了如下假设的方程模型：

$$CO_i = \beta_0 + \overset{+}{\beta_1} Yd_i + \overset{-}{\beta_2} LA_i + \varepsilon_i \tag{8-9}$$

式中，CO_i 代表第 i 位学生除学费、住宿费及管理费之外的年度消费项目开支情况；Yd_i 代表第 i 位学生年度可支配收入（包括捐助）；LA_i 代表第 i 位学生的流动性资产（储蓄等）；ε_i 代表随机误差项。

然后你就可以在班上从你周围的人群中收集到一组相关数据（见表 8-1）。

学生姓名	CO_i	Yd_i	LA_i
Mary	2 000	2 500	25 000
Robby	2 300	3 000	31 000
Bevin	2 800	3 500	33 000
Lesley	3 800	4 000	39 000
Brandon	3 500	4 500	48 000
Bruce	5 000	5 000	54 000
Harwood	4 500	5 500	55 000

表 8-1 （单位：美元）

注：数据文件名为 CONS8。

针对收集到的数据，运用普通最小二乘法对方程（8-9）进行回归，可以得到如下的估计方程：

$$\widehat{CO}_i = -367.83 + 0.511\ 3Yd_i + 0.042\ 7LA_i \tag{8-10}$$
$$(1.030\ 7) \qquad (0.094\ 2)$$
$$t = 0.496 \qquad 0.453$$
$$\overline{R}^2 = 0.835$$

另一方面，假如消费函数中仅包括可支配收入，可以得到估计方程：

$$\widehat{CO}_i = -471.43 + 0.971\ 4Yd_i \tag{8-11}$$
$$(0.157)$$
$$t = 6.187$$
$$\overline{R}^2 = 0.861$$

注意，比较方程（8-10）和方程（8-11）可知，当流动性资产变量被去掉后，可支配收入（Yd_i）的 t 统计量增长了十多倍。为什么会这样呢？首先，变量 Yd 和 LA 之间的简单相关系数相当大。当这两个变量都包含在方程中时，高度的相关性导致参数估计量的标准差相当高。当方程中含有变量 LA 时，$\hat{\beta}_{Yd}$ 的标准差从 0.157 提高到 1.03，此外，变量 Yd 的估计值也有所改变。注意，尽管两个方程中解释变量的显著性有很大的不同，但这两个方程的调整的判定系数 $\overline{R}^2$ 值却十分接近。当多重共线性变量被去掉后，方程的调整的判定系数 $\overline{R}^2$ 值没有实质性的改变，这是十分普遍的。所有这些结论都是具有多重共线性的方程的典型特征。

上述两个方程哪一个更好呢？如果流动性资产变量在理论上应该包含在方程中，那么将其去掉就会有遗漏变量偏误的风险，但是若包含在方程中又意味着存在多重共线性。对于处理多重共线性问题，还没有任何现成的答案，我们将在第 8.4 节和第 8.5 节进一步详细讨论这一问题。

分析多重共线性产生的后果的第二个例子是基于真实数据而非虚构的数据。假设构建一个关于美国各州汽油需求量的截面模型，其形式如下：

$$PCON_i = \beta_0 + \overset{+}{\beta_1} UHM_i + \overset{-}{\beta_2} TAX_i + \overset{+}{\beta_3} REG_i + \varepsilon_i \tag{8-12}$$

式中，$PCON_i$ 代表第 i 个州的汽油消费量（单位：万亿 btu ⊖）；UHM_i 代表第 i 个州城市高

⊖ 英国热量单位，1btu＝1 055.056J。

速公路长度（单位：英里）；TAX_i 代表第 i 个州的汽油税率（单位：美分加仑）；REG_i 代表第 i 个州机动车辆登记数（单位：千辆）。

根据所给的定义，用线性函数形式（假定含有古典误差项）估计方程（8-12），得到如下估计方程：

$$\widehat{PCON}_i = 389.6 + 60.8UHM_i - 36.5TAX_i - 0.061REG_i \tag{8-13}$$
$$(10.3) \qquad (13.2) \qquad (0.043)$$
$$t = 5.92 \qquad -2.77 \qquad -1.43$$
$$N = 50 \qquad \overline{R}^2 = 0.919$$

看看这个方程有什么错误呢？机动车辆登记量这一变量的参数并不显著，并且符号与预期不一致。但是，难以相信汽油需求量与这一变量无关，是遗漏变量导致了这一偏误吗？有这种可能，但是仅仅增加一个变量也不可能解决所有问题。已知变量 REG 与 UHM 之间的简单相关系数非常高，这一信息对我们有帮助吗？假如是这样，这就相当于说明这两个变量中的一个是多余的。因为这两个变量实际上度量的都是州的汽油需求规模的大小，所以，该方程出现了多重共线性。

注意多重共线性对该方程所造成的影响。从理论上说，机动车登记量与汽油消费量有很强的关系，其参数不显著，符号也与预期相反，其主要原因是多重共线性增大了参数估计值 $\hat{\beta}_s$ 分布的方差。

假如去掉其中一个引发多重共线性的变量，又会出现什么结果呢？考虑新的的估计方程：

$$\widehat{PCON}_i = 551.7 - 53.6TAX_i + 0.186REG_i \tag{8-14}$$
$$(16.9) \qquad (0.012)$$
$$t = -3.18 \qquad 15.88$$
$$N = 50 \qquad \overline{R}^2 = 0.861$$

剔除变量 UHM 后，变量 REG 的参数变得非常显著。为什么会这样呢？这是因为消除了方程中的多重共线性变量后，REG 的参数估计量的标准差大幅下降（从原来的 0.043 变为 0.012）。另外，变量 REG 估计参数的符号也变成了正号，与假设相符。其原因在于，从经验的角度来看，变量 REG 与 UHM 是难以从根本上加以区分的，所以，普通最小二乘估计程序仅能依赖两者之间的微小差异来解释被解释变量 $PCON$ 的变动。一旦消除多重共线性，变量 REG 与被解释变量 $PCON$ 之间的正向关系就显而易见了。

无论是去掉变量 UHM 还是变量 REG，都会得出相似的结论，因为从定量的角度来看，正如两者之间较高的相关系数所表明的那样，这两个变量实质上是相同的。但事实上，我们猜测大部分经验丰富的计量经济学家在面临方程（8-13）的结果以及 REC 和 UHM 之间的高相关性时，都会选择剔除 REG，保留 UHM。为什么我们要反其道而行之呢？因为 UHM 是城市范围内的变量而 REG 是全州范围内的变量，如果我们想要了解全州范围内的汽油消费情况，REG 在理论上是更好的选择。既然这两个变量数值相同且 REG 在理论上更优，我们就应该保留 REG，但其他人会根据同样的结果得出不同的结论。尽管去掉变量 UHM 后，调整的判定系数 $\overline{R}^2$ 的值变小了，但我们还是应当认可方程（8-14）优于方程（8-13）。通过这个例子再次说明，在判定方程的总体效果时，拟合优度并不是最重要的标准（最初在第 3 章中提到过）。

8.3 多重共线性的诊断

怎样判定一个方程是否存在严重的多重共线性问题呢？首先认识到，每一个方程都在某种程度上存在多重共线性问题。在一个现实的例子中，要找到一组彼此完全不相关的解释变量基本上是不可能的（设计的实验除外）。学习本节内容的主要目的在于确定方程中所存在的多重共线性的大小程度，而不是确定是否存在多重共线性。

第二个关键的观点是，一个给定方程的多重共线性的严重程度，随着样本的不同而不同，这种不同主要取决于样本的性质。因此，与诊断变量是否遗漏或者函数形式是否正确不同，诊断多重共线性问题时，方程的理论基础就显得不是那么重要。相反，在一给定样本中，我们倾向于更多地依靠数据导向的技术去判定多重共线性的严重程度。当然，我们永远也不能忽视方程的理论基础，解决这一问题的诀窍就是找出一组理论上相关（能给出有意义的经济解释）并且统计上又不存在多重共线性（能给出有意义的推断）的变量。

由于多重共线性是一种样本现象，其影响所导致的危害只是一个度的问题。因此，用于诊断多重共线性的方法中，大多数都是没有临界值或者显著性水平的非正规的检验方法。事实上，目前还没有一个被普遍接受的真正意义上的检验多重共线性的统计量。大多数的研究者已经达成一个普遍的共识：通过观察估计方程的一些特征，来判断多重共线性的严重程度。接下来让我们考察两个最常使用的特征。

8.3.1 较高的简单相关系数

诊断严重多重共线性的方法之一是考察两个解释变量之间的简单相关系数。简单相关系数 r，是一种测量两个变量之间线性关系的大小与方向的方法。[⊖]R 的范围为 $+1 \sim -1$，r 的符号反映两个变量之间相关关系的方向。r 的绝对值越接近 1，两个变量之间的相关性就越强，即

$$完全正相关：r = +1$$
$$完全负相关：r = -1$$
$$完全不相关：r = 0$$

假如简单相关系数 r 的绝对值很大，那么可以得出这两个解释变量 X_s 是高度相关的，我们就认为存在潜在的多重共线性问题。例如，在方程（8-10）中，可支配收入变量与流动性资产变量之间的简单相关系数是 0.986。如此大的简单相关系数，并且方程中仅有两个解释变量，表明方程中确实存在严重的多重共线性。

那么，相关系数究竟多大才算大呢？一些研究者选取一个任意的数字，比如 0.80，则任何时候都要注意简单相关系数的绝对值是否大于 0.80。假如在估计我们感兴趣的参数时，参数估计值由于方差较大而被拒绝时，较好的解释可能就是简单相关系数 r 很大。

⊖ X_1 和 X_2 的简单相关系数 r_{12} 等式为：

$$r_{12} = \frac{\sum \{(X_{1i} - \overline{X}_1)(X_{2i} - \overline{X}_2)\}}{\sqrt{\sum (X_{1i} - \overline{X}_1)^2 \sum (X_{2i} - \overline{X}_2)^2}}$$

有趣的是，结果表明如果被估计方程恰有一个解释变量，那么 r 和 R_s 是相关的。在两个变量中一个是被解释变量另一个是唯一的解释变量的回归中，r 的平方等于 R^2。

注意，假如解释变量多于两个，用简单相关系数作为多重共线性严重程度的指标就会有很大的局限性。如果多重共线性是由一组解释变量共同导致的，很可能没有一个足够高的简单相关系数，以表明多重共线性实际上是严重的。因此，简单相关系数仅仅是多重共线性存在的充分条件，而不是必要条件。尽管一个高的简单相关系数 r 确实表明存在严重的多重共线性问题，但是小的 r 绝不意味着就没有多重共线性的存在。[⊖]

8.3.2　较高的方差膨胀因子（VIF）

在一个特定的样本中，通过检验指出多重共线性的严重程度是有争议的。一些计量经济学家甚至拒绝采用上述的简单相关系数来进行判别，主要是因为该方法存在诸多的局限性。另有一些计量经济学家则倾向于采用一些更为正式的检验方法。[⊖]

用方差膨胀因子衡量多重共线性的严重性，使用起来比较容易且备受欢迎。**方差膨胀因子**（variance inflation factor，VIF）是一种诊断多重共线性严重性的方法，它是通过观察方程中一给定解释变量被方程中其他所有解释变量所解释的程度进行判断的。在方程中每一个解释变量都有一个 VIF 值。方差膨胀因子是一个反映多重共线性在多大程度上增大参数估计量方差的指标。一个较高的 VIF 值表明，多重共线性在相当大的程度上增大了参数估计量的方差，因而得到一个更低的 t 统计量。

假如想用方差膨胀因子诊断原始方程中的多重共线性问题，原始方程有 k 个解释变量，如下所示：

$$Y = \beta_0 + \beta_1 X_1 + \beta_2 X_2 + \cdots + \beta_k X_k + \varepsilon$$

因此，需要计算 k 个不同的 VIFs，每个 X_i 都有一个 VIF。对于一个给定的 X_i，计算其方差膨胀因子有两个步骤：

（1）把 X_i 作为方程中其他所有解释变量的函数，并进行普通最小二乘法回归。假定 $i=1$，则回归方程为：

$$X_1 = \alpha_1 + \alpha_2 X_2 + \alpha_3 X_3 + \cdots + \alpha_k X_k + \nu \tag{8-15}$$

式中，ν 是古典的随机误差项。注意，变量 X_1 没有包含在方程（8-15）的右边，这被称为辅助回归方程。因此，相对于原始方程，共有 k 个辅助回归方程，每一个解释变量可作一次辅助回归。

（2）计算参数估计值 $\hat{\beta}_i$ 的方差膨胀因子：

$$VIF(\hat{\beta}_i) = \frac{1}{(1 - R_i^2)} \tag{8-16}$$

式中，R_i^2 是在第一步辅助回归当中得出的判定参数（是未调整的 R^2）。因为在原始方程中每一个解释变量都有一个独立的辅助回归，因此，每一变量 X_i 都对应一个 R_i^2 及一个 $VIF(\hat{\beta}_i)$。VIF 的值越大，多重共线性的程度就越严重。

那么，究竟多大的 VIF 值才算大呢？当 R_i^2 的值为 1 时，方差膨胀因子无穷大，表明存在完全的多重共线性；当 R_i^2 的值为 0 时，方差膨胀因子为 1，表明根本不存在多重共线性。

⊖　对于以简单相关系数来诊断含有众多解释变量的方程中的多重共线性，大多数学者都持批评态度，但是许多研究者仍然采用这一方法，因为简单相关系数是探测方程中多重共线性严重程度的一种"粗略但快捷"的方法。

⊖　这些方法中最好的方法可能是条件数，它是判定整个方程多重共线性程度的一个指标。更多关于条件数的内容参见 D. A. Belsley，*Conditioning Diagnostics*（New York：Wiley，1991）。

然而，并没有一个正规的 VIF 临界值表，一般法则认为，若 $VIF(\hat{\beta}_i)>5$，则存在严重的多重共线性。一般来讲，随着解释变量数目的增加，VIF 值会有少量的增加。

例如，对于方程（8-10），经计算可得两个解释变量的方差膨胀因子的值均为 36，由此可以进一步确认存在相当严重的多重共线性。两变量的 VIF 值相等，这并非巧合。在方程中刚好只有两个解释变量时，其辅助回归方程将有相同的判定系数 $R_i^2 s$，这就导致相同的方差膨胀因子。[⊖]

有作者以及一些统计软件程序用方差膨胀因子的倒数（$1-R_i^2$）来代替 VIF，并把（$1-R_i^2$）称为**容许度**（tolerance）或者 TOL。究竟是计算 VIF 还是 TOL，这是个人偏好问题，但这两种方法，是本书中所讨论的诊断多重共线性最具有综合意义的一般性方法。

不幸的是，采用方差膨胀因子时有两个问题。第一个问题是前面已经提到的不存在严格而迅速的 VIF 判定规则。第二个问题是在一个方程中虽然可能存在多重共线性的影响，但是方差膨胀因子并不大。例如，如果变量 X_1 和 X_2 之间的简单相关系数为 0.88，很可能存在多重共线性，而此时方程（假定不存在其他的解释变量 X_i）的方差膨胀因子仅为 4.4。

从本质上讲，就像本节所讨论的简单相关系数一样，方差膨胀因子只是检验多重共线性的充分条件而不是必要条件。实际上，到目前为止，对读者而言，已经有一个显而易见的结论，即没有一种检验能使研究者实际明确地拒绝存在多重共线性的可能性。

8.4 多重共线性的补救措施

怎样才能使严重的多重共线性所造成的影响达到最小呢？目前还没有现成的解决这个问题的方法，因为多重共线性是一种样本现象，即使对于设定形式相同的回归方程，不同样本的多重共线性的严重程度也会有所不同。本节的目的就是简要介绍几种可供选择的多重共线性的补救措施，这些措施在某些条件下可能是恰当的选择。

8.4.1 什么都不做

一旦已经诊断出存在严重的多重共线性，首先要做的就是，决定是否需要对此做些什么。正如我们所知，多重共线性的每种补救措施都存在一定程度上的缺陷，因此，什么都不做往往是正确的选择。

什么都不做的第一个原因是，方程中的多重共线性并非总是减小 t 统计量使其减少到不显著的程度，对 $\hat{\beta}_i$ 的影响也并非总是导致它的符号与预期不同。换句话说，仅仅存在多重共线性并不意味着必须要采取什么补救措施，只有在多重共线性导致 t 统计量不显著或者参数估计值不可信时，才应该考虑针对多重共线性采取补救措施。例如，两个解释变量之间的简单相关系数可能为 0.97，而每一个变量的 t 统计量都是显著的，在这种情况下没有必要考虑如何进行补救，因为针对多重共线性的任何补救措施都可能会导致方程中出现其他的问题。在某种意义上，多重共线性与没有威胁人类生命的疾病是类似的。这些对生命没有威胁的疾病如需治疗，也需要施加一定的麻醉，但这样的风险只有当疾病正在引起严重问题时，才应该去承担。

⊖ 辅助回归方程的判定系数 R_i^2 的另一个用途是和总方程的判定系数 R^2 形成鲜明对比。如果辅助回归方程的 R_i^2 较高，这也是多重共线性存在的另一个标志。

什么都不做的第二个原因是，删除方程中本应包含的一个多重共线性变量会导致方程设定偏误。如果去掉一个这样的变量，那就是在故意制造遗漏变量偏误。避免遗漏变量通常需要付出很大的努力，那么，去掉一个多重共线性变量导致方程设定偏误就是不可取的。因此，经验丰富的计量经济学家通常都会让那些多重共线性变量保留在方程中，尽管此时会使 t 统计量较低。

就多重共线性的补救措施来说，选择什么都不做的最后一个原因是，每次重新进行回归时，我们都要冒设定偏误的风险，因为模型的设定可能只是偶然与给定的数据集拟合较好，而并不是因为我们所设定的模型就是真实的模型。这种回归实验的次数越多，那么，发现这种偶然性结果的机会就越大。另外，当在样本中存在显著的多重共线性时，因为参数估计值对回归方程设定的微小变动很敏感，所以，出现异常结果的可能性也会明显增加，这使得情况更糟。

总之，在面临多重共线性时，不对方程进行任何调整往往是最好的选择，但是严重的多重共线性除外。然而，对于初学者来说，采纳这样的建议可能很难，因为他们可能因为最终回归结果所报告的不显著的 t 统计量而感到困惑。与可能的遗漏变量造成的偏误或者偶然的显著回归结果相比，较低的 t 统计量似乎只是一个次要问题。在面临严重多重共线性时"什么都不做"的例子见第 8.5 节。

8.4.2 去掉多余的变量

有时，针对多重共线性问题，简单地去掉其中一个多重共线性变量是一个好的解决办法。例如，一些缺乏经验的研究者，他们为了避免遗漏变量所造成的偏误，在回归方程中包含了过多的解释变量。因此，他们通常会把本质上测量同一事物的两个或多个变量都纳入到方程中。在这种情况下，这些多重共线的变量并非是无关变量，因为这些变量中的任何一个都很可能具有理论意义和统计意义。然而，这些变量成为**多余变量**（redundant），因为只需其中一个就可以代表它们对被解释变量的全部影响。例如，在总需求函数中，同时包含可支配收入与 GDP 是没有意义的，因为这两个变量衡量的都是收入。进而可以推断，人口数量和可支配收入变量不应该都包含在同一总需求函数中，因为这两个变量实际上衡量的都是市场总规模的大小，当人口数量增加时，可支配收入也会相应增加。去掉这些多余的多重共线性变量是为了弥补方程设定偏误，因为这些多余变量本不该包含在总需求函数中。

为了理解这种方法是如何解决多重共线性问题的，回到关于学生消费函数的例子，考察方程（8-10）：

$$\widehat{CO}_i = -367.83 + 0.5113Yd_i + 0.0427LA_i \tag{8-10}$$
$$(1.0307) \qquad (0.0942)$$
$$t = 0.496 \qquad 0.453 \qquad \overline{R}^2 = 0.835$$

式中，CO 代表消费；Yd 代表可支配收入；LA 代表流动性资产。第一次讨论这个例子时，我们把这个结果与没有流动性资产变量的方程进行了比较：

$$\widehat{CO}_i = -471.43 + 0.9714Yd_i \tag{8-11}$$
$$(0.157)$$
$$t = 6.187 \qquad \overline{R}^2 = 0.861$$

如果我们去掉的是可支配收入变量（Yd）而不是流动性资产变量（LA），可以得到回归方程：

$$\widehat{CO}_i = -199.44 + 0.089\,76LA_i \tag{8-17}$$
$$(0.014\,43)$$
$$t = 6.153 \qquad \overline{R}^2 = 0.860$$

注意，去掉一个多重共线性变量，不仅消除了两个解释变量之间的共线性问题，还使得剩余变量参数估计值的 t 统计量变大了。去掉变量 Yd 时，变量 LA 的参数的 t 统计量从 0.453 上升到 6.153。因为去掉一个变量就改变了剩余变量参数估计值的含义（因为这时被去掉的变量不再是保持不变的），所以，回归结果的这种显著变化并不足为奇，因为剩余变量的参数现在也度量了多重共线的解释变量对被解释变量几乎所有的共同影响。

假如想要去掉一个变量，那应该去掉哪一个呢？在严重多重共线性情况下，去掉哪一个变量在统计上是没有什么差异的。因此，根据原始方程中哪一个变量拟合更优或者哪一个变量更显著（或者符号与预期一致）来选择去掉哪一个变量是没有意义的。相反，模型的理论前提应该作为这种决策的依据。在学生消费函数的例子中，在决定消费能力方面，可支配收入假说比流动性资产假说有更多理论支持。因此，方程（8-11）比方程（8-17）更可取。

8.4.3 增大样本容量

增大样本容量是另一种修正多重共线性的方法，这样可以减小多重共线性的程度。尽管增大样本容量有时是不可行的，但在条件成熟时，不失为一种较好的备选方法。

增大样本容量的思想是，样本数据集越大（往往要求收集新的数据）估计越精确，因为大样本将在一定程度上减小参数估计量的方差，从而降低多重共线性的影响。

然而，对于大多数的时间序列数据来说，这一方法是不可行的。毕竟，所有的样本通常都是由所有可得到的并具有相似性的数据构成的。因此，获取新数据通常是不可能的或者成本十分昂贵。而采用截面数据或者实验数据比采用时间序列数据更容易获得新的数据。

8.5 最好不要修正多重共线性的实例

下面的案例讲的是，多重共线性往往不需要修正。假如你在一家饮料制造公司的市场部工作，并建立了一个关于该公司广告费影响产品销售额的模型：

$$\hat{S}_t = 3\,080 - 75\,000P_t + 4.23A_t - 1.04B_t \tag{8-18}$$
$$(25\,000) \quad (1.06) \quad (0.51)$$
$$t = -3.00 \qquad 3.99 \qquad -2.04$$
$$\overline{R}^2 = 0.825 \qquad N = 28$$

式中，S_t 代表第 t 年公司饮料的销售额；P_t 代表第 t 年公司饮料的平均相对价格；A_t 代表第 t 年公司的广告投入；B_t 代表第 t 年公司主要竞争者的广告投入。

假定不存在遗漏变量。所有变量都用美元不变价进行度量，也就是说，所有的名义值必须除以一个价格指数变成实际值。

从表面看来，这是一个看似合理的结果，参数估计值都是显著的，且符合隐含理论，整体拟合效果及参数的大小似乎都可以接受。假如此时你被告知，饮料行业的广告竞争实质上是很残酷的，企业都倾向于与它们主要的竞争对手在广告支出上展开竞赛，这会使你怀疑方程中因两个广告收入间相关，可能会存在显著的多重共线性。进一步假定这两个广告投入变量之间的简单相关系数为 0.974，它们各自的方差膨胀因子也都大于 5。

如此大的相关系数表明方程中存在严重的多重共线性问题，但是没有理由考虑要对此采取任何措施，因为即使面临着严重多重共线性，这些估计的参数值也是合理的，以至于它们的 t 统计量是显著的。除非多重共线性导致方程出现了很多问题，否则，不应对这一方程进行任何调整。改变模型的设定可能带给我们看上去更好的结果，但是，这一调整会降低获得真实参数最优估计值的可能性。本例中，没有出现由多重共线性导致的严重问题，尽管这是幸运的，但是这种幸运并不是尝试对尚未暴露的多重共线性的影响进行修正的理由。

当一个变量从方程中去掉后，该变量的影响被其他解释变量所体现的程度取决于它与其他解释变量的相关程度。剩下的多重共线性变量实际上很有可能吸收了所有的偏误，因为这些变量之间是高度相关的。去掉多重共线变量之后，这一偏误可能会损害估计量的应用价值。

例如，为了修正多重共线性，我们从方程中去掉变量 B，则会出现如下的估计方程：

$$\hat{S}_t = 2\,586 - 78\,000P_t + 0.52A_t \tag{8-19}$$
$$(24\,000) \qquad (4.32)$$
$$t = -3.25 \qquad 0.12$$
$$\overline{R}^2 = 0.531 \qquad N = 28$$

这是怎么回事呢？当多重共线变量 B 被去掉后，该公司广告投入变量的参数估计值变得更小，其 t 统计量变得不显著了。为了明白其中的原因，首先要注意的是，参数估计值 $\hat{\beta}_A$ 的预期偏误是负的，因为 B 参数的预期符号与 A 和 B 的相关系数的预期符号的乘积是负的：

$$偏误 = \beta_B \cdot f(r_{A,B}) = (-) \cdot (+) = - \tag{8-20}$$

其次，这一负的偏误足够大，以至于会使变量 A 的参数估计值变小，直到这一参数不再显著。尽管可以运用一个相对的广告变量（比如，A/B）避免这一问题，但是这样就迫使 A 和 $1/B$ 的参数在绝对值上相同。这种相同的参数有时是理论所预期的，或者具有实证意义上的合理性，但是在大多数情况下，这些约束会使原本没有偏误的方程被迫产生偏误。

这个例子虽然很简单。不过，这个例子只是想通过去掉一个多重共线的变量对方程进行调整，而没有考虑删除这一变量所带来的影响。在多重共线性条件下，这样的结果具有很强的代表性。这里所要表明的观点是，无论是从理论上还是操作上来看，从一个方程中去掉一个变量都不明智。因此，在这种条件下，不对多重共线性进行任何调整往往是最好的选择。

8.6 小结

（1）完全多重共线性违背了一个解释变量不能是其他一个或多个解释变量的完全线性函数的古典假设。完全多重共线性会导致回归参数估计值的不确定性，并使得这些估计值具有无穷大的标准差，从而使得普通最小二乘法不再适用。

（2）使用"多重共线性"一词时，通常指的是不完全多重共线性。不完全多重共线性指的是两个或多个解释变量之间存在较强的线性关系，以至于能够显著地影响方程中解释变量的参数估计。多重共线性问题既是一种样本现象，同时也是一种理论现象。不同的样本可能存在不同程度的多重共线性。

（3）严重的多重共线性产生的主要结果是增大了回归参数估计量的方差，同时使得这些参数估计值的 t 统计量变小，扩大了置信区间。多重共线性不会导致参数估计值有偏，它对回归方程的整体显著性或者任何一个不是多重共线的解释变量的参数估计值都几乎没有什么影响。

（4）由于在不同的数据集中多重共线性的程度会有显著的不同，所以，在诊断多重共线性时需要注意的问题就是：在一个特定的样本当中，多重共线性究竟有多严重。

（5）用来诊断严重多重共线性的两种有用的方法是：

a. 解释变量之间的简单相关系数是否很高？

b. 方差膨胀因子是否很高？

如果两个答案中任意一个是"是"，则多重共线性确实存在，但是，当答案同时为"否"时，也可能存在多重共线性问题。

（6）针对多重共线性有如下三种最为常用的补救措施：

a. 什么都不做（这样可以避免导致方程设定偏误）。

b. 去掉多余的变量。

c. 增大样本容量。

（7）针对多重共线性问题，什么都不做往往是最好的补救措施。假如多重共线性没有使 t 统计量减少到不显著的程度，那么就不需要对多重共线性采取任何补救措施。即使 t 统计量不显著，针对多重共线性所采取的补救措施也必须谨慎，因为补救所带来的估计成本，可能比从方程中消除多重共线性所获得的潜在收益还要大。

习题

（偶数序号的习题答案见附录 A）

1 不查阅书本（或笔记），给出下列术语的定义，然后与书本上的相比较。

   a. 支配变量   b. 不完全多重共线性   c. 完全多重共线性

   d. 多余变量   e. 简单相关系数   f. 方差膨胀因子

2 针对加利福尼亚州北部一个教学区的小学教师薪水进行的一项最新研究得出如下的估计方程（括号中的值为 t 统计量）：

$$\widehat{\ln SAL_i} = 10.5 - 0.006EMP_i + 0.002UNITS_i + 0.079LANG_i + 0.002\,0EXP_i$$
$$(-0.98) \qquad (2.39) \qquad\qquad (2.08) \qquad\qquad (4.97)$$
$$\overline{R}^2 = 0.866 \qquad N = 25 \tag{8-21}$$

式中，SAL_i 代表第 i 位教师的工资（单位：美元）；EMP_i 代表第 i 位教师在该教学区的教龄；$UNITS_i$ 代表第 i 位教师完成的毕业生工作量；$LANG_i$ 代表第 i 位教师是否会讲两种语言，代表虚拟变量，如果会两种为 1，否则为 0；EXP_i 代表第 i 位教师的教龄。

   a. 在 5% 的显著性水平下，对该方程中的参数建立合适的假设并进行检验。

   b. 该方程的函数形式是什么？它是否恰当？请说明理由。

   c. 该方程存在什么样的计量经济学问题（在变量不相关、变量遗漏以及多重共线性中进行选择）？请说明理由。

   d. 假如你现在被告知，变量 EMP 与 EXP 之间的简单相关系数为 0.89，且它们的方差膨胀因子都恰好刚刚大于 5。这会改变你对问题 c 的回答吗？如何改变？

e. 对于在问题 d 中所发现的问题，你建议采取什么样的补救措施？请说明理由。

f. 如果在方程（8-21）剔除变量 EMP，那么，估计方程将变为方程（8-22）。根据第 6 章的四个模型设定准则，你是更倾向于选择方程（8-21），还是方程（8-22）？为什么？

$$\widehat{\ln SAL_i} = 10.5 + 0.002 UNITS_i + 0.081 LANG_i + 0.015 EXP_i \tag{8-22}$$
$$(2.47) \qquad (2.09) \qquad (8.65)$$
$$\overline{R}^2 = 0.871 \qquad N = 25$$

3 有研究者曾经试图估计一个资产需求方程，该方程包括如下三个解释变量：现期财富 W_t，上一期财富 W_{t-1} 以及财富变化量 $\Delta W_t = W_t - W_{t-1}$。这个研究者会遇到什么问题呢？为了解决这一问题，应该采取什么措施呢？

4 在下列每种情形下，判定所涉及的变量是否是支配变量。

a. 一个棒球队每年参加比赛的次数都相同，在关于第 t 年赢得比赛次数的方程中，该球队输掉比赛的次数。

b. 所有 Woody's 餐厅连锁店的总销售额模型中，Woody's 连锁店的个数。

c. 总消费支出的方程中的可支配收入。

d. 某汽车制造商（自己不制造轮胎）所生产汽车数量的年度模型中，所购买的轮胎数量。

e. 农业供给函数当中，种植土地的英亩数。

5 1998 年，马克·麦奎尔以 70 个本垒打打破了罗杰·马里斯 61 个本垒打的记录，然而，麦奎尔在他的职业联赛当中却没有被推选为联盟最有价值球员（MVP）。为了了解这到底是怎么一回事，你可以从全国联盟收集到 1998 年下列变量的数据：MVP 选票、各选手的击球率（BA）、本垒打次数（HR）以及打点（RBI）：

选手姓名	选票	击球率	本垒打次数	打点
Sosa	438	0.308	66	158
McGwire	272	0.299	70	147
Alou	215	0.312	38	124
Vaughn	185	0.272	50	119
Biggio	163	0.325	20	88
Galarraga	147	0.305	44	121
Bones	66	0.303	37	122
Jones	56	0.313	34	107

注：数据文件名为 MVP8。

当你正要进行回归的时候，你的朋友警告你，这一数据集有可能存在多重共线性。

a. 针对朋友的警告，在进行回归之前，你应该做什么？

b. 采用上面给定的数据，对 $V = f(\overset{+}{BA}, \overset{+}{HR}, \overset{+}{RBI}) + \varepsilon$ 进行回归，会有哪些信息显示存在多重共线性？

c. 若对这一方程再次回归，你有什么建议？特别是，你将对多重共线性进行怎样的处理？

6 考察下述来自斯坦福商学院招生办公室一项研究的回归结果（括号中的数值为标准差）：

$$\hat{G}_i = 1.00 + 0.005 M_i + 0.20 B_i - 0.10 A_i + 0.25 S_i$$
$$(0.001) \quad (0.20) \quad (0.10) \quad (0.10)$$
$$\overline{R}^2 = 0.20 \qquad N = 1\,000$$

式中，G_i 代表第 i 位学生在斯坦福商学院的 GPA 成绩（4 分制）；M_i 代表第 i 位学生的 GMAT 成绩（800 分制）；B_i 代表第 i 位学生的商业从业年限；A_i 代表第 i 位学生的年龄；S_i 代表第 i 位学生主修的是不是经济学，代表虚拟变量，如果是则为 1，否则为 0。

a. 从理论上推导所有参数的预期符号（尽量不要看上面的结果），并设定适当的假设对这些预期符号进行检验（包括选择显著性水平）。

b. 这一方程存在问题吗？请说明理由。

c. 如果有人建议用一个多项式函数形式来表示变量 A，你对此有何反应？为什么？

d. 如果对该方程再进行一次回归，你有什么建议（如果有的话）？

7 计算方差膨胀因子时涉及一系列的辅助回归方程，对方程中的每一个解释变量都要进行一次回归。为了练习这个过程，计算下列情形的方差膨胀因子：

a. 根据表 3-1 中 Woody's 餐厅的数据，分别计算变量 N，P 和 I 的方差膨胀因子。

b. 根据表 7-2 中股价的数据，分别计算变量 $BETA$，$EARN$ 和 DIV 的方差膨胀因子。

c. 在一方程中仅有 X_1 和 X_2 两个解释变量，假定变量 X_2 的方差膨胀因子为 3.8，且 $N=28$，请计算变量 X_1 的方差膨胀因子。

d. 在一方程中仅有 X_1 和 X_2 两个解释变量，假定变量 X_1 和 X_2 之间的简单相关系数为 0.80，且 $N=15$，请计算变量 X_1 的方差膨胀因子。

附录 8A　SAT 互动回归练习

　　无论案例有多好，仅仅阅读计量经济学的案例也很难学好计量经济学。大多数计量经济学家，也包括作者，在理解怎样运用计量经济学方面都存在困难，特别是模型设定方面，这些问题一直困扰着他们，直到他们亲自进行回归分析。这是因为理解计量经济学的一个重要环节是自己亲自动手，这比仅仅阅读其他人是如何做的更有效率。

　　然而，通过运行自己建立的不带任何反馈回归项目来掌握计量经济学的艺术也是很难的，因为学习如何避免一些简单的错误需要花费很长的时间。学习计量经济学最好的方法也许是运行你自己的回归项目、分析你自己所遇到的问题并且做出自己的判断，但是要有一个经验丰富的计量经济学家在你旁边给你一对一的指导，确切指出你的哪些判断是值得鼓励的，哪些判断是有缺陷的，并说明原因，将对你有很大帮助。

　　本节将会给你一个独立做出设定决定的机会，并给出你所做决定的优点和缺点。本节涉及的互动练习，既不需要电脑也不需要教师，尽管有时电脑和教师能带来很大的帮助。相反，我们设计了一个练习，它本身就能够缩小典型的计量经济实例（不需要做任何决定）与典型的计量经济项目（很少具备信息反馈）的差距。另一个互动练习将在第 11 章给出。

　　为了从练习中学到更多，严格遵循说明很重要。阅读例子时应按顺序进行，否则会浪费时间，因为一旦你抢先知道哪怕是一点点结果，你从所做出的设定决定中得到的好处都会减少。此外，在你设定好第一个方程之前不要去查看任何的回归结果。

8A.1　建立一个关于学习能力和考试分数的模型

　　这一互动练习的被解释变量结合了 Arcadia 高中高年级学生在"两次考试"中获得的 SAT 分数，即数学和语言学分数。Arcadia 是坐落在加利福尼亚洛杉矶附近的中上层社区。数据集包含了从毕业班 640 个学生当中抽取的 65 个参加了美国高考（SAT）的学生。如果这些学生当中有人多次参加过这样的测试，那么以最高成绩为准。

通过查阅关于 SAT 考试的文献，可知心理学研究以及大众传媒方面的文章比计量经济回归分析的要多。SAT 的评判者写了很多文章，他们认为 SAT 对女性、少数民族（在其他事情上也是如此）考生区别对待。为了支持这一观点，评判者指出：近年来，女性和少数民族考生的全国平均分，明显低于白人男性的全国平均分。在继续本节讲解之前，任何感兴趣的读者都应该回顾一下相关文献。[⊖]

如果要建立一个关于 SAT 成绩的单方程线性回归模型，你会考虑哪些因素呢？第一，你可能想包括一些测度学生学术研究能力的变量。能够体现学生学术能力的变量有 3 个，分别是：高中成绩的平均绩点（GPA）、数学高级课程和英语高级课程的出勤率（APMATH 和 APENG）。高级课程（AP）是学术严谨的课程，学习高级课程可以使学生在 SAT 考试中取得优异的成绩。更为重要的是，学生是否被吸引去学习高级课程是与学生的学术研究潜能相关的，另外这也反映了他们学术研究方面的兴趣，因此，学生的研究潜能和兴趣对于学生在 SAT 测试中取得好成绩很重要。Arcadia 高中的平均绩点是加权平均绩点；学生每学期都要学习一门高级课程，这样就可以在他的总成绩中加上额外的分数。（例如，在一学期中高等课的学期成绩为"A"，这样，总成绩就为 5 分，而不是常规情况下的 4 分。）

第二类需要考虑的重要因素是一些能够影响 SAT 考试成绩的定性因素。这种可获得的虚拟变量包括学生的性别（GEND）、种族（RACE）以及他们的母语（ESL）。本样本当中的学生不是亚洲人就是白种人，因此，如果学生是亚洲人那么就令变量 RACE 的值为 1。在 Arcadia 高中，亚洲学生占了很大的比例。如果英语为学生的第二语言，则令虚拟变量 ESL 的值为 1，否则为 0。除此之外，为考试而进行学习也是重要因素，所以，刻画学生是否参加了 SAT 准备课程的虚拟变量 PREP 也包含在了数据当中。

总之，能够用于模型的解释变量有：

GPA_i 为第 i 位学生的加权平均绩点；

$APMATH_i$ 代表第 i 位学生是否修读了数学高级课程，为虚拟变量，如果修读了为 1，否则为 0；

$APENG_i$ 代表第 i 位学生是否修读了英语高级课程，为虚拟变量，如果修读了为 1，否则为 0；

AP_i 代表第 i 位学生是否修读了数学高级课程或英语高级课程，为虚拟变量，如果是为 1，否则为 0；

ESL_i 代表第 i 位学生的母语是不是英语，为虚拟变量，如果不是为 1，否则为 0；

$RACE_i$ 代表第 i 位学生是不是亚洲人，为虚拟变量，如果是为 1，否则为 0；

$GEND_i$ 代表第 i 位学生是不是男性，为虚拟变量，如果是为 1，否则为 0；

$PREP_i$ 代表第 i 位学生是否参加过 SAT 准备课程，为虚拟变量，如果参加过为 1，否则为 0。

现在开始做如下工作。

（1）在第 i 位学生的 SAT 考试成绩方程中，假定每个变量的参数的预期符号。仔细检验每一个变量；你假定的理论依据是什么？

（2）仔细选择最好的解释变量组合。一开始应包括变量 GPA，APMATH 以及 APENG，你认为其他哪些变量还应该包含在方程中？不要简简单单地包括所有的变量，尝试着去掉一些不重

⊖ 比如说，参考 James Fallows，"The Tests and the 'Brightest'：How Fair Are the College Boards?" *The Atlantic*，Vol. 245，No. 2，pp. 37-48. 我们很感激以前的留学生 Bob Sego 对准备该互动练习的帮助。

要的变量。在仔细思考这一问题的基础上，找出最好的方程形式。

一旦选定了方程形式，就可以继续进行后面的工作。在选定方程形式之前，请严格遵循练习的指导说明。你可以花点时间去思考问题或者休息一会，但是当你回到互动练习中时，回到之前停下地方即可，不要从头再看。在某种程度上，你应该做到这一点；尽量避免在完成整个项目之前看提示。这些提示是你在练习中遇到困难时给你提供帮助用的，并不是让你去检验你在练习中所做的每一个判断。

最后的一点忠告是，每一个回归结果往往都伴随一系列的问题。请花一点时间回答所有的问题，可能的话写出答案。如果跳过这些问题，就会降低互动练习的效果。

8A.2 关于 SAT 考试成绩的互动回归练习

首先，选择你想要进行的估计模型设定形式，在下表中找出所选模型设定形式的回归对应的序号[⊖]，然后进行回归。在开始回归前，请注意表 8-3 中的简单相关系数矩阵。

变量数据如表 8-2 所示。

表 8-2 SAT 互动练习的数据

SAT	GPA	APMATH	APENG	AP	ESL	GEND	PREP	RACE
1 060	3.74	0	1	1	0	0	0	0
740	2.71	0	0	0	0	0	1	0
1 070	3.92	0	1	1	0	0	1	0
1 070	3.43	0	1	1	0	0	1	0
1 330	4.35	1	1	1	0	0	1	0
1 220	3.02	0	1	1	0	1	1	0
1 130	3.98	1	1	1	1	0	1	0
770	2.94	0	0	0	0	0	1	0
1 050	3.49	0	1	1	0	0	1	0
1 250	3.87	1	1	1	0	1	1	0
1 000	3.49	0	0	0	0	0	0	0
1 010	3.24	0	1	1	0	0	1	0
1 320	4.22	1	1	1	1	1	0	1
1 230	3.61	1	1	1	1	1	1	1
840	2.48	1	0	1	1	1	0	1
940	2.26	1	0	1	1	0	0	1
910	2.32	0	0	0	1	1	1	1
1 240	3.89	1	1	1	0	1	1	0
1 020	3.67	0	0	0	0	1	0	0
630	2.54	0	0	0	0	0	1	0
850	3.16	0	0	0	0	0	1	0
1 300	4.16	1	1	1	1	1	1	0
950	2.94	0	0	0	0	0	1	0
1 350	3.79	1	1	1	0	1	1	0

⊖ 所有的回归结果都是来自 Stata 的回归程序包。

（续）

SAT	GPA	APMATH	APENG	AP	ESL	GEND	PREP	RACE
1 070	2.56	0	0	0	0	1	0	0
1 000	3.00	0	0	0	0	1	1	0
770	2.79	0	0	0	0	0	1	0
1 280	3.70	1	0	1	1	0	1	1
590	3.23	0	0	0	1	0	1	1
1 060	3.98	1	1	1	1	1	0	1
1 050	2.64	1	0	1	0	0	0	0
1 220	4.15	1	1	1	1	1	1	1
930	2.73	0	0	0	0	1	1	0
940	3.10	1	1	1	1	0	0	1
980	2.70	0	0	0	1	1	1	1
1 280	3.73	1	1	1	0	1	1	0
700	1.64	0	0	0	1	0	1	1
1 040	4.03	1	1	1	1	0	1	1
1 070	3.24	0	1	1	0	1	1	0
900	3.42	0	0	0	0	1	1	0
1 430	4.29	1	1	1	0	1	0	0
1 290	3.33	0	0	0	0	1	0	0
1 070	3.61	1	0	1	1	0	1	1
1 100	3.58	1	1	1	0	0	1	0
1 030	3.52	0	1	1	0	0	1	0
1 070	2.94	0	0	0	0	1	1	0
1 170	3.98	1	1	1	1	1	1	0
1 300	3.89	1	1	1	0	1	0	0
1 410	4.34	1	1	1	1	0	1	1
1 160	3.43	1	1	1	0	1	1	0
1 170	3.56	1	1	1	0	0	0	0
1 280	4.11	1	1	1	0	0	1	0
1 060	3.58	1	1	1	1	0	1	0
1 250	3.47	1	1	1	0	1	1	0
1 020	2.92	1	0	1	1	1	1	1
1 000	4.05	0	1	1	1	0	0	1
1 090	3.24	1	1	1	1	1	1	1
1 430	4.38	1	1	1	1	0	0	1
860	2.62	1	0	1	1	0	0	1
1 050	2.37	0	0	0	0	1	0	0
920	2.77	0	0	0	0	0	1	0
1 100	2.54	0	0	0	0	1	1	0
1 160	3.55	1	0	1	1	1	1	1
1 360	2.98	0	1	1	1	0	1	0
970	3.64	1	1	1	0	0	1	0

注：数据文件名为 SAT8。

表 8-3 SAT 互动练习案例中的均值、标准差和简单相关系数

Means and Standard Deviations:

Variable	Obs	Mean	Std. Dev.	Min	Max
OBS	65	33	18.90767	1	65
AP	65	.6769231	.4712912	0	1
APENG	65	.5538462	.5009606	0	1
APMATH	65	.5230769	.5033541	0	1
ESL	65	.4	.4937104	0	1
GEND	65	.4923077	.5038315	0	1
GPA	65	3.362308	.6127392	1.64	4.38
PREP	65	.7384615	.4428926	0	1
RACE	65	.3230769	.4712912	0	1
SAT	65	1075.538	191.3605	590	1430

Simple Correlation Coefficients:
(obs=65)

	OBS	AP	APENG	APMATH	ESL	GEND	GPA
OBS	1.0000						
AP	0.0859	1.0000					
APENG	0.0049	0.7697	1.0000				
APMATH	0.2298	0.7235	0.4442	1.0000			
ESL	0.1891	0.2955	0.0379	0.4024	1.0000		
GEND	0.0754	-0.1093	-0.0448	0.0777	-0.0503	1.0000	
GPA	-0.0148	0.5854	0.7094	0.4971	0.0718	-0.0083	1.0000
PREP	-0.0709	-0.1117	0.0293	-0.1477	-0.0857	-0.0442	0.0011
RACE	0.1490	0.1959	-0.1079	0.3303	0.8461	-0.0223	-0.0259
SAT	0.1738	0.5798	0.6081	0.5129	0.0241	0.2938	0.6787

	PREP	RACE	SAT
PREP	1.0000		
RACE	-0.1877	1.0000	
SAT	-0.1006	-0.0860	1.0000

所有的方程都以变量 SAT 作为被解释变量，变量 GPA，APMATH 以及 APENG 作为解释变量。找出你希望加入方程的解释变量（ESL，GEND，PREP 以及 RACE）的组合，并找到相应的回归：

全都不包括，执行回归 8-1。

仅包括变量 ESL，执行回归 8-2。

仅包括变量 GEND，执行回归 8-3。

仅包括变量 PREP，执行回归 8-4。

仅包括变量 RACE，执行回归 8-5。

包括变量 ESL 和 GEND，执行回归 8-6。

包括变量 ESL 和 PREP，执行回归 8-7。

包括变量 ESL 和 RACE，执行回归 8-8。

包括变量 GEND 和 PREP，执行回归 8-9。

包括变量 GEND 和 RACE，执行回归 8-10。

包括变量 PREP 和 RACE，执行回归 8-11。

包括变量 ESL，GEND 以及 PREP，执行回归 8-12。

包括变量 ESL，GEND 以及 RACE，执行回归 8-13。

包括变量 ESL，PREP 以及 RACE，执行回归 8-14。

包括变量 *GEND*，*PREP* 以及 *RACE*，执行回归 8-15。

四个全都包括，执行回归 8-16。

8A.2.1 执行回归 8-1

Source	SS	df	MS		
Model	1228849.32	3	409616.439		
Residual	1114756.84	61	18274.7022		
Total	2343606.15	64	36618.8462		

Number of obs = 65
F(3, 61) = 22.41
Prob > F = 0.0000
R-squared = 0.5243
Adj R-squared = 0.5009
Root MSE = 135.18

SAT	Coef.	Std. Err.	t	P>|t|	[95% Conf. Interval]
GPA	131.8512	40.86212	3.23	0.002	50.14236 213.5601
APMATH	78.60445	39.13018	2.01	0.049	.3588106 156.8501
APENG	82.77424	48.40687	1.71	0.092	-14.02128 179.5698
_cons	545.2537	117.8141	4.63	0.000	309.6699 780.8376

针对回归结果，回答下面的每个问题。

(1) 评价回归结果的经济意义、整体拟合优度以及单个参数的符号和显著性。

(2) 这一回归结果存在什么样的计量经济问题（遗漏变量、存在不相干变量还是多重共线性）？为什么？如果需要答案的反馈信息，请参阅本章附录 A 中的提示（2）中的内容。

(3) 如果要对此方程进行进一步的估计，那么，下面哪一个陈述与你的建议最接近？

a. 没有必要更改方程设定（参阅附录 A）。

b. 把变量 *ESL* 增加到方程中（执行回归 8-2）。

c. 把变量 *GEND* 增加到方程中（执行回归 8-3）。

d. 把变量 *PREP* 增加到方程中（执行回归 8-4）。

e. 把变量 *RACE* 增加到方程中（执行回归 8-5）。

如果需要答案的反馈信息，请参阅附录 A 中本章提示（6）的内容。

8A.2.2 执行回归 8-2

Source	SS	df	MS		
Model	1256418.66	4	314104.665		
Residual	1087187.5	60	18119.7916		
Total	2343606.15	64	36618.8462		

Number of obs = 65
F(4, 60) = 17.33
Prob > F = 0.0000
R-squared = 0.5361
Adj R-squared = 0.5052
Root MSE = 134.61

SAT	Coef.	Std. Err.	t	P>|t|	[95% Conf. Interval]
GPA	128.3402	40.788	3.15	0.003	46.75208 209.9284
APMATH	101.5886	43.19023	2.35	0.022	15.19531 187.9819
APENG	77.30713	48.40462	1.60	0.115	-19.51652 174.1308
ESL	-46.72721	37.88203	-1.23	0.222	-122.5025 29.04813
_cons	566.7551	118.6016	4.78	0.000	329.5165 803.9937

针对回归结果，回答下面的每个问题。

(1) 评价回归结果的经济意义、整体拟合优度以及单个参数的符号和显著性。

(2) 这一回归结果存在什么样的计量经济问题（遗漏变量、存在不相干变量还是多重共线性）？为什么？如果需要答案的反馈信息，请参阅本章附录 A 中的提示（3）中的内容。

(3) 如果要对此方程进行进一步的估计，那么，下面哪一个陈述与你的建议最接近？

a. 没有必要更改方程设定（参阅附录 A）。

b. 把变量 *ESL* 从方程中去掉（执行回归 8-1）。

c. 把变量 *GEND* 增加到方程中（执行回归 8-6）。

d. 把变量 *RACE* 增加到方程中（执行回归 8-8）。

e. 把变量 *PREP* 增加到方程中（执行回归 8-7）。

如果需要答案的反馈信息，请参阅附录 A 中本章提示（6）的内容。

8A. 2. 3 执行回归 8-3

Source	SS	df	MS				
Model	1429979.75	4	357494.937				
Residual	913626.408	60	15227.1068				
Total	2343606.15	64	36618.8462				

Number of obs = 65
F(4, 60) = 23.48
Prob > F = 0.0000
R-squared = 0.6102
Adj R-squared = 0.5842
Root MSE = 123.4

SAT	Coef.	Std. Err.	t	P>|t|	[95% Conf. Interval]	
GPA	131.5798	37.2997	3.53	0.001	56.96932	206.1903
APMATH	65.04046	35.91313	1.81	0.075	-6.796506	136.8774
APENG	94.10841	44.29652	2.12	0.038	5.502183	182.7146
GEND	112.0465	30.82961	3.63	0.001	50.37809	173.7149
_cons	491.8225	108.5429	4.53	0.000	274.7044	708.9407

针对回归结果，回答下面的每个问题。

(1) 评价回归结果的经济意义、整体拟合优度以及单个参数的符号和显著性。

(2) 这一回归结果存在什么样的计量经济问题（遗漏变量、存在不相干变量还是多重共线性)？为什么？如果需要答案的反馈信息，请参阅附录 A 中本章提示（5）的内容。

(3) 如果要对此方程进行进一步的估计，那么，下面哪一个陈述与你的建议最接近？

a. 没有必要更改方程设定（参阅附录 A）。

b. 把变量 *ESL* 增加到方程中（执行回归 8-6）。

c. 把变量 *PREP* 增加到方程中（执行回归 8-9）。

d. 把变量 *RACE* 增加到方程中（执行回归 8-10）。

如果需要答案的反馈信息，请参阅附录 A 中本章提示（19）的内容。

8A. 2. 4 执行回归 8-4

Source	SS	df	MS				
Model	1243189.44	4	310797.36				
Residual	1100416.71	60	18340.2786				
Total	2343606.15	64	36618.8462				

Number of obs = 65
F(4, 60) = 16.95
Prob > F = 0.0000
R-squared = 0.5305
Adj R-squared = 0.4992
Root MSE = 135.43

SAT	Coef.	Std. Err.	t	P>|t|	[95% Conf. Interval]	
GPA	132.7666	40.94846	3.24	0.002	50.85753	214.6757
APMATH	72.29444	39.84456	1.81	0.075	-7.406535	151.9954
APENG	85.68562	48.60529	1.76	0.083	-11.53944	182.9107
PREP	-34.38129	38.88201	-0.88	0.380	-112.1569	43.39431
_cons	569.2532	121.1058	4.70	0.000	327.0056	811.5009

针对回归结果，回答下面的每个问题。

(1) 评价回归结果的经济意义、整体拟合优度以及单个参数的符号和显著性。

(2) 这一回归结果存在什么样的计量经济问题（遗漏变量、存在不相干变量还是多重共线性)？为什么？如果需要答案的反馈信息，请参阅附录 A 中本章提示（8）的内容。

(3) 如果要对此方程进行进一步的估计，那么，下面哪一个陈述与你的建议最接近？

a. 没有必要更改方程设定（参阅附录 A）。

b. 把变量 *PREP* 从方程中去掉（执行回归 8-1）。

c. 把变量 *ESL* 增加到方程中（执行回归 8-7）。

d. 把变量 *GEND* 增加到方程中（执行回归 8-9）。

e. 用变量 *APMATH* 和 *APENG* 的线性组合 *AP* 来替代它们（执行回归 8-17）。

如果需要答案的反馈信息，请参阅附录 A 中本章提示（12）的内容。

8A.2.5 执行回归 8-5

Source	SS	df	MS			
Model	1270629.16	4	317657.29	Number of obs =	65	
Residual	1072976.99	60	17882.9499	F(4, 60) =	17.76	
				Prob > F =	0.0000	
Total	2343606.15	64	36618.8462	R-squared =	0.5422	
				Adj R-squared =	0.5116	
				Root MSE =	133.73	

SAT	Coef.	Std. Err.	t	P>|t|	[95% Conf. Interval]	
GPA	128.2798	40.48924	3.17	0.002	47.28924	209.2703
APMATH	106.2137	42.71559	2.49	0.016	20.76982	191.6576
APENG	67.42362	48.92704	1.38	0.173	-30.44503	165.2923
RACE	-60.33471	39.4733	-1.53	0.132	-139.2931	18.62364
_cons	570.8148	117.7382	4.85	0.000	335.3035	806.3262

针对回归结果，回答下面的每个问题。

（1）评价回归结果的经济意义、整体拟合优度以及单个参数的符号和显著性。

（2）这一回归结果存在什么样的计量经济问题（遗漏变量、存在不相干变量还是多重共线性）？为什么？如果需要答案的反馈信息，请参阅附录 A 中本章提示（3）的内容。

（3）如果要对此方程进行进一步的估计，那么，下面哪一个陈述与你的建议最接近？

a. 没有必要更改方程设定（参阅附录 A）。

b. 把变量 *RACE* 从方程中去掉（执行回归 8-1）。

c. 把变量 *ESL* 增加到方程中（执行回归 8-8）。

d. 把变量 *GEND* 增加到方程中（执行回归 8-10）。

e. 把变量 *PREP* 增加到方程中（执行回归 8-11）。

如果需要答案的反馈信息，请参阅附录 A 中本章提示（14）的内容。

8A.2.6 执行回归 8-6

Source	SS	df	MS			
Model	1444109.93	5	288821.987	Number of obs =	65	
Residual	899496.22	59	15245.6986	F(5, 59) =	18.94	
				Prob > F =	0.0000	
Total	2343606.15	64	36618.8462	R-squared =	0.6162	
				Adj R-squared =	0.5837	
				Root MSE =	123.47	

SAT	Coef.	Std. Err.	t	P>|t|	[95% Conf. Interval]	
GPA	129.0595	37.41416	3.45	0.001	54.19399	203.9251
APMATH	81.97538	40.0095	2.05	0.045	1.916549	162.0342
APENG	89.8496	44.54376	2.02	0.048	.7177482	178.9815
ESL	-33.64469	34.94751	-0.96	0.340	-103.5745	36.28511
GEND	108.8598	31.02552	3.51	0.001	46.77785	170.9417
_cons	508.8237	110.0355	4.62	0.000	288.6432	729.0041

针对回归结果，回答下面的每个问题。

（1）评价回归结果的经济意义、整体拟合优度以及单个参数的符号和显著性。

（2）这一回归结果存在什么样的计量经济问题（遗漏变量、存在不相干变量还是多重共线性)？为什么？如果需要答案的反馈信息，请参阅附录 A 中本章提示（7）的内容。

（3）如果要对此方程进行进一步的估计，那么，下面哪一个陈述与你的建议最接近？

a. 没有必要更改方程设定（参阅附录 A）。

b. 把变量 *ESL* 从方程中去掉（执行回归 8-3）。

c. 把变量 *PREP* 增加到方程中（执行回归 8-12）。

d. 把变量 *RACE* 增加到方程中（执行回归 8-13）。

如果需要答案的反馈信息，请参阅附录 A 中本章提示（4）的内容。

8A.2.7 执行回归 8-7

```
      Source |       SS       df       MS              Number of obs =      65
-------------+------------------------------           F(  5,    59) =   13.99
       Model | 1271126.11     5   254225.223           Prob > F      = 0.0000
    Residual | 1072480.04    59   18177.6278           R-squared     = 0.5424
-------------+------------------------------           Adj R-squared = 0.5036
       Total | 2343606.15    64   36618.8462           Root MSE      = 134.82

------------------------------------------------------------------------------
         SAT |     Coef.   Std. Err.      t    P>|t|     [95% Conf. Interval]
-------------+----------------------------------------------------------------
         GPA |  129.2439   40.86539     3.16   0.002     47.47242    211.0153
      APMATH |  95.35163   43.81128     2.18   0.034     7.685451    183.0178
       APENG |  80.21916   48.58978     1.65   0.104    -17.00876    177.4471
         ESL | -47.03944   37.94402    -1.24   0.220    -122.9653    28.88638
        PREP | -34.82031   38.71083    -0.90   0.372    -112.2805    42.63988
       _cons |  591.2047   121.8609     4.85   0.000     347.3616    835.0478
------------------------------------------------------------------------------
```

针对回归结果，回答下面的每个问题。

（1）评价回归结果的经济意义、整体拟合优度以及单个参数的符号和显著性。

（2）这一回归结果存在什么样的计量经济问题（遗漏变量、存在不相干变量还是多重共线性)？为什么？如果需要答案的反馈信息，请参阅本章附录 A 中的提示（8）中的内容。

（3）如果要对此方程进行进一步的估计，那么，下面哪一个陈述与你的建议最接近？

a. 没有必要更改方程设定（参阅附录 A）。

b. 把变量 *ESL* 从方程中去掉（执行回归 8-4）。

c. 把变量 *PREP* 从方程中去掉（执行回归 8-2）。

d. 把变量 *GEND* 增加到方程中（执行回归 8-12）。

e. 把变量 *RACE* 增加到方程中（执行回归 8-14）。

如果需要答案的反馈信息，请参阅附录 A 中本章提示（18）的内容。

8A.2.8 执行回归 8-8

```
      Source |       SS       df       MS              Number of obs =      65
-------------+------------------------------           F(  5,    59) =   13.97
       Model | 1270643.65     5   254128.731           Prob > F      = 0.0000
    Residual | 1072962.5     59   18185.8051           R-squared     = 0.5422
-------------+------------------------------           Adj R-squared = 0.5034
       Total | 2343606.15    64   36618.8462           Root MSE      = 134.85

------------------------------------------------------------------------------
         SAT |     Coef.   Std. Err.      t    P>|t|     [95% Conf. Interval]
-------------+----------------------------------------------------------------
         GPA |  128.3251   40.86223     3.14   0.003     46.55999    210.0903
      APMATH |   106.031    43.5594     2.43   0.018     18.86883    193.1932
       APENG |  67.23015   49.81328     1.35   0.182      -32.446    166.9063
         ESL |  1.885689   66.79448     0.03   0.978    -131.7698    135.5411
        RACE | -61.96231   70.05962    -0.88   0.380    -202.1513    78.22667
       _cons |  570.6367   118.8985     4.80   0.000     332.7213    808.5521
------------------------------------------------------------------------------
```

针对回归结果，回答下面的每个问题。

（1）评价回归结果的经济意义、整体拟合优度以及单个参数的符号和显著性。

（2）这一回归结果存在什么样的计量经济问题（遗漏变量、存在不相干变量还是多重共线性）？为什么？如果需要答案的反馈信息，请参阅附录 A 本章的提示（9）中的内容。

（3）如果要对此方程进行进一步的估计，那么，下面哪一个陈述与你的建议最接近？

a. 没有必要更改方程设定（参阅附录 A）。

b. 把变量 *ESL* 从方程中去掉（执行回归 8-5）。

c. 把变量 *RACE* 从方程中去掉（执行回归 8-2）。

d. 把变量 *GEND* 增加到方程中（执行回归 8-13）。

e. 把变量 *PREP* 增加到方程中（执行回归 8-14）。

如果需要答案的反馈信息，请参阅附录 A 中本章提示（15）的内容。

8A.2.9 执行回归 8-9

Source	SS	df	MS		Number of obs =	65
					F(5, 59) =	18.87
Model	1441871.27	5	288374.253		Prob > F =	0.0000
Residual	901734.887	59	15283.6422		R-squared =	0.6152
					Adj R-squared =	0.5826
Total	2343606.15	64	36618.8462		Root MSE =	123.63

SAT	Coef.	Std. Err.	t	P>|t|	[95% Conf. Interval]	
GPA	132.4152	37.38088	3.54	0.001	57.61629	207.2142
APMATH	59.37168	36.54919	1.62	0.110	-13.76309	132.5064
APENG	96.69438	44.4754	2.17	0.034	7.699308	185.6895
GEND	111.3943	30.89564	3.61	0.001	49.57224	173.2163
PREP	-31.31762	35.50451	-0.88	0.381	-102.362	39.72674
_cons	513.9945	111.6115	4.61	0.000	290.6604	737.3286

针对回归结果，回答下面的每个问题。

（1）评价回归结果的经济意义、整体拟合优度以及单个参数的符号和显著性。

（2）这一回归结果存在什么样的计量经济问题（遗漏变量、存在不相干变量还是多重共线性）？为什么？如果需要答案的反馈信息，请参阅附录 A 中本章提示（8）的内容。

（3）如果要对此方程进行进一步的估计，那么，下面哪一个陈述与你的建议最接近？

a. 没有必要更改方程设定（参阅附录 A）。

b. 把变量 *PREP* 从方程中去掉（执行回归 8-3）。

c. 把变量 *ESL* 增加到方程中（执行回归 8-12）。

d. 把变量 *RACE* 增加到方程中（执行回归 8-15）。

如果需要答案的反馈信息，请参阅附录 A 中本章提示（17）的内容。

8A.2.10 执行回归 8-10

Source	SS	df	MS		Number of obs =	65
					F(5, 59) =	19.44
Model	1458295.57	5	291659.113		Prob > F =	0.0000
Residual	885310.588	59	15005.2642		R-squared =	0.6222
					Adj R-squared =	0.5902
Total	2343606.15	64	36618.8462		Root MSE =	122.5

SAT	Coef.	Std. Err.	t	P>|t|	[95% Conf. Interval]	
GPA	128.6381	37.08886	3.47	0.001	54.42347	202.8528
APMATH	88.26401	39.45591	2.24	0.029	9.312909	167.2151
APENG	81.07941	44.98391	1.80	0.077	-8.93318	171.092
GEND	108.5953	30.70716	3.54	0.001	47.15043	170.0402
RACE	-49.83756	36.27973	-1.37	0.175	-122.4331	22.75801
_cons	514.5822	109.0157	4.72	0.000	296.4423	732.7221

针对回归结果，回答下面的每个问题。

(1) 评价回归结果的经济意义、整体拟合优度以及单个参数的符号和显著性。

(2) 这一回归结果存在什么样的计量经济问题（遗漏变量、存在不相干变量还是多重共线性）？为什么？如果需要答案的反馈信息，请参阅附录 A 中本章提示 (10) 的内容。

(3) 如果要对此方程进行进一步的估计，那么，下面哪一个陈述与你的建议最接近？

a. 没有必要更改方程设定（参阅附录 A）。

b. 把变量 *RACE* 从方程中去掉（执行回归 8-3）。

c. 把变量 *ESL* 增加到方程中（执行回归 8-13）。

d. 把变量 *PREP* 增加到方程中（执行回归 8-15）。

如果需要答案的反馈信息，请参阅附录 A 中本章提示 (4) 的内容。

8A.2.11 执行回归 8-11

```
      Source |       SS       df       MS              Number of obs =      65
-------------+------------------------------           F(  5,    59) =   14.49
       Model |  1291862.27      5   258372.454          Prob > F      =  0.0000
    Residual |  1051743.88     59   17826.1675          R-squared     =  0.5512
-------------+------------------------------           Adj R-squared =  0.5132
       Total |  2343606.15     64   36618.8462          Root MSE      =  133.51

         SAT |      Coef.   Std. Err.       t    P>|t|     [95% Conf. Interval]
-------------+----------------------------------------------------------------
         GPA |   129.0898   40.43172     3.19   0.002     48.1861    209.9935
       APMATH |  100.8919   42.92558     2.35   0.022      14.998    186.7858
       APENG |    69.6507    48.8919     1.42   0.160   -28.18177    167.4832
        PREP |  -42.14969   38.62038    -1.09   0.280   -119.4289    35.12952
        RACE |  -65.60984   39.70586    -1.65   0.104   -145.0611    13.84141
       _cons |   602.4718   121.0769     4.98   0.000    360.1975    844.7462
```

针对回归结果，回答下面的每个问题。

(1) 评价回归结果的经济意义、整体拟合优度以及单个参数的符号和显著性。

(2) 这一回归结果存在什么样的计量经济问题（遗漏变量、存在不相干变量还是多重共线性）？为什么？如果需要答案的反馈信息，请参阅附录 A 中本章提示 (8) 的内容。

(3) 如果要对此方程进行进一步的估计，那么，下面哪一个陈述与你的建议最接近？

a. 没有必要更改方程设定（参阅附录 A）。

b. 把变量 *PREP* 从方程中去掉（执行回归 8-5）。

c. 把变量 *RACE* 从方程中去掉（执行回归 8-4）。

d. 把变量 *GEND* 增加到方程中（执行回归 8-15）。

e. 用变量 *APMATH* 和 *APENG* 的线性组合 *AP* 来替代它们（执行回归 8-18）。

如果需要答案的反馈信息，请参阅本章附录 A 中的提示 (18) 中的内容。

8A.2.12 执行回归 8-12

```
      Source |       SS       df       MS              Number of obs =      65
-------------+------------------------------           F(  6,    58) =   15.87
       Model |   1456310.3      6   242718.383          Prob > F      =  0.0000
    Residual |  887295.854     58   15298.2044          R-squared     =  0.6214
-------------+------------------------------           Adj R-squared =  0.5822
       Total |  2343606.15     64   36618.8462          Root MSE      =  123.69

         SAT |      Coef.   Std. Err.       t    P>|t|     [95% Conf. Interval]
-------------+----------------------------------------------------------------
         GPA |   129.8782   37.48974     3.46   0.001    54.83437    204.9221
       APMATH |   76.41832   40.55854     1.88   0.065   -4.768418    157.6051
       APENG |   92.42253   44.71331     2.07   0.043    2.919109     181.926
         ESL |  -34.01275   35.01006    -0.97   0.335    -104.093    36.06751
        GEND |   108.1642   31.08865     3.48   0.001    45.93352    170.3949
        PREP |  -31.72391   35.52388    -0.89   0.376   -102.8327    39.38488
       _cons |   531.4692   113.1041     4.70   0.000    305.0668    757.8717
```

针对回归结果，回答下面的每个问题。

（1）评价回归结果的经济意义、整体拟合优度以及单个参数的符号和显著性。

（2）这一回归结果存在什么样的计量经济问题（遗漏变量、存在不相干变量还是多重共线性）？为什么？如果需要答案的反馈信息，请参阅附录 A 中本章提示（8）的内容。

（3）如果要对此方程进行进一步的估计，那么，下面哪一个陈述与你的建议最接近？

a. 没有必要更改方程设定（参阅附录 A）。

b. 把变量 *ESL* 从方程中去掉（执行回归 8-9）。

c. 把变量 *PREP* 从方程中去掉（执行回归 8-6）。

d. 把变量 *RACE* 增加到方程中（执行回归 8-16）。

如果需要答案的反馈信息，请参阅附录 A 中本章提示（17）的内容。

8A. 2. 13　执行回归 8-13

Source	SS	df	MS			
Model	1459451.8	6	243241.967			
Residual	884154.352	58	15244.0406			
Total	2343606.15	64	36618.8462			

Number of obs = 65
F(6, 58) = 15.96
Prob > F = 0.0000
R-squared = 0.6227
Adj R-squared = 0.5837
Root MSE = 123.47

SAT	Coef.	Std. Err.	t	P>|t|	[95% Conf. Interval]	
GPA	129.046	37.41213	3.45	0.001	54.15754	203.9345
APMATH	86.52973	40.26408	2.15	0.036	5.93242	167.127
APENG	79.42187	45.73811	1.74	0.088	-12.1329	170.9766
ESL	16.88299	61.30223	0.28	0.784	-105.8267	139.5927
GEND	109.1893	31.02557	3.52	0.001	47.08487	171.2937
RACE	-64.35243	64.14694	-1.00	0.320	-192.7565	64.05161
_cons	512.6796	110.0966	4.66	0.000	292.2973	733.0619

针对回归结果，回答下面的每个问题。

（1）评价回归结果的经济意义、整体拟合优度以及单个参数的符号和显著性。

（2）这一回归结果存在什么样的计量经济问题（遗漏变量、存在不相干变量还是多重共线性）？为什么？如果需要答案的反馈信息，请参阅附录 A 中本章提示（9）的内容。

（3）如果要对此方程进行进一步的估计，那么，下面哪一个陈述与你的建议最接近？

a. 没有必要更改方程设定（参阅附录 A）。

b. 把变量 *ESL* 从方程中去掉（执行回归 8-10）。

c. 把变量 *RACE* 从方程中去掉（执行回归 8-6）。

d. 把变量 *PREP* 增加到方程中（执行回归 8-16）。

如果需要答案的反馈信息，请参阅附录 A 中本章提示（15）的内容。

8A. 2. 14　执行回归 8-14

Source	SS	df	MS			
Model	1292628.98	6	215438.164			
Residual	1050977.17	58	18120.296			
Total	2343606.15	64	36618.8462			

Number of obs = 65
F(6, 58) = 11.89
Prob > F = 0.0000
R-squared = 0.5516
Adj R-squared = 0.5052
Root MSE = 134.61

SAT	Coef.	Std. Err.	t	P>|t|	[95% Conf. Interval]	
GPA	129.4491	40.80133	3.17	0.002	47.77639	211.1219
APMATH	99.37976	43.89816	2.26	0.027	11.50805	187.2515
APENG	68.29405	49.73286	1.37	0.175	-31.25709	167.8452
ESL	13.89708	67.55991	0.21	0.838	-121.3388	149.1329
PREP	-43.45964	39.45502	-1.10	0.275	-122.4375	35.51817
RACE	-77.76882	71.39042	-1.09	0.281	-220.6723	65.13464
_cons	602.1427	122.0822	4.93	0.000	357.7687	846.5168

针对回归结果，回答下面的每个问题。

(1) 评价回归结果的经济意义、整体拟合优度以及单个参数的符号和显著性。

(2) 这一回归结果存在什么样的计量经济问题（遗漏变量、存在不相干变量还是多重共线性）？为什么？如果需要答案的反馈信息，请参阅附录 A 中本章提示 (9) 的内容。

(3) 如果要对此方程进行进一步的估计，那么，下面哪一个陈述与你的建议最接近？

a. 没有必要更改方程设定（参阅附录 A）。

b. 把变量 *ESL* 从方程中去掉（执行回归 8-11）。

c. 把变量 *PREP* 从方程中去掉（执行回归 8-8）。

d. 把变量 *GEND* 增加到方程中（执行回归 8-16）。

e. 用变量 *APMATH* 和 *APENG* 的线性组合 *AP* 来替代它们（执行回归 8-19）。

如果需要答案的反馈信息，请参阅附录 A 中本章提示 (15) 的内容。

8A.2.15 执行回归 8-15

Source	SS	df	MS		
Model	1475443.65	6	245907.275	Number of obs =	65
Residual	868162.501	58	14968.319	F(6, 58) =	16.43
				Prob > F =	0.0000
				R-squared =	0.6296
Total	2343606.15	64	36618.8462	Adj R-squared =	0.5912
				Root MSE =	122.35

SAT	Coef.	Std. Err.	t	P>|t|	[95% Conf. Interval]	
GPA	129.3628	37.04936	3.49	0.001	55.2004	203.5251
APMATH	83.66463	39.64091	2.11	0.039	4.314729	163.0145
APENG	82.94048	44.96213	1.84	0.070	-7.060989	172.942
GEND	107.47	30.68735	3.50	0.001	46.04258	168.8974
PREP	-37.90098	35.41026	-1.07	0.289	-108.7823	32.98036
RACE	-54.68974	36.51752	-1.50	0.140	-127.7875	18.40802
_cons	543.6309	112.2128	4.84	0.000	319.0125	768.2493

针对回归结果，回答下面的每个问题。

(1) 评价回归结果的经济意义、整体拟合优度以及单个参数的符号和显著性。

(2) 这一回归结果存在什么样的计量经济问题（遗漏变量、存在不相干变量还是多重共线性）？为什么？如果需要答案的反馈信息，请参阅附录 A 中本章提示 (8) 的内容。

(3) 如果要对此方程进行进一步的估计，那么，下面哪一个陈述与你的建议最接近？

a. 没有必要更改方程设定（参阅附录 A）。

b. 把变量 *PREP* 从方程中去掉（执行回归 8-10）。

c. 把变量 *RACE* 从方程中去掉（执行回归 8-9）。

d. 把变量 *ESL* 增加到方程中（执行回归 8-16）。

如果需要答案的反馈信息，请参阅附录 A 中本章提示 (17) 的内容。

8A.2.16 执行回归 8-16

Source	SS	df	MS		
Model	1478535.29	7	211219.327	Number of obs =	65
Residual	865070.867	57	15176.6819	F(7, 57) =	13.92
				Prob > F =	0.0000
				R-squared =	0.6309
Total	2343606.15	64	36618.8462	Adj R-squared =	0.5855
				Root MSE =	123.19

SAT	Coef.	Std. Err.	t	P>|t|	[95% Conf. Interval]	
GPA	130.0882	37.34094	3.48	0.001	55.31421	204.8621
APMATH	80.47642	40.53608	1.99	0.052	-.6956791	161.6485

（续）

	Coef.	Std. Err.	t	P>|t|	[95% Conf.	Interval]
APENG |	80.32262	45.64401	1.76	0.084	-11.07795	171.7232
ESL |	27.9651	61.95989	0.45	0.653	-96.10744	152.0376
GEND |	108.3766	30.96543	3.50	0.001	46.36945	170.3838
PREP |	-40.50116	36.11828	-1.12	0.267	-112.8268	31.82444
RACE |	-79.06514	65.33603	-1.21	0.231	-209.8983	51.76799
_cons |	542.4723	113.0203	4.80	0.000	316.153	768.7915

针对回归结果，回答下面的每个问题。

（1）评价回归结果的经济意义、整体拟合优度以及单个参数的符号和显著性。

（2）这一回归结果存在什么样的计量经济问题（遗漏变量、存在不相干变量还是多重共线性）？为什么？如果需要答案的反馈信息，请参阅附录 A 中本章提示（9）的内容。

（3）如果要对此方程进行进一步的估计，那么，下面哪一个陈述与你的建议最接近？

a. 没有必要更方程设定（参阅附录 A）。

b. 把变量 ESL 从方程中去掉（执行回归 8-15）。

c. 把变量 PREP 从方程中去掉（执行回归 8-13）。

d. 把变量 RACE 从方程中去掉（执行回归 8-12）。

如果需要答案的反馈信息，请参阅附录 A 中本章提示（15）的内容。

8A.2.17　执行回归 8-17

Source |	SS	df	MS		Number of obs =	65
					F(3, 61) =	21.70
Model |	1210002.3	3	403334.101		Prob > F =	0.0000
Residual |	1133603.85	61	18583.6697		R-squared =	0.5163
					Adj R-squared =	0.4925
Total |	2343606.15	64	36618.8462		Root MSE =	136.32

SAT |	Coef.	Std. Err.	t	P>|t|	[95% Conf.	Interval]
GPA |	163.4716	34.41783	4.75	0.000	94.64887	232.2943
AP |	107.746	45.02942	2.39	0.020	17.70408	197.7879
PREP |	-30.92277	38.84976	-0.80	0.429	-108.6077	46.76214
_cons |	475.7963	104.7275	4.54	0.000	266.3807	685.2118

针对回归结果，回答下面的每个问题。

（1）评价回归结果的经济意义、整体拟合优度以及单个参数的符号和显著性。

（2）这一回归结果存在什么样的计量经济问题（遗漏变量、存在不相干变量还是多重共线性）？为什么？如果需要答案的反馈信息，请参阅附录 A 中本章提示（11）的内容。

（3）如果要对此方程进行进一步的估计，那么，下面哪一个陈述与你的建议最接近？

a. 没有必要更改方程设定（参阅附录 A）。

b. 把变量 PREP 从方程中去掉（执行回归 8-20）。

c. 把变量 RACE 增加到方程中（执行回归 8-18）。

d. 用变量 APMATH 和 APENG 来替代它们的线性组合 AP（执行回归 8-4）。

如果需要答案的反馈信息，请参阅附录 A 中本章提示（16）的内容。

8A.2.18　执行回归 8-18

Source |	SS	df	MS		Number of obs =	65
					F(4, 60) =	17.41
Model |	1259042.71	4	314760.679		Prob > F =	0.0000
Residual |	1084563.44	60	18076.0573		R-squared =	0.5372
					Adj R-squared =	0.5064
Total |	2343606.15	64	36618.8462		Root MSE =	134.45

（续）

SAT	Coef.	Std. Err.	t	P>|t|	[95% Conf. Interval]	
GPA	154.0768	34.42039	4.48	0.000	85.22576	222.9278
AP	125.9048	45.75812	2.75	0.008	34.37493	217.4347
PREP	-41.06153	38.80679	-1.06	0.294	-118.6867	36.56361
RACE	-61.63421	37.41938	-1.65	0.105	-136.4841	13.2157
_cons	522.492	107.1073	4.88	0.000	308.2455	736.7385

针对回归结果，回答下面的每个问题。

(1) 评价回归结果的经济意义、整体拟合优度以及单个参数的符号和显著性。

(2) 这一回归结果存在什么样的计量经济问题（遗漏变量、存在不相干变量还是多重共线性)? 为什么? 如果需要答案的反馈信息，请参阅附录 A 中本章提示 (11) 的内容。

(3) 如果要对此方程进行进一步的估计，那么，下面哪一个陈述与你的建议最接近?

a. 没有必要更改方程设定（参阅附录 A）。

b. 把变量 *RACE* 从方程中去掉（执行回归 8-17)。

c. 把变量 *ESL* 增加到方程中（执行回归 8-19)。

d. 用变量 *APMATH* 和 *APENG* 来替代它们的线性组合 *AP*（执行回归 8-11)。

如果需要答案的反馈信息，请参阅附录 A 中本章提示 (16) 的内容。

8A. 2. 19 执行回归 8-19

Source	SS	df	MS		
Model	1261778.06	5	252355.613	Number of obs =	65
Residual	1081828.09	59	18336.0693	F(5, 59) =	13.76
				Prob > F =	0.0000
Total	2343606.15	64	36618.8462	R-squared =	0.5384
				Adj R-squared =	0.4993
				Root MSE =	135.41

SAT	Coef.	Std. Err.	t	P>|t|	[95% Conf. Interval]	
GPA	153.7341	34.67841	4.43	0.000	84.34277	223.1255
AP	122.3201	47.0113	2.60	0.012	28.25071	216.3895
ESL	26.00898	67.33954	0.39	0.701	-108.7371	160.7551
PREP	-43.55594	39.61488	-1.10	0.276	-122.8251	35.71325
RACE	-84.43699	70.04203	-1.21	0.233	-224.5908	55.71678
cons	524.8762	108.0514	4.86	0.000	308.6659	741.0865

针对回归结果，回答下面的每个问题。

(1) 评价回归结果的经济意义、整体拟合优度以及单个参数的符号和显著性。

(2) 这一回归结果存在什么样的计量经济问题（遗漏变量、存在不相干变量还是多重共线性)? 为什么? 如果需要答案的反馈信息，请参阅附录 A 中本章提示 (11) 的内容。

(3) 如果要对此方程进行进一步的估计，那么，下面哪一个陈述与你的建议最接近?

a. 没有必要更改方程设定（参阅附录 A）。

b. 把变量 *ESL* 从方程中去掉（执行回归 8-18)。

c. 用变量 *APMATH* 和 *APENG* 来替代它们的线性组合 *AP*（执行回归 8-14)。

如果需要答案的反馈信息，请参阅附录 A 中本章提示 (16) 的内容。

8A.2.20 执行回归 8-20

Source	SS	df	MS				
Model	1198228.64	2	599114.322				
Residual	1145377.51	62	18473.8308				
Total	2343606.15	64	36618.8462				

Number of obs = 65
F(2, 62) = 32.43
Prob > F = 0.0000
R-squared = 0.5113
Adj R-squared = 0.4955
Root MSE = 135.92

SAT	Coef.	Std. Err.	t	P>|t|	[95% Conf. Interval]	
GPA	161.2106	34.19889	4.71	0.000	92.84795	229.5732
AP	112.7129	44.46296	2.53	0.014	23.83273	201.5931
_cons	457.201	101.7863	4.49	0.000	253.733	660.6689

针对回归结果，回答下面的每个问题。

（1）评价回归结果的经济意义、整体拟合优度以及单个参数的符号和显著性。

（2）这一回归结果存在什么样的计量经济问题（遗漏变量、存在不相干变量还是多重共线性）？为什么？如果需要答案的反馈信息，请参阅附录 A 中本章提示（13）的内容。

（3）如果要对此方程进行进一步的估计，那么，下面哪一个陈述与你的建议最接近？

a. 没有必要更改方程设定（参阅附录 A）。

b. 把变量 *PREP* 从方程中去掉（执行回归 8-17）。

c. 用变量 *APMATH* 和 *APENG* 来替代它们的线性组合 *AP*（执行回归 8-1）。

如果需要答案的反馈信息，请参阅附录 A 中本章提示（13）的内容。

8A.3 对互动回归练习的结果进行评价

祝贺你圆满完成了互动回归练习。如果你完成了上面的练习，那么你一定找到了一个既符合理论要求又满足计量经济目标的方程设定形式。选中的是哪一个呢？根据我们的经验，大多数计量经济学初学者在执行回归 8-3、执行回归 8-6 或者执行回归 8-10 后就会结束这一过程，但是在做出这一决定时仅仅分析了三个多一点的回归结果（或一两个提示）。

相反，我们发现大多数有经验的计量经济学家会一直做到执行回归 8-6，通常要在检验了另外一种设定后才会结束这一过程。这一差别可以给我们什么启示呢？

（1）不能因为变量的 *t* 统计量较低，就简单地认为此变量是不相干变量。在我们看来，变量 *ESL* 包含在方程中有充分的理由，预期的 *t* 统计量略微不显著，并不足以使我们重新思考隐含理论是否合适。

（2）学习如何找出多余的（存在多重共线的）变量。一般来说，变量 *ESL* 与 *RACE* 不是多余的，但由于 Arcadia 高中具有种族多样性的特点，所以，它们成为多余的变量。一旦其中一个变量包含在了方程中，那么就不应该考虑另一变量。

（3）学习如何找出错误的变量。表面上看，变量 *PREP* 是一个有影响力的变量，因为几乎可以肯定 *PREP* 课程可以提高修读了该课程学生的 SAT 测试成绩。问题是学生修读 PREP 课程的决定与他以前的（或者预期的）SAT 测试成绩有关。我们相信那些感觉自己需要修读 *PREP* 课程的学生会做出正确的判断，同时，我们认为这些课程会使他们的成绩达到与那些没有选修 *PREP* 课程的学生的成绩不相上下。因而，该变量对 SAT 成绩没有显著的影响。

如果你喜欢互动练习，并从中学到了很多，那么，当你知道在第 11 章还有另外一个互动练习，你就会很感兴趣的。祝你学习进步！

第 9 章

序列相关性

接下来的两章，研究回归方程设定的最后一部分内容，涉及的是如何正确选择随机误差项的形式。需要讨论的第一个话题是：序列相关性违背了古典假设 Ⅳ（观测值的误差项是彼此不相关的）。序列相关性也称为自相关，在实际研究中，若样本观测值的顺序有一定意义，就有可能存在序列相关性。在时间序列数据中，经常会发生序列相关性问题，实质上，序列相关就是指某期的误差项依赖于过去若干期的误差项。在计量经济学中，由于大量应用的数据都是时间序列数据，所以，了解序列相关性的本质，知晓在存在序列相关性时采用普通最小二乘估计带来的后果，在计量经济学中都非常重要。

本章对序列相关性的处理方式与前一章相似，旨在解答四个问题。

（1）序列相关性的本质是什么？

（2）序列相关性的后果是什么？

（3）如何诊断序列相关性？

（4）如何修正序列相关性？

9.1 时间序列

事实上，到目前为止，本书中涉及的每个方程几乎在现实中都是以截面形态呈现的，但是，本章将会发生巨大变化。因此，很有必要讨论一些时间序列方程的特征。

时间序列数据涉及在多个时间点的单一个体（比如，一个人、公司或者国家）。这种时间序列方法允许研究人员分析在横截面回归中难以发现和解决的问题。例如，宏观经济模型和供需模型最好使用时间序列数据研究，而不是采用横截面数据。

时间序列研究的符号与横截面研究的不同。我们常见的横截面方程（只有一个时期，但有 N 个不同个体）的标记法是：

$$Y_i = \beta_0 + \beta_1 X_{1i} + \beta_2 X_{2i} + \beta_3 X_{3i} + \varepsilon_i$$

$$i \text{ 从 } 1 \text{ 到 } N$$

然而，时间序列的回归方程中只有一个个体，而有 T 个不同时期，所以，需要转换，变为如下这种标记法：

$$Y_i = \beta_0 + \beta_1 X_{1t} + \beta_2 X_{2t} + \beta_3 X_{3t} + \varepsilon_t$$
$$t \text{ 从 1 到 } T$$

因此，有：

$$Y_1 = \beta_0 + \beta_1 X_{11} + \beta_2 X_{21} + \beta_3 X_{31} + \varepsilon_1 \quad \text{从第一个时间段观测}$$
$$Y_i = \beta_0 + \beta_1 X_{12} + \beta_2 X_{22} + \beta_3 X_{32} + \varepsilon_2 \quad \text{从第二个时间段观测}$$
$$Y_i = \beta_0 + \beta_1 X_{13} + \beta_2 X_{23} + \beta_3 X_{33} + \varepsilon_3 \quad \text{从第三个时间段观测}$$

这又有什么困难？我们所做的只是把 i 换为 t 和把 N 写成 T。这表明时间序列的研究有许多使其比处理横截面研究更困难的特征：

（1）在时间序列中，观察值的顺序是固定的。对于横截面数据，想要观测的顺序可以任意，而对时间序列数据，只能按照时间的先后顺序观测。

（2）时间序列样本小于横截面数据。与横截面相比，大部分时间序列的潜在观察样本更少，这些比较小的数据集使得统计推断更加困难。除此之外，生成时间序列样本比生成横截面的更难。毕竟，年度时间序列中要经过一年才能获得一个新的时间序列样本。

（3）时间序列分析的理论十分复杂。在某种程度上，由于上述问题，时间序列计量经济学有许多复杂的专题，需要更好的估计方法。因此，这些问题，我们将在第 12 章、第 14 章、第 15 章解决。

（4）时间序列方程中的随机误差项常常受到发生事件的影响。这就是本章的主题序列相关，所以，让我们开始讨论这个话题吧！

9.2 纯序列相关和非纯序列相关

9.2.1 纯序列相关性

在正确设定的函数中，若存在违背古典假设Ⅳ（误差项的观测值之间不相关）的情况，则会发生纯序列相关。古典假设Ⅳ假定：

$$E(r_{\varepsilon_i \varepsilon_j}) = 0 \quad (i \neq j)$$

对任意两个误差项，如果它们之间的相关系数的期望值不等于 0，就称该误差项存在纯序列相关。计量经济学家在使用序列相关性的术语时，若不另加说明，一般都指纯序列相关。

序列相关性最常见的形式是 **1 阶序列相关**（first-order serial correlation）：误差项的当期值是上一期值的函数。即

$$\varepsilon_t = \rho \varepsilon_{t-1} + u_t \tag{9-1}$$

式中，ε 代表回归方程中的误差项；ρ 为 1 阶自相关系数；u 代表古典误差项（与 ε 不相关）。

形如方程（9-1）的函数形式被称为 1 阶马尔科夫方程，ρ 被称作 **1 阶自相关系数**（first-order auto-correlation coefficient），描述的是当期误差项的值和下一期误差项的值之间的联系。

ρ 的大小表示序列相关性的程度。若 ρ 为 0，则表明不存在序列相关性（$\varepsilon = u$ 即为古典误差项）；ρ 的绝对值越接近于 1，表明当期误差项的值受前一期误差项的值的影响越大，即表示序列相关性程度越高；不存在 ρ 的绝对值大于 1 的情况，若 ρ 的绝对值大于 1，就意味

着误差项绝对值具有随时间持续增大的趋势（发散）。综上得出：

$$-1 < \rho < 1 \tag{9-2}$$

ρ 的符号表示方程中序列相关性的性质。ρ 为正表明下期误差项的值与当期同号，称为**序列正相关**（positive serial correlation）。它意味着假如 ε_t 在某期取较大值，则在下一期中也倾向取较大值，且与其同号。例如，在时间序列模型中，外部因素（如地震）冲击了当期经济，它的影响可能会延续到后面几期，误差项的值在随后的若干期里为正，再若干期为负，这样一直循环往复。

图 9-1 给出了序列正相关的两种不同形态，按时间顺序描绘了误差项的值，即第 1 个取值为第 1 期数据，第 2 个取值为第 2 期数据，依此类推。为了理解序列正相关和序列不相关（$\rho=0$）的差异，可以对比图 9-1 与图 9-2，找出两者之间的不同。

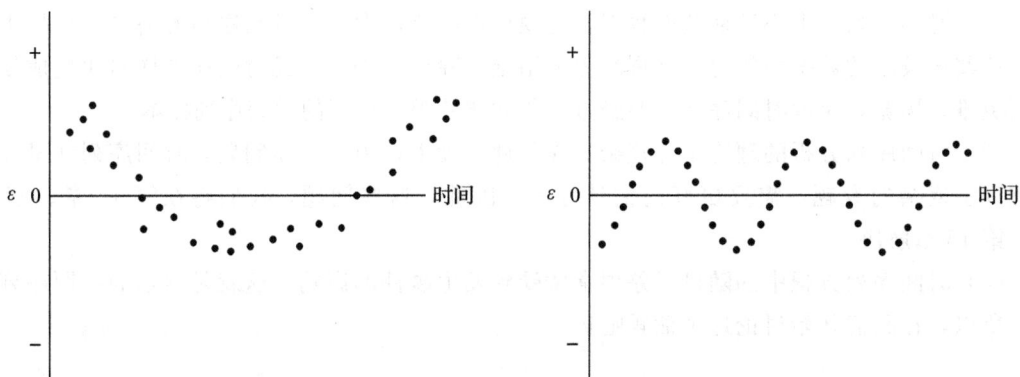

图 9-1　序列正相关

注：正的 1 阶序列相关：当期误差项的值和前一期误差项的值趋于同号。例如，外部冲击对经济系统的影响往往要在随后连续的若干期里才能全部显现出来。

ρ 取负值，表明下一期误差项值的符号会交错改变，称其为**序列负相关**（negative serial correlation），它意味着在随机干扰项中将出现类似于钟摆的循环。图 9-3 给出的是序列负相关的两种不同形态。例如，在变量以正负交替循环变化的 1 阶差分方程中，其误差项就有可能存在序列负相关。然而，在大多数时间序列应用中，纯序列负相关比纯序列正相关少见得多。所以，很多计量经济学家在分析纯序列相关性时，主要关注正的序列相关性。

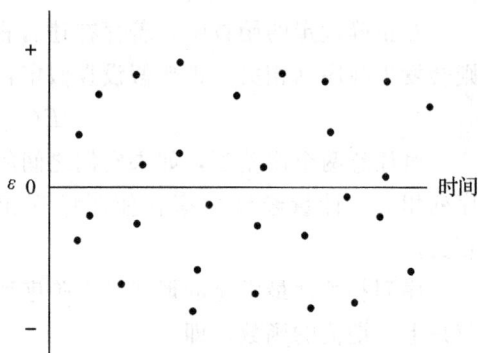

图 9-2　序列不相关

注：在序列不相关的情形下，不同的误差项值之间完全不相关，这种误差项符合古典假设IV。

除了 1 阶序列相关，序列相关性还有许多其他表现形式。例如，在一个季节模型中，本季节的误差项的值可能与去年该季节的误差项的值存在着函数关系，这被称作基于季节的序列相关性。

$$\varepsilon_t = \rho \varepsilon_{t-4} + u_t$$

同样，方程中当期的误差项可能不仅仅是前一期误差项的函数，也可能与以往更多期的误差项有关联。

$$\varepsilon_t = \rho_1 \varepsilon_{t-1} + \rho_2 \varepsilon_{t-2} + u_t$$

称这种形式为 2 阶序列相关。

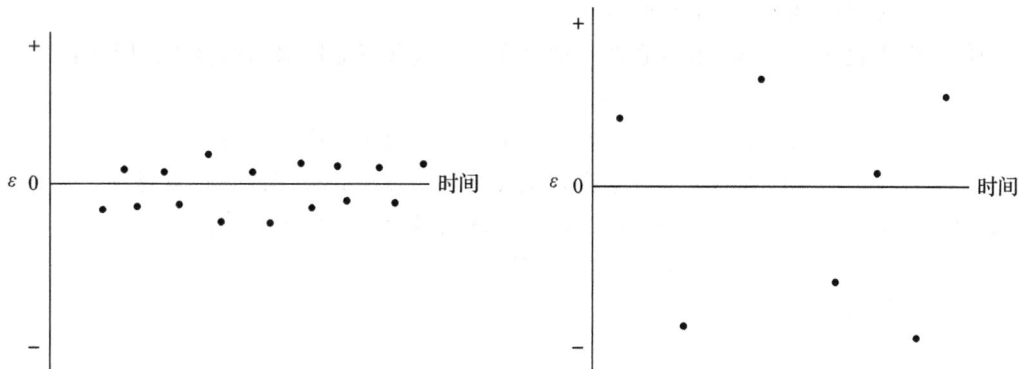

图 9-3　序列负相关

注：存在 1 阶负序列相关性时，当期误差项的值与前一期误差项的值的符号相反。在多数时间序列应用中，负序列相关性的情况远远少于正序列相关性。

9.2.2　非纯序列相关

非纯序列相关（impure serial correlation）是由设定偏误引起的。例如，遗漏了变量或选择了不正确的函数形式，这种设定偏误通常可以修正。而纯序列相关则存在于已正确设定的方程中，它是由误差项的潜在分布引起的。

那么，设定偏误为什么会引起序列相关性呢？我们已经知道，误差项包括了遗漏变量，非线性测量误差或纯随机误差项等对被解释变量的影响。这就表明：假如遗漏了某个相关变量或使用了错误的函数形式，那么，在遗漏变量对被解释变量所造成的影响中，不能被现有解释变量所代替的部分就会涵盖在误差项中。因此，在一个设定错误的方程中，它的误差项包含了遗漏变量对方程造成的部分影响，也包含了研究人员所选择的函数形式与正确函数形式之间存在的差异对方程造成的部分影响。即使真实的误差项不存在序列相关性，错误设定的方程的误差项也可能存在序列相关性。在这种情况下，序列相关性是由研究人员的设定选择所引起的，而并非在方程正确设定情况下由纯误差项引起的。

在第 9.5 节将会看到，序列相关的修正方法取决于方程是纯序列相关性还是非纯序列相关。毫无疑问，对于非纯序列相关，最好的修正方法一般是尽可能找出遗漏变量，或者找出恰当的替代变量，以及选择正确的函数形式。如果能纠正设定误差，那么，有偏性和非纯序列相关就都可以消除。因此，很多计量经济学家在花大量时间考虑纯序列相关之前，会尽可能保证所设定的模型是最优的。

为了考察遗漏变量是如何引起误差项序列相关的，假定正确的方程为：

$$Y_t = \beta_0 + \beta_1 X_{1t} + \beta_2 X_{2t} + \varepsilon_t \tag{9-3}$$

式中，ε_t 为古典误差项，如第 6.1 节所述，如果方程中遗漏了解释变量 X_2，或者无法获得变量 X_2 的数据，则：

$$Y_t = \beta_0 + \beta_1 X_{1t} + \varepsilon_t^* \tag{9-4}$$

式中，$\varepsilon_t^* = \beta_2 X_{2t} + \varepsilon_t$。可见，在有遗漏变量的情形下，误差项 ε^* 不再是古典误差项 ε，而是解释变量 X_2 的函数。因此，即使真实误差项 ε 不存在序列相关性，新误差项 ε^* 也有可能存

在序列相关性。特别是在以下情况中，新误差项 ε^* 很有可能存在序列相关性。

（1）X_2 自身存在序列相关性（多见于时间序列数据中）。

（2）与 $\beta_2\overline{X}_2$ 值[⊖]相比，ε 相对很小。

即使方程中包含许多变量和存在若干遗漏变量，这些可能性都仍然存在。因此：

$$\varepsilon_t^* = \rho\varepsilon_{t-1}^* + u_t \tag{9-5}$$

这个例子表明，在一个方程中，遗漏变量确实会导致非纯序列相关。

另一种常见的非纯序列相关是由于没有正确设定函数形式引起的，也就是说，选择错误的函数形式将会导致误差项序列相关性。假定正确的函数形式为多项式：

$$Y_t = \beta_0 + \beta_1 X_{1t} + \beta_2 X_{1t}^2 + \varepsilon_t \tag{9-6}$$

但却采用了线性回归形式：

$$Y_t = \alpha_0 + \alpha_1 X_{1t} + \varepsilon_t^* \tag{9-7}$$

新误差项 ε_t^* 是真实误差项 ε 和线性函数与多项式函数之差的函数。从图 9-4 可以看出，这些差异项存在明显的自回归。也就是正的差异项趋向于紧跟着正差异项，负差异项趋向于紧跟着负差异项。所以，当该采取非线性函数形式却采用了线性函数形式时，通常会导致正的非纯序列相关。

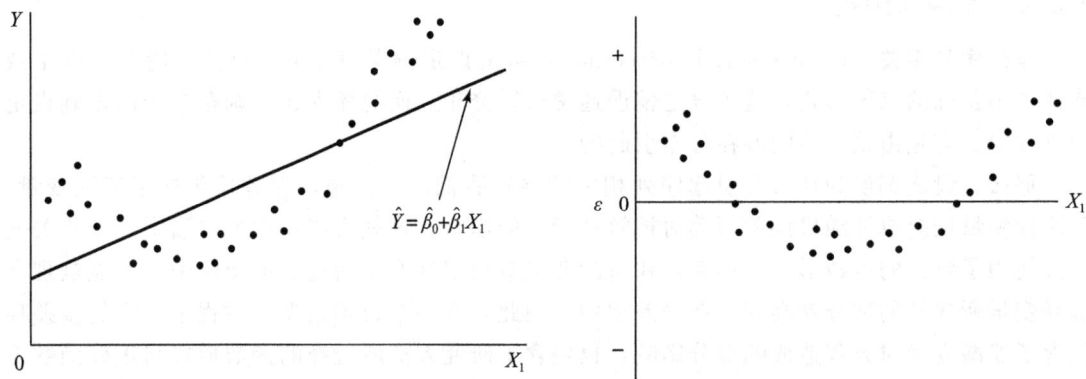

图 9-4 错误函数形式引起的非纯序列相关性

注：1 阶序列正相关：当期误差项值和前 1 期误差项值趋于同号。例如，外部冲击对经济系统的影响往往要在随后连续的若干期里才能全部显现出来。

9.3 序列相关性的后果

序列相关性的后果与目前为止所讨论过的其他问题导致的后果相比，在本质上有很大不同。遗漏变量、不相关变量和多重共线性都具有非常容易识别的外部特征，每个问题都以不同的方式改变了估计参数和标准差。通过检测这些变化为发现问题提供了必要的信息。我们将会看到，序列相关性有更多的内部特征，如果只检验结果自身则很难发现它对估计方程的影响。

⊖ 若 ε 的绝对值显著大于 $\beta_2\overline{X}_2$，则即使因遗漏变量 X_2 而导致序列相关性，也不会使 ε^* 产生很大改变。另外，回想前面所述，遗漏变量 X_2 是否会导致 β_1 的有偏估计，取决于变量 X_1 与 X_2 的相关性。如果由于遗漏变量 X_2，估计量 $\hat{\beta}_1$ 是有偏的，则 $\beta_2\overline{X}_2$ 的影响一部分会被 $\hat{\beta}_1$ 吸收，而不是留在残差中。因此，对这样的残差进行序列相关性检验，可能会得出错误的结论。同时，此时的残差可能会向我们提供关于是否存在设定偏误的误导。这就是为什么不应把残差分析作为判定是否存在设定偏误的唯一依据的原因之一。

若方程的误差项存在序列相关性，则违背了古典假设 Ⅳ，若用普通最小二乘法估计方程，至少会产生以下三个后果[○]：

---

(1) 纯序列相关不会导致对参数的有偏估计。

(2) 序列相关使普通最小二乘估计量不再是线性无偏估计量中方差最小的。

(3) 序列相关导致标准差 $\mathrm{SE}(\hat{\beta})$ 的普通最小二乘估计量有偏，并使假设检验不可靠。

---

(1) 纯序列相关不会导致对参数的有偏估计。虽然误差项呈现序列相关性，违背了高斯-马尔科夫定理的假设，但并不会引起参数的有偏估计。但是方程设定错误所引起的非纯序列相关性就有可能导致参数的有偏估计。

对于存在序列相关性的方程，不存在有偏（无偏性）并不意味着普通最小二乘的参数估计值接近真实值。事实上，单个估计值来自一个较宽的可能取值范围。而且由于存在序列相关性，这些估计值的标准差将会明显增大，进而导致估计值 $\hat{\beta}$ 更加偏离真实值 β。在这种情形下，无偏是指 $\hat{\beta}$ 的分布仍然以真实值 β 为中心。

(2) 序列相关使普通最小二乘估计量不再是线性无偏估计量中的最小方差估计量。尽管违背古典假设 Ⅳ 不会导致有偏估计，但却会影响高斯-马尔科夫定理的另一重要结论：最小方差性。事实上，在违背古典假设 Ⅳ 的情况下，无法证明参数 $\hat{\beta}$ 的普通最小二乘估计量的分布在所有线性无偏估计量中是否具有最小方差性。

有时，普通最小二乘估计把具有序列相关性的误差项对被解释变量的影响，归结为解释变量对被解释变量的影响。因此，在存在序列相关性的情况下，普通最小二乘估计很有可能错误地估计真实值 β。由于高估和低估的可能性一样，所以，平均而言，$\hat{\beta}$ 仍然是无偏估计量。但因为这些误差项扩大了任意给定估计值与真实值的差距，从而增大了估计值分布的方差。

(3) 序列相关性导致 $\mathrm{SE}(\hat{\beta})$ 的普通最小二乘估计是有偏的，并使假设检验不可靠。在存在序列相关性的情况下，普通最小二乘估计产生了有偏的 $\mathrm{SE}(\hat{\beta})$。由于 $\mathrm{SE}(\hat{\beta})$ 是 t 统计量的主要组成部分，所以，有偏的 $\mathrm{SE}(\hat{\beta})$ 通常会导致有偏的 t 统计量，从而得到不可靠的假设检验。从本质上讲，序列相关性导致普通最小二乘估计产生错误的 $\mathrm{SE}(\hat{\beta})$ 和 t 统计量。因此，在存在纯序列相关的情形下，大多数计量经济学家对假设检验的结果很慎重[○]。

序列相关性会导致什么样的偏误呢？典型的情况是，估计值 $\mathrm{SE}(\hat{\beta})$ 的偏误为负，这意味着普通最小二乘估计低估了参数估计量的标准差。这是因为，与序列不相关相比，序列相关性导致回归方程有更高的拟合度，换句话说，作为观测值与估计值之差的残差，其绝对值变小，使得残差的平方和变小。因此，通常普通最小二乘法低估 $\mathrm{SE}(\hat{\beta})$，就意味着普通最小二乘法高估了参数的 t 统计量：

$$t = \frac{\hat{\beta} - \beta_{\mathrm{H_0}}}{\mathrm{SE}(\hat{\beta})} \tag{9-8}$$

所以，在存在序列相关性的情况下，典型的回归软件输出的 t 统计量可能过高。

○ 如果在回归方程中，滞后被解释变量被当作解释变量，则问题会变得更严重，关于该问题参见第 12 章。

○ 虽然我们现在讨论的是 t 检验，但是在序列相关性情形下，其他所有检验统计量都会得出相同的结论。

普通最小二乘法低估了 $SE(\hat{\beta})$，从而高估了 t 统计量，这对假设检验又有什么影响呢？对于一特定参数，过低的 $SE(\hat{\beta})$ 将导致过高的 t 统计量，从而可能会使我们拒绝实际上是正确的原假设（例如 $H_0\beta\leqslant0$）。拒绝 H_0 的可能性增大意味着犯第一类错误的可能性也增大，因参数的 t 统计量估计过高的缘故，使得方程中保留了不相关的变量。换句话说，如果存在序列相关，假设检验的结果既是有偏的，也是不可信的。

9.4 序列相关性的检验

如何诊断是否存在序列相关性呢？诊断序列相关性的第 1 步是观察如图 9-1 所示的残差的形态。应用最广泛的序列相关性的诊断方法是杜宾-沃森 d 检验。

9.4.1 杜宾-沃森 d 统计量

杜宾-沃森 d 统计量通过检验给定方程的残差来判断方程的误差项是否存在 1 阶序列相关[⊖]。值得注意的是，杜宾-沃森 d 统计量只有在以下前提假设条件得到满足时才适用：

（1）回归模型包含截距项。

（2）序列相关是 1 阶序列相关：

$$\varepsilon_t = \rho\varepsilon_{t-1} + u_t \tag{9-9}$$

式中，ρ 为序列自相关系数，u 为正态分布的古典误差项。

（3）回归模型的解释变量中，不能包括被解释变量的滞后项，也就是说，不能以滞后被解释变量作为解释变量[⊜]。

在 T 个样本观测值下，杜宾-沃森 d 统计量计算公式为：

$$d = \sum_{t=2}^{T} (e_t - e_{t-1})^2 \Big/ \sum_{t=1}^{T} e_t^2 \tag{9-10}$$

式中，e_t 为普通最小二乘法估计出的残差。请注意：分子的观测值比分母少一个，这是因为必须用 1 个来观测值计算 e_{t-1}。如果出现序列完全正相关，则杜宾-沃森 d 统计量为 0；若不存在序列相关性，则 d 统计量为 2；若存在序列完全负相关，则 d 统计量为 4。为了证明这些结果，只需把相应的残差值代入方程（9-10）即可得到。

（1）序列完全正相关：$d=0$。

在这种情况下，$e_t=e_{t-1}$，因此，$e_t-e_{t-1}=0$，$d=0$。

（2）序列完全负相关：$d\approx4$。

在这种情况下，$e_t=-e_{t-1}$，因此，代入方程（9-10），得 $d=\sum(2e_t)^2/\sum e_t^2$，得 $d\approx4$。

（3）序列不相关：$d\approx2$。

序列不相关时，d 分布的均值为 2[⊝]，即 $d\approx2$。

⊖ J. Durbin and G. S. Watson," Testing for Serial Correlation in Least-Squared Regression." *Biometrika*，1951，PP. 159-177. 第二种最常用的检验是本书第 12 章所介绍的 *LM* 检验。

⊜ 在这种情况下，杜宾-沃森 d 检验值趋向于 2，但可用其他检验，参考第 12.2 节。

⊝ 为证明这一点，将方程（9-10）展开得：

$$d = \left[\sum_2^T e_t^2 - 2\sum_2^T (e_t e_{t-1}) + \sum_2^T e_{t-1}^2 \right] \Big/ \sum_2^T e_t^2 \approx \left[\sum_2^T e_t^2 + \sum_2^T e_{t-1}^2 \right] \Big/ \sum_2^T e_t^2 \approx 2 \tag{9-11}$$

若不存在序列相关，则 e_t 与 e_{t-1} 不相关，因此，$\sum(e_t e_{t-1})=0$。

9.4.2　运用杜宾-沃森 d 检验的步骤

杜宾-沃森 d 检验有两个特别之处。首先，计量经济学家几乎从来不对残差为序列负相关的原假设作单侧检验。因为序列负相关在经济或商业分析中很难在理论上得到解释，它的存在通常意味着存在一些设定错误导致了非纯序列相关。

其次，杜宾-沃森 d 检验有时无法确定是否存在序列相关性。以前的判定规则总是只有接受域和拒绝域，而杜宾-沃森检验还有第三种可能，叫作不确定域[⊖]。根据第 9.5 节列出的原因，如果杜宾-沃森检验处于不确定域，则不提倡对序列相关性采取修正措施。

除了这些特点，杜宾-沃森 d 检验与 t 检验相似。若检验序列正相关，则需要以下步骤：

（1）获取待检验方程的普通最小二乘估计残差，并用方程（9-10）计算 d 统计量。

（2）确定样本容量和解释变量的个数，并在附录 B 中查询统计表 B-4、表 B-5 或表 B-6，分别找出 d 的上限临界值 d_U 和下限临界值 d_L。（附录 B 中有使用说明）

（3）提出序列不相关的原假设和备择假设：

$$
\begin{aligned}
&\text{原假设 } H_0:\rho\leqslant 0 \qquad \text{（不存在序列正相关）}\\
&\text{备择假设 } H_A:\rho> 0 \qquad \text{（序列正相关）}
\end{aligned}
\tag{9-12}
$$

相应的判定规则是：

$$
\begin{aligned}
&\text{若 } d< d_L && \text{拒绝 } H_0\\
&\text{若 } d> d_U && \text{不能拒绝 } H_0\\
&\text{若 } d_L\leqslant d\leqslant d_U && \text{不确定}
\end{aligned}
$$

在某些情况下，尤其在 1 阶差分方程中，更合适双侧 d 检验。在这种情况下，步骤（1）和（2）仍然适用，但步骤（3）变为：

提出序列不相关的原假设和双侧备择假设：

$$
\begin{aligned}
&\text{原假设 } H_0:\rho= 0 \qquad \text{（序列不相关）}\\
&\text{备择假设 } H_A:\rho\neq 0 \qquad \text{（序列相关）}
\end{aligned}
\tag{9-13}
$$

相应的判定规则如下：

$$
\begin{aligned}
&\text{若 } d< d_L && \text{拒绝 } H_0\\
&\text{若 } d> 4-d_L && \text{拒绝 } H_0\\
&\text{若 } 4-d_U> d> d_U && \text{不能拒绝 } H_0\\
&\text{其他情况} && \text{不确定}
\end{aligned}
$$

9.4.3　杜宾-沃森 d 检验的例子

下面通过练习来学习杜宾-沃森 d 检验的运用。首先，翻到附录 B 中统计表 B-4、表 B-5 以及表 B-6，需要注意，d 的上下限临界值（d_U 和 d_L）取决于解释变量的个数（不包括常数项）、样本容量和检验的显著水平。

现在，有一回归方程含有 3 个解释变量，25 个样本观测值，要在 5% 的显著水平下进行

[⊖] 不确定区域是很麻烦的，但不久的将来，杜宾-沃森检验的发展可以解决这一问题。研究者可以使用计算机程序精确计算 1 阶序列相关性的杜宾-沃森 d 统计值。而且值得关注的是，采用 d_U 作为唯一临界值已成为趋势。这个趋势改变了我们的想法：若杜宾-沃森检验不能确定是否存在序列相关性，则须找出引起非序列相关性的原因，别无他法。

是否存在序列相关性的单侧检验。从 5% 的显著水平的表 B-4 可以看出，d 的临界值 $d_U=1.66$ 和 $d_L=1.12$。如果假设是：

$$H_0:\rho \leqslant 0 \quad （不存在序列正相关）$$
$$H_A:\rho > 0 \quad （序列正相关）$$

相应的判定规则是：

$$若 d < 1.12 \qquad 拒绝 H_0$$
$$若 d > 1.66 \qquad 不能拒绝 H_0$$
$$若 1.12 \leqslant d \leqslant 1.66 \quad 不确定$$

例如，若计算出 d 统计量为 1.78，则表示不存在序列正相关；若 d 统计量为 1.28，则表示不能确定是否存在序列正相关；若 d 统计量为 0.6，则表示存在序列正相关。图 9-5 描绘了该例的接受域、拒绝域和不确定域。

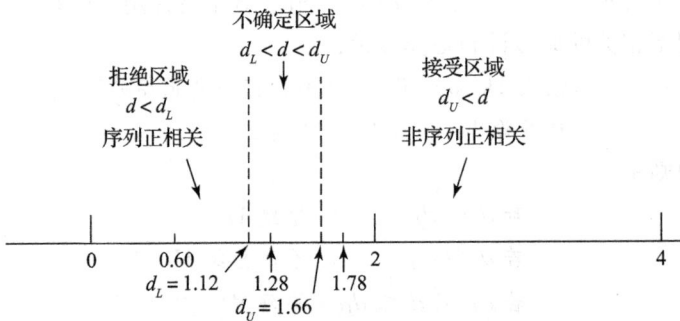

图 9-5　单侧杜宾-沃森 d 检验示例

注：在序列正相关的单侧杜宾-沃森 d 检验中，只有 d 统计量显著小于 2 时才能拒绝不存在序列正相关的原假设。在这个例子中，d 为 1.78，表示没有序列正相关；d 为 0.6 则表示有序列正相关，d 为 1.28 表示不确定。

一个更为熟悉的例子是，考察关于美国鸡肉年消费量的简单模型。影响鸡肉需求的因素多种多样，但至少有三个变量对鸡肉的需求量有明显影响。假定预期鸡肉的需求量与鸡肉的价格负相关，与牛肉（鸡肉的主要替代品）的价格及收入正相关，即

$$Y_t = (\overset{-}{PC_t}, \overset{+}{PB_t}, \overset{+}{YD_t}) + \varepsilon_t$$

式中，Y_t 代表第 t 年的人均鸡肉消费量（单位：磅）；PC_t 代表第 t 年的鸡肉价格（单位：美分/磅）；PB_t 代表第 t 年的牛肉价格（单位：美分/磅）；YD_t 代表第 t 年的人均可支配收入（单位：百美元）。

用这些变量在 1974~2002 年间的数据，通过估计[⊖]得到了下面的方程：

$$\hat{Y}_t = 27.7 - 0.11PC_t + 0.03PB_t + 0.23YD_t \tag{9-14}$$
$$\qquad\quad (0.03) \qquad (0.02) \qquad (0.01)$$
$$t = -3.38 \quad\ +1.86 \quad\ +15.7$$
$$\overline{R}^2 = 0.9904 \qquad N = 29（样本区间：1974 \sim 2002 年）$$

我们的估计结果怎么样？方程（9-14）的整体拟合优度非常好，而且每个单独的回归参数都显著地异于零，且符号与预期一致。因此，鸡肉的价格确实有显著的负效应（保持牛肉

⊖　方程数据在 CHICK9 数据集中。我们将在第 14 章看到，不考虑确定鸡肉供应运行偏差的风险同时估计鸡肉消费量的方程，特别是鸡肉价格的系数。

价格和人均可支配收入不变），且牛肉的价格和可支配收入也确实有正效应（保持其他解释变量不变）。

然而，这是一个时间序列方程，所以，存在序列相关，假设检验不可靠，t 统计量可能会不自然的高。在这种情况下，最好进行杜宾-沃森 d 检验！

我们可以计算出方程（9-14）的杜宾-沃森 d 统计量为 0.99 $^{\ominus}$，这是否表明存在序列相关性呢？对于没有序列正相关的原假设，在 5% 的显著水平下的检验结果是什么呢？首先，查统计表 B-4，在这个表中，解释变量个数 $^{\ominus}$ k 为 3，样本观测值个数 N 为 29，得出 d 临界值 $d_L = 1.20$，$d_U = 1.65$。（通过自己检查 d 值来确定你知道怎样找到它们也许是一个好主意。）判定规则如下：

$$\text{若 } d < 1.20 \qquad \text{拒绝 } H_0$$
$$\text{若 } d > 1.65 \qquad \text{不能拒绝 } H_0$$
$$\text{若 } 1.20 \leqslant d \leqslant 1.65 \quad \text{不确定}$$

由于 0.99 小于 d 的下临界值 1.20，所以，拒绝不存在序列正相关的原假设。接下来的问题是如何处理序列相关性。

9.4.4 拉格朗日乘数（LM）检验

不幸的是，杜宾-沃森 d 检验有许多限制。在前面已经提到，杜宾-沃森 d 检验只能用于 1 阶序列相关性的检验，方程中包含一个常数，而且方程不含滞后被解释变量。还有，杜宾-沃森 d 检验的不确定区域也是一个缺点，特别是，随着解释变量的个数增加，不确定区域也会扩大。

杜宾-沃森 d 检验的一个常用替代方法是拉格朗日乘数检验法。拉格朗日乘数检验法也用于检验序列相关性，是一种如何用方程来分析滞后的残差，解释当期的残差的方法，在这个当期残差作为被解释变量的方程中，也包含了原始模型中的所有解释变量。如果滞后的残差显著解释当期的残差（如卡方检验所示），则拒绝不存在序列相关性的原假设 $^{\ominus}$。LM 序列相关性检验是普通拉格朗日乘数检验方法的应用 $^{\circledR}$。普通拉格朗日乘数检验可以应用于各种计量经济学问题之中。

应用拉格朗日乘数（LM）检验法检验序列相关性，大致涉及三个步骤：

（1）得到估计方程的残差。在有两个解释变量的方程中，残差等于：

$$e_t = Y_t - \hat{Y}_t = Y_t - \hat{\beta}_0 - \hat{\beta}_0 X_{1t} - \hat{\beta}_2 X_{2t} \tag{9-15}$$

⊖ 幸运的是，我们不用自己计算杜宾-沃森 d 统计量。一些计量经济学软件程序，比如 EViews，自动计算杜宾-沃森 d 统计量，其他的如 Stata，允许你更简单的操作。例如在 Stata 中，该命令为 estat dwatson。

⊖ 注意！当我们把 K 定义为解释变量个数时，许多其他的原始资料，包括 Stata 和斯坦福大学杜宾-沃森统计表，将 K 定义为系数的个数（等价于我们符号中的 $K+1$）。当你意识到这个区别，它将不再引起任何问题。顺便提一下，斯坦福表格有比课本更多的数据，其网址为 http://web.stanford.edu/~clint/bench/dwcrit.htm，如果你需要大样本这很有用。

⊜ 序列相关的拉格朗日乘数检验有时被称为 Breusch-Godfrey 检验，这就是在 Stata 中其命令为 estat bgodfrey，lag（1）的原因。注意，如果我们检验 1 阶序列相关，我们需要指定延迟等于 1。如果我们考虑 2 阶序列相关，延迟须等于 2，依此类推。

⊛ 例如，异方差性的 White 检验（将在第 10.3 节提到）也是拉格朗日乘数方法的一个应用程序。一项研究拉格朗日乘数法能使用的各种用途，可以看 Rob Engle《计量经济学中的瓦尔德检验、似然比检验、与拉格朗日乘数检验》，Z. Griliches（ess.），计量经济学手册，卷 4（阿姆斯特丹，爱思唯尔科学出版社，1984）。

（2）在辅助回归方程中，残差为被解释变量，解释变量包括原始方程中的解释变量以及滞后残差项，也就是说，辅助回归方程为：

$$e = \alpha_3 X_{1t} + \alpha_2 X_{2t} + \alpha_3 e_{t-1} + u_t \tag{9-16}$$

（3）用普通最小二乘法，估计方程（9-16），并用下面的检验统计量检验 $\alpha_3 = 0$ 的原假设：

$$LM = NR^2$$

式中，N 是样本容量，R^2 是未调整的确定系数，这两个都是对应于辅助回归方程（9-16）的。

对于大的样本，LM 存在自由度为 1 的卡方分布（原假设限制的数量）。如果 LM 大于统计表 B-6 中的临界卡方值，则拒绝 $\alpha_3 = 0$ 的原假设，认为原方程存在序列相关性。请注意，尽管往往在经济实例中 α_3 是正的，但这是一个双侧检验。

9.4.5 拉格朗日乘数检验的例子

作为拉格朗日乘数检验的例子，在 5% 显著性水平下，检验方程（9-14）的鸡肉需求模型的序列相关，要考察的合理的 LM 方程为：

$$e_t = \alpha_0 + \alpha_1 PC_t + \alpha_2 PB_t + \alpha_3 YD_t + \alpha_4 e_{t-1} + u_t \tag{9-17}$$

式中，e_t 是来自于检测序列相关性的方程（9-14）的残差。

因为包含三个解释变量，所以，原假设是 $H_0: \alpha_4 = 0$。估计方程（9-17），得到判定系数 R^2 为 0.291。因为样本容量为 29，所以，有：

$$LM = NR^2 = 8.439$$

拒绝原假设的决定规则是 NR^2 大于自由度为 1 的临界卡方值，所以，下一步是查表 B-6，在 95% 置信度下，服从自由度为 1 的临界卡方值是 3.84。因为 8.439＞3.84，所以，拒绝原假设，可以认为在鸡肉需求模型中，存在序列相关性。这是一个双侧检验，但它确认我们在杜宾-沃森单侧检验的结果。鸡肉需求方程有序列相关性这一结论似乎很清晰。

▓▓ 9.5 序列相关性的修正

想一想，若杜宾-沃森 d 统计量或拉格朗日乘数检验诊断到已估方程的残差存在序列相关性，那么，又该如何修正？有些同学建议重新对 Y 与 X 的样本观测值进行排序。他们认为若当期误差项受到上期误差项的影响，为何不对数据再次随机排序来消除这个问题呢？答案是重新排序不但不能消除序列相关性，还会使问题变得更加复杂。若 $\varepsilon_2 = f(\varepsilon_1)$，重新排列数据后，误差项仍然相关，但不再按以前顺序相关，而会变得几乎不可能从中发现序列相关性的存在。有意思的是，重新排列数据只改变了杜宾-沃森 d 统计量，但没有改变参数的估计值和标准差[⊖]。

修正序列相关性的第一步是仔细检查方程中会引起非纯序列相关性的设定偏误。函数形式是否正确？有没有遗漏变量？只有仔细检查方程之后，才能考虑修正纯序列相关性。

⊖ 这一结论在数学上可以证明。但是估计一个回归方程，然后改变样本观测值顺序，并进行重新估计来检验结论，这样更具有启发意义，参见习题 3。

值得注意的是：若遗漏变量有随时间增大或减小的趋势，或按一定逻辑顺序（如按某一变量大小排序）对数据重新排列，则杜宾-沃森统计量或拉格朗日乘数检验能够检验出非纯序列相关。遗漏变量或错误的函数形式等很容易造成杜宾-沃森 d 统计量或拉格朗日乘数检验异常。在这种情况下，杜宾-沃森检验或拉格朗日乘数检验就不能区分纯序列相关和非纯序列相关。不过，若发现序列负相关，则常常意味着可能存在非纯序列相关。

如果确定是纯序列相关，则应考虑用广义最小二乘法或 Newey-West 标准差方法进行修正。

9.5.1 广义最小二乘法

广义最小二乘法（generalized least squares，GLS）是消除 1 阶纯序列相关，并恢复估计量为最小方差性质的方法，当因误差项是纯序列相关而使方程不满足古典假设时，广义最小二乘法会将它转换成满足古典假设的方程（9-22）。

为了说明一点，可以直接跳到方程（9-22），但如果了解一下变换过程，就能更容易理解广义最小二乘估计量。首先，看具有 1 阶序列相关的方程：

$$Y_t = \beta_0 + \beta_1 X_{1t} + \varepsilon_t \tag{9-18}$$

式中，若 $\varepsilon_t = \rho\varepsilon_{t-1} + u_t$（由于纯序列相关），则有：

$$Y_t = \beta_0 + \beta_1 X_{1t} + \rho\varepsilon_{t-1} + u_t \tag{9-19}$$

式中，ε 为具有序列相关性的误差项，ρ 为序列相关系数，u 为古典误差项。

若能消除方程中的 $\rho\varepsilon_{t-1}$，则序列相关性就会消失（因为误差项剩余部分 u_t 序列不相关）。为了消除方程（9-19）的 $\rho\varepsilon_{t-1}$，将方程（9-18）两边同乘 ρ，然后写出滞后 1 期的新方程，得：

$$\rho Y_{t-1} = \rho\beta_0 + \rho\beta_1 X_{1t-1} + \rho\varepsilon_{t-1} \tag{9-20}$$

注意上式含有 $\rho\varepsilon_{t-1}$，若用方程（9-19）减方程（9-20），所得方程中的误差项就不再呈现序列相关性。

$$Y_t - \rho Y_{t-1} = \beta_0(1-\rho) + \beta_1(X_t - \rho X_{1t-1}) + u_t \tag{9-21}$$

也可改写为：

$$Y_t^* = \beta_0^* + \beta_1 X_{1t}^* + u_t \tag{9-22}$$

式中，

$$Y_t^* = Y_t - \rho Y_{t-1}$$
$$X_t^* = X_t - \rho X_{t-1}$$
$$\beta_0^* = \beta_0 - \beta_0\rho \tag{9-23}$$

方程（9-22）被称为方程（9-19）的广义最小二乘（或准差分）形式。以下内容需要注意。

（1）误差项是序列不相关的。因此，方程（9-22）的普通最小二乘估计量具有最小方差性，若知道 ρ 值或可以精确估计 ρ 值，那么就可以运用普通最小二乘估计。

（2）方程（9-22）中的斜率参数 β_1 与具有序列相关性的原方程（9-19）的相同。因此，广义最小二乘估计量与普通最小二乘估计量的意义相同。

（3）与方程（9-19）相比，被解释变量改变了。这意味着广义最小二乘估计法中的调整的判定系数 $\overline{R}^2$ 不能直接同普通最小二乘法的比较。

不幸的是，我们并不能用普通最小二乘法去估计广义最小二乘模型，因为广义最小二乘方程本质上是关于参数的非线性方程。为明白原因，看方程（9-21），我们不但要估计 β_0 和

β_1，而且还要估计与 β_0 和 β_1 相乘的序列自相关系数 ρ。由于普通最小二乘估计要求方程对参数是线性的，所以需要新的估计步骤。

好在还有很多方法可以估计广义最小二乘方程。其中最著名的就是 Cochrance-Orcutt 的迭代方法[⊖]。我们的建议是使用一个略微不同的方法：Prais-Winsten 法[⊖]。Prais-Winsten 法是一个两步迭代的方法：首先，估计 $\hat{\rho}$；然后，根据估计值 $\hat{\rho}$ 来估计广义最小二乘估计方程。其步骤是：

（1）对可能存在序列相关性的残差进行回归，估计 ρ 值。

$$e_t = \rho e_{t-1} + u_t \tag{9-24}$$

式中，e_t 代表可能存在纯序列相关的残差项，u_t 代表满足古典假设的误差项。

（2）用 $\hat{\rho}$ 来估计广义最小二乘方程：把估计值 $\hat{\rho}$ 代入方程（9-21），并用普通最小二乘法调整后的方程（9-21）。

重复这两个步骤（迭代），直到迭代后的 $\hat{\rho}$ 值几乎不再变化为止（$\hat{\rho}$ 值收敛），最后 1 次第二步中的估计值即为方程（9-21）的最终估计值。

不幸的是，所有估计广义最小二乘方程的方法都用到了超出课本范围的迭代非线性回归技术。因此，大部分研究人员依靠他们的软件包为他们估计广义最小二乘方程。例如，在 Stata 中，根据被解释变量和解释变量的列表，通过命令 prais 能使 Prais-Winsten 法运行[⊜]。

接下来运用广义最小二乘法，通过 Prais-Winsten 法，来解决前面章节鸡肉需求模型例子中的序列正相关问题。回想一下，前面估计的方程是人均鸡肉消费量是鸡肉价格、牛肉价格和可支配收入的函数：

$$\hat{Y}_t = 27.7 - 0.11PC_t + 0.03PB_t + 0.23YD_t \tag{9-14}$$
$$\qquad (0.03) \qquad (0.02) \qquad (0.01)$$
$$t = -3.38 \qquad 1.86 \qquad 15.7$$
$$\overline{R}^2 = 0.9904 \qquad N = 29 \qquad D.W. = 0.99$$

注意，在回归结果中的 DW 表示杜宾-沃森 d 统计量。以后，所有的时间序列回归结果都会包含 DW 统计值，但对横截面数据的回归结果不要求 DW 统计值，除非样本观测值按逻辑进行了排序（比如从小到大、从最年轻到最年老）。

用 Prais-Winsten 法重新估计广义最小二乘估计方程（9-14），得到：

$$\hat{Y}_t = 27.7 - 0.08PC_t + 0.02PB_t + 0.24YD_t \tag{9-25}$$
$$\qquad (0.05) \qquad (0.02) \qquad (0.02)$$
$$t = -1.70 \qquad 0.76 \qquad 12.06$$
$$\overline{R}^2 = 0.9921 \qquad N = 28 \qquad \hat{\rho} = 0.56$$

⊖ D. Cochrane and G. H. Orcutt, "Application of Least Squares Regression to Relationships Containing Autocorrelated Error Terms," *Journal of the American Statistical Association*, 1949, PP. 32-61.

⊖ S. J. Prais 和 C. B. Winsten *Cowles Commission Discussion Paper* No. 383（1954）Chicago. Prais-Winsten 法（有时叫作 Yule-Walker）与 Cochrane-Orcutt 十分类似，但 Prais-Winsten ρ 估计值更准确，因为它使用了第一步中的第一个观察样本而 Cochrane-Orcutt 没有。更多的可以看 Masahito Kobayashi" Comparison of Efficiencies for Linear Regressions with Autocorrelated Errors", *Journal of the American Statistical Association*, 1985, pp. 951-953.

⊜ 在 Stata 中，对方程（9-14）应用广义最小二乘估计法（使用 Prais-Winsten 法）的命令为 prais Y PC PB YD。在 EViews 中，最简单的估计广义最小二乘估计方程的方法是在方程中加入自变量 $AR(1)$，即 LS Y C PC PB YD AR（1）。结果是 $\hat{\rho}$ 成为变量 $AR(1)$ 的估计系数的一个广义最小二乘估计。

比较方程（9-14）和方程（9-25）。注意到方程（9-25）中的 $\hat{\rho}$ 为 0.56，这表示实际回归中的 Y 为 $Y^* = Y_t - 0.56Y_{t-1}$，PC 为 $PC^* = PC_t - 0.56PC_{t-1}$，依次类推。其次，在广义最小二乘估计结果中用 $\hat{\rho}$ 代替 DW 值，这是因为方程（9-25）的 DW 值不能与非广义最小二乘估计中的 DW 值进行严格比较。再者，广义最小二乘估计回归的样本容量是 28，这是因为在方程（9-23）中计算准差分变量时，必须要用第一个样本观测值生成滞后值。

不管用哪种方法进行广义最小二乘估计，都至少存在两个问题。首先，尽管序列相关性不会引起估计参数 β 有偏，但广义最小二乘估计值不同于普通最小二乘估计值。例如，可以看到方程（9-14）的普通最小二乘的参数估计值与方程（9-25）的广义最小二乘的估计值不同。这不足为奇，虽然这两种方法产生的参数估计值不同，但两者的期望值却相同。更重要的是，若估计值 $\hat{\rho}$ 接近真实值 ρ，则广义最小二乘估计效果就会更好。但在小样本中，广义最小二乘估计的 $\hat{\rho}$ 值是有偏的。若 $\hat{\rho}$ 有偏，则会导致广义最小二乘估计的参数 β 也是有偏的。幸运的是，还有一种可以同时避免上述问题的修正方法——Newey-West 标准差法。

9.5.2 Newey-West 标准差法

广义最小二乘方法不能修正所有的纯序列相关问题。**Newey-West 标准差**（Newey-West standard errors）方法是在不改变估计值 $\hat{\beta}$ 本身的前提下，修正存在序列相关性的标准差 $SE(\hat{\beta})$[⊖]。Newey-West 的逻辑性很强：若序列相关性只是影响标准差而没有导致参数 β 有偏，则通过改变 $SE(\hat{\beta})$ 而不改变 $\hat{\beta}$ 来调整估计方程是可行的。

因此，计算 Newey-West 标准差可以避免纯 1 阶序列相关性所造成的后果。Newey-West 过程提供了标准差的估计方法。标准差的估计值虽然有偏，但对于存在序列相关性的大样本，通常比没有修正的标准差精确得多。因此，大多数样本都能用 Newey-West 标准差进行 t 检验和其他检验，且不会出现由序列相关性引起的推断错误。Newey-West 标准差 $SE(\hat{\beta})$ 通常比普通最小二乘估计的标准差 $SE(\hat{\beta})$ 大，因而降低了 t 统计量，并使估计参数更接近于 0。

为了清楚 Newey-West 标准差的用法，把它应用于存在序列相关性的鸡肉需求方程中，在方程（9-14）中运用 Newey-West 标准差法，得到：

$$\hat{Y}_t = 27.7 - 0.11PC_t + 0.03PB_t + 0.23YD_t \qquad (9\text{-}26)$$
$$\qquad\quad (0.03) \qquad (0.02) \qquad (0.01)$$
$$t = -3.51 \qquad +1.92 \qquad +19.4$$
$$\overline{R}^2 = 0.9904 \qquad N = 29$$

比较方程（9-14）和方程（9-26），首先，在两个方程中，$\hat{\beta}$ 值完全相同，这是因为 Newey-West 标准差并不改变普通最小二乘估计值 $\hat{\beta}$。其次，Newey-West 标准差与普通最小二乘估计标准差不同，因为虽然参数估计值一样，但 t 统计量不一样。即使在这样的小样本条件下，Newey-West 标准差 $SE(\hat{\beta})$ 也比普通最小二乘估计的 $SE(\hat{\beta})$ 稍小。这个结果意味着方程可能遗漏了变量或变量具有非平稳性特征（平稳性问题在第 12 章中讨论）。

⊖ W. K. Newey and K. D. West，"A Simple, positive Semi-Definite Heteroskedasticity and Autocorrelation Consistent Covariance Matrix,"*Econometrica*，1987，PP. 703-708. Newey-West 标准差类似于本书第 10.4 节讨论的 HC 标准差（或 White 标准差）。

9.6 小结

（1）序列相关，也叫自相关，违背了古典假设Ⅳ（即误差项的值彼此不相关）。通常，计量经济学家更多关注的是 1 阶序列相关，即误差项当期值是前 1 期值和序列不相关的误差项 u 的函数：

$$\varepsilon_t = \rho\varepsilon_{t-4} + u_t \quad -1 < \rho < 1$$

式中，ρ 代表序列自相关系数。

（2）纯序列相关是正确设定的回归方程中误差项的相关函数。非纯序列相关是由遗漏了变量或选择了不正确的函数形式等错误设定引起的，可以为正相关（$0 < \rho < 1$），也可以为负相关（$-1 < \rho < 0$）。在经济和商业环境下，纯序列相关几乎都是正相关。

（3）序列相关性的主要后果是采用普通最小二乘估计的 $SE(\hat{\beta})$ 是有偏的，导致假设检验不可靠。纯序列相关不会造成参数 β 的有偏估计。

（4）诊断 1 阶序列相关性最常用的方法是杜宾-沃森 d 检验。它用回归估计的残差检验误差项是否存在序列相关性。d 检验值为 0，意味着序列存在完全正相关，d 值为 2 意味着不存在序列相关性，d 值为 4 意味着序列存在完全负相关。

（5）消除方程序列相关性的第 1 步是检查可能存在的设定错误，只有当非纯序列相关存在的可能性很小时，才能考虑修正纯序列相关性。

（6）广义最小二乘法（GLS）是通过变换方程以消除纯 1 阶序列相关的方法。运用广义最小二乘法时需要 ρ 的估计值。

（7）Newey-West 标准差法是另一种修正序列相关性的方法。这种方法在考察序列相关性时，在不改变估计值 $\hat{\beta}$ 的情况下，调整普通最小二乘估计的标准差 $SE(\hat{\beta})$。

习题

（偶数序号的习题答案见附录 A）

1 不查阅书本（或笔记），给出下列术语的定义，然后与书本上的相比较。

a. 杜宾-沃森 d 检验	b. 1 阶序列相关	c. 1 阶序列自相关系数
d. 广义最小二乘法	e. 非纯序列相关	f. 拉格朗日乘数（LM）检测
g. 序列负相关	h. Newey-West 标准差	i. 序列正相关
j. Prais-Winsten 法	k. 纯序列相关	

2 考察美国人均牛肉消费量的估计方程：

$$\hat{B}_t = -330.3 + 49.1\ln Y_t - 0.34PB_t + 0.33PRP_t - 15.4D_t \tag{9-27}$$

$$(7.4) \qquad (0.13) \qquad (0.12) \qquad (4.1)$$

$$t = 6.6 \qquad -2.6 \qquad 2.7 \qquad -3.7$$

$$\overline{R}^2 = 0.700 \qquad N = 28 \quad DW = 0.94$$

式中，B_t 代表第 t 年美国人均牛肉消费量（单位：磅）；$\ln Y_t$ 代表第 t 年美国人均可支配收入的对数；PB_t 代表第 t 年牛肉年平均实际批发价格（单位：美分/磅）；PRP_t 代表第 t 年猪肉年平均实际批发价格（单位：美分/磅）；D_t 代表在第 t 年消费者是不是害怕红肉危害健康，为虚拟变量，如果害怕则为 1，否则为 0。

a. 提出各个斜率参数的原假设，并进行检验。

b. 在 5% 显著水平下，用杜宾-沃森 d 检验方法检验方程（9-27）是否存在序列相关性。

c. 方程（9-27）存在什么计量经济学问题？如何修正？

d. 根据自己的看法，用广义最小二乘估计方法估计方程（9-24），得到：

$$\hat{B}t = -193.3 + 35.2\ln Y_t - 0.38PB_t + 0.10PP_t - 5.7D_t \tag{9-28}$$
$$\qquad\qquad (14.1) \qquad (0.10) \qquad (0.09) \qquad (3.9)$$
$$t = 2.5 \qquad -3.7 \qquad 1.1 \qquad -1.5$$
$$\overline{R}^2 = 0.857 \qquad N = 28 \qquad \hat{\rho} = 0.82$$

比较方程（9-27）和方程（9-28），哪个更好？为什么？

3 在第 9.5 节中曾经提到：即使改变数据的排列顺序，也不会改变参数的估计值，但会改变杜宾-沃森 d 统计量。为了证明它，以回归方程 $HS = \beta_0 + \beta_1 P + \varepsilon$ 为例，用下面的数据，在不同的排列顺序下，比较参数估计值和 d 统计量。

年份	房地产初始建筑面积	人口（P）	年份	房地产初始建筑面积	人口（P）
第 1 年	9 090	2 200	第 4 年	10 327	2 289
第 2 年	8 942	2 222	第 5 年	10 513	2 290
第 3 年	9 755	2 244			

按年份，数据采用下面的 3 种顺序排列，以证明上面的结论。

a. 1 2 3 4 5　　　　　　　　b. 5 4 3 2 1　　　　　　　　c. 2 4 3 5 1

4 假设在时间序列研究中，按时间倒序排列数据，会改变对序列相关性的诊断和修正吗？如何改变？特别是：

a. 如果数据顺序颠倒，对用杜宾-沃森 d 统计量诊断序列相关性有什么影响？

b. 对运用广义最小二乘法修正序列相关性有什么影响？

c. 数据顺序颠倒的序列相关性的直观经济解释是什么？

5 你的朋友刚刚完成了一项关于洛杉矶湖人队常规赛季的主场观众人数的研究。她听说你已经学习了序列相关性的知识，想让你提点建议。在对上个赛季的数据进行回归分析前，她采访了大量球迷后发现，有些球迷喜欢看胜出率高的球队比赛，而有些球迷喜欢看整个赛季的比赛，有些则喜欢看季后赛。她的估计方程为（括号内的数值为标准差）：

$$\hat{A}_t = 14\,123 + 20L_t + 2\,600P_t + 900W_t$$
$$\qquad\qquad\quad (500) \qquad (1\,000) \qquad (300)$$
$$DW = 0.85 \qquad N = 40 \qquad \overline{R}^2 = 0.46$$

式中，A_t 代表第 t 场比赛的观众人数；L_t 代表第 t 场比赛前，湖人队的胜出率；P_t 代表第 t 场比赛前，湖人队对手的胜出率；W_t 代表比赛是否在周末（周五、周六和周日）举行，为虚拟变量，如果是则为 1，否则为 0。

a. 在 5% 显著水平下，用杜宾-沃森 d 检验来检验方程是否存在序列相关性。

b. 在 1% 显著水平下，对斜率参数作相应的假设检验。

c. 比较变量 L 和 P 估计参数的大小和显著性，其差异会令人奇怪吗？L 是一个不相关的变量吗？为什么？

d. 如果存在序列相关性，你认为是纯序列相关性，还是非纯序列相关性？为什么？

e. 你的朋友从样本中去掉了每年的首场比赛，因为首比赛的票总是人气很旺或因期待很高而紧俏，一售而空，另外也无法获得球队本赛季的胜出率，她这样做合适吗？

6 约瑟夫·布雷达（Josef Brada）和罗纳德·格雷夫斯（Ronald Graves）在 1988 年的论文中[⊖]，建立了苏联[⊖]国防支出模型。作者确定苏联国防支出是美国国防支出和苏联 GNP 的函数，但不确定是否为两国核弹头比例的函数。作者采用双对数的函数形式，估计了很多可供选择的设定，包括以下两种：

$$\widehat{\ln SDH_t} = -1.99 + 0.056\ln USD_t + 0.969\ln SY_t + 0.057\ln SP_t \tag{9-29}$$
$$(0.074) \qquad (0.065) \qquad (0.032)$$
$$t = 0.76 \qquad 14.98 \qquad 1.80$$
$$N = 25(1960 \sim 1984 \,\text{年}) \qquad \overline{R}^2 = 0.979 \qquad DW = 0.49$$

$$\widehat{\ln SDH_t} = -2.28 + 0.105\ln USD_t + 1.066\ln SY_t \tag{9-30}$$
$$(0.073) \qquad (0.038)$$
$$t = 1.44 \qquad 28.09$$
$$N = 25(\text{年度}, 1960-1984) \qquad \overline{R}^2 = 0.979 \qquad DW = 0.43$$

式中，SDH_t 代表美国 CIA 第 t 年估计的苏联国防支出（以 1970 年卢布不变价格计算，单位：100 万卢布）；USD_t 代表第 t 年美国的国防支出（以 1980 年美元不变价格计算，单位：100 万美元）；SY_t 代表第 t 年苏联的 GNP（以 1970 年卢布不变价格计算，单位：100 万卢布）；SP_t 代表第 t 年苏联核弹头数量与美国核弹头数量之比。

a. 作者预期两个方程的斜率参数都为正，在 5% 显著水平下检验这些预期。

b. 用模型设定的四个判定准则判断 SP 是不是不相干变量，请说明理由。

c. 检验两个方程是否存在正 1 阶序列正相关，若存在序列相关性，是否会使你重新考虑 b 问题的答案？请说明理由。

d. 有人认为，在模型中加入 $\ln SP$ 变量后，提高了 DW 统计量，因此，存在非纯序列相关，不需要用广义最小二乘法估计，你赞成这一观点吗？为什么？

e. 如果我用广义最小二乘法估计方程（9-29），得到方程（9-31）。

$$\widehat{\ln SDH_t} = 3.35 + 0.018\ln USD_t + 0.137\ln SY_t - 0.0008\ln SP_t \tag{9-31}$$
$$(0.067) \qquad (0.214) \qquad (0.027)$$
$$t = 1.61 \qquad 0.64 \qquad -0.03$$
$$N = 24(\text{年度}, 1960 \sim 1984) \qquad \overline{R}^2 = 0.994 \qquad \hat{\rho} = 0.96$$

这一结果会使你重新考虑 b 问题的答案吗？请说明理由。

表 9-1　苏联国防支出

年	SDH	SDL	USD	SY	SFP	NR	NU
1960	31	23	200.54	232.3	7.03	415	1 734
1961	34	26	204.12	245.3	6.07	445	1 846
1962	38	29	207.72	254.5	3.9	485	1 942
1963	39	31	206.98	251.7	2.97	531	2 070

⊖　Josef C. Brada and Ronald L. Graves, "The Slowdown in Soviet Defence Expenditures," *Southern Economic Journal*, Vol. 54, No. 4, PP. 969-984. 除了习题中的变量外，布雷达和格雷夫斯还提供了第 t 年苏联要素生产率 SFP_t 的数据，我们建议做练习时用教师手册中的 SFP 数据，它被放在表 9-1 中。

⊖　苏联这个国家现在已不存在。

（续）

年	SDH	SDL	USD	SY	SFP	NR	NU
1964	42	34	207.41	279.4	1.4	580	2 910
1965	43	35	185.42	296.8	1.87	598	4 110
1966	44	36	203.19	311.9	4.1	674	4 198
1967	47	39	241.27	326.3	4.9	1 058	4 338
1968	50	42	260.91	346	4.07	1 270	4 134
1969	52	43	254.62	355.9	2.87	1 662	4 026
1970	53	44	228.19	383.3	4.43	2 047	5 074
1971	54	45	203.8	398.2	3.77	3 199	6 282
1972	56	46	189.41	405.7	2.87	2 298	7 100
1973	58	48	169.27	435.2	3.87	2 430	8 164
1974	62	51	156.81	452.2	4.3	2 534	8 522
1975	65	53	155.59	459.8	6.33	2 614	9 170
1976	69	56	169.91	481.8	0.63	3 219	9 518
1977	70	56	170.94	497.4	2.23	4 345	9 806
1978	72	57	154.12	514.2	1.03	5 097	9 950
1979	75	59	156.8	516.1	0.17	6 336	9 945
1980	79	62	160.67	524.7	0.27	7 451	9 668
1981	83	63	169.55	536.1	0.47	7 793	9 628
1982	84	64	185.31	547	0.07	8 031	10 124
1983	88	66	201.83	567.5	1.5	8 730	10 201
1984	90	67	211.35	578.9	1.63	9 146	10 630

资料来源：Josef C. Brada and Ronald L. Graves，"The Slowdown in Soviet Defense Expenditures," *Southern Economic Journal*，Vol. 54，No. 4，p. 974.

注：数据文件名为 DEFEND9。

7 为了说明错误函数形式引起的非纯序列相关，我们以第 1 章习题 6 所讨论过的方程为例。该方程认为高尔夫球的进洞比例（P_i）是推杆距离（L_i）的函数，完整的估计方程为：

$$\hat{P}_i = 83.6 - 4.1L_i \tag{9-32}$$

$$(0.4)$$

$$t = -1.61$$

$$N = 19 \quad \overline{R}^2 = 0.861 \quad DW = 0.48$$

a. 在 1% 显著水平下，用杜宾-沃森 d 检验方法检验方程（9-32）是否存在序列相关性。

b. 该研究采用线性函数形式可能不太合适，为什么？

c. 如果现在采用双对数函数形式，重新估计方程（9-32），得

$$\widehat{\ln P}_i = 5.50 - 0.92\ln L_i \tag{9-33}$$

$$(0.07)$$

$$t = -13.0$$

$$N = 19 \quad \overline{R}^2 = 0.903 \quad DW = 1.22$$

在 1% 的显著水平下，用杜宾-沃森 d 检验方法检验方程（9-33）是否存在序列相关性。

d. 比较方程（9-32）与方程（9-33），哪个方程更好？为什么？

附录9A 计量经济学实验室＃5

在这个实验室中，我们将通过估计美国1945～2006年期间经济的总消费函数，检验方程的序列相关性，并在适当时采取纠正措施，来扩展计量经济学实验室＃2。

第一步：确定变量和系数的预期符号。

在计量经济学实验室＃2中，我们的目标是将美国的总消费构建为与个人可支配收入和实际利率相关的函数。同样的，数据来自弗雷德圣路易斯联邦储备理事会（美联储）数据库和总统的经济咨文。表9-2为变量及系数的假设符号的描述，数据集来自文本网站，文件名为CONS9。

表9-2 变量定义

变量	描述	假设符号
con_t	第 t 年的真实个人消费支出，2009年数十亿美元	NA
dpi_t	第 t 年的真实个人可支配收入，2009年数十亿美元	＋
aaa_t	第 t 年 Aaa 公司债券的实际利率	－
$year_t$	第 t 年	NA

第二步：估计总消费函数。

现在将个人可支配收入和实际利率作为解释变量估计总消费函数。

第三步：检验残差。

生成第二步中回归的残差（叫作"e"），并制作相对于 $year_t$ 的线图（以 $year_t$ 变化为 x 轴）。得到的图像是否完全随机？请解释。

第四步：进行杜宾-沃森检验。

进行一个存在正的序列相关性的杜宾-沃森检验。

a. 认真写下原假设和备择假设。

b. 在5％的显著性水平下，进行存在正的序列相关性的杜宾-沃森检验。在这种情况下，杜宾-沃森检验统计量的上下限临界值分别是多少？你能得出什么结论？请解释。

第五步：用拉格朗日乘数检验来检验序列相关性。

a. 拉格朗日乘数检验的原假设和备择假设是否与杜宾-沃森检验的相同？说明原因。

b. 在5％的显著性水平下，用拉格朗日乘数检验来检验是否存在序列相关性。你能得出什么结论？请解释。

第六步：用广义最小二乘法估计模型。

a. 如果你在前面的步骤中得到了存在序列相关性的结论的话，请用广义最小二乘法重新估计模型。

b. 用广义最小二乘法得到的参数估计值和 t 统计量是否与用普通最小二乘法得到的系数和 t 统计量相同？请解释。

c. 在广义最小二乘法的转换之后，序列相关是否仍存在？证明你的答案。

第七步：计算 Newey-West 标准差。

a. 如果你在第6步中运行了广义最小二乘模型，现在运用 Newey-West 的1期滞后估计总消费模型。

b. 在 Newey-West 的计算后，得到的系数是否与用普通最小二乘得到的系数相同？请解释。

c. 为什么 Newey-West 的 t 统计量与普通最小二乘 t 统计量不同？你更倾向于哪一个？为什么？

第 10 章

异 方 差 性

古典假设 V 指出随机误差项的观测值的分布必须服从相同的方差，而**异方差性**（het-eroskedasticity）正是对此假设的违反[⊖]。在现实中，误差项的观测值并不总是具有相同的方差。举例来说，对比两个以身高为被解释变量的模型——以篮球运动员身高为被解释变量的模型和以老鼠身高为被解释变量的模型，通常就会发现前者的误差项分布具有更大的方差。当模型存在异方差性时，使用普通最小二乘法估计得到的估计量不再具有最小方差性（然而，仍然是无偏的），所以，异方差性是一个需要重点讨论的问题。

一般而言，相对于时间序列模型，截面数据模型更容易产生异方差性，但这并不意味着时间序列模型就不会产生异方差性。实际上，在涉及时间序列的金融市场研究中，异方差性已成为重点关注的问题。

类似于前面两章讲到的多重共线性和序列相关性，读者将会非常熟悉本章的结构。对于异方差性，本章仍主要解决以下四个问题。

（1）异方差性的本质是什么？

（2）异方差性的后果是什么？

（3）如何诊断异方差性？

（4）如何修正异方差性？

10.1 纯异方差性和非纯异方差性

类似于序列相关的分类，异方差性也可分为纯异方差性和非纯异方差性。纯异方差性的误差项来自正确设定的方程，而非纯异方差性的误差项是由于模型设定误差而导致的，比如遗漏变量。

⊖ 很多作者将异方差性拼写为"heteroscedasticity"，但是考虑到这个词源于希腊，休斯敦·麦卡洛克（Huston McCuloch）更倾向于"heteroskedasticity"这种拼写。参见 J. Huston McCuloch，"On Heteros * edasticity，" *Econometirca*，Vol. 53，No. p. 483。虽然异方差这个词很难拼写，但是当父母问起"你花钱都学到了什么"的时候，这个词至少会给他们留下深刻的印象。

10.1.1 纯异方差性

纯异方差性是指异方差性表现为误差项的函数，而误差项是从设定正确的方程中得到的。同序列相关一样，当"异方差性"前面没有修饰词（如纯和非纯）的时候，都是指纯异方差性。

古典假定Ⅴ中，假定误差项的方差是相同的。在一个设定正确的方程中，对古典假定Ⅴ的违反就会出现**纯异方差性**（pure heteroskedasticity）。古典假定Ⅴ为：

$$\text{VAR}(\varepsilon_i) = \sigma^2 = 常数 \quad (i = 1, 2, \cdots, N) \tag{10-1}$$

如果满足这个假定，则误差项的观测值可视为均取自均值为0，方差为σ^2的分布，且σ^2不随误差项观测值的不同而改变，这种性质称为同方差性。图10-1中的左图描绘了同方差的误差项所服从的分布，且该分布的方差是恒定的（即便是该样本的个体观测值会有所差异）。

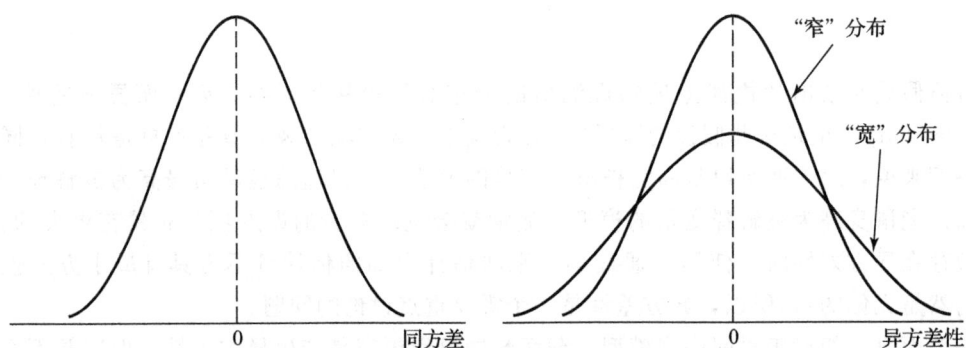

图 10-1　同方差和离散型异方差性

注：同方差的误差项分布具有恒定的方差，所以其样本观测值均服从同一分布（图10-1中左图显示了这种分布）。在离散型异方差性中（最简单的异方差性类型），误差项具有两个不同的方差，因而也服从两个不同的分布（图10-1中右图显示了这两个分布，一"宽"一"窄"）。

而在异方差性条件下，误差项的方差不再是常数；相反，误差项分布的方差依赖于所讨论的某个观测值：

$$\text{VAR}(\varepsilon_i) = \sigma_i^2 \quad (i = 1, 2, \cdots, N) \tag{10-2}$$

注意，方程（10-2）不同于方程（10-1），唯一的区别是，后者的方程在前者的σ^2的基础上多了个下标i，这表明在异方差性条件下，误差项的方差随观测值的不同而变化（因为下标i是可变的），而不是所有的观测值的方差都相同。

在数据处理时，当被解释变量的最大值和最小值之间差异很大时，异方差性就很可能发生。在样本中，被解释变量观测值在数值上的差异性越大，相应的误差项的方差就越不相同，于是，异方差性也就越明显。也就是说，通常对于包含较大观测值的样本而言，其误差项分布的方差会较大，对于包含较小观测值的样本而言，其误差项分布的方差会较小。

在截面数据中，变量的最大值和最小值之间通常会有很大差异。比如，用美元来衡量加利福尼亚和罗德岛的商品和服务消费额，两者之间的差异会较大（相对来说，以百分比来衡量的篮球运动员和老鼠的身高，两者之间的差异就较小）。在截面模型中，同一样本的若干观测值通常在数值上存在很大差异（比如，在美国跨州研究中，加利福尼亚和罗德岛通常就是独立的样本观测值），因此，若要继续研究跨截面经济问题，异方差性就很难避免。

将异方差性形象化的最简单方法是，假定所有的误差项观测值都服从"宽"分布和

"窄"分布这两种,并将它们描绘在同一图形中,形成的这种简单式样的异方差性被称为"离散型异方差性"。在这种情况下,如图 10-1 中的右图,两个分布都以 0 为中心,只不过其中一个分布具有较大的方差,另一个方差较小。请注意图 10-1 中左右图的差异:具有同方差的误差项服从同一分布,而具有异方差性的误差项服从不同的分布。

对于"离散型异方差性",依然可以举篮球运动员和老鼠身高的例子来说明。显然,篮球运动员的误差项(ε)方差更大,而老鼠的(ε)方差更小,因此,篮球运动员身高的(ε)分布更像图 10-1 中的"宽"分布,而老鼠的(ε)分布可能比图 10-1 中"窄"分布更"窄"。

异方差性会呈现许多更为复杂的形式。事实上,异方差性模型的种类数不胜数,即使只研究这些不同模型中的一小部分模型,也是一项繁重的任务。所以,如同在上一章中把重点集中在纯 1 阶序列正相关问题上一样,为了阐述异方差性的基本原理,重点集中在最常见且最常用的纯异方差性模型。尽管重点讨论纯异方差性,但不希望产生这样的误解:计量经济学家只关注一种形式的异方差性。

在最常用的纯异方差性模型中,误差项的方差是受到了外生变量 Z_i 的影响。举个典型的回归方程:

$$Y_i = \beta_0 + \beta_1 X_{1i} + \beta_2 X_{2i} + \varepsilon_i \tag{10-3}$$

不同于古典假定下的误差项,具有异方差性的误差项的方差为:

$$\mathrm{VAR}(\varepsilon_i) = \sigma^2 Z_i^2 \tag{10-4}$$

式中,Z 可以是方程中的某个解释变量 X(也可以不是)。变量 Z 被称为**比例因子**(proportionality factor),因为随着 Z_i^2 的变化,误差项的方差会同比例地变化。Z_i 的值越大,第 i 个误差项的观测值的分布的方差就越大。误差项共计服从 N 个分布,然而,具体的某个 ε_i 服从哪个分布,取决于 Z 的不同取值。加入比例因子 Z_i 后,为了区别同方差和异方差性的分布,可以对比图 10-2 和图 10-3,具有同方差的分布不随 Z_i 值的变化而变"宽"或变"窄",而具有异方差性的分布随 Z_i 值的增加而变"宽"。

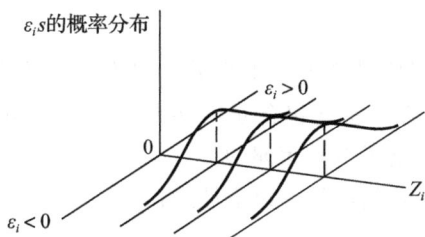

图 10-2 有比例因子 Z_i 的同方差的误差项

注:在同方差条件下,加入比例因子 Z_i 后,不论 Z_i 取何值,误差项的方差是恒定不变的:$\mathrm{VAR}(\varepsilon_i) = \sigma^2$。

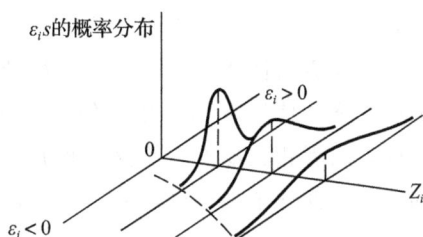

图 10-3 有比例因子 Z_i 的异方差性的误差项

注:在异方差性条件下,加入比例因子 Z_i 后,误差项的方差是关于 Z_i 的函数。当 Z_i 变化时,其方差也会系统地变化。在这个例子中,方差是关于 Z_i 的一个增函数:$\mathrm{VAR}(\varepsilon_i) = \sigma^2 Z_i^2$

用什么例子可以说明比例因子 Z 呢?一个诸如 Z 的外生变量又是如何改变误差项的分布呢?试想用美国各州的收入来解释美国各州消费支出的函数。若用绝对数值(如美元)来衡量消费支出变动,则像罗德岛这样的小州的消费支出变动肯定比不上像加利福尼亚这样的大州的消费支出变动,因为大州的消费支出变动 10% 对应着更多的美元。在这个解释消费支出的例子中,被解释变量是消费支出,因此,比例因子 Z 可以是人口。当人口增加时,误差项的方差也会增加。该误差项的分布类似于图 10-3 中的分布，其中，比例因子 Z 是人口。

这个例子有助于强调这样的事实：在截面模型中，被解释变量的数值存在很大的差异，从而容易出现异方差性。举例来说，一个同样的外生冲击，对小州来说可能产生巨大影响，但是对于大州来说，其影响可能很小。

在时间序列模型中，若被解释变量的观测值之间有显著变化，异方差性也可能发生。对 1980～2009 年期间的 DVD 播放器的销售量数据进行拟合，得到的误差项就很可能具有异方差性。因为随着 DVD 产业的高速发展，误差项的方差很可能变大。当然，对于低速发展的时间序列而言，异方差性出现的可能性就较小。

不论是时间序列模型，还是截面模型，只要样本中数据的数值差异较大，异方差性就可能发生。随着数据收集技术的改进，误差项的方差将变小，因为测量误差是包含在误差项中的。关于"变量误差"这个问题，在第 14.6 节中会有更详尽的叙述。

10.1.2 非纯异方差性

如果异方差性是由模型设定误差（比如遗漏变量）引起的，则这种异方差性被称为**非纯异方差性**（impure heteroskedasticity）。因而非纯异方差性这个概念类似于非纯序列相关。

遗漏变量会导致异方差性，这是因为某个解释变量一旦被省略，其遗漏掉的效果（解释力）必然被误差项所吸收。如果遗漏掉的效果中包含了异方差性成分，即使设定正确的方程的误差项本身没有异方差性，但一旦方程设定错误也会出现异方差性。这一差别很重要，因为对非纯异方差性而言，正确的补救方法就是找到遗漏变量并将其纳入方程。因而，在检验或者补救异方差性之前，应该先保证方程的设定正确。

10.2 异方差性的后果

如果方程的误差项具有异方差性，那会对方程的参数估计产生什么影响呢？当方程的误差项具有异方差性时，将主要导致以下三个后果。[⊖]

（1）纯异方差性并不会导致参数估计量有偏。即使已知方程的误差项具有纯异方差性，普通最小二乘法估计量仍然是无偏的。这是因为大的误差既包含正的误差，也包含负的误差，所以，两者相互抵消，使得普通最小二乘法估计量仍然是无偏的。

因此，即使一个正确设定的方程具有纯异方差性，仍然具有以下性质：

$$E(\hat{\beta}) = \beta \quad \text{对于所有的} \beta_s$$

无偏性并不能保证参数估计是"精确的"，主要是因为异方差性增大了估计量的方差，因而它仅能说明估计量的分布是以真实的 β 值为中心。当然，如果方程中具有因遗漏变量而导致的非纯异方差性时，则可能产生"设定偏误"。

（2）异方差性通常会导致最小二乘估计量（在所有线性无偏估计量中）不再具有最小方差性。虽然纯异方差性并不会影响最小二乘估计量的无偏性，但是它确实会影响估计量的最小方差性质。加入比例因子 Z 后，误差项的异方差性具有如下形式：

$$\text{VAR}(\varepsilon_i) = \sigma^2 Z_i^2 \tag{10-5}$$

⊖ 在整体框架上，异方差的后果几乎与序列相关性的一致，尽管它们是两个完全不同的问题。

于是，高斯—马尔科夫定理中关于最小方差的性质就不再成立，因为总能找到其他方差更小的线性无偏估计量。这是因为误差项的异方差性会导致被解释变量波动，根据最小二乘法的估计原理，这种波动又会被归因于解释变量。因此，当存在异方差性时，最小二乘法通常会错误地估计真实的 β 值。又因为过度估计和不足估计在程度上是相当的，β 的估计量仍然是无偏的。

（3）异方差性将导致 $SE(\hat{\beta})$ 的最小二乘估计量有偏，因而导致假设检验结果不可信。在异方差性条件下，仍用最小二乘法去估计标准差会得到有偏的 $SE(\hat{\beta})$。又因为 $SE(\hat{\beta})$ 是 t 统计量的重要组成部分，因此，有偏的 $SE(\hat{\beta})$ 将导致有偏的 t 统计量，进而导致假设检验结果不可信。实质上，异方差性将会导致最小二乘估计产生错误的 $SE(\hat{\beta})$ 和 t 统计量。因此，许多计量经济学家在遇到异方差性时，对假设检验结果的可信度持怀疑态度，这也是不足为奇的[一]。

异方差性会导致哪种形式的偏误呢？通常来说，$SE(\hat{\beta})$ 估计量的偏误是负的，即采用最小二乘法会低估 $SE(\hat{\beta})$ 的值。之所以会出现这种情况，是因为相对于同方差，存在异方差性时，通常会使观测值拟合得更好。最小二乘法会低估 $SE(\hat{\beta})$，这意味着最小二乘法会高估参数的 t 统计量。因而在异方差性条件下，典型的计量回归软件都会输出过高的 t 统计量。

最小二乘估计会低估 $SE(\hat{\beta})$ 进而高估 t 统计量，这会对假设检验产生什么影响？当然，对某个参数而言，"过低"的 $SE(\hat{\beta})$ 会导致"过高"的 t 统计量，这会导致在原假设（比如，$H_0: \beta \leqslant 0$）为真时，拒绝原假设的可能性增加，这就增加了犯第一类错误的可能性。同时，因为置信区间取决于 $SE(\hat{\beta})$［见方程（5-9）］，对 $SE(\hat{\beta})$ 的低估可能会让我们错误地认为我们的估计值比真实值更加准确。[二]换句话说，当存在异方差性时，假设检验的结果有偏差并且不可信。

10.3　异方差性的检验

正如我们看到的那样，异方差是一个潜伏着的令人讨厌的问题。幸运的是，我们有许多可以用来检验异方差的方法。而遗憾的是，异方差可能以许多不同的形式出现，而没有一种方法可以保证全部检验出来。

本章将只介绍两种最常使用的异方差性检验方法，也是最有效的方法：**BP 检验**（Breusch-Pagan test）和 **White 检验**（White test）[三]。但并没有一种异方差性检验能够"证明"异方差性的存在，因此，所能做到的，仅仅是找到可能存在异方差性的一般指标。

然而，并不是对所有方程而言检验异方差性都有意义，因而，在做检验之前，应该先思考以下基本问题。

（1）方程的设定是否存在明显问题？是否有可能遗漏了某些变量？当双对数模型更适宜

[一]　尽管我们的讨论只涉及 t 检验，同样的结论（异方差导致的不可靠性）适用于其他所有的检验统计量，包括置信区间。

[二]　如果最小二乘法高估了标准差，则将存在刚好反向的问题。过高的 $SE(\hat{\beta})$ 将产生过低的 t 值。如果 t 值足够低，我们可能会错误地没有拒绝原假设，这样就提高了我们从模型中去除一个相关变量的风险。此外，置信区间也会变宽，进而导致相似的潜在的错误。

[三]　两个检验都属于以拉格朗日乘数法为基础的检验，这种检验方法已在第 9 章讲过。

时，是否错用了线性模型？在检验异方差性之前，应先确保方程的设定尽可能正确。毕竟，如果在不正确的模型中发现了异方差性，它可能是非纯的。

（2）是否有异方差性的早期征兆？就像某些云可以预告风暴，某些数据也可以显示异方差性。特别地，如果被解释变量的最大值远大于它的最小值，谨防会出现异方差。

（3）残差图能否作为存在异方差性的证据？画残差的散点图（考虑可能的比例因子 Z 和被解释变量）有时可以节省时间。如果残差形成了一个图案，那么就存在问题了。图 10-4 展示了一些存在异方差的残差图。

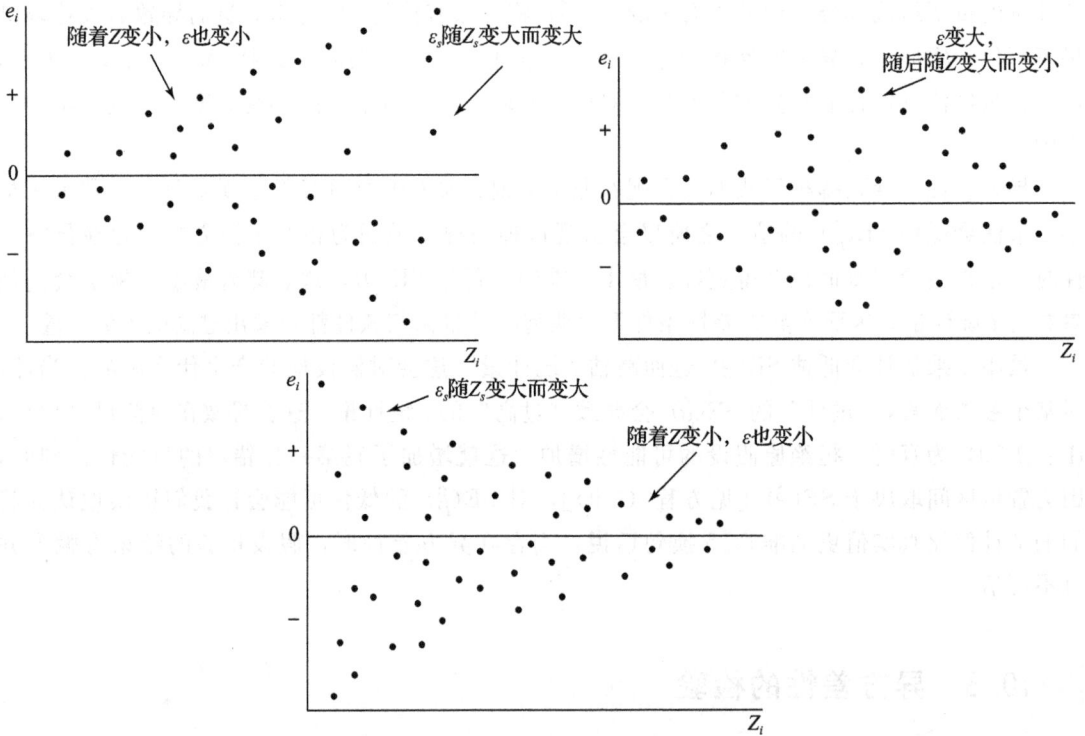

图 10-4　可能存在异方差性的残差散点图

注：以可能的比例因子 Z 为横轴，描绘残差的散点图。如果残差的取值有扩张（或者收缩）的趋势，则表明可能存在异方差性。

10.3.1　BP 检验

BP 检验是通过检验残差的平方是否能被可能的比例系数解释的一种检验误差项的异方差性的方法[一]。其检验的方式主要有以下几种：

（1）从估计的回归方程中求得残差。对于一个有两个独立变量的方程，即为：

$$e_i = Y_i - \hat{Y}_i = Y_i - \hat{\beta}_0 - \hat{\beta}_1 X_{1i} - \hat{\beta}_2 X_{2i} \tag{10-6}$$

（2）在辅助方程中，把残差的平方作为被解释变量。在辅助回归中，解释变量采用的是你推测的可能作为比例系数的原始方程中的解释变量。对许多研究者来说，默认的选择是选

一　T. S. Breusch and A. R. Pagan, "A Simple Test for Heteroscedasticity and Random Coefficient Variation," *Econometrica*, Vol. 47, pp. 1287-1294.

用全部这些变量。例如，如果原始方程有两个解释变量，则辅助回归方程是：

$$e_i^2 = \alpha_0 + \alpha_1 X_{i1} + \alpha_2 X_{2i} + u_i \tag{10-7}$$

（3）使用卡方检验，检验方程（10-7）的综合意义。原假设和备择假设分别为：

$$H_0: \quad \alpha_1 = \alpha_2 = 0$$
$$H_A: \quad H_0 \text{ 不成立}$$

原假设是同方差，因为如果 $\alpha_1 = \alpha_2 = 0$，所以，方差是常数，等于 α_0。这里的检验统计量是 NR^2，或者是样本数（N）乘以方程（10-7）中的未做调整的判定系数 R^2。检验统计量呈卡方分布[注]，自由度等于辅助回归方程［方程（10-7）］中的斜率系数的个数。如果 NR^2 大于等于卡方分布的临界值，我们就拒绝同方差的原假设。

如果你怀疑可行的 Z 因子是否是确定的变量，你可以仅仅使用截距项和怀疑的变量进行 BP 检验。这种情况下卡方统计量的自由度肯定会发生改变，因为它们等同于辅助方程中解释变量的个数。如果你很确信你知道唯一的比例因子 Z，并且没有其他异方差形式的出现，那么，在这种情形下，你就不需要了解卡方统计量。你仅仅在 $\hat{\alpha}$ 上进行一次双边检验[注]就可以了。

BP 检验的优点是，它易于使用，还有，在异方差与一个或多个线性比例因子相关时非常有效。它的缺点是，如果它没有发现异方差性，这也仅仅说明不存在与你所选择的一些与 Z 相关的异方差性的证据。如果你非常确定辅助方程中只有那些 X 是可行的比例因子，那么，将很容易进行检验。但是，如果你不能确定，你可能需要使用 White 检验。之后将要简单介绍这种方法。

作为使用 BP 检验的例子，让我们回到第 3.2 节 Woody's 餐厅选址的例子，使用方程（3-4）的残差来检验异方差性。回忆解释消费者数量的那个回归，通过对 33 个不同的 Woody's 餐厅的截面数据，把释消费者数量（Y）看作周边竞争者数量（N）、周边的人口（P），以及当地的人均收入（I）的函数，估计出的方程为：

$$\hat{Y}_i = 102\,192 - 9\,075 N_i + 0.355 P_i + 1.288 I_i \tag{3-4}$$
$$(2\,053) \quad (0.073) \quad (0.543)$$
$$t = -4.42 \quad\quad 4.48 \quad\quad 2.37$$
$$N = 33 \quad\quad \overline{R}^2 = 0.579$$

BP 检验的第一步是，从方程（3-4）中获得残差，这些残差可以在第 3 章的表 3-2 中找到。第二步是，求残差的平方，把它作为辅助回归方程中的被解释变量。如果我们在辅助方程中选用方程（3-4）中的所有解释变量，那么，构建的辅助回归方程为：

$$e_i^2 = \alpha_0 + \alpha_1 N_i + \alpha_2 P_i + \alpha_3 I_i + u_i \tag{10-8}$$

估计方程（10-8），我们发现未调整的判定系数 $R^2 = 0.441$。我们也知道 $N = 33$，所以，可以计算出卡方统计量 $NR^2 = 33 \times 0.441 = 1.455$。既然在 5% 的显著水平下，服从自由度为

[注] 你可能想知道为什么检验统计量不是辅助方程中的 F 统计量。F 统计量只有在误差呈正态分布时才有效，在本题当中，残差的平方是被解释变量，认为误差呈正态分布是不准确的。对于非正态分布的误差来说，合适的检验是卡方检验。

[注] 只有一个单独 Z 的 BP 检验是 Park 检验的线性形式，Park 检验使用双对数等式来检验平方残差是否可以被唯一的比例因子 Z 解释。参见 R. E. Park, "Estimation with Heteroskedastic Error Terms," *Econometrica*, Vol. 54, p. 888. Park 检验的主要缺点是研究者必须选择一个单独的比例因子 Z。

3 的卡方分布的临界值是 7.81，那么，就不能拒绝 $\alpha_1 = \alpha_2 = \alpha_3 = 0$ 的原假设。因此，BP 检验不能提供任何证据来说明方程（3-4）存在异方差性。这是说得通的。尽管 Woody's 餐厅选址的例子采用的是截面数据，但是被解释变量的最大值甚至不到最小值的两倍，所以，我们没有理由来怀疑纯异方差性。

10.3.2 White 检验

White 检验是最常用的检验异方差的方法。[一] 这是因为，相比其他的检验方法，它能够发现更多种形式的异方差。无论任何变量或者联合变量、线性与非线性变量，它都可以帮助搬去异方差的绊脚石。让我们来看看它是如何运用的。White 检验通过研究原方程所有的解释变量、解释变量的平方项和解释变量的交叉相乘项来检验异方差存在的可能性。White 检验有如下步骤。

（1）获取已估方程的残差。

（2）用以上残差的平方作为被解释变量，以原方程的每个解释变量 X_i，X_i 的平方项，和 X_i 的交叉相乘项作为解释变量，建立新的回归方程。例如，如果原方程的解释变量是 X_1，X_2，X_3，则合理的 White 检验方程是：

$$
\begin{aligned}
(e_i)^2 = &\alpha_0 + \alpha_1 X_{1i} + \alpha_2 X_{2i} + \alpha_3 X_{3i} + \alpha_4 X_{1i}^2 \\
&+ \alpha_5 X_{2i}^2 + \alpha_6 X_{3i}^2 + \alpha_7 X_{1i} X_{2i} + \alpha_8 X_{1i} X_{3i} \\
&+ \alpha_9 X_{2i} X_{3i} + u_i
\end{aligned}
\tag{10-9}
$$

（3）用 χ^2 检验来判断方程（10-9）的总体显著性。此时，合理的检验统计量为 NR^2，即方程（10-9）中样本容量（N）与未调整的判定系数（R^2）的乘积。这个统计量服从 χ^2 分布［自由度为方程（10-9）中斜率系数的个数］。如果 NR^2 大于统计表 B-8 给出的 χ^2 临界值，则拒绝原假设，并推断出方程存在异方差性。如果 NR^2 小于 χ^2 临界值，则不能拒绝同方差的原假设。

检查方程（10-9）中的解释变量，它们包含了原始模型中的所有变量、他们的平方以及他们的乘积。把全部解释变量包含进来，可以使得 White 检验能够发现它们中有多少是比例因子 Z。包含解释变量的平方项以及交叉相乘项，就可以使得我们能够检验更多其他的复杂的异方差形式。这是 White 检验最大的优势。然而，与最初的回归模型相比，White 检验的检验方程包含了更多的解释变量，有时候会多得多。这便是它最大的劣势。究其原因是因为，随着在原始回归中的解释变量的数量的增多，White 检验辅助回归方程中解释变量的数量更为迅速地增加。例如，在方程（10-9）中有 5 个解释变量，然而原始模型中只有两个解释变量 X_1 和 X_2。当原始模型中有三个变量时，White 检验辅助回归方程中可能有 9 个解释变量。当原始模型中有 12 个解释变量时，则在 White 检验辅助回归方程中，全部有 90 个解释变量，包括所有的解释变量的平方项和交叉相乘项。[二]

这样就真出现了问题。如果在辅助回归中解释变量的个数超过了观察值的样本数量，将

[一] Halbert White, "A Heteroskedasticity-Consistent Covariance Matrix Estimator and a Direct Test for Heteroskedasticity," *Econometrica*, Vol. 48, pp. 817-838.

[二] 如果有一个及以上的原始解释变量是虚拟的，解释变量可以更少。因为虚拟变量的平方等于其本身；而变量和虚拟变量的乘积等于变量本身或 0。因为变量很多而且还有重复，制造和检查所有 White 检验的变量是很冗长的。幸运的是，Stata 和其他大多数计量经济学软件包只需要简单的指令就能完成这项工作。

不能使用 White 检验，这是因为在辅助回归方程中将出现负的自由度！就算辅助回归方程的自由度是正的，但却很小时，White 检验对异方差的检验效果也很差，因为自由度越小，统计检验的说服力越低。在这种情况下，你将只能使用 BP 检验或者可与其相替代的其他方式。[⊖]

作为 White 检验的一个例子，再次回顾第 3.2 节的 Woody's 餐厅模型。正如 BP 检验，第一步是获得原始 Woody's 餐厅的方程的残差。在 White 检验中第二步是将残差的平方作为辅助回归（涉及 N，P，I，残差的平方以及作为解释变量的残差乘积）中的被解释变量：

$$e_i^2 = \alpha_0 + \alpha_1 N_i + \alpha_2 P_i + \alpha_3 I_i + \alpha_4 N_i^2 + \alpha_5 P_i^2 + \alpha_6 I_i^2$$
$$+ \alpha_7 N_i P_i + \alpha_8 N_i I_i + \alpha_9 P_i I_i + u_i \tag{10-9}$$

如果用 Woody's 餐厅的数据来估计此方程，会发现未调整的判定系数 $R^2 = 0.1218$。因为 $N = 33$，卡方 $NR^2 = 33 \times 0.1218 = 4.02$。小于在 5% 的显著水平下，自由度为 9 的临界卡方值 16.92（知道为什么是 9 吗?），因此，不能拒绝同方差的原假设。

10.4　异方差性的补救措施

当 BP 检验或 White 检验表明存在异方差性时，首先，要做的是仔细检查方程，确保方程没有设定误差。尽管不必因某个检验表明异方差性可能存在，就将某个解释变量纳入方程，但是，还是应该认真思考方程的设定问题。经过再次思考之后，如果仍认为某个变量应当从一开始就被纳入方程，那么，这个变量就应当纳入到方程中。然而，若方程没有明显的设定误差，那么，异方差性就是纯异方差性，进而需要考虑本节所介绍的补救措施。

10.4.1　修正异方差性的标准差

最受欢迎的异方差性补救措施是采用异方差修正标准差，这种方法仍使用最小二乘法估计斜率参数，但会根据异方差性对 $SE(\hat{\beta})$ 的估计量进行调整。这种方法很有逻辑性，因为异方差性仅会导致 $SE(\hat{\beta})$ 偏误，而对 $\hat{\beta}$ 没有影响。因此，有效的方法是：只改进 $SE(\hat{\beta})$ 的估计量，而不改变斜率系数的估计量。本质上，这种方法和补救序列相关时采用的Newey-West标准差方法相同。

因此，**异方差修正（HC）标准差**（heteroskedasticity-corrected standard error）是指为了避免异方差性的后果而专门计算的标准差 $SE(\hat{\beta})$。HC 过程所产生的 $SE(\hat{\beta})$ 虽然有偏，但通常对于存在异方差性的大样本而言，HC $SE(\hat{\beta})$ 相对于未修正的标准差更精确。因此，在大多数样本中，都可以采用 HC $SE(\hat{\beta})$ 来进行 t 检验和其他假设检验，检验的结果不会因异方差性的潜在影响而产生偏误。HC $SE(\hat{\beta})$ 通常都比普通最小二乘法的 $SE(\hat{\beta})$ 更大，因而，相应的 t 统计量会更小，使得所估参数显著异于 0 的概率也会减小。这种方法是怀特在提出

⊖　例如 White 检验的另一种形式在辅助方程中有很多不同的自由度。做这一形式的 White 检验需要将方程（10-9）右边的变量替换为 Y 的拟合值及原始模型中 Y 拟合值的平方，即缺原假设为 $\alpha_1 = \alpha_2 = 0$，剩余的检验也一样。这种方法并不和完整的 White 检验一样好，但是当没有条件做完整的 White 检验时，这就是一个很好的替代方法。更深入的了解，请参阅 Christopher F. Baum, *An Introduction to Modern Econometrics Using Stata*（College Station，TX：Stata Press，2006），p.146.

White 检验的同一论文中所推荐的[一]。

采用异方差修正标准差时，应当注意一些问题。首先，在大样本下，这种方法的效果更好；其次，对 HC SE($\hat{\beta}$) 的具体计算问题已经超出本书范围，并且它适用于比本章所假定的基本模型 $[\text{VAR}(\varepsilon_i) = \sigma^2 Z_i^2]$ 更一般的模型；此外，并不是所有计量经济软件都能计算异方差修正标准差。

10.4.2 重新定义变量

消除异方差性的另一种方法是回到方程内在的基本理论中，通过重新定义变量来避免异方差性。重新定义变量是一种有效的方法，因为它让方程更关注变量间的行为关系。这种重新定义是困难并且令人沮丧的，因为它似乎让之前所做的工作全部失效。然而，通过对内在理论的重新思考和认识，一旦发现新的解决方法就会令人激动，因为这些方法能够解决之前认为无法克服的问题。然而需要注意的是，重新定义变量是对方程函数形式的改变，因而会给方程带来巨大的变化。

在某些情况下，消除方程异方差性的唯一手段就是重新设定方程的函数形式，将线性形式变换成对数形式。相对于线性模型，双对数形式的模型在本质上具有更小的波动，因此，出现异方差性的概率更小。除此之外，许多研究都表明从理论上来说，双对数形式跟线性形式同样是符合逻辑的（特别是当默认的选择就是线性方程时，而这也是通常所采用的形式）。

在其他情况下，很有必要全面重新思考所研究的课题，即需要重新思考方程内在的理论。例如，在研究不同城市政府支出的截面模型中，合理的解释变量是各城市的总收入、人口和平均工资水平等。某城市居民和企业的总收入越高，则该城市政府支出越多（见图 10-5）。然而，在这个例子中，并没有很明确地说明大城市比小城市拥有更高的收入和支出水平（在绝对水平上）。

用这样的数据来拟合回归直线（见图 10-5）会发现大城市所占的比重过大，因为城市越大会导致残差平方越大。也就是说，因为最小二乘法是使残差平方和最小化，并且大城市的规模大，所得出的残差便会更大，因此，回归估计结果对大城市的残差非常敏感。这也就是通常所说的因为规模差异而导致的"谬误相关"。

另外，以上残差表明存在异方差性。针对这种异方差性，通过强调变量之间的行为关系，减小规模因素（城市大小）的影响来重新设定模型，才是有意义的补救措施。在这个例子中，合理的解释变量应

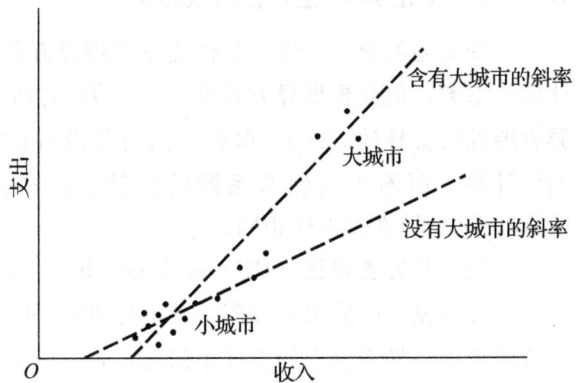

图 10-5　城市总支出函数

注：如果用总量模型来解释城市支出，那么大城市会在斜率值的决定中起更大的作用。注意，在剔除大城市的影响之后，直线会变得更平坦。除此之外，被解释变量的取值范围很大，这会导致误差项的方差的差异更大，因此在总量模型中，异方差性是一个潜在问题。

[一] 注意，第 9.4 节中提到的 Newey-West 标准差，也可以用作 HC 标准差。事实上，很多计量软件，包括 EViews，既提供了 White 程序，也提供了 Newey-West 程序。然而除非特别说明，均假定 White 标准差就是 HC 标准差。大部分作者将这种方法称为异方差性一致性协方差矩阵法（heteroskedasticity-consistent covariance matrix, HCCM）。

该是人均消费支出，因而需要将消费支出变换成人均消费支出。图 10-6 显示了变换方程后的
图，变换后的方程将纽约和洛杉矶这样的大城
市同帕萨德拉和新布鲁斯维克这样的小城市视
为同等大小，在估计中赋予同样的权重。但是
如果方程中并没有包含城市规模的解释变量，
那么按人均量来调整的方法就不必要了。比
如，如果方程包含了城市工人的平均工资水
平，那么在变换方程中就没必要将工资水平除
以人口。

假设原方程是：

$$EXP_i = \beta_0 + \beta_1 POP_i + \beta_2 INC_i$$
$$+ \beta_3 WAGE_i + \varepsilon_i \qquad (10\text{-}10)$$

式中，EXP_i 代表第 i 个城市的支出；INC_i 代
表第 i 个城市的收入；$WAGE_i$ 代表第 i 个城市
的平均工资水平；POP_i 代表第 i 个城市的
人口。

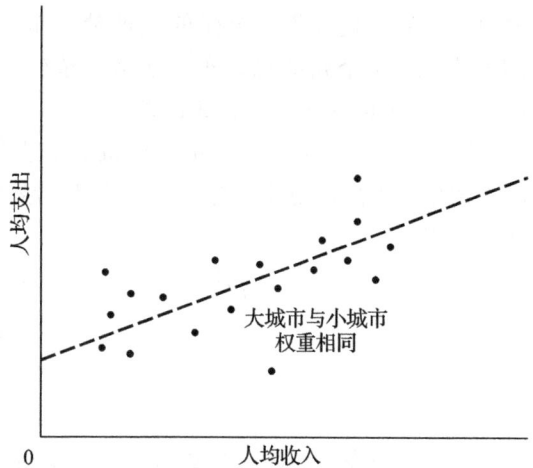

图 10-6　城市人均支出函数

注：如果用人均模型来解释城市支出，那么大城市和
小城市拥有同样的权重。除此之外，由于被解释
变量的取值范围不可能很大，发生异方差性的可
能性便较小。

变换后的方程是⊖：

$$EXP_i/POP_i = \alpha_0 + \alpha_1 INC_i/POP_i + \alpha_2 WAGE_i + u_i \qquad (10\text{-}12)$$

式中，u_i 代表具有同方差的古典误差项。直接变换后的方程（10-12）很可能会避免异方差
性，因而这种方法应该看作重新思考方程（更关注变量之间的基本关系）的好处。

注意，变换后的方程（10-12）也可能存在异方差性，因为当观测值包含较大人均支出
时，其误差项的方差也可能会较大。因此，怀疑变换后的方程存在异方差性并实施检验也是
合理的。当然，在变换后的方程中，仍出现异方差性的可能性较小，因为在变换方程中，导
致异方差性的规模差异几乎不存在。

10.5　完整的实例

现在来看一个更为完整的异方差性实例。这个例子是研究美国各州汽油消耗量的截面模
型，可能的解释变量包括：与各州规模大小相关的变量（比如公路里程数、机动车注册数和
人口数量），与各州规模大小无关的变量（比如汽油价格和最高限速）。如果将多个与州的大
小相关的变量都纳入方程，则效果甚小（因为在理论上没必要用过多的变量，并且可能导致
不必要的多重共线性），并且各州的最高限速都相同（然而在时间序列模型中，最高限速是
一个有用的变量）。因此，合理的模型是：

⊖　这个变化后的方程与加权最小二乘法的方程非常相似。加权最小二乘法是一种通过比例因子 Z 分解整个等式
（包括了常数以及异方差误差项）然后用普通最小二乘法来重新给出方程来对异方差性进行补救的方法。例如，
在本节的例子当中，加权最小二乘法的方程将是：
$$EXP_i/POP_i = \beta_0/POP_i + \beta_1 + \beta_2 INC_i/POP_i + \beta_3 WAGE_i/POP_i + u_i \qquad (10\text{-}11)$$
方程（10-11）中的变量及 β 与方程（10-10）的相同。通过 Z 来划分，意味着只要 Z 是正确的比例因子，u 就
是同方差误差项。然而，这不是一个小问题，加权最小二乘法的其他形式，或是 HCSE，要比加权最小二乘法
本身更加容易使用，因此，我们不推荐使用 WLS。

$$PCON_i = f(REG, PRICE) + \varepsilon_i = \beta_0 + \overset{+}{\beta_1} REG_i + \overset{-}{\beta_2} PRICE_i + \varepsilon_i \quad (10\text{-}13)$$

式中，$PCON_i$代表第 i 个州的汽油消耗量（单位：100 万 BTU，BTU 为英国热量单位）；EEG_i代表第 i 个州的机动车注册数（单位：千辆）；$PRICE_i$代表第 i 个州的汽油价格（单位：美分/加仑）；ε_i代表古典误差项。

可以这样认为：一个州的注册机动车越多，则该州的汽油消耗量就越大；当然，一个州的汽油价格越高，则该州总汽油消耗量就越少⊖。现在用与本例有关的 2005 年的数据，得到估计方程为：

$$\widehat{PCON}_i = 4\,101 + 0.16 REG_i - 1\,885 PRICE_i \quad (10\text{-}14)$$
$$\qquad\qquad (0.01) \qquad\quad (750)$$
$$t = 12.4 \qquad\quad -2.51$$
$$N = 50 \qquad \overline{R}^2 = 0.579$$

这个方程看似没有问题：参数与预期假设相符，并且都是显著的，方程总体的统计量也是显著的。结果中并没有显示杜宾-沃森 d 统计量，因为观测值并没有一定的"自然"顺序，也就不必要进行序列相关性检验。（如果好奇的话，按表 10-1 的顺序计算出的 DW 统计量是 2.15。）

表 10-1 汽油消耗量实例中的数据表

PCON	PRICE	REG	POP	STATE
580	2.11	4 545	4 548	亚拉巴马州
284	2.13	673	663	阿拉斯加州
537	2.23	3 972	5 953	亚利桑那州
377	2.1	1 940	2 776	阿肯色州
3 837	2.47	32 487	36 154	加利福尼亚州
463	2.19	1 808	4 663	科罗拉多州
463	2.17	3 059	3 501	康涅狄格州
148	2.07	737	842	特拉华州
1 940	2.21	15 691	17 768	佛罗里达州
1 058	2.09	8 063	9 133	佐治亚州
270	2.47	948	1 273	夏威夷州
139	2.14	1 374	1 429	爱达荷州
1 313	2.22	9 458	12 765	伊利诺伊州
901	2.19	4 955	6 266	印第安纳州
393	2.13	3 398	2 966	艾奥瓦州
434	2.17	2 368	2 748	堪萨斯州
664	2.14	3 428	4 173	肯塔基州
1 610	2.1	3 819	4 507	路易斯安那州
262	2.16	1 075	1 318	缅因州
561	2.15	4 322	5 590	马里兰州
734	2.08	5 420	6 433	马萨诸塞州

⊖ 在这个方程中，替代 $PRICE$ 作为自变量的是使用 $PRICE \cdot REG$ 或是 $PRICE \cdot POP$（这里的 POP_i 是第 i 个州的人口数量）。这些都是我们在第 7.4 讨论关于虚拟变量斜率中交叉项的更为复杂的例子。

（续）

PCON	PRICE	REG	POP	STATE
1 010	2.24	8 247	10 101	密歇根州
694	2.11	4 647	5 127	明尼苏达州
484	2.11	1 978	2 908	密西西比州
737	2.09	4 589	5 798	密苏里州
161	2.17	1 009	935	蒙大拿州
231	2.21	1 703	1 758	内布拉斯加州
242	2.38	1 349	2 412	内华达州
198	2.08	1 174	1 307	新罕布什尔州
1 233	1.99	6 262	8 703	新泽西州
250	2.19	1 548	1 926	新墨西哥州
1 776	2.23	11 863	19 316	纽约州
947	2.14	6 148	8 672	北卡罗来纳州
121	2.19	695	635	北达科他州
1 340	2.19	10 634	11 471	俄亥俄州
545	2.08	3 725	3 543	俄克拉何马州
370	2.28	2 897	3 639	俄勒冈州
1 466	2.14	9 864	12 405	宾夕法尼亚州
102	2.12	812	1 074	罗得岛州
517	2.06	3 339	4 247	南卡罗来纳州
113	2.2	854	775	南达科他州
782	2.11	4 980	5 956	田纳西州
5 628	2.07	17 470	22 929	得克萨斯州
276	2.12	2 210	2 490	犹他州
86	2.13	508	622	佛蒙特州
965	2.1	6 591	7 564	弗吉尼亚州
793	2.28	5 598	6 292	华盛顿州
255	2.2	1 352	1 814	西弗吉尼亚州
597	2.26	4 725	5 528	威斯康星州
162	2.08	646	509	怀俄明州

资料来源：2008 *Statistical Abstract*（U. S. Department of Commerce）。

注：数据文件名为 GAS10。

有了前面章节的讨论，现在让我们研究州的规模大小所导致的异方差性的可能性。为了研究这个可能性，从方程（10-14）中求得残差，然后，进行 BP 检验以及 White 检验。

在做 BP 检验之前，首先，要确定哪些变量需要在辅助回归方程的右侧呈现，机动车注册数（REG）可以衡量市场规模，所以，它是一个明显的比例因子。另一方面，汽油价格（PRICE）似乎不太可能随着州的规模发生大的变化，因此，它不能作为 Z。然而，许多研究者自动选择了在 BP 检验的辅助方程的原始方程中的全部解释变量，因此，让我们使用这种方法，从 REG 和 PRICE 两方面来考察辅助方程 [方程（10-7）]：

$$e_i^2 = 516\ 429\ 0 + 83.33 REG_i - 247\ 502\ 7 PRICE_i \tag{10-15}$$

$$(25.1) \qquad (147\ 676\ 5)$$

$$t = 3.32 \qquad -1.68$$

$$R^2 = 0.197 \qquad N = 50$$

BP 检验说明如果 $NR^2 >$ 适当的卡方临界值，我们就应当拒绝同方差的原假设。既然 $N=$

50，$R^2 = 0.197$，$NR^2 = 50 \times 0.197 = 9.85$，如果查表 B-6，将看到在 5% 的显著水平下，卡方分布的临界值是 5.99，所以，既然 9.85>5.99，我们就可以拒绝同方差的原假设。[⊖]结论是存在异方差性。

为了验证 White 检验同样可以检测这种异方差性，必须要依照本例中的变量来调整方程（10-9）。被解释变量将是方程（10-14）中残差的平方，解释变量将是 REG 和 PRICE，它们的平方项以及它们的交叉相乘项。

$$(e_i)^2 = \alpha_0 + \alpha_1 REG_i + \alpha_2 PRICE_i + \alpha_3 REG_i^2 + \alpha_4 PRICE_i^2 + \alpha_5 REG_i \times PRICE_i + u_i$$

$$(10\text{-}16)$$

如果用方程（10-14）的残差和表 10-1 的数据来估计方程（10-16），则可以得到判定系数 R^2 等于 0.85。

既然 $N = 50$，$NR^2 = 50 \times 0.85 = 42.5$。根据表 B-8，在 5% 的显著性水平下，自由度为 5 的 χ^2 临界值是 11.07。这意味着判定规则是：

$$不能拒绝同方差的原假设，\quad 如果\ NR^2 \leqslant 11.07$$
$$拒绝同方差的原假设，\qquad 如果\ NR^2 > 11.07$$

因为 $NR^2 = 42.5 > 11.07$，拒绝同方差的原假设，所以，推断存在异方差性！

既然方程（10-14）的残差显示可能存在异方差性，那么，应该如何处理呢？首先，应该思考方程的设定，寻找遗漏变量。在这个方程中的异方差性是明显的纯异方差性，但是也不排除遗漏某些变量的可能性。

首先，针对这个例子，应用最常用的异方差性补救措施——异方差修正标准差。如果从方程（10-14）开始，运用 White 所建议的方法来估计 $SE(\hat{\beta})$（在具有异方差性的大样本中，HC $SE(\hat{\beta})$ 是具有最小方差的统计量），得到估计方程：

$$\widehat{PCON}_i = 4\,101 + 0.16 REG_i - 1\,885 PRICE_i \tag{10-17}$$
$$(0.03) \qquad\qquad (1\,360)$$
$$t = 4.85 \qquad\qquad -1.39$$

对比方程（10-14）和方程（10-17），可以发现以下结果：与预期一致，两者的斜率系数都相等，因为 HC 方法也采用最小二乘法估计参数；跟通常一样，HC $SE(\hat{\beta})$ 比普通最小二乘法 $SE(\hat{\beta})$ 更大，但这也不是绝对的；较大的 HC $SE(\hat{\beta})$ 对应的 t 统计量较小，然而，该 t 统计量在预期的方向上也是足够大的，因而方程（10-17）事实上是比较理想的。

对异方差性的第二种可能补救是将方程变换成双对数形式。用表 10-1 中数据来估计双对数形式的方程，得到估计方程：

$$\widehat{\ln PCON}_i = -0.32 + 0.90 \ln REG_i - 0.89 \ln PRICE_i \tag{10-18}$$
$$(0.04) \qquad\qquad (1.03)$$
$$t = 20.3 \qquad\qquad -0.87$$
$$N = 50 \qquad \overline{R}^2 = 0.89$$

[⊖] 如果将 REG 作为唯一的比例系数进行 BP 检验，也能拒绝在 5% 的显著水平下的同方差原假设，因为 t 值 2.90 比 2.01（在 5% 的显著水平下，自由度为 48 的双边临界 t 值）大。（表 B-1 不包括自由度为 48 的值，但是我们可以添加临界值 2.01。）

可以看出，将方程变换成对数形式提高了调整的判定系数 $\bar{R}^2$ 和 lnREG 的参数的显著性，而 lnPRICE 参数的 t 统计量下降到了 1 以下。不必担心如此小的 t 统计量，因为参数的方向跟预期一样，并且从理论上说价格 PRICE 是明显适合引入方程的，所以，没有理由认为价格是不相干的变量。跟预期一样，White 检验表明方程（10-18）的残差实际上是异方差性的。

最后一种解决方案是重新思考回归的目的，并重新定义变量，这样才能避免"谬误相关"所导致的异方差性（"谬误相关"是规模差异引起的）。再次回顾方程（10-14），可以用人均汽油消耗量来建立方程，得到新的方程：

$$POCN_i/POP_i = \beta_0 + \beta_1 REG_i/POP_i + \beta_2 PRICE_i + \varepsilon_i \qquad (10\text{-}19)$$

式中，POP_i 是第 i 个州的人口数量（单位：千人）。

估计方程（10-19），得到：

$$\widehat{POCN_i/POP_i} = 0.23 + 0.15 REG_i/POP_i - 0.10 PRICE_i \qquad (10\text{-}20)$$
$$(0.06) \qquad\qquad (0.10)$$
$$t = 2.52 \qquad\qquad -1.00$$
$$N = 50 \qquad \bar{R}^2 = 0.12$$

对比方程（10-20）和方程（10-17）、方程（10-18），会发现这种方法的确不同，但不一定就更好。虽然不能直接和其他方程进行比较，方程（10-20）的统计特征也并没有达到应该有的水平[⊖]，但是统计特征并不一定是决定性因素。最后，一个好的方面是方程（10-20）的确显示出了异方差性。

以上三种方法中哪种方法是最好的呢？是采用 HC 标准差，变换双对数形式还是重新定义方程的变量呢？在本例中，样本容量为 50，这使得 HC 统计量不太可能具有在大样本条件下的性质，但是大多数计量经济学家仍偏好采用 HC 标准差方法。当然，答案是可以改变的，主要取决于方程内在的理论。如果理论强烈支持变换双对数形式或者重新设定函数形式，那么采取双对数形式或者重新定义函数形式就是最好的补救措施。当然，在这种情况下，探究为什么一开始没有选择理论上更优的函数形式，是有意义的。最后，在相当罕见的情况下，t 统计量并不用做假设检验或保留变量，那么，这时就根本无法确定是否需要对异方差性做出补救。

⣿ 10.6 小结

（1）古典假定 V 要求误差项应服从相同方差的分布，而异方差性正是对此假定的违背。同方差的误差项观测值的分布是，对于所有观测值而言都具有相同的方差；异方差性的误差项观测值的分布是，对于不同观测值而言，方差不完全相同。截面数据模型中，最常产生异方差性。

（2）异方差性误差项的方差不等于常数 σ^2，而等于 σ_i^2（其中下标 i 表明方差随观测值的

⊖ 产汽油的州像得克萨斯州、路易斯安那州以及阿拉斯加州除了在机动车使用以外，还消耗很多其他的汽油产品，因此可能需要在方程中增加一个变量来衡量汽油产品。然而更好的方法是以机动车消耗汽油为限制因变量。此外，在 *Statistical Abstract of the United States* 中有证据表明科罗拉多州的 REG 可能是错误的。纠正这一错误将很大程度上完善人均模型。我们很感谢罗恩·米切纳（Ron Michener）的这些发现。

不同而变化）。异方差性有许多种，但是最常用的异方差性模型是将方差看成某个其他变量（比例因子 Z）的函数：

$$\text{VAR}(\varepsilon_i) = \sigma^2 Z_i^2$$

比例因子通常是跟被解释变量的规模或者精确度相关联的一个变量。

（3）纯异方差性是指异方差性是由误差项的一个函数所表示的，而该误差项是设定正确的方程回归得到的。非纯异方差性是由方程设定偏误（比如遗漏变量）导致的。

（4）异方差性的主要后果是：最小二乘法的 $\text{SE}(\hat{\beta})$ 有偏，从而导致假设检验的结果不可信。纯异方差性并不导致 β 本身估计量的偏误。

（5）检验异方差性的主要方法是 BP 检验和 White 检验，它们都是通过分析原方程的残差平方可以被辅助方程解释的程度来检验异方差性的。

（6）修正异方差性的第 1 步是检查异方差性是否是因为遗漏变量而引起的非纯异方差性。如果方程设定正确，那么，就可以考虑采用 HC 标准差，重新定义变量等措施对异方差性进行补救。

习题

（偶数序号的习题答案见附录 A）

1 不查阅书本（或笔记），给出下列术语的定义，然后与书本上的相比较。

    a. BP 检验　　　　　　b. 异方差性　　　　　　c. 异方差性修正标准差

    d. 非纯异方差　　　　　e. 比例因子　　　　　　f. 纯异方差

    g. White 检验

2 回到第 5 章习题 9 关于跨国药品价格模型的分析，很显然，该研究是跨国家的（大到美国，小到卢森堡），所以，可以预期到异方差性是潜在问题。幸运的是，在原研究中，被解释变量是 P_i（P_i 表示第 i 个国家与美国相比的相对药品价格水平，即第 i 个国家药品价格除以美国药品价格），所以，研究者并没有碰到通常会导致异方差性的规模差异（你知道这是为什么吗？）。

    继续使用同样的数据，建立解释药品消费的估计方程为：

$$\widehat{CV}_i = -15.9 + 0.18N_i + 0.22P_i + 14.3IPC_i \tag{10-21}$$

$$\phantom{\widehat{CV}_i = -15.9 +} (0.05) \quad (0.09) \quad (6.39)$$

$$t = 3.32 \quad 2.53 \quad 2.24$$

$$N = 32 \quad \overline{R}^2 = 0.31$$

式中，CV_i 代表第 i 个国家与美国的药品消费量之比；N_i 代表第 i 个国家的人口除以美国人口的比值；IPC_i 代表第 i 个国家是否鼓励价格竞争，为虚拟变量，如果是鼓励竞争则为 1，否则为 0。

    a. 相对于 P 作为被解释变量，CV 作为被解释变量时，异方差性是否更容易出现？请解释理由。

    b. 基于表 5-2 中数据（数据文件名为 DRUGS5），在 5% 的显著性水平下，运用 BP 检验和 White 检验，检验方程（10-21）是否存在异方差性。

    c. 如果在问题 b 中得到的答案是存在异方差性，请计算方程（10-21）的 HC 标准差。

    d. 同样，当存在异方差性时，采用双对数形式来重新估计方程（10-21）。

    e. 同样，当存在异方差性时，重新定义方程（10-21）中的变量，并重新估计方程以消除异方差性。

f. 在以上三种异方差性补救方法中，哪一种最好？为什么？

g. 在第 5 章中，曾估计了一个方程，该方程以 P 为被解释变量，以 CVN（人均 CV）为解释变量。不同的是，在本例中 CV 是被解释变量，P 是解释变量。这样会违背哪个古典假定？请解释理由。

3 在之前所遇到的所有计量经济问题中，异方差性似乎是最难理解的。合上书本，尝试着用自己的语言来解释异方差性，并结合图形描述。

4 A. 安多（A. Ando）和 F. 莫迪利亚尼（F. Modigliani）收集了关于非个体经济的房屋拥有者的收入和消费数据[1]。

收入范围 （美元）	平均收入 （美元）	平均消费 （美元）	收入范围 （美元）	平均收入 （美元）	平均消费 （美元）
0～999	556	2 760	5 000～5 999	5 538	5 320
1 000～1 999	1 622	1 930	6 000～7 499	6 585	6 250
2 000～2 999	2 664	2 740	7 500～9 999	8 582	7 460
3 000～3 999	3 587	3 515	10 000 以上	14 033	11 500
4 000～4 999	4 535	4 350			

a. 以平均消费为被解释变量，平均收入为解释变量，建立回归方程。

b. 针对以上方程中的残差，运用 BP 检验来检验异方差性，其中，显著水平为 5%。

c. 对同样的残差做 5% 显著水平下的 White 检验。

d. 如果以上检验显示存在异方差性，应该如何解决？

5 詹姆斯·斯多克（James Stock）和马克·沃森（Mark Watson）针对异方差性提出了一种不同建议。他们描述道："经济理论几乎不能给出原因来说明为什么误差项是同方差的。因而，假设误差项可能具有异方差性是一种谨慎的做法，除非有令人信服的证据证明异方差性不存在。"[2] 因此，斯多克和沃森并没有检验异方差性，而直接采用 HC 标准差。事实上，因为他们对每个方程都进行异方差性修正，所以，他们并没有将同方差列入古典假设中。

a. 你对此如何看待？你赞同斯多克和沃森的观点吗？请解释原因。

b. 理解斯多克和沃森观点的关键在于：在没有异方差性时，HC 标准差和普通最小二乘法标准差是相等的。这是否会改变你对于问题 a 的回答？为什么？

c. 如果斯多克和沃森是正确的，这是否意味着并不需要在第一时间学习异方差性是什么？学习本章是在浪费时间吗？

6 R. 巴克林（R. Bucklin），R. 凯夫斯（R. Caves）和 A. 罗（A. Lo）估计了关于城市报纸年发行量的双对数模型。模型的估计结果为（括号内的数值为标准差）：[3]

$$\widehat{C_i} = -8.2 - 0.56P_i + 0.90I_i + 0.76Q_i + 0.27A_i + 0.08S_i - 0.77T_i$$
$$\qquad\quad (0.58) \quad (0.14) \quad (0.21) \quad (0.14) \quad (0.05) \quad (0.27)$$
$$N = 50$$

[1] Albert Ando and Franco Modigliani, "The 'Permanent Income' and 'Life Cycle' Hypotheses of Saving Behavior: Comparisons and Tests," in I. Friend and R. Jones, eds. *Consumption and Saving*, Vol. Ⅱ, 1960, p. 154.

[2] James Stock and Mark Watson, *Introduction to Econometrics* (Boston: Pearson, 2015), p. 163.

[3] R. E. Bucklin, R. E. Caves, and A. W. Lo, "Games of Survival in the U. S. Newspaper Industry," *Applied Economics*, Vol. 21, pp. 631-650.

式中，C_i 代表第 i 种报纸的年发行量；P_i 代表第 i 种报纸的加权平均价格；I_i 代表第 i 种报纸所在城市的总可支配收入；Q_i 代表第 i 种报纸的编辑相关人员数量；A_i 代表第 i 种报纸的零售广告量；S_i 代表第 i 种报纸所在地区的郊区日报的发行量；T_i 代表第 i 种报纸所在地区的电视台数量。（以上所有变量都采用对数形式）。

a. 对每个斜率系数的符号都提出原假设，并做 t 检验。

b. 从理论上看，异方差性是否可能存在？请解释。

c. 根据你对于问题 a 和 b 的答案，这个方程可能存在哪些计量经济问题（从遗漏变量、变量不相关、错误的函数形式、多重共线性、序列相关性和异方差性中选择）？

d. 如果对方程的设定形式只做一项变换，应该怎样做？请解释原因。

7 为了考察时间序列数据中异方差性的可能性，考虑 R. 多恩布施（R. Dornbusch）和 C. 佩奇曼（C. Pechman）对于巴西美元黑市的研究。[⊖] R. 多恩布施和 C. 佩奇曼特别想知道已经从美国截面数据上证实的 Demsetz-Bagehot 竞价理论，是否也适用于其他国家的时间序列数据。[⊖] 他们基于巴西 1979 年 3 月至 1983 年 11 月的月度数据，对如下的方程进行估计：

$$S_t = f(I_t, V_t) + \varepsilon_t = \beta_0 + \overset{+}{\beta_1} I_t + \overset{+}{\beta_2} \ln(1 + V_t) + \varepsilon_t \tag{10-22}$$

式中，S_t 代表第 t 月的巴西黑市美元的买入价和卖出价的日平均差额；I_t 代表第 t 月的平均利率；V_t 代表第 t 月美元官方汇率和黑市汇率溢价的方差。

a. 用作者给出的数据（表 10-2，数据文件名为 BID10）估计方程（10-22），并检验残差是否存在 1 阶序列正相关。

b. 如果存在序列相关，用广义最小二乘法重新估计方程（10-22）。参数估计值是否会改变？哪个方程更好？为什么？

c. 作者注意到 S 的取值在样本观测期中几乎增加了 1 倍，这是否显示存在异方差性的可能性？为什么？

d. 对方程（10-22）进行 BP 检验，检验其是否存在异方差性。（提示：包含时间趋势的变量可以做比例因子，该变量在 1979 年 3 月的初始值为 1，之后每月增加 1。）

e. 检验广义最小二乘法估计的方程（10-22）的残差。采用广义最小二乘法估计方程是否改变了存在异方差性的可能性？

f. 针对这个时间序列模型存在的异方差性，请具体说明有哪些补救措施？

表 10-2 巴西美元黑市的数据

月份	S	I	V	月份	S	I	V
1979.3	2.248	4.15	20.580	1979.8	2.587	2.37	18.750
1979.4	2.849	4.04	12.450	1979.9	2.312	3.59	20.040
1979.5	2.938	2.68	21.230	1979.10	2.658	2.03	31.110
1979.6	2.418	2.81	26.300	1979.11	2.262	2.41	29.040
1979.7	2.921	1.92	22.600	1979.12	4.056	4.09	20.590

⊖ Rudiger Dornbusch and Clarice Pechman, "The Bid-Ask Spread in the Black Market for Dollars in Brazil," *Journal of Money*, *Credit and Banking*, Vol. 17, pp. 517-520. 本研究的数据并没有随论文出版，而是包含在 William F. Lott and Subhash C. Ray, *Applied Econometrics*: *Problems with Data Sets* (Fort Worth: Dryden/Harcourt Brace, 1992) 出版的磁盘中。本方程的分析方法也来自 Lott and Ray, pp. 169-173.

⊖ 有关多恩布施和佩奇曼当时的研究论文，请参见 Kalman Cohen et al., "Market Makers and the Market Spread: A Review of Recent Literature," *Journal of Financial and Quantitative Studies*, Vol. 14, No. 4, pp. 813-835.

（续）

月份	*S*	*I*	*V*	月份	*S*	*I*	*V*
1980.1	3.131	3.28	11.770	1982.1	3.473	5.46	32.870
1980.2	3.404	2.89	7.900	1982.2	2.798	6.2	30.660
1980.3	2.835	3.44	6.150	1982.3	3.703	6.19	40.740
1980.4	3.309	2.43	6.780	1982.4	3.574	6.06	48.040
1980.5	3.042	2.13	8.550	1982.5	3.484	6.26	33.510
1980.6	3.417	2.94	13.380	1982.6	2.726	6.27	23.650
1980.7	2.929	3.19	11.870	1982.7	4.43	6.89	37.080
1980.8	3.821	3.26	15.560	1982.8	4.158	7.55	51.260
1980.9	2.753	3.98	24.560	1982.9	5.633	6.93	60.450
1980.10	2.633	3.69	21.110	1982.10	5.103	8.14	83.980
1980.11	2.608	4.43	15.000	1982.11	3.691	7.8	69.490
1980.12	2.168	5.86	7.480	1982.12	3.952	9.61	68.030
1981.1	2.273	4.36	2.820	1983.1	3.583	7.01	85.630
1981.2	1.892	5.66	1.540	1983.2	4.459	7.94	77.060
1981.3	2.283	4.6	1.520	1983.3	6.893	10.06	71.490
1981.4	2.597	4.42	4.930	1983.4	5.129	11.82	51.520
1981.5	2.522	5.41	10.790	1983.5	4.171	11.18	43.660
1981.6	2.865	4.63	17.160	1983.6	5.047	10.92	59.500
1981.7	4.206	5.46	30.590	1983.7	8.434	11.72	61.070
1981.8	2.708	5.88	23.900	1983.8	5.143	9.54	75.380
1981.9	2.324	5.52	20.620	1983.9	3.98	9.78	72.205
1981.10	2.736	6.07	18.900	1983.10	4.34	9.91	59.258
1981.11	3.277	5.48	26.790	1983.11	4.33	9.61	38.860
1981.12	3.194	6.79	29.640	1983.12	4.35	10.09	33.380

资料来源：William F. Lott and Subhash C. Ray, *Applied Econometrics*: *Problems with Data Sets*（Fort Worth：Dryden/Harcourt Brace, 1992）（数据磁盘）。

注：数据文件名为 BID10。

附录 10A 计量经济学实验#6

本实验的任务是检验以及修正异方差性。

几年前，某飞行员参与了计量经济学课程的学习，他的课程作业是估计一个 2000 年的二手单发动机的飞机价格为决定因素的定价模型。本次实验使用他工作中的数据，检验及修正异方差性。相关数据如表 10-3 所示。

第一步：运用数据，通过最小二乘法估计模型。

在回归中使用 $Inprice_i$ 作为被解释变量，同时使用表 10-3 中所有其他的变量作为解释变量。在 5% 的显著水平下，在预期方向上，哪个变量的系数是有意义的？

变量	描述	系数的符号
$Inprice_i$	单引擎飞机 i 价格的自然对数（美元）	n/a
$Inceiling_i$	飞机 i 的实用升限或能达到的最高海拔（英尺）的自然对数	+
$Incruise_i$	飞机 i 飞行速度（英里/小时）的自然对数	+

（续）

变量	描述	系数的符号
$lnhorse_i$	飞机 i 引擎马力的自然对数	+
$fixgear_i$	飞机 i 的着陆装置完好则为 1，否则为 0	−
$lnfuel_i$	飞机 i 油箱容量的自然对数（加仑）	+
$pass_i$	飞机 i 飞行时能承载的乘客数量	+
$tdrag_i$	飞机 i 为尾机则为 1，否则为 0（尾机——飞机尾处有轮子连接的飞机）	−
$wtop_i$	飞机 i 的机翼高于机身则为 1，否则为 0	−
$lnage_i$	飞机 i 机龄的自然对数（年）	−

第二步：考虑多重共线性。

严重的多重共线性会导致系数在 5% 的显著水平下不显著吗？如果是的话，是哪一个？使用简单的相关系数以及方差膨胀因子来支持你的答案。

第三步：考虑异方差性。

思考普通最小二乘法回归中得到的残差与载客量之间的关系。残差看起来有异方差性吗？请解释。

第四步：使用 BP 检验检验异方差性。

使用原始模型中所有的解释变量来运行 BP 检验的辅助回归。

写出原假设及备择假设，计算检验统计量，在 5% 的水平下进行检验。是否存在异方差性？

第五步：使用 White 检验检验异方差性。

使用 White 检验，在 5% 的显著水平下，检验步骤 1 中的回归。在你的回归软件中使用 White 的命令进行辅助回归并计算检验统计量。辅助回归中的解释变量有多少？卡方临界值是多少？通过 White 检验，模型存在异方差性吗？

第六步：使用异方差修正标准差估计方程。

使用异方差修正标准差，也叫作 White 标准差，来重新估计第一步中的模型。与之前的系数和调整后的判定系数 $\bar{R}^2$ 比较，是相同的吗？

第七步：比较结果。

比较第一步中得到的普通最小二乘法的结果与第六步中得到异方差修正标准差的结果。有多少系数是异方差修正标准差大于普通最小二乘回归的标准差？这会使得方程更加不准确吗？如果这样的话，为什么还要去估计异方差修正标准差呢？

第 11 章

回归课题研究

学习计量经济学的最好方法就是在实际应用中去学习，而不仅是看书、听课或是考试。对一般人来说，学习计量经济学更像学习开飞机或打高尔夫，而不像学习历史或文学。实际上，正是由于实际操作是最好的学习方法，本书加入了本章和第 8 章的互动练习。

尽管互动练习沟通了书上的案例和读者自己的回归练习，但是这还远远不够，仍然需要不断练习。即使没人要求这么做我们认为读者也应该在学完本书之前建立一个属于自己的回归模型。很多教授都支持这种的做法，他们将建立回归模型作为期末考试的内容，以测验学生对本课程的理解。

回归研究由以下三个部分组成：

（1）选择主题；

（2）把回归分析的六步骤运用到所选主题中；

（3）撰写研究报告。

第（1）部分和第（3）部分分别是第 11.1 节和第 11.5 节的主要内容。本章剩余部分则集中介绍如何在回归分析中执行上述步骤。

11.1 选择主题

计量经济学研究旨在运用回归分析方法，为特定样本、特定被解释变量建立最优的解释方程。然而，通常最难的部分就是研究项目的起始。如何才能找到一个适当的主题呢？

在选择主题时，至少有如下三个关键因素。第一，尽量寻求研究者感兴趣或者了解的领域。如果研究者选择了感兴趣的主题，那他将会乐在其中。此外，如果研究者熟悉这个主题，他将更可能做出正确的设定，并更容易发现数据误差与理论问题的微妙差别。第二，保证数据可以较为容易地通过一个恰当的样本获得（一般情况下，至少要有 25 个观测值）。最难的事情莫过于通过各种途径搜集被解释变量或解释变量的数据。所以，在确定主题之前，要先搞清楚该主题下的数据是否可得。最后，确保课题具有实践意义。应尽量回避那些纯粹描述或本质上重复的主题，寻找这样的主题应该是能用于解决经济问题、解释行为问题、做决策的。

也许，寻找主题最好的方法是回顾之前的经济学教材和笔记，或者是阅读本书前 10 章的实例和习题。通常，可以首先汲取前人的研究思想，然后自己更新其中的数据，检验一下这个思想是否适用于不同的情况。此外，研究实例可能会激发研究者对他感兴趣的类似或相关研究的灵感。不要认为所选主题必须包含原创的假设或方程。在最初的一两个研究项目中，熟悉与习惯计量经济学要比写作一部可出版的著作更为重要。

另一种寻找主题的方法是阅读经济类期刊中的热点问题，从中寻找有趣且可能用于建模的论题。例如，表 11-1 中列出了一些到目前为止在本书中引用的期刊（以引用频率为序）。如果希望重复或改进前人的研究，这样的期刊将有助于寻找研究主题。虽然，这是一个很好的获得灵感的方法，但依然有其不足之处：由于大部分现行论文采用的计量经济分析工具超出了本书到目前为止所涵盖的范围，所以，读者通常很难将自己得出的结果与期刊中的结果进行对比。

表 11-1　潜在主题的来源

Econometrica《计量经济学》
American Economic Review《美国经济评论》
Journal of Applied Econometrics《应用计量经济学杂志》
American Journal of Agricultural Economics《美国农业经济学杂志》
Journal of Economic Education《经济学教育杂志》
Journal of the American Statistical Association《美国统计协会杂志》
World Development《世界发展》
Applied Economics《应用经济学》
Assessment and Evaluation of Higher Education《高等教育的评价和评估》
Economic Inquiry《经济调查》
Economica《经济学》
Journal of Agricultural and Applied Economics《农业及应用经济学杂志》
Journal of Econometric《计量经济学杂志》
Journal of Economic Literature《经济文献杂志》
Journal of Money，Credit and Banking《货币、信用与银行杂志》
Journal of Royal Statistical Society《皇家统计学会杂志》
National Tax Review《国家税收评论》
NBER《国家经济研究局》（工作文件）
Review of Economics and Statistics《经济学与统计学杂志》
Scandinavian Journal of Economics《斯堪的纳维亚经济学杂志》
Southern Economic Journal《南方经济杂志》
The Appraisal Journal《估价理论杂志》

当寻找主题陷入困境时，可以先直接关注数据来源本身。也就是说，不是确定了主题然后再看相应的数据是否可得，而是先查询可获得的数据有哪些，然后看它们是否有助于你萌发主题相关的思想。在一般参考书籍中通常在同一个地方给出了这样的数据，它们不仅适用于被解释变量，而且适用于大部分相关的解释变量。这样可以节省收集数据的时间。

一旦选定了主题，请不要仓促结束这个步骤然后直接进入回归分析。值得注意的是，在回顾文献并分析自己对这个主题的预期时花费的时间越多，计量经济分析和最终的研究报告就会越好。

11.2　收集数据

在进行任何数量分析之前，应该先搜集并整理数据，再将其录入计算机。这通常是一项既耗时又费力的工作，因为寻找数据十分困难，且理论变量和实际存在的变量之间存在定义上的差异，还可能发生数据的录入错误和转化错误。但是，一般而言，花费在思考和收集数据上的时间是有价值的，因为在研究者熟悉数据来源及其定义的情况下，使用数据进行回归分析并解释回归结果时，出错的可能性就会降低。

11.2.1　搜集什么样的数据

在选定研究主题之前，应事先确保用于被解释变量和所有相关解释变量的数据都是可获得的。但是，检查数据的可得性，意味着需要决定希望研究的特定变量是什么。对于一个刚起步的研究者而言，收集数据的一半时间通常会被浪费掉，这是因为他们会在错误的地方寻找错误的变量。花几分钟时间思考需要搜集什么样的数据，可能有助于避免之后数小时的麻烦。

例如，若被解释变量是每年电视机的需求量，则大部分相应的解释变量也应该按年度度量。在这种情况下，将某个月的电视机价格定义为电视机的价格是不合适的，甚至是具有误导性的。相比之下，电视机的全年均价（通常以电视机的每月销售量为权重）会更有意义。如果被解释变量包含了所有已销售的电视机（不考虑品牌），那么，一个合理的价格应是以所有品牌电视机的价格为基础的综合价格。但是，计算这样的综合变量并非易事。通常情况下，研究者尽最大努力计算出各个综合变量后，仍然承认问题没有完全解决。例如，如果所有不同品牌的电视机的价格都不可获得，研究者可能会被迫妥协，然后使用一个或者少许几个主要品牌的电视机的价格来代替最合理的综合价格。

电视机的例子还揭示了另一个问题。多年以后，样本中某些种类的电视机的市场份额已经发生了改变。例如，在最近 10 年中，电视机市场主要由纯平高清电视组成，但是在 40 年以前，黑白电视可能是市场的主流。由于不同品牌电视机的市场份额、尺寸、质量随时间发生了变化，以电视机的数量作为被解释变量并不合适，因为某一年的一台"电视机"不同于另一年的一台"电视机"。解决这个问题的常用做法是用美元来度量变量。该方法基于如下假设：价值体现了大小和质量。因此，应该采用电视机的销售额而非销售量。

第三个问题是，应采用名义变量还是实际变量取决于研究主题的基本理论。名义（或货币）变量是那些以当期价格度量的变量，因此，包含了由通货膨胀引发的增长。如果理论指出通货膨胀因素应该被剔除，那么最好是以实际变量来表述。选择恰当的价格平减指数（例如，消费者价格指数（CPI））然后，用它将名义变量调整为实际变量。

例如，对于国内生产总值而言，恰当的价格指数称为"GDP 平减指数"。实际 GDP 等于名义 GDP 乘以基年 GDP 平减指数与当年 GDP 平减指数的比值：

实际 GDP ＝ 名义 GDP×（基年 GDP 平减指数 / 当年 GDP 平减指数）

2007 年，美国的名义 GDP 为 13 807.5 百亿美元，GDP 平减指数是 119.82（相对于基年 2000 年为 100 而言），所以 2007 年的实际 GDP 为：[⊖]

实际 GDP ＝ 13 807.5(100/119.82) ＝ 11 523.9(百亿美元)

也就是说，对于 2007 年生产的产品和提供的服务的总和，如果以 2007 年的价格计算，其价值为 13 807.5 百亿美元，但是如果以 2000 年的价格计算，其价值为 11 523.9 百亿美元。

第四个问题是，回顾前面的知识可知，从本质上讲，所有的经济数据，要么是时间序列数据要么是截面数据。由于时间序列数据是来自不同时期的同一经济主体，而截面数据则来自同一时期的不同经济主体，所以，对于变量的合理定义取决于样本本身是时间序列数据还是截面数据。

为了理解这点，再次考虑电视机的例子。某个时间序列模型也许研究的是美国 1967～2015 年的电视机的销售情况。而某个截面模型则可能研究的是 2015 年美国各个州的电视机的销售情况。在这里，时间序列数据集有 49 个观测值，每个观测值代表一个特定年份的数

⊖ 2009 *Economic Report of the President*，pp. 282-285.

据。相比之下，截面数据集有 50 个观测值，每个观测值代表一个特定州的数据。一个适用于时间序列模型的变量可能完全不适用于截面模型，反之亦然；至少，度量方法不同。例如，某特定年份的全国性广告适用于时间序列模型，而某特定州内部或附近的广告则对截面模型更有意义。

最后一点是，做一个对计量经济研究的变量描述持批判性眼光的读者。变量是以名义值还是实际值度量的？原始的数据来源是哪里？细心的读者希望在分析结果之前找到这些问题的答案。

11.2.2　在哪里搜集经济数据

虽然一些研究者可以通过调查和其他方法（第 11.3 节将介绍这种可能性）来获取数据，但是，绝大部分的回归采用的是公开数据。这类数据的最好来源是政府出版物和可用计算机读取的数据文件。事实上，美国政府已经被誉为历史上最完善的统计数据收集机构。

优秀的政府出版物有年度《美国总统经济报告》（*Economic Report of the President*），《劳动力统计手册》（*Handbook of Labor Statistics*），《美国历史统计》（*Historical Statistics of the U. S.*，发表于 1975 年）。搜集美国数据最好的地方之一是《年度统计目录和指南》（*Census Catalog and guide*），它给出了数据来源、不同统计产品的简介以及如何获取数据[⊖]。连续的国际数据更难获得，好在联合国发布了许多这样的数据集。联合国发布的最好的数据集有《联合国统计年鉴》（*U. N. Statistical Yearbook*）和《联合国国民收入统计年鉴》（*Year-book of National Account Statistics*）。

然而，许多研究者通过在线数据库搜集数据，而不是通过大量书面资料来获取数据。此类网络数据库可以在大多数大学图书馆中找到，它们包含了成千上万个变量的完整序列。网上获取经济数据的最好来源应该是 FRED，联邦经济数据库，含有了超过 268 000 的美国及国际时间序列数据，并且都能以 Excel 形式下载。内容可见圣路易斯的联邦储备银行 http：//research. stlouisfed. org/fred2/. 网上获取数据的最好指南来源为 "*Resources for Economists on the Internet*" 以及 "*Economagic*"。其他有价值的网络资源包括 *EconLit*，它是 "*Journal of Economic Literature*" 的在线综述，以及 "*ProQuest，Dialog*"，它给人们提供获取大量数据集的渠道。[⊜]

11.2.3　缺失数据

假如找不到数据怎么办？当确定了合适的变量，查看了所有可以获取的数据来源之后，发现不能找到数据，此时会发生什么？

该问题的答案取决于缺失多少数据。如果在一个截面研究中，只有少量观测值的数据不完整，可以把这部分观测值从样本中剔除掉。如果时间序列数据不完整，有时候可以通过内

⊖　若要寻找年份较久的数据，《美国数据摘要》（*Statistical Abstract of the United States*）是很好的渠道。但不幸的是，现在政府已不再出版这一摘要。若是商业用途，你可以在《美国学位论文统计数据库摘要》［*ProQuest Statistical Abstract of the United States*（Lanham，MD；Bernan，2015）］找到打印版及电子版.

⊜　这些资源的网址如下：*Economists* 的网址是：https://www. aeaweb. org/RFE/showCat. php? cat _ id=2
Economagic 的网址是 www. economagic. com/
EconLit 的网址是 www. aeaweb. org/econlit/
Proquest Dialog 的网址是 http://www. proquest. com/products-services/ProQuest-Dialog. html。

插法（取相邻数据的平均值）来估算缺失数据的值。类似地，在季度模型中，如果只能获取变量的年度数据，可以考虑用内插法将年度数据换算为季度数据。在上述任何一种情形下，只有变量的变动是缓慢且平滑的，内插法才是适用的。使用内插法生成数据时，应该十分小心（并记录整个过程）。

如果理论上相干的变量的数据不存在，问题会变得非常严重。正如第 6 章所讲，遗漏变量可能导致参数估计值出现偏误。毕竟，如果某个变量没有被包含在方程中，那么，怎么使其保持不变呢？在这种情况下，很多研究者会使用替代变量。

替代变量（proxy variables）能在某些时候替代理论上理想但数据缺失的变量。例如，在许多国家，投资净额的价值是不能被直接度量的变量。因此，研究者可能会用总投资作为替代变量，这种做法是基于如下假设：总投资与投资净额成正比。这种比例关系（类似于单位变化）是必要的，因为回归分析分析的是变量间的变化关系，而不是变量的绝对水平。

一般而言，当某个替代变量的变动能较好地替代理论上正确的变量变动时，则认为替代变量是合适的。然而，每当必须使用替代变量时，理论上正确的变量往往是不可观测的，因此通常没有一个简单易行的方法来直接考察替代变量的优劣。退而求其次，研究者应该尽可能给出替代变量是合适的或者不合适的理由。不合适的替代变量以及包含了大的度量误差的变量会产生"不良"数据。然而，数据质量的高低与特定研究者的判断有关。

11.3　高级数据来源

到目前为止，本书中涉及的所有数据集本质上都是截面数据或时间序列数据，一般通过观察周围世界来收集数据，而不是人为地创造数据。然而，事实证明，时间序列数据和截面数据可以集合起来形成**面板数据**（panel data），此外，数据也可以通过调查产生。本小节旨在介绍更为高级的数据来源，并解释为什么这些高级数据并不适用于计量经济学初学者。

11.3.1　调查

调查存在于社会的方方面面。营销公司运用调查来了解更多关于产品和竞争的信息，政治候选人用调查来调整竞选宣传方式和战略，而政府则运用调查来实现各种目的，包括用诸如美国人口普查（US Census）等工具来跟踪市民情况。因此，这些现象诱使许多刚起步的研究者（尤其是那些难以为自己的研究项目找到数据的人）去开展他们自己的调查，他们认为这是一种获得所需数据的简单途径。

然而，开展一个调查未必如想象中那么容易。例如，调查中涉及的问题需要在调查前经过仔细思量，因为调查一旦进行，就很难再回过头去增加新的问题。此外，调查所涉及的问题本身也需要措辞精确（并经过预测试）以免误导调查对象或"引导"他们得出某个特定答案。也许，最重要的是保证样本的随机性，以及避免第 17.2 节提到的选择性偏误、幸存者偏误和无应答偏误。事实上，恰当地开展一个调查非常困难，需要通过专门的教材和课程来学习如何开展调查。更甚，大部分大学都要求在校园内的调研需要繁杂的专业审查。

因此，不鼓励刚起步的研究者开展调查，与此同时，在分析别人的调查结果时，也应该谨慎。正如美国统计学协会谈到的，"一个调查的质量高低不是以它的规模、范围和知名度作

为最好的衡量标准，而是看调查者花费了多少精力来度量和处理可能出现的重要问题。"[一]

11.3.2 面板数据

正如前文所述，面板数据是通过把截面数据集和时间序列数据集集合起来形成的单独的数据集。为什么人们要采用面板数据呢？在一些情况下，研究者用面板数据来增加样本容量，但最重要的原因是，面板数据可以用来分析单一时间序列数据或截面数据不能解决的问题。

面板数据的例子是什么呢？假设对财政赤字和利率之间的关系感兴趣，然而只有 10 年的可比的年度数据可供研究。对于一个合理的回归而言，10 个观测值所构成的样本容量太小了，回归很难顺利开展。但是，若能基于同样的经济变量——利率和财政赤字——找到同样 10 年的 6 个不同国家的时间序列数据，就能够最终得到 $10 \times 6 = 60$ 个观测值，这样一来样本容量就足够大了。结果就产生了一个混合的截面时间序列数据集——面板数据集！不过，采用至今为止在本书中学到的计量工具，并不能很好地分析面板数据，所以，不鼓励刚起步的研究者基于面板数据进行回归。本书中专门有一章（第 16 章）用于讲解面板数据，如果对此感兴趣，建议阅读那一章。第 16 章也包含了经济学中的实验方法，因为这些实验通常可以生成面板数据。

11.4 对研究课题的实用性建议

本节旨在给读者一些关于如何开展计量经济研究的实用性建议，这些建议通常不会放入计量经济学教材或课程中，但是它们很重要，因为应用计量经济学家的许多技能本质上都是定性的或主观的。没有一本单独的书或一门单独的课程能够讲授这些技能，而这也不是本书的目标。取而代之的是，本书希望提示读者一些大多数应用计量经济学家提倡的技术性建议。

11.4.1 符号与预期不一致时，应该检查什么

对于计量经济学的初学者来说，经常遇到的问题是，运行一个回归后发现一个或多个参数估计值的符号与预期相反。出现与预期不一致的符号尽管令人懊恼，也并非完全是坏事。研究者应该将其视为幸事，而非不幸。这样的结果说明有必要进行一些检验性工作了。毋庸置疑的是，总有不足之处存在于理论、数据、模型设定或估计方法等方面。如果得到了与预期一致的符号也不见得完全是好事，因为这样一来，研究者就不会带着疑问去检查分析过程。到底哪些内容应该受到检查呢？

（1）再次检查预期符号。有些时候，不恰当定义的变量可能会导致研究者对参数估计值符号产生错误的预期。例如，在一个解释学生 SAT 考试成绩的方程中，变量"高中时的班级排名"（在这里，"排名为 1"意味着这个学生是其所在班级的第一名）可能会使刚起步的研究者认为其参数估计值的预期符号为正。

㊀ 引自 "Best Practices for Research," on the web site of the American Association for Public Opinion Research：www. aapor. org. 如果读者决定自己开展调查，该网站上的 best practices 会带来极大的帮助。

（2）检查数据的录入错误和异常值。如果存在录入错误或异常值，那么，得到与预期不一致的符号（有时，这种与预期不一致的符号甚至能通过显著性检验）可能性就会大大提高。

（3）检查遗漏变量。相关解释变量的参数出现显著的与预期不一致符号，通常的原因是遗漏了某个相关变量。仔细考虑可能忽略了哪个变量，并用前面所学的方法来处理可能出现的偏误。

（4）检查不相干变量。通常情况下，不显著的且与预期不一致的符号出现的原因为某变量从一开始就不应该写入方程。如果某个不相干变量的真实参数为零，那么，研究者很可能得到一个与预期不一致的符号。

（5）检查多重共线性。多重共线性放大了参数估计值的方差和标准差，加大了参数估计值符号与预期不一致的可能性。参数估计值的分布非常分散，很可能分布于零的两端，意味着从这个分布中抽样很可能出现与预期不一致的符号。的确，多重共线性的一个通常表现就是出现与预期不一致的符号。

（6）检查样本选择性偏差。与预期不一致的符号有时候源自样本观测值并非是随机获取的。

（7）检查样本容量。多重共线性不是产生较大方差的唯一原因。方差较大的原因可能是样本容量较小或解释变量的离差较小。有些时候，为了修正符号与预期不一致的现象，只需扩大样本容量即可。

（8）检查理论。如果用尽了所有符合逻辑的计量经济学方法仍不能解释符号为什么与预期不一致，那么，就只剩下两个可能性。要么是理论出错，要么是数据质量不高。如果理论出错，那么，应该顺理成章地改变预期符号。值得注意的是，应该在新的数据集上检验新的预期符号。然而，这个过程需十分谨慎。运行了回归分析后，再回过头来从理论上考虑与预期不一致的符号的合理性，这是不寻常的。理论偏误（即出现与预期不一致的符号）的来源之一是潜在模型在本质上可能是联立的（联立方程将在第 14 章讲解）。

11.4.2　值得重申的实用建议

以下是一些前面章节提到过并值得在此强调的对应用计量经济学[⊖]的建议，这些建议在实际应用中非常重要。

（1）不要试图最大化调整后的判定系数 $\overline{R}^2$（第 2 章）。

（2）在估计模型之前，应先回顾文献然后对参数估计值的符号做出假设（第 3 章）。

（3）在估计模型之前，记住检查并整理数据。异常值不该被直接忽略，而应该通过调查来弄清它们是否应该包含在样本中（第 3 章）。

（4）深刻领会古典假设（第 4 章）。

（5）一般而言，参数估计值的显著性检验应使用单侧 t 检验，除非参数估计值的预期符号无法确定（第 5 章）。

（6）不要轻易剔除 t 检验不显著的变量。通常情况下，应保留 t 统计量低于临界值的变

⊖　预知更多同性质的实用性建议，见 Peter Kennedy, "Sinning in the Basement: What are the Rules? The Ten Commandments of Applied Econometrics," *Journal of Economic Surveys*, Vol. 16, No. 4, pp. 569-589。

量以降低遗漏相关变量的风险（第6章）。

（7）知道怎么分析由遗漏变量引起的偏误的大小和方向（第6章）。

（8）理解各种不同的待选函数形式及其常见运用，主要根据理论而不是拟合优度来选择函数形式（第8章）。

（9）谨记多重共线性不会导致有偏；虽然参数估计值的方差较大，但参数估计值本身是无偏的。因此，修正多重共线性最常用的方法就是什么也不做（第8章）。

（10）如果杜宾-沃森检验、BP检验、White检验是显著的，应该考虑是否是设定偏误导致的非纯序列相关或异方差性。在找到可能的最优设定之前，不要将估计方法从普通最小二乘法改为广义最小二乘法，也不要使用调整后的标准差（第9章和第10章）。

（11）谨记调整后的标准差（诸如Newey-West标准差或HC标准差）应采用普通最小二乘参数估计法。在这种情况下，是参数估计值的标准差发生了改变，而不是参数估计值本身发生了改变（第9章和第10章）。

（12）也许是最重要的，如果存在疑问，应依据常识或经济理论，而不是统计检验。

11.4.3 做一个遵从职业道德的计量经济学学者

本书的读者可能会从本书中涉及的大量模型设定中得出这样一个结论：本书鼓励研究者估计出大量的回归结果，并从中寻求可能的最优估计结果。

没有什么比真理更深邃！

迄今为止，本书的读者应该明确：最好的模型是那些花费了大量精力去探讨基础理论，而仅用少量时间去寻求备用估计方程的模型。许多计量经济学者，包括笔者，希望在每个数据集上只估计一个方程设定形式。然而，计量经济学者也可能会犯错，而且，有时候数据并不完美，所以，在刚开始尝试模型估计的时候，完全不出问题不太可能。因此，通常需要两个或两个以上的回归来消除一些常见问题，这样问题原本可以在充分预见的情况下消除。

然而，刚起步的研究者通常会不断地进行回归，直到得到满意的结果为止。如果进行另一个回归能得到更好的拟合效果，为什么不应该再检验一个设定呢？

不这么做的理由是很具有说服力的。每次基于拟合优度或统计显著性运行另一个回归并做出设定选择时，发生推断错误的可能性就会大大提高。这种现象至少会以两种方式出现：

（1）不断剔除参数估计值不显著的变量，只保留参数估计值显著的变量，正如第6.4节所讲，这会给方程的参数估计值及其对应的 t 统计量造成偏误。

（2）如果仅仅基于拟合优度而不是理论假设来选择滞后结构、函数形式或普通最小二乘法之外的估计方法，那么，就会面临这样的风险：将估计出的方程运用于样本外时，将得到非常不理想的结果。尽管基于某一个数据集重新构建方程，可能会得到较理想的结果，但这样一来，可能会降低同一个方程在另一个数据集上得到较理想的结果的可能性。

事实上，遵从职业道德的计量经济学就是好的计量经济学。也就是说，应该避免运行过多不同模型设定的原因是，运行的回归越少，回归结果就越可靠且越值得信赖。职业道德发挥作用的地方在于：当经过很多变化后（不同的变量、滞后结构、函数形式、估计方法、数据集、剔除异常值等）摆在同事、客户、编辑或记者面前的最终且最优的回归结果，还是最初估计出的那个回归结果，本书建议所有估计出的方程都应该在文档中报告出来，哪怕采用脚注或附录的形式。

本书认为计量经济学者在估计模型时，可以有以下两个合理的目标：

（1）尽可能少地使用不同的模型设定，同时，应避免主要的计量经济学问题。尽可能少地使用不同的模型设定的唯一例外是灵敏度分析，这点已经在第 6.4 节讲过。

（2）如实报告估计过的不同模型设定的数量和类型，让读者自己判定研究结果的可信程度。

因此，计量经济学的艺术在于通过执行尽量少的回归来寻求可能的最优方程。为实现这个目标，研究者应该在运行回归之前仔细思考，大量阅读。遵从职业道德的计量经济学者是诚实的，他会在研究报告中完整地记录研究过程中使用过的各种设定形式和数据集。

11.5 撰写研究报告

研究一旦完成，基于研究结果撰写研究报告就显得非常重要，这样一来，别人就可以从研究者发现的（或没发现的）东西中获益，另外，研究者也可以获取别人对他的计量经济学方法的看法。很多优秀的研究报告具有一些共同的要素：

- 简单介绍被解释变量的定义过程，明确研究目的。
- 相关文献和研究的简要回顾。
- 解释方程（模型）的设定过程。包括为什么要选择特定的解释变量、函数形式，并给出斜率参数（或其他相关假设）的预期符号。
- 数据描述。包括数据本身（包括生成的变量）、数据来源以及关于数据的任何异常情况。
- 采用标准文档格式表述估计出的方程。如果估计出的方程不止一个，切记指出哪个方程是最好的（并给出理由）。
- 对回归结果进行详尽的分析。讨论遇到的所有计量经济学问题，并完整地报告出所有估计出的方程和所有的检验过程。（建议刚起步的研究者针对每个可能出现的计量经济学问题进行检验；有了一定经验后，研究者就能够集中讨论最可能出现的问题。）
- 简要总结：包括政策建议和进一步研究建议。
- 参考文献。
- 附录：包括所有数据、回归以及相关的计算机输出结果。请认真仔细地完成附录，通常情况下，读者很喜欢有序且标记良好的附录。

本书认为撰写上述研究报告最方便的途径是在研究过程中坚持写研究日志。在研究日志中，研究者可以记录先验假设、回归结果、统计检验、考虑到的各种模型设定以及针对方程的理论分析等。这样一来，在撰写研究报告的时候，研究日志就非常有助于写作。如果不写研究日志，那么，研究者就得等待所有的计量工作完成后，才开始写作研究报告，但这样一来，研究者很可能会忽略做出特定决策时的思维过程（或另外一些重要内容）。

11.6 回归分析的用户清单及应用指南

表 11-2 罗列了一些研究者在分析计算机输出结果时需要检查的内容。表 11-2 列出的内容并不是全部都能通过软件包输出，软件包的输出结果也并非都能在表 11-2 中找到。但

表 11-2 这张清单是非常有用的参考资料。在多数情况下，浏览这个清单能帮助读者迅速找到处理某个问题的章节，但事情不尽如此，不应该仅仅依赖清单中给出的少量解释来完成整个分析和所有判断。相反，研究者应该通过索引找到对应的内容。此外，表格右边给出的仅仅是建议，仅供参考。每个独立研究遇到的具体情况比教条般的操作规则更可靠。

表 11-2 回归分析用户清单

符号	检查点	说明	判断
X, Y	数据观测值	检查数据中的错误。检查平均数、最大值、最小值	修正错误
df	自由度	$N-K-1>0$ N——样本观测值的数目 K——解释变量的数目	若 $N-K-1 \leqslant 0$，则方程不能进行估计。如果自由度太低，则精确度不足，在这种情况下，应尽量扩大样本容量
$\hat{\beta}$	参数估计值	将参数估计值的大小和符号与预期进行比较	若与预期不一致，则在可能的情况下重新设定模型
t	计算机输出的 t 值对应的 t 统计量： $t_k = \dfrac{\hat{\beta}_k - \beta_{H_0}}{\text{SE}(\hat{\beta}_k)}$ 或 $t_k = \dfrac{\hat{\beta}_k}{\text{SE}(\hat{\beta}_k)}$ 或 $\beta_{H_0} = 0$	双侧检验： H_0 : $\beta_k = \beta_{H_0}$ H_A : $\beta_k \neq \beta_{H_0}$ 单侧检验： H_0 : $\beta_k \leqslant \beta_{H_0}$ H_A : $\beta_k > \beta_{H_0}$ β_{H_0}，即假设的 β，是由研究者确定的，通常为 0	如果 $|t_k| > t_c$，并且参数估计值的符号和预期一致，则拒绝 H_0。t_c 是自由度为 $N-K-1$，在显著水平 α 下，对应的 t 统计量的临界值
R^2	判定系数	被回归方程解释的 Y 偏离它均值的百分比	衡量整体拟合优度
$\overline{R}^2$	通过自由度调整的判定系数 R^2	同 R^2 一样，衡量解释变量对被解释变量的解释作用，但是经过了自由度的调整	引入某个解释变量后，若 $\overline{R}^2$ 减小，则表示该解释变量是不相关的
F	F 统计量	$F = \dfrac{(RSS_M - RSS)/M}{RSS/(N-K-1)}$	可用于检验两个或更多系数的联合假设。对整体意义的 F 检验是一种特殊的情况
DW	杜宾-沃森 d 统计量	检验：H_0 : $p \leqslant 0$ H_A : $p > 0$ 针对序列正相关	若 $DW < d_L$，则拒绝 H_0。若 $d_L \leqslant DW \leqslant d_U$，则不能确定。（$d_L$ 和 d_U 是 DW 统计量的临界值）
e_i	残差	通过残差图，检验异方差	先检验异方差，再进行修正
SE	方程的标准差	误差项标准差的估计值	衡量整体拟合优度
TSS	总离差平方和	$TSS = \sum_i (Y_i - \overline{Y})^2$	用来计算 F，R^2 和 $\overline{R}^2$
RSS	残差平方和	$RSS = \sum_i (Y_i - \hat{Y}_i)^2$	同上
$\text{SE}(\hat{\beta}_k)$	$\hat{\beta}_k$ 的标准差	用于计算 t 统计量及置信区间	衡量统计显著性
$\hat{\rho}$	1 阶自相关系数的估计值	通常由自回归过程给出	如果为负，意味着可能存在设定错误或数据存在差异
r_{12}	X_1 与 X_2 之间的相关系数	用于检验多重共线性	如果 $|r_{12}| > 0.8$，则可能存在严重的多重共线性
VIF	方差膨胀因子	用于检验多重共线性	若 $VIF > 5$，则可能存在严重的多重共线性

运用表 11-2 的清单有如下两种方法。第一，当无法理解回归结果中的一些内容时，可将其作为"计算机输出结果词汇表"；第二，读者可以根据清单的顺序，以自己的方式，对计算机输出结果进行标记。和回归分析用户指南（见表 11-3）一样，回归分析用户清单对刚起步的研究者来说更有用，但经验丰富的研究者有时仍会用到它。

值得注意的是，所有经过简化的表格，正如本章提到的两个，其使用上的便捷都是以牺牲完整性为代价的。因此，不必严格遵守某一套规则，即便这些规则源于本章的两个表格。在实际运用过程中，明确研究目的、变量定义以及数据问题的研究者比机械使用人为创造的规则的研究者更能做出正确的判断。

表 11-3 是回归分析使用指南，概述了本书迄今为止讲到的计量经济学问题。对每个计量经济学问题，应用者关注的是：

（1）它的本质；

（2）它对普通最小二乘估计的影响；

（3）如何发现它；

（4）如何尽力消除它。

表 11-3　回归分析用户指南

什么可能出错了	后果是什么	如何检验	如何修正
遗漏变量			
方程遗漏了相干的解释变量	X_i 的参数估计值 $(\hat{\beta}_s)$ 有偏。	理论、参数估计值显著却与预期不一致、拟合优度较低	将遗漏变量或其替代变量引入方程
不相干变量			
方程中存在不属于该方程的变量	精确度下降，表现为标准差较大，t 统计量较小，置信区间更宽。	1. 理论 2. $\hat{\beta}$ 对应的 t 检验 3. 调整的判定系数 $\overline{R}^2$ 4. 去掉 X 对其他参数的影响。	如果潜在理论中没有该变量，则去掉它
错误的函数形式			
函数形式不恰当	参数估计值有偏，拟合优度较低并且难以解释。	仔细检查理论；思考 X 和 Y 之间的关系	改变变量或方程，采用另一个不同的函数形式
多重共线性			
某些解释变量（不完全）相关	参数估计值 $\hat{\beta}_s$ 无偏，但估计出的 X 的个体效应不可信，例如，参数估计值的标准差较大，t 统计量较小。	不存在普遍接受的规则或检验方法。应用较高的 r_{12} 值或 VIF 检验来判定。	去掉多余变量，但是有时可能会造成设定偏误。通常选择不处理
序列相关性			
误差项的观测值相关，即 $\varepsilon_t = \rho\varepsilon_{t-1} + u_t$	参数估计值 $\hat{\beta}_s$ 无偏，但是普通最小二乘估计不再具有最小方差性，假设检验及置信区间也变得不可靠。	采用杜宾—沃森 d 检验；若 DW 统计量显著小于 2，则存在序列正相关	如果是非序列相关，那么，修改设定。否则，考虑使用广义最小二乘法或 Newey-West 标准差
异方差			
所有误差项观测值的方差不是常数，即 $VAR(\varepsilon_i) = \sigma^2 Z_i^2$	与序列相关性的后果一样。	采用残差图以及 BP 检验或 White 检验	如果是纯异方差性，修改设定。否则采用 HC 标准差或改变变量形式

如何使用这份指南呢？如果估计出的方程存在特定问题，例如，参数估计值不显著，通过浏览表 11-3 的指南就可能会找到引起这一现象的计量经济学问题。例如，多重共线性和遗漏变量都会导致参数估计值的 t 统计量不显著，只记得其中一种潜在原因的人可能会采取错误的修正措施。经过一定程度的练习后，用到这份指南的时候就会变少，读者最终会认为这份指南具有相当大的局限性且过分简化了。然而，经验显示，直到那时，对即将开展自己的计量经济学研究的研究者来说，参考这份指南仍旧是有必要的。

11.7 小结

（1）进行你自己的回归分析包括选择被解释变量，把回归分析的六个步骤（第 3 章）应用于该被解释变量，撰写研究报告以及总结研究工作等内容。

（2）较好的研究主题应该是研究者熟悉的主题，能用于解决经济问题、解释行为问题、做决策。被解释变量和各个解释变量的数据是可获取的。

（3）不能低估收集完整和准确的数据集的难度和重要性。这需要花费大量的精力，但确实是值得的。

（4）计量经济学的艺术在于通过执行尽量少的回归来寻求可能的最优方程。实现它的唯一方法途径是在执行回归之前，花大量时间来思考研究项目的基础理论。

（5）在完成研究课题前，确保已经回顾了第 11.4 节和第 11.6 节中给出的实用性建议和回归分析用户清单、回归分析用户指南。

附录 11A 关于房价的互动练习

这里的互动回归学习练习与第 8.7 节中的稍有不同。这里的目标仍旧是沟通教材和计算机。本书认为，如果读者完成了先前的互动练习，那么，就可以在计算机上开展自己的研究。因此，这里的互动练习仅提供简要的文献回归以及相应的数据，具体估计过程由读者自行完成。在附录 A 的提示中可以找到关于模型设定的反馈。

由于这里的互动练习与之前那个互动练习的区别仅在于这里的互动联系要求读者自己用计算机估计选定的方程，因此，前述关于互动练习的指导原则依然适用。

（1）在选定方程的设定形式之前，先花一定时间回顾文献。

（2）执行尽量少的回归。

（3）在找到自己认为的最优设定之前最好不要看提示。

作者认为互动练习的收获与为之付出的努力成正比。读者可以推迟这个练习直到状态好的时候再来做。

11A.1 建立关于房价的 Hedonic 模型

接下来，本书要求读者为方程指定解释变量和函数形式，方程的被解释变量为加利福尼亚州南部的房价。在做出抉择之前，回顾有关房价的文献资料，仔细思考模型背后的理论是至关重要的。回顾文献之所以重要，原因在于下文即将建立的模型在本质上属于 Hedonic 模型。

什么是 Hedonic 模型？回顾前文，第 1.5 节估计了房价是房屋面积的函数的方程。这样的模型就称为 Hedonic 模型，因为用来度量解释变量的是产品的自然属性而不是产品的市场属性（如需求量、收入等）。Hedonic 模型在分析异质产品时非常有用，因为它能分析出是什么因素促使产品之间存在差异进而使之具有不同的价格。对于同质产品而言，Hedonic 模型几乎没有用。

也许，早期采用 Hedonic 模型研究房价的文献中，引用最广泛的是 G. 格雷瑟（G. Grether）和 P. 梅伊兹科夫斯基（P. Mieszkowski）[1]的文章。G. 格雷瑟和 P. 梅伊兹科夫斯基搜集了一个跨越 7 年的数据集，采用不同的变量组合构建了一系列关于房价的线性回归模型。解释变量有面积（单位：平方英尺）、浴室的数目以及房间的数目，虽然事后证明房间的数目并不显著。解释变量还包括房屋的批量大小和房龄，设立了以房屋年龄为解释变量的二次方程。最具创新性的是，文章中还采用一些斜率虚拟变量来捕捉不同变量组合的调节效应（比如用是否有硬木地板这个虚拟变量乘以房屋面积）。

彼得·李德曼（Peter Linneman）[2]采用洛杉矶、芝加哥和整个美国的数据估计了房屋价格模型。其目标是构建一个针对两个独立城市的模型，然后将其运用于全国以检验关于全国住房市场的假设。李德曼既没有引入任何批量特征，也没有使用调节变量。他对居住面积的度量仅为浴室数目和非浴室房间数目。除了房龄这个变量外，其余的解释变量都是用于描述该房屋和附近房屋特征的虚拟变量。虽然多数虚拟变量的显著性并不稳定，但是，房龄、浴室数目、非浴室房间数目都是显著且非常稳定的。在关于洛杉矶的回归模型中，是否有中央空调这一虚拟变量的参数估计值为负且不显著。

K. Ihlanfeldt 和 J. 马丁内斯·瓦斯奎斯（J. Martinez-Vasquez）[3]考察了获取房价数据的不同途径的抽样误差，认为房屋销售价格是所有度量指标中抽样误差最小的指标。然而，他们通过如下方程来估计方程：开始的时候引入很多变量，然后，剔除所有 t 统计量小于 1 的变量，这样毫无疑问地会导致设定偏误。

最后，艾伦·古德曼（Allen Goodman）[4]在基于全美的数据集中引入了一些创新变量，诸如鼠患、石膏裂缝、地板破洞、管道损坏以及税赋水平等。虽然，与预期一致，财产税变量显示出了低财产税的资本化现象，但是，鼠患的参数估计值并不显著，而且裂缝变量的参数估计值还说明裂缝显著提高了房屋价值。

11A.2 住房价格互动练习

既然已经回顾了一些文献，现在作者可以构建自己的模型了。回顾前文，第 1.5 节构建了房价以房屋面积为函数的简单模型，即方程（1-21）：

$$\hat{P}_i = 40.0 + 0.138 S_i \tag{1-21}$$

式中，P_i 代表第 i 套房屋的价格（单位：千美元）；S_i 代表第 i 套房屋的面积（单位：平方英尺）。

方程（1-21）是基于如下样本而被估计的，该样本是几周内在加利福尼亚州南部的同一个镇（Monrovia）出售的 43 套房屋。这里将在原来数据集的基础上加入一些新的解释变量，并用于估

---

[1] G. M. Grether and Peter Mieszkowski, "Determinants of Real Estate Values," *Journal of Urban Economics*, Vol. 1, pp. 127-146. 另一篇类似的经典文献为 J. Kain and J. Quigley, "Measuring the Value of Housing Quality," *Journal of American Statistical Association*, Vol. 45, pp. 532-548.

[2] Peter Linnerman, "Some Empirical Results on the Nature of the Hedonic Price Functions for the Urban Housing Market," *Journal of Urban Economics*, Vol. 8, No. 1, pp. 47-68.

[3] Keith Ihlanfeldt and Jorge Martinez-Vasquez, "Alternate Value Estimates of Owner-Occupied Housing: Evidence on Sample Selection Bias and Systematic Errors," *Journal of Urban Economics*, Vol. 20, No. 3, pp. 356-369. 还可以参考 Eric Cassel and Robert Mendelsohn, "The Choice of Function Forms for Hedonic Price Equations: Comment," *Journal of Urban Economics*, Vol. 18, No. 2, pp. 135-142.

[4] Allen C. Goodman, "An Econometric Model of Housing Price, Permanent Income, Tenure Choice, and Housing Demand," *Journal of Urban Economics*, Vol. 23, pp. 327-353.

计方程（1-21）。这些变量为：

N_i——经过两个当地房地产经纪人评级的第 i 套房屋的邻居房屋质量（1＝最好，4＝最差）；

A_i——第 i 套房屋的房龄（单位：年）；

BE_i——第 i 套房屋的卧室数目；

BA_i——第 i 套房屋的浴室数目；

CA_i——虚拟变量：如果第 i 套房屋有中央空调则为 1，否则为 0；

SP_i——虚拟变量：如果第 i 套房屋有游泳池则为 1，否则为 0；

Y_i——第 i 套房屋的花园面积。

再次浏览这组变量，给出你自己所分析的每个变量背后的理论依据。参数的预期符号是什么？哪些变量可能是多余的？哪些变量是必须引入方程的？

此外，还有很多修正函数形式的工作需要做。例如，就像格雷瑟和梅伊兹科夫斯基的文章中那样，解释变量房龄可能是二次多项式，还可以考虑引入斜率虚拟变量诸如 $SP \times S$ 或 $CA \times S$。最后，还可以考虑引入涉及邻居质量替代变量调节变量，如 $N \times S$ 或 $N \times BA$。这样一些假设分别意味着什么呢？

谨慎地设定函数形式。认真思考每个变量及备选函数形式，写出每个参数的预期大小和预期符号。不要采取这样的思路：将所有可能的变量引入方程，然后剔除不显著的变量。而应该一次性设计出可能是最优的关于房价的 Hedonic 模型。

一旦确定了方程的设定形式，就采用表 11-4 给出的数据估计方程，并分析回归结果。

表 11-4　房价互动练习的数据

P	S	N	A	BE	BA	CA	SP	Y
107	736	4	39	2	1	0	0	3 364
133	720	3	63	2	1	0	0	1 780
141	768	2	66	2	1	0	0	6 532
165	929	3	41	3	1	0	0	2 747
170	1 080	2	44	3	1	0	0	5 520
173	942	2	65	2	1	0	0	6 808
182	1 000	2	40	3	1	0	0	6 100
200	1 472	1	66	3	2	0	0	5 328
220	1 200	1.5	69	3	1	0	0	5 850
226	1 302	2	49	3	2	0	0	5 298
260	2 109	2	37	3	2	1	0	3 691
275	1 528	1	41	2	2	0	0	5 860
280	1 421	1	41	3	2	0	1	6 679
289	1 753	1	1	3	2	1	0	2 304
295	1 528	1	32	3	2	0	0	6 292
300	1 643	1	29	3	2	0	1	7 127
310	1 675	1	63	3	2	0	0	9 025
315	1 714	1	38	3	2	1	0	6 466
350	2 150	2	75	4	2	0	0	14 825
365	2 206	1	28	4	2.5	1	0	8 147
503	3 269	1	5	4	2.5	1	0	10 045

（续）

P	S	N	A	BE	BA	CA	SP	Y
135	936	4	75	2	1	0	0	5 054
147	728	3	40	2	1	0	0	1 922
165	1 014	3	26	2	1	0	0	6 416
175	1 661	3	27	3	2	1	0	4 939
190	1 248	2	42	3	1	0	0	7 952
191	1 834	3.5	40	3	2	0	1	6 710
195	989	2	41	3	1	0	0	5 911
205	1 232	1	43	2	2	0	0	4 618
210	1 017	1	38	2	1	0	0	5 083
215	1 216	2	77	2	1	0	0	6 834
228	1 447	2	44	2	2	0	0	4 143
242	1 974	1.5	65	4	2	0	1	5 499
250	1 600	1.5	63	3	2	1	0	4 050
250	1 168	1.5	63	3	1	0	1	5 182
255	1 478	1	50	3	2	0	0	4 122
255	1 756	2	36	3	2	0	1	6 420
265	1 542	2	38	3	2	0	0	6 833
265	1 633	1	32	4	2	0	1	7 117
275	1 500	1	42	2	2	1	0	7 406
285	1 734	1	62	3	2	0	1	8 583
365	1 900	1	42	3	2	1	0	19 580
397	2 468	1	10	4	2.5	1	0	6 086

注：数据文件名为 HOUSE11。

（1）对每个参数进行 t 检验。尤其需要注意的是修正后的函数形式。

（2）检验并判定方程中存在哪些计量经济学问题，请进行多重共线性检验、序列相关性检验、异方差性检验。

（3）判定最初的设定是否是最优的，如果不是，请进行修正，然后重新估计。不要抱着这样的想法：估计另外一个设定"仅仅为了看看它是什么样的"。

当不存在进一步改进的必要时，就表示完成了这个练习。读者可以翻到附录 A 的提示，去看看相关的反馈。

第 12 章

时间序列模型

本章旨在讲述一些有趣的模型，用于处理和利用时间序列数据的特殊性质。使用时间序列数据通常会产生一些问题，而这种问题在截面数据中并不常见。大多数问题与样本观测值的顺序有关，相对于截面数据来说，样本观测值的顺序对时间序列数据更为重要。

其中，最重要的是动态模型，即方程右边包含了被解释变量滞后值的模型。下文将会讲到，将被解释变量的滞后值加入方程的右边，意味着解释变量产生的影响将会扩散到多个观察期。

为什么要将解释变量的影响分布在多个观察期呢？为了便于理解，考察广告对销售额的影响。许多分析师认为，人们记住广告的时间会超过一个观察期，所以，广告对未来销售额的影响就像它对当期销售额的影响一样。因此，销售模型应该包括广告的当期值和滞后值，即采用不同的滞后期来分布广告的影响。

虽然本章将集中讨论动态模型，但读者还是可以从中学习具有不同滞后期的模型，并考察滞后期的引入对参数估计值的影响。本章还将简要介绍非平稳性。如果变量的一些基本特性（诸如均值或方差）随着时间发生显著变化，那么，就认为这些变量是非平稳的。非平稳变量可能会导致 t 统计量偏大，方程的整体拟合优度偏高。

12.1 分布滞后模型

正如第 7.3 节所示，当 X 对 Y 的影响不止 1 期时，就可以把解释变量的滞后期引入模型。例如，潜在理论认为 X_1 对 Y 的影响滞后 1 期（而 X_2 对 Y 的影响表现在当期），则方程可以表述为：

$$Y_t = \beta_0 + \beta_1 X_{1(t-1)} + \beta_2 X_{2t} + \varepsilon_t \tag{7-14}$$

这样的滞后称为简单滞后，采用最小二乘法估计 β_1 不会比估计无滞后期方程的参数更难，除非滞后期设定错误而导致可能出现的序列相关性。然而，需要注意的是，在解释此类方程的参数时须十分小心。例如，方程（7-14）中的 β_2 表示，在 X_1 的上期值保持不变的条件下，X_2 的值每增加 1 单位对当期 Y 值的影响。

比简单滞后模型更复杂的情况是解释变量的影响分布在多个观察期中。例如，假设想要研究货币供应量对 GDP 的影响。理论和实证研究都证明：由于市场存在刚性，经济对货币供应量的变化做出充分反应需要一定时间。如果对 GDP 的影响需要两年，一部分将会立即发生，一部分会滞后一年，更多的影响将滞后两年。在这种情况下，合适的计量经济学模型应该是：

$$Y_t = \beta_0 + \beta_1 X_t + \beta_2 X_{t-1} + \beta_3 X_{t-3} + \varepsilon_t \tag{12-1}$$

式中，Y 代表 GDP，X 代表货币供应量。方程（12-1）的右边不太常见，因为 X 出现了三次，每个都有不同的滞后期，代表将 X 对 Y 的影响分散到三个不同时期。这就是**分布滞后模型**（distributed lag model），把 Y 的当期值解释为 X 的当期值及其过去值的函数。

　　还有其他的分布滞后模型（被解释变量可用分布滞后解释）的例子吗？例如，你计量经济学考试的分数只是考试前一天晚上学习时间（或之前学习的时间）的函数。多数人会认同：除了少数例外，分布滞后模型会是测度投入学习的时间对考试分数影响的好方法。

　　用普通最小二乘法估计方程（12-1）是很直观的。X_s 之间会不可避免得存在多重共线性，但是类似方程（12-1）的分布滞后模型在应用中会很有效。

　　然而，X 对 Y 的影响预计会持续很多期。因此在很多情况下需要比方程（12-1）更多的 X 的滞后值。如果我们构造一个表现货币供给变化对 GDP 影响的季度模型，那么，我们就需要很多滞后的解释变量，一个更普遍的分布滞后方程就产生了，表达式为：

$$Y_t = \alpha_0 + \beta_0 X_t + \beta_1 X_{t-1} + \beta_2 X_{t-2} + \cdots + \beta_p X_{t-p} + \varepsilon_t \tag{12-2}$$

式中，p 代表 X 滞后的最大期数。在我们季度 GDP 的模型中，p 可能高达 10 或者 11。（注意，为了使 β 的下标等于 X 的滞后期，定义常数项为 α_0，斜率为 β_0。）

　　仔细观察方程（12-2），参数 β_0 到 β_p 表示 X 的不同滞后期对 Y 的当期值的影响（包括方程中其他连续的解释变量）。在大多数经济应用中，包括前文提及 GDP 的例子，一般认为 X 对 Y 的影响会随着滞后长度（以 β 的下标表示）的增加而减小。因此，可以预期的是，β_0 或 β_1 的绝对值应该大于 β_9 或 β_{10}。

　　不幸的是，采用普通最小二乘法估计方程（12-2）会产生一系列问题：

　　（1）X 的各期滞后值之间可能存在严重的多重共线性，会导致参数估计值不精确。

　　（2）很大程度上，由于存在多重共线性，参数估计值 β 未必会符合经济理论具有平滑递减的特征。相反，方程（12-2）的参数估计值通常会呈现不规则变化的特征，例如：

$$\hat{\beta}_0 = 0.26 \quad \hat{\beta}_1 = 0.07 \quad \hat{\beta}_2 = 0.17 \quad \hat{\beta}_3 = -0.03 \quad \hat{\beta}_4 = 0.08$$

　　（3）基于两方面的原因，自由度倾向于下降，有时甚至是大幅下降。第一，必须估计出 X 的每个滞后期的参数，即增加了 K 个解释变量（滞后阶数为 K），因而，自由度下降为 $(N-K-1)$。第二，除非可以获取 X 的滞后期的样本外数据，否则，每引入 1 个 X 滞后期，样本容量就减 1，减少了样本观测值的数目 N，这也会导致自由度降低。

　　由于采用普通最小二乘法估计类似方程（12-2）的方程，称作特设分布滞后方程，会产生上述问题。通常做法是利用某些假设进行简化。最常用的简化方法是用 1 个被解释变量的滞后期来代替所有解释变量的滞后期，这样的方程称为动态模型。

12.2　动态模型

12.2.1　什么是动态模型

　　最简单的动态模型为：

$$Y_t = \alpha_0 + \beta_0 X_t + \lambda Y_{t-1} + u_t \tag{12-3}$$

请注意方程的两边都有 Y！好在下标并不相同，方程左边的 Y 为 Y_t，方程右边的 Y 为 Y_{t-1}。Y 的观察期不同使得方程是动态的，即最简单的**动态模型**（dynamic model）是这样一个方程，在方程中，被解释变量 Y 的当期值是 X 的当期值与 Y 本身的滞后值的函数。像这样包含滞后被解释变量的模型称为自回归方程。

观察方程（12-3），思考为什么它能替代分布滞后模型或者任何 X 对 Y 的影响被分布在多个观察期的模型。如果把方程（12-3）滞后 1 期：

$$Y_{t-1} = \alpha_0 + \beta_0 X_{t-1} + \lambda Y_{t-2} + u_{t-1} \tag{12-4}$$

如果把方程（12-4）带入方程（12-3），有：

$$Y_t = \alpha_0 + \beta_0 X_t + \lambda(\alpha_0 + \beta_0 X_{t-1} + \lambda Y_{t-2} + u_{t-1}) + u_t \tag{12-5}$$

或者

$$Y_t = (\alpha_0 + \lambda\alpha_0) + \beta_0 X_t + \lambda\beta_0 X_{t-1} + \lambda^2 Y_{t-2} + (\lambda u_{t-1} + u_t) \tag{12-6}$$

如果重复上述过程［将方程（12-3）滞后 2 期，代入方程（12-5）并整理］，有：

$$Y_t = \alpha_0^* + \beta_0 X_t + \lambda\beta_0 X_{t-1} + \lambda^2\beta_0 X_{t-2} + \lambda^3 Y_{t-3} + u_t^* \tag{12-7}$$

式中，α_0^* 代表新（组合的）截距项；u_t^* 代表新（组合的）误差项。下文将讲述动态模型确实能用于替代分布滞后模型。

此外，X 的滞后期的参数具有明显的特征。为了便于理解，回到方程（12-2）：

$$Y_t = \alpha_0 + \beta_0 X_t + \beta_1 X_{t-1} + \beta_2 X_{t-2} + \cdots + \beta_p X_{t-p} + \varepsilon_t \tag{12-2}$$

比较方程（12-2）与方程（12-7）的参数，有：

$$\beta_1 = \lambda\beta_0$$
$$\beta_2 = \lambda^2\beta_0$$
$$\beta_3 = \lambda^3\beta_0$$
$$\vdots$$
$$\beta_p = \lambda^p\beta_0 \tag{12-8}$$

如图 12-1 所示，只要 λ 介于 0 到 1 之间，这些参数确实会平滑减小。[一]

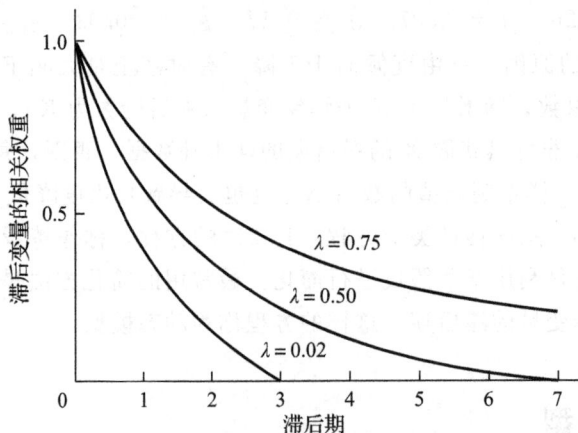

图 12-1 不同动态模型的几何权重

注：只要 λ 介于 0 到 1 之间，在动态模型中，解释变量的影响会随着滞后长度的增加而减小。

[一] 这个模型有些也称为 Koyck 分布滞后模型，因为它最早由 L. M. 科伊克（L. M. Koyck）在 *Distributed Lags and Investment Analysis*（Amsterdam：North Holland Publishing，1954）中提出。

诸如方程（12-3）的动态模型规避了前文列举的特设分布滞后模型的三个主要问题。自由度得到很大的提升，多重共线性问题也不存在了。如果 u_t 性质良好，那么在大样本条件下，方程（12-3）的普通最小二乘估计值将具有理想特性。样本容量要多大才够呢？本书认为样本容量应不低于 50，更多的是基于经验而非论证。样本容量越小，越容易产生偏误。样本容量不应低于 30，部分原因在于可能产生偏误，部分原因在于过小的样本容量会使假设检验不可信。[⊖]

除样本容量的问题外，动态模型还面临另外一种严重问题。无论样本容量多大，序列相关性几乎都会使动态模型的普通最小二乘估计产生偏误。这个问题将会在第 12.3 节中讨论。

12.2.2　动态模型的实例

为了通过实例来了解动态模型，考察宏观经济均衡 GDP 模型中的总消费函数。许多经济学家认为在这样一个模型中，消费量（CO_t）不仅是可支配收入（YD_t）的当期值的函数。相反，他们认为当期消费还受过去的可支配收入（YD_{t-1}，YD_{t-2} 等）的影响：

$$CO_t = \alpha_0 + \beta_0 YD_t + \beta_1 YD_{t-1} + \beta_2 YD_{t-2} + \cdots + \beta_p YD_{t-p} + \varepsilon_t \qquad (12\text{-}9)$$

这样的方程适用于简单消费模型，但是，它只有在收入水平的权重随滞后长度的增加而下降时才有意义。也就是说，当滞后期变长时，收入的滞后期对消费的当期值的影响会减弱。即 YD_{t-2} 的参数应该小于 YD_{t-1} 的参数。

因此，很多计量经济学家会将方程（12-9）表述为动态模型：

$$CO_t = \alpha_0 + \beta_0 YD_t + \lambda CO_{t-1} + u_t \qquad (12\text{-}10)$$

为了估计方程（12-10），本节采用第 14.3 节中的数据，在第 14.3 节中作者将以美国 1976～2007 年的经济数据构建一个小型宏观经济模型。方程（12-10）基于这个数据集的普通最小二乘估计结果为（括号内的数值为标准差）：

$$\widehat{CO}_t = -266.6 + 0.46 YD_t + 0.56 CO_{t-1} \qquad (12\text{-}11)$$
$$\qquad\qquad\qquad (0.10) \qquad (0.10)$$
$$\qquad\qquad t = 4.70 \qquad\quad 5.66$$
$$\overline{R}^2 = 0.999 \qquad N = 32 \qquad （样本区间：1976～2007 年）$$

当滞后阶数为 1 时，将 $\hat{\beta}_0 = 0.46$ 和 $\lambda = 0.56$ 带入方程（12-3），有 $\hat{\beta}_1 = \hat{\beta}_0 \hat{\lambda}^1 = (0.46)(0.56)^1 = 0.26$。如果继续上述过程，方程（12-11）等价于：

$$\widehat{CO}_t = -605.91 + 0.46 YD_t + 0.26 YD_{t-1} + 0.14 YD_{t-2} + 0.08 YD_{t-3} + \cdots \qquad (12\text{-}12)$$

从方程（12-12）可以看出，YD 的参数与预期一致，不断减小。

为了比较这个估计结果与非动态模型形式的普通最小二乘估计结果，需要估计出具有相同滞后变量的特设分布滞后模型（有至少三个滞后变量）。

$$CO_t = \alpha_0 + \beta_0 YD_t + \beta_1 YD_{t-1} + \beta_2 YD_{t-2} + \beta_3 YD_{t-3} + \varepsilon_t \qquad (12\text{-}13)$$

采用相同的数据集估计方程（12-13），有：

$$\widehat{CO}_t = -695.89 + 0.73 YD_t + 0.39 YD_{t-1} + 0.006 YD_{t-2} - 0.08 YD_{t-3} \qquad (12\text{-}14)$$

方程（12-14）的参数看上去如何呢？随着滞后期数增加，YD 的参数急速下降，到 $t-3$ 期时

⊖　David Grubb and lames Symons，"Bias in Regressions with a Lagged Dependent Variable," *Eeonometric Theory*，Vol.3，No.3，pp.371-386.

变为负值。无论是经济理论还是常识，都无法令人产生这样的预期。这样的结果是由 Xs 的滞后期之间严重的多重共线性所致。因此，大多数计量经济学家估计包含滞后被解释变量的消费函数［形如方程（12-10）的动态模型］的简化形式。

在解释方程（12-11）的结果时，有趣的是，涉及模型隐含的长期乘数。长期乘数衡量的是，当所有的滞后效应都表现出来后，收入的变化对消费量的总体影响。一种计算长期乘数的方法是把所有 $\hat{\beta}$ 相加，但更简单的方法是计算 $\hat{\beta}_0[1/(1-\hat{\lambda})]$，在本例中长期乘数为 $0.46 \times [1/(1-0.56)]$ 或 1.05。本例中的样本容量可能会导致小样本偏误，所以，不能过分强调这一数值结果。关于数据集以及该模型中的其他方程，详见第 14.3 节。关于检验和校正诸如方程（12-11）的序列相关性，请看下节。

12.3　序列相关性和动态模型

序列相关性的后果主要取决于模型的类型。对于类似方程（12-2）的特设分布滞后模型来说，第 9.3 节列举出了序列相关性的后果：序列相关性使普通最小二乘估计量不再是最小方差无偏估计量；序列相关性使 $\mathrm{SE}(\hat{\beta})$ 产生偏误；序列相关性不会使普通最小二乘估计量 $\hat{\beta}$ 有偏。

然而，对于类似方程（12-3）的动态模型来说，情况发生了变化，序列相关性确实会导致普通最小二乘估计量 $\hat{\beta}$ 有偏。更为复杂的是，在面临滞后被解释变量模型时，第 9 章讲述的序列相关性的后果、检验、补救等内容并非完全适用，需要进行修正。

12.3.1　序列相关性使动态模型产生偏误

如果以滞后被解释变量为解释变量的方程的误差项序列相关，那么，即使在大样本条件下采用普通最小二乘法估计出的参数估计值也是有偏的。

为了了解偏误的来源，从动态模型开始：

$$Y_t = \alpha_0 + \beta_0 X_t + \lambda Y_{t-1} + u_t \tag{12-3}$$

滞后 1 期的情况：

$$\overset{\uparrow}{Y}_{t-1} = \alpha_0 + \beta_0 X_{t-1} + \lambda Y_{t-2} + \overset{\uparrow}{u}_{t-1} \tag{12-15}$$

注意方程（12-15）上的箭头，如果 u_{t-1} 为正，则 Y_{t-1} 会更大。

另外，如果 u_t 序列相关，则：

$$\overset{\uparrow}{u}_t = \rho \overset{\uparrow}{u}_{t-1} + \varepsilon_t \tag{12-16}$$

式中，ε_t 是服从古典假设的误差项，期望值为 0。注意方程（12-16）上的箭头，如果 u_{t-1} 为正，则 u_t 会更大（只要 ρ 为正）。这在计量经济学应用中尤其典型。

如果将方程（12-15）和方程（12-16）中的箭头添加到方程（12-3）中，可以得到：

$$Y_t = \alpha_0 + \beta_0 X_t + \lambda \overset{\uparrow}{Y}_{t-1} + \overset{\uparrow}{u}_t \tag{12-3}$$

仔细观察方程（12-3）的箭头就会发现，Y_{t-1} 和 u_t 是相关的！这种相关性违背了古典假设Ⅲ，即误差项与所有解释变量均不相关。（如果 u_{t-1} 为负，u_t 和 Y_{t-1} 都会更小，这也会违背古典假设Ⅲ。）

这种相关性的后果是导致参数估计量有偏，特别是参数 λ，因为普通最小二乘法会把一

些 u_t 对 Y_t 的影响归因于 Y_{t-1}。从本质上讲，这种未修正的序列相关性的后果跟遗漏变量（u_{t-1}）的后果一样。因为当遗漏变量与解释变量相关时，会使参数估计值有偏，因而，当 u_{t-1} 与 Y_{t-1} 相关时，滞后被解释变量与序列相关性的结合就会使参数估计值有偏。偏误在之前有所提及。

12.3.2　动态模型的序列相关性检验

如果动态模型的序列相关性导致参数估计量的偏误，那么序列相关性的检验就非常重要了。不幸的是，杜宾-沃森 d 检验对以滞后被解释变量为解释变量的方程来说，可能是无效的。原因在于，前面提到的有偏的残差会使 DW 统计量的值偏向于 2，DW 统计量偏向于 2 意味着，杜宾-沃森 d 检验可能无法检验出动态模型是否存在序列相关性。⊖

幸运的是第 9.4 节中使用的拉格朗日乘数序列相关性检验在面对滞后被解释变量时依然有用。使用拉格朗日乘数检验动态模型的序列相关性包含 3 个步骤：

（1）获取估计出的方程的残差：

$$e_t = Y_t - \hat{Y}_t = Y_t - \hat{\alpha}_0 - \hat{\beta}_0 X_{1t} - \hat{\lambda} Y_{t-1} \tag{12-17}$$

（2）以残差作为辅助回归方程的被解释变量，辅助回归方程包含原始方程的右边所有的解释变量以及残差的滞后项：

$$e_t = \alpha_0 + \alpha_1 X_t + \alpha_2 Y_{t-1} + \alpha_3 e_{t-1} + u_t \tag{12-18}$$

（3）采用普通最小二乘法估计方程（12-18），然后，用以下统计量检验原假设 $\alpha_3 = 0$：

$$LM = NR^2 \tag{12-19}$$

式中，N 代表样本容量；R^2 代表未调整的判定系数，两者都针对辅助回归方程（12-18）。在大样本条件下，LM 统计量服从 χ^2 分布，自由度为原假设的约束条件个数（本例中为 1）。如果 LM 统计量的值大于统计表 B-6 给出的临界 χ^2 值，则拒绝原假设 $\alpha_3 = 0$，认为原始方程确实存在序列相关性。

用方程（12-11）（前一节估计的消费函数）做拉格朗日乘数序列相关性检验，作为动态模型序列相关性检验的一个例子。如果估计该模型的辅助方程，在样本容量为 31（你知道为什么是 31 而不是 32 吗？）的情况下会得到判定 R^2 为 0.402 5，NR^2 为 12.48。12.48 比 3.84（在 5% 的显著水平下，自由度为 1 的 χ^2 值）大，因此，方程（12-11）显然存在序列相关性。应该怎么做呢？

12.3.3　动态模型序列相关性的修正

如果拉格朗日乘数检验指出动态模型有序列相关性，第一步就是要考虑序列相关性是否是非纯的，即序列相关性产生于遗漏变量，或者没能准确把握实际的分布滞后特征。

如果序列相关是纯的，理论上来说较好的办法是改变方程来消除序列相关性重新估计模型。需要做的改变和第 9.5 节描述的广义最小二乘法很像。不幸的是，对方程的迭代非线性估计超过了它的检验范围，因此，对多数读者不是一种现实的方法。⊜建议使用两种替代方

⊖ 反过来则没有问题。对以滞后被解释变量为解释变量的方程来说，如果 DW d 统计量显示存在序列相关性，那么，即便存在偏向于 2 的问题，DW d 统计量仍是存在序列相关性的强有力证据。

⊜ 有兴趣的读者请参阅 Sean Becketti，"Introduction to Time Series Using Stata"（College Station：Stata Press，2013），pp. 192-195.

法（取决于模型隐含的理论和样本容量的大小）。

如果理论指出只有少数 X 的滞后值对解释 Y_t 有帮助，那么，避免因序列相关性引起的偏误的潜在方法是估计分布滞后模型［方程（12-2），p 为1或2］而不是动态模型。分布滞后模型会有潜在的多重共线性但不会出现其他问题，因为 p 很小。多数计量经济学家偏好于处理多重共线性而非偏误，因此，这是一个进步。分布滞后模型还有一个优点。实质上 X_{t-p} 项是 Y_{t-1} 的代理项。在第 14 章会学到，这样的变量类似于工具变量。它们非常有用，因为如果它们和误差项不相关，就可以消除偏误。

在小样本中，即使面对动态模型中的序列相关性，最好的方法还是采用普通最小二乘法。对于真实世界实例的这种小样本的非平凡子集，最小二乘法比其他复杂的方法更好。一个原因是在小样本中，第 12.2 节所提到的用 λ 的估计偏误和序列相关所引起的偏误是异号，所以，它们相互抵消了。结果普通最小二乘法就比只能消除序列相关性引起的偏误的方法好。[一]第二个原因是蒙特卡罗（Monte Carlo）研究所提出的小样本中序列相关性引起的偏误相当小。[二]

总的来说，除非你倾向于使用非线性最小二乘法迭代，否则，我们对于处理动态模型中序列相关问题的建议还是取决于理论及样本大小。如果理论设定中只有几个滞后 X，我们建议分布滞后法。如果样本容量很小，我们将使用普通最小二乘法，即使是面对序列相关，普通最小二乘法也能起到最好的作用。在样本容量和有意义的滞后 X 都很大的情况下，由于工具变量的优势，我们推荐用分布滞后模型。

12.4 Granger 因果关系

特设分布滞后模型的一个应用是，它能为经济现象中因果关系的方向提供证据。当已知两个变量相关，却不知究竟哪个变量引起另一个变量变动时，判定因果关系方向的检验就显得非常有用。例如，许多经济学家认为，增加货币供应量能刺激 GDP 增长，但另外一些经济学则认为 GDP 增长最终会使货币当局增加货币供应量。孰是孰非呢？

面对因果关系不确定的问题，一种解决方法是推定两个变量是联立确定的，关于联立方程的估计将在第 14 章讲解。第二种方法是进行"Granger 因果关系"检验。

怎么能检验出因果关系呢？第 1 章讲到，虽然很多经济关系在本质上具有因果关系，但回归分析并不能证明因果关系。答案是，这里的检验不是检验理论上的因果关系，而是 Granger 因果关系。

Granger 因果关系（Granger causality），也称前定关系，描述的是这样一种情形，即若某时间序列变量变动，另一个时间序列变量会发生一致的可预测的变化。[三]Granger 因果关系非常重要，因为它能分析出究竟哪个变量前定或"引导"（leading）另外一个变量，后面会讲到，这种引导变量在预测时非常有用。

[一] Asatoshi Maeshiro，"Teaching Regressions with a Lagged Dependent Variable and Autocorrelated Disturbances" *Journal of Economic Education*，Vol. 27，No. 1，pp. 72-84.

[二] Luke Keele and Nathan Kelly，"Dynamic Models for Dynamic Theories: The Ins and Outs of Lagged Dependent Variables," *Political Analysis*，Vol. 14，No. 2，pp. 186 - 205.

[三] 参见 C. W. J. Granger，"Investigating Causal Relations by Econometric Models and Cross-Spectral Methods," *Econometrica*，Vol. 37，No. 3，pp. 424-438.

尽管 Granger 因果关系很有价值，但并不能受其误导，认为它能在严格意义下证明经济中的因果关系。即便一个变量前定（"Granger 导致"）另外一个变量，也不能认为是第一个变量的变动引起了另外一个变量的变动。[一]因此，即使能确定事件 A 先于事件 B 发生，也不能认为事件 A "导致"了事件 B。

Granger 因果关系有多种检验方法，但所有方法都或多或少与分布滞后模型有关。[二]本书更多使用的是 Granger 提出的原始检验模型的一个扩展。Granger 认为，如果 A 是 Y 的 Granger 原因，那么：

$$Y_t = \beta_0 + \beta_1 Y_{t-1} + \cdots + \beta_p Y_{t-p} + \alpha_1 A_{t-1} + \cdots + \alpha_p A_{t-p} + \varepsilon_t \tag{12-20}$$

检验原假设：所有 A 的滞后项 As(αs) 的系数均为 0。[三]若 F 检验拒绝原假设，则认为 A 是 Y 的 Granger 原因。值得注意的是，若 $p=0$，方程（12-20）就类似于方程（12-3）的动态模型。

应用 Granger 因果关系检验时需要检验两个方程，每个方程代表一个方向。换句话说，估计方程（12-20）的同时也要估计：

$$A_t = \beta_0 + \beta_1 A_{t-1} + \cdots + \beta_p A_{t-p} + \alpha_1 Y_{t-1} + \cdots + \alpha_p Y_{t-p} + \varepsilon_t \tag{12-21}$$

再检验原假设：所有 Y 的滞后项 Ys（又是 αs）的系数均为零，即可实现 Granger 因果关系两个方向的检验。如果方程（12-20）的 F 统计量显著而方程（12-21）的 F 统计量不显著，那么，就认为 A 是导致 Y 的 Granger 原因。

12.5 谬误相关和非平稳性

时间序列数据的一个问题是，如果解释变量与被解释变量具有相同的趋势，那么，解释变量的显著性可能高于实际情况。例如，在具有恶性通货膨胀的国家，几乎所有的名义变量都与其他名义变量高度相关。为什么呢？名义变量没有经过通货膨胀调整，因而，每个名义变量都包含严重的通货膨胀因素。通货膨胀因素的影响通常大于真实因果关系的影响，使名义变量看起来相关，即使它们本来不相关。

这就是**谬误相关**（spurious correlation），即两个或两个以上变量高度相关，但并非由真实的潜在因果关系所致。被解释变量与一个或多个解释变量谬误相关的回归称为谬误回归。谬误回归会使 t 统计量和整体拟合优度偏大、不可信。

导致谬误相关的原因很多。例如，对截面数据来说，若解释变量和被解释变量都除以第三个变量，且第三个变量的变化范围大于前两个变量，就可能会产生谬误相关。然而，本节主要考察时间序列数据，以及由非平稳时间序列导致的谬误相关。

[一] 在第 5 版中，作者在本段结尾写道："例如，人们一般在圣诞节前收到圣诞贺卡，但很明显圣诞节并非由圣诞贺卡导致。"然而，这并不算 Granger 因果关系的实例，因为圣诞节的日期是固定的，因此，并不是"时间序列变量"。参见 Erdal Atukeren, "Christmas cards, Easter bunnies, and Granger-causality," *Quality & Quantity*, Vol. 42, No. 6, Dec. 2008, pp. 835-844. 若想进一步了解因果关系，请参见 Kevin Hoover, *Causality in Macroeconomics* (Cambridge: Cambridge University Press, 2001).

[二] 参见 John Geweke, R. Meese, and W. Dent, "Comparing Alternative Tests of Causality in Temporal Systems," *Journal of Econometrics*, Vol. 21, pp. 161-194, and Rodney Jacobs, Edward Leamer, and Michael Ward, "Difficulties with Testing for Causation," *Economic Inquiry*, Vol. 17, No. 3, pp. 401-413.

[三] 这样的联合检验应采用附录 5A 讲到的 F 检验。

12.5.1　时间序列的平稳性与非平稳性

平稳序列是指这个序列基本统计特征（如均值和方差）不随时间发生变化。相反，非平稳序列有一个或多个基本统计特性会随时间发生变化。例如，一般来说，一个经济体的实际人均年产出会随时间而增长，所以，它是非平稳的。然而，实际人均年产出的增长率不会随时间而提高，所以，即便这个变量是基于实际人均年产出这个非平稳变量计算出来的，但它仍旧是平稳的。即使均值是常数，但只要其他统计特性（例如方差）随时间发生变化，也认为时间序列是非平稳的。

更为一般的是，如果时间序列变量 X_t 是**平稳的**（stationary），那么：

（1）X_t 的均值不随时间发生变化；

（2）X_t 的方差不随时间发生变化；

（3）X_t 与 X_{t-k} 之间的简单相关系数取决于滞后长度（k），而与其他变量无关（对所有 k 来说）。[⊖]

这些性质中，如果 1 个或 1 个以上没有满足，那么，X_t 就是**非平稳的**（nonstationary）。如果序列非平稳，那么，就认为它具有**非平稳性**（nonstationary）。

虽然，前文的定义集中于变量的平稳性与非平稳性，但值得注意的是，误差项（或者残差）也可能是非平稳的。事实上，前文已经遇到过误差项非平稳的情况。在许多时间序列数据存在异方差的例子中，会涉及误差项的方差随时间的推移而变大。这种存在异方差的误差项就是非平稳的。

对回归分析来说，非平稳性的主要后果是导致谬误相关，使判定系数 R^2 和非平稳解释变量的 t 统计量偏大，这反过来又会导致模型设定偏误。这是因为，回归估计程序把一些因素（例如，趋势）对 Y_t 的影响归因于非平稳变量 X_t 的变动对 Y_t 的影响，而这些因素同时也影响 X_t。因此，由于存在非平稳性，各个变量往相同的方向变动，增大了判定系数 R^2 以及相应的 t 统计量。这在宏观计量经济学中尤为重要，检验各种序列的非平稳性的文献已在宏观经济学文献中占主导地位。[⊖]

有些变量是非平稳的，主要原因是其取值随时间迅速变动。为了规避涉及此类变量的谬误回归结果，可将简单时间趋势项（$t=1,2,3,\cdots,T$）作为解释变量引入方程。

然而，即便消除了时间趋势，许多经济时间序列变量仍旧是非平稳的。这种非平稳性主要表现为，变量是"随机游走"的。**随机游走**（random walk）是这样一种时间序列变量，其下期值等于当期值加随机误差项。随机游走变量是非平稳的，因为它时而向上游走，时而向下游走，没有内在均衡，也不存在任何形式的长期均值。

为了更详尽地了解非平稳性与随机游走之间的关系，假设 Y_t 仅由包含其自身过去值的方程生成（自回归方程）：

⊖　平稳性有两种不同的定义方法。这里用到的平稳性定义是引用最广泛的一种定义的简化，很多学者称其为弱平稳、广义平稳或协方差平稳。此外，有很多非平稳的模型，如 ARCH 和 GARCH，它们比本节所讲的模型复杂得多。

⊖　例如，C. R. Nelson and C. I. Plosser, "Trends and Random Walks in Macroeconomics Time Series: Some Evidence and Implication," *Journal of Monetary Economics*, Vol. 10, pp. 169-182, and J. Campbell and N. G. Mankiw, "Permanent and Transitory Components in Macroeconomic Fluctuations," *American Economic Review*, Vol. 77, No. 2, pp. 111-117.

$$Y_t = \gamma Y_{t-1} + v_t \tag{12-22}$$

式中，v_t 代表服从古典假设的误差项。

观察方程（12-22），若 $|\gamma| < 1$，随着样本容量不断增大，Y_t 的期望值最终会不会趋近于 0 呢（即是平稳的）？（因为误差项 v_t 服从古典假设，所以，其期望值为 0。）与此类似，若 $|\gamma| > 1$，Y_t 的期望值会不会连续变大，使 Y_t 非平稳呢？这种非平稳源自趋势，但仍能导致谬误回归结果。

更重要的是，若 $|\gamma| = 1$ 会出现什么情况呢？在这种情况下，

$$Y_t = Y_{t-1} + v_t \tag{12-23}$$

这是随机游走！Y_t 的期望值不收敛于任何值，意味着它是非平稳的。这种情况下，方程（12-23）（或类似的方程）中的 $\gamma = 1$ 称为**单位根**（unit root）。如果某变量存在单位根，那么，方程（12-23）成立，说明该变量是非平稳的。单位根与非平稳性之间的关系非常紧密，以至于许多计量经济学家不加区别地使用这两个术语，即便他们知道趋势和单位根都能导致非平稳性。

12.5.2 谬误回归

正如本节开头所说，如果方程中的被解释变量或至少一个解释变量非平稳，那么，其普通最小二乘估计结果就可能是谬误回归结果。[○]

考虑线性回归模型：

$$Y_t = \alpha_0 + \beta_0 X_t + u_t \tag{12-24}$$

如果 X 和 Y 都是非平稳的，那么，他们可能因非因果关系的原因而高度相关，如此一来，标准回归推断就很可能具有误导性，因为调整的判定系数 $\overline{R}^2$ 和 $\hat{\beta}_0$ 对应的 t 统计量被高估了。

例如，请看如下估计出的方程：

$$\widehat{PRICE}_t = -27.8 + 0.070 TUITION_t \tag{12-25}$$
$$(0.006)$$
$$t = 11.4$$
$$R^2 = 0.94 \qquad T = 10（年度数据）$$

这个方程的判定系数 R^2 很大，同时 $TUITION$ 的参数显然也是显著的，但变量的定义是什么呢？$PRICE$ 表示波特兰和俄勒冈每单位汽油的价格，$TUITION$ 表示洛杉矶西方学院（Oxy）每学期的学费（两个变量都以名义美元表示）。Oxy 的学费增加会导致波特兰的汽油涨价吗？不会！除非 Oxy 的学生是波特兰加油站老板的孩子。怎么会这样呢？20 世纪 70 代存在通货膨胀，因此，将任何名义变量放入方程（12-25）都可能得出相似的结果。两个变量都是非平稳的，这个特定回归结果显然是谬误回归结果。

为避免谬误回归结果，关键要保证进行回归分析前，时间序列变量是平稳的。

12.5.3 DF 检验

估计方程时，为了避免谬误回归，应先检验时间序列的平稳性。如果有理由相信所有的

○ 请参见 C. W. J. Granger and P. Newbold, "Spurious Regression in Econometrics," *Journal of Econometrics*, Volume 2, pp. 111-120.

变量都是平稳的，那就不必担心谬误回归问题。怎么判定时间序列是非平稳的呢？第 1 步是观察数据。对很多时间序列数据来说，通过观察数据（或数据图），一眼就能看出变量均值随时间推移迅速变大，即序列是非平稳的。

消除上述趋势后，检验非平稳性的标准方法为 **DF 检验**（Dickey-Fuller test）[⊖]，该方法的原假设为待检验变量存在单位根[⊖]。一般情况下，以变量的 1 阶差分形式进行检验更为方便。

为了更好地理解 DF 检验的原理，请回顾单位根在区分平稳性与非平稳性的作用。回忆一下，前文是通过方程（12-22）中的 γ 值的大小来判定序列 Y 是平稳的还是非平稳的。

$$Y_t = \gamma Y_{t-1} + v_t \tag{12-22}$$

根据前文已经知道，若 $|\gamma|<1$，则认为 Y 是平稳的；若 $|\gamma|>1$，则认为 Y 是非平稳的；然而，若 $|\gamma|=1$，Y 仍是非平稳的，因为存在单位根。因此，若 $|\gamma|<1$，则认为自回归模型是平稳的，反之，则是非平稳的。

从平稳性和单位根的讨论中可以看出，DF 检验的原理是估计方程（12-22），看是否有 $|\gamma|<1$，从而判定序列 Y 是否平稳。首先，方程（12-22）两边同时减去 Y_{t-1}，有：

$$(Y_t - Y_{t-1}) = (\gamma - 1)Y_{t-1} + v_t \tag{12-26}$$

令 $\Delta Y = Y_t - Y_{t-1}$，就可以得到 DF 检验最简单的表达式：

$$\Delta Y = \beta_1 Y_{t-1} + v_t \tag{12-27}$$

式中，$\beta_1 = \gamma - 1$。原假设为 Y_t 存在单位根，备择假设为 Y_t 是平稳的。如果 Y_t 存在单位根，那么，$\gamma = 1$，$\beta_1 = 0$。如果 Y_t 是平稳的，那么，$|\gamma|<1$，$\beta_1<0$。于是，原假设为 $\beta_1 = 0$ 的单侧 t 检验可以表述为：

$$H_0 : \beta_1 = 0$$
$$H_A : \beta_1 < 0$$

通常情况下，DF 检验实际上具有三种检验形式：

（1）方程（12-27）；

（2）在方程（12-27）的基础上加入常数项，即方程（12-28）；

（3）在方程（12-27）的基础上加入常数项和趋势项，即方程（12-29）。

如果 Y_t 服从方程（12-22），那么，方程（12-27）对应的 DF 检验形式就是正确的，但多数计量经济学家会给方程添加常数项（原因见第 7.1 节），那么，合适的 DF 检验方程为：

$$\Delta Y_t = \beta_0 + \beta_1 Y_{t-1} + v_t \tag{12-28}$$

与此类似，如果 Y_t 包含趋势"t"（$t=1$，2，3，…，T），那么，就将带参数的"t"作为变量加入方程，合适的 DF 检验方程为：

$$\Delta Y_t = \beta_0 + \beta_1 Y_{t-1} + \beta_2 t + v_t \tag{12-29}$$

如何决定选择方程（12-28）还是方程（12-29）？如果比较这两个方程就会发现它们唯一的区别就是趋势项（$\beta_2 t$），在方程（12-29）有 $\beta_2 t$，而在方程（12-28）却没有。因此，如果

⊖ D. A. Dickey and W. A. Fuller, "Distribution of the Estimators for Autoregressive Time-Series With a Unit Root," *Journal of the American Statistical Association*, Vol. 74, pp. 427-431. DF 检验有多种形式，包括误差项存在序列相关情况下的增广检验。

⊖ 若想了解更多关于单位根的内容，请参见 John Y. Campbell and Peron, "Pitfalls and Opportunities: What Macroeconomists Should Know About Unit Roots," *NBER Macroeconomics Annual* (Cambridge, MA: MIT Press, 1991), pp. 141-219.

Y 在增长，那么，方程（12-29）就合适一些。如果 Y 没有增长，那么，方程（12-28）就合适一些。可能做决定的最好方式就是描出 Y 的点来判断它是否增长⊖。GDP 和消费量是典型的增长型变量，而多数比率（如利率和失业率）是典型的非增长型变量。

不管采用哪种 DF 检验形式，判定准则都是一样的。若 $\hat{\beta}_1$ 的 t 检验显著小于零，则拒绝单位根（非平稳性）的原假设。若 $\hat{\beta}_1$ 不显著小于零，则不能拒绝单位根（非平稳性）的原假设。（回顾第 5 章可知，即便不能拒绝原假设，也不能"证明" Y 是非平稳的。）

然而，需要注意的是，标准 t 分布表不适合 DF 检验。并且临界值高于统计表 B-1 所示，DF 检验的临界值取决于所运用的检验形式。在表 12-1⊖中列出了 DF 检验最常见的两种形式，方程（12-28）和方程（12-29）。例如样本容量为 25 时，在 5％ 的显著水平下方程（12-28）的单侧检验 t 临界值为 3.00，而标准 t 临界值为 1.717（自由度为 22，$K=2$）。

在方程（12-28）和方程（12-29）中 DF 检验的标准和标准的临界值源于误差项是序列相关的假设。如果误差项是序列相关的，检验就需要把序列相关性考虑进去。这样的调整，被叫作调整的 DF 检验（ADF）。在 DF 检验中加入了一系列 ΔY 的滞后值。尽管 ADF 是 DF 检验最常用的形式，但它超过了本书的范围。因为选择 ΔY 的滞后值的数量是一件很复杂的事。

12.5.4 协整

如果 DF 检验的结果是非平稳的，应该怎么办呢？

传统做法是对变量取 1 阶差分（$\Delta Y=Y_t-Y_{t-1}$，$\Delta X=X_t-X_{t-1}$），并在方程中用 1 阶差分代替 Y_t 和 X_t。

表 12-1　5％ 的显著水平下 DF 检验的单侧临界值

样本容量 (T)	方程（12-28）（Y 无增长）	方程（12-29）（Y 有增长）
25	3.00	3.60
50	2.93	3.50
100	2.89	3.45
∞	2.86	3.41

对经济变量来说，取 1 阶差分通常足以将非平稳序列转化为平稳序列。然而，采用 1 阶差分修正非平稳性会遗失经济理论给出的原始变量（X_t 和 Y_t）之间均衡关系的信息。因此，在仔细权衡利弊之前，最好不要采用 1 阶差分，特别需要注意的是，只有在残差通过协整检验的情况下，方程才可以采用 1 阶差分的形式估计。

协整（cointegration）是指，采用某种方法组合方程中的非平稳变量，使方程的误差项

⊖　John Elder and Peter Kennedy "Testing for Unit Roots：What Should Students Be Taught?" *Journal of Economic* Education Vol. 32 No. 2，pp. 137-146. Elder and Kennedy also investigate what to do in the unlikely case that the growth status of Y is unknown.

⊖　很多情况下，DF 检验的临界值为负值，因为单位根检验是期望值为负的单侧检验。然而，在本书中，t 检验的判定准则基于 t 统计量的绝对值，所以，负的临界值会导致所有的原假设被拒绝。因此，表 12-1 中的临界值为正。若想了解适合 DF 检验的调整后的 t 临界值，包括表 12-1 中的数据，请参见 J. G. Mackinnon，"Critical t-Values of Cointegration Tests," in Rob Engle and C. W. J. Granger，eds.，*Long-Run Economic Relationship*：*Reading in Cointegration*（New York：Oxford University Press，1991），Chapter 13. 许多软件包在输出 DF 检验结果时，会给出对应的临界值。

（和残差）变得平稳，并消除谬误回归。即使单个变量是非平稳的，但非平稳变量的线性组合可能是平稳的或协整的。如果一组变量存在长期均衡关系，那么，就称这些变量是协整的。如果变量是协整的，那么，即使被解释变量或至少一个解释变量是非平稳的，也可以避免谬误回归。

为了弄清协整检验的原理，回到方程（12-24）。

$$Y_t = \alpha_0 + \beta_0 X_t + u_t \tag{12-24}$$

正如前文所讲，如果 X_t 和 Y_t 是非平稳的，那么，很可能得到谬误回归的结果。如果方程（12-24）中的非平稳变量是协整的，那么，其回归结果很可能是有意义的。为什么呢？为了便于理解，假设 X_t 和 Y_t 都包含 1 个单位根，此时，协整的关键就在于 u_t。

整理方程（12-24）有：

$$u_t = Y_t - \alpha_0 - \beta_0 X_t \tag{12-30}$$

在方程（12-30）中，u_t 是两个非平稳变量的函数，所以，直观地看，u_t 应该也是非平稳的，然而，事实并非完全如此。特别是，当 X_t 和 Y_t 有关时，情况又会怎么样呢？更进一步的情况是，如果经济理论认可方程（12-24）的均衡关系，那么，偏离均衡的程度就不会任意大。

于是，如果 Y_t 和 X_t 有关，即使 X_t 和 Y_t 都是非平稳的，误差项 u_t 也应该是平稳的。若 u_t 是平稳的，则认为 Y_t 和 X_t 的单位根被抵消了，并认为 Y_t 和 X_t 是协整的。[○]

因此，可以认为，如果 X_t 和 Y_t 是协整的，那么，方程（12-24）的普通最小二乘估计结果就能避免谬误回归结果。为了判定 X_t 和 Y_t 是否是协整的，先采用普通最小二乘法估计出方程（12-24），然后计算残差：

$$e_t = Y_t - \hat{\alpha}_0 - \hat{\beta}_0 X_t \tag{12-31}$$

接下来，对残差进行 DF 检验。再次声明，标准的 t 临界值在这里并不适用，应该采用调整后的 t 临界值。[□]如果拒绝残差项具有单位根的原假设，那么，就可以认为 Y_t 和 X_t 是协整的，普通最小二乘估计并非谬误回归。

总之，只要 DF 检验认为变量存在单位根，协整检验的第 1 步就是检验残差的平稳性。如果非平稳变量之间不协整，那么，方程应该采用 1 阶差分的形式（ΔY 和 ΔX）进行估计。然而，如果非平稳变量之间是协整的，那么，就可以采用方程的原始形式进行估计。[◎]

○ 若想了解更多关于协整的内容，请参加 Peter Kennedy, *A Guide to Econometrics*（Malden, MA：Blackwell, 2008），pp. 309-330, and B. Bhaskara Rau, ed., *Cointegration for the Applied Economist*（New York：St. Martin's Press, 1994）。

□ 请参见 J. G. Mackinnon, "Critical Values of Cointegration Tests," in Rob Engle and C. W. J. Granger, eds., *Long-Run Economic Relationships*：Readings in Cointegration（New York：Oxford University Press, 1991），Chapter 13, and Rob Engle and C. W. J. Granger, "Co-integration and Error Correction：Representation, Estimation and Testing," *Econometrica*, Vol. 55, No. 2.

◎ 在这种情况下，通常采用的原始方程的形式称为误差修正模型（ECM）。误差修正模型非常复杂，模型本身就是协整概念的逻辑延伸。如果变量之间是协整的，那么，变量之间就由均衡关系联系起来。因此，基于这些变量的回归就是估计带残差项的均衡关系，残差项衡量的是变量之间的均衡关系发生偏离的程度。在计算变量之间的动态关系时，经济理论认为被解释变量的当期变化，不仅受解释变量当期变化的影响，而且还受到前期解释变量偏离均衡的程度的影响（来自协整过程的残差）。相应的方程即为误差修正模型。更多关于误差修正模型的内容，请参见 Peter Kennedy, *A Guide to Econometrics*（Malden, MA：Blackwell, 2008），pp. 299-301 and 322-323.

12.5.5 处理非平稳时间序列的标准步骤

本章的内容比较难，至少相对于前面的章节来说是这样的，接下来本节将对第 12.5 节讲到的各种方法进行总结。为了处理非平稳时间序列可能导致的谬误回归结果，大多数针对时间序列的实证研究按照下列标准顺序展开。

（1）设定模型。设定好的模型可能是不带滞后项的时间序列方程、分布滞后模型、动态模型。

（2）采用恰当的 DF 检验方程检验所有变量的非平稳性（单位根）。

（3）若变量不存在单位根，则以变量的原始形式（Y 和 X）估计方程。

（4）若变量存在单位根，则通过 DF 检验，检验残差的平稳性来检验协整关系。

（5）如果变量存在单位根但并不协整，那么，把模型的函数形式转换为 1 阶差分，（ΔY 和 ΔX）再估计方程。

（6）如果变量存在单位根并且是协整的，那么，以变量的原始形式估计方程。

12.6 小结

（1）分布滞后反应 Y 的当期值是 X 的当期值和过去值的函数，于是，将 X 的影响分布于滞后的若干期中。无约束分布滞后模型（特设分布滞后模型）的普通最小二乘估计会产生多重共线性问题、自由度问题和参数随时间的非连续变化问题。

（2）动态模型通过假设滞后解释变量的参数随滞后期的加长而呈几何级数衰减回避了分布滞后模型面临的问题。给定这一假设，动态模型可以表述为：

$$Y_t = \alpha_0 + \beta_0 X_t + \lambda Y_{t-1} + u_t$$

式中，Y_{t-1} 代表滞后被解释变量且 $0 < \lambda < 1$。

（3）在小样本条件下，动态模型的普通最小二乘估计存在偏误且假设检验不可靠。即使在大样本条件下，如果误差项存在序列相关性，普通最小二乘法在估计动态模型参数时仍会产生偏误。

（4）在动态模型中，杜宾-沃森 d 检验有时不能检验出序列相关性，因为 d 偏向于 2。另一种最常用的检验方法是拉格朗日乘数检验。

（5）Granger 因果关系，也称前定关系，描述的是这样一种情形，即若某时间序列变量变动，另一个时间序列变量会发生一致的可预测的变化。即便一个变量前定（Granger 导致）另外一个变量，也不能认为第一个变量的变动引起了另外一个变量变动。

（6）非平稳序列是随时间发生显著变化（例如，均值和方差）的序列。如果被解释变量和至少一个解释变量是非平稳的，回归结果可能产生谬误相关，使调整的判定系数 $\bar{R}^2$ 和非平稳解释变量的 t 统计量偏大。

（7）DF 检验可以检验出非平稳性。如果变量是非平稳的（存在单位根），那么，就应该采用 DF 检验检验方程残差的平稳性，进而检验方程的协整性。如果变量存在单位根但并不协整，那么，把模型的函数形式转换为 1 阶差分，再估计方程。如果变量存在单位根并且是协整的，那么，以变量的原始形式估计方程。

习题

(偶数序号的习题答案见附录 A)

1 不查阅书本（或笔记），给出下列术语的定义，然后与书本上的相比较。

    a. 协整   b. DF 检验   c. 分布滞后模型   d. 动态模型   e. Granger 因果关系

    f. 非平稳   g. 随机游走   h. 谬误相关   i. 平稳   j. 单位根

2 考虑以下估计出的墨西哥实际货币需求的方程（括号内的数值为标准差）：

$$\widehat{\ln M_t} = 2.00 - 0.10\ln R_t + 0.70\ln Y_t + 0.60\ln M_{t-1}$$

$$\qquad\qquad (0.10) \qquad (0.35) \qquad (0.10)$$

$$\overline{R}^2 = 0.90 \qquad DW = 1.80 \qquad N = 26$$

式中，M_t 代表第 t 年的货币存量（单位：百万比索）；R_t 代表第 t 年的长期利率（以百分比表示）；Y_t 代表第 t 年的实际 GDP（单位：百万比索）。

    a. 方程隐含了 Y 与 M 之间什么样的经济关系？

    b. Y 与 R 的关系是如何类似于 Y 与 R 和 M 的关系的？

    c. 这个方程看上去存在序列相关性吗？为什么？

3 假设你受雇去研究广告对"Four Musketeers"牌糖果销售收入的影响。Four Musketeers 具有与其他品牌糖果相同的价格，差不多相同的成分，因此，似乎只有广告能影响销量。你决定建立一个销量是广告的函数的分布滞后模型，但你不知道特设分布滞后模型和动态模型哪个更合适。

采用表 12-2 中 Four Musketeers 牌糖果 1985～2009 年的数据，分别估计如下分布滞后方程，再通过参数估计值比较各种不同的滞后结构。（提示：使用正确的样本）

    a. 特设分布滞后方程（滞后 4 期）   b. 动态模型

表 12-2 Four Musketeers 的数据

年份	销量	广告	年份	销量	广告
1981	*	30	1996	600	70
1982	*	35	1997	700	70
1983	*	36	1998	790	60
1984	320	39	1999	730	60
1985	360	40	2000	720	60
1986	390	45	2001	800	70
1987	400	50	2002	820	80
1988	410	50	2003	830	80
1989	400	50	2004	890	80
1990	450	53	2005	900	80
1991	470	55	2006	850	75
1992	500	60	2007	840	75
1993	500	60	2008	850	75
1994	490	60	2009	850	75
1995	580	65			

注：数据文件名为 MOUSE12。

4 检验习题 3b 中估计出的动态模型的序列相关性。

5　某些农民对预测玉米的生长高度感兴趣，他们以玉米的高度作为月降雨量的函数，他们搜集了玉米成长季节的数据，估计了如下形式的方程：

$$G_t = \beta_0 + \beta_1 R_t + \beta_2 G_{t-1} + \varepsilon_t$$

式中，G_t 代表在 t 月玉米的生长高度（单位：英寸）；R_t 代表 t 月的降雨量（单位：英寸）；ε_t 代表服从古典假设的误差项。

　　β_2 的预期符号为负（他们认为玉米的生长是一定的，如果第 1 月长得快，那么，下 1 月就长得慢），但估计结果却是正的，请给出说明。

6　利用本书网页中表 CHICK9 中鸡肉需求方程中的数据，在 5% 的显著水平下，采用 DF 检验检验如下变量的平稳性，并指出哪些变量是非平稳的（如果存在的话）。

a. Y_t　　　　　　　b. PC_t　　　　　　　c. PB_t　　　　　　　d. YD_t

7　2001 年，Heo 和 Tan 发表了一篇论文[一]在这篇文章中他们用 Granger 因果模型检验了经济增长与民主之间的关系。多年以来，政治学者认为经济增长与民主之间具有较强的正相关关系，但前述研究（包括 Granger 因果关系检验）的作者认为两者不存在因果关系。Heo 和 Tan 研究了 32 个发展中国家的情况，发现在其中 11 个国家中，经济增长是民主的 Granger 原因，在另外的 10 个国家中，民主是经济增长的 Granger 原因。

a. 在同一个研究中，怎么可能在两个不同的方向上得到显著的 Granger 因果检验结果呢？这是否意味着研究出错了？是否意味着 Granger 因果检验不适用于这个命题呢？

b. 请根据题意，给出经济增长与民主之间的关系，并做出说明。

c. 如果这是你展开的研究，你下一步应该做什么呢？（提示：在两组不同的 Granger 因果关系中，是否能得到更多关于这些发展中国家的信息呢[二]?）

　　㊀　Uk Heo and Alexander Tan，"Democracy and Economic Growth：a Causal Analysis," *Comparative Politics*，Vol. 33，No. 4（July 2001），pp. 463-473.

　　㊁　在这里，经济增长是民主的 Granger 原因的 11 个国家为哥斯达黎加、埃及、危地马拉、印度、以色列、韩国、墨西哥、尼加拉瓜、泰国、乌拉圭、委内瑞拉。民主是经济增长 Granger 原因的 10 个国家为玻利维亚、缅甸、哥伦比亚、厄瓜多尔、萨尔瓦多、印度尼西亚、伊朗、巴拉圭、菲律宾、南非。

第 13 章

虚拟被解释变量模型估计方法

本章之前，本书关于虚拟变量的讨论仅限于虚拟解释变量。然而，在许多研究课题中，被解释变量也可采用取值仅为 0 或 1 的虚拟变量。

特别是，研究者在分析消费者做某种选择时，经常会涉及虚拟被解释变量（也称为定性被解释变量）。例如，高中生是否选择上大学如何决定？人们如何从百事可乐和可口可乐中选择其一呢？怎么才能说服人们采用公共交通而不是自己驾车呢？采用计量经济学来研究以上课题，或是任何涉及离散选择的课题时，通常都把被解释变量设定为虚拟变量。

在本章前两节，将介绍两种最常用的估计虚拟被解释变量模型的方法：一种是线性概率模型，另一种是二元 logit 模型。在最后一节将简要介绍两种比较有用的虚拟被解释变量估计方法，它们是二元 probit 模型和多元 logit 模型。

▓▓ 13.1 线性概率模型

13.1.1 什么是线性概率模型

估计虚拟被解释变量模型最直观的方法是，将普通最小二乘法直接运用于典型的线性计量方程。**线性概率模型**（linear probability model）正是如此，它用参数线性方程来解释虚拟被解释变量。

$$D_i = \beta_0 + \beta_1 X_{1i} + \beta_2 X_{2i} + \varepsilon_i \tag{13-1}$$

式中，D_i 代表虚拟变量。相应地，X，β 和 ε 代表解释变量、回归参数和随机误差项。

例如，某研究者想要知道为什么（在美国）某些州有女性州长而其他州却没有的原因，他就可以构建一个线性概率模型。在这个模型中，被解释变量应该是虚拟变量，也就是说，当第 i 个州有女性州长时，D_i 取值为 1，否则为 0。假设女性比例较高且社会保守派比例较低的州更可能出现女性州长，那么，线性概率模型就可以表述为：

$$D_i = \beta_0 + \overset{+}{\beta_1} F_i + \overset{-}{\beta_2} R_i + \varepsilon_i \tag{13-2}$$

式中，D_i 代表虚拟变量，如果第 i 个州有女性州长则为 1，否则为 0；F_i 代表第 i 个州女性人数占总人口的比例；R_i 代表第 i 个州登记的选民中保守派所占比例。

线性概率模型这个术语的含义是方程右边是线性的，而左边的期望值刻画的是 $D_i = 1$ 的概率。为了加深对前一句话后半部分的理解，假设估计出了方程（13-2），得到特定州的 $\hat{D}_i$ 值为 0.10。这意味着什么呢？既然 $D = 1$ 代表州长为女性，$D = 0$ 表示州长为男性，那么，可以把第 i 个州的 $\hat{D}_i$ 值为 0.10 看作这个州拥有女性州长的可能性为 10%，它取决于这个州的解释变量的取值。因此，$\hat{D}_i$ 刻画的是 D 的第 i 个观测值为 1 的概率，换言之，有

$$\hat{D}_i = \overbrace{Pr(D_i = 1)} = \hat{\beta}_0 + \hat{\beta}_1 F_i + \hat{\beta}_2 R_i \tag{13-3}$$

式中，$Pr(D_i = 1)$ 代表第 i 个观测值中 $D_i = 1$ 的概率。

方程（13-3）的参数又该怎么解释呢？既然 $\hat{D}_i$ 刻画的是 $D_i = 1$ 的概率，那么，线性概率模型的参数表示的就是：当方程中其他解释变量保持不变时，1 单位某解释变量的变动引起的 $D_i = 1$ 的概率变动的百分比。

将 P_i 定义为 $D_i = 1$ 的概率，就如我们无法估计 β_s 的真实值，我们无法也估计 P_i，因为它反映的是离散选择发生之前的情况。选择发生后，只能观察到选择的结果，所以被解释变量 D_i 的取值只能为 0 或 1。因此，虽然 P_i 的期望值可以是 0 到 1 之间的任意值，但能够从 D_i 中观察到的仅仅是两个极端值（0 和 1）。

13.1.2　线性概率模型存在的问题

不幸的是，采用普通最小二乘法估计虚拟被解释变量模型的参数会产生三个主要的问题：

（1）调整的判定系数 $\overline{R}^2$ 不能准确度量模型的整体拟合优度。对于虚拟被解释变量模型而言，调整的判定系数 $\overline{R}^2$ 很难反映模型对决策者的选择的解释程度。为了更清晰地了解，请见图 13-1。D_i 只能等于 1 或 0，而 $\hat{D}_i$ 的取值却在 0 和 1 这两个极端值之间连续变化，意味着当 X_i 在一定范围内，$\hat{D}_i$ 与 D_i 之间存在明显的差别。因此，即便模型很好地解释了所涉及的选择，调整的判定系数 $\overline{R}^2$ 也会远小于 1。其结果是，不能依赖调整的判定系数 $\overline{R}^2$（或判定系数 R^2）来度量虚拟被解释变量模型的整体拟合优度。

（2）$\hat{D}_i$ 不以 0 和 1 为界。既然 D_i 是虚拟变量，那么，$\hat{D}_i$ 的值应该被限制在 0 到 1 的范围内。毕竟，概率的预测值为 2.6（或 -2.6）时几乎没有意义。然而，再次观察方程（13-3），根据 X_s 和 β_s 的值，方程右边就可能超出有意义的范围。例如，如果方程（13-3）中所有的 X_s 和 β_s 都取 1.0，那么，$\hat{D}_i$ 等于 3.0，远大于 1.0。

（3）线性概率模型的误差项呈现异方差性，也不服从正态分布，主要原因在于 D 只有两个取值（0 和 1）。然而，在实践中，这类

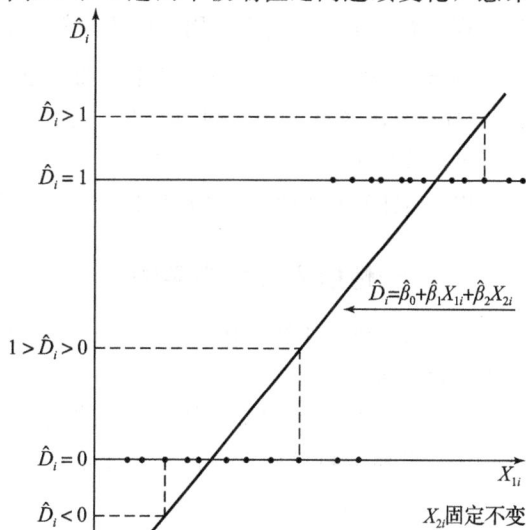

图 13-1　线性概率模型

注：在线性概率模型中，所有观察到的 $D_i s$ 等于 0 或 1，而 $\hat{D}_i$ 的取值可以在 0 和 1 两个极端值之间连续的变动。结果，即便模型很好地解释了所涉及的选择，调整的判定系数 $\overline{R}^2$ 也会远小于 1。此外，较大或较小 X_{1i} 值会使 $\hat{D}_i$ 的值超出 0 到 1 这个有意义的范围（在 X_{2i} 固定不变的条件下）。

问题对普通最小二乘法估计的影响很小，很多研究者忽略异方差和非正态分布而将普通最小二乘法直接运用于线性概率模型。[一]

这三个主要问题中的第一个问题不是没有办法解决，因为对于虚拟被解释变量方程来说，存在多种取代调整的判定系数 $\overline{R}^2$ 的备选指标。[二]因此，最好能找出一种方法，用于测度样本观测值被估计出的模型正确解释的百分比。为了应用这种方法，假设 $\hat{D}_i > 0.5$ 预示着 $D_i = 1$，而 $\hat{D}_i < 0.5$ 预示着 $D_i = 0$，此时，只要比较预测值[三]与真实 D_i 是否一致，就能计算出观测值被正确解释的百分比。

不幸的是，使用上述百分比来代替调整的判定系数 $\overline{R}^2$ 有一个缺点。假设观测值的 85% 为 1，15% 为 0。正确地解释了样本的 85% 听起来不错，但是这个结果比粗略地猜测每个观测值都为 1 好不到哪里去。较好的方法可能是分别计算 1 和 0 被正确解释的百分比，然后，算出两个百分比的平均值。为了方便起见，可以称这个平均值为 $\overline{R}_p^2$，它被定义为 1 被正确解释的百分比与 0 被正确解释的百分比的平均值。由于 $\overline{R}_p^2$ 是个新统计量，本章将计算并讨论 $\overline{R}_p^2$ 和调整的判定系数 $\overline{R}^2$。

对于大多数研究者来说，处理线性概率模型的困难在于 $\hat{D}_i s$ 预测值的无界性。请再次观察图 13-1 下面的解释，由于 $X_i s$ 和 $\hat{D}_i$ 之间存在线性关系，$\hat{D}_i$ 可能远远超出 0 到 1 这个有意义的范围。使用线性概率模型的时候，即便存在无界性问题，也不会构成不可逾越的障碍。特别的，线性概率模型的参数估计值的符号和显著水平与本章后面将要讨论的其他模型是相似的。

为了回避无界性问题，最简单的做法是，令所有大于 1 的 $\hat{D}_i$ 等于 1.0，所有小于 1 的 $\hat{D}_i$ 等于 0.0。这种处理方法忽略了无界性，因为对于线性概率模型来说，有理由相信预测概率为 2.0 的观测值比预测概率为 1.0 的观测值更有可能令 $\hat{D}_i$ 等于 1.0，因而，将两者一并处理。即便 $\hat{D}_i = 1$ 也不是很有用，因为这意味着事件一定会发生，这显然是不合理的。这里需要的是采用系统的方法，用一种平滑而有意义的方式将 $\hat{D}_i s$ 的值限制在 0 到 1 的范围内。第 13.2 节将给出这种方法，即二元 logit 模型。

使用线性概率模型，尽管会带来无界的问题，但却不会造成不可逾越的困难。尤其是，线性概率模型估计的参数估计值的符号和显著性水平与我们接下来要在本章中讨论的其他方法相似。

13.1.3 线性概率模型的实例

在学习 logit 模型之前，先来看一个线性概率模型的实例：关于女性是否参与劳动力市场的专题研究。

进入劳动力市场的女性是指已经找到工作或正在找工作的女性。因此，女性参与劳动力市场的专题研究可以用虚拟被解释变量来构造模型。

[一] 请参阅 R. G. McGilvray，"Estimating the Linear Probability Function," *Econometrica*，Vol. 38，pp. 775-776.

[二] 请参阅 M. R. Veal and K. F. Zimmerman，"Pseudo-R² Measures for Some Common Limited Dependent Variable s Models," *Journal of Economic Surveys*，Vol. 10，No. 3，pp. 241-259 和 C. S. McIntosh and J. J. Dorfman，"Qualitative Forecast Evaluation: A Comparison of Two Performance Measures," *American Journal of Agricultural Economics*，Vol. 74，pp. 209-214.

[三] 虽然标准做法是用 $\hat{D}_i = 0.5$ 来将 D_i 的预测值区分为 1 或 0，但并非一定要使用 0.5。因为在某些情况下，0.5 会被认为太高了或太低了。例如，当决策正确时令 $D_i = 1$ 的收益比当决策正确时令 $D_i = 0$ 的回报低得多的话，那么，低于 0.5 的取值就是合理的。

$$D_i = \begin{cases} 1 & \text{第 } i \text{ 位女性找到了工作或正在找工作} \\ 0 & \text{其他} \end{cases}$$

查阅文献得知，存在很多相关解释变量。其中最重要的两个变量为女性的婚姻状况和受教育年限。这两个变量的预期符号一目了然，因为受教育良好的未婚女性相对于受教育较少的已婚女性来说，更容易进入劳动力市场。

$$D_i = \beta_0 + \overset{-}{\beta_1} M_i + \overset{+}{\beta_2} S_i + \varepsilon_i \tag{13-4}$$

式中，M_i 代表虚拟变量，如果第 i 位女性已婚则为 1，否则为 0；S_i 代表第 i 位女性的受教育年限。

数据如表 13-1 所示。为使读者能轻易地将数据录入电脑，样本容量限定为 30。不幸的是，问题在于如此小的样本容量会使假设检验非常不可靠。表 13-1 同时列出了第 i 位女性的年龄，变量命名为 A_i。值得注意的是，另一个经常用到的变量 O_i（即第 i 位女性的其他收入）的数据没有包含在样本中，可能会导致模型设定偏误。

表 13-1 女性参与劳动力市场的数据

样本观测期	D_i	M_i	A_i	S_i	$\hat{D}_i$
1.0	1.0	0.0	31.0	16.0	1.20
2.0	1.0	1.0	34.0	14.0	0.63
3.0	1.0	1.0	41.0	16.0	0.82
4.0	0.0	0.0	67.0	9.0	0.55
5.0	1.0	0.0	25.0	12.0	0.83
6.0	0.0	1.0	58.0	12.0	0.45
7.0	1.0	0.0	45.0	14.0	1.01
8.0	1.0	0.0	55.0	10.0	0.64
9.0	0.0	0.0	43.0	12.0	0.83
10.0	1.0	0.0	55.0	8.0	0.45
11.0	1.0	0.0	25.0	11.0	0.73
12.0	1.0	0.0	41.0	14.0	1.01
13.0	0.0	1.0	62.0	12.0	0.45
14.0	1.0	1.0	51.0	13.0	0.54
15.0	0.0	1.0	39.0	9.0	0.17
16.0	1.0	0.0	35.0	10.0	0.64
17.0	1.0	1.0	40.0	14.0	0.63
18.0	0.0	1.0	43.0	10.0	0.26
19.0	0.0	1.0	37.0	12.0	0.45
20.0	1.0	0.0	27.0	13.0	0.92
21.0	1.0	0.0	28.0	14.0	1.01
22.0	1.0	1.0	48.0	12.0	0.45
23.0	0.0	1.0	66.0	7.0	−0.01
24.0	0.0	1.0	44.0	11.0	0.35
25.0	0.0	1.0	21.0	12.0	0.45
26.0	1.0	1.0	40.0	10.0	0.26
27.0	1.0	0.0	41.0	15.0	1.11
28.0	1.0	1.0	23.0	10.0	0.26
29.0	0.0	1.0	31.0	11.0	0.35
30.0	1.0	1.0	44.0	12.0	0.45

注：数据文件名为 WOMEN13。

采用表 13-1 列出的女性参与劳动力市场的数据估计方程（13-4）后，得到：

$$\hat{D}_i = -0.28 - 0.38M_i + 0.09S_i \tag{13-5}$$
$$\quad (0.15) \quad (0.03)$$
$$N = 30 \quad \overline{R}^2 = 0.32 \quad \overline{R}_p^2 = 0.81$$

看看结果怎么样呢？尽管样本容量较小且可能存在设定偏误（遗漏 O_i 所致），但两个解释变量的参数估计值都是显著的，且与预期相一致。此外，调整的判定系数 $\overline{R}^2$ 为 0.32，对线性概率模型来说，算是非常高的了（因为 D_i 等于 0 或 1，调整的判定系数几乎不可能大于 0.7）。模型拟合程度较高的进一步依据是 $\overline{R}_p^2$ 非常高，为 0.81，表明选择被方程（13-5）"正确"解释的百分比均值为 81%。

需要值得注意的是，在解释方程（13-5）的参数估计值时必须十分谨慎。线性概率模型的斜率参数是指方程中其他解释变量固定不变的情况下，1 单位某解释变量的变动引起的 $D_i = 1$ 的概率变动的百分比。联系上下文，参数估计值是否具有经济意义呢？答案是肯定的，方程（13-6）显示已婚女性参与劳动力市场的概率比未婚女性参与劳动力市场的概率低 38 个百分点（在受教育年限固定不变的条件下）。受教育年限每增加 1 年，女性参与劳动力市场的概率上升 9 个百分点（在婚姻状况固定不变的条件下）。

$\hat{D}_i$ 的值如表 13-1 所示，从表 13-1 可以看出，$\hat{D}_i$ 的值经常超出 0 到 1 这个有意义的范围，产生 $\hat{D}_i$ 的无界性问题。为了解决 $\hat{D}_i$ 的无界性问题，需要采用新的估计方法，接下来就介绍新的方法。

13.2 二元 logit 模型

13.2.1 什么是二元 logit

二元 logit（binomial logit）是一种采用累积 logistic 函数的变形，来回避线性概率模型无界性问题的虚拟被解释变量模型估计方法。累积 logistics 函数的变形为：

$$P_i = \frac{1}{1 + e^{-[\beta_0 + \beta_1 X_{1i} + \beta_2 X_{2i}]}} \tag{13-6}$$

式中，P_i 是 $D_i = 1$ 的概率，我们不能估计 P_i，所以我们需要研究 $D_i s$ 来估计像方程式（13-6）一样的 logit 方程式。我们可以将这种方法估计出的 $\hat{D}_i s$ 和用线性概率模型估计出的 $\hat{D}_i s$ 比较。

由 logit 得出的 $\hat{D}_i s$ 是不是都限制在 0 到 1 的范围内呢？答案是肯定的，若想知道原因，请看方程（13-7）。$\hat{D}_i$ 的最大值为多少呢？当 $\hat{\beta}_0 + \hat{\beta}_1 X_{1i} + \hat{\beta}_2 X_{2i}$ 为正无穷时，有

$$\hat{D}_i = \frac{1}{1 + e^{-\infty}} = \frac{1}{1} = 1 \tag{13-7}$$

因为 e 的负无穷次方等于 0。$\hat{D}_i$ 的最小值为多少呢？当 $\beta_0 + \beta_1 X_{1i} + \beta_2 X_{2i} + \varepsilon_i$ 为负无穷时，有

$$\hat{D}_i = \frac{1}{1 + e^{\infty}} = \frac{1}{\infty} = 0 \tag{13-8}$$

如此一来，$\hat{D}_i$ 就被限制在 0 到 1 之间了。如图 13-2 所示，$\hat{D}_i$ 逐渐接近于 1 和 0（渐进）。因此，二元 logit 模型避免了线性概率模型在处理虚拟被解释变量时产生的无界性这个主要问题。此

外，多数研究者之所以偏爱 logit 模型，是因为现实数据经常呈现如图 13-2 所示的 "S" 形。

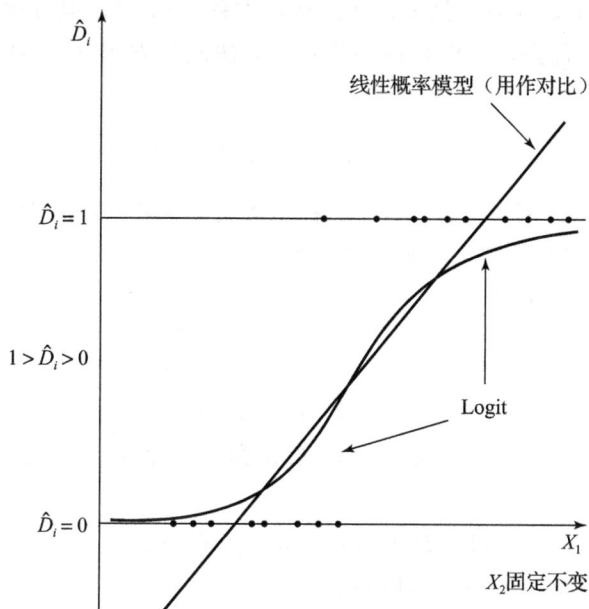

图 13-2　在二元 logit 模型中 $\hat{D}_i$ 被限定在 0 到 1 的范围内

注：在二元 logit 模型中，$\hat{D}_i$ 与 X_1 之间不是线性相关，所以，在 X_{2i} 不变的情况下，即使 X_{1i} 非常大或非常
　　小，都不会使 $\hat{D}_i$ 超过 0 到 1 这个有意义的范围。

Logit 模型不能采用普通最小二乘法估计，而应采用**最大似然法**（maximum likelihood），
这是一种在估计参数非线性方程时非常有用的迭代估计方法。最大似然估计与普通最小二乘
估计之间存在本质的区别，最大似然估计是通过最大化样本数据被观察到的概率来确定参数
估计值的。[⊖]有趣的是，普通最小二乘法估计与最大似然估计的结果并非完全不同，但对线
性方程来说，在满足古典假设（包括正态性假设）的情况下，最大似然估计结果与普通最小
二乘估计结果是完全相同的。

这里使用最大似然法的原因之一是，最大似然法具有很多可取的大样本特性。最大似然
估计量具有一致性和渐进有效性（在大样本下具有无偏性和最小方差性）。在大样本下，最
大似然法还有另外一些优点，诸如生成正态分布的参数估计值，适用于典型的假设检验方
法。因此，logit 模型需要的样本容量远大于线性回归需要的样本容量。一些研究者认为
logit 模型需要的样本容量应该为 500，或者比这更大。

还有一点需要确保的是，logit 样本中两种选择的观测值都应该足够多。例如，假设
98% 的样本观测值为选择 A，2% 的样本观测值为选择 B，那么在一个样本容量为 500 的随机
样本中，选择 B 的观测值只有 10 个。在这种情况下，参数估计值将非常依赖于这 10 个观测
值的特性。较好的估计方法是在不固定比例的情况下从选择 B 中抽取样本。因此，对分组样
本采用不同的抽样比例不会导致 logit 模型的斜率参数有偏，而在线性回归中这样做可能会

⊖　实际上，最大似然估计程序是在给定 X_i 的情况下，通过最大化特定被解释变量从样本中 $(Y_1, Y_2, \cdots, Y_N)$
　　被观察的概率的自然对数来决定参数估计值的。若想进一步了解最大似然法，请参阅 Robert S. Pindyck and
　　Daniel L. Rubinfeld, *Economic Model and Economic Forecasts*（New York：McGraw-Hill, 1998），pp. 51-53
　　and 329-330.

导致有偏。⊖

为了估计 logit 模型，可采用最大似然法估计方程（13-6），但方程（13-6）的函数形式过于复杂，需要简化。首先，可以采用一些数学方法改写方程（13-6），使方程右边与线性概率模型一致。

$$\ln\left(\frac{P_i}{[1-P_i]}\right) = \beta_0 + \beta_1 X_{1i} + \beta_2 X_{2i} \tag{13-9}$$

式中，P_i 代表 $D_i=1$ 的概率。方程（13-9）看起来也有些复杂，因为方程左边包含了 P_i 到 $(1-P_i)$ 的自然对数（有时也称为"概率的对数"）。为简便起见，可采用方程（13-9）左边的 logit 函数形式的简写。定义：

$$L : Pr(D_i = 1) = \ln\left(\frac{P_i}{[1-P_i]}\right) \tag{13-10}$$

式中，L 代表方程（13-9）（源自方程（13-6））中的 logit 函数形式；"$Pr(D_i=1)$"代表被解释变量为虚拟变量，并且由估计出的 logit 方程计算出的 $\hat{D}_i$ 代表 $D_i=1$ 的概率。将方程（13-10）代入方程（13-9）有：

$$L : Pr(D_i = 1) = \beta_0 + \beta_1 X_{1i} + \beta_2 X_{2i} \tag{13-11}$$

方程（13-11）是被估 logit 模型的标准格式。

13.2.2 解释 logit 模型的参数估计值

一旦估计出 logit 模型，就可以应用前面章节提及的方法来进行假设检验，分析可能存在的计量经济学问题。参数估计值的符号与线性概率模型参数估计值的符号具有相同的意义，且可做 logit 模型的参数假设检验⊖。

然而，在解释 logit 模型的参数估计值的经济意义时，情况发生了改变。特别是，对于相同的样本，在模型设定一致的情况下，logit 模型的参数估计值的绝对值与线性概率模型的参数估计值的绝对值之间有很大的区别。这是为什么呢？

有两种主要原因可以解释这些区别。第一，比较方程（13-1）和方程（13-9）可以看出，logit 方程中的被解释变量与线性概率模型中的被解释变量不同。被解释变量不同，参数估计值自然也就不同。第二，logit 模型的参数估计值更富有动态性。从图 13-2 可以看出，logit 曲线的斜率随 $\hat{D}_i$ 在 0 到 1 之间的变动而变动。因此，1 单位某解释变量的变动引起 $\hat{D}_i=1$ 的概率的变动（方程中其他解释变量保持不变），将随着 $\hat{D}_i$ 由 0 变化到 1 而变化。

这样一来，怎么解释 logit 模型的参数估计值呢？如何用 logit 模型来衡量解释变量对 $\hat{D}_i=1$ 的概率的影响呢？要回答这些问题，可以从以下三个方面入手：

（1）改变平均观测值。将所有解释变量的平均值带入估计出的 logit 方程，计算出"平均"$\hat{D}_i$，即构造出平均观测值。然后，增加 1 单位解释变量，重新计算 $\hat{D}_i$。前后两次计算

⊖ 然而，常数项需要调整。用 $[\ln(p_1)-\ln(p_2)]$ 乘以 $\hat{\beta}_0$，其中，p_1 是样本观测值中 $D_i=1$ 的比例，p_2 是样本观测值中 $D_i=0$ 的比例。请参阅 G. S. Maddala, *Limeted-Dependent and Qualitative Variables in Econometrics* (Cambridge：University Press，1983)，pp. 90-91.

⊖ 不同的计量经济学软件程序提供了不同的信息来支持此种假设检验，至少在某种程度上是这样的。因为 t 检验不适宜做小样本的 logit 模型的假设检验。Stata 提供了 Z 统计量（需要使用附录 B-5 的正态分布表），SAS 提供了卡方检验（需要使用表 B-6）。我们的建议是用假定值，因为它们来自所有的计量经济学并且它们不需要研究者来决定 t 分布、正态分布或卡方检验是否合适于所研究的案例。

出的 $\hat{D}_i s$ 之间的差便是 1 单位解释变量变动引起 $\hat{D}_i = 1$ 的概率的平均变动量（保持其他解释变量不变）。这种方法有个缺陷：当一个或多个解释变量为虚拟变量时，这种方法就未必有意义（例如，性别的平均值指什么？）。不过，这个缺陷是可以克服的，只需在估计"平均女性"和"平均男性"的影响时，先令虚拟解释变量为 0，然后，令虚拟解释变量为 1 即可。

（2）使用偏导数。对 logit 模型求导，会发现：在其他解释变量不变时，X_{1i} 每增加 1 单位，$\hat{D}_i$ 的预期变动量为 $\beta_1 P_i (1-P_i)$。在运用这个公式时，只需将 β_1 和 P_i 的参数估计值（$\hat{\beta}_1$ 和 $\hat{D}_i$）代入即可。从公式中可以看出，X 的边际影响确实取决于 $\hat{D}_i$ 的值。

（3）采用 0.25 的粗略估计。以上两种方法都比较精确，但操作起来很不方便。然而，将 $\hat{D}_i = 0.5$ 代入 $\beta_1 P_i (1-P_i)$，会得到很有用的结果，将 logit 模型的参数乘以 0.25，会得到相当于线性概率模型的参数。[⊖]

总的来说，应该推荐哪种方法呢？在精度要求不是很苛刻的情况下，本书倾向于第 3 种方法。只需乘以 0.25（或除以 4）就可以近似得到 logit 模型参数的经济意义。值得注意的是，模型中的被解释变量表示的仍旧是 $D_i = 1$ 的概率。

评价 logit 模型的整体拟合优度也有难度。回顾第 7.5 节，由于被解释变量的函数形式发生了改变，因此，与线性概率模型类似，调整的判定系数 $\overline{R}^2$ 不能用来衡量 logit 模型的拟合优度。此外，应该谨记调整的判定系数 $\overline{R}^2$ 在度量虚拟被解释变量模型时的内在缺陷。本书建议采用第 13.1 节中提到的正确预测的平均百分比 $\overline{R}_p^2$ 来度量 logit 模型的拟合优度。

为了练习如何解释 logit 模型的参数估计值，采用表 13-1 中女性参与劳动力市场的数据估计前面所讲述的模型。采用普通最小二乘法估计线性概率模型，得到方程（13-5）：

$$\hat{D}_i = -0.28 - 0.38 M_i + 0.09 S_i \tag{13-5}$$
$$(0.15) \quad (0.03)$$
$$N = 30 \quad \overline{R}^2 = 0.32 \quad \overline{R}_p^2 = 0.81$$

式中，D_i 代表虚拟变量，第 i 位女性已经进入了劳动力市场为 1，其他情况为 0；M_i 代表虚拟变量，第 i 位女性已婚为 1，未婚为 0；S_i 代表第 i 位女性的受教育年限。

采用相同的数据（表 13-1 的数据）估计具有相同解释变量的 logit 模型，得到估计方程：

$$\widehat{L:Pr(D_i = 1)} = -5.90 - 2.59 M_i + 0.69 S_i \tag{13-12}$$
$$(1.18) \quad (0.33)$$
$$N = 30 \quad \overline{R}_p^2 = 0.81 \quad 迭代次数：5 次$$

比较方程（13-5）和方程（13-12），与预期一致，两者的斜率参数的符号和显著性都一样。即便如前面建议的那样，将 logit 模型的参数估计值除以 4，logit 模型的参数估计值仍大于线性概率模型的参数估计值。尽管两者存在差别，特别是被解释变量不同，估计方法不同，但两个模型的整体拟合优度大致相同。在本例中，两种估计方法的不同主要在于 logit 模型不会产生超出 0 到 1 范围的 $\hat{D}_i s$。

然而，如果样本容量对线性概率模型来说太小的话，那么，对于 logit 模型来说也会显

⊖ 例如，请参阅 Jeff Wooldridge, *Introductory Econometrics*（Mason, OH: Southwestern, 2009), P. 584. Wooldridge 还建议乘以 0.4 将 probit 模型的参数转化为线性概率模型的参数，第 13.3 节将简要介绍 probit 模型。

得太小，这样一来，对方程（13-12）的深入分析就会出现问题。因而，最好选择一个具有较大样本容量的实例。

13.2.3 应用二元 logit 模型的较完善的实例

为了分析较完善的二元 logit 模型的实例，可以考察能否通过加州机动车管理局驾照考试的概率模型。为了获得驾照，驾驶员必须通过笔试和路考。虽然考试成绩在 0 到 100 之间，但驾驶员真正关心的是能否通过考试拿到驾照。

由于考试会涉及一些交通安全法规的知识，因此，学员就需要决定用于学习的时间。学得不好就只是浪费时间，因为他们会花时间重考。然而，学得太好也会浪费时间，因为分数超过及格线并没有奖金，而且没有证据表明考试考得好今后驾驶就出色（当然，这一问题本身就值得计量经济学研究）。

最近，两个学生决定搜集学员的数据，建立解释某人能否通过加州机动车管理局考试的模型。他们希望这个模型，特别是学习时间的参数估计值，能帮助他们决定究竟应该花费多少时间来学习。（当然，搜集数据、估计模型花费的时间比记住整个交通守则花费的时间更多，不过，这是另一码事。）

回顾文献、选定变量、假设变量符号后，这两个学生认为合适的函数形式应该是二元 logit 模型，因为被解释变量是虚拟变量：

$$D_i = \begin{cases} 1 & \text{第 } i \text{ 名学员一次性通过考试} \\ 0 & \text{第 } i \text{ 名学员没能一次性通过考试} \end{cases}$$

他们选择了四个解释变量（每个变量都有期望的参数估计值）。这四个解释变量分别是：A_i 代表第 i 名学员的年龄；H_i 代表第 i 名学员学习的小时数（通常低于 1 小时）；E_i 代表第 i 名学员的母语是否为英语，为虚拟变量，如果为英语则为 1，否则为 0；C_i 代表第 i 名学员是否上过大学，为虚拟变量，如果上过大学则为 1，否则为 0。

搜集到 480 名学员的数据后，这两名学生估计出了如下方程：

$$\widehat{L:Pr(D_i = 1)} = -1.18 + 0.011A_i + 2.70H_i + 1.62E_i + 3.97C_i \tag{13-13}$$
$$\qquad\qquad (0.009) \quad (0.54) \quad (0.34) \quad (0.99)$$

$$N = 480 \qquad \overline{R}_p^2 = 0.74 \qquad \text{迭代次数：5 次}$$

估计结果看起来与线性回归结果非常相似。所有参数估计值的符号都与预期一致，只有学员的年龄 A 这个变量对应的参数估计值不是显著的异于 0。Logit 模型的参数估计值要除以 4 后，对于度量解释变量对学员通过考试的概率的影响才会有意义。例如，将 $\hat{\beta}_H$ 除以 4 后发现，一小时的学习时间对能否通过考试有很大的影响：从估计结果来看，当其他三个解释变量保持不变的情况下，学习时间增加 1 小时，考试通过的概率会增加 67.5%。值得注意的是 $\overline{R}_p^2$ 为 0.74，表明模型被方程（13-15）中的四个解释变量正确解释的百分比接近 3/4。

这两个学生怎么样了？方程有没有帮助他们？他们决定花多少时间来学习？他们发现，在给定年龄、大学经历和英语母语的背景后，即便将学习时间 H_i 的值设定为 0，$\hat{D}_i$ 的期望值也非常高。他们是怎么做的呢？他们仅仅花了半个小时的时间学习就顺利通过了考试，但是，为了通过驾照考试，他们花的时间比加州历史上的任何人都多，因为他们花费了大量时间来搜集数据、建模、分析。

13.3　其他虚拟被解释变量模型估计方法

虽然二元 logit 模型是估计虚拟被解释变量模型最常用的方法，但并非是唯一的方法。本节将介绍另外两种方法，即二元 probit 模型和多元 logit 模型，这两种方法在特定情况下非常有用。本节仅仅简单介绍这两种估计方法，不做详细讲解。[注]

13.3.1　二元 probit 模型

二元 probit 模型（binomial probit model）是一种利用累积正态分布函数的变形来规避线性概率模型无界性问题的虚拟被解释变量模型估计方法。

$$P_i = \frac{1}{\sqrt{2\pi}} \int_{-\infty}^{Z_i} e^{-s^2/2} ds \tag{13-14}$$

式中，P_i 代表虚拟变量 $D_i = 1$ 的概率；Z_i 代表 $\beta_0 + \beta_1 X_{1i} + \beta_2 X_{2i}$；$s$ 代表标准化正态变量。

probit 模型与前述 logit 模型的形式不同，整理后的 probit 模型看起来更熟悉：

$$Z_i = \Phi^{-1}(P_i) = \beta_0 + \beta_1 X_{1i} + \beta_2 X_{2i} \tag{13-15}$$

式中，Φ^{-1} 是正态累积分布函数的反函数。probit 模型一般以方程（13-16）的形式采用最大似然法估计，但估计结果一般以方程（13-15）的形式呈现。

logit 函数和 probit 函数都是累积分布函数，因而两者具有相似的特征。例如，probit 函数的图形与图 13-2 中 logit 函数的图形非常相似。此外，为了使假设检验有意义，probit 模型也需要非常大的样本容量。最后，在度量 probit 模型的整体拟合优度时，调整的判定系数 $\overline{R}^2$ 仍然是有问题的。

为了分析 probit 模型的实例，接下来将前文中用于估计 logit 模型和线性概率模型的女性参与劳动力市场的数据用于估计 probit 模型，估计结果为（括号内的数值为标准差）：

$$\hat{Z}_i = \widehat{\Phi^{-1}(P_i)} = -3.44 - 1.44 M_i + 0.40 S_i \tag{13-16}$$
$$(0.62) \quad (0.17)$$
$$N = 30 \qquad \overline{R}_p^2 = 0.81 \qquad 迭代次数：4 次$$

把这个方程的结果与方程（13-12）的做比较，可以发现，本例中除了参数估计值的大小存在轻微的差别（将 logit 模型的参数估计值乘以 0.25，probit 模型的参数估计值乘以 0.4，再进行比较，详见第 13.2 节，logit 模型和 probit 模型的估计结果几乎完全相同）。

13.3.2　多元 logit 模型

在许多情况下，可取的定性选择变量不止两种。例如，在一些城市中，上班族可以选择自己驾车、乘坐公共汽车或地铁上班。应该怎样建立并估计此类多元选择模型呢？

一种解决方法是假设选择是按顺序做出的，在建模时把多元选择看作一系列二元选择。

[注]　若想了解更多，请参阅 G. S. Maddala, *Limited Dependent Variables and Qualitative Variables in Econometrics* (Cambridge University Press，1983) and T. Amemiya, "Qualitative Response Models：A Survey," *Journal of Economic Literature*，Vol. 19, pp. 1483-1536. 这些文献中还提到另外一些诸如 Tobit 模型的估计方法，这种方法在有界被解释变量或其他一些特定情况下很有用。

假设上班族首先决定是否自己驾车上班，于是，可以建立一个选择自己驾车还是利用公共交通工具的二元模型。对于选择公共交通工具的上班族来说，下一步应该决定乘坐公共汽车还是地铁，这样就可以建立第二个二元选择模型。这种方法称为**顺序二元模型**（sequential binary model），虽然看起来有点复杂，有时甚至不切实际，但它确实允许研究者采用二元选择方法来对多元选择问题建模。

如果多元选择同时进行，那么顺序二元 logit 模型就不能用了。这里有一些其他可行的估计方法，但是它们超越了本书内容的范畴⊖。

13.4 小结

（1）线性概率模型是用来解释虚拟被解释变量（D_i）的参数线性方程。$\hat{D}_i$ 是 D_i 等于 1 的概率。

（2）采用普通最小二乘法估计线性概率模型会出现三个主要问题：

a. 调整的判定系数 $\overline{R}^2$ 不能准确度量模型的整体拟合优度。

b. $\hat{D}_i$ 的期望值不是以 0 和 1 为界。

c. 误差项既不是同方差的，也不是正态分布的。

（3）在度量虚拟被解释变量模型的整体拟合优度时，可以采用样本观测值被模型正确解释的平均百分比 $\overline{R}_p^2$ 来代替调整的判定系数 $\overline{R}^2$。

（4）二元 logit 模型是一种采用累积 logistic 函数的变形来回避线性概率模型无界性问题的虚拟被解释变量模型估计方法。模型形式为：

$$L: Pr(D_i = 1) = \ln\left(\frac{P_i}{[1 - P_i]}\right) = \beta_0 + \beta_1 X_{1i} + \beta_2 X_{2i}$$

（5）二元 logit 模型最好在大样本条件下采用最大似然法估计。logit 模型的斜率参数表示：在其他解释变量保持不变的情况下，特定解释变量每增加 1 单位对给定选择的概率的对数的影响。

（6）二元 probit 模型是一种利用累积正态分布函数的变形来规避线性概率模型无界性问题的虚拟被解释变量模型估计方法。二元 probit 模型与二元 logit 模型的特征非常相似。

习题

（偶数序号的习题答案见附录 A）

1 不查阅书本（或笔记），给出下列术语的定义，然后与书本上的相比较。

a. 二元 logit 模型   b. 二元 probit 模型   c. 二元 logit 模型参数估计值的解释

d. 线性概率模型   e. 最大似然法   f. $\overline{R}_p^2$ g. 顺序二元模型

2 R. Amatya⊖ 利用尼泊尔 1 145 名年龄介于 35～44 岁之间的已婚女性的数据，估计出了如下有关生育控制的 logit 模型：

⊖ 其他的方法包括多元 logit 法和顺序 logit 法请参阅 William H. Greene, *Econometric Analysis*（Boston Pearson Education, 2012), pp. 803-806 and pp. 824-827.

⊖ Ramesh Amatya, "Supply-Demand Analysis of Differences in Contraceptive Use in Seven Asian Nations"（paper presented at the Annual Meetings of the Western Economic Association, 1988, Los Angeles.）

$$\widehat{L:Pr(D_i = 1)} = -4.47 + 2.03WN_i + 1.45ME_i$$
$$\qquad\qquad\qquad (0.36) \qquad (0.14)$$

式中，D_i 代表第 i 位女性是否采用过生育控制措施，为虚拟变量，如果采用过则为 1，否则为 0；WN_i 代表第 i 位女性是否不想要小孩，为虚拟变量，如果不想则为 1，否则为 0；ME_i 代表第 i 位女性了解的生育控制方法的数量。

a. 请解释参数 WN 和 ME 的理论意义。如果是线性概率模型的话，答案会有什么不同呢？

b. 斜率参数估计值的符号、大小、显著程度是否符合预期？为什么？

c. 在这个方程中，常数项的显著程度理论上应该是什么样的？

d. 若要改变模型设定，应该怎么改呢？为什么？

3 由于学校正在改善学生宿舍的住宿条件，两个高年级学生打算建立一个模型来帮助他们决定是否住校。他们搜集了 533 名高年级学生（一年级学生必须住校）的数据，估计出的方程为：

$$\widehat{L:Pr(D_i = 1)} = 3.26 + 0.03UNIT_i - 0.13ALCO_i - 0.99YEAR_i - 0.39GREK_i$$
$$\qquad\qquad\quad (0.04) \qquad\quad (0.08) \qquad\quad (0.12) \qquad\quad (0.21)$$
$$N = 533 \qquad \overline{R}_p^2 = 0.668 \qquad \text{迭代次数：4 次}$$

式中，D_i 代表如果第 i 个学生是否住校，为虚拟变量，如果是住校则为 1，否则为 0；$UNIT_i$ 代表第 i 个学生上课的课时数；$ALCO_i$ 代表第 i 个学生每周有几个晚上外出喝酒；$YEAR_i$ 代表第 i 个学生是几年级学生，如果是二年级，则取值为 2；如果是三年级，则取值为 3；如果是四年级，则取值为 4；$GREK_i$ 代表第 i 个学生是不是兄弟会或联谊会的成员，为虚拟变量，如果是则为 1，否则为 0。

a. 这两个高年级的学生预期 $UNIT$ 的参数为正，其他变量的参数为负，请在 10% 的显著水平下对这些假设做出检验。

b. 在定义变量 $YEAR$ 时存在什么问题？这样定义会对参数估计值产生什么样的约束？

c. 请仔细说明变量 $ALCO$ 的参数估计值的经济意义，并分析其大小。（提示：将参数估计值的大小与你的预期做比较）

d. 如果你能够在方程中加入一个变量，那会是什么呢？请给出说明。

4 回到表 13-1 所示的女性进入劳动力市场的数据，考虑将第 i 位女性的年龄 A_i 加入方程。在确定预期符号和函数形式的时候需要特别小心，因为年龄对（女性）是否参与劳动力市场的预期影响很难把握。例如，一部分女性在婚后退出了劳动力市场，而另外一部分女性即便在抚养孩子的时候仍继续工作。还有一部分女性结婚后就待在家里，不去工作，当小孩到了上学年龄时，她们又回到劳动力市场。例如，马尔科姆·科恩（Malcolm Cohen）等发现女性年龄对女性是否参与劳动力市场的影响很小，除非年龄达到 65 岁或更高并很可能面临退休。[⊖]最终结果为，在女性参与劳动力市场的模型中，年龄似乎是一个在理论上不相干的变量。由此，作为一个可能的预期，把年龄作为虚拟变量，如果第 i 位女性年龄大于或等于 65 岁为 1，否则为 0。

a. 观察表 13-1 的数据集。加入一个解释变量（当第 i 位女性年龄大于或等于 65 岁时虚拟变量取值为 1，否则为 0）会出什么问题？

⊖　Malcolm Cohen, Samuel A. Rea, Jr., and Robert I. Lerman, *A Micro of Labor Supply* (Washington, D.C.: U. S. Bureau of Labor Statistics, 1970), p. 212.

b. 实践估计自己的线性概率和 logit 方程，检验年龄（A_i）是女性劳动力参与模型相关变量的可能性。用表 13-1 的数据估计。然后在我们的标准要求下用你的方程与文中的版本对比。解释为什么认为年龄是（或不是）相关变量（提示：要计算 $\overline{R}_p^2$）。

5 2008 年，Goldman 和 Romley[注] 通过分析大洛杉矶地区医疗保险覆盖的 117 家医院的 8 721 位肺炎患者的数据来研究医疗需求，发现患者在选择医院时，临床质量（用较低的肺炎死亡率衡量）相对于其他因素来说，作用较小。

观察 Goldman 和 Romley 的样本的一个子集发现：499 名患者要么选择 UCLA 医疗中心，要么选择附近的 Cedars Sinai 医疗中心。通常情况下，经济学家会认为价格在这样的选择中起主要作用，但对于有医疗保险的患者来说，无论选择哪家医院，他们的支出都几乎一致。相反，诸如患者的住宅与医院的距离、患者的年龄以及患者的收入等因素成为重要的潜在影响因素。

$$\widehat{L : Pr(D_i = 1)} = 4.41 - 0.38 DISTANCE_i - 0.072 INCOME_i - 0.29 OLD_i \quad (13\text{-}23)$$
$$(0.05) \qquad\qquad (0.036) \qquad\quad (0.31)$$
$$N = 499 \qquad \overline{R}_p^2 = 0.66 \qquad \text{迭代次数：8 次}$$

式中，D_i 代表第 i 位患者是不是选择 Cedars Sinai 医疗中心，为虚拟变量，如果选择它，则为 1，而选择 UCLA 医疗中心则为 0；$DISTANCE_i$ 代表第 i 位患者的居住地与 Cedars Sinai 医疗中心的距离（根据邮政编码）减去该患者的居住地与 UCLA 医疗中心的距离（单位：英里）；$INCOME_i$ 代表第 i 位患者的收入（用邮政编码所在区域内的平均收入衡量，单位：千美元）；OLD_i 代表第 i 位患者是否超过了 75 岁，为虚拟变量，如果超过了，为 1，否则为 0。

a. 对 $DISTANCE$ 的参数做出假设，并在 5% 的显著水平下进行检验。

b. 请仔细说明变量 $DISTANCE$ 的参数估计值的经济意义，即距离每改变 1 单位对选择 Cedars Sinai 医疗中心的概率造成的影响。

c. 请仔细思考 $DISTANCE$ 的定义，为什么要将 $DISTANCE$ 定义为两段距离之差，而不将与 Cedars Sinai 医疗中心的距离和与 UCLA 医疗中心的距离作为两个不同的解释变量呢？

d. 这个数据集可以在网上找到（www. pearsonhighered. com /Studenmund），文件名为 HOSPITAL13。将数据导入电脑，采用 Stata 或你的电脑中的其他回归程序估计方程的线性概率形式。在你估计出的方程中，$DISTANCE$ 的参数估计值是什么样的？哪个模型更好？请给出解释。

e. 现在，构建一个斜率虚拟变量 $OLD * DISTANCE$，将其加入方程（13-17）并估计出新的 logit 模型。为什么要引入这个特别的斜率虚拟变量？对这个斜率虚拟变量的参数做出假设，并在 5% 的显著水平下进行检验。方程（13-17）与新的具有斜率虚拟变量的 logit 方程哪个更好？请给出说明。（选做）

⊖ Dana Goldman and john Romley, "Hospitals as Hotels：The Role of Patient Amenities in Hospital Demand," *NBER Working Paper* 14619, December 2008. 在此，感谢作者允许我们使用他们的部分数据。

第 14 章

联立方程模型

从本质上讲，在经济学和商业领域中，最重要的模型是联立方程模型。以需求和供给为例，两者表现出明显的联动性。如在研究鸡肉的需求时，若不对鸡肉的供给予以分析，以忽略两者之间的重要联系，则会导致出现严重的错误。事实上，在宏观经济学中，从凯恩斯的总需求模型到理性预期假说，所有重要的理论模型都有着内在的联动性。即使有些方程看起来是单个方程，实质上也比预想的更具有联动性。以房价为例，经济活动、可替代资产的利率以及其他一系列联合确定的变量都对房价有着重要的影响。

在利用普通最小二乘法对联立方程进行估计时，如果不是因为出现了一些在估计单个方程时没有遇到的问题，则上述现象对经济学家来说不算什么。最主要的问题是，联立方程模型违背了古典假设Ⅲ，也就是说，所有的解释变量与随机误差项不相关的假设不再成立。正是由于这个原因，使得联立方程模型中的普通最小二乘估计量是有偏的。因此，通常用被称为二阶段最小二乘法的另外一种估计方法来替代普通最小二乘法，对联立方程模型进行估计。

人们也许会好奇，既然联立方程模型在经济中如此重要，并且应用普通最小二乘法对其进行估计时会出现有偏估计量，那么为什么现在才开始研究它。原因在于联立方程模型随着模型中每个方程设定的变化而变化，因此，研究者首先要学会处理前面章节讨论的这些设定问题。也就是说，如果不会或不擅长估计单个方程，那么，学习如何估计联立方程就没有意义。

14.1 结构式方程和简约式方程

在学习如何处理联立方程模型估计中出现的问题之前，需要介绍几个相关概念。

14.1.1 联立方程系统的实质

先有鸡还是先有鸡蛋？这是一个经常遇到的难以回答的问题。由于鸡和鸡蛋是**联合确定**（jointly determined）的，因此，对于这个问题不可能得到满意的答案；鸡和鸡蛋之间是双向因果关系，拥有的鸡蛋越多，得到的鸡也就越多，同样，拥有的鸡越多，得到的鸡蛋也会越多[⊖]。更实际地，经济世界充满了这种反馈效应和双向因果关系，这就要求应用联立方程模型。除了前面提到的需求供给模型和简单的宏观经济模型外，还可以对人口与食品供应之间的双向因果关系、工资与物价的联合确定以及外汇与国际贸易、资本流动之间的相互作用进行探讨。传统的计量经济模型，主要是指这样的模型：

$$Y_t = \beta_0 + \beta_1 X_{1t} + \beta_2 X_{2t} + \varepsilon_t \tag{14-1}$$

联立系统指的是，除了 Xs 对 Y 施加影响外，Y 至少对其中一个 Xs 有着显著的影响。

诸如此类的命题一般是通过对变量进行区分，即联合确定的变量［Ys，称作**内生变量**（endogenous variables）］和那些非联合确定的变量［Xs，称作**外生变量**（exogenous variables）］来建立模型：

$$Y_{1t} = \alpha_0 + \alpha_1 Y_{2t} + \alpha_2 X_{1t} + \alpha_3 X_{2t} + \varepsilon_{1t} \tag{14-2}$$

$$Y_{2t} = \beta_0 + \beta_1 Y_{1t} + \beta_2 X_{3t} + \beta_3 X_{2t} + \varepsilon_{2t} \tag{14-3}$$

例如，Y_1 和 Y_2 分别代表鸡肉的数量和价格；X_1 代表消费者的收入；X_2 代表牛肉的价格（在消费和生产中，牛肉均为鸡肉的替代品）；X_3 代表鸡饲料的价格。在这些定义下，方程（14-2）描述的是消费者的行为，方程（14-3）描述的是鸡肉供应商的行为。这些行为方程也被称作结构式方程，**结构式方程**（structural equations）以内生变量和外生变量的形式，描述了隐含在每个内生变量背后的内在经济理论。研究者必须把这些方程看作一个体系，以便观察所有的反馈循环路径。例如，变量 Ys 是联合确定的，因此，Y_1 每变化一个单位，就会导致 Y_2 也发生变化，反之亦然。将这一反馈效应与 X_1 的变化相比较，X_1 的变化没有形成反馈循环，即反过来，Y_1 的变化不会导致 X_1 发生变化。方程中的参数 αs 和 βs 是结构式参数，对这些参数所进行的假设检验类似于单个方程中对应参数的假设检验。

需要注意的是，一个变量之所以是内生变量，是因为它是联合确定的，并不仅仅因为它出现在每个方程中。也就是说，如 X_2（牛肉的价格）属于系统无法控制的变量，虽然它出现在每个方程中，但实质上它是外生变量，因为牛肉的价格并不由鸡肉市场联合确定。然而，在有关整体经济的均衡模型中，类似这样的价格变量，很有可能是内生变量。那么，如何判定一个变量是内生变量还是外生变量呢？有些变量始终是外生变量（比如，天气），但大多数变量既有可能是外生变量，也有可能是内生变量，这依赖于系统中其余方程的数量和性质。因此，内生变量和外生变量的区分依赖于研究者所研究的经济系统的范围。

有时候，联立方程模型中会出现滞后的内生变量，通常这种现象出现在所涉及的方程为分布滞后方程时（详细介绍见第 12 章）。当心！这些滞后的内生变量在当期不是联合确定的。因此，和非滞后的内生变量相比，它们与外生变量更相似。为了避免出现麻烦，将所有的外生变量和滞后的内生变量定义为**前定变量**（predetermined variable）。"前定"意味着外生变量和滞后的内生变量由设定方程之外的因素决定或不受当期的影响。非滞后的内生变量不是前定的，这是因为在当期，它们由系统联合确定。因此，计量经济学家在讨论联立方程模型时，倾向于使用内生变量和前定变量两个术语。

以可乐软饮料行业为例，考察一个简单供需模型的设定：

$$Q_{Dt} = \alpha_0 + \alpha_1 P_t + \alpha_2 X_{1t} + \alpha_3 X_{2t} + \varepsilon_{Dt} \tag{14-4}$$

⊖ 这同样依赖于你的欲望，它是努力工作程度的函数，其中努力工作的程度用饲养的鸡的数量来衡量。（尽管关于鸡和鸡蛋的这个例子在年度模型中是联动的，但在季度或月度模型中，因为有滞后项的引入，故而并非联动的。）

$$Q_{St} = \beta_0 + \beta_1 P_t + \beta_2 X_{3t} + \varepsilon_{St} \tag{14-5}$$

$$Q_{Dt} = Q_{St} \quad （均衡条件）$$

式中，Q_{Dt} 代表第 t 期可乐的需求量；Q_{St} 代表第 t 期可乐的供应量；P_t 代表第 t 期可乐的价格；X_{1t} 代表第 t 期可乐的广告费用；X_{2t} 代表第 t 期影响可乐需求的外生变量（比如，人们的收入、其他饮料的价格或广告费用）；X_{3t} 代表第 t 期影响可乐供给的外生变量（比如，人工香精的价格或影响生产的其他因素）；ε_t 代表古典误差项（每个方程有它自己的误差项，分别用下标 D 和 S 来表示需求和供给的误差项）。

在本例中，价格和数量是联合确定的，但作为内生变量的价格并没有出现在方程左边。如果认为只有出现在方程左边的变量才是内生变量的话，那么，这种观点是错误的。像方程（14-2）和方程（14-3）一样，可以将方程（14-5）中的价格放在左边。尽管参数估计量会有所不同，但所隐含的关系不变。需要注意的是，内生变量的个数与系统中所包含方程的个数相同。在本例中，有三个内生变量 Q_D，Q_S 和 P。

在方程（14-4）和方程（14-5）中，价格变量的参数预期符号是什么呢？预期需求方程中价格的符号为负，供给方程中价格的符号为正。毕竟，价格越高，需求量就会越少，相反供给量会增加。这些符号形成了通常使用的传统供需图。再次观察方程（14-4）和方程（14-5），如果不是两个方程中含有不同的前定变量，方程就会完全一致。如果将影响供给的外生变量放入需求方程中，或进行相反的操作，就会很难辨别需求与供给分别对应于哪个模型，并且内生变量 P 的预期符号会变得模棱两可。因此，在对系统中的结构方程进行设定时要非常小心。

14.1.2 联立系统违背了古典假设Ⅲ

回顾第 4 章中提到的古典假设Ⅲ，它假设的是所有的解释变量与随机误差项不相关。如果存在相关性，则普通最小二乘法估计程序会将随机误差项对被解释变量的影响归因于解释变量对被解释变量的影响，因而得到的是有偏估计量。

为了理解联立方程为何违背了随机误差项与解释变量相互独立的古典假设Ⅲ，再次考察由方程（14-2）和方程（14-3）构成的联立系统（ε_{2t} 的变化的影响途径类似于 ε_{1t}）

$$\overset{\uparrow}{Y_{1t}} = \alpha_0 + \alpha_1 \overset{\uparrow}{Y_{2t}} + \alpha_2 X_{1t} + \alpha_3 X_{2t} + \overset{\uparrow}{\varepsilon_{1t}} \tag{14-2}$$

$$\overset{\uparrow}{Y_{2t}} = \beta_0 + \beta_1 \overset{\uparrow}{Y_{1t}} + \beta_2 X_{3t} + \beta_3 X_{2t} + \varepsilon_{2t} \tag{14-3}$$

对上述系统进行分析，观察在保持方程中其他变量不变的情况下，其中一个随机误差项增加，会出现什么结果。

（1）如果 ε_1 在某一特定的时期内增加，则根据方程（14-2），Y_1 也会增加。

（2）Y_1 增加，同样根据方程（14-3），Y_2 也会增加⊖。

（3）如果在方程（14-3）中 Y_2 增加了，那么，在方程（14-2）中 Y_2 也会增加，其中，在方程（14-2）中 Y_2 为解释变量。

⊖ 上述结论假定 β_1 为正。如果 β_1 为负，Y_2 会减小，ε_1 与 Y_2 之间为负相关，但仍违背古典假设Ⅲ。同样要注意的是，Y_{1t} 可以位于方程（14-2）和方程（14-3）的左侧；如果两个变量是联合确定的，则两变量中谁为解释变量，谁为被解释变量无关紧要，因为它们是相互依赖的。方程（14-4）和方程（14-5）所描述的可乐模型中，就使用了这种联立方程模型。

因此，联立系统中一个方程的随机误差项的增加，会导致同一方程中解释变量的增加，即如果 ε_1 增加，Y_1 会增加，进而 Y_2 也增加，从而违背了解释变量与随机误差项之间相互独立的假设。

为了加深理解，请参看图 14-1。如果需求方程中误差项增加，那么，需求曲线会从 Q 变为 Q'，而价格和数量都会上升。因此，解释变量的增加与误差项的增加有关，这违背了古典假设Ⅲ。

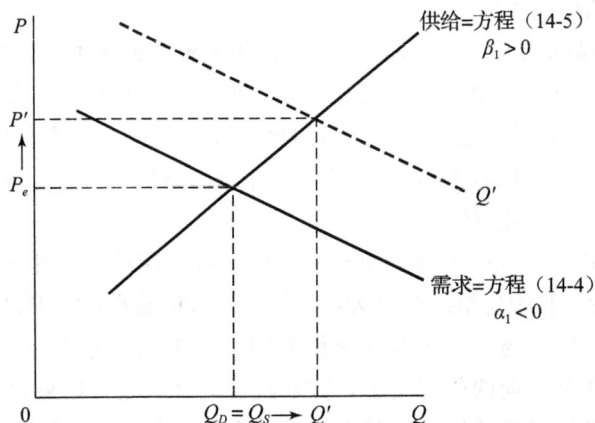

图 14-1　需求与供给的联立方程

注：商品的需求与供给是关于联立方程模型中两变量联合确定的一个例子。在这个例子中，方程 (14-4) 为向下倾斜的需求函数，方程 (14-5) 为向上倾斜的供给函数，两者在市场的均衡价格和产量处相交。

这不仅仅是上述特定方程的结论，事实上，这一结果对其他误差项、方程和联立系统都是成立的。所有的这些结果都说明：只要在联立方程中存在被联合确定的内生变量，就会违背古典假设Ⅲ。

14.1.3　简约式方程

另外一种可以对联立方程系统进行描述的方法是运用**简约式方程**（reduced-form equtions），它是指在联立系统中，每个特定的内生变量都单独用所有的前定变量（外生变量加滞后内生变量）和随机误差项表示的方程。

方程 (14-2) 和方程 (14-3) 对应的简约式方程分别为：

$$Y_{1t} = \pi_0 + \pi_1 X_{1t} + \pi_2 X_{2t} + \pi_3 X_{3t} + v_{1t} \tag{14-6}$$

$$Y_{2t} = \pi_4 + \pi_5 X_{1t} + \pi_6 X_{2t} + \pi_7 X_{3t} + v_{2t} \tag{14-7}$$

式中，v_s 代表随机误差项；π_s 代表**简约式参数**（reduced-form coefficients），因为它们是简约式方程中前定变量的参数。读者也许要问，这些简约式方程是怎么得到的？实际上，如果将方程 (14-3) 代入方程 (14-2)，解出 Y_1，然后合并各项，就会得到方程 (14-6)。

请留意，每个方程只包含一个内生变量，并且每个方程含有相同的前定变量。诸如 π_1、π_5 的简约式参数，又被称作**效应乘数**（impact multipliers），因为它们包含了整个系统中因前定变量变化而引起的反馈效应，度量的是前定变量每变化 1 个单位，对内生变量的总影响。

之所以使用简约式方程，主要有以下三个原因：

（1）由于简约式方程没有内在的联动性，因而没有违背古典假设Ⅲ。因此，在用普通最小二乘法对其进行估计时，不会遇到本章前面提到的有偏问题。

（2）简约式参数被解释为效应乘数，意味着它们有着经济意义和应用价值。比如，如果你想比较第一年中政府支出每增加 1 美元和税收每减少 1 美元对收入或消费的影响，就可以通过估计效应乘数（简约式参数或 πs）对两者进行比较。

（3）简约式方程在最常用的联立方程估计方法中扮演着重要角色，这也许是最重要的原因。这种经常采用的二阶段最小二乘法的估计方法，将在第 14.3 节中进行介绍。

为了总结，回到可乐的供需模型中，并为其设定相应的简约式方程。（为了自我检验，返回到方程（14-4）和方程（14-5），来试试在继续学习之前能否得出正确答案。）由于均衡条件是 Q_D 与 Q_S 相等，所以，只需两个简约式方程：

$$Q_t = \pi_0 + \pi_1 X_{1t} + \pi_2 X_{2t} + \pi_3 X_{3t} + v_{1t} \tag{14-8}$$

$$P_t = \pi_4 + \pi_5 X_{1t} + \pi_6 X_{2t} + \pi_7 X_{3t} + v_{2t} \tag{14-9}$$

尽管 P 没有出现在结构式方程的左边，但它仍为内生变量，所以，把它表述为上述形式。

14.2 普通最小二乘法的偏误

如果普通最小二乘法估计量为 BLUE，则它必须满足所有的古典假设。当违背了（古典假设中的）其中一个时，就需要判断普通最小二乘法估计量不再具有 BLUE 的哪个性质。实践证明，利用普通最小二乘法对联立系统中的结构式方程直接进行估计时，会产生有偏的参数估计量。这种偏误通常被称为联立方程偏误或联立偏误。

14.2.1 理解联立偏误

联立偏误（simultaneity bias）是指在联立系统中，结构式参数的普通最小二乘法估计量（$\hat{\beta}s$）的期望与真实值 βs 不相等。即在联立系统中存在以下问题：

$$E(\hat{\beta}) \neq \beta \tag{14-10}$$

为什么会存在偏误呢？回顾第 14.1 节，在联立方程中，当 Y_s 为解释变量时，随机误差项与内生变量（Y_s）存在相关关系。下面做进一步分析，如果类似方程（14-11）和方程（14-12）的结构式方程中存在这种相关关系（为简化起见，假定相关系数为正），意味着什么？

$$Y_{1t} = \beta_0 + \beta_1 Y_{2t} + \beta_2 X_t + \varepsilon_{1t} \tag{14-11}$$

$$Y_{2t} = \alpha_0 + \alpha_1 Y_{1t} + \alpha_2 Z_t + \varepsilon_{2t} \tag{14-12}$$

由于随机误差项（ε_1）不可观测，因而无法得知随机干扰项 ε_{1t} 什么时候会高于均值 0，看起来就像每当 Y_1 高于均值，使得 Y_2 也高于均值。因此，普通最小二乘估计会把随机误差项 ε_1 对 Y_1 的影响归因于 Y_2，导致 β_1 的有偏估计。如果随机误差项为负，即低于均值，则 Y_{1t} 会比真实值小，这导致 Y_{2t} 小于真实值，在计算上，会把 Y_1 的减小归因于 Y_2，同样导致 β_1 的有偏估计（即导致正的偏误）。

前面提到，Y_1 和 Y_2 之间是双向因果关系，因为两者是相互依赖的。因此，通过普通最小二乘法得到的 β_1 估计值，不能解释为 X 保持不变的条件下，Y_2 的变化对 Y_1 的影响。相反，$\hat{\beta}_1$ 度量的是 Y_1 和 Y_2 之间的混合影响！此外，再观察 β_2 的情况，看起来它应该是在 Y_2

保持不变的条件下，X 对 Y_1 的影响，但是当 Y_1 发生变化时，Y_2 不可能不变。故在联立系统中，所有的估计量都存在潜在的偏误。

这个偏误是怎样的呢？在联立系统中可以得到一个关于回归参数期望值的方程，该回归参数通过普通最小二乘法估计得到。这个方程显示了只要随机误差项与解释变量之间存在相关性，则参数估计量是有偏的。另外，它还显示了偏误的符号与随机误差项和内生变量之间相关系数的符号相同，其中，该内生变量在含有该随机误差项的方程中为解释变量。尽管偏误的方向依赖于结构式方程的特定内容和模型隐含的理论，但由于在经济和商业案例中相关系数通常为正，故一般而言，偏误也为正。

虽然这并不意味着在联立系统中，每个经由普通最小二乘法得到的参数都是总体参数的劣质估计量。但在估计联立方程时，还是很有必要采用一种有别于普通最小二乘法的估计方法。在对这种最常用的估计方法（二阶段最小二乘法）进行分析之前，先看一个联立偏误的例子。

14.2.2　联立偏误示例

为了说明应用普通最小二乘法估计联立方程时产生的偏误，这里采用蒙特卡罗试验[一]来得到一个关于有偏估计的例子。除非知道 βs 的真实值，否则无法知道是否存在偏误，因此，任意选取一组参数，将它们设定为"真实值"。然后基于这些"真实"的参数，随机地产生数据集，根据这些数据集，重复进行回归，得到一组普通最小二乘法参数估计量。这些参数估计量的期望值与真实的参数值显著不同，从而验证了在联立系统中运用普通最小二乘法估计参数时存在偏误。

以需求与供给模型为例：

$$Q_t = \beta_0 + \beta_1 P_t + \beta_2 X_t + \varepsilon_{Dt} \tag{14-13}$$

$$Q_t = \alpha_0 + \alpha_1 P_t + \alpha_2 Z_t + \varepsilon_{St} \tag{14-14}$$

式中，Q_t 代表第 t 期的需求量与供给量；P_t 代表第 t 期的价格；X_t 代表影响需求的外生变量，比如收入；Z_t 代表影响供给的外生变量，比如天气；ε_t 代表古典误差项（依方程不同而不同）。

第一步：根据预期，为模型选择一组真实的参数值：

$$\beta_1 = -1 \quad \beta_2 = +1 \quad \alpha_1 = +1 \quad \alpha_2 = +1$$

也就是说，价格与需求量之间为负相关，价格与供给量之间以及外生变量与相应的被解释变量之间均为正相关。

第二步：随机产生一系列基于真实参数值的数据集，这也意味着在生成不同的数据集（该例中有 5 000 个数据集）之前，设定数据要具备其他性质[二]。

第三步：对生成的数据集应用普通最小二乘法，计算需求方程（14-13）的参数估计量。

[一] 蒙特卡罗试验是利用计算机生成模拟数据，主要遵循以下七个步骤：（1）假想一个"真实"的模型，并拥有特定的参数值和误差分布。（2）选择解释变量的值。（3）选择一个估计方法（通常为普通最小二乘法）。（4）使用假想的模型，根据假定的误差分布生成误差项，来得到多种关于被解释变量的样本分布；通常情况下，生成的样本数可以上千。（5）利用估计方法对每个样本中的 βs 进行估计。（6）总结和评价结果。（7）使用不同的数值、分布或估计方法进行敏感性分析。

[二] 其他假设包括误差项服从标准正态分布，$\beta_0 = 0$，$\alpha_0 = 0$，$\sigma_S^2 = 3$，$\sigma_D^2 = 2$，$r_{XZ}^2 = 0.4$，$N = 20$。此外，两个方程的误差项不相关。

（供给方程可以得到类似的结果。）根据 5 000 次回归后的估计结果计算出的参数均值为：

$$\hat{Q}_{Dt} = \hat{\beta}_0 - 0.37P_t + 1.84X_t \tag{14-15}$$

换句话说，$\hat{\beta}_1$ 的期望值应为 -1.00，但恰恰相反，计算出的结果为 -0.37；$\hat{\beta}_2$ 的期望值应为 $+1.00$，但计算出的结果为 1.84：

$$E(\hat{\beta}_1) \approx -0.37 \neq -1.00$$

$$E(\hat{\beta}_2) \approx 1.84 \neq 1.00$$

这就是联立偏误！如图 14-2 所示的 $\hat{\beta}_s$ 的样本分布，β_1 的普通最小二乘法估计量几乎从不接近 -1.00，而 β_2 的普通最小二乘法估计量的分布涵盖了很大范围的数值。

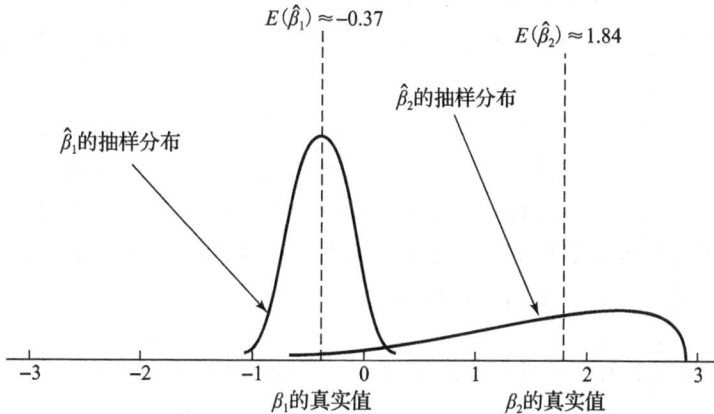

图 14-2　显示联立偏误的普通最小二乘法估计量的抽样分布

注：在第 14.2 节的试验中，β_1 的估计值分布的联立偏误很明显，它的均值为 -0.37，而对应的真实值为 -1.00。在 β_2 的估计中，它的均值为 1.84，对应的真实值为 1.00。

14.3　二阶段最小二乘法

那么，如何消除（或至少减小）联立偏误？尽管减小联立偏误的估计方法很多，但最常用的替代普通最小二乘法的方法是二阶段最小二乘法。

之所以运用普通最小二乘法估计联立方程时会出现联立偏误，主要是因为联立方程违背了古典假设Ⅲ。因此，其中一个解决方案就是找出避免违背假设Ⅲ的估计方法。第一步就是要找到满足下列条件的变量：

（1）能够代替内生变量；

（2）与误差项不相关。

这样的变量被称为**工具变量**（instrumental variable），它是内生变量很好的替代量，并且与误差项不相关。更一般的，工具变量回归是通过预测内生变量的值来替代方程中充当解释变量的内生变量，从而满足古典假设Ⅲ的。这些预测值是通过普通最小二乘法方程产生的，来解释内生变量。

考察下列联立系统中的方程（14-16）：

$$Y_{1t} = \beta_0 + \beta_1 Y_{2t} + \beta_2 X_{1t} + \varepsilon_{1t} \tag{14-16}$$

$$Y_{2t} = \alpha_0 + \alpha_1 Y_{1t} + \alpha_2 X_{2t} + \varepsilon_{2t} \tag{14-17}$$

如果能够找到一个变量（或一些变量），与 Y_{2t} 高度相关，但与 ε_{1t} 不相关，则可以通过普通最小二乘法回归创造出 Y_{2t} 的预测值。拟合值 $\hat{Y}_{2t}$ 与误差项无关 ε_{1t}（因为它是通过与 ε_{1t} 无关的变量产生的），因此，能够用 $\hat{Y}_{2t}$ 来代替方程（14-16）右边的 Y_{2t}。

这种方法避免违背古典假设Ⅲ，但是它没有告诉我们如何寻找合适的工具，如何系统地寻找与内生变量高度相关而又与误差项无关的变量？对于联立方程系统而言，工具变量的寻找很简单，使用的工具是二阶段最小二乘法。

14.3.1 什么是二阶段最小二乘法

二阶段最小二乘法（two-stage least squares，2SLS）是一种系统地生成工具变量，用来替代在联立方程中充当解释变量的内生变量的方法。二阶段最小二乘法通过对联立方程右边需要被替换的内生变量的简约式方程进行回归，然后把从简约式方程中得到的估计值 $\hat{Y}$（或拟合值）作为工具变量。

为什么要这么做呢？对每个内生变量而言，联立系统中的每个前定变量都可以作为工具变量的候选变量，但如果只选择其中一个，会遗漏相关信息。为了避免这种情况，我们使用所有前定变量的线性组合。二阶段最小二乘法通过对给定内生变量的函数进行回归，来得到这种线性组合，该内生变量是所有前定变量的函数，内生变量的预测值就是所寻找的工具变量。因此，二阶段最小二乘法的两步过程为：

> **第一阶段**：对每个内生变量对应的简约式方程进行回归，这里的内生变量在联立方程系统中作为解释变量。

由于前定变量（外生变量加上滞后内生变量）与简约式方程中的误差项不相关，故简约式方程的普通最小二乘估计量（$\hat{\pi}_s$）是无偏的。这些 $\hat{\pi}_s$ 可用来计算内生变量的估计值：

$$\hat{Y}_{1t} = \hat{\pi}_0 + \hat{\pi}_1 X_{1t} + \hat{\pi}_2 X_{2t} \tag{14-18}$$

$$\hat{Y}_{2t} = \hat{\pi}_3 + \hat{\pi}_4 X_{1t} + \hat{\pi}_5 X_{2t} \tag{14-19}$$

这些 $\hat{Y}_s$ 在结构式方程中被当作工具变量。

> **第二阶段**：用简约式方程中得到的 $\hat{Y}_s$ 替代出现在结构式方程右边的 Y_s，然后用普通最小二乘法估计修正后的结构式方程。

也就是说，第二阶段是用普通最小二乘法估计下列方程：

$$Y_{1t} = \beta_0 + \beta_1 \hat{Y}_{2t} + \beta_2 X_{1t} + u_{1t} \tag{14-20}$$

$$Y_{2t} = \alpha_0 + \alpha_1 \hat{Y}_{1t} + \alpha_2 X_{2t} + u_{2t} \tag{14-21}$$

注意，被解释变量仍是原来的内生变量，替代的仅仅是位于结构式方程右边充当解释变量的内生变量。这一步骤得到的结构式方程参数的一致估计量，对大样本来说是无偏的，但对小样本来说是有偏的。

请当心，如果第二阶段的方程，如方程（14-20）和方程（14-21）用普通最小二乘法进行估计，则得到的 $SE(\hat{\beta})_s$ 是错误的。因此，要确保使用计算机中的二阶段最小二乘法估计程序进行估计。

上述二阶段最小二乘法估计方法的使用，可以推广到 m 个不同的联立结构式方程中。每个简约式方程都有整个联立系统中的前定变量作为解释变量。普通最小二乘法得出的简约式方程的参数估计值是用来计算所有内生变量的估计值，这些内生变量的估计值在上述 m 个结构式方程中作为解释变量。在用这些拟合值替代内生变量的原始值后，再次应用普通最小二乘法对每个随机的结构式方程进行估计。

14.3.2 二阶段最小二乘法的性质

（1）二阶段最小二乘法在小样本中仍是有偏的。对于小样本来说，由二阶段最小二乘法生成的 $\hat{\beta}$ 的期望值仍不等于 β 的真实值，但随着样本容量的增大，$\hat{\beta}$ 的期望值与真实值越来越接近。当样本容量变大时，由普通最小二乘法和二阶段最小二乘法得到的估计量的方差均减小，普通最小二乘估计量变成了错误值的最佳估计，二阶段最小二乘法则变成了正确值的最佳估计。因此，样本容量越大，二阶段最小二乘法估计的误差就越小，但是不会变为零。

为了加以说明⊖，再次对第 14.2 节中的例子进行分析。二阶段最小二乘法得到的 $\hat{\beta}_1$ 的均值为 -1.25。这一估计量是有偏的，但它比普通最小二乘估计值 -0.37 更接近真实值（$\beta_1 = -1.00$）。紧接着，将例子中的 5 000 个容量为 20 的样本扩大为 5 000 个容量为 50 的样本。正如所预期的，二阶段最小二乘法得到的 $\hat{\beta}_1$ 的均值由 -1.25 变为 -1.06，从而更接近真实值 -1.00。

（2）如果简约式方程的拟合优度很低，二阶段最小二乘法也会出现偏误。前面提到的工具变量可以作为内生变量的一个很好的替代量。如果简约式方程的拟合优度很低⊖，工具变量与原始的内生变量之间就不存在高度相关，则没有理由认为二阶段最小二乘法有效。随着简约式方程拟合度的增加，二阶段最小二乘法的有效性会逐渐提高。

（3）二阶段最小二乘估计量的方差与 $SE(\hat{\beta})_s$ 偏大。当二阶段最小二乘法能有效地减少 $\hat{\beta}_s$ 的偏误时，它也要付出相应的代价。这个代价就是对于同一方程，二阶段最小二乘估计量的方差与 $SE(\hat{\beta})_s$ 高于普通最小二乘法的。

总的来说，二阶段最小二乘法得到的联立系统中参数的估计量要优于普通最小二乘法得到的。但简约式方程的拟合优度很低时，则是例外。

14.3.3 二阶段最小二乘法实例

下面是应用二阶段最小二乘法的一个实例，分析的是美国经济的简单线性凯恩斯宏观经济联立方程模型，其系统设定如下：

$$Y_t = CO_t + I_t + G_t + NX_t \tag{14-22}$$

$$CO_t = \beta_0 + \beta_1 YD_t + \beta_2 CO_{t-1} + \varepsilon_{1t} \tag{14-23}$$

$$YD_t = Y_t - T_t \tag{14-24}$$

$$I_t = \beta_3 + \beta_4 Y_t + \beta_5 r_{t-1} + \varepsilon_{2t} \tag{14-25}$$

式中，Y_t 代表第 t 年的国内生产总值（GDP）；CO_t 代表第 t 年的个人总消费支出；I_t 代表第 t 年的私人总投资；G_t 代表第 t 年政府购买商品和服务的支出；NX_t 代表第 t 年商品和服务

⊖ 在特定的情况下，如只用一种工具来预测内生变量，工具变量的总体均值的估计是不确定的，偏误也是不确定的。

⊖ 请参阅 J. Stock and M. Yogo, "Testing for Weak Instruments in Linear IV Regression," in D. W. K. Andrews, *Identification and Inference for Econometric Models*（New York：Cambridge University Press, 2005），pp. 80-108. 他们创造了检验简约式方程的拟合优度的方法，这是 F 检验的一种变体，而非 $\bar{R}^2$。按通常的规则，F 比 10 大。

的净出口（出口减进口）；T_t 代表第 t 年的税收收入（实际上等于税收、折旧、公司利润、政府转移支出以及其他可以将 GDP 转换为可支配收入的调整方式）；r_t 代表第 t 年的年利率；YD_t 代表第 t 年的可支配收入。

除利率变量以名义百分数度量外，其他所有的变量都以实际值（单位：20 000 亿美元）来衡量。例子中所采用的样本区间是 1976～2007 年，如表 14-1 所示。

表 14-1 小型宏观经济模型的数据

年份	Y	CO	I	G	YD	r
1975	NA	2 876.9	NA	NA	NA	8.83
1976	4 540.9	3 035.5	544.7	1 031.9	3 432.2	8.43
1977	4 750.5	3 164.1	627.0	1 043.3	3 552.9	8.02
1978	5 015.0	3 303.1	702.6	1 074.0	3 718.8	8.73
1979	5 173.4	3 383.4	725.0	1 094.1	3 811.2	9.63
1980	5 161.7	3 374.1	645.3	1 115.4	3 857.7	11.94
1981	5 291.7	3 422.2	704.9	1 125.6	3 960.0	14.17
1982	5 189.3	3 470.3	606.0	1 145.4	4 044.9	13.79
1983	5 423.8	3 668.6	662.5	1 187.3	4 177.7	12.04
1984	5 813.6	3 863.3	857.7	1 227.0	4 494.1	12.71
1985	6 053.7	4 064.0	849.7	1 312.5	4 645.2	11.37
1986	6 263.6	4 228.9	843.9	1 392.5	4 791.0	9.02
1987	6 475.1	4 369.8	870.0	1 426.7	4 874.5	9.38
1988	6 742.7	4 546.9	890.5	1 445.1	5 082.6	9.71
1989	6 981.4	4 675.0	926.2	1 482.5	5 224.8	9.26
1990	7 112.5	4 770.3	895.1	1 530.0	5 324.2	9.32
1991	7 100.5	4 778.4	822.2	1 547.2	5 351.7	8.77
1992	7 336.6	4 934.8	889.0	1 555.3	5 536.3	8.14
1993	7 532.7	5 099.8	968.3	1 541.1	5 594.2	7.22
1994	7 835.5	5 290.7	1 099.6	1 541.3	5 746.4	7.96
1995	8 031.7	5 433.5	1 134.0	1 549.7	5 905.7	7.59
1996	8 328.9	5 619.4	1 234.3	1 564.9	6 080.9	7.37
1997	8 703.5	5 831.8	1 387.7	1 594.0	6 295.8	7.26
1998	9 066.9	6 125.8	1 524.1	1 624.4	6 663.9	6.53
1999	9 470.3	6 438.6	1 642.6	1 686.9	6 861.3	7.04
2000	9 817.0	6 739.4	1 735.5	1 721.6	7 194.0	7.62
2001	9 890.7	6 910.4	1 598.4	1 780.3	7 333.3	7.08
2002	10 048.8	7 099.3	1 557.1	1 858.8	7 562.2	6.49
2003	10 301.0	7 295.3	1 613.1	1 904.8	7 729.9	5.67
2004	10 675.8	7 561.4	1 770.2	1 931.8	8 008.9	5.63
2005	10 989.5	7 791.7	1 873.5	1 939.0	8 121.4	5.24
2006	11 294.8	8 029.0	1 912.5	1 971.2	8 407.0	5.59
2007	11 523.9	8 252.8	1 809.7	2 012.1	8 644.0	5.56

资料来源：*The Economic Report of the President*，2009. 注意变量 T 和 NX 可由方程（14-22）和方程（14-24）得出。

注：数据文件名为 MACRO14。

方程（14-22）～方程（14-25）都是结构式方程，只有方程（14-23）和方程（14-25）是随机（形式）的，需要对其进行估计。其他两个方程是确定的，在没有参数的情况下即可得出。

再次观察这个系统，想想哪些变量是内生变量？哪些是前定变量？内生变量是那些由系统联合确定的变量，也就是说，内生变量有 Y_t，CO_t，YD_t 和 I_t。为了理解为什么这四个变量是联合确定的，那么，就要注意：如果改变其中一个变量的值，随着这一变化贯穿整个联立系统，该变化会反馈给最初的那个变量。例如，如果由于某些原因 I_t 增加，就会导致 Y_t 也增加，而 Y_t 的增加反过来又使得 I_t 增加，则变量 I_t 就是由系统联合确定的。因此，对于 Y_t，CO_t，YD_t 和 I_t，它们都是联合确定的。

那么，利率又是什么变量呢？它是内生变量吗？令人诧异的是，严格来说，r_t 在系统中不是内生变量，因为是 r_{t-1}（不是 r_t）出现在投资方程中。因此，在这个简单模型中不存在利率的反馈效应。[⊖]

在已知内生变量的情况下，哪些是前定变量呢？方程中的前定变量为 G_t，NX_t，T_t，CO_{t-1} 和 r_{t-1}。总之，联立系统含有四个结构式方程，四个内生变量和五个前定变量。

接着又要问道，随机结构式方程的经济学含义是什么？受第 12 章讨论过的滞后消费的支配，方程（14-23）所示的消费函数是一个动态模型。在第 12.1 节中曾对这个方程进行过讨论，并根据表 14-1 的数据对方程（14-23）进行普通最小二乘法估计，建议读者再次阅读第 12.1 节中的相关分析。

由方程（14-25）表述的投资函数包含简化了的乘数和资本成本。乘数 β_4 度量的是 GDP 的增加对投资的刺激。在凯恩斯模型中，预期 β_4 为正。另一方面，资本成本越高，期望的投资就越低（乘数效应保持不变），主要是因为预期的资本边际收益不足以抵消资本的高边际成本。因此，β_5 预期为负。然而，由于启动投资计划需要时间，故利率要滞后 1 期。[⊜]

第一阶段：尽管模型中含有四个内生变量，但只有两个出现在随机方程的右边，故只需对两个简约式方程应用二阶段最小二乘法进行估计。所有的二阶段最小二乘法计算机估计程序都可以自动对这些简约式方程进行估计，选取其中一个简约式进行指导性分析。

$$\widehat{YD}_t = -258.55 + 0.78G_t - 0.37NX_t + 0.52T_t + 0.67CO_{t-1} + 37.6r_{t-1} \quad (14\text{-}26)$$
$$(0.22) \quad (0.16) \quad (0.14) \quad (0.09) \quad (9.14)$$
$$t = 3.49 \quad -2.30 \quad 3.68 \quad 7.60 \quad 4.12$$

注意，这里没有对简约式方程进行假设检验，也不考虑剔除某个统计意义上不显著或理论上不相关的变量[⊜]。二阶段最小二乘法第一阶段的主要目的不是生成有意义的简约式估计方程，而是生成有意义的工具变量 $\hat{Y}s$，用来在第二阶段替代内生变量。为此，通过将 32 个

⊖　尽管严格上讲，这句话是对的，但它夸大了例子。特别地，基于理论上的原因，在很多情况下，经济学家可能会把 r_{t-1} 作为联立系统的一部分。然而，在本例含有滞后的利率影响的简单凯恩斯模型中，该方程没有在联立系统中。

⊜　这个投资方程是简化的加速器理论与新古典理论结合的投资函数。前者强调的是产出水平的变化是支配投资的关键因素，后者强调资本的使用成本（机会成本是指公司持有某项资产的后果）是关键。关于消费和投资的决定因素的介绍，可参见任意一本宏观经济学教材。

⊜　在给定检验水平的情况下，我们推荐一种合适的简化方法，2SLS 的第一阶段里，联立系统中用前定变量做工具变量。有经验的计量经济学家会检验潜在的工具变量来测量该变量和内生变量的相关程度，和误差项不相关的程度。只有达到这些要求的变量才会成为第一阶段有效的工具。要更深入地讨论工具变量的有效性，请参阅 James Stock and Mark Watson，Introduction to Econometrics（Boston：Pearson，2015），pp. 442-448.

观测值对应的五个前定变量的实际值全部代入简约式方程中，如方程（14-26），计算出$\hat{Y}_t s$和$\widehat{YD}_t s$的估计值。

第二阶段： 然后用$\hat{Y}_t s$和$\widehat{YD}_t$代替出现在方程（14-23）和方程（14-25）右边的内生变量，例如，将方程（14-26）中的$\widehat{YD}_t$代入方程（14-23），得到：

$$CO_t = \beta_0 + \beta_1 \widehat{YD}_t + \beta_2 CO_{t-1} + \varepsilon_{1t} \tag{14-27}$$

利用表 14-1 中已知的数据，对方程（14-27）和另一个方程进行估计，会得到如下二阶段最小二乘法[⊖]估计结果：

$$\widehat{CO}_t = - 209.06 + 0.37 \widehat{YD}_t + 0.66 CO_{t-1} \tag{14-28}$$
$$(0.13) \quad\quad (0.14)$$
$$2.73 \quad\quad 4.84$$
$$N = 32 \quad\quad \overline{R}^2 = 0.999 \quad\quad DW = 0.83$$

$$\hat{I}_t = - 261.48 + 0.19 \hat{Y}_t - 9.55 r_{t-1} \tag{14-29}$$
$$(0.01) \quad\quad (11.20)$$
$$15.82 \quad\quad -0.85$$
$$N = 32 \quad\quad \overline{R}^2 = 0.956 \quad\quad DW = 0.47$$

如果是用普通最小二乘法估计上述方程，而不是用二阶段最小二乘法，则会有如下估计结果：

$$\widehat{CO}_t = - 266.65 + 0.46 \widehat{YD}_t + 0.56 CO_{t-1} \tag{14-30}$$
$$(0.10) \quad\quad (0.10)$$
$$4.70 \quad\quad 5.66$$
$$N = 32 \quad\quad \overline{R}^2 = 0.999 \quad\quad DW = 0.77$$

$$\hat{I}_t = - 267.16 + 0.19 \hat{Y}_t - 9.26 r_{t-1} \tag{14-31}$$
$$(0.01) \quad\quad (11.19)$$
$$15.87 \quad\quad -0.83$$
$$N = 32 \quad\quad \overline{R}^2 = 0.956 \quad\quad DW = 0.47$$

比较一下普通最小二乘法和二阶段最小二乘法这两种估计方法下的结果。首先，二者之间没有太大差别。那么，在什么情况下普通最小二乘法是有偏的呢？如方程（14-26）所示，当第一阶段的简约式模型具有很高的拟合优度时，Y 和 $\hat{Y}$ 实际上是一致的，并且第二阶段的二阶段最小二乘法和普通最小二乘法的估计结果非常相似。

同样，分析一下杜宾-沃森 DW 统计量。尽管在消费方程中 DW 的偏误接近于 2（这是因为它是一个动态模型），所有方程中的 DW 统计量仍远低于 $d_1 = 1.31$（单侧 5％的显著水平下，$N = 32$，$K = 2$），结果导致所有方程的残差项均存在序列正相关。然而，对这两个二

⊖ 方程（14-28）和方程（14-29）中的二阶段最小二乘估计量是正确的，但如果用普通最小二乘法［使用方程（14-26）中生成的工具变量$\hat{Y}s$和$\widehat{YD}s$］估计上述方程，则会得到相同的参数估计量，但不同的参数估计量的标准差（和 t 统计量）。产生这一差异的原因是在第二阶段单独使用普通最小二乘法进行估计时，忽略了已经在第一阶段进行过一次回归这样一个事实。因此，为了得到准确的标准差和 t 统计量，应用二阶段最小二乘法进行估计。

阶段最小二乘法估计的方程应用广义最小二乘法是荒谬的，主要是因为，正如第 12.3 节中提到的，序列相关性导致含有滞后被解释变量的方程出现偏误，如在消费方程中。

最后，什么是非平稳性？在第 12 章中已经学到诸如此类的时间序列模型在非平稳情况下会存在谬误回归问题。上面这些回归都是谬误回归吗？正如从数据中所猜测的，该模型中的很多序列都是非平稳的。幸运的是，利率是平稳的。此外，事实证明消费函数是协整的，故可以对方程（14-28）和方程（14-30）进行估计。不幸的是，几乎可以确定是投资方程的非平稳性导致了 GDP 的 t 统计量偏高，以及 r_{t-1} 的 t 统计量偏低（因为当方程中其他变量是非平稳时，r_{t-1} 是平稳的）。然而，运用本章提供的现有工具，还不能解决该问题。

除去这些附加说明，这个模型为我们提供了一个运用二阶段最小二乘法对联立系统进行估计的完整示例。然而，二阶段最小二乘法的应用要求估计方程必须是"可识别的"，因此，在对联立方程的学习做小结之前，需要强调一下识别问题。

14.4 识别问题

二阶段最小二乘法只能应用于可识别的方程。在对联立系统中的方程进行估计之前，首先需要对模型的识别问题予以说明。一旦方程是可识别的，就可以用二阶段最小二乘法进行估计。而如果方程不能识别（不可识别的），即使样本容量再大，也不能用二阶段最小二乘法进行估计。虽然这些不能识别的方程可以用普通最小二乘法来估计，但很难解释普通最小二乘法的估计参数，因为这些参数与我们想要估计的参数不一致。需要重点指出的是，不能确保可识别方程（因而可以用二阶段最小二乘法来估计）的二阶段最小二乘估计量是好的估计量。问题在于能否得到二阶段最小二乘估计量，而不在于二阶段最小二乘估计量是不是好的估计量。

14.4.1 什么是识别问题

识别（identification）是联立系统中的方程可以应用二阶段最小二乘法估计的先决条件。一个结构式方程只有在该方程遗漏了足够多系统中的前定变量，从而使得这个方程能够区别于系统中的其他方程时，它才是可识别的。注意，也许联立方程模型中的某个方程是可识别的，但其他方程不一定是可识别的。

那么，为什么会存在不能识别的方程？让我们来分析下面只考虑价格和数量因素的供需联立系统：

$$Q_{Dt} = \alpha_0 + \alpha_1 P_t + \varepsilon_{Dt} \text{（需求方程）} \tag{14-32}$$

$$Q_{St} = \beta_0 + \beta_1 P_t + \varepsilon_{St} \text{（供给方程）} \tag{14-33}$$

式中，

$$Q_{Dt} = Q_{St}$$

尽管将其中一个方程定义为需求方程，另一个定义为供给方程，但是计算机是无法从数据中识别两个方程的，因为两个方程左边和右边的变量几乎一样。由于缺少可以对两个方程进行区别的前定变量，故无法对需求方程和供给方程进行识别。

如果在关于农产品的供给方程中加入一个前定变量，如天气（W），会出现什么结果呢？方程（14-33）变为：

$$Q_{St} = \beta_0 + \beta_1 P_t + \beta_2 W_t + \varepsilon_{St} \tag{14-34}$$

在这种情况下，当 W 发生变化时，供给曲线会发生移动，但需求曲线不变，因此，可以从中选出需求曲线。

图 14-3 描绘了上述情况。给 W 取四个不同的值，可以得到四条不同的供给曲线，每条曲线都与不变的需求曲线相交于不同的均衡价格和数量（交点从 1 到 4）。这些均衡点既可以在现实世界中观测到，也可以是输入计算机的数据点集。之所以能够识别需求曲线，是因为需求曲线中至少遗漏了一个前定变量；当这个前定变量发生变化时，需求曲线并不变，但供给曲线发生移动，使需求的数量在需求曲线上移动，从而得到了足够多的信息来估计需求曲线的参数。另一方面，供给曲线仍然是未知的，因为它的移动并未提供任何关于它形状的线索。实质上，需求曲线是被系统中未包含在该曲线内的前定变量所识别的。供给曲线不能识别是因为没有类似的前定变量。

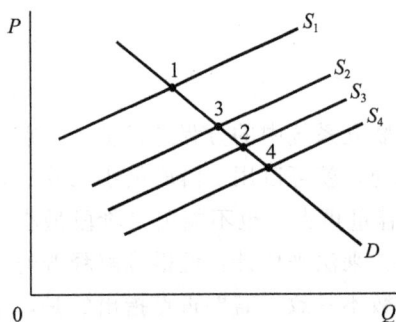

图 14-3　移动的供给曲线使得需求曲线可以识别

注：如果供给曲线发生移动，但需求曲线不变，则均衡点会沿着需求曲线移动，从而可以识别和估计需求曲线（而不是供给曲线）。

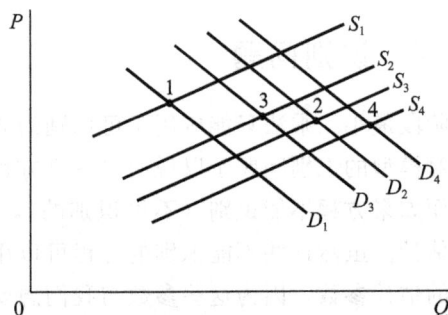

图 14-4　如果需求与供给曲线均发生移动，则两条曲线均不能识别

注：当同一变量发生变化时，供给曲线与需求曲线都发生移动，使均衡点从一处移动到另一处，这些点既不能识别供给曲线，也不能识别需求曲线。为了能够识别曲线，至少要有一个外生变量能够导致其中一条曲线发生移动的同时，另一条曲线保持不变。

即使将变量 W 加入需求方程，仍不能识别供给方程。事实上，如果两个方程中都含有变量 W 的话，则需求与供给方程又变成一致的了，尽管当 W 变化时，两条曲线都会发生移动，但这些移动并未给出关于两条曲线的任何信息！如图 14-4 所示，观测到的均衡价格与数量都是任意的交点，描绘不出供给曲线与需求曲线。也就是说，供给曲线的移动与前面一样，而需求曲线也发生了变动，在这种情况下，两条曲线都不可识别。

一种能够同时识别两个方程的方法是每个方程中至少含有一个不同的前定变量，如：

$$Q_{Dt} = \alpha_0 + \alpha_1 P_t + \alpha_2 X_t + \varepsilon_{Dt} \tag{14-35}$$

$$Q_{St} = \beta_0 + \beta_1 P_t + \beta_2 W_t + \varepsilon_{St} \tag{14-36}$$

现在，当 W 变化时，供给曲线会发生移动，从而可以根据均衡价格和数量识别需求曲线。当 X 变化时，需求曲线发生移动，同样可以从数据中识别供给曲线。

总之，识别是联立方程模型中的方程可以应用二阶段最小二乘法的先决条件。一个结构式方程只有在联立系统内有前定变量，使得我们可以利用均衡点来识别该方程对应曲线的形状时，它才是可识别的。然而，大多数系统都要比前面介绍的复杂，因此，计量经济学家需要用一种普遍的方法来判定方程是否可以识别。通常使用的方法是模型识别的阶条件。

14.4.2 模型识别的阶条件

阶条件（order condition）是判断联立系统中的特定方程是否可识别的一种系统方法。如果一个方程满足阶条件，除极少数情况外，该方程是可识别的。因此，阶条件是方程识别的必要条件，但不是充分条件。[⊖]

究竟什么是阶条件呢？在前面的讨论中，把联立系统中的变量划分成了内生变量和前定变量两类。内生变量是指，联立系统中在当期联合确定的变量。前定变量由模型中的外生变量和滞后内生变量组成。对于系统中的每个方程，我们需要确定：

（1）整个联立系统中前定变量的个数（外生变量加滞后内生变量）。

（2）所考察方程中需要估计的斜率参数的个数。

> **阶条件**：方程可识别的必要条件是联立系统中前定变量（外生变量加滞后内生变量）的个数大于等于所考察方程中的斜率参数的个数。

如果以方程形式表示，则当一个结构式方程满足阶条件时，有：

$$前定变量的个数 \geqslant 斜率参数的个数$$
$$（整个联立系统中）\qquad （方程中）$$

14.4.3 应用阶条件的两个例子

现在对本章中出现的一些联立方程系统应用阶条件，判断它们是否可识别。例如，再次思考第 14.1 节中可乐的需求与供给模型：

$$Q_{Dt} = \alpha_0 + \alpha_1 P_t + \alpha_2 X_{1t} + \alpha_3 X_{2t} + \varepsilon_{Dt} \tag{14-37}$$

$$Q_{St} = \beta_0 + \beta_1 P_t + \beta_2 X_{3t} + \varepsilon_{St} \tag{14-38}$$

$$Q_{St} = Q_{Dt} \tag{14-39}$$

根据阶条件，方程（14-37）可以识别，因为联立方程模型中前定变量的个数（三个，X_1，X_2 和 X_3）等于方程中斜率参数的个数（三个，α_1，α_2 和 α_3）。这一特定的结果（相等）意味着方程（14-37）是恰好可识别的。同样根据阶条件，方程（14-38）是可识别的，因为联立方程中含有三个前定变量，该方程中只有两个斜率参数，但这一条件意味着方程（14-38）是过度识别的。二阶段最小二乘法可以应用于可识别的方程（包括恰好识别与过度识别），但不可用于不能识别的方程。

一个更复杂的例子是第 14.3 节中的小型宏观经济模型：

$$Y_t = CO_t + I_t + G_t + NX_t \tag{14-22}$$

$$CO_t = \beta_0 + \beta_1 YD_t + \beta_2 CO_{t-1} + \varepsilon_{1t} \tag{14-23}$$

$$YD_t = Y_t - T_t \tag{14-24}$$

$$I_t = \beta_3 + \beta_4 Y_t + \beta_5 r_{t-1} + \varepsilon_{2t} \tag{14-25}$$

正如我们所注意到的，该系统中有五个前定变量（外生变量加滞后内生变量，G_t，

⊖ 方程可识别的充分条件是秩条件，但大多数研究者在进行二阶段最小二乘估计前仅检验是否满足阶条件。他们通过计算机估计程序来判断是否满足秩条件（当然他知道如何应用二阶段最小二乘估计方程）。对秩条件感兴趣的读者可以参考高级计量经济学教程。

NX_t，CO_{t-1}，T_t 和 r_{t-1}）。方程（14-23）含有两个斜率参数（β_1 和 β_2），故该方程是过度识别的（5＞2），满足识别的阶条件。读者可以自己证明，方程（14-25）同样是过度识别的。并且在前面已经得知，二阶段最小二乘法计算机估计程序确实能够得到模型中 βs 的估计值。另外要注意的是，因方程（14-22）和方程（14-24）是确定的，无须估计，所以，无须担心它们的识别问题。

14.5 小结

（1）由于特定变量之间的双向因果关系、反馈效应或联合确定，大多数经济和商业模型都有着内在的联动性。这些联合确定的变量称为内生变量，非联合确定的变量称为外生变量。

（2）结构式方程刻画了隐含在每个特定变量背后的内在经济理论，也是本章经常应用的方程。简约式方程则是把联立方程系统中的内生变量用误差项和所有前定变量来表述。

（3）由于内生变量之间的反馈效应，联立方程模型违背了解释变量与随机误差项不相关的古典假设Ⅲ。例如，某一方程的误差项的不寻常增加，会作用于整个联立系统，并最终导致所考察方程中充当解释变量的内生变量的参数估计值增大（正相关），从而违背了古典假设Ⅲ。

（4）如果对联立系统中的参数应用普通最小二乘法进行估计，则估计结果是有偏的和非一致的。其主要原因是违背了古典假设Ⅲ，普通最小二乘法估计程序把随机误差项（解释变量与它相关）对被解释变量的影响归因于解释变量。

（5）二阶段最小二乘法是一种减小联立方程系统中参数估计偏误的方法。它是通过使用系统中的简约式方程生成与误差项独立的变量（称作工具变量）来替代内生变量，再利用普通最小二乘法对系统中替换后的结构式方程进行回归。

（6）二阶段最小二乘法的估计量是有偏的（与普通最小二乘法的偏误符号相反），但该结果是一致的（随着样本容量的不断扩大，偏误越来越小，方差趋近于零）。如果简约式方程的拟合优度很低，则二阶段最小二乘法不太有效。样本容量越大，使用二阶段最小二乘法的效果越好。

（7）二阶段最小二乘法不能应用于不可识别的方程。识别的必要条件（不是充分条件）是阶条件，即要求联立系统中前定变量的个数大于或等于所考察方程中斜率参数的个数。充分性则通常由研究者使用二阶段最小二乘法估计参数的能力决定。

习题

（偶数序号的习题答案见附录 A）

1 不查阅书本（或笔记），给出下列术语的定义，然后与书本上的相比较。

　　a. 内生变量　　　　b. 外生变量　　　　c. 识别　　　　　d. 效应乘数

　　e. 工具变量　　　　f. 阶条件　　　　　g. 前定变量　　　h. 简约式方程识别的阶条件

　　i. 联立偏误　　　　j. 结构式方程　　　k. 二阶段最小二乘法

2 第 14.1 节对方程（14-2）和方程（14-3）进行了分析，通过 ϵ_1 的非预期增加来揭示这两个方程对古典假设Ⅲ的违背。通过以下例子来阐述方程是怎样违背了古典假设Ⅲ的。

　　a. 方程（14-3）中 ϵ_2 的减小　　b. 方程（14-4）中 ϵ_D 的增加　　c. 方程（14-23）中 ϵ_1 的增加

3 "递归"通常用于描述这样的方程：方程对联立系统有影响，但联立系统对该方程没有反馈效应。下列系统中的方程哪些是联立的，哪些是递归的？需确定哪些变量是内生变量，哪些是前定变量。

a. $Y_{1t} = \beta_0 + \beta_1 Y_{2t} + \beta_2 X_{1t} + \beta_3 X_{2t-1} + \varepsilon_{1t}$

　$Y_{2t} = \alpha_0 + \alpha_1 Y_{3t} + \alpha_2 Y_{1t} + \alpha_3 X_{4t} + \varepsilon_{2t}$

　$Y_{3t} = \Omega_0 + \Omega_1 X_{2t} + \Omega_2 X_{1t-1} + \Omega_3 X_{4t-1} + \varepsilon_{3t}$

b. $Zt = \beta_0 + \beta_1 X_t + \beta_2 Y_t + \beta_3 H_t + \varepsilon_{1t}$

　$X_t = \alpha_0 + \alpha_1 Z_t + \alpha_2 P_{t-1} + \varepsilon_{2t}$

　$H_t = \Omega_0 + \Omega_1 X_{2t} + \Omega_2 B_t + \Omega_3 C_{S_t} + \varepsilon_{3t}$

c. $Y_{1t} = \beta_0 + \beta_1 Y_{2t} + \beta_2 X_{1t} + \beta_3 X_{2t} + \varepsilon_{1t}$

　$Y_{2t} = \alpha_0 + \alpha_1 Y_{3t} + \alpha_2 X_{5t} + \varepsilon_{2t}$

4 判断下列方程的可识别性。特别地，确保记录下系统中前定变量的个数和所考察方程中斜率参数的个数，来分析方程是不可识别、恰好识别还是过度识别。

a. 方程（14-2）和（14-3）。

b. 方程（14-13）和（14-14）。

c. 习题 3 的 a（假定所有的方程是随机方程）。

d. 习题 3 的 b（假定所有的方程是随机方程）。

5 作为熟悉二阶段最小二乘法估计程序的练习，利用第 14.3 节中提供的简单凯恩斯模型的数据。

a. 用普通最小二乘法估计投资方程。

b. 用普通最小二乘法估计 Y 的简约式方程。

c. 用从简约式方程中得到的 $\hat{Y}$ 替代投资方程中的 Y，自己用普通最小二乘法估计第二阶段。

d. 用自己计算机上的二阶段最小二乘法程序（如果计算机里有的话）估计投资方程，并与 c 部分的结果做比较。

6 假定燕麦的流行（源于燕麦糠对健康有益的宣传）使你产生在燕麦市场代理燕麦的想法。在投资之前，你决定建立一个简单的燕麦需求与供给模型（与第 14.1 节和第 14.2 节中的相关模型一致）：

$$Q_{Dt} = \beta_0 + \beta_1 P_t + \beta_2 YD_t + \varepsilon_{Dt}$$

$$Q_{St} = \alpha_0 + \alpha_1 P_t + \alpha_2 W_t + \varepsilon_{St}$$

$$Q_{Dt} = Q_{St}$$

式中，Q_{Dt} 代表第 t 期燕麦的需求；Q_{St} 代表第 t 期燕麦的供给；P_t 代表第 t 期燕麦的价格；W_t 代表第 t 期生产燕麦的工人的平均工资；YD_t 代表第 t 期的可支配收入。

a. 你会注意到两个随机方程等式左边的变量并没有出现在方程的右边。这是否意味着运用普通最小二乘法进行估计不存在偏误？为什么？

b. 预期 P_t 上升时，Q_{Dt} 会下降。这是否意味着如果需求方程中存在联立偏误，则相对于利用普通最小二乘法估计联立方程时产生的正的偏误，联立偏误是负的？请说明理由。

c. 仔细写出如何对这个系统运用二阶段最小二乘法进行估计。需要估计多少个方程（包括简约式方程）？准确地对每个方程中的变量进行设定。

d. 给定以下假设数据，⊖分别应用普通最小二乘法和二阶段最小二乘法进行估计。

⊖ 这些数据源自优秀的课程资料，它们由凯尼恩学院的 Bruce Gensemer 和 James Keeler 教授提供，用于本章节使用。

e. 比较普通最小二乘法和二阶段最小二乘法的估计结果。与你最初的预期相比，这两个结果怎么样？你更倾向于哪个方程？为什么？

年份	Q	P	W	YD
1	50	10	100	15
2	54	12	102	12
3	65	9	105	11
4	84	15	107	17
5	75	14	110	19
6	85	15	111	30
7	90	16	111	28
8	60	14	113	25
9	40	17	117	23
10	70	19	120	35

注：数据文件名为 OATS14。

7 联立方程在截面数据和时间序列的应用中都有意义。例如，詹姆斯·雷根（James Ragan）[⊖]检验了失业保险（后面简称为 UI）资格标准对失业率以及工人辞职率的影响。雷根使用的是面板数据，包含了不同州在不同的 4 年里（年份依不同州的 UI 资格标准的不同而不同）的一系列观测数据。得到的估计结果为（括号内的数值为 t 统计量）：

$$\widehat{QU_i} = 7.00 + 0.089UR_i - 0.063UN_i - 2.83RE_i - 0.032MX_i + 0.003IL_i - 0.25QM_i + \cdots$$
$$\qquad\qquad (0.10)\qquad (-0.63)\qquad (-1.98)\qquad (-0.73)\qquad (0.01)\qquad (-0.52)$$

$$\widehat{UR_i} = -0.54 + 0.44QU_i + 0.13UN_i + 0.049MX_i + 0.56IL_i + 0.63QM_i + \cdots$$
$$\qquad\qquad (1.01)\qquad (3.29)\qquad (1.71)\qquad (2.03)\qquad (2.05)$$

式中，QU_i 代表第 i 个州的辞职率（每 100 个员工辞职的人数）；UR_i 代表第 i 个州的失业率；UN_i 代表第 i 个州的职工工会中非农业雇用工人的百分比；RE_i 代表相对于美国的平均每小时收入，第 i 个州的平均每小时收入；IL_i 代表第 i 个州的工人由于疾病原因被迫辞职后是否有资格获得失业保险 UI，为虚拟变量，如果有资格则为 1，否则为 0；QM_i 代表第 i 个州是不是为辞职者保持全部的 UI 收益，为虚拟变量，当保持全部的 UI 收益时等于 1，否则为 0；MX_i 代表相对于第 i 个州的每小时平均收入，每周的最高 UI 补贴。

a. 对系统中的每个解释变量的参数符号进行预期假设。使用经济理论来评价你的答案。哪些参数的估计量与预期不符？

b. 雷根认为如果用普通最小二乘法估计这两个方程，则它们会出现联立偏误。你同意雷根的观点吗？请说明理由。

c. 实际的方程中还包含一些事先未记录的变量，但系统中前定变量 RE 只包含在 QU 的方程中，并未出现在 UR 的方程中。这一信息告诉你方程 QU 是否可以识别？另外，UR 是否可以识别？

⊖ James F. Ragan, Jr, "The Voluntary Leaver Provisions of Unemployment Insurance and Their Effect on Quit and Unemployment Rates," *Southern Economic Journal*, Vol. 15, No. 1, pp. 135-146.

d. 当内生变量出现在方程右边时，如果这些变量的参数不显著，这意味着什么？

e. 如果有的话，对这些结果，有没有相关的政策建议？

附录 14A　变量误差

直到现在，所有的讨论中一直都隐含着数据是准确无误的假定。也就是说，尽管随机干扰项中包含测量误差，但我们从未明确讨论过测量误差对参数估计的影响。不幸的是，在现实世界中，测量误差很普遍。许多错误的测量可能源于样本中的数据，比如几乎所有的国民经济总量统计数据，或者也可能只是由数据记录时出错导致的。无论是什么原因，这些**变量误差**（errors in the variables）是指因对被解释变量、一个或多个解释变量的错误测量而对参数估计有潜在影响的误差。变量中的这些误差可以更恰当地称为"数据的测量误差"。一般会通过先检查被解释变量的误差，然后再检查更严重的解释变量的误差来处理这一问题，这里假定讨论中使用的模型为单方程模型。之所以在这里对变量的误差进行讨论，主要是因为解释变量的误差会导致与联立偏误非常相似的有偏的普通最小二乘估计量出现。

14A.1　被解释变量的测量误差

假定真实的回归模型为：

$$Y_i = \beta_0 + \beta_1 X_i + \varepsilon_i \tag{14-40}$$

更进一步地假定，被解释变量 Y_i 的测量有误差，因此，用观测值 Y_i^* 代替真实值 Y_i，即有

$$Y_i^* = Y_i + v_i \tag{14-41}$$

式中，v_i 满足古典随机误差项的所有性质。那么，该测量误差对方程（14-40）的估计有何影响呢？

为了考察当 $Y_i^* = Y_i + v_i$ 时会出现什么后果，在方程（14-40）的两边都加上 v_i，得到：

$$Y_i + v_i = \beta_0 + \beta_1 X_i + \varepsilon_i + v_i \tag{14-42}$$

它等价于

$$Y_i^* = \beta_0 + \beta_1 X_i + \varepsilon_i^* \tag{14-43}$$

式中，$\varepsilon_i^* = \varepsilon_i + v_i$。也就是说，虽然实际上是估计方程（14-40），但估计的却是方程（14-43）。分析方程（14-43），当 v_i 发生变化时，被解释变量和误差项 ε_i^* 都发生变化。但这不会引起严重错误，因为被解释变量与误差项始终相关。尽管额外的变化会增加 Y 的方差，并因此降低方程的整体拟合优度，但被解释变量的测量误差不会引起 β_s 的估计偏误。

14A.2　解释变量的测量误差

当一个或多个解释变量的测量有误差时，情况就不一样了。不幸的是，解释变量的误差引起的偏误本质上（以及在补救上）与联立偏误很相似。为了理解这一点，再次假定真实的回归模型为：

$$Y_i = \beta_0 + \beta_1 X_i + \varepsilon_i \tag{14-40}$$

现在，假定解释变量 X_i 的测量有误，因此，用 X_i^* 代替 X_i，满足

$$X_i^* = X_i + u_i \tag{14-44}$$

就像方程（14-41）中的 v_i 一样，这里的 u_i 度量的是测量误差。为了理解解释变量的测量误差对方程（14-40）的影响，解出方程（14-44）的 X_i（$X_i = X_i^* - u_i$），然后代入方程（14-40），得到：

$$Y_i = \beta_0 + \beta_1(X_i^* - u_i) + \varepsilon_i \tag{14-45}$$

经整理重新写为：

$$Y_i = \beta_0 + \beta_1 X_i^* + (\varepsilon_i - \beta_1 u_i) \tag{14-46}$$

或

$$Y_i = \beta_0 + \beta_1 X_i^* + \varepsilon_i^{**} \tag{14-47}$$

式中，$\varepsilon_i^{**} = (\varepsilon_i - \beta_1 u_i)$。在这种情况下，本来要估计的是方程（14-40），但估计的却是方程（14-47）。注意当 u_i 发生变化时，方程（14-47）的变化。然而，当 u_i 变化时，随机干扰项 ε_i^{**} 和解释变量 X_i^* 变化的方向相反，表明 ε_i^{**} 与 X_i^* 相关！这直接违背了古典假设Ⅲ，很明显与联立方程中的违背（第 14.1 节中讲述过）相似。毋庸置疑，与联立方程出现的偏误问题相同，因模型中的变量存在误差而引起对古典假设的违背会导致估计偏误。也就是说，由于解释变量的测量误差，方程（14-47）的普通最小二乘参数估计量是有偏的。有趣的是参数估计值 β_1 偏向零，这是因为 β_1 为负，ε_i^{**} 与 X_i^* 正相关造成了向上的偏误，而如果 β_1 为负，那么 ε_i^{**} 与 X_i^* 负相关造成向下的偏误。[⊖]

与消除联立偏误的方法相同，为了消除由于一个或多个解释变量的测量误差造成的参数估计偏误，常采用的方法是工具变量，替代 X 的变量与 X 高度相关，但与 ε 不相关。回顾前面的二阶段最小二乘法，它就是一种工具变量方法。然而，尽管怀疑变量存在误差，但却不能十分肯定地知道是否存在这样的变量，并且也不容易找到能够满足两个条件的工具变量，故当存在变量误差时，这种方法很少使用。因此，由于很容易找到 X^*，通常将它作为 X 的一个很好的替代量。然而，如果 X 的测量误差很大，则有必要采取一些补救措施。

总之，一个或多个解释变量的测量误差将会导致方程（14-47）的误差项与解释变量相关，产生与联立偏误相似的偏误。[⊖]

⊖ 请参阅 William H. Creene，*Econometric Analysis*（Upper Saddle River，NJ：Prentice Hall，1999），PP. 375-381.

⊖ 如果误差存在于被解释变量、一个或多个解释变量中，则均会降低方程的总体显著水平，并且导致参数估计的偏误。事实上，著名的计量经济学家兹维·格里利切斯（Zvi Griliches）曾警告说，数据的测量误差，通常是因数据是由样本或估计量计算得到的，这意味着要避免使用有特定偏好的估计方法，因为它们对数据误差比普通最小二乘法更敏感。见 Zvi Griliches，"Data and Econometricians-the Uneasy Alliance，" *American Economic Review*，Vol. 75，No. 2，p. 199. 同样可参考 B. D. McCullough 和 H. D. Vinod，"The Numerical Reliability of Econometric Software，" *Journal of Economic Literature*，Vol. 37，pp. 633-665.

第 15 章

预　　测

关于预测问题，在第 1 章论述的计量经济学应用中简要地提到过。对于制定成功的计划，精准的预测至关重要。因此，预测已成为商业中或是政府部门运用计量经济学的首要目标。例如，制造企业需要预测销售量；银行需要预测市场利率；政府部门需要对失业率以及通货膨胀率进行预测。

对于很多企业或政府机构的决策者而言，计量经济学与预测其实是一回事。如此简单的理解就给了计量经济学一种坏名声，之所以这样，是因为很多计量经济学家通常都把他们预测准确的能力估计过高，从而导致了一些不切实际的索赔和使用者的不愉快。一些使用者很可能拿出 19 世纪的纽约法律（幸运的是，这个法律并没有被执行，但显然也没有被废除）来维权，在该法律中规定，"假装能够预测未来"的人将会遭受 250 美金的罚款或是 6 个月的囚禁[一]。尽管很多计量经济学家希望那些顾问称他们自己为"未来学家"或者"预言家"，但是预测在当今计量经济学中的重要作用仍然不可忽视。

预测未来事件的方法有很多：一方面，有些预测所用到的预测模型包含数百个方程[二]；另一方面，有些很准确的预测却仅仅只是靠很好的想象力以及适度的自信心。

遗憾的是，用短短的一章，想要清楚地讲述预测，哪怕是其中的一小部分知识都不现实。事实上，有很多非常好的书籍和期刊[三]专门探讨预测问题。因此，本章的主要目的是，简要介绍计量经济学在预测中的应用。本章首先用简单的线性模型介绍预测；接着讲述比较复杂的预测；最后，介绍一种用 ARIMA 模型预测的方法。ARIMA 模型预测完全依靠被解释变量过去的变化，而不用任何别的解释变量。ARIMA 几乎被当作一种标准预测，因此，就算不是基于经济学原理，理解 ARIMA 模型也非常重要。

〇　纽约州刑法惩处条例第 899 条：该法律并不适用于"不收任何费用出于好意的基督教徒"。

〇　为了将这些模型进行有趣的比较，见 Ray C. Fair and Robert J. Shiller，"Comparing Information in Forecasts from Econometric Models," *American Economic Review*，Vol. 80，No. 3，pp. 375-389.

〇　例如，见 G. Elliott，C. W. J. Granger，and A. G. Timmermann，*Handbook of Economic Forecasting*（Oxford, UK：North-Holland Elsevier，2006），and N. Carnot，V. Koen，and B. Tissot，*Economic Forecasting*（Basingstoke，UK：Palgrave MacMillan，2005）.

15.1　什么是预测

总的来说，预测就是预期未来。在计量经济学中，预测指的是运用不属于同一数据集的观测值来估计被解释变量的期望值。尽管绝大多数的预测都是预期未来时间段的值，然而，用截面数据模型预测不属于样本范围内的国家或民族的情况也很常见。为了简化专业术语，在本章中预测和预期两个词可以互换。（在有些书上，预测指的是样本范围外，而预期则只用于时间序列。）

我们已经遇到过预测方程了。回顾本书第 1.4 节中关于体重与身高的例子，它是一个预测方程。这个模型的目的就是根据某个男性的身高来估计他的体重。在这个例子中，建立预测的第一步就是估计方程（1-19）：

$$估计出的体重 = 103.40 + 6.38 \times 身高（单位：英寸，高于 5 英尺的部分）$$

也就是说，男性的平均体重等于在 103.40 磅的基础上加上 6.38 倍的超过 5 英尺部分的身高。第二步要做的仅仅是把要预测体重的人的身高代入预测方程，这样就能得到体重。例如，为了预测 6 英尺 1 英寸高的男性体重，其计算过程为：

$$预期体重 = 103.40 + 6.38 \times 13（高于 5 英尺的部分） \tag{15-1}$$
$$103.40 + 82.9 = 186.3（英镑）$$

这个估计体重的方程就是运用一个线性方程来预期或预测的例子。运用这个方程来进行预测可分为两步：

（1）设定并估计一个方程，所要预测的是该方程的被解释变量的值。通过为预测的变量设定方程并进行估计，得到预测方程：

$$\hat{Y}_t = \hat{\beta}_0 + \hat{\beta}_1 X_{1t} + \hat{\beta}_2 X_{2t} \quad (t = 1, 2, \cdots, T) \tag{15-2}$$

方程的设定与估计在前 14 章中讲述过。用（$t = 1$, 2, $\cdots$, T）来表示样本容量是时间序列预测中的标准做法（t 代表"时间"）。

（2）获得各个解释变量观测值的预测值，并把它们代入预测方程。为了用方程（15-2）计算预测值，就要得到变量 X_1 和 X_2 在 $T+1$ 期时的值，然后代入方程：

$$\hat{Y}_{T+1} = \hat{\beta}_0 + \hat{\beta}_1 X_{1T+1} + \hat{\beta}_2 X_{2T+1} \tag{15-3}$$

$\hat{Y}_{T+1}$ 代表什么？它代表基于方程（15-2）所得到的预测值，它是 $T+1$ 期（样本范围外）时，根据变量 X_{1T+1} 和 X_{2T+1} 的值所预测的 Y 的值。

为了更好地理解这两个步骤，接下来介绍用这种方法进行预测的两个例子。

例 15-1　预测鸡肉消费量。回到鸡肉需求模型，看一看该方程对人均鸡肉消费量预测得如何。

$$\hat{Y}_t = 27.7 - 0.11 PC_t + 0.03 PB_t + 0.23 YD_t \tag{9-14}$$
$$(0.03) \quad (0.02) \quad (0.01)$$
$$t = -3.38 \quad +1.86 \quad +15.7$$
$$\overline{R}^2 = 0.990\,4 \quad N = 29(1974 \sim 2002 \text{ 年}) \quad DW = 0.99$$

式中，Y 代表人均鸡肉消费量（单位：磅）；PC 代表鸡肉价格（单位：美分/磅）；PB 代表牛肉价格（单位：美分/磅）；YD 代表美国的人均可支配收入。

为了使预测尽可能的符合实际,把用于估计方程(9-14)的样本数据中最后三年的数据剔除,接着就可以比较方程的预测结果与实际情况。用该模型进行预测,首先要得到模型中三个解释变量的值,然后将这些值代入预测方程(9-14)中。在 2003 年,$PC=34.1$,$PB=374.6$,$YD=280.2$,于是,有:

$$\hat{Y}_{2003} = 27.7 - 0.11 \times 34.1 + 0.03 \times 374.6 + 0.23 \times 280.2 = 99.63 \tag{15-4}$$

接下来,按同样方法依次计算 2004 年与 2005 年的值,得到⊖:

年份	预测值	实际值	误差百分比
2003	99.63	95.63	4.2
2004	105.06	98.58	6.6
2005	107.44	100.60	6.8

那么,这个模型预测得如何呢?其实评判预测的精确性就像审美一样,主要是看旁观者的眼光。回答这个问题的方法很多⊖。最简单的评价方法就是计算误差百分比的平均值(用绝对值计算),很显然,这种方法就叫作**平均绝对百分比误差**(mean absolute percentage error,MAPE)评价方法。该预测例的 MAPE 是 5.9%。

另外一种较为普遍的评价方法是**均方根误差准则**(root mean square error criterion,RMSE)。均方根误差的计算方法是:首先,将每一时期的预测误差平方;然后,取这些平方值的平均值,最后,对这个平均值取平方根。由于这些误差值在相加之前都先求了平方,因此,RMSE 的优点就是将较大的误差值置于不利地位。对于鸡肉需求的预测值,预测的 RMSE 是 5.97 磅(或是 6%)。

如图 15-1 所示,不管选用什么方法都不重要,因为用方程(9-14)预测的无条件预测值与真实值非常接近,误差大约为 6%。

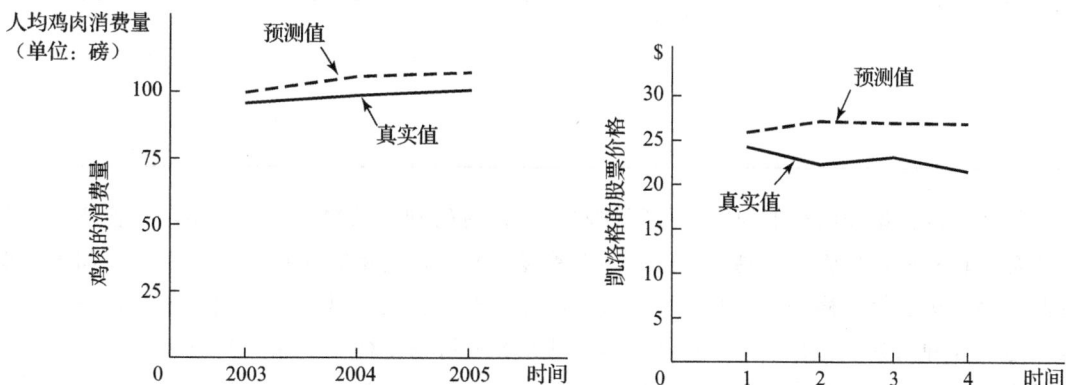

图 15-1 预测的例子

注:在鸡肉消费的例子中,方程的预测误差的平均值约为 6%。在股票价格模型中,就算可以获得解释变量的真实值并且模型与样本拟合得非常好,也很难获得准确的预测值。

⊖ 其他变量的真实值分别为,PC:2004 年时为 24.8,2005 年时为 26.8;PB:2004 年时为 406.5,2005 年时为 409.1;YD:2004 年时为 295.17,2005 年时为 306.16。很多软件包,包括 EViews 和 Stata,都包含有用于预测的程序块,因此像方程(15-4)的预测值就可以自动被计算出来。需要注意的是,使用这种程序块所得的预测结果会有一点点不同,因为它绕过了参数估计这个步骤。

⊖ 有关七种不同衡量预测精确度的方法,见 Perter Kennedy,*A Guide to Econometrics*(Malden,MA:Blackwell,2008),pp.334-335.

例 15-2 预测股票价格。有些人想模仿前面的例子，建立股票价格预测模型，实现在股票市场一夜暴富的梦想。他们的理由是：如果可以在 6% 的误差范围内预测到 3 年后某只股票的价格，那么，就可以知道应该购买哪一只股票。

为了知道预测到底有没有用，让我们看一个关于凯洛格公司（谷物早餐及其他产品的生产商）股票季度价格的简化模型：

$$\widehat{PK}_t = -7.80 + 0.009\,6DIA_t + 2.68KEG_t + 16.18DIV_t + 4.84BVPS_t$$

$$\qquad\qquad (0.002\,4) \qquad (2.83) \qquad (22.70) \qquad (1.47)$$

$$\qquad t = 3.91 \qquad\quad 0.95 \qquad\quad 0.71 \qquad\quad 3.29$$

$$\qquad \overline{R}^2 = 0.95 \qquad N = 35 \qquad DW = 1.88 \qquad\qquad (15\text{-}5)$$

式中，PK_t 代表在 t 季度，凯洛格公司的股票价格（单位：美元）；DIA_t 代表在 t 季度，道琼斯工业平均指数；KEG_t 代表在 t 季度，凯洛格公司的收入增长（在过去五年凯洛格公司年收入变化的百分比）；DIV_t 代表在 t 季度，凯洛格公司公布的该季度的分红（单位：美元）；$BVPS_t$ 代表在 t 季度，凯洛格公司在该季度的每股股票面值。

结果显示，参数估计值的符号与回归之前的假设均一致；从调整后的判定系数 $\overline{R}^2$ 可以看出，模型的整体拟合优度很好；根据杜宾-沃森 d 统计量的值，不能拒绝不存在序列相关性的假设；变量 KEG 和 DIV 对应的 t 统计量较小，表明存在多重共线性（变量 KEG 和 DIV 的相关系数 $r = 0.985$），但由于理论上的重要性，这两个变量必须留在方程中。另外，注意方程中的大部分变量都是非平稳的，这也是导致拟合优度比较好的重要原因。

为了用方程（15-5）进行预测，搜集了未来四个季度所有解释变量的实际观测值，并将其代入方程，得：

季度	预测值（美元）	实际值（美元）	误差百分比
1	26.32	24.38	8.0
2	27.37	22.38	22.3
3	27.19	23.00	18.2
4	27.13	21.88	24.0

那么，该模型预测得如何呢？尽管样本内调整后的判定系数 $\overline{R}^2$ 为 0.95，尽管解释变量的值都是真实的，尽管只预测了之后的四个季度，然而，模型的误差竟然有 20%。如果根据预测结果购买了凯洛格公司的股票，那么，必然会遭受损失！既然其他预测股票价格的尝试也会遭遇种种困难，那么，用计量经济学方法来预测股票价格似乎并不合理。

由于单只股票的价格（以及其他很多项目）变化不定，且引起这种变化的很多因素都是不可量化的，从而无法持续准确地预测股票价格。有效市场假说提出的"证券价格总是反映所有可获得的信息"。[⊖] 因此，预测股票价格在某种程度上变成了一个关于市场是否有效和当前价格能否反映可获得信息的概率游戏。尽管拥有内部消息的投资者（或发明了有效预测方法的人）有机会做出超越平均股票价格的预测，但使用内部信息是不合法的。

⊖ http://www.morningstar.com/InvGlossary, 10/20/15. 更多请参阅 Burton Malkiel, *A Random Walk down Wall Street* (London: W. W. Norton, 2007).

15.2 比较复杂的预测

前面所讲的预测都比较简单，但事实上，绝大多数的预测都包含其他更多的问题。例如：

（1）变量 Xs 的值未知。实际上，除已知样本外解释变量的值都不可知。例如，预测某只股票的价格时，想要知道未来的道琼斯平均工业指数完全不太可能。然而，在前面预测凯洛格公司的股票价格时，假设道琼斯工业指数是已知的。如果不知道解释变量在预测期的值会怎么样？

（2）序列相关。如果存在序列相关，预测方程就要用广义最小二乘法来估计。当预测方程是用广义最小二乘法估计时，应该怎样调整预测值？

（3）置信区间。前面所估计出来的都是单个值，但是，这些单个值几乎不可能完全准确。那么，当真实值在该区间的概率为某一特定值时，估计一个置信区间不是更好吗？应该怎样计算置信区间？

（4）联立方程模型。在第 14 章中提到，很多经济学或商业上用到的方程都属于联立方程模型。如果想要预测的被解释变量的变化反过来又会导致解释变量的变化，那么，怎么能用这个解释变量来预测被解释变量呢？

仅仅几个这样的问题，就足以说明预测其实比本书第 15.1 中所讲的要复杂得多。

15.2.1 条件预测（在预测期变量 X 的值未知）

若知道所有解释变量在预测期的确切值，则把这种预测称为**无条件预测**（unconditional forecast）。但是，正如前面所讲，能够进行这种无条件预测的情况非常少见。由于通常都会有一个或是更多未知变量，因此，更多时候需要进行条件预测。条件预测在预测被解释变量的值之前，必须先预测解释变量的值。也就是说，对被解释变量 Y 的预测是以对解释变量 Xs 的预测为条件的。

条件预测准确性的关键在于能够准确地预测解释变量的值。如果解释变量的预测值无偏，那么，用条件预测的被解释变量的值也是无偏的。对解释变量的值的预测再怎么完美也会有误差，从而条件预测的预测误差的方差将会比无条件预测的大。因此，在进行条件预测时，要选择解释变量的无偏的、最小方差的预测值。

要想得到解释变量较好的预测值，就应该在最初进行模型设定时，充分考虑各个潜在解释变量的可预测性。例如，在考虑应在方程中加入哪两个多余的变量用于预测时，就应该选择能够被准确预测的变量。如果可以，应尽量选择已经被别人预测出来的解释变量（例如，一家计量经济学预测公司预测的），这样自己就不用再进行预测。

有时候，若从一开始做到谨慎选择解释变量，就能够有效避免使用条件预测。如果解释变量是领先指数的函数，那么，就可能不用条件预测。**领先指数**（leading indicator）是指其变化先于被解释变量的解释变量。最有名的领先指数是领先经济指标指数，这些指数每月发布一次。

例如，利率对投资的影响，一般要在利率变化 2～3 个季度以后才表现出来。回顾第 14.3 节中的投资函数模型：

$$I_t = \beta_0 + \beta_1 Y_t + \beta_2 r_{t-1} + \varepsilon_t \tag{15-6}$$

式中，I 代表总投资；Y 代表 GDP；r 代表利率。从方程可以看出，r 可用来预测下一期的投资 I_{T+1}。然而，要预测 I_{T+2} 就必须先预测 r_{T+1}。因此，用 r 这样的领先指数进行预测时，如果只预测之后一两期的值就可以避免条件预测。对于长期预测而言，条件预测通常是必需的。

15.2.2 误差项序列相关时的预测

回顾第 9 章，如果是纯 1 阶序列相关，则表明当期的误差项 ε_t 受它的前 1 期与自相关系数 ρ 的影响，即

$$\varepsilon_t = \rho\varepsilon_{t-1} + \mu_t$$

式中，μ_t 代表序列不相关的误差项。当序列相关较为严重时，可以用广义最小二乘法估计，如前面提到的方程（9-21）：

$$Y_t - \rho Y_{t-1} = \beta_0(1-\rho) + \beta_1(X_{1t} - \rho X_{1t-1}) + \mu_t \tag{9-21}$$

然而，当使用广义最小二乘法来解决方程存在的纯 1 阶序列相关时，用该预测程序就变得很复杂。这是因为，如果估计方程（9-21），则解释变量为：

$$Y_t^* = Y_t - \hat{\rho} Y_{t-1} \tag{15-7}$$

因此，如果用广义最小二乘法方程来进行预测，则预测的是 Y_{t+1}^* 的值而非 Y_{t+1} 的值。该预测值并不是真正需要的预测结果。

如果预测值是用广义最小二乘法方程来预测的，那么，在预测之前就应该根据方程（9-21）解出 Y_t：

$$Y_t = \rho Y_{t-1} + \beta_0(1-\rho) + \beta_1(X_t - \rho X_{t-1}) + \mu_t \tag{15-8}$$

这样，预测就可以采用方程（15-8）。如果将 t 换为 $T+1$（预测 $T+1$ 期），并将参数、自相关系数 ρ 以及解释变量的估计值代入方程，得：

$$\hat{Y}_{T+1} = \hat{\rho} Y_T + \hat{\beta}_0(1-\hat{\rho}) + \hat{\beta}_1(\hat{X}_{T+1} - \hat{\rho} X_T) \tag{15-9}$$

若方程是用广义最小二乘法来估计的，那么，就应该用方程（15-9）进行预测[⊖]。

接下来，介绍一个误差项存在序列相关的例子。特别的，在第 9 章以及本章第 1 节中提到的鸡肉需求的例中，鸡肉需求方程的杜宾-沃森 d 统计量为 0.99，也就是说，明显的存在 1 阶序列相关。因此，用广义最小二乘法估计鸡肉需求方程，得：

$$\hat{Y}_t = 28.5 - 0.08PC_t + 0.016PB_t + 0.24YD_t \tag{9-25}$$
$$\quad\quad (0.04) \quad\quad (0.021) \quad\quad (0.02)$$
$$t = -2.13 \quad\quad +0.74 \quad\quad +13.12$$
$$\overline{R}^2 = 0.963 \quad\quad N = 29 \quad\quad \hat{\rho} = 0.56$$

既然方程（9-25）是用广义最小二乘法估计的，那么，被解释变量 Y 其实是 Y_t^*，$Y_t^* = Y_t - \rho Y_{t-1}$，$PC_t$ 其实是 PC_t^*，$PC_t^* = PC_t - \hat{\rho} PC_{t-1}$，依此类推。因此，用方程（9-25）进行预测，必须首先将其变形为方程（15-9）的形式，或者是：

$$\hat{Y}_{T+1} = 0.56Y_T + 28.5 \times (1-0.56) - 0.08(PC_{T+1} - 0.56PC_T)$$
$$\quad + 0.016(PB_{T+1} - 0.56PB_T) + 0.24(YD_{T+1} - 0.56YD_T) \tag{15-10}$$

⊖ 如果 $\hat{\rho}$ 小于 0.3，很多研究者倾向于用普通最小二乘法的预测结果加上 $\hat{\rho}$ 倍的滞后残差作为预测值，而不是用方程（15-9）的形式进行广义最小二乘法预测。

将解释变量的真实值代入方程（15-10），得：

年	预测值	实际值	误差百分比
2003	97.54	95.63	2.0
2004	101.02	98.58	2.5
2005	102.38	100.60	1.8

　　广义最小二乘法预测的 MAPE 为 2.1％，这远比普通最小二乘法预测的要好。总的来说，当存在序列相关时，广义最小二乘法的预测结果通常优于普通最小二乘法的。

15.2.3　预测置信区间

　　到目前为止，本书重点讨论的都是如何获得某一点的估计值（或单一值）。无论是在参数估计还是在预测时都是这样。前面提到，点估计所得的结果仅仅是其中一种情况，当样本不同（参数估计时）或是解释变量不同（预测时）时，所得结果也会不同。如果同时能够获得这些预测值的变化情况，那么这些点估计值的应用价值将会提高。通常用置信区间来衡量这些预测值的变化情况。置信区间的定义在第 5.5 节中提到过，置信区间是指在指定的百分比（置信水平）内包含某一真值的取值范围。由此可以看出，在进行预测时存在样本差异。

　　例如，预测 7 月 14 日的本市焰火晚会当天要准备多少热狗。假定最佳点预测值为 24 000 个，那么应该准备多少个热狗呢？如果准备 24 000 个的话，那么可能很快就卖完了，也有可能卖不完！这是由于点预测通常是销售分布平均值的估计值，销售量高于 24 000 与销售量低于 24 000 的概率一样。如果能同时知道置信区间，也就是知道在 95％ 置信水平内包含销售量真值的区间，那么，就更容易决定准备多少热狗了。这是因为点预测（24 000 个热狗）在多大程度上是否有用，主要依赖于置信区间。若置信区间为 22 000～26 000，就会将销售量限制在一个较小的范围内；但如果区间是 4 000～44 000 的话，销售量到底会是多少就不得而知了。

　　同样，决定准备多少个热狗依赖于预测错误的成本。销售量的高估和低估所付出的成本可能不一样。例如，如果没有准备足够多的热狗，由于其他成本（例如，雇用员工、建立热狗销售点）都是固定成本，那么，损失的是利润。如果少准备一个热狗，则损失的利润就是热狗的销售价减去香肠和面包的购入成本。另一方面，如果热狗准备过多，那么，损失是多余香肠和面包的购入成本减去处理面包等的收回资金。因此，热狗的准备数量应该依赖于利润率，依赖于不可回收投入在总成本中所占的比重。

　　在假设检验中用到的方法同样也适用于构造置信区间。给定一个预测值 $\hat{Y}_{T+1}$，要获得一个围绕预测值的置信区间，就需要知道 t 统计量的临界值 t_c（给定的置信水平下），还需要知道估计量的标准差 S_F，于是

$$置信区间 = \hat{Y}_{T+1} \pm S_F t_c \tag{15-11}$$

或写成，

$$\hat{Y}_{T+1} - S_F t_c \leqslant Y_{T+1} \leqslant \hat{Y}_{T+1} + S_F t_c \tag{15-12}$$

t 统计量的临界值 t_c 可以在统计表 B-1 中找到（对自由度为 $T-K-1$ 的双侧检验）。当只有一个解释变量时，预测的标准差 S_F 等于预测误差方差开平方根：

$$S_F = \sqrt{s^2 \left[1 + 1/T + (\hat{X}_{T+1} - \overline{X})^2 \Big/ \sum_{t=1}^{T} (X_t - \overline{X})^2 \right]} \qquad (15\text{-}13)$$

式中，s^2 代表误差项的估计方差；T 代表样本观测值个数；$\hat{X}_{T+1}$ 代表解释变量的预测值；$\overline{X}$ 代表解释变量的样本观测值的算术平均值。

从方程（15-13）可以看出，预测误差的方差会随着样本的扩大而减小，样本中变量 X 的值越多，$\hat{X}$ 就越接近于其样本均值。另外，用来预测被解释变量 Y 的解释变量 X 离样本均值越远，$\hat{Y}$ 的置信区间的范围越大。这一点可以从图 15-2 中看出，当 $\hat{X}_{T+1}$ 离均值 $\overline{X}$ 较远时，置信区间的范围较大。既然预测样本范围外的值是很常见的，在进行预测时就应该注意这个问题。也要注意方程（15-13）是用于无条件预测的。如果 $\hat{X}_{T+1}$ 存在预测误差，那么，置信区间的范围会变大，且计算起来也较为复杂。最后，方程（15-13）不能用于与 HC 标准误差结合。

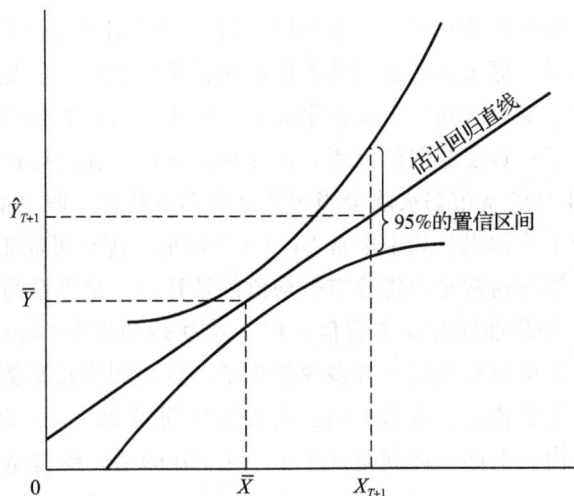

图 15-2 $\hat{Y}_{T+1}$ 的置信区间

注：$\hat{Y}_{T+1}$ 95% 的置信区间是指 Y_{T+1} 的真值落入该区间的次数所占比例为 95%。注意，当 $\hat{X}_{T+1}$ 离均值越远，置信区间的范围越大。

正如上面所说，方程（15-13）假设只涉及一个解释变量；实际上包含多个变量的方程与之类似，但是更为复杂。无论 Y_t 是在样本区间内还是样本区间外，用方程（15-13）计算其标准差都是没有意义的，仅仅只能预测单个的 Y_t 的值，如果要计算 Y 的期望值 $E(Y_t)$ 的置信区间，则正确的计算方程为：

$$S_F^* = \sqrt{s^2 \left[1/T + (\hat{X}_{T+1} - \overline{X})^2 \Big/ \sum (X_t - \overline{X})^2 \right]} \qquad (15\text{-}14)$$

15.2.4 用联立方程组进行预测

正如在第 14 章中所讲，大多数的计量经济学或商业模型实际上都是联立的。例如，本章第 15.2 节中提到的投资方程就是用二阶段最小二乘法估计的，这个方法正是第 14 章中的宏观经济联立方程模型的一部分。既然 GDP 是投资方程中的解释变量，而且当投资增加时，GDP 也会增加，那么，如果只用一个方程来进行预测，模型就不能反映投资对 GDP 的反馈影响。那么，在联立方程模型背景下应该怎样进行预测呢？这个问题有两种答案，主要是看模型中各个方程的右边是否存在滞后内生变量。

如果模型中不存在滞后内生变量，那么，特定内生变量的简约式方程可以用来进行预测，因为它代表着要预测的内生变量的联立解。既然简约式方程是用内生变量以前定变量的形式表示的，这就使得预测内生变量不用考虑任何的反馈或是联立影响。这个结果解释了为什么有的研究者在使用单一方程预测潜在联立的解释变量时，方程中同时包含有供给方和需求方的前定变量。他们其实是在用调整后的简约式方程来进行预测。

如果模型中存在滞后内生变量，那么预测时就要考虑滞后内生变量引起的相互作用。对于简单的模型而言，有时可以替换简约式方程中出现的滞后内生变量。如果这样做很困难，那么就要用到一种叫作模拟分析的方法。模拟包含用简约式方程预测第一个样本时期简约式方程中出现的内生变量；在预测第二个样本时期时，用上一期的内生变量的预测值作为方程中滞后一期的内生变量的值，对于滞后两期或两期以上的内生变量继续使用样本值。这个过程一直持续到预测所用的简约式方程中各个滞后内生变量都可以用前面各期的内生变量的预测值来替代为止。尽管这种分析方法不是本章要讲的内容，但是在用联立方程模型进行预测时它是非常重要的。[⊖]

15.3　ARIMA 模型

前两节介绍的预测方法通常应用于较为常见的回归模型。用线性回归方程来预测被解释变量时，是将解释变量的值代入估计方程中计算出被解释变量 Y 的预测值。对被解释变量的预测是基于解释变量的（以及基于估计参数）。

ARIMA（后面会简单地介绍这个名称）是一种应用得越来越广泛的预测方法。该方法在预测时完全不考虑解释变量。ARIMA 是一种高度精练的曲线拟合方法，能用被解释变量的过去值与现在值来精确地预测该变量短期内的值。当试图用一个传统的计量经济学模型解释和估计一个变量的内部结构时（如消费函数和货币需求函数），ARIMA 将这些结构视为"黑盒"并简捷地分析变量之间的相关模式来预测它。例如，证券分析师预测股票市场价格就是基于股票价格过去的变化情况。

任何不考虑解释变量的预测方法在预测时也不需要考虑潜在的理论，除非假设要研究的变量存在某种不断重复的变化。既然前面已经强调了估计方程前理论基础的重要性，那为什么还提倡使用 ARIMA 呢？这是因为出现下列情况时使用 ARIMA 是很合适的：不了解将要预测的被解释变量；解释变量很重要但是却不能被准确地预测；或是仅仅只需要预测之后的一期或两期。在这些不同的情况下，用 ARIMA 来进行短期预测要比回归模型预测更好。ARIMA 尤其适合预测样本或预测期间没有大结构变化的系统。在这种情况下，样本外的预测中，简单的 ARIMA 可以超过复杂的计量经济学模型接近最先进的宏观模型（依据主要宏观变量的预测）[⊖]。另外，ARIMA 有时候能够更好地解释回归方程的残差（例如，由省略了

　⊖　关于这个问题更详细的介绍，见 Robert S. Pindyck and Daniel L. Rubinfeld, *Econometric Models and Economic Forecasts*（New York：McGraw-Hill，1998）第 12～14 章。

　⊖　Charles R. Nelson, "The Ex Ante Prediction Performance of the St. Louis and FRB-MIT-PENN Econometric Models and Some Results of Composite Predictors" ', *Journal of Money*，*Credit and Banking*. Vol. 7，No. 1，pp. 1-32.

某些变量或其他问题引起的）。除了以上这些情况，其他时候并不建议使用 ARIMA。以上对 ARIMA 的介绍是非常简短的，关于这个问题更为完整的介绍可以参见其他资料。⊖

ARIMA 方法在一个方程中包含两种不同的设定（又叫过程）。第一个设定是自回归过程（ARIMA 中的 AR），第二个设定是移动平均过程（即 MA）。

自回归过程（autoregressive process）是指被解释变量 Y_t 是该变量过去值的函数。这与第 9 章中介绍的序列相关误差项函数以及第 12 章中的动态模型相类似。如果有 p 个不同的 Y 的滞后值，那么，方程又叫作"p 阶"自回归过程。

移动平均过程（moving-average process）是指被解释变量 Y_t 是误差项过去值的函数。这个函数是误差项过去观测值的移动平均，用它加上 Y 的均值就可以得到 Y 的过去值的移动平均。如果用到 q 个 ε 的过去值，那么就叫作"q 阶"移动平均过程。

构造一个 ARIMA 模型，首先在不包含解释变量的计量经济学方程中加入自回归过程以及移动平均过程：

$$
\begin{array}{c}
\overbrace{Y_t = \beta_0 + \theta_1 Y_{t-1} + \theta_2 Y_{t-2} + \cdots + \theta_p Y_{t-p} + \varepsilon_t}^{\text{自回归过程}} \\
\underbrace{+ \phi_1 \varepsilon_{t-1} + \phi_2 \varepsilon_{t-2} + \cdots + \phi_q \varepsilon_{t-q}}_{\text{移动平均过程}}
\end{array}
\tag{15-15}
$$

式中，θ 和 ϕ 分别代表自回归过程和移动平均过程的参数；p 和 q 分别代表 Y 和 ε 过去值的个数。

在将该方程应用于时间序列分析之前，必须保证该时间序列是平稳的。关于平稳的定义见第 12.5 节。如果一个序列是非平稳的，那么在应用 ARIMA 方法之前必须进行某些处理使序列变平稳。例如，一个非平稳的序列常常通过 1 阶差分变为平稳序列：

$$
Y_t^* = \Delta Y_t = Y_t - Y_{t-1}
\tag{15-16}
$$

如果 1 阶差分后序列仍然不平稳，那么，可以对 1 阶差分后的序列再进行 1 阶差分。⊜所得结果即为 2 阶差分：

$$
Y_t^{**} = \Delta Y_t^* = Y_t^* - Y_{t-1}^* = \Delta Y_t - \Delta Y_{t-1}
\tag{15-17}
$$

总的来说，就是要进行不断的差分，直到序列变平稳。需要进行的差分次数用字母 d 表示。例如，假设 GDP 每年以某一固定数值增长。尽管各个时期的 GDP 序列是非平稳的，但是经过 1 阶差分后序列可能是平稳的，这时候 d 等于 1，因为经过 1 阶差分后序列就变平稳了。

方程（15-15）中的被解释变量必须是平稳的，因此，方程中的 Y 可以是 Y_t^* 甚至是 Y_t^{**}，这依赖于要研究的变量本身。⊜如果是预测 Y_t^* 或是 Y_t^{**}，那么，就需要将预测结果转换为要求的变量。例如，如果 $d=1$，那么：

$$
\hat{Y}_{T+1} = Y_T + \hat{Y}_{T+1}^*
\tag{15-18}
$$

这个转换过程与数学中的积分类似，因此，ARIMA 中的"I"是指"整合的"。ARIMA 就是指

⊖ 例如，见 Robert S. Pindyck and Daniel L. Rubinfeld，*Econometric Models and Economic Forecasts*（New York：McGraw-Hill，1998）第 15～19 章。

⊜ 对于以固定比例增长而不是以固定数量增长的变量而言，通常对变量取对数然后再进行差分。

⊜ 如果方程（15-15）中的被解释变量 Y 是 Y^*，那么 β_0 表示初始序列线性趋势的参数，如果被解释变量是 Y^{**}，那么 β_0 表示初始序列的二阶差分趋势。在有些情况下，例如方程（15-19）中，模型中不一定包含 β_0。

自回归与移动平均相结合。（如果初始序列是平稳的，那么 $d=0$，此时又简写为 ARMA。）

为了便于书写，将有特定值 p，d，q 的 ARIMA 模型写为 ARIMA(p，d，q），p，d，q 通常是整数，例如 ARIMA(2，1，1)。ARIMA(2，1，1)表示该模型包含 2 个自回归项，1 阶差分以及 1 个移动平均项：

$$\text{ARIMA}(2,1,1):Y_t^* = \beta_0 + \theta_1 Y_{t-1}^* + \theta_2 Y_{t-2}^* + \varepsilon_t + \phi_1 \varepsilon_{t-1} \tag{15-19}$$

式中，$Y_t^* = Y_t - Y_{t-1}$。

很明显，很小的 p 和 q 都可以造成很大的变化。

15.4 小结

（1）预测就是根据样本范围外的观测值来估计被解释变量的期望值。基本方法是将想要预测的变量作为被解释变量估计一个方程，然后将各个解释变量（需预测的观察结果）的值代入方程中计算出预测值。

（2）一个预测方程在样本范围内拟合得很好，并不能保证也可以对样本范围外的观测值进行准确的预测。

（3）确切地知道每一个解释变量的值的预测叫作无条件预测，但如果有一个或多个解释变量的值要通过预测得到，那么这种预测叫作条件预测。条件预测所得的 Y 的预测值是无偏的（只要 X 的预测值是无偏的），但是一定会使误差方差变大。

（4）如果方程的参数是用广义最小二乘法估计得出的（为了修正纯 1 阶序列相关），那么预测方程为：

$$\hat{Y}_{T+1} = \hat{\rho} Y_T + \hat{\beta}_0 (1 - \hat{\rho}) + \hat{\beta}_1 (\hat{X}_{T+1} - \hat{\rho} X_T)$$

式中，ρ 代表自相关系数。

（5）如果同时计算出置信区间，预测结果将会更有意义。置信区间是指解释变量的真实值落入该区间的次数为某固定百分比（置信水平）的某个区间。计算如下：

$$\hat{Y}_{T+1} \pm S_F t_c$$

式中，S_F 为预测的估计标准差，t_c 为某置信水平下双侧检验的 t 的临界值。

（6）ARIMA 是一种高度精练的曲线拟合方法，能用被解释变量（仅仅是被解释变量）的过去值与现在值来精确地预测该变量短期内的值。首先通过 d 阶差分使序列变平稳，差分后的变量其均值和方差是固定不变的。ARIMA(p，d，q）表示该模型是由 p 阶自回归过程（含有 $\theta_1 Y_{t-1}$）和 q 阶的移动平均过程（含有 $\phi_1 \varepsilon_{t-1}$）来表示 d 阶差分的被解释变量。

习题

（偶数序号的习题答案见附录 A）

1 不查阅（或笔记），给出下列术语的定义，然后与书本上的相比较。

 a. ARIMA   b. 自回归过程   c. 条件预测   d. 预测   e. 领先指数

 f. MAPE   g. 移动平均过程   h. RMSE   i. 无条件预测

2 计算下列无条件预测的预测值：

 a. 在 2014 年一所新独户住宅的中间价格（PR），已知：美国 2014 年的 GDP 为 174 000 亿美元以及此方程：

$$PR_t = 12\,928 + 17.08GDP_t$$

b. 可能成为新 Woody's 餐厅地址的三个地方的预期客流量，用方程（3-4）以及下面的数据进行预测。如果只能新建一家餐厅，这三个地址中应该选哪一个（其他条件相同）？

地址	竞争者	人口	收入
Richburgh	6	58 000	38 000
Nowheresville	1	14 000	27 000
Slick City	9	190 000	15 000

3 为了理解条件预测的复杂性，试用方程（1-19）来估计三个人的体重，身高用估计值。（用所得结果与他们的真实体重进行比较。）

4 计量经济学预测有时也会应用于政治领域。在政治领域回归分析的例子很多，从兼职的市场顾问帮助参选者决定怎样最好的运用他们的宣传资金，到有相当专业的文献专门讲述美国总统选举。[一]

在 2008 年，Haynes 和 Stone[二] 对本文献添加了一篇文章，文中设定了下列方程：

$$VOTE_i = \beta_0 + \beta_1 P_i + \beta_2(DUR*P)_i + \beta_3(DOW*P)_i + \beta_4(GROWTH*P)_i$$
$$+ \beta_5(INFLATION*P)_i + \beta_6(ARMY*P)_i + \beta_7(SPEND*P)_i + \varepsilon_i$$

式中，$VOTE_i$ 代表两个党派的民主份额；P_i 代表如果现任者是民主党为 1，如果现任者是共和党则为 −1；DUR_i 代表该党派连任总统的次数；DOW_i 代表选举当年从 1 月到 10 月，道琼斯工业平均指数的年变化率；$GROWTH_i$ 代表在选举当年的第 2 和第 3 季度，人均 GDP 的年增长率；$INFLATION_i$ 代表在选举的前两年，通货膨胀率的绝对值；$ARMY_i$ 代表在选举前两年，军队人口的年变化率；$SPEND_i$ 代表在选举前两年，国防支出的年变化率。

a. 变量 P 是什么变量？是虚拟变量吗？如果不是，那是什么变量？

b. 作者设定的方程中包含了一系列的变量 P 与其他相关变量的交叉项。仔细观察方程，解释为什么这些交叉项是必需的。

c. 用表 15-1 中的数据[三]（数据文件名为 ELECTION15）估计方程（15-22）（用 1916～1996 年的数据）。

d. 为方程中的参数建立假设并进行检验（5% 的显著水平下）。是否有参数的符号与预期不一致？是哪些参数？

e. 对 2000 年和 2004 年进行无条件预测，并将预测结果与表 15-1 中的实际值进行比较。预测得怎么样？

f. 作者是在 2008 年选举之前撰写的文章。用表 15-1 中的数据对选举进行无条件预测。预测结果为哪一方胜出？

[一] 见 Ray Fair：" The Effect of Economic Events on Votes for President," *Review of Economics and Statistics*, Vol. 60, pp. 159-173, 以及 "Econometrics and Presidential Elections," *Journal of Economic Perspectives*, Vol. 10, pp. 89-102。

[二] Stephen Haynes and Joe Stone," A Disaggregate Approach to Economic Models of Voting in U. S. Presidential Elections：Forecasts of the 2008 Election," *Economics Bulletin*, Vol. 4, No. 28（2008），pp. 1-11。

[三] 数据源于 Haynes and Stone, ibid., p. 10, 但类似的数据可以从其他很多地方找到，例如 fairmodel. econ. yale. edu/vote2008/pres. txt。

表 15-1　总统选举练习的数据

OBS	YEAR	VOTE	P	DUR	DOW	GROWTH	INFLATION	ARMY	SPEND
1	1916	51.682	1	1	12.00	6.38	7.73	2.33	4.04
2	1920	36.119	1	2	−23.50	−6.14	8.01	−107.60	11.24
3	1924	41.756	−1	1	6.00	−2.16	0.62	−3.38	−23.05
4	1928	41.240	−1	2	31.30	−0.63	0.81	−0.48	10.15
5	1932	59.140	−1	3	−25.00	−13.98	10.01	−2.97	−37.56
6	1936	62.458	1	1	24.90	13.41	1.36	7.60	28.86
7	1940	54.999	1	2	−12.90	6.97	0.53	16.79	8.33
8	1944	53.774	1	3	9.00	6.88	1.98	53.10	17.16
9	1948	52.370	1	4	6.30	3.77	10.39	−38.82	−86.56
10	1952	44.595	1	5	−1.80	−0.34	2.66	43.89	71.59
11	1956	42.240	−1	1	2.40	−0.69	3.59	−9.93	−14.34
12	1960	50.090	−1	2	−13.90	−1.92	2.16	−4.10	−8.44
13	1964	61.344	1	1	15.80	2.38	1.73	−3.68	−5.88
14	1968	49.596	1	2	10.00	4.00	3.94	0.06	6.28
15	1972	38.210	−1	1	5.40	5.05	5.17	−11.91	−19.71
16	1976	51.050	−1	2	3.00	0.78	7.64	−2.56	−20.15
17	1980	44.697	1	1	12.40	−5.69	8.99	−1.37	−0.44
18	1984	40.830	−1	1	−6.90	2.69	3.68	−0.22	7.38
19	1988	46.070	−1	2	12.60	2.43	3.30	−1.58	−1.09
20	1992	53.455	−1	3	−0.90	1.34	3.15	−7.33	−10.11
21	1996	54.736	1	1	24.54	3.08	1.95	−5.62	−12.67
22	2000	50.265	1	2	−5.02	2.95	1.80	−2.00	1.83
23	2004	48.586	−1	1	−8.01	3.49	2.50	−0.51	14.91
24	2008	?	−1	2	30.70	2.10	3.70	−0.87	0.41

资料来源：Stephen Haynes and Joe Stone, "A Disaggregate Approach to Economic Models of Voting in U. S. Presidential Elections: Forecasts of the 2008 Election," *Economics Bulletin*, Vol. 4, No. 8 (2008), p. 10。

注：数据文件名为 ELECTION15。

5 假设有两个不同的关于变量 Y_t 的 ARIMA(1，0，0)时间序列模型：

$$模型 A：Y_t = 15.0 + 0.5Y_{t-1} + \varepsilon_t$$
$$模型 T：Y_t = 45.0 - 0.5Y_{t-1} + \varepsilon_t$$

式中，ε_t 是正态分布的误差项，均值为 0，标准差为 1。

a. 样本的最后一个观测值为（时期 2006 年），$Y_{06} = 31$ 用这两个模型计算时期 2007 年、2008 年、2009 年的预测值。

b. 如果知道 Y_{07} 的真实值为 33，重新计算时期 2008 年和 2009 年的预测值。

c. 基于拟合的时间序列以及两个预测值，判断哪一个模型（模型 A 或模型 T）更好？请说明理由。

第 16 章

实验和面板数据

本章将对实验数据和面板数据做一简要介绍。第 1 节阐述经济学中的实验方法，[⊖]它为证明因果关系的回归分析提供了一种可行的方法，因此，很重要。如果（实验中）某个组暴露在某种特定的政策下（如增加税收或者降价），而另一对照组未暴露在该政策下，则两组（成员）行为间任何显著的差异都能证明是上述政策因素引起的。在某些研究（领域）中，这种实验已经成了一种标准，例如，美国食品药品管理局用这种方法检测某种新药的有效性和安全性。

本章的其余部分将关注面板数据。正如第 11 章中提到的，面板数据是由截面数据和时间序列数据相结合而生成的一个独立数据集。虽然有些研究者使用面板数据来增加样本容量，但使用面板数据的主要原因在于，当那些单独使用截面数据或时间序列数据无法回答问题时，面板数据提供了一种新的分析视角。

16.1　经济学中的实验方法

任何统计学家都知道变量间的相关关系并不能用来证明变量间有因果关系，但是，如果要评价经济政策的有效性、商业运作的盈利能力以及非营利项目的价值，等等，理解因果关系就变得十分重要。为了解决这个问题，有些计量经济学家在研究中引入了药学和心理学研究中使用的实验方法。那么，实验方法能为经济学中的因果关系提供证据吗？

16.1.1　随机分配实验

药学研究者想检测一种新药的有效性时，经常会使用随机分配（random assignment）的实验设计。读者也许对随机分配实验很熟悉，因为几乎每周的新闻里都会提到药物研究的新成果。实验程序大致如下：首先，选择或招募实验对象，然后他们被随机分配到两组代表对

⊖　我们之所以用这个拗口的词来表达，主要是为了避免和已经存在的实验经济学相混淆。实验经济学家对人类对象进行实际的实验室实验。通过提供真实世界中的影响因素（通常是钱），实验经济学家能够再现供给和需求平衡，检测经济理论，研究除了用这个方法之外就很难观测到的市场现象。关于经济领域随机试验的浅显例子和创新应用参看 Uri Gneezy 和 John List 的，*The Why Axis*（London：Random House Books, 2014）。

照组和处理组。**处理组**（treatment group）的人员会得到被测试的药品，同时，**对照组**（control group）的人员得到一种无害（作为试验药物替代品的）安慰物。类似的实验用在经济学中也是可能的。例如，为了检测一个工作培训项目是否会对收入产生影响，处理组会接受（工作）培训，对照组则不参加培训。如果处理组和对照组是随机选择的，则该实验被称为**随机分配实验**（random assignment experiment）。

不难看出，为什么有些研究者会把随机分配作为证明因果关系的黄金准则。随机选择能够确保对照组和处理组间出现的任何不同结果都是偶然的，同时，确保两组结果的差异都是由实验处理引起的，不是仅仅只与实验处理有关。实验对象的随机分组应当保证实验处理是引起处理组与对照组间可观测到差异唯一的系统性原因。任何其他差异都是随机分配产生的偶然结果。例如，随机分配可能会导致一组中的男性多于另一组，或者一个实验对象由于与实验无关的疾病或处理死亡。在合理的样本容量下，类似的随机波动会被最大限度地抹平，因此，平均来讲除了一组接受了实验处理另一组没有外，在其他方面两组是一样的。样本容量越大，随机波动就越有可能被抹平。

除实验（处理）以外，可能对结果产生影响的因素都纳入误差项，得到方程：

$$OUTCOME_i = \beta_0 + \beta_1 TREATMENT_i + \varepsilon_i \tag{16-1}$$

式中，$OUTCOME_i$ 代表第 i 个个体的期望结果；$TREATMENT_i$ 代表第 i 个个体是否为处理组中的个体，为虚拟变量，如果是处理组中的个体，则值取为 1；若是对照组中的个体，则该值取为 0。

β_1 常被称作**差异估计量**（difference estimator）因为它度量了对照组的平均结果与处理组的平均结果之间的差异。如果 β_1 的估计值在理论预期的方向上显著的异于零，则有证据说实验处理确实使结果向预期的方向变动了。

但是，随机分配并不总能够控制其他所有可能对实验有影响的因素。在这种情形下，我们可以找出对结果产生影响的一些因素，并把它们加入到方程中。在关于工作培训的例子中，假设随机分配使一组中的男性多于另一组，并且该组成员的年龄也比另一组的略大。若性别和年龄会对收入的决定产生影响，则可以通过在回归方程中加入年龄和性别变量，来控制两组实验对象在结构上的差异：

$$OUTCOME_i = \beta_0 + \beta_1 TREATMENT_i + \beta_2 X_{1i} + \beta_3 X_{2i} + \varepsilon_i \tag{16-2}$$

式中，X_1 代表个体性别的虚拟变量；X_2 代表个体年龄。

如果能够观测到重要的附加因素，则建议使用方程（16-2），不建议使用方程（16-1）。毕竟，如果两个方程中 β_1 的估计值接近，则两个方程中任选一个都没问题。但是，如果 β_1 的估计值不同，则有证据表明不能控制这些重要的影响因素使他们在处理组和对照组间平均分布。如果事实果真如此，则包含其他因素的方程［方程（16-2）］给出的由实验（处理）所引起的差异的估计值可能更好。

不幸的是，随机分配实验在经济学中并不普遍，之所以这样，是因为它们容易受到某些典型问题的影响，而这些问题在药物实验中并不存在。举例来说：

（1）非随机样本。经济学实验中的实验对象大多是志愿者，且志愿者样本通常都不是随机的。并不是人人都乐意做志愿者。若能被分在处理组，某些潜在的实验对象是愿意参与实验的；但如果被分在对照组，他们就不愿参与了。而且有些志愿者会在实验中途改变主意或退出实验项目。因此，很容易理解的是，一个志愿者样本的特点并不总是能代表总体。例如，假设研究的问题是学生取得的成绩，即给予经济刺激是否能够提高他们的考试分数。愿意参加到该实验中的教授和学生并不能代表全部总体，结果就是，得到的结论可能并不能应用于每一个人。

（2）不可观测差异性。方程（16-2）中，加入了可观测因素来避免遗漏变量的偏误，但在经济学中并非所有的遗漏因素都可观测。这个"不能观测的遗漏变量"问题被称为**不可观测差异性**（unobserved heterogeneity）。[⊖]

（3）霍桑效应。实验对象中的人类通常都知道他们正在（参与实验）研究，并且他们也都知道自己是在处理组还是在对照组。由于实验参与者通常都知道他们正在被研究观察，这导致他们有时会因此改变自己的行为，也就明显地改变了实验结果。例如，西电公司的霍桑工厂参加了一次研究人员关于特定控制条件下的工人生产效率的研究。在一项实验中，工厂的灯光被调暗，工人们似乎工作得更加卖力，这是由于工人知道研究者正在观察他们是否工作得更卖力！事实是，如果人们知道他们正在被观察，他们的行为会发生改变，这被称为**霍桑效应**（Hawthorne effect）。

（4）实验的不可行性。在经济学中，随机分配实验常常是不可行的（或不道德的）。可以想象用随机分配实验来研究婚姻对收入的影响有多困难。平均来说，相较于单身男性的收入，已婚男性的要高，即使在考虑了一些诸如受教育程度、工作经验等可观测的其他影响因素后，其结果依然如此。不幸的是，有许多潜在的差异无法观测，例如，女性可能更喜欢嫁给预期未来会有高收入的男士。随机分配实验可能能够剔除这些差异，但是，想象一下要做到这一点的必要条件是什么。必须随机地安排一些男士结婚，而另一些男士保持单身！很容易想象，就像经济学中许多其他的随机分配实验一样，这个实验不可行。

16.1.2 自然实验

如果随机分配实验在经济学中并不可行的话，那有什么好的替代方法吗？有一种方法是用自然实验得到的数据来研究因果关系问题。**自然实验**（natural experiment，或者准试验）是类似于随机分配实验的方法，只是自然实验中观测值是"自然"（由于外生事件）地落入处理组或者对照组，而不是由实验研究人员随机分配的。这种方法需要找到自然事件或者政策变动，对它们的分析就相当于随机分配实验中的实验处理。只要自然事件是外生的（例如，不受实验研究中任何组的控制），这时自然实验就可以很近似地看作模拟的随机分配实验。这样做的关键是找到自然发生的事件来模拟随机分配实验。

例如，1992 年新泽西州大幅提高了本州的最低工资，但宾夕法尼亚州的最低工资不变。这使很多经济学家预期新泽西州快餐店（以及其他支付最低工资的行业）的就业会减少。一个著名研究中，Card 和 Krueger 将新泽西州快餐店（处理组）和宾夕法尼亚州临近地区类似餐厅（对照组）做了比较，发现没有证据表明提高最低工资会减少就业。[⊖]他们的研究就是一个自然实验！

严格的自然实验方法要求找到"处理组"和"对照组"的等价物，即除了实验处理外，还把其他可观测的影响因素纳入方程中后，"处理组"和"对照组"除了实验处理不再有其

⊖ 鸣谢大卫·菲利普斯（David Philips）。

⊖ David Card 和 Alan Krueger，"Minimum Wages and Employment：A Case Study of the Fast-Food Industry in New Jersey and Pennsylvania"，*American Economic Review*，84 卷，第 4 期，772-793 页。

他的系统性差异。但是，经济学中，处理组和对照组的结果度量标准可能不同。此外，不可观测差异性或者非随机的样本可能会使各组在结果度量标准上出现差异。如果结果一开始度量的起点就不同，则在实验处理后对结果的比较就不能度量出实验（处理）对结果的真正影响。为了理解为什么这会是一个问题，假设你正在研究职业培训对收入的影响，并进一步假设实验前处理组的收入是平均年薪 30 000 美元，对照组平均年薪是 29 000 美元。如果实验后处理组的年薪最终比对照组多 1 000 美元，这能够证明实验因素是收入增长的原因吗？当然不能！

为了避免出现上述问题，经济学家在使用自然实验时，不再比较处理组和对照组的结果，而是比较结果的变化量。运用这一方法，对处理组中由实验因素引起的变动与对照组中的任何变动进行比较。结果就是用"差分中的差异"来度量自然实验中实验（处理）对结果的影响。

在类似的自然实验中，回归方程里适用的被解释变量不再是像方程（16-2）中那样直接使用结果的水平来表示，而是用结果的差分来表示。如果我们对方程（16-2）按上述原理调整，得到：

$$\Delta OUTCOME_i = \beta_0 + \beta_1 TREATMENT_i + \beta_2 X_{1i} + \beta_3 X_{2i} + \varepsilon_i \qquad (16\text{-}3)$$

式中，$\Delta OUTCOME_i$ 代表第 i 个观测值实验处理后的结果与实验处理前的结果之差。β_1 被称作**差异中的差分估计量**（difference-in-differences estimator），它度量了在 X_1 和 X_2 保持不变的情况下，处理组和对照组结果变化量之间的差异。如果 β_1 的估计值在预期方向上显著地异于零，则有证据表明实验（处理）导致了这一差异。

本质上，差分后的差异估计量衡量的是没有对照组作用于处理组时，处理组可能会出现的情况。因此，这种方法的有效性依赖于这样一种假设：如果没有实验（处理）因素，处理组和对照组的结果应该是相同的。

但是，需要注意的是，我们要改变对解释变量和对应参数含义的解释，这是因为被解释变量已经从方程（16-2）中的形式变为方程（16-3）中的形式。β_2 现在度量的是（保持其他解释变量不变的情况下）X_1 增加 1 单位对结果的变动所产生的影响，而不再是度量对结果的影响程度是多少。此外，在选择解释变量时应当考虑到方程（16-3）中的被解释变量是差分形式。

最后要注意的是，在收集自然实验的数据时，应当考虑数据收集时间距政策改变"前""后"的时间结构。处理组和对照组中的数据应当来自一个与政策（实验处理）发生改变前有足够长时间间隔的时期，这可以保证得到的数据是没有受到政策改变的预期影响。例如，如果一家公司公告说将会在未来提高商品的售价，那么，许多人为了省钱就会抢在涨价之前购买商品。结果，在临近涨价前收集的数据会夸大真正的"政策变动前"的数据。类似的，政策"之后"的数据也应当在距离政策改变有一段合理的期限之后收集，以便让公众和公司有时间针对"变动"做调整。[⊖]

⊖ 另外，此处有证据表明当差异中的差分模型（difference-in-difference model）用普通最小二乘法估计的时候 $SE(\hat{\beta})s$ 被低估且需要更正。参见 M. Bertrand，A. Diamond，和 J. Hainmueller,，"Synthetic Control Methods for Competitive Case Studies：Estimating the Effect of California's Tobacco Control Program," *Journal of the American Statistical Association*，Vol. 105，pp. 113-132

16.1.3 自然实验的例子

请看一个自然实验的例子。1997 年，ARCO 公司是世界上最大的石油精炼企业和汽油零售商之一，兼并了到目前为止南加利福尼亚最大的独立加油站连锁商 Thrifty 石油公司。[⊖]经济学家和消费者都担心兼并会削弱竞争，导致 ARCO 提价。

这个主题具有良好的自然实验的潜质，因为汽油站可以被分为处理组（该组中的加油站在两公司兼并前与 Thrifty 石油公司是竞争关系）和对照组（该组中的加油站在兼并前与 Thrifty 石油公司间不存在竞争关系）。为了度量兼并对汽油价格的影响，研究者将比较对照组和处理组在兼并前后两个公司的汽油的价格差异。

处理组包括方圆 1 千米内有 Thrifty 公司加油站和与其存在竞争关系的 ARCO 加油站，对照组由与 Thrifty 不存在直接竞争关系的 ARCO 加油站组成。数据从一个个加油站收集得来，将兼并前后的汽油价格做比较。

兼并前，处理组的价格，平均来说比对照组低 2～3 美分，这一现象是合理的，因为 ARCO 加油站要与邻近的 Thrifty 公司的加油站竞争。但兼并后，处理组的价格比对照组的价格高了 2～3 美分！

图 16-1 列出了这个例子中洛杉矶的数据结果。可以发现，兼并前处理组的价格比对照组的价格低，但兼并后处理组的价格就比对照组的高了。本质上，原来与 Thrifty 加油站有竞争的 ARCO 加油站的汽油价格在兼并后突然有了大幅上升。这可以被看作兼并削弱了南加利福尼亚汽油价格竞争的证据么？再仔细观察图 16-1 比较两条线的斜率。处理组和对照组的价格趋势在其他各时期几乎是平行的，表明这些结果确实提供了初步的证据，证明独立竞争者的消失使市场价格提高了 4～6 美分。[⊖]

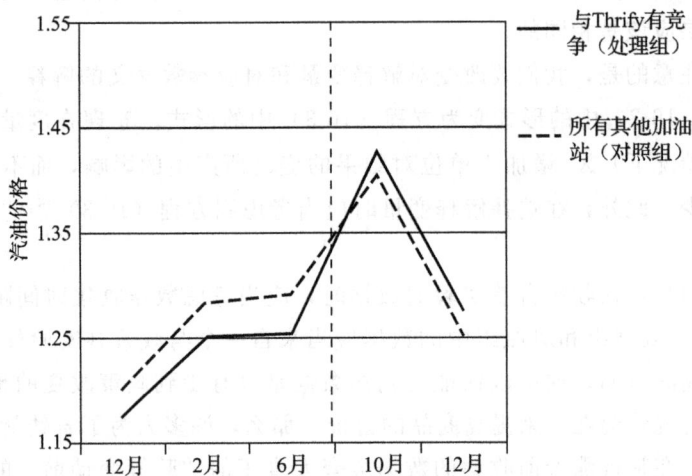

图 16-1 洛杉矶的处理组和对照组

注：处理组的汽油价格在兼并前低于对照组，兼并后高于对照组。

⊖ 这个例子取自 Justine Hastings 的 "Vertical Relationships and Competition in Retail Gasoline Markets: Empirical Evidence from Contract Contract Changes in Southern California", *American Economic Review*，2004 年 3 月，317-328 页。

⊖ Ibid.，323 页。Hastings 教授选取的是五个不同时期的数据，而非本例中提到的两个，她没有用本节中提到的差异中的差分模型来估计她的方程。相反，她使用了即将在本章第二节讲到的固定效应估计技术。

16.2 面板数据

让我们再来观察一下前一节例子中关于 ARCO 汽油价格的数据。它是时间序列数据集吗？是截面数据集吗？这组数据集包括来自 5 个不同月份的汽油价格，因此，它有时间序列的特性。然而，该数据集也包括数百个加油站（个体）每个月份的汽油价格，因此，它也具有截面数据的特征。由于这个数据集包括时间序列和截面两个维度，所以，它既不是时间序列数据，也不是截面数据。它是面板数据！

16.2.1 什么是面板数据

面板（或者纵向）数据用一种特殊的方式结合了时间序列数据和截面数据。**面板数据**（panel data）是同一截面样本的相同变量在两个或两个以上时期的观测值。例如，如果你对本校的 200 名应届毕业生做了调查，五年后又用相同的问卷对同样的同学做调查，这样就生成一个面板数据集。

并不是每个结合了时间序列和截面的数据集全都符合这个定义。尤其是，如果在不同时期内观测的变量不同，或者在不同时期的数据取自不同的（观测）样本，则这些数据都不能作为面板数据。[○]

一些面板数据集是在长期大规模的纵向调查后得到的，例如，1979 年开始的全英青少年纵向调查（National Longitudinal Survey of Youth，NLSY）。通过劳工统计局得到了 NLSY 的调查数据。该项调查跟踪了 1979 年时年龄在 14～22 岁的男性和女性共 12 686 人。1979 年至 1994 年间，每年都对这些人进行一次调查，1994 年后调查改为隔年进行一次。[○]很明显，这样的面板数据集收集了许多个体在如此长时间里的数据，为劳动力数据提供了十分丰富的来源。其他著名的纵向调查包括美国收入动态追踪调查（U. S. Survey of Income Dynamics，PSID）、英国家庭面板数据调查以及加拿大国家公共健康调查。

那么，为什么要使用面板数据呢？正如之前提到的，首先，面板数据会增加样本容量，面板数据的第二个好处是为那些单独使用时间序列和截面数据无法解决的问题提供一种新的分析切入点。例如，面板数据能帮助政策制定者设计方案来减少失业，他们让研究者判断是否是同一些人年复一年都处于失业状态，或者在不同年份是否有不同的人失业。[○]使面板数据获得最终优势的，是面板数据使研究者避免了遗漏变量的问题，这一问题经常出现在应用截面数据的研究中。稍后还会对这个问题进行论述。

使用面板数据时会遇到四种不同类型的变量。第一种典型的变量随个体的改变而改变，但不随时间的改变发生变化，例如性别、民族、种族。第二种变量随时间变动，但在给定时期对所有个体都是一样的，例如，零售价指数和国家的失业率。第三种变量，是既随时间变

<hr>

○ 相反，我们把这些数据集称作"混合时间序列和截面"（数据集）。一个混合时间序列和截面数据集的例子如下，假设你对 2009 级的 200 名应届毕业生做了调查，并把这调查结果与对 2004 级 200 名应届毕业生所做的同样调查的结果结合在一起。这个合并的数据集不是面板数据集，因为随着时期的改变样本也变了。混合时间序列和截面数据的方程可以用上节提到过的差异中的差分估计量的变异形式来进行估计。更多信息，参看 Jeff Wooldridge，*Introductory Econometrics*，（Mason，OH：South-Western，2009），445-455 页。

○ http://www.bls.gov/nls/nlsy79.htm

○ Peter Kennedy，*A Guide to Econometrics*（Malden，MA：Blackwell，2008），p. 282.

动又随个体变动的变量，例如收入、婚姻状况等。第四种趋势变量会沿着可预测的路径变化，如个体的年龄。

用面板数据估计方程，必须确保这些数据按正确的次序排列。回归软件包，如 EViews 和 Stata 都需要确认某个观测值属于哪个时期的哪个截面实体。不幸的是，不同的回归软件对面板数据的版式要求皆不同。举例来说，Stata 就要求数据要带有日期和身份编码，但它并不需要数据排成任何特定的序列。但是很多其他的程序都要求数据排成一个特定的序列。尤其典型的做法是在移动到下一个截面实体的时候必须将前一个截面实体上的观测值全部到一起，以免混淆。因此，检查并确保你的数据排列与回归程序的要求是否一致非常重要。

最后，使用面板数据，需要对标记方法进行略微扩展。至今为止，用下标 i 指截面数据集中的观测对象，Y_i 指 Y 的第 i 个截面观测值。类似的，用下标 t 指代时间按序列数据集中的观测个数，Y_t 指时间序列 Y 的第 t 个观测值。由于面板数据集中的变量既涉及截面部分，又涉及时间序列部分，因此上述两类下标都会用到。结果是，Y_{it} 代表第 i 个截面在第 t 期时 Y 的观测值。同样，这种标记方法的扩展同样适用于解释变量和误差项。

16.2.2　固定效应模型

估计面板数据方程的最佳办法是什么？本节所讨论的固定效应模型和下一节将要展示的随机效应模型将是两种主要途径。⊖

固定效应模型（fixed effect model）囊括了足够多的虚拟变量来使每个截面实体（如某个州或国家）和每个时间段都可以有不同的截距，并以此来估计面板数据方程

$$Y_{it} = \beta_0 + \beta_1 X_{it} + \alpha_2 EF_2 + \cdots + \alpha_N EF_N + \rho_2 TF_2 + \cdots + \rho_T TF_T + \varepsilon_{it} \qquad (16\text{-}4)$$

式中，EF_i 代表 $N-1$ 个截面固定效应虚拟变量，在第 i 个截面取值为 1，其余情况取值为 0；TF_i 代表 $T-1$ 个时间固定效应虚拟变量，在第 t 个时期取值为 1，其余情况取值为 0；βs，$\alpha_i s$ 和 $\rho_t s$ 代表待估计的回归参数；ε 代表随机误差项。

因为要得到一个面板数据集，所以，Y，X，ε 有两个下标。尽管在方程（16-4）中只有一个 X，但这个模型可以推广至有任意一个独立解释变量的情况。

为什么我们需要一个如方程（16-4）这么复杂的模型？要回答这个问题，不妨考虑一下如下事实，如果我们忽略掉来自面板数据的观测值，对模型进行估计的话，那会出现什么问题。我们的方程会与下述的方程类似。

$$Y_{it} = \beta_0 + \beta_1 X_{it} + V_{it} \qquad (16\text{-}5)$$

这看起来很熟悉，除了这一点："那个看起来很古怪的 V_{it} 是从哪里来的？"，这是误差项，的确，它看起来古怪异常。

要弄明白 V，请记住我们正在处理面板数据，观测值来自许多不同截面和不同时期。正如不会有人认为存在两个一模一样的州。不同的州有不同的文化、历史和机构。不难想象这些差异可能会导致我们所想解释的那些现象出现不同的结论。举例来说，此处的 Y_{it} 可以是收入、健康或者犯罪。

同时我们也很容易了解，像每个州的历史和文化这样的东西，会在短时间内十分稳定。

⊖　其他估计面板数据模型的方法，包括差分模型（练习 6 中会涉及）和需求模型（其中，每个 X 的观测值减去 X 的均值，每个 Y 的观测值减去 Y 的均值，回归是在那些"去掉均值"的变量上进行的）

这可能很难去度量，但我们知道它们不变，而且我们知道历史和文化才是每个州得以与其他州区分的原因所在。这些不变和无法测量的因素极有可能与 X 相关，但方程（16-5）却没有将之囊括在内，所以，遗漏了一些变量。

所以，这是个问题，对吧？在第 6 章中，我们学过遗漏的相关变量其影响将会转而施加在误差项上。这部分理清了方程（16-5）中古怪的误差项 V_{it} 的来龙去脉。但这还不够。记住我们正在处理面板数据，我们不仅糅合了多个截面，更掺杂了一些时间序列！这意味着我们会更有可能遗漏变量。但这是为什么呢？

在每个时期内，特定事物会影响所有截面的可能性是完全存在的，但每个时期都会有不同事物来扮演这一角色。假设你正在研究数年内每一年在某些州发生的交通事故。如果联邦政府提高或降低高速公路最高限速，这个政策会影响所有州交通事故的发生。相似的，改变社会规范也会影响交通事故。举例来说，对安全带的态度就举足轻重。大众曾经根本没有要系安全带的意识！如果你对这有疑问，问问你的祖父母，看看在他们是孩子的时候，其中有多少用了安全带。

方程（16-5）中的误差项可以被分解成三个部分，即丢失的截面特征、丢失的时间特征和古典误差项。

$$V_{it} = \varepsilon_{it} + a_i + z_t$$

式中，ε_{it} 代表古典误差项；a_i 代表方程中丢失的截面特征；z_t 代表方程中丢失的时间特征。如果 a_i 和 z_t 与 X_{it} 相关，我们就会有麻烦，因为违背了古典假设Ⅲ，估计出的 β_1 是有偏的。

根据我们在第 6 章学到的，理论上讲要解决这个问题很简单。只要把那些遗漏变量再纳入到模型之中，遗漏变量偏误就会消失。但是被遗漏的变量经常是观测不到的。况且，就算我们能够观测到，也不一定能够度量它们。举例来说，如果截面主体是州的话，诸如文化和历史特征就没法观测到的。我们连发现它们都难，更何况去度量呢？

当这样的事发生的时候，我们已经有经济学的工具去解决问题了，解决的方法就是采用虚拟变量！通过向每一个截面主体（EF_i）引入一个虚拟变量，我们可以控制这些不可观测的因素，但同时又不改变截面主体的效应。这种截面主体和时间的固定效应不会再成为被遗漏的变量，因为它们已经被虚拟变量所代表。引入虚拟变量会将 V 转化成 ε，然后将方程（16-5）转化成基本固定效应的模型，也就是方程（16-4）：

$$Y_{it} = \beta_0 + \beta_1 X_{it} + \alpha_2 EF_2 + \cdots + \alpha_N EF_N + \rho_2 TF_2 + \cdots + \rho_T TF_T + \varepsilon_{it} \qquad (16\text{-}4)$$

固定效应模型的最主要优势在于它避免了由于遗漏那些不随时间改变的变量（如地理位置），或是那些随时间改变且平均影响每个截面主体的事物（如联邦最高限速）所带来的偏误。本质上，我们其实是让每个主体的截面和每个时期的截面围绕着一条不变的基线变动（此时，所有的固定效应虚拟变量都等于 0）。而这样做的美妙之处是，我们甚至都不用知道主体到底发生了什么，也不用考虑时间的不变效应。虚拟变量囊括了所有！

但是固定效应模型会有一些缺陷。固定效应模型的自由度会倾向于比较低，每个虚拟变量（EFs 和 TFs）都会损失 1 个自由度。举例来说，如果面板包括 50 个州和两年，我们会损失掉 50 自由度，因为用了刻画 49 个州的虚拟变量和只有 1 个年度的虚拟变量，另外一个可能的错误是，任何大量的具体的变量，如果随主体的改变而改变却对同一主体不随时间的变化而变化是不能应用在模型中的，因为它们会引起多重共线性。

幸运的是，这些缺陷与其优势比起来，实在是九牛一毛，所以，对读者的建议是，在任何时候都用固定效应模型来估计面板数据模型。

16.2.3 固定效应模型估计的例子

让我们来看一个固定效应模型应用的简单例子。假设你对死刑与谋杀率间的关系感兴趣，并收集了 50 个州谋杀率的数据。

如果你估计了一个面板数据模型（见图 16-2），年度谋杀率是已经被判死刑并在最近三年执行的死刑数目的函数，得到：

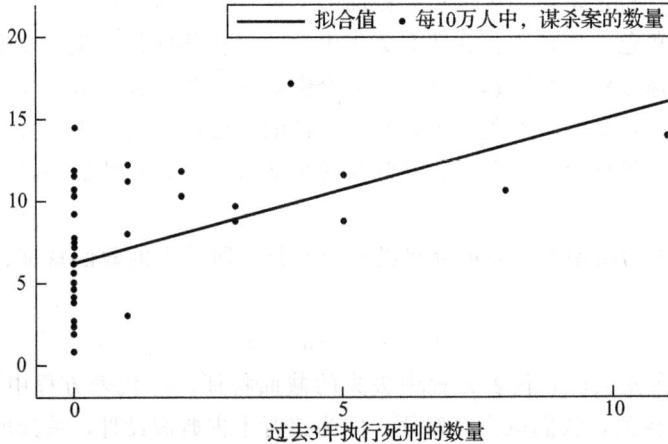

图 16-2　在单个年份的截面模型中，谋杀率表现出随着死刑执行数的增多而增多

注：1990 年的截面数据模型中，谋杀率表现出随着死刑执行数增多而增多的趋势，这很有可能是由于遗漏变量造成的。

$$\widehat{MURDER_i} = 6.20 + 0.90 EXEC_i \tag{16-6}$$
$$(0.22)$$
$$t = 4.09$$
$$N = 50(1990 \text{ 年的州数}) \qquad \overline{R}^2 = 0.24$$

式中，$MURDER_i$ 代表 1990 年第 i 个州每十万人中，谋杀的数量；$EXEC_i$ 代表第 i 个州 1987～1989 年间对犯谋杀罪者执行死刑的数量。

1990 年的截面模型中，谋杀率似乎随着死刑执行数的提高而增加，这很有可能是由于遗漏变量造成的偏误或者两者的确同时增加。这个结果意味着，对更多的谋杀犯执行死刑，只会带来越来越多的谋杀！这个结果与预期完全相悖。更糟糕的是，这并不是偶然的特例。如果收集另外一个年份的数据，1993 年的数据，并用它来估计单一时期的回归方程，仍然会得到一个正的斜率。

但是，如果把两个时期的截面数据集结合起来构造一个如表 16-1 中的面板数据，我们可以用方程（16-4）估计一个固定效应模型，修正成 50 州（将亚拉巴马州作为遗漏条件）和两个时间段（将 1990 作为遗漏条件）的模型：

表 16-1　关于谋杀率的例子的数据

OBS	州名	年份	谋杀率（%）	死刑执行数	TF_{93}
1	AL	1990	11.6	5	0
2	AL	1993	11.6	2	1
3	AK	1990	7.5	0	0

（续）

OBS	州名	年份	谋杀率（%）	死刑执行数	TF_{93}
4	AK	1993	9	0	1
5	AZ	1990	7.7	0	0
6	AZ	1993	8.6	3	1
7	AR	1990	10.3	2	0
8	AR	1993	10.2	2	1
9	CA	1990	11.9	0	0
10	CA	1993	13.1	2	1
11	CO	1990	4.2	0	0
12	CO	1993	5.8	0	1
13	CT	1990	5.1	0	0
14	CT	1993	6.3	0	1
15	DE	1990	5	0	0
16	DE	1993	5	0	1
17	FL	1990	77.8	0	0
18	FL	1993	78.5	0	1
19	FL	1990	10.7	8	0
20	FL	1993	8.9	7	1
21	GA	1990	11.8	2	0
22	GA	1993	11.4	3	1
23	HI	1990	4	0	0
24	HI	1993	3.8	0	1
25	ID	1990	2.7	0	0
26	ID	1993	2.9	0	1
27	IL	1990	10.3	0	0
28	IL	1993	11.4	0	1
29	IN	1990	6.2	0	0
30	IN	1993	7.5	0	1
31	IA	1990	1.9	0	0
32	IA	1993	2.3	0	1
33	KS	1990	4	0	0
34	KS	1993	6.4	0	1
35	KY	1990	7.2	0	0
36	KY	1993	6.6	0	1
37	LA	1990	17.2	4	0
38	LA	1993	20.3	2	1
39	ME	1990	2.4	0	0
40	ME	1993	1.6	0	1
41	MD	1990	11.5	0	0
42	MD	1993	12.7	0	1
43	MA	1990	4	0	0
44	MA	1993	3.9	0	1
45	MI	1990	10.4	0	0
46	MI	1993	9.8	0	1
47	MN	1990	2.7	0	0
48	MN	1993	3.4	0	1
49	MS	1990	12.2	1	0

（续）

OBS	州名	年份	谋杀率（%）	死刑执行数	TF_{93}
50	MS	1993	13.5	0	1
51	MO	1990	8.8	5	0
52	MO	1993	11.3	6	1
53	MT	1990	4.9	0	0
54	MT	1993	3	0	1
55	NE	1990	2.7	0	0
56	NE	1993	3.9	0	1
57	NV	1990	9.7	3	0
58	NV	1993	10.4	0	1
59	NH	1990	1.9	0	0
60	NH	1993	2	0	1
61	NJ	1990	5.6	0	0
62	NJ	1993	5.3	0	1
63	NM	1990	9.2	0	0
64	NM	1993	8	0	1
65	NY	1990	14.5	0	0
66	NY	1993	13.3	0	1
67	NC	1990	10.7	0	0
68	NC	1993	11.3	2	1
69	ND	1990	0.8	0	0
70	ND	1993	1.7	0	1
71	OH	1990	6.1	0	0
72	OH	1993	6	0	1
73	OK	1990	8	1	0
74	OK	1993	8.4	2	1
75	OR	1990	3.8	0	0
76	OR	1993	4.6	0	1
77	PA	1990	6.7	0	0
78	PA	1993	6.8	0	1
79	RI	1990	4.8	0	0
80	RI	1993	3.9	0	1
81	SC	1990	11.2	1	0
82	SC	1993	10.3	1	1
83	SD	1990	2	0	0
84	SD	1993	3.4	0	1
85	TN	1990	10.5	0	0
86	TN	1993	10.2	0	1
87	TX	1990	14.1	11	0
88	TX	1993	11.9	34	1
89	UT	1990	3	1	0
90	UT	1993	3.1	1	1
91	VT	1990	2.3	0	0
92	VT	1993	3.6	0	1
93	VA	1990	8.8	3	0
94	VA	1993	8.3	11	1
95	WA	1990	4.9	0	0

（续）

OBS	州名	年份	谋杀率（%）	死刑执行数	TF_{93}
96	WA	1993	5.2	1	1
97	WV	1990	5.7	0	0
98	WV	1993	6.9	0	1
99	WI	1990	4.6	0	0
100	WI	1993	4.4	0	1
101	WY	1990	4.9	0	0
102	WY	1993	3.4	1	1

资料来源：U. S. Department of Justice，FBI *Annual*，www. deathpenaltyinfo. org/execution。

注：数据文件：MURDER16。

$$MRDRTE_{it} = \beta_0 + \beta_1 EXEC_{it} + \alpha_2 EF_2 + \cdots + \alpha_{50} EF_{50} + \rho_2 TF_{93} + \varepsilon_{it} \tag{16-7}$$

如果现在用表 16-1 中的数据估计方程（16-7），就可以得到估计方程：

$$\widehat{MRDRTE}_{it} = 7.15 - 0.104 EXEC_{it} + 0.35 TF_{93} \tag{16-8}$$
$$(0.04) \qquad\qquad (0.16)$$
$$t = -2.38 \qquad\qquad +2.23$$
$$N = 100 \qquad \overline{R}^2 = 0.96$$

就像方程（16-8）和图 16-3 中能够看到的，用固定效应模型对 1990 年和 1993 年的数据构成的面板数据进行估计，得到斜率显著为负。⊖这个例子说明了运用面板数据和固定效应模型如何减弱了由于非观测差异性引起的遗漏变量的偏误。当数据表扩展到囊括了另一年（的数据），你是实质上在观察每一个州与其自身在不同时期的比对。

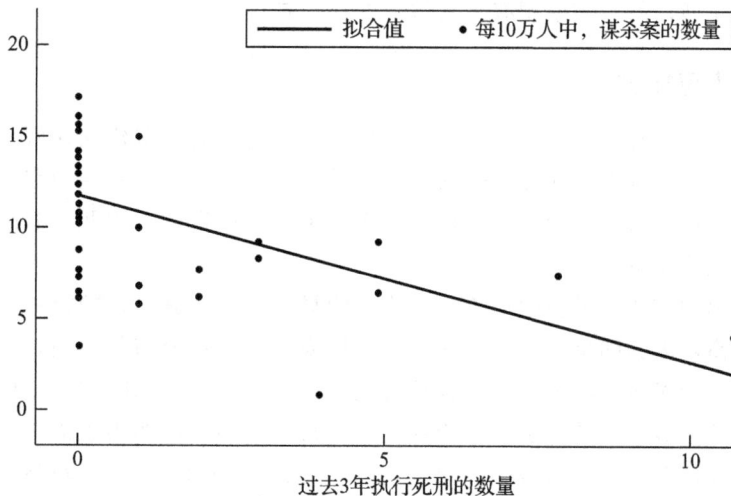

图 16-3 在面板数据模型中，谋杀率随死刑执行数的增多而降低

注：如果我们用固定效应模型来估计由 1990 和 1993 年的数据构成的面板数据，正如所预期的谋杀率随着死刑执行数的增加而减少。

⊖ 为了向读者展现如何把固定效应模型应用于面板数据的处理，这个模型被简化了。所以，从该样本中不能得出关于死刑的任何推论。合理的解释肯定要囊括更多的变量。另外，得克萨斯州在很大程度上影响了样本系数的决定，因为许多州在 1987～1993 年间不允许死刑。

注意，现在我们加入 TF_{93}，一个年份固定效应变量。年份固定效应变量保留了一个给定年份给整个国家死刑执行（数量）水平带来影响的因素。例如，如果某年最高法院颁布了一个法令，暂时停止某项死刑的执行，我们就会看到在整个国家使用该种死刑执行方式的死刑执行率降低，但这种降低和各州谋杀率与死刑执行数量之间的关系无关。⊖

我们也许注意到了方程（16-8）中的调整后的判定系数 $\overline{R}^2$ 比方程（16-7）中的增大了许多。这个增加是所有关于时间和州固定效应的虚拟变量的加入带来的。那为什么所有州的虚拟变量的系数没有出现在方程（16-8）中呢？除非集中于固定效应是研究的主要目标，否则这些系数都会因为节省空间的缘故而被舍去报告。有些庞大的面板数据表有着成百上千个主体的固定效应，很难一一报告！

本例中，只用到了两个时期，但固定效应模型能够扩展到更多期。在许多计量经济学软件中都把固定效应估计当作标准估计的统计方法，研究人员可以方便地找到。值得注意的是，本书报告了截距的估计值。是否报告截距的估计值，主要取决于估计固定效应模型时使用的软件。

⣿ 16.3 固定效应模型和随机效应模型

固定效应模型在估计面板数据方程时很好用，而且它避免了由于非观测的差异性所引起的遗漏变量的偏误。本书把固定效应模型作为一种很好的估计面板数据模型的方法推荐给广大读者。

但是，读过关于面板数据的文献的读者，可能会发现许多有经验的研究者会使用一种更先进的面板数据估计方法，称为**随机效应模型**（random effect model）。尽管本书不建议初学者使用随机效应模型，但对该模型有个大体上的认识是很重要的。

16.3.1 随机效应模型

固定效应模型的一种替代选择是随机效应模型。固定效应模型建立在假设每个截面单位都有自己的截距上的基础上，但**随机效应模型**假设每个截面单位的截距项都取自围绕着一个均值变动的分布。这样每个截距是从"截距分布"中随机取得的，因此，截距项的任何特定观测值都与误差项不相关。

与固定效应模型相比，随机效应模型有许多明显优势。尤其是，随机效应模型的自由度比固定效应模型高，因为随机效应模型只需估计用来描述截距分布的参数，而不必估计每个截面单元的截距。随机效应的另一个优良特性是，可以估计出不随时间变化的解释变量（如种族或者性别）的参数。但是，随机效应模型有个很大的不足，即为了避免遗漏变量所造成的偏误，需要假设遗漏变量不可观测的影响与独立变量 Xs 不相关，一般很难办到。

16.3.2 如何选择固定效应模型和随机效应模型

究竟使用固定效应模型还是使用随机效应模型，取决于 a_i 与 X 的关系的实质，如果两

⊖ With thanks to Doug Steigerwald.

者可能相关，则使用固定效应模型，因为它可以除去 a_i 和方程中潜在的遗漏变量的偏误。[⊖]

许多研究者用 Hausman 检验来判断 a_i 和 X 间是否有相关关系，但该检验已经超出本书的范围。本质上，这个检验是看在固定效应模型和随机效应模型下的回归参数是否显著不同。[⊖]如果它们显著不同，则固定效应模型更合适，尽管它用掉了很多自由度。如果这些参数并非显著的不同，则研究者们使用随机效应模型（为了保留自由度）或者把固定效应模型和随机效应模型的结果都报告出来。

16.4　小结

（1）随机分配实验被认为是证明一个实验（处理）因素与出现的结果间存在因果关系的黄金准则。随机选择的处理组暴露在实验（处理）下，对照组不受实验因素作用。我们检验两组的结果是否有显著差异。不幸的是，这种实验在经济学的许多领域都不可行。

（2）如果一个自然发生的事件（如政策的改变）能够被看作模仿了一个随机分配实验过程，则该自然实验能够为经济学中的因果关系提供证据。如果该事件让处理组结果的均值比对照组结果的均值发生了更显著的变化，则我们有证据表明实验（处理）是使结果发生改变的原因。

（3）涉及自然实验数据的方程可以用差异中的差分模型来估计，该模型比较了处理组和对照组结果改变量之间的差异。

（4）面板数据（也称作纵向数据）通过在两个或两个以上时间段采集的相同截面样本的相同变量的观测值的方法，结合了时间序列数据和截面数据。面板数据常常是由多年的大规模调查项目得来的，为计量经济学分析提供了丰富的数据资源。

（5）涉及面板数据的方程可以用固定效应模型或者更先进的随机效应模型进行估计。

习题

（偶数序号的习题答案见附录 A）

1 不查阅书本（或笔记），给出下列术语的定义，然后与书本上的相比较。

　　a. 对照组　　　　b. 差异中的差分　　　c. 固定效应模型　　　d. 自然实验

　　e. 面板数据　　　f. 随机分组实验　　　g. 随机效应模型　　　h. 处理组

2 15 年前，为了让小镇上的高中生毕业后能赚到更高的薪水，Easton 小镇决定增加其每年用于教育的支出。现在 Easton 小镇请你来估计增加教育支出的所起的效果。他们提供的数据表明，在教育支出增加前，近几届高中毕业生的平均年薪为 25 000 美元，现在的平均年薪增长到 28 500 美元。对你的分析工作有利的是，邻近的一个社区（Allentown）没有改变他们每年在教育上的投入。10 年前，Allentown 几届的高中毕业生获得的平均年薪为 22 500 美元，现在，平均值达到 23 750 美元。

　　a. 用差异中的差分估计量来判断 Easton 对教育投入的增加是否带来了该镇高中毕业生薪水的增加。

⊖ For an excellent explanation of the choice between fixed and random effects, see Peter Kennedy, *A Guide to Econometrics* (Malden, MA: Blackwell, 2008), pp. 284-292.

⊖ For an illustration of the Hausman test, see E. DiCioccio and P. Wunnava, "Working and Educated Women: Culprits of a European Kinder-Crisis," *Eastern Economic Journal*, April 2008, pp. 213-222.

b. 为了使估计有效，你做了什么样的基础假设？什么情况会导致你的基础假设失效？

c. 这个数据集仅包含两个观测对象。即使满足 b 中所提出的基础假设，你有多大的把握（仅）依据这两个观测对象就得出结论？

3 在第 16.1 节中，关于随机分配实验的讨论涉及两个方程，一个包含两个额外的可观测因素（X_1 和 X_2）[方程（16-2）]，另一个不包含额外的可观测因素 [方程（16-1）]。相反，该小节中对自然实验的讨论跳过了类似方程（16-1）的讨论，直接过渡到方程（16-3）。

$$\Delta OUTCOM_i = \beta_0 + \beta_1 TREATMENT_i + \beta_2 X_{1i} + \beta_3 X_{2i} + \varepsilon_i \qquad (16\text{-}3)$$

有错误吗？是什么原因让我们认为在自然实验中加入额外的可观测因素比在随机分配实验中加入更有必要？请解释原因。

4 2003 年，有 10 个州增加了它们在香烟上的税收。由于税收增加使香烟价格上升，我们预期增税将导致烟草消费减少。表 16-2 中，给出了 2000 年和 2006 年各州香烟消费量。表中列出了 45 个州和哥伦比亚特区的数据，未在 2003 年对香烟增税收的州列在前面。

a. 该数据集是随机分配实验数据集，自然实验数据集还是面板数据集？请解释原因。

b. 依据你在 a 中给出的答案，运用适当的估计技术，判断香烟税的增加对香烟消费量的影响。

c. 得到的结果和你的预期相符么？如果不相符，你认为这个研究设计有何问题？

表 16-2　以州为单位的香烟消费量

序号	州名	（是否增）税	2000 年	2006 年
1	亚拉巴马州	0	25.3	23.2
2	亚利桑那州	0	18.6	18.2
3	阿拉斯加州	0	25.0	24.0
4	阿肯色州	0	25.2	23.7
5	科罗拉多州	0	20.1	17.9
6	康涅狄格州	0	20.0	17.0
7	特拉华州	0	23.0	21.7
8	夏威夷州	0	19.7	17.5
9	伊利诺伊州	0	22.3	20.5
10	印第安纳州	0	27.0	24.1
11	爱达荷州	0	23.3	21.4
12	肯塔基州	0	30.5	28.5
13	路易斯安那州	0	24.1	23.4
14	缅因州	0	23.8	20.9
15	马里兰州	0	20.6	17.7
16	马萨诸塞州	0	20.0	17.8
17	密歇根州	0	24.2	22.4
18	明尼苏达州	0	19.8	18.3
19	蒙大拿州	0	18.9	18.9
20	内布拉斯加州	0	21.4	18.7
21	新罕布什尔州	0	25.4	18.7
22	新泽西州	0	21.0	18.0
23	纽约州	0	21.6	18.2

（续）

序号	州名	（是否增）税	2000 年	2006 年
24	北卡罗来纳州	0	26.1	22.1
25	俄亥俄州	0	26.3	22.4
26	俄克拉何马州	0	23.3	25.1
27	俄勒冈州	0	20.8	18.5
28	宾夕法尼亚州	0	24.3	21.5
29	罗得岛州	0	23.5	19.2
30	田纳西州	0	25.7	22.6
31	得克萨斯州	0	22.0	17.9
32	犹他州	0	12.9	9.8
33	弗吉尼亚州	0	21.5	19.3
34	华盛顿州	0	20.7	17.1
35	威斯康星州	0	24.1	20.8
36	华盛顿 哥伦比亚地区	1	20.9	17.9
37	佐治亚州	1	23.6	19.9
38	爱达荷州	1	22.4	16.8
39	堪萨斯州	1	21.1	20.0
40	内华达州	1	29.1	22.2
41	新墨西哥州	1	23.6	20.1
42	南达科他州	1	22.0	20.3
43	佛蒙特州	1	21.5	18.0
44	西弗吉尼亚州	1	26.1	25.7
45	怀俄明州	1	23.8	21.6

5 假设你对美发沙龙的价格会对消费者对其需求产生的影响感兴趣，并收集了美国 4 个城市的数据。2003 年数据如下：

地点	年份	平均价格（美元）	人均需求量
纽约	2003	75	2
波士顿	2003	50	1
华盛顿，哥伦比亚地区	2003	60	1.5
费城	2003	55	0.8

2008 年的数据如下：

地点	年份	平均价格（美元）	人均需求量
纽约	2008	85	1.8
波士顿	2008	48	1.1
华盛顿，哥伦比亚地区	2008	65	1.4
费城	2008	60	0.7

a. 估计一个截面的普通最小二乘回归，将人均需求量作为 2003 年平均价格的函数。斜率是正还是负？与预期相符吗？

b. 现在用 2008 年的截面数据做回归估计。结果有何不同？

c. 现在结合两个数据集估计固定效应模型，并与 a, b 两题的结果做比较。

d. 你的结论是什么？就回答你的问题来说，哪个模型最合适？

6 固定效应模型的另一种备选方法被称为**差分模型**（differencing model）。在差分模型中，所有的变量和误差项都采用差分形式。对一个包含两时期数据的面板数据集来说，估计方程为：

$$\Delta Y_i = \beta_0 + \beta_1 \Delta X_i + \Delta \varepsilon_i$$

式中，$\Delta Y_i = Y_{2i} - Y_{1i}$，$\Delta X_i = X_{2i} - X_{1i}$，$\Delta \varepsilon_i = \varepsilon_{2i} - \varepsilon_{1i}$。

a. 使用习题 5 中的数据，估计美发沙龙价格的差分模型。

b. 现在比较本练习中 a 的答案和习题 5 中 c 的答案。你发现了什么？这一发现告诉你在只有两个时期时，差分模型和固定效应模型有怎样的关系？

c. 考虑差分模型中的误差项。$\Delta \varepsilon_i$ 可能违背了古典假设中的哪一条？你怎样处理这个问题？

答　案

第1章

1-2　使用 Stata：

　　a. 安装并运行软件。

　　b. 打开数据文件。所有 Stata 格式的文件都可以在 www. pearsonhighered. com /studenmund 上找到。另外，该数据文件名为"HTWT1"。

　　c. 进行回归。在指令窗口中输入"reg Y X"。这项指令意为以 Y 为被解释变量，以 X 为解释变量进行回归按 Enter 键，回归结果就会出现在结果窗口里。

　　使用 EViews：

　　a. 安装并运行软件。

　　b. 打开数据文件。所有 EViews 格式文件都可以在 www. pearsonhighered. com /studenmund 上找到。另外，该数据文件名为"HTWT1"。

　　c. 进行回归。在最上部命令栏输入"LS Y C X"，注意每个变量的名字之间要用空格分开。（LS 表示最小二乘法，C 表示常数项。）按 Enter 键后，屏幕上会出现回归结果。

1-4　a. 估计的斜率参数 3.62 说明房子大小的改变（以平方英尺为单位）会导致这栋房子的价格上涨 1 000 美元。-290 是估计的截距，代表当价格为零时，房子的不同尺寸对应的价值。该截距的估计值为负，但因为该估计值可能包含遗漏变量的价值常数，测量方法的误差和错误的方程形式，所以，这个负号并不重要。

　　b. 错误。我们所展现的是存在于房价和其大小之间的统计学联系。

　　c. 新的斜率参数将会是 0.003 62（或 3.62 /1 000），但其他东西不会变。

1-6　a. 2.29 是估计的常数项，而这个估计值是某校友在没有收入和没有被打进电话游说的情况下捐赠的数额。0.001 是对收入的斜率参数的估计，这个数字告诉我们在游说电话数保持不变的情况下，校友收入每增加 1 美元可能会相应地将捐赠额增加多少。4.62 是对电话斜率参数的估计，这个数字告诉我们在校友收入保持不变的情况下，每多打入一通电话可能会相应地将捐赠额提高多少。估计的斜率参数的符号符合我们的期望，但我们尤其不会在有常数项的情况下建立假说。

　　b. 当我们估计了方程，左边的变量就是被解释变量的估计值，因为方程右边同样包含了估

计的参数（只有一个例外是乘以解释变量）

c. 误差项是不可观测的，也不能引入我们实际上用来算 $\hat{Y}$ 的估计方程中。

d. 方程的右边将会变成 $2.29+1.01INCOME+4.62CALLS$，除了输入的参数发生了数量级的改变，其他没有发生改变。

e. 这个问题有很多好的选项。但是我们不建议加入"去年捐赠额"（就算这看起来很吸引人）。即使拟合的效果变好，对结果分析水平的改进也是微乎其微。

1-8 a. 第一眼看上去，答案是肯定的，因为两个参数都是正的（如我们所料），而且 HOT 的参数是 $EASE$ 的参数的 52 倍大（如同文中所预计的）。然而变量 HOT 有最大值 5，同时 $EASE$ 有最小值 1，所以这两个变量并不具有直接可比性。另外，这其中肯定有一些重要的变量从方程中遗漏了，而从一个重要变量被遗漏的回归方程得出结论是有很大风险的。我们将会在第 6 章更细致地讨论这个问题（遗漏变量引起的偏误）。

b. 被遗漏的重要变量有多种，诸如交流能力、知识面、奉献精神、组织纪律性等。

c. 我们的猜想是 HOT 的参数将会大幅降低。$EASE$ 的参数已经非常小，所以其反而可能增大。

第 2 章

2-2 a. $\hat{\beta}_1 = -0.5477$，$\hat{\beta}_0 = 12.289$

b. $R^2 = 0.465$，$\overline{R}^2 = 0.398$

c. 人均收入 $= 12.289 - 0.5477 \times 8 = 7.907$

2-4 a. 是的。新的参数代表在 $MAIL$ 保持不变的情况下，$HEIGHT$ 对 $WEIGHT$ 的影响。因为新的限制条件的出现，我们预计估计出的参数会发生改变（多少有一点）。

b. R^2 的不足之一是加入一个新的变量通常会减小（但永远不会增加）残差平方和，无论这个新加入的变量是如何的荒谬。这样做的后果是，引入一个新的无意义的变量通常会增大（并且不可能减小）R^2。

c. $\overline{R}^2$ 为自由度修正过，但 R^2 没有，所以在方程中引入新的变量之后这两个值完全可能南辕北辙。

d. 理论上讲，参数实际上等于 0，但是在给定的任意例子中，$MAIL$ 也许和 $WEIGHT$ 有着些许随机的联系，因此也许会稍微比 $HEIGHT$ 更具解释力。事实上，甚至对于没有意义的变量来说，求得一个非零的估计参数也是很典型的。

2-6 我们将会在后面的章节学到，得到最优方程比最大化 $\overline{R}^2$ 的意义大得多。具体例子，参见 P55~56。

第 3 章

3-2 a. 如果学生是研究生，则 $D=1$，如果是本科生，则 $D=0$。（或者如果学生是本科生，则 $D=1$，如果是研究生，则 $D=0$）。

b. 是的；比如，$E=$ 学生所做练习数量。

c. 如果 D 是答案 a 中所设定的形式，则预期 D 的参数的符号为正。如果 D 是按相反的形式所设定（如果学生是研究生，则 $D=0$，如果是本科生，则 $D=1$），则预期 D 的参数的符号为负。

d. 参数估计为 0.5，这表明：当方程中其他变量保持不变时，预期研究生获得的学分比本科生多 0.5。如果班里只有研究生或者只有本科生，D 的参数是不能估计的。

3-4　如果你需要启发，参见练习 1-2 的答案。

3-6　a. F_i 的参数是所有正参数中唯一一个例外，在现在男性主导的电影工业里很可能带一个负号。$\hat{\beta}_B$ 的符号当然是不能确定的。

　　b. 雇用弗雷德，因为 \$ 500 000<(\$ 4 000 000－ \$ 3 027 000)。

　　c. 应该，因为 200×15.4= \$ 3 080 000> \$ 1 200 000。

　　d. 值得，因为 \$ 1 770 000>￥1 000 000。

　　e. 有，出乎意料的符号。

第 4 章

4-2　a. 在降雨量不变的前期下，对每英亩土地多施 1 英镑的肥料，将会导致产量增加 0.10 蒲式耳。在每英亩土地施肥量不变的前期下，降雨量每增加 1 英寸，将会导致每英亩产量增加 5.33 蒲式耳。

　　b. 否，原因有很多。首先，一整年的降雨量都为零是难以想象的，所以这个特殊的截距项没有现实意义。更一般的，回想一下，为了满足古典假设 Ⅱ，截距项的普通最小二乘估计量包含了误差项的非零均值，所以，即使降雨量为零，尝试分析截距项的普通最小二乘估计量也是没有意义的。

　　c. 否。一个无偏的估计量使得估计值的分布是以真实 β 值为中心的，但是个别估计值可以偏离真实值而变化。参数估计值是 0.10，这是对本习题中样本而言，而不是对整个总体而言，所以它仍可能是一个无偏的估计值。

　　d. 不一定：5.33 依然可能接近甚至等于真实值。更一般的，一个非 BLUE 性质的估计量产生的参数估计值仍然有可能是精确的。比如，偏误的总量可能很小，或者抽样的误差能够消除这种偏误。

4-4　a. 经典假设 Ⅱ

　　b. 经典假设 Ⅵ

　　c. R：在保持方程中其他解释变量不变的情况下，前一天 R 每增加一个单位会导致下一天道琼斯指数上扬 0.1%。

　　　M：在保持方程中其他解释变量不变的情况下，道琼斯指数在周一会下挫 0.017%。

　　d. 技术上说，C 并不是虚拟变量因为其可以取三个值。桑德斯假设（至少是暗示性地）各高度的覆盖率在 0%～20% 和 21%～99% 的云对道琼斯指数有着相同的影响。另外，用同一个变量去代表晴天和阴天，那么方程就规定了 100% 晴天和 100% 阴天对其的影响都是相同的（尽管向着不同的方向影响）。

　　e. 我们认为，这个特例的方程不足以支持桑德斯的结论。欠佳的拟合优度与应用的条件限制使 R_{t-1} 和 M 显著的参数变得没有说服力。

4-6　a. $DIVSEP$ 的参数表明，在保持方程中其他解释变量不变的前提下，一个离婚或单身的人将会比一个结婚的人多饮用 2.85 单位的酒精饮料。$UNEMP$ 的参数表明在保持方程中其他解释变量不变的前提下，一个失业人士将会比一个就业人士多饮用 14.20 单位的酒精饮料。估计得到的参数的符号是合理的，但是我们预期 $UNEMP$ 的参数将不会是 $DIVSEP$ 参数的 5 倍大。

　　b. $ADVICE$ 的参数表明，在保持方程中其他解释变量不变的前提下，如果医生建议问诊者减少酒精饮料的饮用量，那一个问诊者将会少饮用 11.36 单位的酒精饮料。我们假设 *DRINKS* 和 *ADVICE* 是同时测定的，因为医生一般都会建议问诊者减少酒精饮料的饮用量，如果这个问诊者饮用酒精饮料太多的话。这样一来，这个方程几乎肯定违背了经典假设Ⅲ。更多信息，请参见第 14 章。

c. 我们预期每个样本都会给出 β_{ADVICE} 不同的估计。整组样本的均值被称作 $\hat{\beta}_s$ 的抽样分布。

d. $\hat{\beta}_{ADVICE}$ 在这个小样本里是 8.62，比整个大样本的稍微小了一些。这个小样本里的其他参数和大样本的参数之间的差别比这更大。而且小样本里 *EDUC* 的估计参数事实上还出现了出乎意料的符号。这些结果都清晰地证明了大样本容量的优势。

第 5 章

5-2 对于三个部分，都有：

	X_1	X_2	X_3
H_0:	$\beta_1 \leq 0$	$\beta_2 \geq 0$	$\beta_3 \geq 0$
H_A:	$\beta_1 > 0$	$\beta_2 < 0$	$\beta_3 < 0$
	$t_1 = 2.1$	$t_2 = 5.6$	$t_3 = -0.1$

a. $t_c = 1.363$。对于 β_1 而言，因为 $|t_1| > 1.363$，并且 t_1 的符号满足 H_A，所以拒绝 H_0。对于 β_2 而言，即使 $|t_2| > 1.363$，但是 t_2 的符号并不满足 H_A，所以不能拒绝 H_0。对于 β_3 而言，即使 t_3 的符号满足 H_A，但是，$|t_3| < 1.363$，所以不能拒绝 H_0。

b. $t_c = 1.318$。决策程序和 a 中的一样，唯一不同的是 $t_c = 1.138$。

c. $t_c = 3.143$。对于 β_1 而言，即使 t_1 的符号满足 H_A，但是 $|t_1| < 3.143$，所以不能拒绝 H_0。对于 β_2 和 β_3 而言，决策程序和 a，b 中一样，唯一不同的是 $t_c = 3.143$。

5-4 对 β_N：拒绝 $H_0: \beta \leq 0$，$H_A: \beta > 0$，如果 $|-4.42| > t_c$ 且 -4.42 是负数。

对 β_p：拒绝 $H_0: \beta \geq 0$，$H_A: \beta < 0$，如果 $|4.88| > t_c$ 且 4.88 是正数

对 β_1：拒绝 $H_0: \beta \geq 0$，$H_A: \beta < 0$，如果 $|2.37| > t_c$ 且 2.37 是正数

a. $t_c = 1.943$；拒绝全部三个参数的原假设。

b. $t_c = 1.311$；拒绝三个参数的 H_0。

c. $t_c = 6.965$；不能拒绝三个参数中任何一个的原假设。

5-6 a. 对于全部三个参数，$H_0: \beta \leq 0$，$H_A: \beta > 0$，关键值为 5%，自由度为 24 的单侧 t 值为 1.711。对于 *LOT*，我们可以拒绝 H_0 因为 $|+7.0| > 1.711$ 且 7.0 值为正。对于 *BED*，我们不能拒绝 H_0 因为 $|+1.0| < 1.711$，就算此时 +1.0 是个正值。对于 *BEACH* 来说，我们可以拒绝 H_0 因为 $|+10.0| > 1.711$ 并且 +10.0 是个正值。

b. $H_0: \beta \geq 0$，$H_A: \beta < 0$，关键值为 10% 自由度为 24 的单侧 t 值是 1.318，所以我们拒绝 H_0 因为 $|-2.0| > 1.318$ 且 -2.0 是个负值。

c. $H_0: \beta = 0$，$H_A: \beta \neq 0$，关键值为 5%，自由度为 24 的双侧 t 值为 2.064，所以我们不能拒绝 H_0 因为 $|-1.0| < 2.064$。注意我们并没有检查正负号，因为双侧检验里两个符号都在备择假设中出现。

d. 主要是考虑到 *BED* 和 *FIRE* 不相关的可能性。

e. 在不确定 *FIRE* 项参数的符号的情况下，最令人担心的是对 *BED* 项无关紧要的参数。

f. 除非你已经读过第 6 章，否则这个问题非常难以回答。最近似的答案应该是如果 *LOT* 也

在方程中的话，BED 就不属于方程。建在较大地块上的海滩屋相较于建在较小地块上的海滩屋更倾向于拥有更多卧室。

5-8　a. NEW：H_0：$\beta \leqslant 0$，H_A：$\beta > 0$。拒绝 H_0 因为 $|5.34| > 1.658$，且 $+5.34$ 与 H_A 同号

$SCRATCH$：H_0：$\beta \geqslant 0$，H_A：$\beta < 0$。拒绝 H_0 因为 $|-4.00| > 1.658$，且 -4.00 与 H_A 同号

b. $BIRDS$：H_0：$\beta \geqslant 0$，H_A：$\beta > 0$。拒绝 H_0 因为 $|+1.23| > 1.658$，且 $+1.23$ 与 H_A 同号

c. 有些计量经济学家也许会从方程中舍去 $BIRDS$，因为其较小的 t 分数，但我们会保留。这个理论很坚实，估计得到的参数也符合预期方向。因为我们将会在第 6 章看到，不断地舍去 t 分数较小的变量会最终造成参数的偏误。

d. 绝大多数优良的变量选择集中在 iPod 的功能上，但选择 iPod 的售卖方式（如售卖的时间长度、是否提供"立即购买"的选项）也是合理的。

e. 拒绝 H_0（这样的话三个斜率参数都会等于零）因为 55.09 大于 2.68，而 2.68 恰是关键值为 5%，自由度为 3 和 120 的 F 值。

第 6 章

6-2　a.

	W_i	T_i	C_i	L_i
H_0：	$\beta_1 \leqslant 0$	$\beta_2 \leqslant 0$	$\beta_3 \leqslant 0$	$\beta_4 \leqslant 0$
H_A：	$\beta_1 > 0$	$\beta_2 > 0$	$\beta_3 > 0$	$\beta_4 > 0$
	$t_W = 4$	$t_T = 3$	$t_c = 2$	$t_L = 0.95$
	$t_c = 1.697$	$t_c = 1.697$	$t_c = 1.697$	$t_c = 1.697$

对于前三个参数而言，我们拒绝原假设，因为 t_k 的绝对值比 t_c 更大，并且 t_k 的符号跟 H_A 所设定的一样。然而对于 L 而言，我们不能拒绝原假设，即使符号跟预期的一样，但是 t_L 的绝对值是小于 1.697 的。

b. 几乎所有方程都可能潜在地遗漏变量，这个方程也不例外。另外，L_i 也可能是不相关变量。最后，C 的参数估计值看起来过大，表明至少遗漏了一个变量，于是 C 也扮演了其他解释变量的角色，比如其他奢侈的功能、汽车的总体质量等。

c. 理论：发动机越大的轿车价格越高，所以从理论上讲，该变量在方程中的地位似乎很牢固。但是，发动机大的轿车的重量更大，所以 W 和 L 在一定程度上度量的是同一个东西。

t 检验：变量的参数估计值在预期的方向上不显著。

$\overline{R}^2$：当变量被剔除出方程后，方程总体的拟合优度（根据自由度调整后）提高了。

偏误：当变量被剔除出方程后，参数估计值并没有实质性地改变。

最后三条准则倾向于剔除 L_i，何况保留 L_i 的理论根据也并不是压倒性的，所以，我们更倾向于模型 T。当然，如果研究者深信发动机大小是具有理论意义的，那么，也可以选择模型 A。

6-4　偏误预期 $= (\beta_{omitted}) \cdot \hat{\alpha}_1$

a. 偏误预期 $= (-) \cdot (+) = (-) =$ 负偏误（这里假设花生黄油是一种正常商品）。

b. $(+) \cdot (+) = (+) =$ 正偏误；这个偏误会有可能变得很大因为年龄和经验是高度相关的。

c. $(+) \cdot (+) = (+) =$ 正偏误。

d. $(-) \cdot (0) = (0) =$ 无偏；就算看上去周末下的雨事实上比平时多，但仍不能判定这两者相关。

6-6　a. $X_1 =$ 两个虚拟变量之一

$X_2 =$ 两个虚拟变量之一

$X_3 =$ 父母的教育背景

$X_4 =$ Iowa 测试分数

b. 我们预期有两个变量（Iowa 测试分数和父母的教育背景）的参数为正数，其估计值（$\hat{\beta}_3$ 和 $\hat{\beta}_4$）也应为正数，所以我们当然预计 X_3 与 X_4 就是那两个变量。进一步区分这二者很难，但我们理所当然地预计 Iowa 测试分数这一项更显著。紧接着，我们预期有两个变量的参数为零（虚拟变量），并且这两个参数的估计值（$\hat{\beta}_1$ 和 $\hat{\beta}_2$）不会和零有什么显著差异。所以我们预计 X_1，X_2 就是虚拟变量。并没有足够的证据让我们进一步地区分 X_1，X_2 具体代表哪个虚拟变量。（如果你预期两个虚拟变量的参数的符号为负，注意 Iowa 测试分数在方程中的出现控制了在对女性和有色人种学生多项选择检验中所出现的任何偏误）。

c.

参数：	β_D	β_D	β_{PE}	β_{IT}
假设符号：	0	0	$+$	$+$
t 值：	-1.0	-0.25	$+2.0$	$+12.0$
$t_c = 2.93$	不拒绝	不拒绝		

（关键值为 5%，自由度为 19 的双侧 t 值）

$t_c = 1.729$			拒绝	拒绝

（关键值为 5%，自由度为 19 的单侧 t 值）

d. 如你所见，我们对先前有过预估过的参数采用单侧检验，而对没有预估过的就采取双侧检验。

6-8 a. i. CV 的参数是 -0.19，且对应的 $SE(\hat{\beta})$ 值为 0.23。

$\bar{R}^2$ 是 0.773，而且方程的剩下部分与方程（5-15）极其相似，除了方程（5-15）里 CVN 的参数减小至 -0.48，对应的 t 值变成了 -1.86。

ii. N 的参数是 0.000 54，且对应的 $SE(\hat{\beta})$ 值为 0.063。$\bar{R}^2$ 为 0.766，方程的余下部分和方程（15-5）是完全相同的（对于所有的意向和目的）。

b. 理论：P 是价格比，价格比可能是一个市场或一个国家的体量的函数，因为 CVN 已经在方程之中，所以这两个变量中的任意一个会带来怎样的改变还不是非常清楚。

t 分数：两者的 t 分数都不显著。

$\bar{R}^2$：当两个变量中的任意一个被引入，$\bar{R}^2$ 会减小。

偏误：当 N 被引入的时候所有的参数都不会改变，所以它们明显是不相关的。遗漏 CV 的确会因为某种原因改变 CVN 的参数，这使得当 CVN 在方程里的时候，CV 就显得多余。

c. 因为 $CVN = f[CV/N]$，把全部三个变量囊括在一个方程里在理论上就有那么一点点道理，即使这样做了从技术上说也是不违背经典假设 VI 的。

d. 在一份研究报告里报告所有的估计方程是很好的计量经济学实践，特别是这些报告是为具体的选择或精确分析服务的时候。

第 7 章

7-2 a. 右侧半对数形式 $[Y = f(\ln X)]$；随着收入增加，鞋子的销售量也会增加，但是增加的速率在下降。

b. 线性形式（截距虚拟变量）；其他形式几乎都不合适。

c. 右侧半对数形式 $[Y = f(\ln X)]$ 或者线性形式都是合适的。

d. 倒数形式 $[Y=f(1/X)]$；随着利率的提高，货币需求量会下降，但是即使利率达到很高的水平，考虑到交易需求，人们手中还是会持有一些货币。

e. 二次函数形式 $[Y=f(X, X^2)]$；随着产出水平的增加，我们会遇到规模报酬递减的情况。

7-4 a. 为了不与 β 混淆，我们用 αs 做参数

参数	α_{BETA}	α_{EARN}	α_{DIV}
假设符号	$-$	$+$	$+$
t 分数计算值	-1.99	1.44	3.33
$t_c = 1.671$（5%水平）	显著	不显著	显著

b. 在截面模型中出现滞后变量不太常见，但在这个方程中，除了 BETA 属于 1958～1994 年这个时间段以外，其他所有变量都属于 1996～2000 年这个时间段，因此 BETA 的确滞后了。费尔假设公司的风险情况不会发生很迅速的变化，并且声称"每个公司取五个观测值不足以得到可信的估计结果。"（p.17）

c. 我们相信费尔的变量都是潜在相关的，因为每个变量背后的理论都异常坚实。一些同学会想，EARN 也许是不相关的，因为其参数有着较低的 t 值，但我们不同意这个关键因为收入的增长是股价的最重要决定因素之一。舍去 EARN 的同学会得出这样的结论，基于四点设定的标准，这个变量是属于方程的，因为这四个标准中的三个都支持将 EARN 保留在方程中，而且 t 分数在预计的方向上接近显著水平。

d. 方程是左侧对数形式，这在现有的理论基础上是正确的，而且有两个解释变量用百分比的形式表达。

e. 这个选做题被故意设置得很难。EARN 和 DIV 都包含负值，所以这看起来似乎不可能进行回归。但是，因为负值极其小，估计方程的可能方法之一就是把所有负值都设定成等于 $+0.01$，得到

$$\widehat{LNPE} = 3.23 - 0.19LNBETA + 0.071LEARN + 0.098LNDIV$$
$$(0.11) \qquad\qquad (0.035) \qquad (0.028)$$
$$t = -1.69 \qquad\qquad 2.02 \qquad\quad 3.49$$
$$N = 65 \qquad R^2 = 0.23$$

但就算这个结果是完全合理的，对于我们是否要采用双对数的形式，给予的提示还是很有限的，因为我们建议研究者专注于理论研究，要选择而不是套用方程形式。我们认为费尔选择左侧半对数形式基于两个原因，其一是文献支持，其二是解释变量是百分比增长的表达形式。

7-6 a. 多项式（二阶，age 项参数预估为负数，age^2 参数预估为正数）。

b. 双对数（我们不会批评那些选择线性来规避双对数的不变弹性的同学）。

c. 半对数（lnX）。

d. 线性（所有截面的虚拟变量按照定义都会与被解释变量线性相关）。

7-8

参数	β_B	β_S	β_D
假设符号	$+$	$+$	$-$
计算得 t 分数	-0.08	1.85	-1.29
$t_c = 1.682$，因此	不显著	显著	不显著

a. $\hat{\beta}_B$ 的不显著性可能是一个被遗漏的变量造成的，但是似乎交互变量吸收了啤酒消费的所有效应。虽然我们无法拒绝 $\hat{\beta}_D$ 的原假设，我们也没有理由把 D 看成一个无关变量，因为 D 的完备逻辑和合理的统计数值。

b. 要探究这样一个问题，即啤酒的饮用对交通事故的影响大小是否与城市的海拔高低成正比，引入交互变量是一种手段。在保持方程中其他变量不变的情况下，B 和 A 的乘积每增加一单位，F 就增加 0.011。因此参数的大小并没有什么直观意义。

c. $H_0 : \beta_{BA} \leqslant 0$

$H_A : \beta_{BA} > 0$

拒绝原假设 H_0 因为 $|+4.05| < t_c = 1.682$ 而且 $+4.05$ 是正数，因此，符合由备择假设 H_A 推断出的正负号。

d. 虽然在这个问题上没有严格的规定（对于斜率虚拟变量也是一样），但大多数计量经济学家会把 A 交叉项的两个因子都归入解释变量，这样做主要是避免被遗漏的那个交叉项因子的影响附加到交叉项的系数上使其变得显著。

e. 有一种情况不能采取上述做法，那就是当单个交叉项因子自身没有任何理论意义的时候。相较于方程（7-22），我们更倾向于选择方程（7-23），因为我们相信在描述高速公路交通事故的方程中，海拔显然不应该作为解释变量。在我们的三条准则中，只有 R^2 的增加这一条能支持 A 是相关变量这一结论。但是，将 A 看作解释变量这一举动获得了更加稳健的理论的支持，这也令我们更加青睐方程（7-23）。

第 8 章

8-2 a.

	EMP_i	$UNITS_i$	$LANG_i$	EXP_i
H_0 :	$\beta_1 \leqslant 0$	$\beta_2 \leqslant 0$	$\beta_3 \leqslant 0$	$\beta_4 \leqslant 0$
H_A :	$\beta_1 > 0$	$\beta_2 > 0$	$\beta_3 > 0$	$\beta_4 > 0$
	$t_{EM} = -0.098$	$t_U = 2.39$	$t_L = 2.08$	$t_{EX} = 4.97$
	$t_c = 1.725$	$t_c = 1.725$	$t_c = 1.725$	$t_c = 1.725$

对于最后三个参数而言，我们拒绝 H_0，因为 t_k 的绝对值比 t_c 更大，并且 t_k 的符号符合 H_A。然而对于 EMP 而言，我们不能拒绝 H_0，因为参数的符号跟预期不一致，并且 t_{EM} 的绝对值小于 1.725。

b. 函数形式是左侧半对数（或 $\ln Y$）。当工资为被解释变量时，左侧半对数对方程而言是合适的形式，因为当类似工作经验的解释变量每增加一个单位时，工资也通常会增加一定的比率。

c. 遗漏变量是可能的，它会导致 EMP 的参数估计值偏小，但是更大的可能性是 EMP 和 EXP 是多余的，这就产生了多重共线性（因为从本质上来说，两者度量的是同一个东西）。

d. 这有助于我们的观点——EMP_i 和 EXP_i 是重复的。

e. 如果我们知道这个特定的教学区并不看重教师在其他地方的教学经验，那么，舍弃 EXP 就是合理的。然而没有特殊说明时，我们会舍弃 EMP，因为 EXP 包含了 EMP。

f. 理论：很明显，EMP 对工资有很强的影响，但是 EMP 和 EXP 是重复的，所以我们只应该保留其一。

t 检验：变量参数的估计值在预期的方向上不显著。

$\overline{R}^2$：当变量被剔除出方程后，方程总体的拟合优度（根据自由度调整后）提高了。

偏误：习题只给出了 *t* 值，但是可以倒推计算出 $SE(\hat{\beta})$。如果这样做，会发现当 *EMP* 被剔除出方程后，*EXP* 参数的变动事实上超过了一个标准差范围。这正是重复变量被剔除出方程时应该发生的事情，因为所保留的重复变量的参数会吸收两个变量的总效应，从而相应调整。

因此，看似其中两条设定法则要求方程中保留 *EMP*，但是事实上，所有四条准则都表明 *EMP* 和 *EXP* 是重复的，并且 *EMP* 应该被剔除。所以，相对于方程（8-21），我们更倾向于方程（8-22）。

8-4 起决定作用的变量似乎就在 a 与 d 之间产生。在 a 中，获胜的比赛的数量应该等于所玩游戏的总量减去告负的比赛的数量。在 d 中，生产的汽车的数量应该等于轮胎购买数量的 4 倍。（不算备胎的话就是 4 个，如果算上备胎那就是 5 个）

8-6 a.

参数	β_M	β_B	β_A	β_s
推断符号	+	+	+	+
t 值	5.0	1.0	−1.0	2.5
$t_c = 1.645$（5%显著性水平，无限自由度，单侧）	拒绝	不拒绝	不拒绝	拒绝

b. *A* 和 *B* 参数的 *t* 值的不显著性可能是遗漏变量、不相关性或是多重共线性（这是个很好的选择，因为这正是这章的话题）。因为大多数 MBA 学生都是 20 多岁，*A* 和 *B* 之间的多重共线性必然是相当的严重（Stanford 并未指出这一点）。另外，有经验的计量经济学家会担心被解释变量被"截短"了，因为其不能大于 4.0。这就意味着这个方程要用超出这章范围的方法（和我们在第 13 章中研究的很相似）去估计。

c. 这很有可能是个很好的点子，因为成熟的性格对 GPA 的提升作用也许最终会被远离学术环境的负面影响抵消。

d. 我们认为要研究一种改变对回归的影响最好保持其他的变量不变。因此，我们的首选是舍去 *AB* 中的一个（我们更倾向于舍去 *A*，因为在学术层面上不会带来一个出乎意料的符号）。我们认为，在方程转化为多项式之前就舍去重复变量中的一个只会把事情变糟。

关于 SAT 互动回归练习的提示：

（1）方程中唯一可能存在的问题是：*APMATH* 和 *APENG* 之间存在严重的多重共线性。应该立即将其变换成 *AP* 的线性组合。

（2）遗漏变量是一个明显的错误，但是注意根据理论基础来选择加入什么变量。

（3）遗漏变量和变量不相关都有可能。在这个例子中，比起统计意义上的轻微不显著，理论似乎更能说明问题。

（4）总的来说，这个回归是合理的。我们没有理由去担心理论上合理的变量，即使它们在预期的方向上存在轻微的不显著。我们所担心的是 *GEND* 参数估计值的绝对值似乎比文献中所记载的要大，但是似乎没有一种备选设定形式能够解决这个问题。

（5）遗漏变量是一种可能，但是并没有明显的偏误信号，所以方程到目前为止都是相当合理的。

（6）最好不要加入 *PREP*（因为学生是由于之前参加 SAT 成绩较差才去参加 prep 课程的）和 *RACE*（它可能和 *ESL* 发生重复，并且 Arcadia 高中没有明显的种族差异）。如果要改变方程设定，请注意用四条设定准则来评估所做变换。

（7）遗漏变量和变量不相关都有可能，尽管 *GEND* 似乎在理论上和统计意义上都是合理的。

（8）符号跟预期不一致，这让我们担心可能是因为遗漏变量而产生偏误，或者 *PREP* 是无关变量。如果 *PREP* 是相关变量，那么是因为遗漏了哪个变量而导致这个结果？*PREP* 的理论根据有多强？

（9）这属于不完全多重共线性的情况。即使 *VIF* 在 3.8 和 4.0 之间，但 *ESL* 和 *RACE* 的定义相关（并且两者的样本相关参数很高），使得二者看起来像是重复变量。请用理论（而不是统计意义上的拟合度）决定剔除哪一个变量。

（10）遗漏变量和存在不相干变量都有可能，但是并没有征兆表明出现偏误，到目前为止，这个方程是相当合理的。

（11）尽管变换成 *AP* 线性组合的形式，参数符号依然跟预期相反，所以我们依然怀疑是遗漏变量导致了偏误，或者是 *PREP* 是无关变量。如果 *PREP* 是相关变量，那么，是因为遗漏了哪个变量而导致这个结果？*PREP* 的理论根据有多强？

（12）除了变换成 *AP* 线性组合的形式，其他所有的方法都能改进方程。如果要改变方程设定，请注意用四条设定准则来评估所做变换。

（13）为了得到这个结果，必须至少进行三次设定猜想，并承担按顺序搜索可能造成设定偏误的风险。建议你停下来休息一下，回顾第 6 章～第 8 章，然后再尝试做这个互动练习。

（14）最好不要加入 *PREP*（因为学生是由于之前参加 SAT 成绩较差才去参加 prep 课程的）和 *ESL*（它可能和 *RACE* 发生重复，并且 Arcadia 高中没有明显的语言差异）。如果要改变方程设定，请注意用四条设定准则来评估所做变换。

（15）除非剔除一个重复变量，不然方程依然会有严重的多重共线性。

（16）从理论和结果来看，变换成 *AP* 线性组合形式后做回归是多余的。即便 *APMATH* 和 *APENG* 之间有很严重的多重共线性（其实不然），原始参数在预期方向上也是足够显著的，这表明没必要对多重共线性采取补救措施。

（17）回想一下，最初并不应该选择 *PREP* 作为变量。许多学生是由于之前参加 SAT 成绩较差，或者是由于预期会考的很差才去参加 prep 课程的。因此，即便 perp 课程很可能提高 SAT 分数，但是认为需要参加课程的学生本来就比其他同学考得差（假设方程中其他变量不变）。这两个效果会相互抵消，使得 *PREP* 成为不相关变量。如果要改变方程设定，请注意用四条设定准则来评估所做变换。

（18）加入 *GEND* 和剔除 *PREP* 都是不错的选择，但选择前者还是后者很难决定。如果要改变方程设定，请注意用四条设定准则来评估所做变换。

（19）总的来说，这是一个合理的方程。最好不要加入 *PREP*（因为学生是由于之前参加 SAT 成绩较差才去参加 prep 课程的），但是变量 *ESL*（或者 *RACE*）的理论意义是很强的。我们所担心的是 *GEND* 参数的绝对值似乎比文献中所记载的要大，但是似乎没有一种备选设定形式能够解决这个问题。如果要改变方程设定，请注意用四条设定准则来评估所做变换。

第 9 章

9-2　a.

	Y_t	PB_t	PRP_t	D_t
H_0：	$\beta_1 \leqslant 0$	$\beta_2 \geqslant 0$	$\beta_3 \leqslant 0$	$\beta_4 \geqslant 0$
H_A：	$\beta_1 > 0$	$\beta_2 < 0$	$\beta_3 > 0$	$\beta_4 < 0$
	$t_Y = 6.6$	$t_{PB} = -2.6$	$t_{PRP} = 2.7$	$t_D = -3.17$
	$t_c = 1.714$	$t_c = 1.714$	$t_c = 1.714$	$t_c = 1.714$

对于四个参数而言，都拒绝原假设。因为 t 统计量的符号都符合预期，并且其绝对值大于 1.714（自由度为 23 时，5% 显著水平下单侧 t 值为 1.714）。

b. 采用 5% 显著水平的单侧检验，$N = 28$，$K = 4$，临界值 $d_L = 1.10$，$d_U = 1.75$。因为 $d = 0.94 < 1.10$，拒绝无正序列相关的原假设。

c. 很可能存在正序列相关，采用广义最小二乘法。

d. 我们更偏好广义最小二乘方程，因为在保留具有经济意义的参数估计值的同时，也消除了方程中大部分序列相关。注意两个方程中的被解释变量是不同的，所以拟合优度更高并不表明方程更好。

9-4　a. 除了样本中的第一个和最后一个观测值，DW 检验检测一阶序列相关的能力并无改变。

b. 广义最小二乘法可以机械性地应用于对序列相关的修正，但是这个过程总体来说没有意义。一个时间点的误差项现在被假设成了下一个时间点的误差项的函数。

c. 在一个按倒置时间顺序排列的数据中，一阶序列相关意味着这个时间点的误差项的观测值是下个时间点的误差项的观测值的函数，这会显得很不同寻常。当决策者在未来随机事件发生之前就将之准确预测并及时调整适应的情况下也许会发生（这时候全球都有理性预期而且有充分的关于未来的信息）。

9-6　a. 方程（9-29）：

参数：	β_1	β_2	β_3
预计符号	+	+	+
计算 t 值	0.76	14.98	1.80
$t_c = 1.721$，因此	不显著	显著	显著

方程（9-30）：

参数：	β_1	β_2
预计符号	+	+
计算 t 值	1.44	28.09
$t_c = 1.717$，因此	不显著	显著

b. 依据三大统计学准则，SP 是一个相关变量，因为：R^2 随着 SP 的增加而增加，SP 的参数显然不是零，而且 SY 的估计参数变化量大于一个标准差。但是，SP 的参数的符号是个问题。很多研究者会预计 $\hat{\beta}_3$ 的系数的符号为负（作者在从总样本中取出的 1960～1970 年的小样本中得到的符号为负这一事实支持了这一想法），但是作者认为其符号为正，并解释道：苏联的领导力在 1977 年后正变得越来越有"竞争力"。使得苏联在 SP 增加时增

加军备投入。

c. 对于两个方程，DW 远低于 5% 单侧检验的关键值，所以我们能拒绝非正序列关联的原假设。[对于方程（9-29），$0.49 < 1.12$，并且对于方程（9-30），$0.43 < 1.21$] 这个结果增加了 $\hat{\beta}_3$ 的 t 值被高估的可能性，使得 SP 可能是一个无关变量。

d. DW 值如此小的增加无论如何也无法证明序列相关是不严格的。

e. 就如我们怀疑的，运用广义最小二乘法使 $\hat{\beta}_3$ 变得不显著，这使得 $\ln SP$ 更有可能是不相关变量了。

第 10 章

10-2 a. 是的，相对于用 P 作为被解释变量，用 CV 作为被解释变量时，异方差更容易发生，因为药品的总消费量会随着国家的不同而发生巨大变化，而药品价格的变化相对较小。

b. Park 检验：$t_{PARK} = 2.14 > t_c = 2.042$，所以拒绝同方差的原假设。

White 检验：$NR^2 = 28.62 > \chi^2$ 临界值为 16.92，所以拒绝同方差的原假设。16.92 是自由度为 9 时的临界值——N，P，IPC 以及其平方项、交叉相乘项各自分别对应一个自由度。

c. N 的 HC 标准差是 0.107；P 的 HC 标准差是 0.127；IPC 的 HC 标准差是 10.61。

d. $\widehat{\ln CV_i} = -8.21 + 1.11 \ln N_i + 1.46 \ln P_i + 0.88 IPC_i$

$$\qquad\qquad (0.14) \qquad (0.44) \qquad (0.48)$$
$$t = 7.94 \qquad 3.30 \qquad 1.82$$
$$N = 32 \qquad \overline{R}^2 = 0.71$$

e. $\widehat{CVN_i} = 10.89 + 1.17 GDPN_i - 0.36 P_i - 1.95 IPC_i$

$$\qquad\qquad (0.13) \qquad (0.11) \quad (5.52)$$
$$t = 9.22 \qquad -3.23 \quad -0.35$$
$$N = 32 \qquad \overline{R}^2 = 0.80$$

f. 大多数有经验的计量经济学家都采用 HC 标准差来处理异方差，所以最明显的选择是 HC 标准差方法。然而重新设定方程的方法并没有什么错，它让价格变量的参数从预期相反方向上显著变成了预期方向上不显著。（不得不承认，让 IPC 的符号跟预期一致的代价就是 IPC 不再显著。）

g. 尽管古典假设 V 是本章关注的重点，但是在这个例子中依然要担心违背古典假设 III。如果 P 是 CV 的函数，并且 CV 也是 P 的函数，那么，这就是一个联立方程系统，于是，误差项就不再独立于解释变量。更多内容详见第 14 章。

10-4 a. $\widehat{CO_i} = 1\,273.2 + 0.720 I_i$

$$\qquad\qquad (0.044)$$
$$t = 16.21 \qquad R^2 = 0.97$$

式中，CO 代表平均消费量；I 代表平均收入。

b. $NR^2 = 3.00 < 3.84$，所以我们不能拒绝同方差性的原假设。

c. White 检验的结果与 BP 检验的结果相背离。

d. 如果 BP 检验或 White 检验显示出同方差性，大多数的计量经济学家会考虑 HC 的标准差。但在这种情况下，还有另一个理由去考虑 HC 的标准差，那就是在 Ando 和 Modigliani 的数据表中收入的范围不是不变的，所以所有变量应该是收入范围的中值。因此认为不同范围会使误差项产生不同的方差，使得同方差性更加明显的想法看起来是合理的。

10-6 a.

参数：	β_P	β_1	β_Q	β_A	β_S	β_T
预期符号	−	+	+	+	−	+
t 值	−0.97	6.43	3.62	1.93	1.6	−2.85
$t_c = 1.684$（5%的显著性水平下。服从自由度为 40 的单侧检验，与自由度为 43 的最接近）	不拒绝	拒绝	拒绝	拒绝	不拒绝	不拒绝

最后两个参数的预估符号很难想通。我们认为更多的城郊报纸会减少大都市的报纸的发行量。但电视台的数量更多衡量的是城市的大小而不是报纸所面对的竞争的强弱。顺便说一句，我们用 Q 代表质量，A 代表内生变量。（注意作者的确用二阶段最小二乘法估计方程，这是一种我们会在第 14 章研究的方法。）

b. 这个模型存在很大可能有同方差性，因为更大的城市会有更大的报纸发行量，也导致了更大的误差项方差，这个事实也证明我们的确可以拒绝同方差性的原假设。

c. 同方差性、多重共线性、遗漏变量，这三种情况都有可能。

d. 试图用每单位资本的发行量作被解释变量来重构方程可能会减少方程的有用性。相反，我们会尝试改进方程的设定。合理的可能包括：尝试减少被解释变量间的多重共线性（重复性），力图找到比编辑人数更好的标准来衡量报纸的质量，用相互竞争的大都市的主流报纸的数量来替代 S 和 T。

第 11 章

关于房价的互动练习的提示

在这个互动练习中最大的问题是：大多数学生都尝试太多的设定形式，只是为了看看回归结果是什么样。实际上，在估计第一个方程之前，就应该想好跟这个练习有关的所有的设定形式（除开一到两种设定形式），所以衡量你工作效率的标准就是你所估计方程的数量。通常来说，方程数量越少效率越高。

至于采用哪种设定，大多取决于个人选择和经验。考虑到理论，我们最倾向的方程是：

$$P = f(\overset{+}{S}, \overset{-}{N}, \overset{+}{A}, \overset{+}{A^2}, \overset{+}{Y}, CA)$$

我们认为相对于 S，BE 和 BA 是多余的。另外，SP 的符号为正或为负都是合理的，它的预期符号是模棱两可的，所以并没有将它纳入方程。如果有人把 A 设定为线性形式而不是二次形式，这也是无可厚非的。另外，CA 在这个例子中相当不显著，但是保留了 CA，其中有一个原因是——Monrovia 的夏天相当炎热。

至于调节变量，合理的变量只有 S 和 N。但是注意合适的变量不是 $S \cdot N$ 而是 $S \cdot (5−N)$，或者其他相似的组合（能够解释不同的预期符号）。结果表明，这个变量提高了拟合度，然而这个变量和 N，S 之间有高度的共线性（重复性）。

以上设定中，没有任何证据表明存在序列相关性和异方差性，尽管后者在截面数据中很容易发生。

第 12 章

12-2 a. 函数形式为双对数，这并不改变方程是动态方程的事实。所以几乎可以肯定 Y 和 M 是因为分布滞后联系在一起的。

b. Y 与 M 的分布滞后模式和 R 与 M 的分布滞后模式一样，因为两者的 λ 值都是 0.60。（方程采用双对数形式，所以从技术上讲，Y 与 M，R 与 M 的关系是双对数形式）

c. 在动态模型中，序列相关总是值得关注的。许多学生看到 DW 统计量是 1.80，便会得出结论：方程中没有正序列相关的证据。但是在出现滞后变量时，d 统计量是有偏于 2 的。理想的方法是采用 LM 序列相关检验，但是缺乏数据。杜宾 h 检验超出了本书的范围，但它提供了证据，表明方程确实存在序列相关。更多内容，详见 Robert Raynor, "Testing for Serial Correlation in the Presence of Lagged Dependent Variables," *The Review of Economics and Statistics*, Vol. 75, No. 4, pp. 716-721.

12-4 $LM = NR^2 = 24 \times 0.005\,6 = 0.134 < 3.84 =$ 自由度为 1 的 5% 显著性水平下 x_2 检测值，所以我们不能拒绝没有序列相关的原假设。

第 13 章

13-2 a. WN：在 ME 不变的前提下，相对于想要孩子的女性而言，不想要孩子的女性采用已知生育控制方法的可能性的对数要大 2.03。

ME：在 WN 不变的前提下，每增加一单位数量的女性熟知生育控制方法，女性采用生育控制方法的可能性的对数会增加 1.45。

LPM：如果模型采用线性概率模型，单个斜率参数表示：当其他变量不变时，每增加 1 单位解释变量对女性采用已知生育控制方法的概率的影响。

b. 是的，但是没有预期到 $\hat{\beta}_{ME}$ 会比 $\hat{\beta}_{WN}$ 更加显著。

c. 我们前面说过，实际上 β_0 并没有理论意义。详见第 7.1 节。

d. 我们会加入可能相关变量中的 1 个；比如第 i 位女性的受教育程度，或者第 i 位女性是否生活在农村等。

13-4 a. 在样本中只有两位女性的年龄超过了 65 岁，而且她们二人都已经不是劳动力。这样就会产生一个近奇矩阵，因此包括 Stata 在内的所有程式都无法用来估计方程。

b. 在两个模型里 A 的参数都十分接近于零。当 A 增加的时候 $\overline{R}^2_p$ 减小。因此，要把 A 囊括进方程必须要有相应明晰的理论支持。

a. $\hat{D}_i = -0.22 - 0.38M_i - 0.001A_i + 0.09S_i$

$\qquad\qquad (0.16) \quad (0.007) \quad (0.04)$

$\qquad\quad t = -2.43 \quad\;\; -0.14 \quad\;\; 2.42$

$\qquad \overline{R}^2 = 0.29 \quad N = 30 \quad \overline{R}^2_p = 0.806$

b. $\widehat{\ln[D_i/(1-D_i)]} = -5.27 - 2.61M_i - 0.01A_i + 0.67S_i$

$\qquad\qquad\qquad\qquad (1.20) \quad (0.04) \quad (0.32)$

$\qquad\qquad\qquad\quad -2.17 \quad -0.25 \quad 2.10$

$\qquad\qquad\qquad\qquad \overline{R}^2_p = 0.76$

第 14 章

14-2　a. 如果 ε_2 减小，则 Y_2 减小，Y_1 减小。

　　　b. 如果 ε_D 增大，Q_D 增大，则 Q_S 减小（平衡条件下）P_t 增大（记这些变量是同时确定的，所以，哪个变量在左侧无关紧要）。

　　　c. 如果 ε_1 增大，CO 增大，则 Y 和 YD 都会增大。

14-4　a. 因为系统里有三个既定的变量，而且两个方程都有三个斜率参数，所以两个方程都是恰好足以识别的。（如果模型规定牛肉的价格是由鸡肉的价格和数量共同决定的，那牛肉的价格就不是既定的，方程也就不足以识别了）

　　　b. 因为系统中有两个既定的变量，而且两个方程都有两个斜率参数，所以两个方程都是恰好足以识别的。

　　　c. 因为系统中有七个既定的变量，而且两个方程各有三个斜率参数，所以头两个方程是过分识别的。注意我们不需要担心第三个方程会过分识别因为以为其不是同时发生的系统的一部分。

　　　d. 因为系统中有五个既定的变量，而且第一个、第二个、第三个方程分别有三个、两个、四个斜率参数，所以全部三个方程都是过分识别的。

14-6　a. 普通最小二乘法会面临联立性偏误，因为价格和数量都是同时决定的。不是所有内生变量都会出现在经过构造的方程的左边。

　　　b. 偏误的方向主要是由误差项和右侧的内生变量的关系决定的。如果误差项和右侧内生变量的成正比，那联立性偏误就很有可能正数。

　　　c. 三：阶段一：P 是 YD 和 W 的函数
　　　　　　阶段二：Q_D 是 $\hat{P}$ 和 YD 的函数：Q_s 是 $\hat{P}$ 和 W 的函数。

　　　d. 普通最小二乘法：$\hat{Q}_D = 57.3 - 0.86P + 1.03YD$

$$\hat{Q}_s = 167.5 + 3.95P - 1.42W$$

　　　　二阶段最小二乘法：$\hat{Q}_s = 480.2 + 13.5\,\hat{P} - 5.50W$

第 15 章

15-2　a. 310 美元，120.00　　b. 117 276；132 863；107 287；Nowheresville

15-4　a. P 并不是虚拟变量。相反，p 是主要用来与其他变量相乘从而使之得出的交互变量的符号因执政党而异。

　　　b. 交互变量是必需的。因为被解释变量衡量了民主党获得的百分比投票数，但被解释变量衡量的是执政党现有民意支持度的建立或损坏。举例来说，如果民主党人士在经济快速发展的时期执政，那这种增长就势必会导致民主党得票比例的增加。相反，如果共和党人士在经济快速发展的时期执政，这种增长反而会导致民主党得票比例的下降，所以这个符号是说得通的。采用如下方法，即当执政者是民主党人士时，则用 +1 乘以经济增长率，反之就将其乘以 −1，可以使得上述的逻辑得以用数字体现。

　　　c. $\widehat{VOTE} = 48.70 + 8.183P - 1.845DUR \cdot P + 0.087DOW \cdot P + 0.535GROWTH \cdot P$

　　　　　　　　　　　(2.396)　　　　(0.843)　　　　(0.070)　　　　(0.197)

　　　　　　　　$t = 3.42$　　　　-2.19　　　　1.25　　　　2.71

$$-0.762INFLATION \cdot P + 0.040ARMY \cdot P - 0.078SPEND \cdot P$$

$$(0.363) \qquad\qquad (0.034) \qquad\qquad (0.036)$$

$$-2.10 \qquad\qquad 1.15 \qquad\qquad -2.18$$

$$N=21 \qquad \overline{R}^2 = 0.77 \qquad DW = 2.20$$

d. $DUR * P$ 的参数是负的，但 $ARMY^* P$ 的参数是正的，这两者都违背了对其符号的预期。其他交互项的参数都带预想的符号。我们可以拒绝 P，$GROWTH^* P$，$INFLATION^* P$ 和 $SPEND^* P$ 的原假设（假设估计带正号），但我们不能拒绝 $DUR^* P$，$DOW^* P$ 和 $ARMY^* P$。

e. 将实际值 2 000 代入方程，我们会得到预测值 52.740，这个值比实际值 50.265 大 2.475%。对于 2004 年，我们得到预测值为 44.280，这比实际值 48.586 小 4.306%。

f. 要做到这样，我们应该用 2004 整年的数据估计方程 (15-20)，得到：

$$\widehat{VOTE} = 48.76 + 7.340P - 1.659DUR \cdot P + 0.116DOW \cdot P + 0.496GROWTH \cdot P$$

$$(2.208) \qquad (0.812) \qquad\quad (0.064) \qquad\qquad (0.189)$$

$$t=3.32 \qquad -2.04 \qquad\quad 1.80 \qquad\qquad 2.63$$

$$-0.727INFLATION \cdot P + 0.039ARMY \cdot P - 0.081SPEND \cdot P$$

$$(0.342) \qquad\qquad (0.034) \qquad\qquad (0.034)$$

$$-2.13 \qquad\qquad 1.14 \qquad\qquad -2.36$$

$$N=23 \qquad \overline{R}^2 = 0.75 \qquad DW = 2.23$$

第 16 章

16-2 a. $\Delta OUTCOME_{Easton} = 28\,500 - 25\,000 = 3\,500$

$\Delta OUTCOME_{Allentown} = 23\,750 - 22\,500 = 1\,250$

b. 为了让方程令人信服，我们必须假设：处理组和对照组的结果变化是一样的（在没有处理的情况下）。然而，在处理数据之前，平均收入水平就有了 2 500 美元的差异，所以两个组之间会有一些差异。

c. 即便是满足 b 中假定，在解释结论的时候也应该谨慎。一个只有两个观测值的样本是小得荒唐的，因而不可能提供精确的结果，除非偶然。

16-4 a. 这是一个自然实验数据集，也正好是一个面板数据集，因为它包含了同一个变量在不同的两个时间段内同一个截面样本。

b. 正确的方法是采用差异中的差分估计，并由此得到：

$$\Delta \widehat{SMOKE} = -2.43 - 0.73TAX$$

$$(0.57)$$

$$t = \qquad\qquad\quad -1.29$$

$$N=45 \qquad \overline{R}^2 = 0.015$$

c. 这个估计得到的参数在预期方向上几乎是显著的，但是拟合优度很差。鉴于这项研究的设计，大多数经验丰富的研究者不会对此感到惊讶。特别的，用一个虚拟变量来代表烟草税率的增加是否是烟草消费中唯一的解释变量来阐释烟草消费似乎注定会收到很好的效果。除了烟草税率，其他变量也肯定有其作用，因为有些州政府把烟草税调的比其他税都高，所以，如果你只局限于一个虚拟变量，有些信息就会遗漏，这是因为虚拟变量只告诉你税率是否提高，而没有告诉你具体提高了多少。

16-6　a. $\widehat{\Delta Q} = 0.039 - 0.025 \Delta P$

　　　　　　　　　　　(0.002)

　　　$t = $　　　　　　　-12.33

　　　$N = 4$　　　$\overline{R}^2 = 0.98$

b. 对价格变量用固定效应和差分都会得出相似的参数和标准差的估计结果。但固定效应对时间段里的参数和主体虚拟变量做了估计。调整的判定系数 $\overline{R}^2$ 也会不同。但是，因为汇率变量不论是使用估计固定效应方法还是使用差分方法结果都应该一样，所以，对价格变量使用两种方法而得出的同一结果是可靠的。它们的确给出了相同答案。

c. 这样定义差分模型里的误差项是因为差分模型里的误差项是序列相关的。

附录 B

统 计 表

下面给出了假设检验中经常使用的各种统计的临界值所形成的表格，并且给予每一种统计解释和说明。具体的统计表如下：

B-1　t 分布的临界值表

B-2　在 5% 显著水平下，F 统计的临界值表

B-3　在 1% 显著水平下，F 统计的临界值表

B-4　德宾-沃森检验法统计的 d_l 和 d_u 临界值表

B-5　正态分布表

B-6　χ^2 分布表

B.1　表 B-1：t 分布

t 分布应用于回归分析中，检验斜率参数估计值（比如 $\hat{\rho}_k$）是否与假设值（比如 β_{H_0}）有显著差异。t 统计值计算如下：

$$t_k = (\hat{\beta}_k - \beta_{H_0}) / \mathrm{SE}(\hat{\beta}_k)$$

式中，$\hat{\beta}_k$ 是斜率参数估计值，$SE(\hat{\beta}_k)$ 是 $\hat{\beta}_k$ 的标准差估计值。

单侧检验的假设为：

$$H_0 : \beta_k \leqslant \beta_{H_0}$$

$$H_A : \beta_k > \beta_{H_0}$$

把计算出的 t 统计量与统计表中的 t 临界值 t_c 做比较，在 t 统计表中，找出单侧检验中所要求的显著水平（通常 5%）所在列，以及自由度为 $(N-k-1)$ 的对应行。其中 N 是样本观测值个数，k 是解释变量个数。如果 $|t_k| > t_c$，并且 t_k 与备择假设暗含的符号一致，则拒绝 H_0，否则就不能拒绝 H_0。在大多计量经济学应用中，β_{H_0} 为 0，大多数计算机用回归程序计算出的都是 $\beta_{H_0} = 0$ 情形下的 t_k 值。例如，对于自由度为 15，5% 显著性水平的单侧假设检验，若 $t_c = 1.753$，则任何正的大于 1.753 的 t_k 值，将使我们拒绝 H_0，也就意味着，在 5% 的显著水平下，$\hat{\beta}_k$ 在所假定的方向上是统计显著的。

在一个双边假设检验中，$H_0 : \beta_k = \beta_{H_0}$，$H_A : \beta_k \neq \beta_{H_0}$，除了使用相应于双侧显著性水平的列之

外，其他步骤都是相同的。例如，对于自由度为 15，显著性水平为 5％的双侧检验，若 $t_c =$ 2.131，则任何绝对值大于 2.131 的 t_k 值将使我们拒绝 H_0，并且表明在 5％的显著水平上，$\hat{\beta}_k$ 显著异于 β_{H_0}。关于 t 检验的更多内容，参见第 5 章。

表 B-1　t 分布的临界值表

自由度	显著性水平				
	单侧：10％	5％	2.5％	1％	0.5％
	双侧：20％	10％	5％	2％	1％
1	3.078	6.314	12.706	31.821	63.657
2	1.886	2.920	4.303	6.965	9.925
3	1.638	2.353	3.182	4.541	5.841
4	1.533	2.132	2.776	3.747	4.604
5	1.476	2.015	2.571	3.365	4.032
6	1.440	1.943	2.447	3.143	3.707
7	1.415	1.895	2.365	2.998	3.499
8	1.397	1.860	2.306	2.896	3.355
9	1.383	1.833	2.262	2.821	3.250
10	1.372	1.812	2.228	2.764	3.169
11	1.363	1.796	2.201	2.718	3.106
12	1.356	1.782	2.179	2.681	3.055
13	1.350	1.771	2.160	2.650	3.012
14	1.345	1.761	2.145	2.624	2.977
15	1.341	1.753	2.131	2.602	2.947
16	1.337	1.746	2.120	2.583	2.921
17	1.333	1.740	2.110	2.567	2.898
18	1.330	1.734	2.101	2.552	2.878
19	1.328	1.729	2.093	2.539	2.861
20	1.325	1.725	2.086	2.528	2.845
21	1.323	1.721	2.080	2.518	2.831
22	1.321	1.717	2.074	2.508	2.819
23	1.319	1.714	2.069	2.500	2.807
24	1.318	1.711	2.064	5.492	2.797
25	1.316	1.708	2.060	2.485	2.787
26	1.315	1.706	2.056	2.479	2.779
27	1.314	1.703	2.052	2.473	2.771
28	1.313	1.701	2.048	2.467	2.763
29	1.311	1.699	2.045	2.462	2.756
30	1.310	1.697	2.042	2.457	2.750
40	1.303	1.684	2.021	2.423	2.704
60	1.296	1.671	2.000	2.390	2.660
120	1.289	1.658	1.980	2.358	2.617
（Normal）					
∞	1.282	1.645	1.960	2.326	2.576

资料来源：来自 Ronald A. Fisher，*Statistical Methods for Research Workers*，14th ed. 的表 IV 翻印。（copyright 1970，University of Adelaide）with permission of Hafner, a division of the Macmillan Publishing Company, Inc.

B.2 表 B-2：F 分布

F 分布应用于回归分析中，处理含有多重假设的虚拟假设或关于一组参数的单一假设。为检验最常见的联合假设（回归方程整体显著性的检验）：

$$H_0: \beta_1 = \beta_2 = \cdots = \beta_k = 0$$
$$H_A: H_0 \text{ 不为真}$$

将计算出的 F 值与两个表中的 F 临界值做比较。F 统计量含有两种形式的自由度：一种是分子自由度（行），另一种是分母自由度（列）。对于上述的原假设和备择假设，分子为 k 个自由度（虚拟假设所暗含的约束个数），分母为 $N-k-1$ 个自由度，其中，N 为样本观测值的个数，k 为方程中解释变量的个数。大多数计算机回归程序都会提供 F 统计量。例如：$k=5$，$N=30$，那么分子自由度为 5，分母自由度为 24。在 5% 显著水平下（表 B-2），F 临界值为 2.62。如果计算出的 F 值大于 2.62 将使我们拒绝原假设，并且表明，在 5% 显著水平下，方程在统计上是显著的。关于 F 检验的更多内容，参见第 5.6 节。

表 B-2 F 统计量的临界值表：5% 显著水平下

		$V_1 =$ 分子自由度										
	1	2	3	4	5	6	7	8	10	12	20	∞
1	161	200	216	225	230	234	237	239	242	244	248	254
2	18.5	19.0	19.2	19.2	19.3	19.3	19.4	19.4	19.4	19.4	19.4	19.5
3	10.1	9.55	9.28	9.12	9.01	8.94	8.89	8.85	8.79	8.74	8.66	8.53
4	7.71	6.94	6.59	6.39	6.26	6.16	6.09	6.04	5.96	5.91	5.80	5.63
5	6.61	5.79	5.41	5.19	5.05	4.95	4.88	4.82	4.74	4.68	4.56	4.36
6	5.99	5.14	4.76	4.53	4.39	4.28	4.21	4.15	4.06	4.00	3.87	3.67
7	5.59	4.74	4.35	4.12	3.97	3.87	3.79	3.73	3.64	3.57	3.44	3.23
8	5.32	4.46	4.07	3.84	3.69	3.58	3.50	3.44	3.35	3.28	3.15	2.93
9	5.12	4.26	3.86	3.63	3.48	3.37	3.29	3.23	3.15	3.07	2.94	2.71
10	4.96	4.10	3.71	3.48	3.33	3.22	3.14	3.07	2.98	2.91	2.77	2.54
11	4.84	3.98	3.59	3.36	3.20	3.09	3.01	2.95	2.85	2.79	2.65	2.40
12	4.75	3.89	3.49	3.26	3.11	3.00	2.91	2.85	2.75	2.69	2.54	2.30
13	4.67	3.81	3.41	3.18	3.03	2.92	2.3	2.77	2.67	2.60	2.46	2.21
14	4.60	3.74	3.34	3.11	2.93	2.85	2.76	2.70	2.60	2.53	2.39	2.13
15	4.54	3.68	3.29	3.06	2.90	2.79	2.71	2.64	2.54	2.48	2.33	2.07
16	4.49	3.63	3.24	3.01	2.85	2.74	2.66	2.59	2.49	2.42	2.28	2.01
17	4.45	3.59	3.20	2.96	2.81	2.70	2.61	2.55	2.45	2.38	2.23	1.96
18	4.41	3.55	3.16	2.93	2.77	2.66	2.58	2.51	2.41	2.34	2.19	1.92
19	4.38	3.52	3.13	2.90	2.74	2.63	2.54	2.48	2.38	2.31	2.16	1.88
20	4.35	3.49	3.10	2.87	2.71	2.60	2.51	2.45	2.35	2.28	2.12	1.84
21	4.32	3.47	3.07	2.84	2.68	2.57	2.49	2.42	2.32	2.25	2.10	1.81
22	4.30	3.44	3.05	2.82	2.66	2.55	2.46	2.40	2.30	2.23	2.07	1.78
23	4.28	3.42	3.03	2.80	2.64	2.53	2.44	2.37	2.27	2.20	2.05	1.76
24	4.26	3.40	3.01	2.78	2.62	2.51	2.42	2.36	2.25	2.18	2.03	1.73

$V_2 =$ 分母自由度

（续）

	$V_1 =$ 分子自由度											
	1	**2**	**3**	**4**	**5**	**6**	**7**	**8**	**10**	**12**	**20**	**∞**
25	4.24	3.39	2.99	2.76	2.60	2.49	2.40	2.34	2.24	2.16	2.01	1.71
30	4.17	3.32	2.92	2.69	2.53	2.42	2.33	2.27	2.16	2.09	1.93	1.62
40	4.08	3.23	2.84	2.61	2.45	2.34	2.25	2.18	2.08	2.00	1.84	1.51
60	4.00	3.15	2.76	2.53	2.37	2.25	2.17	2.10	1.99	1.92	1.75	1.39
120	3.92	3.07	2.68	2.45	2.29	2.18	2.09	2.02	1.91	1.83	1.66	1.25
∞	3.84	3.00	2.60	2.37	2.21	2.10	2.01	1.94	1.83	1.75	1.57	1.00

资料来源：删减自 M. Merrington and C. M. Thompson. "Tables of percentage points of the inverted beta (F) distribution", *Biometrika*, Vol. 33, 1943, P. 73. By permission of the *Biometrika trustees*.

B.3　表 B-3：F 分布

F 分布应用于回归分析中，处理含有多重假设的虚拟假设或关于一组参数的单一假设。为检验最常见的联合假设（回归方程整体显著性的检验）：

$$H_0: \beta_1 = \beta_2 = \cdots = \beta_k = 0$$

$$H_A: H_0 \text{ 不为真}$$

将计算出的 F 值与两个表中的 F 临界值做比较。F 统计量含有两种形式的自由度：一种是分子自由度（行），另一种是分母自由度（列）。对于上述的原假设和备择假设，分子为 k 个自由度（虚拟假设所暗含的约束个数），分母为 $N-k-1$ 个自由度，其中，N 为样本观测值的个数，k 为方程中解释变量的个数。大多数计算机回归程序都会提供 F 统计量。例如：$k=5$，$N=30$，那么分子自由度为 5，分母自由度为 24。在 1% 显著水平下（见表 B-3）F 的临界值为 3.90。如果计算出的 F 值大于 3.90 将使我们拒绝原假设，并且表明，在 1% 显著水平下，方程在统计上是显著的。关于 F 检验的更多内容，参见第 5.6 节。

表 B-3　F 统计量的临界值表：1% 的显著性水平

		$V_1 =$ 分子自由度											
		1	**2**	**3**	**4**	**5**	**6**	**7**	**8**	**10**	**12**	**20**	**∞**
	1	4 052	5 000	5 403	5 625	5 764	5 859	5 928	5 982	6 056	6 106	6 209	6 366
	2	9 835	99.0	99.2	99.2	99.3	99.3	99.4	99.4	99.4	99.4	99.4	99.5
	3	34.1	30.8	29.5	28.7	28.2	27.9	27.7	27.5	27.2	27.1	26.7	26.1
	4	21.2	18.0	16.7	16.0	15.5	15.2	15.0	14.8	14.5	14.4	14.0	13.5
	5	16.3	13.3	12.1	11.4	11.0	10.7	10.5	10.3	10.1	9.89	9.55	9.02
	6	13.7	10.9	9.78	9.15	8.75	8.47	8.26	8.10	7.87	7.72	7.40	6.88
$V_2 =$ 分母自由度	7	12.2	9.55	8.45	7.85	7.46	7.19	6.99	6.84	6.62	6.47	6.16	5.65
	8	11.3	8.65	7.59	7.01	6.63	6.37	6.18	6.03	5.81	5.67	5.36	4.86
	9	10.6	8.02	6.99	6.42	6.06	5.80	5.61	5.47	5.26	5.11	4.81	4.31
	10	10.0	7.56	6.55	5.99	5.64	5.39	5.20	5.06	4.85	4.71	4.41	3.91
	11	9.65	7.21	6.22	5.67	5.32	5.07	4.89	4.74	4.54	4.40	4.10	3.60
	12	9.33	6.93	5.95	5.41	5.06	4.82	4.64	4.50	4.30	4.16	3.86	3.36
	13	9.07	6.70	5.74	5.21	4.86	4.62	4.44	4.30	4.10	3.96	3.66	3.17

（续）

						V_1＝分子自由度							
		1	2	3	4	5	6	7	8	10	12	20	∞
	14	8.86	6.51	5.56	5.04	4.70	4.46	4.28	4.14	3.94	3.80	3.51	3.00
	15	8.68	6.36	5.42	4.89	4.56	4.32	4.14	4.00	3.80	3.67	3.37	2.87
	16	8.53	6.23	5.29	4.77	4.44	4.20	4.03	3.89	3.69	3.55	3.26	2.75
	17	8.40	6.11	5.19	4.67	4.34	4.10	3.93	3.79	3.59	3.46	3.16	2.65
V_2＝分母自由度	18	8.29	6.01	5.09	4.58	4.25	4.01	3.84	3.71	3.51	3.37	3.08	2.57
	19	8.19	5.93	5.01	4.50	4.17	3.94	3.77	3.63	3.43	3.30	3.00	2.49
	20	8.10	5.85	4.94	4.43	4.10	3.87	3.70	3.56	3.37	3.23	2.94	2.42
	21	8.02	5.78	4.87	4.37	4.04	3.81	3.64	3.51	3.31	3.17	2.88	2.36
	22	7.95	5.72	4.82	4.31	3.99	3.76	3.59	3.45	3.26	3.12	2.83	2.31
	23	7.88	5.66	4.76	4.26	3.94	3.71	3.54	3.41	3.21	3.07	2.78	2.26
	24	7.82	5.61	4.72	4.22	3.90	3.67	3.50	3.36	3.17	3.03	2.74	2.21
	25	7.77	5.57	4.68	4.18	3.86	3.63	3.46	3.32	3.13	2.99	2.70	2.17
	30	7.56	5.39	4.51	4.02	3.70	3.47	3.30	3.17	2.98	2.84	2.55	2.01
	40	7.31	5.18	4.31	3.83	3.51	3.29	3.12	2.99	2.80	2.66	2.37	1.80
	60	7.08	4.98	4.13	3.65	3.34	3.12	2.95	2.82	2.63	2.50	2.20	1.60
	120	6.85	4.79	3.95	3.48	3.17	2.96	2.79	2.66	2.47	2.34	2.03	1.38
	∞	6.63	4.61	3.78	3.32	3.02	2.80	2.64	2.51	2.32	2.18	1.88	1.00

资料来源：删减自 M. Merrington and C. M. Thompson. "Tables of percentage points of the inverted beta（F）distribution"，*Biometrika*，Vol. 33，1943，P. 73. By permission of the Biometrika trustees.

B.4 表 B-4：杜宾-沃森 d 统计量

杜宾-沃森 d 统计量用于检验残差的 1 阶序列相关：1 阶序列相关是指 $\varepsilon_t = \rho\varepsilon_{t-1} + \mu_t$，式中，$\varepsilon_t$ 是回归方程中的随机误差项，μ_t 是满足古典假设的误差项（非序列相关）。由于 $\rho=0$ 意味着无序列相关，且在大多数经济商业模型中所存在的某些纯序列相关都是正序列相关，所以，通常假设：

$$H_0 : \rho \leqslant 0$$
$$H_A : \rho > 0$$

为了检验非序列正相关的假设，杜宾-沃森 d 统计量必须与两个不同的 d 临界值 d_L 和 d_U 进行比较。d_L 和 d_U 的值由显著性水平，解释变量的个数（k）和样本观测值的个数 N 而定，表 B-4 给出了相应的 d_L 和 d_U 值。例如，对于 2 个解释变量和 30 个样本观测值的情形，在 5％显著水平下的单侧检验中的临界值是 $d_L=1.28$，$d_U=1.57$。所以计算出的任何小于 1.28 的杜宾-沃森统计值将使我们拒绝原假设；若计算出的杜宾-沃森统计值介于 1.28 和 1.57 之间，则检验结果不确定；若计算出的 d 统计值大于 1.57，则表明在 5％显著水平上不存在正序列相关。下面的图描述了这些范围：

$H_0: \rho \leqslant 0$ 与 $H_A: \rho > 0$：1％单侧检验

检验结果不确定

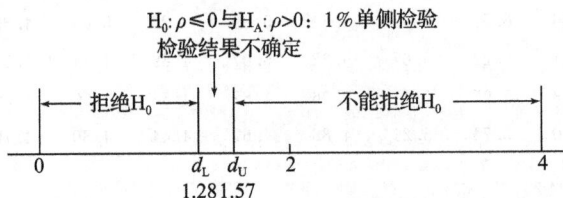

双侧检验类似于单侧检验，将 $4-d_U$ 和 $4-d_L$ 作为界于 $2\sim4$ 的杜宾-沃森 d 临界值。

表 B-4　杜宾-沃森检验统计量 d_l 和 d_u：5%显著水平单侧检验（10%显著水平双侧检验）

N	K=1		K=2		K=3		K=4		K=5		K=6		K=7	
	d_L	d_U	d_L	d_U	d_L	d_U	d_L	d_U	d_L	d_U	d_L	d_U	d_L	d_U
15	1.08	1.36	0.95	1.54	0.81	1.75	0.69	1.97	0.56	2.21	0.45	2.47	034	2.73
16	1.11	1.37	0.98	1.54	0.86	1.73	0.73	1.93	0.62	2.15	0.50	2.39	0.40	2.62
17	1.13	1.38	1.02	1.54	0.90	1.71	0.78	1.90	0.66	2.10	0.55	2.32	0.45	2.54
18	1.16	1.39	1.05	1.53	0.93	1.69	0.82	1.87	0.71	2.06	0.60	2.26	0.50	2.46
19	1.18	1.40	1.07	1.53	0.91	1.68	0.86	1.85	0.75	2.02	0.65	2.21	0.55	2.40
20	1.20	1.41	1.10	1.54	1.00	1.68	0.89	1.83	0.79	1.99	0.69	2.16	0.60	2.34
21	1.22	1.42	1.13	1.54	1.03	1.67	0.93	1.81	0.83	1.96	0.73	2.12	0.64	2.29
22	1.24	1.43	1.15	1.54	1.05	1.66	0.96	1.80	0.86	1.94	0.77	2.09	0.68	2.25
23	1.26	1.44	1.17	1.54	1.08	1.66	0.99	1.79	0.90	1.92	0.80	2.06	0.72	2.21
24	1.27	1.45	1.19	1.55	1.10	1.66	1.01	1.78	0.93	1.90	0.84	2.04	0.75	2.17
25	1.29	1.45	1.21	1.55	1.12	1.66	1.04	1.77	0.95	1.89	0.87	2.01	0.78	2.14
26	1.30	1.46	1.22	1.55	1.14	1.65	1.06	1.76	0.98	1.88	0.90	1.99	0.82	2.12
27	1.32	1.47	1.24	1.56	1.16	1.65	1.08	1.76	1.00	1.86	0.93	1.97	0.85	2.09
28	1.33	1.48	1.26	1.56	1.18	1.65	1.10	1.75	1.03	1.85	0.95	1.96	0.87	2.07
29	1.34	1.48	1.27	1.56	1.20	1.65	1.12	1.74	1.05	1.84	0.98	1.94	0.90	2.05
30	1.35	1.49	1.28	1.57	1.21	1.65	1.14	1.74	1.07	1.83	1.00	1.93	0.93	2.03
31	1.36	1.50	1.30	1.57	1.23	1.65	1.16	1.74	1.09	1.83	1.02	1.92	0.96	2.02
32	1.37	1.50	1.31	1.57	1.24	1.65	1.18	1.73	1.11	1.82	1.04	1.91	0.97	2.00
33	1.38	1.51	1.32	1.58	1.26	1.65	1.19	1.73	1.13	1.81	1.06	1.90	0.99	1.99
34	1.39	1.51	1.33	1.58	1.27	1.65	1.21	1.73	1.14	1.81	1.08	1.89	1.02	1.98
35	1.40	1.52	1.34	1.58	1.28	1.65	1.22	1.73	1.16	1.80	1.10	1.88	1.03	1.97
36	1.41	1.52	1.35	1.59	1.30	1.65	1.24	1.73	1.18	1.80	1.11	1.88	1.05	1.96
37	1.42	1.53	1.36	1.59	1.31	1.66	1.25	1.72	1.19	1.80	1.13	1.87	1.07	1.95
38	1.43	1.54	1.37	1.59	1.32	1.66	1.26	1.72	1.20	1.79	1.15	1.86	1.09	1.94
39	1.43	1.54	1.38	1.60	1.33	1.66	1.27	1.72	1.22	1.79	1.16	1.86	1.10	1.93
40	1.44	1.54	1.39	1.60	1.34	1.66	1.29	1.72	1.23	1.76	1.18	1.85	1.12	1.93
45	1.48	1.57	1.43	1.62	1.38	1.67	1.34	1.72	1.29	1.78	1.24	1.84	1.19	1.90
50	1.50	1.59	1.46	1.63	1.42	1.67	1.38	1.72	1.34	1.77	1.29	1.82	1.25	1.88
55	1.53	1.60	1.49	1.64	1.45	1.68	1.41	1.72	1.37	1.77	1.33	1.81	1.29	1.86
60	1.55	1.62	1.51	1.65	1.48	1.69	1.44	1.73	1.41	1.77	1.37	1.81	1.34	1.85
65	1.57	1.63	1.54	1.66	1.50	1.70	1.47	1.73	1.44	1.77	1.40	1.81	1.37	1.84
70	1.58	1.64	1.55	1.67	1.53	1.70	1.49	1.74	1.46	1.77	1.43	1.80	1.40	1.84
75	1.60	1.65	1.57	1.68	1.54	1.71	1.52	1.74	1.49	1.77	1.46	1.80	1.43	1.83
80	1.61	1.66	1.59	1.69	1.56	1.72	1.53	1.74	1.51	1.77	1.49	1.80	1.45	1.83
85	1.62	1.67	1.60	1.70	1.58	1.72	1.55	1.75	1.53	1.77	1.51	1.80	1.47	1.83
90	1.63	1.68	1.61	1.70	1.59	1.73	1.57	1.75	1.54	1.78	1.53	1.80	1.49	1.83
95	1.64	1.69	1.62	1.71	1.60	1.73	1.58	1.75	1.56	1.78	1.54	1.80	1.51	1.83
100	1.65	1.69	1.63	1.72	1.61	1.74	1.59	1.76	1.57	1.78	1.55	1.80	1.53	1.83

资料来源：N. E. Savin and Kenneth J. White, "The Durbin - Watson Test for Serial Correlation with Extreme Sample Sizes or Many Regressors", *Econometrica*, November 1977, P. 1994. Reprinted with permission.

注：N 为样本观测值个数，K 为除常数项外的解释变量的个数，并且假设方程中包含了一个常数项，且无滞后应变量。

B.5 表 B-5：正态分布

正态分布一般是对回归方程中的随机误差项所的假定。表 B-5 列出了从标准正态分布（均值为 0，方差为 1）中随机抽取的数不小于表 B-5 中所给的数的概率。对于服从均值为 u，方差为 σ^2 的正态分布变量 Z，则有 $Z=(\varepsilon-u)/\sigma$。在表 B-5 中，第一列给出了 Z 的第一位数，第一行给出了 Z 的第二位小数。

表 B-5 正态分布表

z	0.00	0.01	0.02	0.03	0.04	0.05	0.06	0.07	0.08	0.09
0.0	0.500 0	0.496 0	0.492 0	0.488 0	0.484 0	0.480 1	0.476 1	0.472 1	0.468 1	0.464 1
0.1	0.460 2	0.456 2	0.452 2	0.448 3	0.444 3	0.440 4	0.436 4	0.432 5	0.428 6	0.424 7
0.2	0.420 7	0.416 8	0.412 9	0.409 0	0.405 2	0.401 3	0.397 4	0.393 6	0.389 7	0.385 9
0.3	0.382 1	0.387 3	0.374 5	0.370 7	0.366 9	0.363 2	0.359 4	0.355 7	0.352 0	0.378 3
0.4	0.344 6	0.340 9	0.337 2	0.333 6	0.330 0	0.326 4	0.322 8	0.319 2	0.315 6	0.312 1
0.5	0.308 5	0.305 0	0.301 5	0.298 1	0.294 6	0.291 2	0.287 7	0.284 3	0.281 0	0.277 6
0.6	0.274 3	0.270 9	0.267 6	0.264 3	0.261 1	0.257 8	0.254 6	0.251 4	0.248 3	0.245 1
0.7	0.242 0	0.238 9	0.235 8	0.232 7	0.229 6	0.226 6	0.223 6	0.220 6	0.217 7	0.214 8
0.8	0.211 9	0.209 0	0.206 1	0.203 3	0.200 5	0.197 7	0.194 9	0.192 2	0.189 4	0.186 7
0.9	0.184 1	0.181 4	0.178 8	0.176 2	0.173 6	0.171 1	0.168 5	0.166 0	0.163 5	0.161 1
1.0	0.158 7	0.156 2	0.153 9	0.151 5	0.149 2	0.146 9	0.144 6	0.142 3	0.140 1	0.137 9
1.1	0.135 7	0.133 5	0.131 4	0.129 2	0.127 1	0.125 1	0.123 0	0.121 0	0.119 0	0.117 0
1.2	0.115 1	0.113 1	0.111 2	0.109 3	0.107 5	0.105 6	0.103 8	0.102 0	0.100 3	0.098 5
1.3	0.096 8	0.095 1	0.093 4	0.091 8	0.090 1	0.088 5	0.086 9	0.085 3	0.083 8	0.082 3
1.4	0.080 8	0.079 3	0.077 8	0.076 4	0.074 9	0.073 5	0.072 1	0.070 8	0.069 4	0.068 1
1.5	0.066 8	0.065 5	0.064 3	0.063 0	0.061 8	0.060 6	0.059 4	0.058 2	0.057 1	0.055 9
1.6	0.054 8	0.053 7	0.052 6	0.051 6	0.050 5	0.049 5	0.048 5	0.047 5	0.046 5	0.045 5
1.7	0.044 6	0.043 6	0.042 7	0.041 8	0.040 9	0.040 1	0.039 2	0.038 4	0.037 5	0.036 7
1.8	0.035 9	0.035 1	0.034 4	0.036 6	0.032 9	0.032 2	0.031 5	0.030 7	0.030 1	0.029 4
1.9	0.028 7	0.028 1	0.027 4	0.026 8	0.026 2	0.025 6	0.025 0	0.024 4	0.023 9	0.023 3
2.0	0.022 8	0.022 2	0.021 7	0.021 2	0.020 7	0.020 2	0.019 7	0.019 2	0.018 8	0.018 3
2.1	0.017 9	0.017 4	0.017 0	0.016 6	0.016 2	0.015 8	0.015 4	0.015 0	0.014 6	0.014 3
2.2	0.013 9	0.013 6	0.013 2	0.012 9	0.012 5	0.012 2	0.011 9	0.011 6	0.011 3	0.011 0
2.3	0.010 7	0.010 4	0.010 2	0.009 9	0.009 6	0.009 4	0.009 1	0.008 9	0.008 7	0.008 4
2.4	0.008 2	0.008 0	0.007 8	0.007 5	0.007 3	0.007 1	0.006 9	0.006 8	0.006 6	0.006 4
2.5	0.006 2	0.006 0	0.005 9	0.005 7	0.005 5	0.005 4	0.005 2	0.005 1	0.004 9	0.004 8
2.6	0.004 7	0.004 5	0.004 4	0.004 3	0.004 1	0.004 0	0.003 9	0.003 8	0.003 7	0.003 6
2.7	0.003 5	0.003 4	0.003 3	0.003 2	0.003 1	0.003 0	0.002 9	0.002 8	0.002 7	0.002 6
2.8	0.002 6	0.002 5	0.002 4	0.002 3	0.002 3	0.002 2	0.002 1	0.002 0	0.002 0	0.001 9
2.9	0.001 9	0.001 8	0.001 8	0.001 7	0.001 6	0.001 6	0.001 5	0.001 5	0.001 4	0.001 4
3.0	0.001 3	0.001 3	0.001 3	0.001 2	0.001 2	0.001 1	0.001 1	0.001 1	0.001 1	0.001 0

注：表中给出的是 $Z>z$ 的累积概率。

资料来源：Based on *Biometrika Tables for Statisticians*, Vol. 1, 3rd ed., 1966, with the permission of the *Biometrika* trustees.

B. 6 表 B-6：χ^2 分布

χ^2 分布描述的是随机误差项的方差估计值的分布。它应用于很多检验，包括第 10.3 节中的 White 检验以及第 9.4 节中的拉格朗日乘数序列相关检验。表中的列表示自由度，行表示从 χ^2 分布中随机抽取的一个数不小于表中的数的概率。例如，在自由度为 15 时，以任一 χ^2 分布中随机抽取一个数不小于 22.3 的概率是 10%。

对异方差做 White 检验时，计算 NR^2，其中 N 是样本容量，R^2 是方程（10-9）的判定系数（未调整的判定系数的 R^2）。（该方程把待检验的方程残差平方作为被解释变量，把待检验方程的解释变量及其平方以及这些解释变量的交叉乘积作为解释变量）。

检验统计量 NR^2 服从 χ^2 分布，其自由度等于方程（10-9）中斜率参数的个数。若 NR^2 大于表 B-6 中 χ^2 的临界值，则就应该拒绝原假设并得出可能存在异方差的结论。若 NR^2 小于 χ^2 临界值，则不能拒绝同方差的原假设。

表 B-6 χ^2 分布表

自由度	显著性水平（至少和表中的数一样大的概率）			
	10%	5%	2.5%	1%
1	2.71	3.84	5.05	6.63
2	4.61	5.99	7.38	9.21
3	6.25	7.81	9.35	11.34
4	7.78	9.49	11.14	13.28
5	9.24	11.07	12.83	15.09
6	10.64	12.59	14.45	16.81
7	12.02	14.07	16.01	18.48
8	13.36	15.51	17.53	20.1
9	14.68	16.92	19.02	21.7
10	15.99	18.31	20.5	23.2
11	17.28	19.68	21.9	24.7
12	18.55	21.0	23.3	26.2
13	19.81	22.4	24.7	27.7
14	21.1	23.7	26.1	29.1
15	22.3	25.0	27.5	30.6
16	23.5	26.3	28.8	32.0
17	24.8	27.6	30.2	33.4
18	26.0	28.9	31.5	34.8
19	27.2	30.1	32.9	36.2
20	28.4	31.4	34.2	37.6

注：表中给出的是 $Z>z$ 的累积概率。